अमृत संचय

[उपन्यास]

अमृत संचय

महाश्वेता देवी

अनुवाद
सुशील गुप्ता

राधाकृष्ण प्रकाशन

ISBN : 978-81-7119-624-1

अमृत संचय

पहला संस्करण : 2001
चौथा संस्करण : 2022

मूल्य : ₹995

प्रकाशक
राधाकृष्ण प्रकाशन प्राइवेट लिमिटेड
जी-17, जगतपुरी, दिल्ली-110 051

शाखाएँ : अशोक राजपथ, साइंस कॉलेज के सामने, पटना-800 006
पहली मंजिल, दरबारी बिल्डिंग, महात्मा गांधी मार्ग, प्रयागराज-211 001
36 ए, शेक्सपियर सरणी, कोलकाता-700 017

वेबसाइट : www.radhakrishnaprakashan.com
ई-मेल : info@radhakrishnaprakashan.com

मुद्रक
बी.के. ऑफसेट
नवीन शाहदरा, दिल्ली-110 032

AMRIT SANCHAYA
Novel by Mahashweta Devi

अमृत संचय

निवेदन

'अमृत संचय' उपन्यास जहाँ से शुरू होता है, उस ज़माने में लॉर्ड कैनिंग भारत के गवर्नर जनरल थे। डलहौजी ने Doctrin of Lapse नीति, नए सिरे से जारी कर दी। सन् 1856 में अयोध्या, अंग्रेज-शासित भारत में शामिल कर लिया गया। इसलिए वहाँ के जमींदार और भू-मालिकों से लेकर विपुल संख्यक किसान तक सभी विक्षुब्ध हो उठे। सन् 1855-56 में संथाल विद्रोह छिड़ गया। बंगाल और बिहार में नील-कर के खिलाफ असंतोष का धुआँ उठने लगा। इधर फौज और घुड़सवार सेना अपनी तनख्वाह और तरक्की वगैरह में नाइंसाफी को लेकर बेहद नाराज। इसी दौरान छोटे-छोटे भूस्वामी और सरदार, कारोबारी और व्यापारी भी, अपनी-अपनी स्वार्थ-सिद्धि में व्याघात पड़ने की आशंका से आतंकित। शासितों का अपने शासकों पर भरोसा नहीं था, शासकों को भी उनका भरोसा अर्जित करने में कोई दिलचस्पी नहीं थी।

विशाल भारत का सामग्रिक रूप, लगभग लुप्तप्राय। तमाम प्रदेश अलग-अलग द्वीपों में बँटे-बिखरे; आत्मकेंद्रित ! आम इनसान ज्यादातर अपने-अपने में मगन। अशिक्षा और कुसंस्कारों ने उन्हें दास बना डाला था। दूसरी तरफ क्षमता का लोभ, धन-दौलत की प्रचुरता और इन्हीं के बीच हिंदू-मुसलमान और आंग्ल समाज की पँचमेल सभ्यता का शोरगुल। इसी संधिस्थल से यह उपन्यास शुरू होता है और तैंतीस साल बाद उस बिंदु पर खत्म होता है, जहाँ भारतीय जनमानस के चेहरे और विन्यास में परिवर्तन का आभास नज़र आने लगा। जहाँ व्यक्ति-चेतना और सोच-विचार में शिक्षा का प्रभाव स्पष्ट आकार लेने लगा था।

सन् सत्तावन में अंग्रेजों की हुकूमत। उन दिनों भारत के दो-तिहाई हिस्से में जो विराट अभ्युत्थान करवट ले रहा था, उसकी गति-प्रकृति के बारे में आज भी मतविरोध है। किसी-किसी की राय में इसे 'पहला स्वतंत्रता संग्राम' या 'राष्ट्रीय विद्रोह' नहीं कहना चाहिए, क्योंकि राष्ट्रीय विरोध, राष्ट्रीय विद्रोह के सुपरिचित लक्षण, इनका अभीष्ट लक्ष्य और संघर्ष के तरीकों में समानता का अभाव था। उन लोगों की नजर में यह एक 'आपात घटना' या 'Immediate event' थी।

दूसरी तरफ इसे 'आपात घटना' न मानते हुए, कई-कई इतिहासकारों की राय में फौजी विक्षोभ का कारण किसान वर्ग के जीवन में निहित था, जो कर्ज़ से जर्जर और गरीबी की मार से बदहाल थे। इसे 'Civil rebellion' नाम देकर, इस विद्रोह को समाज के विभिन्न स्तरों पर छिड़े विभिन्न विक्षोभों के साथ जोड़कर, इनमें एक योगसूत्र क़ायम

करने की कोशिश की गई। इन इतिहासकारों का शायद यह खयाल है कि सिपाहियों के उस शोषण की वजह से भारतीय जनमानस में परिचित तजुर्बों की बुनियाद हिल गई और उस दिन से शिक्षित समाज के मन में भी ब्रिटिश शासन के प्रति विद्वेष गहराने लगा। बाद में वही राष्ट्रीय संग्राम की नवीनतम पटभूमि के सृजन का सूत्रधार बना। नील विद्रोह, प्रेस ऐक्ट और एलबर्ट बिल वगैरह के जरिए प्रत्यक्ष न सही, अप्रत्यक्ष रूप से, शायद वही लालसा ही फलीभूत हुई। सन् 1857 के आंदोलन में बंगालियों की कोई भूमिका क्यों नहीं थी, इस बारे में भी कई-कई मतविरोध हैं। बहरहाल, वजह चाहे जो भी हो, यह अंदाज़ा लगाना मुश्किल नहीं है कि उस ज़माने में बंगाली समुदाय अगर इस विद्रोह में भागीदार होता भी तो अंग्रेजी शासन का आकस्मिक अवसान नामुमकिन था और बाद के वक्तों में शिक्षा, शिल्प, ज्ञान, साहित्य के क्षेत्र में और स्वस्थ, सुनियोजित राष्ट्रीय आंदोलन के प्रति अप्रतिबद्ध वर्ग के तौर पर बंगाल का जबर्दस्त आत्मप्रकाश, भारतीय इतिहास को इस क़दर जटिल, विचित्र और अमोघ नहीं बना पाता।

मैंने उपन्यास में भारतवर्ष के उस संकटकाल और संसूचित नव-चेतना के समय को सफल साबित करने की कोशिश की है। उपन्यास लिखते हुए किसी सुनिश्चित कहानी की ज़रूरत होती है। लेकिन उस कहानी को छोड़ दें, तो उस युग के भारतवर्ष का राजनीतिक-सामाजिक इतिहास, आम इनसान का चरित्र, आचार-व्यवहार, रीति-नीति, रिवाज-संस्कार, गाड़ी-सवारी, पहनावे-ओढ़ावे, निम्न और श्रेष्ठ क्रिया-प्रतिक्रियाओं को मैंने यथासंभव प्रामाणिक और यथावत् रखने की कोशिश की है। हाँ, यह सच है कि बहुजातीय-बहुभाषी, इस विशाल-विराट भारतवर्ष के अंतःकरण में उतरने के दौरान मुझे अपार विस्मय भी हुआ है, अपनी कमअक्ली पर संकोच भी हुआ है। इसके बावजूद, इस संदर्भ में अपना निजी खयाल जाहिर करते हुए, अपनी आँखों-देखी जानकारी और किताबें पढ़ने की आदत का सदुपयोग ज़रूर किया है।

इस किताब में देशी-विदेशी, कुल मिलाकर करीब एक सौ चरित्रों का उल्लेख है, लेकिन विदेशी मैकमोहन और भारतीय भवानीशंकर के बारे में मुझे अलग से कुछ कहना है। अंग्रेज मात्र ही बेहद क्रूर और अत्याचारी होते हैं, जैसे यह धारणा ग़लत है, उसी तरह यह भी महज वहम है कि वे लोग ही हमारे एकमात्र त्राणकर्ता थे। मैकमोहन उस बिरादरी में शामिल थे, जो सरकारी असफर होने के बावजूद श्वेतांग फिरंगियों के समाज से अलग-थलग, भारतीय संग-साथ वक्त गुज़ारते रहे, क्योंकि उन लोगों में कट्टरता का उन्माद नहीं था। ऐसे लोग जिस देश और संगति में रहते-सहते थे, वहाँ के बाशिंदों को उनके स्वभाव और अभाव में पहचानने की कोशिश करते थे। ये लोग मन के दरवाजे पहले से ही बंद रखकर, मिलने-मिलाने के संयोग पर क़ैद नहीं लगाते थे। हमारे यहाँ जिन्हें भारतीय तत्त्वविद् कहते हैं, वे लोग ऐसे तो नहीं थे, लेकिन इन्हीं लोगों के अथक प्रयासों से इस देश की नृत्यकला, राजनीति, किस्से-कहानी, इतिहास, पशु-पक्षी और लता-पौधों के बारे में किताबें और हवाले प्रकाशित होते रहते और ज्ञानोन्मेष के

साथ-साथ, जब हम स्वदेश और अपनी सभ्यता-संस्कृति के बारे में आग्रही हुए, तब ये ही सरो-सामान हमारे मददगार बने। विदेशों से मिशनरी, शायद इस इरादे से भेजे गए थे कि वे इस देश के अनपढ़ पिछड़ी-जातियों को धर्म के नशे में सुलाए रखें, लेकिन अधिकांश मिशनरियों का धर्म था—जनसेवा, जन-कल्याण। उन लोगों ने दूर-दराज के दुर्गम प्रदेशों में शायद अपनी समूची जिंदगी गुजार दी। इतिहास के पन्नों में शायद उनका नाम दर्ज न हो, फिर भी हम बखूबी जानते हैं कि ये लोग दीन-हीन आम इनसानों के कितने करीब थे। फादर ब्राउन भी ऐसे ही एक चरित्र हैं। वैसे इस किताब में विपरीत चित्र और चरित्र भी मौजूद हैं।

आप इतिहास-चेता लोग इस हक़ीक़त से भी बखूबी परिचित हैं कि अंग्रेजी शिक्षा की रोशनी में शुरू-शुरू में अनगिनत भारतीय विद्वानों की आँखें चुँधियाँ गई थीं और वे लोग स्वधर्म को तिलांजलि देकर यीशु-भक्तों की मेहरबानी से इस उन्नत धर्म में दीक्षित होने के लिए बेचैन हो उठे। उन्हें एकदम से लगा, हिंदू समाज बेहद दकियानूस और लकीर का फकीर है और हिंदू धर्म अतिशय गँवारू और अनुदार है। ऐसे में युगसाधक श्री रामकृष्ण और हिंदूश्रेष्ठ विद्यासागर अपनें सक्रिय प्रयासों के जरिए इतिहास के इस महासर्वनाश को रोकने के लिए दीवार बनकर खड़े हो गए। उन लोगों ने यह साबित कर दिखाया कि जाति की मुक्ति सनातन धर्म में ही निहित है। उसे नज़रअंदाज़ करके भाग खड़े होने से समस्या का समाधान हरगिज नहीं होगा। भवानी शंकर भी उसी क़िस्म के भारतवासियों के प्रतिनिधि। पता नहीं हू-ब-हू उस फ्रेम में फिट हो पाया या नहीं, लेकिन काफी कुछ उसी नक़्श में ढला हो, इसका मैंने यथासाध्य खयाल रखा है। बृजदुलारी के साथ भवानीशंकर का रिश्ता कहानी के तकाजे पर बुना गया है। इसके बावजूद जिन्हें यह बात भली लगी हो उनकी जानकारी के लिए मैं बता दूँ कि भवानीशंकर के लिए तथाकथित प्रेम की तेज़ धार में बह जाना संभव नहीं था, ख़ासकर बृजदुलारी जैसी औरत के साथ। जो औरत अपनी जिंदगी में घाट-घाट पर अनगिनत क़ीमत चुकाते हुए सिर्फ तजुर्बे ही खरीदती रही हो, जिसका अन्य किसी मानवीय अहसास से कभी कोई नाता-रिश्ता नहीं रहा, तो क्या उन दोनों के इर्द-गिर्द यह जो प्यार का वृत्त तैयार हो गया, वह क्या महज साजिश थी ? घटनाओं को 'आइडियलाइज़्ड' करने के लिए ? नहीं, ऐसा भी नहीं था। अनगिनत मर्दों की हमबिस्तर बृजदुलारी की देहयष्टि में उन्हें एक अदद शुद्ध-पवित्र दिल भी नज़र आया था और उन्हें लगा था कि उसकी रक्षा करना उनका फर्ज़ है। दरअसल, प्यार से ज्यादा यह कर्त्तव्यबोध ही भवानीशंकर को बृजदुलारी के करीब ले आया था। अब यह बताना क्या ज़रूरी है कि सख़्त जिम्मेदारी और कर्त्तव्यपरायणता की भूरि-भूरि मिसाल तत्कालीन बंगाली समाज में मौजूद थी ?

नानासाहब ऐतिहासिक चरित्र हैं। मैंने अपनी निगाह, महज उनके गार्हस्थ्य जीवन तक ही सीमित रखी है। कानपुर हत्याकांड और युद्ध के परवर्ती पर्व में उनकी भूमिका बहस-मुबाहसे से परे आज भी मुझे विश्वसनीय नहीं लगती, इसलिए मैंने उन विवादास्पद

प्रसंगों को नहीं छुआ। मेरी राय में उम्र से अधेड़ यह संभ्रांत ब्राह्मण जंग के संकटकाल से भी पहले धन-दौलत, ज़मीन-जायदाद और पारिवारिक समस्याओं में ज्यादा फँसा हुआ था। अंग्रेजों द्वारा प्रचारित 'Myth that is Nana' और भारतीय जनमानस में 'देशप्रेमी', 'श्रेष्ठ योद्धा-नाना'—इन दोनों ही परिचय की जड़ें अतिशय मज़बूत हैं और सालों से प्रचारित होने की वजह से अब सुप्रतिष्ठित हो चुकी हैं। 'अमृत संचय' के नानासाहब, न तो friend of Cawnpore हैं, न 'अमर-योद्धा' ! उनके बारे में उपलब्ध तथ्यों के सहारे उनकी जो मूरत रची गई है, उसे देख-पढ़कर इतिहास में खिलौना बने इस अभागे को पाठक अगर अपना करीबी व्यक्ति मान सकें, तो मुझे लगेगा मेरी कोशिश सार्थक हुई।

आखिर में एक और बात कहना चाहूँगी। जहाँ तक मुझे जानकारी है, ऐतिहासिक उपन्यास के बारे में कोई स्पष्ट राय आज तक उपलब्ध नहीं है। इतिहास के सिलसिले में भरपूर रोमांस या हर घटना के त्राहि-त्राहि चीत्कार में ही हमारी ऐतिहासिक जिम्मेदारी ख़त्म हो जाती है। खुद मैंने भी यही कुछ नहीं किया, ऐसी बात भी नहीं। लेकिन अब मुझे लगता है इतिहास-सृजन अतिरिक्त जिम्मेदारी है। इसके अलावा एक ख़ास प्रवणता कहानी के बजाय—देश, काल, पात्र, रीति-रिवाज का विशेष ज्ञान बेहद ज़रूरी है। इसके अलावा, आधुनिक चिंतन-मनन भी अनिवार्य है, क्योंकि इतिहास महज अतीत का ही आईना नहीं है, History is written precisely when the historian's vision of the past is illuminated by insight into the problems of the present. यानी इतिहास-लेखन में अतीत के साथ-साथ, इतिहासकार की अंतर्दृष्टि, वर्तमान की समस्याओं के संदर्भ में भी रोशन हो और इतिहास भविष्य का पथ-निर्देशक भी तो है। नज़र आनेवाली घटनाओं की आड़ में इतिहास का रूपांतर अंदर ही अंदर लगातार जारी रहता है।

इस उपन्यास में कोई ऐतिहासिक भूल-चूक या भ्रांति न हो, इसका मैंने यथासंभव ध्यान रखा है। लेकिन, अंग्रेज कूपर के हुक्म पर पंजाब में जो क़त्लेआम हुआ और सन् 1858 के बीच के महीनों में कानपुर में हुए हत्याकांड में महज साल-भर का फ़र्क़ था—उपन्यास के तकाजे पर यह मैंने जानबूझकर लिखा है। इसी उपन्यास में एक जगह मैंने जिक्र किया है—अंग्रेजी हुकूमत की पुनर्प्रतिष्ठा के बाद भी उनमें भारतीय गुप्तचर जिम्मेदार पदों पर विभूषित थे और उन लोगों ने ग्रामवासियों को ख़बर देकर, उनके फरार होने में मदद की थी। अन्यत्र, मैंने चंद अंग्रेज और आयरिश फौजियों का जिक्र किया है, जो भारतीय लोगों की तरफ से लड़े थे। ये दोनों घटनाएँ जिन लोगों को अविश्वसनीय लगें, उनकी जानकारी के लिए मेरा निवेदन है कि इतिहास में भी इस हक़ीकत का समर्थन मिलता है और अगर वे लोग चाहें, तो मोर टॉमसन, फ्रेडरिक कूपर, सर हिउग्राफ और रीस् की किताबें ज़रूर पढ़ लें।

अरसे पहले मासिक 'बसुमति' पत्रिका (बँगला) में इस उपन्यास का एक नौसिखुआ और स्वतंत्र रूप धारावाहिक रूप में प्रकाशित हुआ था। उस बारे में स्वभावतः ही आज

मुझे संकोच का अहसास हो रहा है। 'अमृत संचय' मैंने तीन सालों के दौरान अलग-अलग समय में लिखा है; जिंदगी की अनगिनत आफत-विपदाओं के बावजूद ! साल-भर पहले यह उपन्यास पूरा हुआ। बदलते हुए वक्त के साथ, ज्ञान और तजुर्बे भी बदलते रहे। मैं चाहती हूँ, इस दौरान जो दोष-त्रुटियाँ मेरी निगाहों को अचानक बेहद बड़ी लगी हैं, उन्हें सुधार दूँ। लेकिन, अगले ही पल मुझे यह भी लगा है कि इनसान की इच्छाओं का कहीं कोई अंत नहीं। किसी भी लेखक को भरपूर संतोष कभी नहीं होता, शायद होना भी नहीं चाहिए।

–महाश्वेता देवी

1

सन् 1857 की जनवरी की एक शाम !

कानपुर के क़रीब बिठूर रियासत ! एक वृहद प्रासाद के दूसरे तल पर एक विशाल कक्ष में, कोई अधेड़-से ब्राह्मण आरामकुर्सी पर विराजमान। रंग साँवला। स्थूलकाय। चेहरे पर हजामत के दाग़। सिर घुटा हुआ। नुकीली नाक। पतले और दबे हुए से होंठ। सिर पर बेशक़ीमती पगड़ी। कान और गले में मोतियों के कुंडल और माला ! उनकी एक बाँह अलस भाव से आरामकुर्सी के हत्थे पर पड़ी हुई। दूसरे हाथ में हुक्के की नली। लेकिन नली उनके होंठों पर नहीं थी। हुक्के से सुगंधित तंबाकू की भीनी-भीनी खुशबू आती हुई। दूसरी हथेली रह-रहकर, जब हिलती-डुलती, उस पर आतिशदान की रोशनी झलमला उठती। उनकी तर्जनी, मध्यमा, अनामिका—तीनों उँगलियों में नवरत्न, मूँगा, मोती, हीरे-पन्ने की कई-कई अँगूठियाँ। ये अँगूठियाँ सिर्फ अलंकार ही नहीं थीं, शायद ग्रह-नक्षत्रों की शांति के लिए धारण की गई थीं। बदन पर ढीला-ढाला ऊनी कुर्ता। गले में पड़े हुए सुनहरे जनेऊ का सिरा नज़र आता हुआ। उनकी आँखें बेहद गंभीर और थकी-थकी सी। उम्र चालीस से ज़रा ऊपर।

कोई वृद्ध ब्राह्मण, उनके करीब ही खड़े, उनसे बातचीत में मग्न। वे भी दीर्घकाय, गौरवर्ण, मुंडितकेश ! पूस की कड़कड़ाती ठंड में भी उनके बदन पर सिर्फ ऊनी उत्तरीय। पाँवों में खड़ाऊँ। वे खड़े-खड़े ही बातें करते रहे। बीच-बीच में तीखी-उजली निगाहों से अपनी दाहिनी हथेली भी निहारे जा रहे थे। बातचीत का तरीका भी बेहद धीर-गंभीर। मानों छंदबद्ध लहजे में कोई पत्र पढ़कर सुना रहे थे। उनके खड़े होने की भंगिमा भी बेहद शांत-संयत ! आवाज़ कसी हुई। इसके बावजूद उनके लहजे में कैसा तो उद्धत स्पर्द्धा का भाव, मानो सामनेवाले शख़्स को सम्मान देने का उन्हें कोई चाव नहीं, न ही वे उनकी श्रेष्ठता या पद-मर्यादा क़बूल करने को राजी हैं।

सामनेवाले शख़्स थे—नाना धोंदूपंत ! स्वर्गीय बाजीराव द्वितीय के दत्तक पुत्र और उनके मनोनीत उत्तराधिकारी। दूसरे व्यक्ति थे—विश्वेश्वर मंगल थाट्टे। नाना के पितातुल्य, स्वर्गीय चिमनाजी अप्पा के पोते, चिमनाजी थाट्टे के पितृकुल के पुरोहित। असंख्य मामलों में नाना की दोनों सौतेली माताओं, सौतेली बहनों—योगबाई और कुसुमबाई से उनकी तकरार छिड़ी रहती थी। योग और कुसुम के मामा बलवंत अटवाले चाहते थे कि उनकी भानजियों को ज़मीन-जायदाद में बराबरी का हिस्सा मिले। नाना की विमाताएँ सारी धन-दौलत, चोरी-चोरी चिमनाजी थाट्टे को सौंप देने को बेचैन थीं।

विश्वेश्वर मंगल थाट्टे उनके अतिशय विश्वासपात्र थे। वे बेहद आचारनिष्ठ, कूटनीतिज्ञ और तेजस्वी ब्राह्मण थे।

अंतःपुर की यह दुरभिसंधि, नाना की हवेली में अशांति के बीज बो गई थी। बाहर भी उनकी जान को चैन नहीं था। वे बेहद शांतिप्रिय और निरीह इनसान थे। लेकिन खानदानी ज़र-ज़मीन, धन-दौलत, उनके गले की फाँस बन गई थी और उन्हें लगातार परेशान कर रही थी।

विश्वेश्वर मंगल थाट्टे, नानासाहब के पास कोई आवेदन लेकर आए थे। उनकी भृकुटि रह-रहकर खिड़की की तरफ उठ जाती थी। जबर्दस्त सर्दी के बावजूद, खिड़की खुली हुई थी। बाहर पूस की शाम का धूसर आसमान नज़र आता हुआ। खिड़की के ठीक नीचे, कोई बाज़ीगर, बैठा-बैठा पटाखों का तमाशा दिखा रहा था। बीच-बीच में रंगीन अनार की रोशनी उछल-उछलकर खिड़की के ऊपर तक झाँक जाती थी। उस चकाचौंध रोशनी में कमरे में जलता हुआ आतिशदान निष्प्रभ लग रहा था।

विश्वेश्वर को लगा, महत्त्वपूर्ण बातचीत के दौरान रोशनी का यह महोत्सव, मानो बाधा खड़ी कर रहा है। उनकी निगाह पेशवा पर लगी हुई थी लेकिन वे कुछ बोलने की हिम्मत नहीं जुटा पाए, क्योंकि उन्हें मालूम था यह बाज़ीगर पेशवा का विशेष स्नेहभाजन था। उन्हें यह भी पता था कि आज उनके आमंत्रण पर जो अंग्रेज साहब कानपुर से बिठूर तशरीफ लाए थे, उन्हीं के दिल-बहलाव के लिए बाज़ीगर को ख़बर भेजी गई थी। यह बाज़ीगर पिछले दस सालों में बूढ़े बाज़ीराव और नाना धुंधूपंथ से कितनी दौलत ऐंठ चुका है ! उन्होंने मन ही मन हिसाब लगाने की कोशिश की।

बुजुर्ग बाजीराव की स्वजन-प्रीति भी ख़ासी गहरी थी। दक्षिण के जितने सारे महाराष्ट्री ब्रह्मावर्त उनकी शरण में आए थे, बाजीराव उन लोगों को अपना आश्रित मानते थे। असंख्य लोगों के साथ इस अधेड़ बाज़ीगर के पुरखे पेशवा साम्राज्य के विगत गौरव के दौर में पूना, सतारा, रायगढ़ और कोलाबा में पटाखों का तमाशा दिखाने आया करते थे। बाजीराव प्रथम के एक-एक विजय-गौरव के मौके पर छत्रपति शाहू जब जश्न मनाने का हुक्म जारी करते, ये लोग बेहतरीन पटाखे तैयार करके रोशनी का त्योहार मनाते। अपने गाँव कौकन में इन लोगों ने प्रचुर ज़मीन-जायदाद जमा कर ली।

विश्वेश्वर का खयाल था, उन दिनों इस क़िस्म के जश्न की सार्थकता भी थी। उस ज़माने में पेशवा लोगों ने मध्यभारत की एक-एक रियासत—बड़ोदा, बीजापुर वगैरह जीतकर, अपनी दखल में ले लिया था और राजकोष में बेशुमार दौलत का भंडार जमा होता रहा। होल्कर, गायकवाड़ और सिंधिया लोग सिर झुकाए-झुकाए पेशवाओं के हुक्म बजा लाते।

विश्वेश्वर मन ही मन बुदबुदा उठे, 'उन दिनों, यह आलकोत्सव पेशवाओं की विजयलक्ष्मी का अभिनंदन करता था। आज ये लोग चंद अंग्रेजों को खुश करने के लिए जश्न का आयोजन करने लगे थे।

पेशवा उनके मन का असंतोष भाँप गए।

मुँह फेरने के बजाय उन्होंने अपनी तरफ से स्थिति स्पष्ट की, 'अंग्रेज साहब पटाखों का जलवा देखना चाहते हैं। अगर उसका तमाशा पसंद आ गया, तो उसे कानपुर बुला भेजेंगे। उसे रेजिमेंट के स्पोर्ट्स के मौके पर तमाशा दिखाने जाना होगा। उसका बेटा अफसोस कर रहा था, इन दिनों उसे कोई नहीं बुलाता।'

विश्वेश्वर किंचित् अचकचा गए।

उन्होंने अपना आवेदन दोबारा पेश किया, 'आपकी दोनों माताश्री परेशान हैं। आपके पिताश्री के गंगालाभ पर, आपने पंच महादान जो नहीं किया।'

'ऐसी बात तो नहीं है। मैंने हाथी-घोड़ा, सोना-चाँदी और रत्न तो दान किया था। मैंने अपना सबसे बेहतरीन हाथी भी दान में दे दिया। घुड़साल के लिए मैंने चुने हुए अरबी घोड़े खरीदे थे, उनमें से घोड़ा भी दान कर दिया। इसके अलावा दान में सिर्फ सोना ही नहीं, मोती-मूँगा, गोमेद-पन्ना वगैरह नौ-रत्न भी दिए थे। हाँ, ज़मीन मेरे पास इंच भर नहीं थी। वह तो रघुनाथ राव विष्णुरकर ही था, जिसने अपनी सारी जागीर और ईनाम में मिली सारी ज़मीन, पूरे के पूरे बावन गाँव ही मुझे अर्पित करना चाहा। उस वक्त, उस स्वामिभक्त सरदार की बातें सुनकर मेरी आँखें भींग आईं...' नाना किसी सोच में डूब गए, 'लेकिन मैंने उनका दान नहीं लिया। किसी और से ज़मीन लेकर दिए गए दान से स्वर्ग में बैठे मेरे पिता की आत्मा को हरगिज शांति नहीं मिलती। इसके अलावा, जो ज़मीन एक बार दान कर दी गई, उसे वापस लेना मेरे लिए असंभव था।'

इतना कहकर नाना खामोश हो गए। उनकी आवाज़ बेहद सर्द और उदास लगी।

विश्वेश्वर ने जवाब दिया, 'इसीलिए आपकी दोनों माताश्री ने प्रस्ताव भेजा है कि तक़दीर अगर आपसे नाराज है, तो बिठोबा, महालक्ष्मी और गणेश इन तीनों देवताओं को प्रसन्न करने का उपाय करना चाहिए। इसीलिए...'

'अभी पिछले ही दिनों तो माताओं ने यज्ञ आयोजित किया था। मेरे लखनऊ से लौटने के फौरन बाद ही तो पूजा हुई थी।'

'वह तो आपकी खातिर; पुत्र-कामना के लिए...'

विश्वेश्वर की आवाज़ भावलेशहीन थी। नाना का साँवला चेहरा, धीरे-धीरे लाल हो उठा। इन दिनों उनकी विमाताओं को शक़ हो गया था कि उनमें बेटा पैदा करने की क्षमता नहीं है। तभी तो उन्हें इस क़दर नीचा दिखाती रहती हैं।

बहरहाल, उन्होंने बातचीत जारी रखी, 'पेशवा वंश कहीं खत्म न हो जाए, इसकी फिक्र मुझे भी है। लेकिन मेरा ख़याल है अभी तत्काल यज्ञ-हवन, पूजा-पाठ की ज़रूरत नहीं है। मेरी कनिष्ठा पत्नी काशीबाई, अभी बालिका है...'

बेहद धीर और स्पष्ट शब्दों में विश्वेश्वर ने जवाब दिया, 'आपको अपनी मातृ-द्वय की ममता पर संशय हो रहा है ? श्रीमान, उन्हें साफ नज़र आने लगा है कि विलायत में आपकी अर्जी नामंजूर कर दी गई है। उनकी आँखें यह भी देख रही हैं कि अपने स्वर्गीय पिता की सील-मुहर का उपयोग करने की अनुमति भी आपको नहीं मिली। वे लोग ठहरीं औरत जात ! उनका चित्त सहज ही व्याकुल हो उठा है।'

तभी तो उन लोगों ने अपना-अपना वकील भेजकर रेजीडेंट साहब के दरबार में अपनी फरियाद पहुँचाई और अभी कल तक ज़मीन-जायदाद को लेकर अंतःपुर में भीषण तूफान मचा रहा।

नानासाहब ने पूछा, 'अब क्या करना होगा ?'

'गंगा तट पर अनुष्ठान ! नौचंडी पाठ ! और गंगाजल में भिगोकर सोने-चाँदी की मुद्रा-दान ! यह सब तत्काल ज़रूरी है, श्रीमान् ! उन्होंने आपको सूचित करने को कहा है।'

विश्वेश्वर खामोश हो गए।

नाना के होंठों पर सदाबहार हँसी तैर गई, 'अच्छा ! अच्छा ! बहुत अच्छा ! चलो, यही सही, मेरे आसरे-भरोसे तो आप लोग बैठे नहीं हैं। आयोजन की तैयारियाँ भी हो चुकी होंगी ? खर्च का दायित्व ही तो मुझ पर है न ? उत्तम ! अति उत्तम ! ऐसा ही होगा !'

विश्वेश्वर ने विदा ली। उनके खड़ाऊँ की आवाज़ कमरे की कालीन में डूब गई। नाना ने थकान के मारे आँखें मूँद लीं। खिड़की की राह ठंडी हवाएँ कमरे में आती हुई ! चिंता-फिक्र से जलते हुए, नानासाहब के माथे पर हवा के झोंकों ने मानो ठंडक का फाहा रख दिया।

उन्हें खयाल आया, अंतःपुर की औरतें ही परम सुखी हैं, क्योंकि वे हर वक़्त महज मंत्रणा और कौशल में जुटी हुई हैं। ज़मीन-जायदाद के लिए षड्यंत्र रचती रहती हैं और व्रत-उपवास में मगन रहती हैं।

हालाँकि हवेली के सभी लोग ऐसे नहीं हैं। उनकी दोनों विमाताएँ ही व्रत-पूजा और वकीलों के साथ कूटनीति और अर्थहीन सलाह-मशविरे में उलझी रहती हैं। उनकी दोनों बहनों—जोगबाई और कुसुमबाई से तो ख़ास-ख़ास समारोहों में ही उनकी भेंट होती है। पिछले 'भाऊबीज' के दिन भी उनसे मुलाकात हुई थी। उन दोनों ने उनके माथे पर टीका लगाया था। सच तो यह है कि वे दोनों पहनने-ओढ़ने और साज-शृंगार में ही मस्त रहती हैं। उनकी तरुणी धर्मपत्नी काशीबाई भी शायद ही कभी व्रत-पूजा के चक्कर में पड़ती हो। वह तो अपनी कोंकनी दासियों से बाल बनाने के तरह-तरह के तरीके सीखने और सोनार को फरमाइशें भेजकर नए-नए गहने गढ़ाने में ही मस्त रहती थी। नानासाहब को खुश करने के लिए, कभी-कभी वह साड़ी की बजाय रेशमी पेशवाज और दुपट्टे में सजी होती।

नानासाहब जब भी उसके कक्ष में जाते या तो वह आईने के सामने खड़ी-खड़ी, अपने को निहार रही होती या दासी के सामने टाँगें फैलाए, पाँवों में दूध-चंदन का प्रलेप लगवा रही होती या आराम से पसरी हुई, दासियों से तरह-तरह के चटखारेदार किस्से-कहानियाँ सुनने में मगन नज़र आती। चतुर कोंकनी दासी ने काशीबाई के रूप की तारीफ में दो-एक गीत रच डाले थे। काशीबाई अपने रूप का बखान सुनते हुए, उसे इनाम-अकराम से भर देती। ये खबरें नानासाहब के कानों तक भी पहुँचती रहतीं

थीं। अपनी सौतेली माताओं की जुबानी उन्होंने यह शिकायत भी सुनी थी कि वे दोनों जब कभी उन्हें अपने कक्ष में बुलाकर कोई सीख वगैरह देने की कोशिश करतीं, काशीबाई उन्हें समुचित सम्मान नहीं देती थीं।

नानासाहब ने लंबी उसाँस भरी। हाँ, काशीबाई ज़रा मुँहफट और मगरूर ज़रूर थी। चूँकि उसमें बचपना भरा था, इसलिए ज़रा बेलगाम भी थी। इसके बावजूद नाना को वह अच्छी लगती थी। शांत और उत्तेजनाहीन दिन के अंत में, शाम ढले, उसके बेसिर-पैर की अजस्र अर्थहीन बातें सुनते हुए, उन्हें बेहद भला-भला लगता था। कभी एकाध जेवर, श्वेत मोर की जोड़ी या नन्हा सा चीनी बंदर वगैरह नज़्र करते ही, काशीबाई मारे खुशी के गद्‌गद हो आती। नाना के पैरों के करीब बैठी-बैठी वह अपना सिर उनके घुटनों से टिका देती। नाना उसकी इस भंगिमा पर अतिशय मुग्ध हो उठते। वैसे, कभी-कभी उन्हें यह खयाल भी आता था कि इतनी सी कृतज्ञता भी अनगिनत उपहार दे-देकर वसूल करते हैं। लेकिन, अब क्या उपाय ? जब तक कुछ दिया न जाए, बदले में कुछ भी नहीं मिलता।

बहरहाल, अब नीचे चलना चाहिए।

नाना ने अपने कंधे पर पड़ी शाल का सिरा सँभाल लिया। किसी परिचारक ने उनके पाँवों के सामने ज़री की नक्काशीदार ऊनी पादुका लाकर रख दी। वे नीचे की तरफ चल पड़े। कुछ दिनों पहले तक, बिठूर के इस राजप्रासाद में वे अंग्रेज साहबों को बड़ी-बड़ी पार्टियाँ दिया करते थे। इस बार डॉक्टर ट्रेसिड्डार की सलाह पर उन्होंने सिर्फ दो-चार गिने-चुने साहबों को ही दावत दी थी।

अगर सारा कुछ उनके मन मुताबिक हुआ होता तो वे विराट-विराट पार्टियाँ देते। अगर उनकी पेंशन मंजूर हो जाती, तो इतनी गड़बड़ी नहीं होती। शायद इतनी परेशानी भी नहीं होती। वैसे, ये अंग्रेज अगर पेशवा को पराजित न करते, बूढ़े पेशवा की माँग मुताबिक उन्हें दिल्ली, मुँगेर या भागलपुर में रहने की अनुमति दे देते, अगर बर्मा और नेपाल के राजाओं के साथ षड्यंत्र रचने के शक़ में पेशवा पर अत्याचार न बरसाते या भारत में क़दम ही नहीं रखते तो भी दुर्भाग्य को टाला नहीं जा सकता था। हाँ, यह ज़रूर होता कि तब फ्रेंच या पुर्तगाली या किसी और देश का बंदा, यहाँ राजा बन बैठता। चाय, मसाले, चमड़ा, लोहा, सोना, हाथी, काठ, धान, गेहूँ, रुई वगैरह का लोभ उन्हें खींच लाता। ये लोग खिंचे चले आते। भारत का यह दुर्दिन टल नहीं सकता था; किसी शर्त पर भी नहीं। इस देश में उनका आना निश्चित था। ये गोरी चमड़ीवाले, जहाज में सवार होकर यहाँ पहुँच जाते। मनहूस क़िस्म की सफेद-बुर्राक त्वचा ! कोढ़ के रोगी जैसी दूधिया-सफेद चमड़ी। ये लोग, अगर लाखों-लाखों की तादाद में भी जूड़ी-ताप या रोग-भोग के शिकार हो जाते और मर जाते तो और-और लोग आ धमकते। नानासाहब ने हताशा से सिर हिलाया।

हॉल-घर पार करके नानासाहब काँचघर में चले आए। रोशनी का झाड़-फानूस जगमगाता हुआ ! काँच और पत्थरों में ढली हुई, विदेशी हसीनाओं की आकृतियाँ रोशनी

में झिलमिलाती हुईं ! आईने पर उनकी छाया पड़ती हुई, दोनों ओर की दीवारें आईनों से मढ़ी हुई। नाना की छाया उनके साथ-साथ चलती हुई। नाना ने देखा उनके अगल-बगल साँवले रंग के स्थूलकाय दो अन्य अधेड़ लोग भी चल रहे थे। घुटे हुए सिर पर रेशमी पगड़ी, बदन पर ढीलाढाला ऊनी कुर्ता, कान और गले में बेशक़ीमती मोतियों के आभूषण, उन दोनों के चेहरों पर चिंता की गहरी-गहरी छाया, दो अति सुदर्शन, किशोर भृत्य सोने का हुक्का सँभाले हुए उन दोनों के पीछे-पीछे चल रहे थे।

काँचघर पार करके दो अदद और कमरे और तीन-तीन विशाल बरामदों से गुज़रकर, नाना अब सीढ़ियाँ उतरने लगे। नीचे उतरने से पहले वे बरामदे में ही ठिठक गए। उन्होंने नीचे की तरफ झाँका। वहाँ से बाग़ का एक हिस्सा और शिकारखाना नज़र आता हुआ। बाघ-चीतों की लगातार दहाड़ें, पंछियों का कलरव, घोड़ों की हिनहिनाहट और हिरणों की उत्तेजित पुकारें वहाँ से यहाँ तक गूँजती हुईं। उनकी भृकुटि चढ़ गई। वे तेज़-तेज़ चाल में नीचे उतर आए। उन्हें देखकर कोई छाया सहमकर परे हट गई।

उसकी तरफ ध्यान न देते हुए उन्होंने दरयाफ़्त किया, 'शिकारखाने की बगल में बाज़ीगर को जगह किसने दी ?'

उनका क्रुद्ध स्वर किंचित् गहराया हुआ।

यूँ वे बेहद धीर-गंभीर इनसान थे। वे चट् से न तो नाराज होते, न तैश में आते थे। लेकिन किन्हीं-किन्हीं मामलों में वे ग़ज़ब के कमजोर। विचित्र-विचित्र वन्यप्राणी, जीव-जंतु, पेड़-पौधे जमा करने का उन्हें बेतरह शौक ! ये जीव-जंतु अगर किसी वजह से नाराज़ हो जाते या मुसीबत से बौखलाए नज़र आते तो वे बेतरह भड़क जाते। चूँकि पटाखों की आवाज़ से भी जीव-जंतु डर जाते थे, इसलिए भी उनका पारा चढ़ जाता था। टॉड साहब इतने दिनों तक उन्हें सिर्फ विलायती अखबार ही पढ़-पढ़कर सुनाया करते थे। पेशवा अब कभी-कभी उनसे जीव-जंतु के बारे में भी जो-सो सवाल करके जवाब तलब करने लगे थे। अंग्रेज साहबों की लिखी हुई शिकार की किताब 'स्टॅल इन्ग्रेविंग' में छपी हुई, भारतीय सिंह, काश्मीरी लाल हिरण जैसे वन्य प्राणियों की तस्वीरें भी देखने की फरमाइश कर बैठते।

पेशवा नीचे के हॉल-कमरे में दाखिल हुए।

अंग्रेज साहबों की खातिर-तवज्जो के लिए इस हॉल-कमरे के अलावा और भी कई कमरों की सजावट पर काफी रकम खर्च की गई थी।

जब तक वृद्ध पेशवा जिंदा थे, नानासाहब अपनी खुशी के मुताबिक मनमानी नहीं कर पाते थे। सन् 1851 में बड़े पेशवा का निधन हो गया। कई सालों बाद नाना की अर्जी समेत अजीमुल्ला भी विदेश का चक्कर लगाकर वापस लौट आए। उन्होंने नाना को चंद मशविरे भी दिए। उसके बाद लंदन से आनेवाला जहाज जब बंबई बंदरगाह पर लगा तो उसमें काँच के बर्तन, माल-असबाब, पर्दे वगैरह भी आ पहुँचे। कमरों की सीलिंग से झाड़-फानूस लटकाए गए। फर्श को उत्कृष्ट देशी कालीन से ढँक दिया गया। मशहूर विलायती पेंटिंग्स की नकल पर तैल-चित्र बनवाए गए। सोने-चाँदी का पानदान,

हुक्का और फूलदान सजा दिए गए। वैसे, उन फूलदानों में फूल किसी दिन भी नहीं सजे।

अंग्रेज अभ्यागतों ने उठकर नाना का अभिवादन किया। दो-एक उम्रदार अफसरों ने आगे बढ़कर उनका कुशल-समाचार पूछा। नानासाहब भी संभ्रांत गृहस्वामियों की तरह उनकी यथोचित खातिर-तवज्जो में जुट गए। उनकी बातें डॉक्टर एडविन और डॉक्टर ट्रेसिड्डा के अलावा और किसी के भी पल्ले नहीं पड़ीं। अजीमुल्ला खान ने उनका अंग्रेजी अनुवाद करके अतिथियों को समझाया।

अफसर रमन्ने ने उनसे लखनऊ के रेजीमेंट रेस का भी हाल-समाचार पूछा।

नाना ने जवाब दिया, 'हाँ, वहाँ के घोड़े वाकई खूबसूरत हैं। लेकिन फैजी इस बार मेरे लिए जो चार घोड़े लाया है, उन जैसे बेहतरीन नहीं हैं।'

'अरे, आपकी घुड़साल के घोड़े हैं कहाँ ? मुझे तो दिखाई नहीं पड़े।'

डॉक्टर एडविन के विनयी सवाल के जवाब में नानासाहब के होंठों पर हलकी सी मुस्कान खिल उठी।

'जनाब, नानासाहब, आपका जवाब नहीं। आपकी मेहमाननवाजी में कभी कोई कमी नहीं होती। हमारे ये नए इंजीनियर साहब तो आपका शिकारखाना देखकर मुग्ध हो गए हैं।'

इवान्स के साथ नानासाहब का परिचय कराया गया। इवान्स बेहद मुग्ध निगाहों से नानासाहब को देखे जा रहा था। किसी भारतीय राजा और उनका इतना अगाध ऐश्वर्य देखकर वह चकित था।

उसने सवाल किया, 'बाहर कई तोपों पर नज़र पड़ी। वे सब इस्तेमाल लायक भी हैं या सिर्फ प्रासाद की सजावट के लिए रखे गए हैं ?'

जवाब अजीमुल्ला ख़ान ने दिया, 'पेशवा साहब के दादे-परदादे परम विक्रमी थे; संग्राम के लिए बेहद प्रसिद्ध ! ये तोप-कमान विभिन्न देशों और असंख्य विजय-कीर्ति की यादगार हैं। वैसे उन कमानों की ज़रूरत अब खत्म हो चुकी है।'

यह कहते-कहते अजीमुल्ला ख़ान का सुदर्शन चेहरा ईषत् लाल हो उठा। एडविन और ट्रेसिड्डार ने बातचीत का प्रसंग बदल दिया।

अंग्रेज मेहमानों के सामने जाम पेश किया गया। बेहतरीन फ्रेंच शैंपेन; विलायती ब्रांडी, फ्रेंच और इतालवी पोर्ट, कोनियाक...कहीं कोई कमी नहीं थी। काले अंगूर और ब्रांडी में तैरते हुए सेब के टुकड़े, मुनक्का और चेरी वगैरह फल भी उनके सामने रख दिए गए। बड़े-बड़े अफसर गावतकिए से टिककर बैठ गए और आपस में बातचीत में मशगूल हो गए। भृत्य दबे पाँव दाखिल हुए और कमरे के ओने-कोने में चंदन का धूपदान रखकर वापस चले गए। कमरे के एक कोने में वृद्ध संपूरण, घुटने मोड़कर विराजमान।

अजीमुल्ला ने उसकी तरफ इशारा करते हुए कहा, 'ये बुजुर्ग, बाद में साहब बहादुरों का हाथ दखेंगे। बड़े पहुँचे हुए और माहिर ज्योतिषी हैं।'

एकाध पल ठहरकर, उन्होंने ईषत् हँसकर एक और जुमला भी जोड़ दिया, 'उनके साथ चम्पा भी आई है। इन सज्जन के बिना वह लड़की नहीं आती-जाती।'

ब्रिगेडियर इवान्स बड़े अफसरों के बीच अपने को उपेक्षित महसूस कर रहा था। वह मोर टॉमसन की बगल में जा बैठा।

टॉमसन ने पूछा, 'क्यों ? कैसे लगे महाराज ?'

इवान्स ने सिर हिलाकर बताया, उसे अच्छे लगे हैं। भारत में वह नया-नया आया था। भारत देश उसे काफी रहस्यमय लगा था। योगी, सँपेरों, खूबसूरत नर्तकियों और राजा-महाराजाओं का देश--भारत। भारत में जो भी आता है, छोटा-मोटा नवाब बनकर अपने देश लौट सकता है। हालाँकि वह सन् 1857 का ज़माना था, फिर भी उस अनाड़ी नौजवान को इस बात का पक्का विश्वास हो चुका था।

हैरत है, मद्रास और बंबई में शराब के नशे में चूर गोरे फौजियों की बदक़िस्मत जिंदगी कल-कारखानों में मलेरिया का प्रकोप, सूजन और आँव के रोग से मृत, श्वेतांगों की कब्रें और अपने देश इंग्लैंड के पोर्टमाउथ और ब्राइटन में भारत से लौटे हुए दीन-हीन फौजियों को देखकर भी उसके अक्ल नहीं आई।

वह भौंचक निगाहों से वह कमरा, कमरे में सजे हुए साजो-सामान, झाड़-फानूस-रोशनदान, फूलदान, इत्रदान वगैरह निहारता रहा।

टॉमसन ने उसके कान में फुसफुसाकर कहा, 'देखना, तुम्हारा यह महाराजा, कुछ ही देर में डॉक्टर ट्रेसिड्डार के सामने अपनी झूठमूठ की बीमारी का रोना शुरू कर देगा।'

'डॉक्टर ट्रेसिड्डार क्या उनके डॉक्टर हैं ?'

'हाँ, यह बात अलग है कि नानासाहब के रोने-गाने पर वे कभी ध्यान नहीं देते। लेकिन गैंडे की सींग का चूरन खाकर जब कभी उनका हाजमा गड़बड़ा जाता है, फौरन डॉक्टर ट्रेसिड्डार को तलब किया जाता है। डॉक्टर की हर हिदायत वे बड़े ध्यान से सुनते हैं, मगर दवा वे हमेशा देशी हकीम की ही खाते हैं।'

'गैंडे की सींग का चूरन ?'

टॉमसन ने एक दाना अंगूर तोड़कर अपने मुँह में डालते हुए कहा, 'इन लोगों का विश्वास है कि इसके सेवन से खोया हुआ पौरुष वापस मिल जाता है। जाने किससे तो सुन लिया कि चीन में मंदारिन जाति इसका सेवन करती है। सुना है, इनकी नई रानी ख़ासी सुंदरी है। इसलिए महाराजा को उससे एक बेटा चाहिए। बेटा पाने के लिए इनकी कसरत और खर्च देखोगे तो दंग रह जाओगे।'

इवान्स चकित ! वह फिर कुछ पूछने ही जा रहा था कि अचानक राजा के भृत्य हाथ में जलती हुई मशाल थामे प्रकट हुए और कमरे के बीचोबीच झूलती हुई झाड़ रोशन करके लौट गए। सारंगीवादकों ने सारंगी पर सुर छेड़ दिया। एक अधेड़, विगत-यौवना गायिका ने पीकदान में पीक उगलकर, अपने एक कान पर हाथ रखा और कोई राग छेड़ दिया। पीछे के दरवाजे से एक जवान औरत तेज़-तेज़ चाल में कमरे के अंदर दाखिल

हुई। उसने एक हाथ से अपना घाघरा सँभाला और दूसरे हाथ में छोटा सा दीपदान उठाए थिरकना शुरू कर दिया। दीपदान में दीप जल रहा था। परम दक्षता के साथ, जलता हुआ दीपक सँभाले, उस लड़की ने नाचना शुरू किया।

'यह चम्पा है। इसे अच्छी तरह देख रख, इवान्स !'

सुडौल अंग ! छोटा क़द ! बड़ी-बड़ी आँखें ! हरे रंग का घाघरा, लाल चोली और बदन पर सोने-चाँदी के बेशुमार ज़ेवर ! कसी-कसी देहयष्टि ! उसके जवान अंग-प्रत्यंगों में चंचल मुखरता का शोर ! पहली ही नजर में इवान्स ने तय कर डाला कि वह इस औरत से इश्क ज़रूर करेगा। उस औरत ने उसे इस क़दर मोह लिया कि उसका दिल अपने वश में नहीं रहा।

'क्या ग़ज़ब की खूबसूरत है ! जानमारू !' उसने लंबी उसाँस भरी।

'डर्टी !' मोर टॉमसन की जुबान दारू का नशा बोलने लगी, 'गँवार औरत है ! अरे, कितनी छोकरी चाहिए तुझे ? जा न, कानपुर चला जा। उस शहर में जवान छोकरियों की कमी है भला ? अरे, इन देशी औरतों में ऐसा क्या है कि उन पर फ़िदा हुआ जाए ?'

चम्पा के क़दम थिरकते रहे, होंठ हँसते रहे। मन ही मन वह कुछ सोचती भी जा रही थी। सोच-सोचकर बेतरह परेशान भी थी। लेकिन जाने कौन से खयाल उसे परेशान कर रहे थे, यह तो वही जाने।

उसे खयाल आया, नई बाईसाहिबा ने आज उसे अंदर महल में तलब किया था। उसे अंदर बुलाकर, वे उसे कौतुकी निगाहों से निहारती रहीं–आज़ाद औरत ! बाहरी दुनिया की आज़ाद औरत आखिर कैसी होती है ? कैसी दिखती है ? उसने भी देखा, बाईसाहिबा के हाथों में मुसलमान औरतों की तरह हीरे के जेवरात और नाक में हीरे की नथ, पाँवों की चप्पलों तक में मोती जड़े हुए, हालाँकि उनके पाँव इतने नरम थे कि यह बिल्कुल जाहिर नहीं होता था कि इनमें कभी चप्पल चढ़ी भी होगी।

काशीबाई ने दरयाफ़्त किया, 'तुम रमजानी क्यों बन गईं ?'

चम्पा की मुग्ध निगाहें, अपलक उनके लावण्यमंडित किशोर चेहरे पर टिकी रहीं।

उसने जवाब दिया, 'मुझसे किसी ने कहा था, मैं रमजानी बन जाऊँ।'

काशीबाई हँस पड़ीं। अब तक वे दासियों की जुबानी, रसीले और चटखारेदार किस्से-कहानियाँ सुन-सुनकर वक्त गुजारती रही हैं, आज बाहरी दुनिया के किसी आज़ाद इनसान ने मानो उन्हें, सचमुच कोई मज़ेदार बात बताई हो।

उन्होंने ताली बजाते हुए पूछा, 'किसने ?'

चम्पा के होंठों पर हँसी नहीं खिली।

उसने जवाब दिया, 'हमारे गाँव में एक अमीर मानस की बहुरिया है, बाईसाहिबा ! उसी ने कहा था, चम्पा, तू रमजानी हो जा और शहर चली जा–'

'उसने कहा और तुम चली आईं ?'

'ना बाईसाहिबा, ज़िंदगी में काफी घूमने-भटकने के बाद यहाँ तक पहुँची हूँ।'

काशीबाई को अगली कोई बात नहीं सूझी। चम्पा लौट आई। नाचते-नाचते चम्पा को वे सब बातें याद आती रहीं। वह बेतरह दुखी हो आई। सीने में कहीं तीखा दर्द जाग उठा। नाच ख़त्म होने के बाद साहब लोग खाने-पीने में जुट गए। अधेड़ गायिका ने ग़लत सुर बजाने के लिए सारंगीवादक पर गलियों की बौछार कर डाली। उसे डाँटने-डपटने लगी। इधर जो कारिंदा संपूरण को लेकर आया था, उस दिन की कमाई में अपना हिस्सा बँटाने में जुट गया।

मौका देखकर चम्पा उस कमरे से बाहर निकल गई। बगल के कमरे में जाकर उसने काले रंग की रामपुरी चादर से अपना सिर ढँका और पैरों में नागरा डालकर दरवाजे से बाहर की तरफ चल पड़ी।

चम्पा राजप्रासाद से बाहर निकल आई और नदी के किनारे-किनारे आगे बढ़ी। विदा लेते पूस की कड़कड़ाती ठंड ! पत्रहीन पेड़, बर्फीली हवा में काँपते हुए ! हर ओर कुहासा...धुंध ! पैरों तले रेत ! राह चलते-चलते चम्पा रह-रहकर ठिठक जाती और चारों तरफ़ चौकन्नी निगाहों से देखती भी जाती। रेत पर एक तरफ सियारों की आपस में छीना-झपटी ! दूर सफेद चीथड़ों में बँधी लाठियों का हुजूम देखकर उसने अस्फुट स्वर में भगवान का नाम लिया और नदी की तरफ पलट गई। यह जगह बच्चों की क़ब्रगाह थी। शास्त्रों में कहा गया है न, नन्हे बच्चों का दाह नहीं करते।

चम्पा को याद आया, जब वह छोटी थी गाँव के बाहर बरगद के पेड़ तले, रात-विरात जाने में लोग-बाग़ कतराते थे। सुनने में आता था, रात के वक्त वहाँ बच्चों की रुलाई गूँजती रहती है। जैसे ही किसी बच्चे का रोना सुनकर कोई आगे बढ़ता एक साथ ढेर सारे बच्चों की रुलाई गूँज उठती। वह डर जाता। वह देखता छोटे-छोटे चीथड़ें बँधी लाठियाँ हटाकर, नन्हे-नन्हे बच्चे हिलते-डोलते, लुढ़कते-पुढ़कते आगे बढ़ आते। बिचारा वह इनसान जान के डर से थर-थर काँपते हुए भगवान गैवीनाथ शिव का नाम जपने लगता और उधर एक साथ कई-कई आवाज़ों के मिले-जुले ठहाके गूँज उठते। कई लोगों का दावा था कि यह सब उन लोगों ने खुद अपनी आँखों से देखा है।

चम्पा को वह दिन भी याद आया। जब शाम ढले वह और चन्दन वहाँ पहुँचे थे। लेकिन बरगद के पत्तों का मर्मर शोर, शकुन के बच्चों की बेभाव सिसकियाँ और सियारों की दीर्घ रुलाई जैसी चीख-चीत्कार के अलावा उन्हें और कुछ न सुनाई दिया, न दिखाई दिया।

चम्पा जब सयानी हुई, उसके मन में कोई डर-भय नहीं रहा। कम-से-कम मरे हुए इनसानों का खौफ तो बिलकुल ही नहीं रहा। इनसान मरने के बाद, कभी वापस नहीं आता। जिन्हें वह प्यार करता है, उनसे भी मिलने कभी नहीं आता। मरने के बाद इनसान स्नेहहीन, हृदयहीन होकर किसी और ही दुनिया में चला जाता है। काश, चम्पा एक बार...सिर्फ एक बार, अपनी माँ के दर्शन कर पाती तो वह बेतरह खुश हो जाती, लेकिन उसकी माँ कभी दिखाई नहीं दी। वह चम्पा का सुख या उसे देखने कभी नहीं आई।

चम्पा मंदिर के सामने आ खड़ी हुई।

हाँ-हाँ, यही है वह मंदिर ! कभी किसी ज़माने में इसमें देवता विराजमान थे, अब नहीं हैं। कुछ दिनों के लिए, एक ब्रह्मचारी बाबाजी यहाँ आकर रहे थे। चम्पा ने उन्हें देखा था। वे गंगा की तरफ टकटकी बाँधकर देखते हुए धीर-स्थिर बैठे रहते थे। उनके दोनों पाँव अजीब तरीके से मुड़े होते थे। उस मुद्रा को पद्मासन कहते हैं। योगी और साधक के अलावा उस मुद्रा में अन्य किसी का बैठ पाना नामुमकिन ! ब्रह्मचारी के पास कई दिनों तक जिज्ञासु ग्रामवासियों का ताँता लगा रहा। वे लोग तरह-तरह के सवाल करते। अगर किसी का बच्चा बीमार हो जाता, तो वे लोग उसे भी गोद में टाँगे-टाँगे ले आते। विकलांग और अंधे बच्चों की तो भीड़ लगी रहती थी।

दरअसल, आम इनसानों के मन में अरसे से एक विश्वास पलता रहा है। कई सालों पहले इस मंदिर में एक मौनी संन्यासी का आगमन हुआ। सुनने में आया कि ब्रह्मवर्त में उन्होंने घोर तपस्या करके दिव्य वरदान प्राप्त किया था। उन्होंने अपनी तपस्या का फल यहाँ वितरण किया। अंधे को उसकी दृष्टि लौटा दी, विकलांग को स्वस्थ कर दिया। जितने दिनों तक उनके शरीर में तपस्या का बल रहा वह दिव्य पुरुष बने रहे। जिस दिन उनकी तपस्या का फल चुक गया। उनकी दिव्यता भी निःशेष हो गई और वे अति साधारण इनसान बन गए। कृश देह, किसी वृद्ध भिखारी की तरह धीरे-धीरे उन्होंने विदा ली। उस दिन से लोगों के दिल में यह विश्वास घर कर गया कि हर मौनी संन्यासी में कोई आश्चर्यजनक शक्ति होती है। जब इस ब्रह्मचारी को भी यह अहसास हुआ कि लोग दिनोदिन उनसे अद्भुत-अद्भुत वरदान की अपेक्षा करने लगे हैं। एक रात उसने वह मंदिर त्याग दिया।

निर्जन मंदिर ! परित्यक्त ! किसी निर्वासित गृहस्थ घर की तरह ही श्रीहीन ! इन दिनों कभी-कभार दोपहर के वक्त छोटे-छोटे चरवाहे इधर आ निकलते। वे अपनी बकरियों को चरने के लिए छोड़ देते और खुद मंदिर के अहाते में आ बैठते या कंकड़ से धारियाँ खींचकर, लँगड़ी टाँग का खेल खेलते। उसके बाद वहाँ कोई नहीं होता। गंगा की तेज़-तेज़ हवाओं में सूखे पत्ते, डंठल-तिनके, बकरियों की लीद वगैरह मंदिर के फर्श पर उड़ते फिरते।

चम्पा वहाँ तक पहुँचकर फिर ठिठक गई।

मंदिर की दीवार से टिककर वहाँ कोई खड़ा था।

चम्पा ने आवाज दी, 'चन्दन—!'

चन्दन ने पलटकर उसे देखा। उसके करीब चला आया। उसका मन हुआ उसका हाथ थाम ले मगर फिर झिझककर उसने हाथ पीछे कर लिया।

'चल, भीतर चल ! बड़ी ठंड लग रही है—' चम्पा ने कहा।

अचानक उसे कँपकँपी चढ़ गई। उसका समूचा तन-बदन थर-थर काँपने लगा। उसे बेतरह कमजोरी महसूस होने लगी। उससे खड़ा नहीं हुआ जा रहा था। चन्दन के कंधे के सहारे वह मंदिर के अहाते में चली आई। दोनों अगल-बगल बैठ गए।

काफी देर तक वे दोनों बातें करते रहे।

'बस, उसके बाद से मैं यहीं हूँ। अब मुझे और कहीं नहीं जाना–' चम्पा ने कहा।

'मैं भी तो तुम्हारी ही खोज में यहाँ आया था। अब मैं भी यहीं रुक जाऊँगा। तुम्हें शायद मालूम नहीं, संपूरण मेरा परिचित है–' चन्दन ने कहा।

'इस संपूरण को मैं समझ नहीं पाती। कभी-कभी तो मुझे बेहद डर लगता है। जिसे हम समझ नहीं पाते, उससे दहशत तो होती है न !'

'हाँ, होती तो है, लेकिन डरना मत–'

चम्पा कुछेक पल को खामोश हो रही।

थोड़ा ठहरकर, उसने लंबी उसाँस भरकर दोबारा कहना शुरू किया, 'तुम्हारी माँ ने जो कहा था वह अक्षर-अक्षर सच हो गया। आखिर में बाजार में ही आ बैठी। मुझे रमजानी बन जाना पड़ा।'

'अरे, नहीं। वह सब तो झूठ-मूठ की बातें थीं। असल में भाग्य-चक्र तुम्हें यहाँ ले आया।'

'हाँ, मगर पहले मुझे विश्वास नहीं होता था कि मैं इतनी बदक़िस्मत हूँ। तुम नाराज हो जाते थे। इसलिए विश्वास करने का सवाल ही नहीं उठता था। तुम्हें पता नहीं, मैं पौधे लगाती थी और देखती थी, उसमें फूल आते हैं या नहीं। तुम इसे मेरी कमजोरी कहोगे। लेकिन चन्दन ! मुझे वाकई डर लगता था। उसके बाद देखो, कितना कुछ घट गया। आज मुझे सचमुच यकीन आ गया है कि मैं महा-बदनसीब हूँ। जो भी मेरे क़रीब आएगा, वह तबाह हो जाएगा। अब तुम ही बताओ चन्दन मैं दोबारा तुम्हें अपने करीब कैसे आने दूँ ?'

कहीं से एक सियार उनके करीब आ खड़ा हुआ। चन्दन ने उसकी तरफ एक कंकड़ फेंक मारा। सियार डर से किंकियाता हुआ वहाँ से भाग गया।

चन्दन बेसब्र हो उठा। उसने उत्तेजित लहजे में कहा, 'तुम्हारा दिल न, बेहद खुदगर्ज हो गया है चम्पा ! तुम सिर्फ अपनी ही कहे जा रही हो। तुम्हें ख़बर नहीं कि मुझे गाँव छोड़े पूरे दो साल हो गए। तुम्हें खोजता रहा...चप्पे-चप्पे में तुम्हें खोजता फिरा। अब मैं तुम्हें छोड़कर कहीं नहीं जाऊँगा, चम्पा ! मैं तुम्हें भूल सकता हूँ, भला ? क्या तुम मुझे भूल सकती हो ? अगर मैं चाहूँ, तो भी पिछले सोलह साल मैं क्योंकर भुला सकता हूँ ? अपने दद्दू का खून मेरी नसों में भी दौड़ता है। अब मैं गाँव में नहीं रहना चाहता। वहाँ मेरा मन नहीं लगता। अब मुझे और ही ज़िंदगी अच्छी लगती है। मैं सिपाही नहीं बन सका। फौजी नियम-क़ानून मुझे रास नहीं आए। फौज के छोकरे साहब हमें बदतमीज, डैम इट, नॉनसेंस, सूअर कहकर पुकारते हैं। वह सब सुनकर मुझसे रहा नहीं जाता, बर्दाश्त नहीं होता मुझसे। इसीलिए मैं बंगाली डॉक्टर बाबू के पास चला आया। यहाँ मैं रह लूँगा। तुम्हारे लिए ही तो आया हूँ मैं–'

'तुम क्या मुझसे...?'

चन्दन ने सिर हिलाते हुए जवाब दिया, 'न्ना, अभी मैं तुमसे ब्याह नहीं कर सकता।

मुझ पर बहुत सारी जिम्मेदारी डाल दी गई है। बाद में...चम्पा, बाद में ! मैं और तुम, अपने गाँव डेरापुर चले जाएँगे।'

चम्पा ने उदास लहजे में कहा, 'तुम सब आखिर किस काम की दुहाई देते हो ? संपूरण के यहाँ आनेवाले लोगों का ताँता बँधा रहता है। जितने लोग, उतनी बातें ! तुम लोगों को आखिर ऐसा कौन सा काम पूरा करना है, चन्दन ? संपूरण ने मेरे पास रुपए रखवाए हैं। ढेरों रुपए। हर वक्त वह मुझे आँखों-आँखों में रखता है—'

'अच्छा करता है—'

'हाँ, मुझे मालूम है, अगर वह मेरा खयाल न रखता तो शहर, बाजार-हाट में क़दम-क़दम पर मुझ पर मुसीबतें टूटतीं। फिर भी, कभी-कभी मेरा मन उचाट हो जाता है।'

दूर कहीं सियार की हुँआँ-हुँआँ गूँज उठी। उत्तर दिशा के नदी तट से 'राम नाम सत्त है' की आवाजें आने लगीं। किराए के मातमी लोगों की रुलाई गूँज उठी। कोहरे में भी चंद चलते-फिरते लोग नज़र आए।

'क्यों, डर लग रहा है ?'

चम्पा सिर हिलाते हुए उठ खड़ी हुई।

'अब चलती हूँ—'

'मैं भी चलता हूँ—'

कुछेक पल दोनों खामोश खड़े रहे।

चन्दन ने पूछा, 'बेहद खूबसूरत है न यह नदी ? बेहद मोहक ?'

चम्पा ने सिर झुका लिया। हैरत है ! उस पल उसने भी महसूस किया; इस मरघट के सन्नाटे, टूटे-फूटे मंदिर के सियाह अँधेरे, शुभ्र-श्वेत रेत, दूधिया कोहरे और दूर आकाश छूती हुई, धधकती चिता की लपलपाती हुई लपटों में भी एक दिव्य सौंदर्य है। बैरागी अवधूत की तरह रिक्त ! भयंकर सौंदर्य ! इस अद्भुत सौंदर्य को देखकर इनसान के मन में अपने को शांत-संयत रखने की चाह जाग उठती है। लाख कोशिशों के बाद भी जिस गहराई तक पहुँचना नामुमकिन है, इन पलों में इनसान उस गहराई तक भी पहुँच सकता है। चन्दन के प्रति उसे अपने निजी अहसासों का भी खयाल हो आया। उसकी गहराई भी बेहद अतल और खौफनाक ! चम्पा को लगा, अपना प्यार वह किसी हाल भी व्यक्त नहीं कर सकती। कम से कम जितने सारे शब्दों की उसे जानकारी है उनके जरिए तो हरगिज नहीं। उसने ज़रा खुलकर उसाँस भरी।

अगले ही पल उसने कहा, 'तुम न, मेरे अंदर समा गए हो, चन्दन ! मेरे खून के बूँद-बूँद में बस गए हो। मैं तुम्हें भुला नहीं पाती, वरना मैं वाकई सुखी होती।'

'वो कैसे ?'

'मगनलाल का भतीजा मुझे अपने साथ ले जाना चाहता था—'

'रुपए और सोना तुम्हें सुखी नहीं कर पाते चम्पा।'

'तुम्हारी बातें, जैसे कहीं से बदली-बदली लग रही हैं।'

'जानता हूँ ! डॉक्टर बाबू भी यही कहते हैं।'

'क्या कहते हैं ?'

'असल में डॉक्टर बाबू के सोचने-कहने का तरीका बिलकुल अलग है। हो सकता है उनसे सुनते-सुनते मैंने भी उसी लहजे में बोलना सीख लिया हो। रुपया और सोना आदमी को सुखी नहीं बनाते यह भी उन्हीं का कहना है—'

ये सारी बातें सच थीं। इसीलिए चम्पा एकदम से भड़क गई।

उसने बिफरकर कहा, 'यह बात क्या मैं नहीं जानती ? अब मेरे नसीब में कहीं कोई सुख नहीं है और न ही मुझे कहीं चैन मिलेगा। मुझे क्या ख़बर नहीं है कि तुम मुझे बूँद-बूँद करके ख़त्म किए दे रहे हो। इस बार पूरे दो साल बाद हमारी भेंट हुई। वैसे सच पूछो तो अभी भी भेंट होनी नहीं चाहिए थी। इतने दिनों बाद मिले हो, फिर भी तुम हो कि मुझे कुछेक किताबी जुमले सुना रहे हो। जाओ, तुम चले जाओ।'

'नाराज़ क्यों होती है, भाई ?'

'अरे...! सामने रोशनी नज़र आ रही है चन्दन, अब तुम जाओ।'

'कल या परसों, हमारी फिर भेंट होगी, समझीं ?'

'हाँ, समझ गई।'

अचानक चम्पा चन्दन के गले से एकबारगी लिपट गई। अगले ही पल उसे छोड़कर वह सरपट दौड़ पड़ी। आम बागान् के अँधेरे-उजाले में वह एकदम से गायब हो गई। सूखे पत्तों का मर्मर शोर, कुछ देर और गूँजता रहा। उसके बाद चारों तरफ ख़ाभोशो !

चन्दन पीछे मुड़ा और जिस राह आया था उलटे पाँव उसी पर चल पड़ा।

हवेली के तल-कक्ष में बैठा-बैठा, संपूरण साहब लोगों का हाथ देख रहा था।

बेहतरीन आहार और उत्तम शराब पेट में पड़ने के बाद साहब लोग भी खासी मस्ती में थे।

कभी-कभी 'टाइम्स' में लिखनेवाले अंग्रेज साहब ने दरयाफ़्त किया, 'हिरण का गोश्त था और दूसरा क्या था ? मोर का गोश्त ?'

नानासाहब ने सिर्फ हाथ उठा दिया। साहबों के खाने के वक्त वे वहाँ से उठकर चले गए थे। अंग्रेजों का मांस खाना उनसे देखा नहीं जाता था। फिरंगी जब खाने में जुटे थे, वे शिकारखाने में चीनी हंस के नए जोड़े को पुचकारने में मगन थे। जो कर्मचारी पंछियों को दाने चुगाता था, उसकी बतकही भी सुन रहे थे।

कुछ देर बाद वे मेहमानों में लौट आए।

अजीमुल्ला और डॉक्टर एडविन भी बातचीत में लगे हुए थे।

'असल में मोर हमारे यहाँ बेहद पाक माना जाता है और हिंदू लोग मोर का शिकार करने से परहेज करते हैं। मोर का गोश्त खाना भी कुफ्र है।'

'यह जो चाँदी के बर्तनों में खाना सर्व किया गया, यह क्या सिर्फ मेहमानों के लिए है ?'

'जी हाँ, पेशवा साहब की भोजनशाला अलग है, जहाँ ब्राह्मण खाना तैयार करते हैं। वे उन्हीं के हाथ का बना खाना खाते हैं और सोने का बर्तन इस्तेमाल करते हैं।'

अखबारी रिपोर्टर ने कहा, 'आज महाराज साहब ने जो शानदार अतिथि-सत्कार किया, मैं उसकी रिपोर्ट लिख भेजूँगा। इंग्लैंड के सभी लोग बड़े चाव से पढ़ेंगे, क्योंकि वहाँ के लोग महाराजा के नाम से बखूबी परिचित हैं।'

अचानक नानासाहब ने लंबा-चौड़ा हवाला दे डाला।

जब उनकी बातें खत्म हुईं, अजीमुल्ला ने बातों की कड़ी दोबारा जोड़ी, 'श्रीमान पेशवा साहब फरमाते हैं कि आप लोग 'टाइम्स' में बहुत सारी ऐसी खबरें देते हैं जिनका कार्य-कारण समझ में नहीं आता। टॉड साहब ही समाचार पढ़कर सुनाते हैं और श्रीमान बड़े शौक से भारत के राजा-महाराजाओं की खबरों पर ग़ौर करते हैं। मसलन एक बार यह खबर छपी थी कि सन् 1854 में ग्वालियर के जयाजीराव ने अपने सवारों को तनखाह नहीं दी या उनको गोली मार दी। यह ख़बर पढ़कर आपके मुल्क के लोग शायद यह समझ बैठे हों कि यहाँ के राजे-महाराजे बात-बात में अपनी फौज को मार डालते हैं। लेकिन...इस दावत के बारे में आप क्यों लिखना चाहते हैं ? श्रीमान साहब का कहना है यह अति साधारण आयोजन था। वे फरमाते हैं, किसी दिन आप बिठूर का अस्त्रागार, शिकारखाना और बाकी अन्य दर्शनीय स्थल देख डालें। अगर लिखने का मन हो तो उनके बारे में लिखें।'

कुछ देर बाद नानासाहब, अजीमुल्ला और डॉक्टर ट्रेसिड्डार बगल के कमरे में चले आए और पेशवा की बीमारी की चर्चा में व्यस्त हो गए। कई अन्य अफसर संपूरण के पास आ खड़े हुए।

जिज्ञासु इवान्स ने सवाल किया, 'ये साहब क्या महाराजा साहब के निजी ज्योतिषी हैं ?'

एडविन ईषत् हँस पड़े, 'ना, महाराजा के ख़ास ज्योतिषी तो आजकल काशी गए हुए हैं। वह ज्योतिषी अंग्रेज साहबों का स्पर्श नहीं करते।'

'क्यों ?'

एडविन ने कंधे उचकाकर जवाब दिया, 'अरे, कुछ नहीं ! छोड़ो !'

ज्योतिषी संपूरण के इर्द-गिर्द छोकरे साहबों की भीड़ लगी हुई थी।

संपूरण ने एक साहब का हाथ देखते हुए कहा, 'बचपन में आपको किसी हथियार से चोट लगी थी, मातृवियोग ! नौकरी में विफलता ! भारत में आगमन ! विवाह ! निराशा—'

एड्जुटेंट साहब का चेहरा किंचित् लाल हो उठा। उसने झट से हाथ खींच लिया। बाकी लोगों ने अपनी हँसी छिपाने के लिए मुँह फेर लिया। क्वाँरी मेमों की कमी तो नहीं है, लेकिन बिचारे इस लड़के की किस्मत में कोई मेम नहीं जुटी। रोज़ एमिली मोड

ने अभी पिछले दिनों ही उसे ख़ारिज कर दिया था।

एड्जुटेंट शेफर ने अपनी झेंप मिटाने के लिए संक्षिप्त-सी राय दी, 'भई, अतीत तो इन्होंने ठीक-ठीक ही बताया। किसी हद तक बिलकुल सच !' इतना कहते हुए वहाँ से हटकर एक तैल-चित्र निरखने में तन्मय हो गया, जिसमें सर फिलिप सिडनी, किसी प्यासे सिपाही को पानी पिला रहे थे।

इवान्स दो अन्य साहबों के साथ आगे बढ़ आया।

इवान्स ने कहा, 'भई, भविष्य बताएँ न ! यह बताएँ कि भविष्य में क्या होगा ?'

पाइप में तमाखू भरते-भरते एडविन ने कहा, 'हाँ, साहब लोगों के पास सोने की थाली-कटोरी होगी; एक सौ बच्चे होंगे, यह सब बताएँ न ! कम से कम यह भविष्यवाणी तो करें कि सारे के सारे साहब, सी एन सी हो जाएँगे।' वे आँख दबाकर हँस पड़े।

संपूरण ने बताना शुरू किया, 'साहब लोगों के हाथ में...सभी साहब के हाथ में, मुझे तो भयंकर संकेत नज़र आ रहे हैं।'

'यानी गंगा का पानी चढ़ जाएगा; बाँध बह जाएँगे और परेड ग्राउंड में घोड़ा बिदक जाएगा ?'

'और क्या देखा ?'

'रक्तपात; मार-काट; मौत ! यह सब भी घटेगा—'

'और...और क्या देखा, बूढ़े शैतान ?'

'और तो कुछ नहीं। इसके आगे मेरी आँखें साथ नहीं दे रहीं...'

साहबों की भीड़ निराश मन से उठ खड़ी हुई।

एडविन ने दोबारा अपनी राय जड़ी, 'ये लोग ऐसी ही बातें करते हैं। परीकथा जैसी बातें ! सब बकवास। जिस दिन मैं बंबई पोर्ट पर उतरा, उस दिन से ही, जितने ही ज्योतिषी, मुझे जो-जो बताते रहे, अगर वे सारी बातें सच होतीं तो अब तक मैं करोड़पति बन चुका होता। असल में ये लोग बस यूँ ही बकते रहते हैं। आखिर क्या हुआ ? पिछले चालीस सालों में मुझे तो किसी बंदे में कोई अलौकिक शक्ति नज़र नहीं आई।'

इक्के पर सवार होकर कानपुर लौटते हुए संपूरण ने चम्पा से दरयाफ़्त किया, 'तू गई कहाँ थी ? इतनी देर लगा दी ?'

चम्पा ने कोई जवाब नहीं दिया।

'देख, कितनी देर लगा दी। फिजूल में, रात हो गई।'

'तुम नहीं समझोगे—' चम्पा ने जवाब दिया।

'क्या नहीं समझूँगा ?'

कोई जवाब नहीं आया।

संपूरण ने सारा गुस्सा गाड़ीवान पर उतारा। उसे बुरी तरह डाँटता रहा।

चम्पा ने अचानक ठहाका लगाकर कहा, 'तुम न ! किसी से तुम ढंग से बात नहीं कर सकते ?'

'न-हीं !'

'देखना, अपने इसी रवैए की वजह से किसी दिन मुँह की खाओगे या पिट जाओगे।'

'हुँह, संपूरण को पीटे, ऐसा कोई मरद का बच्चा पैदा ही नहीं हुआ। समझीं ?'

चम्पा को अचानक बचपना सूझा।

आगे हँसते-हँसते कहा, 'सच्ची, तुम्हें देखकर तो एक छोटा-सा बच्चा भी डर जाए। तुम न बड़े अभागे हो।'

'चम्पा—!'

'हाँ, बेहद बदनसीब हो तुम ! हर किसी को डरा-धमकाकर, अपना काम क्यों कराना चाहते हो ? ज़रा मिठास से...मेरी तरह नहीं बोल सकते ?'

'चम्पा, तुझे हुआ क्या है ?'

'मुझे ? मुझे बेहद खुशी हो रही है।'

'क्यों, चम्पा ?'

'क्यों ?'

अचानक चम्पा ने संपूरण का हाथ थाम लिया।

उसने उसी तरह हँसते हुए कहा, 'ओ संपूरण ! संपूरण ! तुम क्या कभी...किसी दिन भी जवान नहीं थे ? जवानी क्या तुम पर कभी नहीं आई ?'

संपूरण ने झटककर अपना हाथ छुड़ा लिया और उसे ताबड़तोड़ गालियाँ देने पर उतर आया। कुछ देर बाद वह खुद ही चुप हो गया।

2

चम्पा आईने में अपने को निहारती हुई ख़ामोश बैठी थी। कहते हैं कि आईने में अपनी छाया यूँ नहीं निहारना चाहिए। जो यूँ आईना देखते हैं वे बदकिस्मती में घिर जाते हैं। लेकिन चम्पा आईने में खुद को नहीं देखती ! आईने की तरफ देखते हुए, वह अपनी जिंदगी के बारे में सोचा करती है। जब भी उसे अपनी जिंदगी का खयाल आता है, वह आईना लेकर बैठ जाती है। जब भी वह आईने के सामने बैठी होती, उसे आवाज़ देने में संपूरण को भी डर लगता है। किसी-किसी दिन वह आईने के सामने काफी देर-देर तक बैठी रहती है।

संपूरण एकदम से पूछ बैठता, 'क्यों री, आज खाना नहीं पकाएगी ? खाना नहीं खिलाएगी ?'

चम्पा लंबी उसाँस भरती हुई उठ खड़ी होती। उसकी नज़र उस बच्ची पर पड़ती, जो उसका हाथ बँटाने आया करती थी। वह बच्ची भी सिमटी-सिकुड़ी सो रही होती। चूल्हे की आग तक बुझ चुकी होती। चम्पा काठ उकेरकर दोबारा आग जलाती। दाल

की हाँडी चढ़ाकर, साग-सब्जी काटने में जुट जाती।

इन सब कामों से फ़ारिग होते ही वह दोबारा आईने के सामने आ बैठती। आईना थामे हुए वह निश्चल बैठी रहती।

वैसे आईने के सामने बैठे रहने जैसा रूप-रंग चम्पा का नहीं था। हाँ, उसकी माँ, सूरज कुँआरी जरूर अपरूप सुंदरी थी। चूँकि वह अतिशय रूपवती थी, सेंगर नदी के तट पर स्थित डेरापुर जैसे छोटे से गाँव में बसे घरबारी मोहनचंद ने उसे चुन लिया और उसे अपने इकलौते बेटे अनंतराम की बहुरिया बनाकर ले आया। आँगन में गेहूँ बिछा हुआ ! परात में मिठाई का चूरा रखा हुआ ! कलसी में दूध ! इन सब सामानों को स्पर्श करते हुए, उसने घर के अंदर पाँव रखा। सूरज के मायके में कोई नहीं था। इसलिए ब्याह के बाद सूरज कभी अपने मायके नहीं लौटी।

हाँ, उसके अंग-अंग से रूप मानो उमड़ा पड़ता था। लेकिन अपनी सूरत निहारने के लिए उस घर में एक भी आईना नहीं था। एक बार उसके गाँव में गोदना गोदनेवाला आया। सूरज की सास ने खुद सामने खड़े रहकर, उसके हाथ, गले और माथे पर गोदना गोदवा दिया। सूरज ने सुना गोदने में वह साक्षात् रानी जैसी दिखती है। उन दिनों उसने पीतल की एक थाली को घिस-घिसकर सोने की तरह चमका डाला और उसमें वह अपना मुखड़ा निहारा करती। जब वह थाली मैली हो जाती, तो थाली पर इमली रगड़कर वह दोबारा चमका लेती।

अनंतराम कहा करता था, 'मैं तुझे एक आईना ला दूँगा, बहुरिया !'

लेकिन सास को पतोहू का, थाली में मुखड़ा निहारना फूटी आँखों नहीं सुहाता था। वह खुद कोई काम-काज नहीं करती थी, बस पतोहू पर पहरा दिया करती थी। सूरज जब बर्तन माँजने के लिए नदी पर जाती या प्रताप लोगों के अहाते में पानी भरने जाती, सास उसके साथ होती।

सास कहा करती थी, 'भगवान करें तू पूत की माँ बने। कई-कई बेटों से तेरी गोदी भरी रहे। तभी तेरा रूप ढलेगा। मइया रे मइया, क्या अपरूप रूप है। इतना रूप अच्छा नहीं होता बहुरिया !'

सूरज भी चाहती थी उसके ढेर-ढेर बेटे हों। लेकिन जब उसकी कोख में सचमुच बेटा आया, मारे शर्म के वह अपनी सास को नहीं बता पाई।

सन् 1837 का ज़माना ! सास-ससुर प्रयाग के माघ-मेला में जानेवाले थे। गाँव के और लोग भी साथ जा रहे थे। मोहनचंद गया जाकर अपने पितरों का तर्पण भी करेगा; काशी जाकर बाबा विश्वनाथ के दर्शन करेगा; अंत में प्रयाग पहुँच जाएगा। तीन-तीन तीर्थ करने के बाद प्रयाग में स्नान करने से पुण्य-लाभ होता है।

तीर्थयात्रा पर जाने से पहले सास सूरज को अच्छी तरह समझाकर गई। शाम को वह घर से बाहर न निकले; खुले बाल पेड़ के नीचे न खड़ी हो। रात को अचानक कोई

आवाज़ दे तो झट से जवाब न दे; गाँव की कोई टोनही बुढ़िया अगर उसे शनिवार के दिन केला खाने को दे तो वह हरगिज न खाए। किसी के हाथ से जंतर-ताबीज़ हरगिज क़बूल न करे। भारी-भारी काम कौशल्या ही कर देगी, सूरज धान कूटने, छाछ बिलोने या गाय को घास-चारा खिलाने हरगिज न जाए। अगर कभी घर में काठ खत्म हो जाए तो काठ बटोरने के लिए वह जंगल की तरफ न निकल जाए।

लेकिन यात्रा पर निकलकर मोहनचंद गया, काशी जाने की बजाय सीधे प्रयाग ही पहुँच गया। वहाँ हैजे की महामारी फैली थी। वह भी उसी का शिकार होकर चल बसा। उसकी बीवी भी उसी महामारी में चल बसी।

गाँव के और भी बहुत से लोग तीर्थयात्रा पर गए थे। कोई वापस नहीं लौटा। सबने वहीं दम तोड़ दिया।

इस हादसे की ख़बर पाकर सूरज आतंक और दुःख से जाने कैसी तो हो गई। उसकी कोख का बच्चा भी कोख में ही दम तोड़ गया।

अनंतराम के आँगन में गाँव के लोग जमा हुए। उन लोगों के लिए चारपाई बिछा दी गई। उन लोगों ने चारपाई पर बैठकर, पान-तमाखू और खैनी खाई और अनंतराम के इस दोहरे दुःख का कारण खोजते फिरे।

गाँव के जागृत देवता गैवीनाथ शिव के भक्त केशवराम ने राय दी, 'मोहनचंद महापापी था। अरे, पहले गयाजी में राम-सीता और विष्णुपाद मंदिर के दर्शन करता। उसके बाद बाबा विश्वनाथ के चरणों में सिर नवाता। उसके बाद न प्रयाग ? अब देख लो, गंगा तीर पर आखिर मर गया न मोहनचंद ! मौत के वक्त बूँद भर पानी भी शायद नसीब नहीं हुआ। जय प्रयाग ! जय-जय प्रयागजी ! मोहनचंद की सारी धूर्तता तुमने पकड़ ही ली !'

गाँववालों ने सहमति जताई।

केशवराम ने अनंतराम के लिए विधान किया, 'सुनो गाँववालो, अनंतराम अगर गैवीनाथ को सोने का बेलपत्र चढ़ाने और गया-काशी-प्रयाग, तीनों तीरथ खुद करे तभी पाप का प्रायश्चित होगा। अगर उसने ऐसा नहीं किया तो उसकी चौदह पीढ़ियाँ नरक में सड़ती रहेंगी।'

स्वयं केशवराम का विधान !

यह बात कौन नहीं जानता कि केशवराम की जुबानी, साक्षात् गैवीनाथ का निर्देश था यह। गाँव के छोर पर विराजमान भगवान गैवीनाथ, डेरापुर और आसपास के तीन-चार गाँवों की प्रजा के सुख-दुःख और भाग्य के शासक और नियंता थे। अतिवृष्टि या अनावृष्टि के दौरान जब गाँव के मानस और पशु बेमौत मरने लगते, यही केशवराम तीन दिन-तीन रात, बिना अन्न-जल के उपासे पड़े रहते। इस पर से उन पर गैवीनाथ के भाव भी आते थे। उन्हें रह-रहकर दौरा पड़ता था। वे काँपते-काँपते उठ बैठते और आगभ भूखा निगाहों से घूरने लगते। मुँह से झाग उगलते हुए, यह मेघमंद्र स्वर में देवता के आदेश सुनाते जाते।

हर रोज़ देवता की आरती के वक्त, चाँदी के साजो-सामान निकाले जाते। ये सामान गाँव के लाला परिवार ने गढ़ा दिए थे। शिवरात्रि के दिन गैवीनाथ के मस्तक पर सोने की छतरी सजाई जाती, हाजीपुर के जमींदार का दान ! काशी में बाबा विश्वनाथ के अन्नकूट के वक्त, भगवान गैवीनाथ के मस्तक पर भी पूरा एक मन दूध ढाला जाता। इसका खर्च हाजीपुर के तहसीलदार देते थे। हाँ, दूध जुटाने का जिम्मा ग्वालों का होता। दूध के वजन में धोखाधड़ी की भी कोई गुंजाइश नहीं होती।

हुआ यह कि एक बार परमेश्वर अहीर, दस सेर की जगह नौ सेर दूध लाया। लेकिन तीन दिनों बाद ही अपनी ही गौशाला में उसे साँप ने डँस लिया। उसके यहाँ लोगों की भीड़ आ जुटी। पाँवों में डोरी बाँधकर, ओझा ने झाड़-फूँक किया। वह सींगी बजाता रहा, झाड़-झंखाड़ जलाकर, मंत्र पढ़ता रहा, लेकिन परमेश्वर धीरे-धीरे नीला पड़ता गया। माथे के बाल उड़ने लगे; हथेलियों के नाखून काले पड़ते गए।

केशवराम ने निर्देश दिया—'डोरी खोल दो—' ओझा ने डोरी खोल दी और परे हट गया। परमेश्वर ने लटपटाई आवाज में गोगियाते हुए कबूल किया, 'मेरे हाथ की नाप से सात अंगुल-भर दूध अगर और होता तब जाकर वजन पूरा होता। लेकिन यह मैं कैसी भूल कर बैठा ?'

केशवराम क्रोध से दहाड़ उठा, 'महापापी है तू ! तुझ जैसे पापियों के लिए ही बाबा भोलेनाथ के माथे पर गेहुँवन साँप पहरा देता है। उसी ने तुझे काट खाया।'

हाँ, गैवीनाथ को धोखा देना असंभव है।

अनंतराम की भी धोखा देने की नीयत नहीं थी। उसमें इतनी हिम्मत ही नहीं थी। उसने वचन दिया, फसल के रुपए घर में आते ही वह तीर्थयात्रा पर चला जाएगा और प्रायश्चित पूरा करेगा।

अनंतराम चल पड़ा। अभी वह ज्यादा दूर नहीं गया था। गाँव से निकलकर जैसे ही उसने हाजीपुर की पक्की सड़क पर पाँव रखा, एक अनजाने संशय ने उसे बेचैन कर दिया। आज पहली बार गाँव की परिचित सीमा छोड़कर वह दूरगामी यात्रा पर जा रहा था। आसपास, दूर-करीब, हर ओर अनजान-अपरिचित रास्ते। अनंतराम बेतरह डर गया और मन ही मन असहाय हो आया। बाहर की दुनिया के विपुल आयोजन के प्रति उसके अंतस् में घबराहट और संकोच जमा होता गया। पता-ठिकाने से अनजान आगंतुक की तरह उसके चेहरे पर भी घोर उद्वेग और दुर्बलता की करुण छाया उभर आई।

अचानक उसका मन अपने घर के लिए बेचैन हो उठा। उसका मन हुआ पथ का यह विराट समारोह छोड़कर, वह दौड़कर अपने उस अकिंचन आश्रय मे जा छिपे।

अनंतराम के साथ उसके काका का साला भी था। नाबालिग बालक ! सिर्फ राह का साथी ! उसका कोई आसरा-भरोसा नहीं था। उसकी फिक्र ने अनंतराम का भय और बढ़ा दिया।

बहरहाल, चलते-चलते, दिन का उजाला ढल गया। घने सियाह बादलों की तरह शाम के अँधेरे ने समूचे चराचर को निगल डाला। पेड़ों की फुनगियों पर अँधेरा जमकर बैठ गया। दिन के उजाले में सड़क पर अनाम-अनजान, छुटपुट आवाज़ें। पंछियों का कलरव, दूरागत पथिकों के आकस्मिक संवादों में, जीवन का जो स्पंदन गूँज रहा था, शाम उतरते ही धीरे-धीरे सारा कुछ निःशब्द सन्नाटे में डूब गया। थके-हारे पंछी, अपने डैनों के सहारे घिसटते हुए, पेड़ों की डालों की शरण में जा बैठे। टिमटिमाते हुए जुगनू, झींगुर की झीं-झीं, पत्तों का मर्मर शोर मचाते दौड़ते-भागते सियार ! कहीं उल्लू ने पंख झटकारा। अनंतराम दहशत से भर उठा। उसे लगा ये आवाजें किसी खौफनाक आगत की घोषणा कर रही हों। अनंतराम बुरी तरह डर गया।

किसी विशाल पेड़ तले, मुंडकेश तीन संन्यासी बैठे हुए थे। उन्हें देखकर अनंतराम जरा आश्वस्त हो आया। रात गुजारने के लिए, वह उन्हीं के करीब जा बैठा। संन्यासियों ने धूनी जलाई। अपने भारी-भरकम झोलों से चिमटा, पीतल की सँड़सी और आटा निकाला। वे लोग रोटियाँ पकाने में जुट गए।

अनंतराम को तो अपने चेहरे का अंदाज़ा नहीं था, लेकिन उसने संन्यासियों के आगे अपना हाल अक्षर-अक्षर बयान कर दिया। उसे लगा इन साधुओं पर भरोसा करने में कोई नुकसान नहीं। इस अनजान-अपरिचित राह में वे लोग ही उसके एकमात्र सहायक बंधु हैं। तब तक उसकी घबराहट भी थोड़ी कम हो गई और वह किंचित् उत्साह से भर उठा। राह के साथियों का थोड़ा-बहुत स्नेहभाजन बनने की कोशिश में अनंतराम ने अपने जीवन की सारी रामकहानी सुना डाली। अपने माँ-बापू की बात, केशवराम के आदेश की बात ! डेरापुर के गैवीनाथ शिव की कथा।

संन्यासी-त्रय उसकी बात खामोशी से सुनते रहे। बीच-बीच में उनकी आँखें भी एक-दूसरे से विचार-विनिमय करती रहीं। रोटियाँ भी पकती रहीं। हवा के झोंके में धूनी की लपटें रह-रहकर थरथराती हुईं। उनके चेहरे रक्ताभ !

उनमें से एक साधु ने उसे परामर्श भी दिया। तीनों संन्यासियों में वही जरा वयोवृद्ध था। तीखा-प्रखर सख्त चेहरा ! मजबूत जबड़े ! चौड़ा माथा ! भाल पर दो नीली नसें, पेंसिल की मोटी रेखा की तरह समानांतर उभरी हुई। आँखों की जोड़ी में बाईं आँख अपेक्षाकृत छोटी ! इस वजह से उसकी निगाहें किंचित् निर्मम लग रही थीं।

साधुओं ने उसे भोजन दिया। रोटी और मिठाई ! काफी दिनों के बासी, पत्थर जैसे सख्त लड्डू। अनंतराम ने महसूस किया, वे तीनों उसकी ज़रा ज्यादा ही खातिर कर रहे थे। उन तीनों के चेहरे पर अद्‌भुत ख़ामोशी। अनंतराम ने सिर झुकाए-झुकाए रोटी का कौर मुँह में डाला। बीच-बीच में वह चकित निगाहों से उन्हें देखता भी जा रहा था। साधुओं की निगाहें भी एकटक उसी पर गड़ी हुईं। अधेड़ साधु के होंठों की दरार में ईषत् मुस्कान ! अनंतराम दोबारा सहम गया। उसे लगा जो खयाल उसने कई-कई बहानों से दबाए रखा था, उस निःशब्द परिवेश और निर्जन राह की थरथराती रोशनी में जैसे दोबारा सिर उठाया हो।

अनंतराम के तन-बदन में बौखलाहट भर गई। वह लेट गया। काका का साला भी उसकी बगल में सटकर लेट गया। जब तक वह घर से बाहर नहीं निकला था, नए-नए देश देखने का ऐसा उत्साह और जोश कि घर से निकलते हुए वह खुशी से उमग उठा था। सड़क पर आते-आते धीरे-धीरे वह उत्साह और जोश ठंडा पड़ने लगा। उसके बाद सिर्फ भय और विह्वलता उसके सीने में हलचल मचाती रही। उसका मन अपने घर के लिए बेचैन हो उठा। यह बात वह अनंतराम से भी नहीं कह सकता था। लेकिन उसकी भी आँखों में उसी तरह की व्याकुलता घिरी हुई थी। अनंतराम उसकी आकुलता को पहचानने से कतराता रहा, क्योंकि उसके मन में भी वही चाह कुलबुला रही थी और उसे कमजोर बनाए दे रही थी।

अनंतराम लेटे-लेटे, एकटक आकाश निहारता रहा, लेकिन, उसे ऐसा लग रहा था कि उसके अनजाने में ही किसी ने उसकी सारी ताकत निचोड़ ली हो। रह-रहकर कोई दंश, बेतरह टीसें मारता रहा और अगले ही पल घोर अवसाद ने मानो उसकी समूची चेतना को कसकर जकड़ लिया। उसने पूरी ताकत लगाकर सोचने-समझने की कोशिश की, लेकिन उसे अंदाज़ा हो गया कि वह धीरे-धीरे कमजोर पड़ रहा है। उसे लगा उसके मन पर धूल और पसीने की चिपचिपी मोटी तह जम गई है। उसके शरीर की समूची इंद्रियों को बेजान बनाती हुई, जैसे कोई महानिद्रा उसे सुन्न किए दे रही है। उसके अंग-अंग में नींद उतर आई।

अनंतराम ने जबरन जगे रहने की कोशिश की।

उसने गर्दन घुमाकर देखा, तीनों संन्यासी अगल-बगल लंबी ताने पड़े हुए थे। गर्दन घुमाते हुए उसने महसूस किया वह किस कदर अशक्त और बलहीन हो आया है। उसकी जुबान लड़खड़ा रही है, गला सूखता जा रहा है। काका का साला सो गया था। चलो, सोने दो। बेचारा बेहद डर गया था। अनन्त को उस लड़के पर ममता उमड़ आई। वैसे ममताबोध की ताकत उसमें कहीं नहीं बची थी।

अनन्त ने दोबारा आसमान की ओर नजरें गड़ा दी। दूर कहीं कई-कई जानवरों की आवाज़ें ! पेड़ की डाल पर पंछियों ने अपने डैने फटकारे। रात की निस्सीम ख़ामोशी में हल्का-सा व्याघात पड़ा।

आकाश की ओर नजरें गड़ाए-गड़ाए अनंतराम के सीने में घर पहुँच जाने की छटपटाहट दोबारा टीस उठी। उसे अपनी बहुरिया और अपनी छोटी सी गृहस्थी याद आने लगी। लेकिन साथ ही साथ चेतना के विपरीत छोर से उलटी धार में बहते-बहते जबर्दस्त नींद ने उसकी समूची सत्ता को निगल लेना चाहा...

काफी दूर से आती हुई आर्त चीत्कार सूरज कुँआरी ने भी सुनी। डेरापुर गाँव पर उमड़ती हुई शाम की हवाओं के साथ तैरती हुई वह चीख उसके कानों तक भी पहुँची थी। सूरज अपने घर के दरवाजे पर बैठी-बैठी मक्की चुन रही थी। विलाप की आवाज पर

वह बीच-बीच में सिर उठाकर बाहर की तरफ भी देख लेती थी। छाती के अंदर कोई अस्पष्ट आशंका फेनिल लहरों की तरह बिखरकर, बार-बार गुम हो जाती थी।

वह विलाप, जब गाँव के पथ-पगडंडी पार करके, उसी के घर की तरफ आती गई, वह मकई चुनना छोड़कर धीरे-धीरे उठ खड़ी हुई। कौशल्या और चाची भी उसकी बगल में आ खड़ी हुईं। उनका चेहरा फक् ! उन लोगों की निगाहें सूरज पर गड़ गईं। सूरज ने अनुनयभरी निगाहों से उनकी तरफ देखा। मगर उन औरतों में से किसी ने भी जुबान नहीं खोली।

वह बालक उसी के आँगन में आकर धाराशायी हो गया। उसकी रुलाई सुनकर गाँव के बहुत सारे लोग पीछे-पीछे खिंचे चले आए। वे लोग बेआवाज़ उसे घेरकर खड़े हो गए।

वह बालक हाथ-पैर फेंक-फेंककर रोए जा रहा था। उसके पाँव धूल से भरे हुए। अपने नंगे बदन पर, उसने वही कंबल लपेट रखा था, जो सूरज कुँआरी ने अनंतराम को दिया था। उस बच्चे ने दोनों तरफ से कंबल का दोनों सिरा कसकर पकड़ रखा था।

सूरज कुँआरी समझ गई, उसकी तकदीर फूट गई। लेकिन वह रोई नहीं। बस, अपनी मुट्ठियों में आँचल की गाँठ कसकर थामे हुए पथराई खड़ी रही। चाची और कौशल्या चीख-चीखकर विलाप करने लगीं। वह लड़का भी फूट-फूटकर रोता रहा। सूरज कुँआरी भारी मन से धीरे-धीरे उन सबके पार, पति की यादों में डूब गई। नहीं, उस वक्त उसे किसी तीखे दर्द का अहसास नहीं हुआ। पोखर से पानी भरकर लौटते हुए कई बार उसके पैरों का अँगूठा छिल जाता था। उसके नरम-गोरे पाँव खून से लाल हो उठते थे। शुरू-शुरू में चोट का दर्द असहनीय लगता था, बाद में यह अहसास ही मिट गया। चोट की वह जगह सुन्न हो गई। किस्मत की सजा झेलते-झेलते उसके मन से सजा का अहसास ही जैसे मिट चुका था। इसलिए अनंतराम की मौत का झटका, उसकी आँखों से पिघल-पिघलकर नहीं बहा। बस, सीने में एक निश्चित जगह सख़्त चुप्पी की शक्ल में जमा होता रहा। इसीलिए सूरज कुँआरी को उन औरतों का करुण विलाप, निहायत बेमानी और अस्वाभाविक लग रहा था।

उसके बाद अड़ोसी-पड़ोसियों ने आपस में सलाह-मशविरा किया और सब अनंतराम के दाह-संस्कार के लिए चल दिए।

सूरज कुँआरी के इसी दुर्भाग्य के दिन चम्पा इस धरती पर आई। उस बेजान घर में चम्पा भी रहने चली आई। लेकिन अपनी बेटी के प्रति सूरज कुँआरी के मन में न कोई अनुकंपा थी, न विद्वेष ! उसके लिए तो ज़िंदगी में संचित अनगिनत घटनाओं में बस एक और घटना आ जुड़ी।

दुनिया की तमाम ज़रूरतें, तमाम संवेग उसके लिए खत्म हो चुके थे। वह अपनी बेटी की तरफ, कभी देखती तक नहीं थी। चूल्हे पर चढ़ा खाना जल जाता, उसे होश नहीं रहता। सूप में गेहूँ फटकते हुए अचानक उसके हिलते हुए हाथ थम जाते; निगाहें

कोहरे-ढँके आसमान की तरह अपलक सड़क पर गड़ जातीं। बहुनिया के पेड़ पर पंछी पुकार उठते। कार्तिक की म्लान धूप पश्चिम में ढल चुकी होती। कहीं दूर, खेतों की राह, वापस लौटते किसान ! उनकी बातचीत, आवाज़ें, हवा के आकस्मिक झोंके की तरह उसके कानों में बज उठतीं। ऐसे में सूरज का मन बहते-भटकते, दूर...बहुत दूर चला जाता और कहीं ठोकर खाकर दोबारा लौट आता। उस वक्त उसके सीने के बीचोबीच अजीब-से दर्द का अहसास जाग उठता। वह बेतरह थकान महसूस करती, मानो दुनिया के ढेर-ढेर काम करते हुए वह हाँफ उठी है। दुनिया में खयालों से बढ़कर थका देनेवाला श्रम भला और कौन सा है ?

पानी भरने जाकर, सूरज बावड़ी के किनारे खामोश बैठी रहती; एकटक खेतों को निहारती रहती। पानी भरने का उसे होश नहीं रहता। दुधमुँही बेटी उसका आँचल खींचने लगती। आँचल उसकी छाती से सरक जाता, लेकिन सूरज को कोई होश नहीं रहता था। सूरज तो अपने ही खयालों में गुम रहती, उसकी आँखों में वह दिन सजीव हो उठता जब पहले दिन इस घर में उसके चरण पड़े थे। कुल अट्ठारह साल की मासूम-सी लड़की ! उसका ब्याह हुआ था। कितने सारे लोग 'बरात' लेकर पहुँचे थे। दो-दो 'बयलगाड़ी' भरकर बराती। उसके घर पर भोंपू और शहनाइयाँ बजी थीं। इन लोगों ने उसे चाँदी के गहनों से सजाया था। उसकी नन्ही-नन्ही हथेलियों पर मेहँदी रचाई थी। हल्दी में रँगी-चुँगी साड़ी ! सूरज के माथे और नाक पर मोती जैसी पसीने की नन्ही-नन्ही बूँदें ! सूरज ने सिर उठाकर, डरी-डरी निगाहों से देखा। मुहल्ले की बहू-बेटियाँ-दासियाँ उसे घेरे हुए सोहर गा रही थीं। राम-सीता का मिलन गीत :

मंड़वे में बइठलीं सीता मइया
बरात लै के आयो लछिमन भइया

उसके बाद सोलह साल की उम्र में उसका गौना हुआ। खैर, गौना तो और पहले ही हो जाता मगर उसके चाचा ठहरे गरीब ! रुपए-पैसे की खास सहूलियत नहीं थी, इसलिए गौना देर से हुआ। अनंतराम ही उससे भेंट कर आता था। गौना होने से पहले ही वह चोरी-चोरी उससे मिलता रहता था। असल में उस भलेमानस को अपनी बहुरिया से बेहद पिरीत हो गई थी। वह हमेशा, उसके आसपास बना रहता था। लोग-बाग उस बात को लेकर उसका खासा मजाक भी उड़ाते थे। उसे 'बहुरिया का दीवाना' कहकर छेड़ते रहते। लेकिन अनंतराम बिलकुल बुरा नहीं मानता था। इन बातों की वह परवाह ही नहीं करता था। वही अनंतराम उसका साथ छोड़कर हमेशा-हमेशा के लिए चला गया।

अचानक बेटी की रुलाई सुनकर सूरज का ध्यान टूटा। उसके अंतर् में पर्त-दर-पर्त जमा हुए झाग आहिस्ते-आहिस्ते फटने लगे। कुछ देर बाद सारा कुछ थिर हो गया। सूरज ने बेटी की तरफ बेहद निस्पृह और निरासक्त-सी निगाह डाली। बेटी की नन्ही-नन्ही हथेलियाँ, उसकी चोली नोंच-खसोट रही थीं।

सूरज ने हाथ बढ़ाकर बेटी को धीरे से उठाकर छाती में दुबका लिया।

कार्तिक का महीना ! घर-गृहस्थी और परलोकवासियों की मंगल-कामना के लिए आकाशदीप जलाना जरूरी होता है। अपने छोटे-छोटे नाबालिग देवरों की मदद से सूरज ने भी आकाशदीप जलाया। लेकिन उसका मन जाने कहाँ-कहाँ भटकता रहा। मंत्र-पढ़ी गुड़िया की तरह छोटे-छोटे कामों के बहाने वह घर के ओने-कोनों में डोलती फिरी, लेकिन उसका मन कहीं जमता ही नहीं था। उसे तो अपनी बेटी की तरफ देखने में भी दिलचस्पी नहीं थी।

चाची उसे धिक्कारते हुए अपने माथे पर हत्थड़ मारकर कहती, 'हाय रे हाय, क्या घर था, क्या हो गया ! शनी की नजर लग गई। तभी तो बहुरिया की भी मति-गति भ्रष्ट हो गई।'

सूरज सबकुछ सुनती रही, मगर उसने कोई जवाब नहीं दिया। वह धीरे से दरवाजा खोलती और उसकी नजरों के सामने से हट जाती।

उस दिन शाम को अपने कमरे में बैठी-बैठी वह आईने में अपना मुखड़ा निहार रही थी। अनंत के स्वर्गवास के बाद इधर उसने आईने को कभी हाथ भी नहीं लगाया था।

शुरू-शुरू की छेड़छाड़ की तरह जाड़े की बर्फीली हवा ! उसके तन-बदन हाथ-पाँव ठिठुरते रहे, लेकिन उसे होश नहीं था। वह एकाग्रचित्र अपने को निहारे जा रही थी।

उसके तन पर लिपटी काली साड़ी बरसात में घिरे मेघों की तरह, उड़ती-फहराती, उसे उघाड़ती-ढँकती रही। काला परिधान उसके वैधव्य का साज था। उसके बदन पर एक भी जेवर नहीं था। आभूषणहीन देह, मरुभूमि की तरह रूखी-मलिन ! आँखों के नीचे सियाह गड्ढे !

सूरज बेसुध थी। आईने में अपना चेहरा देखते-देखते अपने ही भावावेग में डूब गई।

नन्ही बिटिया ठंड के मौसम में इस बर्फीली शाम के वक्त आँगन में पड़ी-पड़ी बेभाव रोए जा रही थी। धूल-रेत में अपने नन्हे-नन्हे हाथ-पाँव उछालते-फेंकते न जाने कब वह थककर सो गई। सूरज का उस तरफ ध्यान ही नहीं गया।

वह तो चाची और कौशल्या जब आँगन में आईं और उन्होंने चीख-पुकार मचाई, तब वह भागकर कमरे से बाहर निकली और उनके सामने शर्म के मारे गड़ गई। उसने रोती हुई बच्ची को उठाकर छाती में दुबका लिया। बच्ची के हाथ-पाँव धूल में सने हुए ! उसके गाल पर बहते हुए आँसू सूख चुके थे। सूरज ने अपने आँचल से पोंछकर उसके आँसू साफ किए; उसे बिस्तर पर लिटाकर कथरी से अच्छी तरह ढँक दिया और नींद में बेसुध बेटी का मासूम चेहरा निहारने लगी। एकाएक उसकी छाती में बेभाव ममता उमड़ आई।

सूरज ने महसूस किया, उसे जिंदा रहना होगा। अपनी बेटी का मुँह देखकर उसे जीना होगा। उसे पाल-पोसकर बड़ी करना होगा। ना, अपने को दुःख के हवाले करके यूँ भटकने से काम नहीं चलेगा। उसे अपने इस भगोड़े मन को गृहस्थी के खूँटे से

कसकर बाँधना होगा।

इसके अलावा अब तो अनंतराम भी नहीं रहे। खाने-पहनने का आसरा भी गया। अब पेट के लिए आहार भी जुटाना होगा। घर-घर काम करके जिंदा रहने की राह भी खोजनी होगी।

सूरज की सोच ने करवट ली। अब उसका सारा ध्यान अपनी बेटी पर सिमट आया। उसे नहलाना-खिलाना-सुलाना—सारा जिम्मा उसने खुद सँभाल लिया। अब वह पड़ोसियों के लिए पानी भर लाती। फसल पकने पर लोगों के यहाँ गेहूँ-ज्वार फटक देती, जाँते में डालकर कूट-पीस भी देती। बदले में उसे आटा-दाल, गुड़ के मौसम में गुड़, कभी-कभार कुछ नकदी पैसे या साल में एकाध बार साड़ी-कपड़े भी नसीब हो जाते।

प्रताप सिंह गाँव के प्रतिष्ठित बाशिंदा ! उनकी धर्मपत्नी दुर्गा, सूरज के बचपन की सहेली। तीज-त्योहारों पर उनके यहाँ से भी काम-काज के लिए बुलावा आता। लेकिन अमीर घर की मालकिन होने के बाद दुर्गा के स्वभाव में घमंड आ समाया था और उसके हाव-भाव पर घोर अहंकार का पहरा रहने लगा था। बात-बात में उसकी जुबान खुलने लगी और बात भी क्या, मानो गालियों की झाड़ उग आई हो, बिलकुल अंतरात्मा तक जला डालती थी।

दुर्गा शिवरात्रि मनाती थी। शिवरात्रि के दिन वह गैवीनाथ को दस सेर दूध से नहलाती। जब भी मन होता किराए की गाड़ी लेकर तीर्थ पर निकल जाती। गर्मी के मौसम में उसकी गाएँ पानी के साथ सेर-सेर भर गुड़ खाती थीं। दुर्गा ने सरकारी सड़क पर कुआँ खुदवाया था। बैसाख के महीने में वहाँ पानी का प्याऊ बैठता था।

दाल का बेसन पीसते हुए, दही का मट्ठा तैयार करते हुए या लड्डू बनाते-बनाते सूरज उसके दान-धरम का गुणगान सुनती रहती थी। दुर्गा के ऐश्वर्य, उसके महाप्रताप की कहानियाँ, उसे सुना-सुनाकर बखान की जातीं। लेकिन, सूरज ख़ामोशी ओढ़े, अपने काम में जुटी रहती। वह उनकी बातचीत में कभी हिस्सा नहीं लेती थी।

इसके बावजूद दुर्गा उसे रिहाई नहीं देती। उसकी बातें बेहद तीखी होती थीं और ईर्ष्या आग बरसाती थी। अरसे से उसने अपने सीने में आग दबा रखी थी। सूरज का दुर्भाग्य ! आजकल उसे कमजोर पाकर दुर्गा अपनी जुबान पर यथासंभव धार चढ़ाए रखती थी। असल में हर इनसान के अंदर हर पल एक जानवर भी साँस लेता रहता है। अगर ऐसा परेशान-हाल इनसान हाथ आ जाए तो उसे हरगिज नहीं छोड़ता; तरह-तरह से चोट पहुँचाकर वह खुश होता है।

प्रताप सिंह की पत्नी बनकर इस घर में कदम रखने के बाद उसकी सास अक्सर ही उसे ताने देती, क्योंकि वह रूपवती जो नहीं थी। रूप की खान तो अनंत की बहुरिया सूरज थी ! सास उस पर हर वक्त व्यंग्य के तीर बरसाया करती थी। कभी सामने, कभी आड़ में, इसलिए दुर्गा के मन में भी विद्वेष जमा होता रहा; जहरीले भाप की तरह उसके सीने में बीमार आबोहवा रचता रहा।

'मैं तो उन दिनों भी मन ही मन भगवान गैवीनाथ से मनाया करती थी कि कभी

मुझे भी अच्छे दिन दिखाएँ—' दुर्गा ने सुनाकर कहा।

रट्टू तोते की तरह नाउन ने भी सहानुभूति जताई, 'अहा रे ! रूप तो कुल दुइ दिन का होता है, मालकिन ! लेकिन धरम जिंदगानी भर का। आप जइसी धरमात्मा भला कोई बता तो दे—'

दिन के तीन बजे, छोटी सी चौकी पर बैठी-बैठी नाउन से पाँवों में मेहँदी लगवाते हुए दुर्गा अपने मन की भँड़ास निकालती रही। बगल के कमरे में आग पर खौलते दूध की मलाई उतारते-उतारते सूरज सिर पर हाथ धरे सोचती रही। दुर्गा की बातें क्या धधकते अंगारे से भी बढ़कर हैं ? कभी-कभी उसका ज़ोरदार विरोध करने का भी मन हो आता। अंदर ही अंदर क्षोभ और उत्तेजना से तिलमिलाती हुई, वह कोई जवाब जड़ने के लिए अपने को तैयार भी कर लेती। लेकिन ऐन मौके पर वह नाकाम हो जाती। कभी-कभी बेहद लाचारी में एकाध उलाहने जुबान पर आते भी तो वह प्रतिवाद का लहजा नहीं होता था।

उसने अटक-अटककर सिर्फ इतना ही कहा, 'मेरी तकदीर मेरे साथ। मैंने तुम लोगों का तो कोई नुकसान नहीं किया, दुर्गा बहन तुम लोग क्यों बार-बार मेरी फूटी किस्मत का ताना दे-देकर बात सुनाती हो ?'

इसके बावजूद दुर्गा को उस पर दया नहीं आई। हर बात को अपनी निजी सुविधा मुताबिक इस्तेमाल करने का जैसे उसे हक़ हो और उसकी हर बात में हुँकार भरनेवाले लोग भी उसके आसपास मौजूद !

उसने नाउन को ही गवाह मानते हुए जवाब दिया, 'देखा न, देखा ? गरीबों का तो कभी भला करना ही नहीं चाहिए। वह तो मैं हूँ। निहायत भली और शरीफ ! इसीलिए उसके बारे में इतनी चिंता-फिक्र करती हूँ, वरना मुझे क्या गरज पड़ी है ? मुझे क्या पता नहीं, उस औरत में धरम-करम कुछ भी नहीं है। अगर होता तो भतार को खा-पीकर हजम करने के बाद इस उमर में भी अपना रूप दिखा-दिखाकर घूमती-फिरती ? अगर गैरत होती तो इससे पहले चिता पर न जा बैठती ? अरे, वह औरत कभी स्नान-दान-उपवास कुछ भी करती है भला ? परलोक का कोई खयाल है उसे ?'

उसकी बातें सुनते हुए कभी-कभी तो सूरज को ऐसा लगता मानो उसने सच ही महापाप किया है। वह सचमुच घोर पापिन है। वाकई न तो वह धर्म-कर्म करती थी, न व्रत-उपवास ! भगवान गैवीनाथ को दूध से नहलाकर उन्हें प्रसन्न भी नहीं करती। लेकिन...अगले ही पल, उसे खयाल आया, गैवीनाथ क्या उसके दिल में नहीं बसते ? मन ही मन वह क्या उनकी नित्य-पूजा नहीं करती ? उस पूजा-पाठ की क्या कोई कीमत नहीं ? इसके अलावा जिंदा रहने के लिए दो जून का आहार जुटाने के लिए वह जो इतना जंग कर रही है; अपनी बेटी का मुँह देख-देखकर घर-घर चाकरी करती फिर रही है—यह सब क्या धर्म-कर्म नहीं ? जीवन का धर्म निभाना ही क्या श्रेष्ठ धर्म नहीं है ? एक यह दुर्गा है जिसके पास दौलत है; सहाय-संबल है; हर तरह की बातें कहने-सुनने का अख्तियार है, इसलिए क्या धर्म भी उसका अनुचर है ? अकेली क्या वही धार्मिक

है और वह अभागिन ? महापापी ?

सूरज ने उससे कोई बात नहीं की। उसने अपने खोंचे में, सिद्धे में मिला थोड़ा सा अनाज बाँधा और अपनी बेटी समेत बाहर निकल आई। वह ठहरी दीन-दुखी, विधवा औरत ! वैसे भी दुनिया में इससे ज्यादा कुछ कहने को आखिर है भी क्या ?

घर की तरफ जाते-जाते वह सड़क पर ही एक कुएँ की जगत पर बैठ गई और बेटी के लिए मक्की का थोड़ा-सा सत्तू निकाला। उसने खुद भी पानी पीया। दुर्गा का घर-बार समृद्ध है। उसकी गृहस्थी में कहीं कोई अभाव नहीं। दूध, मिठाई, गुच्छे-गुच्छे लीचियाँ, दही-घी वगैरह से उसका घर हमेशा भरा हुआ ! लेकिन उसने हाथ उठाकर, फल या मिश्री का एक टुकड़ा भी कभी नहीं दिया। दुर्गा रुपयों-पैसों के मामले में तो धनी है मगर दिल की धनी नहीं है।

घर के लिए पानी भरकर सूरज जब वापस लौटी तो शाम ढल चुकी थी। अड़ोस-पड़ोस से कई एक मिलनेवाले आ पहुँचे। तिवारी गृहिणी और उसकी पतोहू अक्सर आती रहती थीं। मँजी-धुली लुटिया में वे दोनों चम्पा के लिए कभी दूध ले आतीं; किसी-किसी दिन थाली में साग-सब्जी सजाकर उसके आगे रख देतीं। चम्पा को करीब बुलाकर बड़े जतन से उसके रूखे-सूखे बाल सँवार देतीं। उससे इधर-उधर की ढेरों बातें करतीं। समूची शाम गुलजार कर देतीं ताकि सूरज का मन बहल जाए। वह खुश हो जाए।

तिवारी गिन्नी की अब उम्र हुई। बालों में सफेदी आने लगी थी। देह की त्वचा भी सिकुड़ने लगी थी। उनके कई-कई दाँत भी झर चुके थे। दाँतों की जगह छोटे-छोटे गढ़े बन गए थे, फिर भी बचे-खुचे दाँतों पर वे मिस्सी रगड़ती थीं। बुढ़ा जाने के बावजूद उनका मन अभी भी सरस ! दुनिया-भर की खबरें उनकी उँगलियों की पोर पर होतीं। हालाँकि लोगों को यह भी मालूम था कि उनकी अधिकांश खबरें अतिरंजित और झूठ पर आधारित होती थीं। लेकिन किसी को बुरा भी नहीं लगता। उनकी मासूम झूठी कथाओं का लोग दिल से मज़ा लेते थे।

तिवारी गिन्नी के दो बेटे इलाहाबाद में अंग्रेजों की फौज में जमादार। अस्तु, तरह-तरह के किस्से गढ़ने का मानो उन्हें सहज-स्वाभाविक अधिकार हो। बेटों का जिक्र करते हुए मारे गर्व और गौरव के वे अपने पर काबू नहीं रख पातीं, ज़रा ज्यादा ही बेलगाम हो जाती थीं। सुननेवालों को इसका बखूबी अंदाजा हो जाता था, लेकिन कोई टोका-टाकी नहीं करता था।

तिवारी गिन्नी ने कहा, 'पता है, इस बार शिकार पर मेरे रामसहाय ने साहब की जान बचाई, इसलिए साहब ने उसे सोने का एक मेडल दिया है, इ-त्त-ना बड़ा।'

उन्होंने हाथ उठाकर एक अविश्वसनीय आकार को सच साबित करने की कोशिश की।

सास का रंग-ढंग देखकर उनकी कमसिन पतोहू एकदम से झेंप गई। घूँघट की आड़ से उसने सूरज की तरफ देखते हुए सिर हिलाया, मानो वह समझाना चाहती हो कि यह

कहानी सच नहीं है।

लेकिन सूरज ने उस बूढ़ी औरत का उत्साह खंडित नहीं किया।

उसने उनकी हाँ में हाँ मिलाते हुए उनका हौसला बढ़ाया, 'हाँ-हाँ, इनाम तो मिलना ही था। कित्तना ब-ड़ा काम कर दिखाया—'

तिवारी गिन्नी का चेहरा उत्साह से भर उठा। उन्होंने खुश होकर अपनी कहानी आगे बढ़ाई। अचानक उनके चेहरे-मोहरे पर भाव बदल गया। उनके चेहरे पर झलकती हुई उत्तेजना साफ पढ़ी जा सकती थी।

उन्होंने बुढ़ापे की झुर्रीदार, ऊबड़-खाबड़ चमड़ीवाली बाँह हिला-हिलाकर जरा सामने की तरफ झुके-झुके अपनी बात जारी रखी, 'इस बार पूस के महीने में साहब लोगों ने 'कंटूमेंट' में बड़ा दिन मनाया। घना-घना पत्तेदार, छोटा सा एक पेड़ लाकर कमरे में बैठाला, उस पर बत्ती जलाई। हाय माँ ! सबेरे उठकर क्या देखते हैं, कि उस पेड़ की डाली पर एक परी बैठी है। साहब ने उस परी से बियाह कर लिया। अब वही परी साहब को हद परेसान करती है। आज मोती माँगत है, कल सोने का कँगना ! उस पर से धमकाती भी है कि रोज अगर नया से नया गहना नहीं दिया तो वह फुर्र हो जावेगी।'

ऐसी ही तरह-तरह की गप्पबाजी में शाम गुजर गई। तिवारी गिन्नी को उठना ही पड़ा। तब तक कौशल्या भी आ पहुँची। सूरज ने तुलसी-चौरे पर संझा-बाती की। तिवारी गिन्नी और उसकी पतोहू को विदा करने के लिए वह दरवाजे तक आई।

जाते-जाते तिवारी गिन्नी ने अपनी पोपली हँसी बिखेरते हुए कहा, 'अच्छा चलती हूँ, फिर आऊँगी।'

सूरज ने सिर हिला दिया। उसके जाने के बाद अपनी बेटी को लेकर अंदर जाते-जाते उन दोनों के प्रति वह कृतज्ञता से भर उठी।

वैसे कौशल्या भी सूरज के लिए काफी करती थी। किसी जमाने में उसने इस घर का नमक खाया था। इसीलिए आज भी उसकी बूढ़ी हड्डियों से उस खानदान का कर्ज़ चुकाने की चाह नहीं मिटी थी।

उसने सूरज को तसल्ली देकर कहा, 'तुम फिक्र ना करो, बहू ! दुःख के ये दिन जरूर गुजर जाएँगे। बस, तुम ऊपरवाले को याद करो। रामजी को ! भगवान गैवीनाथ के चरणों में सिर झुका दो। देखना, वे सब ठीक कर देंगे।'

सूरज कुँआरी ने मानो अपने से ही सवाल किया—क्या सच ही, भगवान को याद करने का कोई सुफल होता है ? अगर यह सच होता तो वह तो दिन रात ही उस ऊपरवाले को याद करती रहती है। वह दिल से मनाती है, 'हे ठाकुर, मेरी बेटी का मंगल करना। बड़े दुःख के दिनों में वह इस दुनिया में आई है। उसे बचा लो भगवान ! उसकी झोली में भी थोड़ा सा सुख डाल दो—'

हाँ, वह मंदिर नहीं जाती, जा नहीं पाती। गैवीनाथ से भी पहले हैं पंडित केशवराम। गैवीनाथ को तो दुनियावी आँखों से देखा भी नहीं जा सकता, लेकिन केशवराम तो नज़र

आते हैं। उनको खुश करना बेहद मुश्किल है। सूरज ने सुना है आशुतोष देवता समान हैं। वे कुछ नहीं चाहते। लेकिन देवता के प्रतिनिधि केशवराम जैसे बंदे आसानी से संतुष्ट नहीं होते। उनकी चाहों का कहीं कोई अंत नहीं। सूरज ने मानों अपने से ही सवाल किया—केशवराम को लाँघकर उसकी एकांत प्रार्थना क्या गैवीनाथ के चरणों तक नहीं पहुँचती ?

सूरज कभी-कभार मंदिर भी हो आती थी। बेटी की लंबी आयु की कामना करते हुए, बरगद के पेड़ की डाल में लाल कपड़ा भी बाँध आई।

एकाध बार जब वह केशवराम के सामने भी पड़ गई, मारे सकुचाहट के वहाँ से भाग जाने की राह खोजती फिरी।

केशवराम ने पूछा, 'क्यों अनंत बहू, तुम मंदिर में क्यों नहीं आतीं ? आया करो, आया करो, मंदिर ज़रूर आया करो। गैवीश्वर को मन की समूची श्रद्धा से बुलाया करो।'

सूरज ने जुबान से कुछ नहीं कहा। नाक तक घूँघट खींचकर बगल की लड़की को कसकर पकड़ते हुए वह चुपचाप खड़ी रही। लेकिन मन ही मन हँसते हुए उसका मन हुआ कि वह जवाब भी सुना दे—भगवान को बुलाऊँ ? यह कौन सी नई बात बताई तुमने ? जिनका कोई नहीं, कहीं कुछ भी नहीं, उन्हें किसी न किसी को तो आवाज़ देना ही पड़ता है पंडित ! किसी पर तो अपना विश्वास टिकाना होता है ? इनसान के बजाय, देवता पर विश्वास करना आसान है। यह विश्वास ही तो गरीबों का एकमात्र संबल है।

मंदिर में असंख्य पालतू कबूतरों का झुंड गुटर-गूँ करता हुआ ! चम्पा उन्हें देखकर उल्लसित हो उठती। वह जब भी मंदिर आती, अपने खोंइचे में थोड़ा सा मकई का चूरा भी ले आती थी, और मंदिर-प्रांगण में बिखेर देती। कबूतरों का झुंड अपने पंख फड़फड़ाकर गुटर-गूँ करता हुआ उन पर टूट पड़ता। चम्पा भागकर अपनी माँ का हाथ थाम लेती और दत्तचित्त होकर उन्हें मकई कुतर-कुतरकर खाते हुए देखती रहती। अजीब बात थी। किसी कबूतर को एकाध दाना भी नसीब नहीं होता था, यह देखकर चम्पा का चेहरा मुरझा जाता। उसे दुःख होता। वह छलछलाई हुई आँखों से अपनी माँ की तरफ देखती।

सूरज हँसकर उसे तसल्ली देती, 'अच्छा, अच्छा, कल ज्यादा सी मक्की ले आऊँगी।'

ठाकुरबाड़ी के दालान में झूलते हुए भारी-भरकम घंटे ! उसके नीचे ही पत्थर का विशाल साँड़। चम्पा अपनी माँ की गोद में चढ़कर घंटा बजाती शांत मंदिर को कँपाते हुए घंटे का स्वर गूँज उठता—टन ! टन !

उसके बाद सूरज काम पर निकल जाती या अपनी हारी-थकी देह कोठरी के फर्श पर बिछा देती। नींद के मारे उसकी आँखें झंपकने लगतीं। वह जोर-जबर्दस्ती अपनी आँखें खुली रखने की कोशिश करती मगर पलकों में नींद उतर आती। उस वक्त चम्पा चन्दन के सौंपे हुए बकरी के बच्चे को चराने के लिए खेतों की तरफ निकल जाती। चन्दन ! दुर्गा का बेटा। चम्मन का पोता। चम्पा के खेल का साथी !

'हाँ चन्दन, मैं सच ही अभागिन हूँ। मुझे तुम नहीं मिले। मैं सच ही रमजानी हो गई। मैंने अपनी मइयो का विश्वास तोड़ दिया।'

चम्पा ने मन ही मन यह जुमला दुहराया। उसे लग रहा था जैसे कोई भारी-भारी क़दमों से उसकी छाती रौंद रहा हो।

चम्पा सोचती रही...कैसी विचित्र है उसकी ज़िंदगी ! कैसी अज़ीब है उसकी क़िस्मत ! इस दुनिया में उसके आने से पहले ही बाप के दिन पूरे हो गए। लोगों ने कहा बेटी करमजली है। सुख की तलाश में उसने चन्दन को प्यार किया। दुर्गा ने उसके सिर 'सर्वनाशी' होने का इल्ज़ाम जड़ दिया। उसके बाद उसकी माँ भी चली गई। इतनी बड़ी दुनिया में उसका कोई अपना नहीं रहा। वह रमजानी हो गई। बाज़ार में आ बैठी। दुनिया में आते हुए वह अपने साथ कैसा भयंकर दुर्भाग्य लेकर आई है, इसका उसे अहसास ही नहीं था। लोगों के लाख धिक्कार के बावजूद उसने इस हक़ीक़त पर कभी विश्वास नहीं किया। लेकिन अब उसे यकीन हो गया है।

'हाँ, अब मुझे विश्वास हो गया कि मेरी तकदीर ही फूटी है,' वह मन ही मन बुदबुदाई।

बेंत के बेड़े में घिरी छोटी सी कच्ची प्रसूति-कोठरी। उपलों की आग में तपती हुई ! धुएँ से धुँधलाई हुई ! उसी कोठरी में उसका जन्म हुआ। इस पार्थिव प्रासाद में रहने-सहने तो आई मगर अपने साथ बूँद भर भी सुख नहीं लाई। छुट्टी के दिन स्वयं विधाता-पुरुष आए और उसकी तकदीर लिखकर चले गए। पता नहीं, शायद उसी दिन उसकी समूची ज़िंदगी दुःख की काली चट्टान तले हमेशा के लिए दबी रह गई। उस रात प्रसूति-कोठरी के दरवाजे पर कौशल्या शायद सो गई थी। इसीलिए वह विधाता-पुरुष को अपनी आँखों से देख नहीं पाई। विधाता सोने की कलम-दवात लेकर दबे पाँव आए थे। उनके पाँवों में खड़ाऊँ। माथे पर चंदन-तिलक। मुँड़ा हुआ सिर। गुच्छे में बँधी शिखा। उनका मस्तक शायद आसमान को छू रहा था। भाल पर चाँद-सूरज की ज्योति विकीर्ण हो रही थी। लेकिन जब वे इस धरती पर घर-घर घूमकर इनसान की तकदीर लिखते हैं तब उनका क़द सिमटकर नितांत बौना हो आता है।

उसी विधाता ने उसकी तकदीर में दुःख लिख दिया। सुख-चैन का बूँद भर भी विधान नहीं किया।

काश, उस रात कौशल्या जगी बैठी होती।

काश, वह विधाता प्रभु के चरण पकड़कर अनुनय करती, 'गोड़ लागी देवता, हमारी बिटिया की तकदीर में बूँद भर सुख तो लिख दो।' तो क्या वे राजी नहीं होते ? विधाता उसके भाग्य पर यूँ कालिख फेरकर जा पाते ?

सयानी होने के बाद चम्पा ढेर-ढेर सोचती रही। आईने में बार-बार अपने को निहारती रही। कहाँ है वह ललाट-लिपि ? उसके दुर्भाग्य का दुखद विधान, आखिर किन अक्षरों में लिखा गया है ?

वह बेभाव खोजती फिरी। लेकिन उसे अपनी तकदीर का लेखा पढ़ने का मौका

कभी नहीं मिला। लोगों की बातें उसे झूठ लगने लगीं। लोग बेवजह ही सारा दोष उसके सिर मढ़ते हैं। असल में भाग्यचक्र कुछ नहीं होता, बस कर्म की परिणति ही नसीब लिखती है। जिसने जैसा किया, वैसा फल मिला।

लेकिन चन्दन ने उसे समझाया, 'अरे, नहीं-नहीं ! सबकुछ नसीब का खेल है। नसीब पर इनसान का कोई वश नहीं होता। तेरी तकदीर ही खराब है, तभी ऐसा हुआ।'

चम्पा को उसकी बातों पर भरोसा तो नहीं हुआ, मगर फिर भी उसे यही सच लगा, वरना जो भी उसके करीब आता है, यूँ तबाह क्यों हो जाता है ? उसकी भी ज़िंदगी बाकी लोगों की तरह सीधी-सादी राह पर क्यों नहीं ढली ? ऐसा फर्क़ उसी के हिस्से में क्यों आया ?

उसकी माँ उसे हमेशा मना करती रही। चन्दन से मेलजोल बढ़ाने से रोकती रही। वह ठहरा अमीरज़ादा ! उनके घरानों के बीच दौलत की कितनी ऊँची दीवार है। दोनों घरों में ज़मीन-आसमान का फर्क़ !

चम्पा को माँ की बातें हमेशा पहेली-सी लगती थीं। उन दिनों वह छोटी बच्ची थी, उसे कुछ समझ नहीं आता था। उसे तो हैरत होती थी। उसे लगता था चन्दन तो उसका बचपन का संगी, खेल का साथी है ! दुनिया में माँ के अलावा उसका एकमात्र भरोसेमंद मीत ! वह साथ होता है तभी तो वह दिन-दुपहरिया नदी के उस पार तक चली जाती है। जो नदी पूरे साल-भर किसी शांत बच्चे की तरह चुपचाप खोई रहती है, बरसात के मौसम में अचानक उफनाकर जाग उठती और भयंकर धमाचौकड़ी मचाती है। गाँववाले उसकी खुराफातें देखकर दहशत से भर जाते। नदी के उस पार घना जंगल ! अनगिनत फल-फूलों के पेड़ !

उस बार जाड़े के मौसम में वे दोनों रेतीला तट और नदी पार करके बेर तोड़ने पहुँच गए। जंगल में मिट्टी पर बाघ के पंजों के निशान देखकर चम्पा एकबारगी डर गई। वे दोनों मारे दहशत के साँस रोककर झाड़ी की आड़ से आनेवाली मुसीबत का इंतज़ार करने लगे। लेकिन मुसीबत आई नहीं टल गई। हाँ, एक खूबसूरत-सा हिरन चौकड़ी भरता हुआ सामने आ खड़ा हुआ। कैसी डरी-डरी निगाहें ! नन्हे-नन्हे सींग ! उन पर नज़र पड़ते ही हिरन-शावक चौकड़ी भरते हुए जंगल में गायब हो गया।

चन्दन का यह हाल कि पल-भर के लिए भी वह चम्पा से दूर नहीं रह पाता था। लिखने-पढ़ने में उसका मन ही नहीं लगता था। केशवराम की पाठशाला से बार-बार भाग आता था। उसके बापू प्रताप इस हरक़त के लिए बेटे पर काफी डाँट-डपट भी करते थे। टोकरी भर साग-सब्ज़ी, पीतल के लोटे में घी और कलसी में गुड़ समेत वे खुद केशवराम के यहाँ हाज़िर होते। उन्हें भेंट अर्पित करते हुए बेटे की तरफ से माफी माँगते। चन्दन को घेर-घारकर दोबारा उनके सुपुर्द कर जाते। लेकिन चन्दन का मन पोथी के पन्नों पर टिकता ही नहीं था। उसे तो चम्पा के साथ उस पार के जंगल में बेरी बटोरने का नशा चढ़ चुका था। वे दोनों जंगल-जंगल भटकते फिरते थे। केशवराम का ध्यान ज़रा इधर-उधर हुआ नहीं कि मौके का फ़ायदा उठाते हुए वह पाठशाला

छोड़कर भाग खड़ा होता; चम्पा की परछाईं बना नदी पार घनघोर जंगल में जा पहुँचता। उसके हाथ में एक बिछुआ हुआ करता था। उस बिछुए से वह जंगल के पेड़ों पर अपना नाम लिखा करता था। उस ज़माने में चम्पा को लिखना नहीं आता था। चन्दन ही उसका नाम रच देता। वह पेड़ पर चढ़कर उसे ज़ोर-ज़ोर से झकझोर देता। गुच्छे-गुच्छे बेरियाँ झरने लगतीं। चम्पा धड़कते दिल से उन्हें बटोर-बटोरकर अपने कोंचे में भर लेती। बेरियाँ खाते-चबाते, जंगल-जंगल घूमते हुए वे दोनों जब बेतरह थक जाते तब तक शाम हो चुकी होती। पेड़ों की डाल की दरारों में निस्तेज धूप आँखमिचौनी खेल रही होती। वे दोनों एक-दूसरे का हाथ थामे घर लौट आते।

घर लौटते ही प्रताप सिंह बेटे की खूब ख़बर लेता उस पर बुरी तरह गरजता-बरसता। चन्दन चुपचाप सुन लेता। उसकी जुबान से एक भी शब्द नहीं निकलता था।

लेकिन बापू की डाँट जब हद से ज्यादा असहनीय हो उठती, वह मिनमिनाती आवाज़ में एलान करता, 'मुझे नहीं लिखना-पढ़ना ! मैं सिपाही बनूँगा। मैं क्या बनिया हूँ ?'

प्रताप अचरज से मुँह बाए बेटे को घूरता रहता। उसे आभास होने लगा चन्दन अपने दादा पर गया है। वह एकदम से चुप मार जाता। लेकिन दुर्गा उसे इतनी आसानी से छोड़नेवाली जीव नहीं थी। वह चीख-चीखकर अपना सिर पीटती हुई आपे से बाहर हो जाती थी।

'कुछ नहीं, यह सब उस सर्वनाशी छोकरिया की संगत का असर है, वरना हमारा भोला-भाला बेटा भला ऐसा मुँहजोर होता ?'

वह पति को भी चढ़ा देती, 'मैं कहती हूँ, तुम कुछ करो जी, अब भी ! इसी वक्त ! वरना अपने बेटे से हाथ धो बैठोगे। वह पाजी छोकरिया बहला-फुसलाकर मेरे बेटे पर ऐसा जादू-टोना करती रहे; अपने वश में कर ले और हम गैर हो जाएँ ?'

रात के वक्त तूष की बोरी पर लेटे-लेटे सूरज भी अपनी बेटी को समझाती, 'देख, तू ठहरी गरीब की बिटिया। उनके बेटे से इतना मेलजोल क्यों रखती है ?'

माँ की ममताभरी छाती के उत्ताप से सिर उठाकर चम्पा हैरतभरे लहजे में सवाल करती, 'क्यों अम्मू ! तो क्या हो गया ?'

'वो अमीर लोग हैं, बिटिया !'

'लेकिन चन्दन तो मेरा साथी है। मेरे लिए बेरियाँ चुन देता है। उसने कहा है, वह खोखर से मेरे लिए हारिल चिड़िया भी ला देगा। मुझसे इतना प्यार करता है फिर क्या दोष है अम्मू ?'

'उसके माँ-बापू को पसंद नहीं बिटिया ! वे लोग गुस्सा करते हैं !'

'गुस्सा क्यों करते हैं ? मैं क्या बुरी लड़की हूँ ?'

'ना बिटिया, अब तुम दोनों सयाने हुए, इस तरह का मेलजोल ग़लत है, इसीलिए...'

'अरे वाह, सयाने होने का मतलब यह तो नहीं कि पुराने रिश्ते खत्म हो गए। मैं

ज़रा और बड़ी हो जाऊँगी तो क्या तुम्हारे साथ भी मेरा रिश्ता टूट जाएगा ?'

उसकी देह पर हाथ फेरते हुए सूरज ईषत् हँस पड़ी, 'पागल कहीं की ! यह बात नहीं है लेकिन वह अब बड़ा हो गया है, उसका ब्याह होना है।'

'ब्याह ? चन्दन का ब्याह होगा ?'

'हाँ, किसी बहुत बड़ी अमीरज़ादी से। कितनी रोशनी होगी, गाजे-बाजे बजेंगे, घी के दीये जलेंगे; कितने सारे रुपए खर्च होंगे, ढेर-ढेर लोग आएँगे।'

माँ की बातें सुनकर चम्पा का चेहरा बुझ आया। कोठरी की टूटी छादन की तरफ, सिटपिटाती हुई निगाहों से देखती हुई काफी देर तक वह किसी गहरी सोच में डूब गई।

अगले ही पल उसने अनुनय भरे लहजे में पूछा, 'तो चन्दन के साथ क्या मेरा ब्याह नहीं हो सकता अम्मू ?'

सूरज बेटी का सवाल सुनकर डर गई। उस पर बेभाव ममता भी उमड़ आई। उसे लगा नहीं, इनसान खुद जान-बूझकर अपनी कामना-वासना के वशीभूत अपने लिए मुश्किलें बुन लेता है; धागे की तरह गुत्थियाँ तैयार कर लेता है। बित्ते भर की बेटी। वह भी मन ही मन कैसी भयंकर ख्वाहिशें बुन रही है।

'मेरे ब्याह में क्या मुश्किल है अम्मू, बताओ न ! उससे मेरा ब्याह क्यों नहीं हो सकता है ?'

'वे लोग अमीर हैं और हम गरीब !'

अगले दिन सुबह-सुबह ही चम्पा नदी किनारे बरगद तले आ बैठी। चुपचाप ! पिछली रात जबसे उसने माँ की बातें सुनीं उसका मन भारी हो आया था।

गाँव के लोग हाट की तरफ जा रहे थे। नदी की रेत पर मुसाफिरों से लदी-फँदी बैलगाड़ियाँ गुज़रती हुईं। उसकी उम्र के लड़के-लड़कियाँ मेले में पहुँचेंगे। कोई मिठाई खरीदेगा, कोई काँच की चूड़ियाँ।

लेकिन उसका कोई नहीं। इसलिए उसके लिए कहीं कुछ नहीं। वह अकेली पड़ी रहेगी। इन दिनों तो चन्दन के साथ खेलने पर भी मनाही लगा दी गई है। अब वह नदी के उस पार भी नहीं जा सकती। उसकी माँ ने कहा है कि चन्दन के साथ मेलजोल बढ़ाने से पाप लगेगा।

उसी वक्त चन्दन आ पहुँचा। उसने हाथ में एक खूबसूरत-सी चिड़िया ! उसने जाल बिछाया था, बिचारी उसी में फँस गई। दूधिया बुर्राक रंग ! झूलती हुई पूँछ ! गर्दन और डैनों पर मोरकंठी रंग की धारी ! नरम-नरम पाँखें !

'तू कहाँ थी ? मैं तुझे खोजते-खोजते हलकान हो गया। देख कित्ती सुंदर चिड़िया पकड़ी है मैंने !'

चन्दन ने बाँह उठाकर चिड़िया दिखाई। उसके चेहरे पर खुशी और गर्व की झलक ! मानो वह चम्पा से अपने गर्व का समर्थन चाह रहा हो।

चम्पा ने निस्पृह भंगिमा में अपनी गर्दन घुमाई, निरासक्त निगाहें उस चिड़िया पर डालीं। उसके बाद मुँह फेरकर ख़ामोश बैठी रही। हल्की-हल्की हवा में ठंडक का

आभास। उस वक्त भी पेड़ की डाल-डाल पर फीका-फीका अँधेरा। पंछियों की चीख-पुकार !

चन्दन अचकचाया-सा, कुछेक पल खड़ा रहा। अगले ही पल उसके करीब आकर बैठ गया ! लेकिन चम्पा एक शब्द भी नहीं बोली। चन्दन की निगाहें बार-बार उसके चेहरे पर ! वह बेचैन हो उठा।

आखिरकार उसने दरियाफ़्त किया, 'यह तुझे क्या हो गया रे ? चाची ने डाँटा है ?'

चम्पा ने कोई जवाब नहीं दिया।

'बता न, क्या हुआ है तुझे ? यूँ मुँह लटकाए क्यों बैठी है ?'

अब चम्पा ने धीरे-धीरे गर्दन घुमाई। उसकी आँखें छलछलाई हुईं !

उसने धीमे लहजे में कहा, 'नहीं, अब तुम मुझसे मत मिला करो। तुम लोग अमीर हो। मुझसे मेलजोल रखते हो इसलिए तुम्हारे माँ-बाप नाराज़ होते हैं...हम पर दोष मढ़ते हैं।'

'किसने कहा ?'

'अम्मू ने कहा। इसके अलावा...इसके अलावा तुम्हारी तो कहीं और शादी होनेवाली है,' यह कहते हुए उसकी जुबान से कुछ सुनने की उम्मीद में चम्पा ने अपनी बड़ी-बड़ी आँखें चन्दन के चेहरे पर गड़ा दीं।

'चल, बुद्धू कहीं की ! मैं किसी और से ब्याह करूँगा ही नहीं। मैं तो सिपाही बनूँगा। बहुत बड़ा सिपाही ! मैं फौज में भर्ती हो जाऊँगा। कल मैंने बापू से भी कह दिया...'

'सिपाही ? सिपाही बन जाने पर तो लड़ाई करनी पड़ती है !'

'हाँ, मैं करूँगा न लड़ाई । अपने दद्दू की तरह ! पता है, मेरे दद्दू कितने बड़े सिपाही हैं ? कितना नाम है उनका ! उन्हें कितनी-कितनी कहानियाँ आती हैं ! जब मैं भी बड़ा हो जाऊँगा तो फौज में भर्ती हो जाऊँगा। जब वहाँ से लौटूँगा तुझे भी फौज के बारे में तरह-तरह के किस्से सुनाऊँगा।'

'सच्ची ?'

'हाँ, सच्ची। लेकिन अभी तो चल ! बकरी को घास खिलाना है। ले यह रही पानीफल की जलेबी ! तेरे ही लिए लाया था।'

धोती की खूँट से बँधी पत्ते में लिपटी हुई दो जलेबियाँ उसने चम्पा के हाथ पर रख दी।

'तू नहीं खाएगा ?'

'मैंने खा लिया। घर में आज पूजा थी न !'

इसके बावजूद चम्पा ने उसको एक जलेबी थमा दी। चन्दन ने भी इनकार नहीं किया। जलेबी खाते-खाते दोनों उठ खड़े हुए। चलते-चलते चन्दन ने वह चिड़िया भी चम्पा को सौंप दी। इतनी देर बाद अब जाकर उसके मन के बादल छँट गए।

उसने कहा, 'बड़ी सुंदर चिड़िया है न रे, चन्दन ?'

'हाँ, बिलकुल तेरी तरह !'

दोनों एक-दूसरे का हाथ थामे दौड़ पड़े।

शाम की धूप जब ढल गई और आसमान में दो-एक तारे टिमटिमाने लगे वे लोग घर की ओर मुखातिब हुए।

चन्दन ने अचानक आसमान की तरफ देखते हुए कहा, 'पता है ये तारे किसके हैं ?'

चम्पा ने हकबकाकर घने सियाह आसमान पर नज़र डाली। अगले ही पल उसने सिर झुका लिया।

चन्दन की तरफ देखते हुए उसने धीरे से सिर हिला दिया।

'रामजी के ! सारे के सारे सितारे रामजी के हैं।'

'रामजी के ? रामजी रहते कहाँ हैं ? डेरापुर गाँव से कितनी दूर ?'

'रामजी हर जगह विद्यमान हैं। मंदिर में ! तुझमें ! मुझमें !'

चम्पा ईषत् अवाक् और मौन हो आई।

अगले ही पल उसने पूछा, 'इतनी सारी बातें तुझे कहाँ से पता चलीं ?'

'मेरे दद्दू ने मुझे बताया था।'

लेकिन आखिरकार गाँव-भर में चर्चा छिड़ ही गई। बात सबसे पहले तब उठी जब गाँव की बहू-बेटियाँ चन्दन के कुएँ पर पानी भरने पहुँचीं या तलैया पर कपड़े धोने गईं। धीरे-धीरे वह बात लंबी-चौड़ी अफवाह बनते-बनते चन्दन की हवेली के अंदर तक दाखिल हो गई। दुर्गा के कानों में भी पड़ी। ख़बर सुनते ही दुर्गा की भौंहें चढ़ गईं, लेकिन उसने इन अफवाहों को नज़रअंदाज़ कर दिया।

इसके बावजूद किसी ने आखिरकार उसके गले पड़कर उसके कानों में फूँक ही दिया, 'दुर्गा बहन, पतोहू तो ख़ासी चुनी है। हाँऽ बस, उसकी माली हालत ठीक नहीं है। चलो कोई बात नहीं। कहना तो नहीं चाहिए, भगवान गैवीनाथ अगर मेहरबान रहे तो तुम्हारे यहाँ भला कोई कमी है ? ऐसी पचासों पतोहू तुम पाल-पोस सकती हो। सो मैं कह रही थी अब ब्याह कर ही डालो।'

अब दुर्गा से रहा नहीं गया। उसके तन-मन में आग लग गई।

उसने पति को आवाज़ देकर कहा, 'सुनते हो, मैंने तो तुम्हें पहले ही आगाह किया था, वह लड़की महासर्वनाशी है। आते-न आते बाप को खा गई। अब उसकी आँख मेरे बेटे पर गड़ी है।'

प्रताप ने कोई जवाब नहीं दिया, बस ख़ामोश बैठा रहा। अपनी बीवी को वह अच्छी तरह पहचानता था। तिल का ताड़ बनाना उसकी आदत थी।

'क्या बात है ? तुम्हारी जुबान से तो न राम निकला, न गंगा। मैं पूछती हूँ मेरी बात तुम्हारे कानों तक पहुँची या नहीं ?'

'हाँ-हाँ, सुन रहा हूँ ! सुन रहा हूँ ! सारी बात ज़रा खुलकर बताओ न ! हुआ क्या ?'

'हुआ क्या ? फूट गई मेरी तकदीर ! अपने दोस्त अनंतराम की राँड़-बेवा के लिए तुम दुखी होते रहते हो न ? पता है अंदर ही अंदर उसने क्या साजिश रची है ?'

'साजिश ? कैसी साजिश ?'

'जैसे शहर के अंग्रेज साहब लोग अपनी बेटियों का ब्याह नहीं करते, धींग बनाकर अपने घर में बिठाए रखते हैं। अनन्त की बीवी सूरज वही ईसाई क़ानून अपने गाँव में भी लागू करने के चक्कर में है।'

'वो कैसे ?'

'उसने अपनी धींग बेटी का ब्याह किया ?'

'इससे हमें क्या ?'

'हाँ, तकदीर तो हमारी फूटेगी।'

'क्यों ?'

दुर्गा अचरज से मुँह बाए, प्रताप की तरफ देखती रही। इस मर्द की सीमाहीन कमअक़्ली पर मानों उसे यक़ीन न आ रहा हो।

'हे राम ! वह औरत तो यह साजिश फाँदे बैठी है कि हमारे बेटे से ही अपनी बेटी का गँठजोड़ा करेगी।'

इतनी देर बाद प्रताप को भी ज़रा फिक्र हो आई। मारे बौखलाहट के उसने कई-कई बार सिर हिलाया, गला खखारा !

थोड़ा ठहरकर उसने कहा, 'ना ! ना ! ऐसी बात नहीं है। असल में बेटी का ब्याह करने की उसकी औकात ही नहीं है। ब्याह आखिर करे भी कैसे ? अनाथ विधवा औरत ! न कोई सगा-संबंधी, न आसरा-भरोसा !'

'चलो मान लिया कि उसका कोई नहीं है, लेकिन गाँववाले तो हैं। तुम हो ! इतने सारे लोग हैं। वह सामने तो आए ! अरज तो करे। तुम लोग कोई अच्छा सा लड़का देखकर उसका ब्याह कर ही दोगे। लेकिन नहीं उसने तो अपनी बेटी को ही लगा दिया, मेरे बेटे के पीछे।'

यह बात सूरज के कानों तक भी पहुँची। उसे आनेवाली विपत्ति का भी अंदाज़ा हो गया। भयंकर विपत्ति ! अब शायद उसका गाँव में रहना ही मुश्किल हो जाए। शायद उसकी रोटी-रोज़ी का आखिरी सहारा भी छिन जाए। लेकिन उसने हिम्मत नहीं हारी। अपने को मज़बूत बनाए रखा। नहीं, अब बेआवाज़, अत्याचार सहना बंद ! अब जो भी होना है, हो जाए। सिर पर भगवान गैवीनाथ तो हैं न ! वे सर्वज्ञ हैं। वे जानते हैं कि उसने कभी किसी का सर्वनाश नहीं किया। उसकी बेटी किसी का भी बेटा छीनने का इरादा नहीं रखती। वे दोनों तो मासूम बच्चे हैं। संग-संग घुल-मिलकर खेलते-खाते, घूमते-फिरते

हैं। इन लोगों को इसमें भी छल नज़र आने लगा। ऐसे नीच और टुच्चे हैं ये लोग !

उसने बेटी को भी बेतरह डाँट लगाई, 'ख़बरदार जो घर के बाहर पाँव रखा। अब चन्दन से मिलना-जुलना बंद ! अब क्या मैं तेरे लिए पूरे गाँव भर से 'घमसान' लड़ाई करती फिरूँ ?'

उसे यह भी ख़बर मिली कि चम्पा का ब्याह तय किया जा रहा है। ब्याह तय करनेवालों में शामिल हैं केशवराम, प्रतापसिंह और गाँव के मुख़्तार लोग ! ब्याह कहाँ होगा, किसके साथ होगा—इस बारे में किसी को ख़बर नहीं। बस सारी जानकारी केशवराम और प्रताप तक ही सीमित है। सिर्फ इतना भर पता चला कि लड़का खेतिहर है। उसके पास अपना कुछ भी नहीं है। बाप पराई ज़मीन पर साझेदारी में खेती करता है। ख़ानदान का भी कोई ठीक-ठिकाना नहीं।

सूरज समझ गई कि अब देर करना ग़लत होगा। उसे विरोध करना ही होगा वरना सब मिलकर उसकी बेटी के हाथ-पैर बाँधकर कुएँ में धकेल देंगे।

सूरज कौशल्या के बेटे को साथ लेकर प्रतापसिंह के यहाँ पहुँची। उसे सामने रखकर, किवाड़ की आड़ से उसने प्रताप से बात की। उसका चेहरा काले घूँघट में ढँका हुआ लेकिन घूँघट तले उसकी तैशभरी देह थरथर काँपती रही।

बातचीत की पहल उसी ने की, 'मेरे ससुर तुम्हारे बापू के दोस्त थे। चम्पा का बाप तुम्हारा साथी था। आज मेरा कोई नहीं। मैं ठहरी अनाथ ! इसीलिए तुम सब चम्पा का हाथ-पैर बाँधकर बिचारी लड़की को बहा देना चाहते हो ? मुझसे यह नहीं सहा जाएगा।'

प्रताप आहत हो आया ! वह ठहरा गाँव का सम्मानित और धनवान व्यक्ति ! कोई उसकी बात का विरोध करे यह उसकी बर्दाश्त-बाहर है।

उसने गहन-गंभीर आवाज़ में जवाब दिया, 'किसने कहा तुम्हारी बेटी को कुएँ में फेंका जा रहा है ? मेरी अक़्ल क्या घास चरने गई है ? जो मुझे सही और भला लगा, वही कर रहा हूँ।'

'नहीं, तुम्हें भला करने की ज़रूरत नहीं। वहाँ मैं अपनी बेटी का ब्याह नहीं करूँगी।'

'सुनो चम्पा की माँ, तुम ज़रा ज्यादा ही बड़ी-बड़ी बातें नहीं कर रही हो ?'

'बड़ी-बड़ी बातें ?'

सूरज ने अब अपना घूँघट झटक दिया और एकदम से उसके सामने आ खड़ी हुई।

'मेरे पास दौलत नहीं, ज़र-ज़मीन नहीं, इसलिए मेरी बात बड़ी बात हो गई ? बेटी मेरी है, उसकी शादी की फिक्र मैं करूँगी। और कोई न सही, माथे के ऊपर भगवान गैवीनाथ तो हैं। वे जानते हैं मैंने कभी कोई अधरम नहीं किया। अपनी चिंता-फिक्र मैं खुद कर लूँगी। जैसे आज तक रहती आई, वैसे किसी कोने में पड़ी रहूँगी। लेकिन तुम लोगों की पसंद के इस हरवाहे के साथ अपनी बेटी का ब्याह नहीं करूँगी। हरगिज़ नहीं।'

इतना कहकर वह बाहर निकल गई।

आते-आते भी उसने मुँह फेरकर आगाह किया, 'अगर मुझे ज्यादा सताया तो मैं रसूलाबाद जाऊँगी। साहब लोगों ने वहाँ तंबू लगाया है, मैं उनके दरबार में गुहार लगाऊँगी।'

दुर्गा भी आड़ में खड़ी उसकी बातें सुन रही थी और गुस्से से फुँकी जा रही थी। अब वह भी रणचंडी की मूरत बनी बाहर निकल आई।

उसने भी दहाड़कर कहा, 'हाँ, हाँ, सरबनासिन, तू अपनी बेटी का ब्याह क्यों करने लगी ? भले खुद्दी-चोकर खा-खाकर अपना पेट पाले मगर फिर भी इतना अहंकार ? इतना तेज़ ? आखिर किस बात का है, क्या मैं समझती नहीं ? तूने क्या सोचा है मेरे बेटे को हथिया लेगी और अपनी बेटी मेरे गले मढ़ देगी ?'

'भगवान जानता है मैंने कभी ऐसा नहीं सोचा,' सूरज ने भी उसी तैश में जवाब दिया।

'न हीं सोचा ? इसीलिए मेरे बेटे पर कब्जा जमाए हुए है ? तेरी बेटी, जैसे अपने बाप को खा-चबा गई, जैसे उसने तेरा घर फूँक डाला, तू चाहती है मेरा भी घर जलकर खाक हो जाए ?'

मारे अपमान और शर्म के सूरज थरथर काँपने लगी।

उसने सधी हुई आवाज़ में कहा, 'मेरी मासूम-निर्दोष बच्ची पर ऐसा कलंक मत लगाओ। तुम भी बेटे की माँ हो। रही खुद्दी-चोकर खाने की बात वह मैं अपनी तकदीर का खाती हूँ। इस बात का खोंटा मत दो,' इतना कहकर वह बाहर निकल आई।

दुर्गा अपने पति पर ही फट पड़ी, 'आज चाहे इस पार या उस पार। सुनो जी, कोई न कोई फैसला कर ही डालो। उसने अपना चाँद-चेहरा दिखाया और तुम पिघल गए ? इतना-इतना सुना गई। अरे है तो भिखारी की बेटी न ? उसका ब्याह क्या किसी राजा-रजवाड़े से होगा ? मैं उसकी सारी 'बदमाशी' समझती हूँ जी, खूब समझती हूँ।'

'ओफ्फो ! यह क्या लगा रखा है ? क्यों शोर मचा रही हो ?' प्रताप ने खिसियाकर उसे डपट दिया।

थोड़ा ठहरकर उसने दिलासा दिया, 'देखो, चीखने-चिल्लाने की ज़रूरत नहीं। चन्दन को बाबूजी के पास भेज दूँगा। पहले अपना घर तो सँभालूँ, फिर कोई और बात। उसके बाद चाहे अपनी बेटी का ब्याह करे या न करे उसकी खुशी !'

इस दिलासे के बावजूद दुर्गा का गुस्सा ठंडा नहीं हुआ !

वह झनकती-पटकती रसोई में चली गई। मारे गुस्से के उसने दाल में एक की जगह दो-दो बार नमक झोंक दिया। बिल्ली को दुरदुराकर भगाते हुए सिकोरा भर तेल उलट दिया।

मारे झल्लाहट के वह नौकरानी पर ही बरस पड़ी, 'मँजे-धुले बर्तन में राख क्यों लगी रहती है ? तुम सब मिलकर क्या मेरी जान लेने पर तुले हो ?'

उस वक्त दूर के रिश्ते की ननद चूल्हे पर दूध खौला रही थी।

दुर्गा उस पर भी कटाक्ष करने से बाज़ नहीं आई, 'ए-जी, पराई चीज है, फिर भी ज़रा खयाल तो रखना चाहिए। बस बैठी-बैठी हाथ हिलाए जा रही हो, दूध छलक-छलककर बाहर गिरा जा रहा है, यह नज़र नहीं आ रहा ?'

वह खुद कलछुल लेकर दूध खौलाने बैठ गई और चीख-चीखकर विलाप करने लगी। धारा प्रवाह लहजे में वह जो-जो कहती रही घूम-फिरकर एक ही बात सामने आई। उसके माँ-बाप ने उसका हाथ-पाँव बाँधकर ऐसे घर में धकेल दिया जहाँ उसकी हड्डियों तक का चूरा बन गया।

सूरज रसूलाबाद जाकर नालिश करेगी यह सुनकर गाँववालों ने सिर पीट लिया, 'आजकल, भइया, इस गाँव में उलटी हवा बह रही है। यहाँ की सब औरतें एकदम से मरद बन गई हैं।'

रसूलाबाद में जो साहब खेमा लगाए बैठा था, वह बड़ा कड़ियल साहब था। मजाल है कि उसके नायब, नज़ीर, अमले, बैरे-प्यादे वगैरह एकाध पैसा भी इधर-उधर करें। उसके अर्दली या खानसामा, अगर किसी की बकरी या खस्सी पकड़ लाते और यह बात अगर साहब के कानों तक पहुँच जाती तो उनकी ख़ैर नहीं। छः आने के खस्सी और हरजाना भरना पूरे दस रुपए ! उसके कर्मचारी अगर आग जलाने के लिए जंगल से लकड़ियाँ उठा लाते और कोई बड़ी-बूढ़ी आकर फरियाद करती तो साहब बहादुर उन कर्मचारियों के खिलाफ सख़्त कार्रवाई करता।

'साहेब, ई लकड़ी बीनकर ही हमार गुजारा चलत है,' बूढ़ी औरत रोते हुए शिकायत करती।

बस, साहब उसी वक्त उनके सामने ही कसूरवार कर्मचारियों पर जुर्माना ठोंक देता और उस बूढ़ी की भी आठ-दस रुपए की मदद कर देता।

कोई इनसान किसी पर अत्याचार करता है, यह ख़बर मिलते ही साहब आग-बबूला हो जाता। सूरज भी अगर उनके दरबार में नालिश कर दे तो समूचे गाँववालों की ऐसी-तैसी कर देगा। उन पर जुर्माना भी ठोंक देगा।

वह सूरज को भी ज़रूर तसल्ली देगा, 'सुनो, अगर अब तुम पर फिर कोई जुल्म करे तुम बस मुझे खबर कर देना।'

वह साहब गाँव-गाँव, थाने-थाने घूम-घूमकर खेमा लगाता और शिकायतें सुनकर फैसले देता। उसके फैसले का ही नतीजा था कि मुहल्ले का बंदा गंगाराम हमेशा-हमेशा के लिए 'नकटा गंगाराम' बन गया। गंगा की बीवी जानकी खासी बेढब और उजड्ड औरत ! इस मुहल्ले में उसका मायका ! शौहर से झगड़ा होते ही वह रोते-बिसूरते मायके आ धमकती।

जानकी के माँ-बाप ने झल्लाकर अपने दामाद से कहा, 'भई, तुम इस हरामज़ादी को ले जाओ। अगर कोई बिलिल्लापन करे तो जड़ दिया करो दो-दो हाथ।'

गंगाराम को जब हद गुस्सा चढ़ जाता वह बीवी को एक-दो घूँसे जमा देता।

लो, इस बार जानकी रोते-रोते सड़क पर चल पड़ी। उसे डाँटते-धमकाते गंगाराम

भी पीछे-पीछे।

'देख, अगर अब तूने एक क़दम भी आगे बढ़ाया तो मैं तेरी हड्डियाँ तोड़ दूँगा ! असल में जब तक तेरी पीठ पर लात-घूँसे न पड़ें तेरा होश ठिकाने नहीं आएगा।'

हे भगवान ! इसी मुद्रा में वे दोनों साहब के पास गए।

साहब ने नज़ीर को हुक्म दिया, 'यह औरत क्या कह रही है। तुम मुझे अंग्रेजी में समझाओ।'

नज़ीर ने एक दौर हँसकर कहा, 'मियाँ-बीवी का मामला है, हुजूर ! इसका मरद हड्डियाँ तोड़ने, बेंत बरसाने की बंदरघुड़की दे रहा है। कोई ख़ास बात नहीं।'

'व्हाट ?' साहब की आँखें एकदम से चढ़ गईं।

नज़ीर समझ गया उसकी बात साहब के पल्ले नहीं पड़ी।

उसने और साफ-साफ समझाकर कहा, 'हुजूर, डाँट-डपट तो करनी ही पड़ती है, वरना बीवी अपने मरद का वश नहीं मानेगी।'

साहब ने खेदभरे लहजे में कहा, 'नज़ीर, तुम तो पढ़े-लिखे हो ! शरीफ आदमी हो ! तुम इन बर्बरताओं का समर्थन करते हो ? इन बातों को सही समझते हो ?'

नज़ीर ने जवाब दिया, 'हुजूर, कभी-कभी बीटिंग गुड फॉर ऑब्सिनेट वाइफ ! बीवी अगर पाजी हो, बदजात हो तो कभी-कभी दो-एक हत्थड़ जमा देना बेहतर है, वरना वह अपने पति का आदर-सम्मान करने से रही।'

साहब अब और दुखी हो आया, 'ना, ना ! अपनी आँखों के सामने मैं इतना बड़ा अन्याय नहीं देख सकता। सुन, तू इस आदमी पर दुअन्नी जुर्माना जड़ दे और यह चेतावनी भी दे दे कि अब अपनी बीवी पर कभी हाथ न उठाए।'

जो बहुरिया चूल्हे से हाँड़ी भर उतारकर, 'हाय मइया', 'हाय बाप' चीखतें-चिल्लाते मायके दौड़ जाती है, अपनी उसी बहुरिया को डाँट-डपट के जायज़ हक़ पर चोट पड़ते ही गंगाराम भौंचक ! बहरहाल, उस पर जुर्माना ठोंक दिया गया।

उसी दिन से लोग-बाग़ उसका मज़ाक उड़ाने लगे, 'अरे, वह भी भला कोई मर्द है ? ऐसा बेइज़्ज़त हुआ कि उसकी तो नाक ही कट गई।'

इसी शर्मिंदगी के मारे गंगाराम गाँव ही छोड़ गया। अब वह हाजीपुर में रहता है। वहाँ उसने दूसरा ब्याह रचा लिया। ब्याह के बाद पहली रात ही नई बीवी को मार-पीटकर उसने अपनी मर्दानगी भी साबित कर दी।

अब वह कहता फिरता है, 'पहली रात तो उसने खूब उछल-कूद मचाई। चीखी-चिल्लाई भी ! मगर अब मार-पीट की ज़रूरत नहीं पड़ती। मेरी बीवी खुद ही मुझसे थर-थर काँपती है।'

जानकी अब अपने मायके में ही बस गई थी। गंगाराम शायद ही कभी यहाँ आता है। लेकिन लोग उसे 'नकटा गंगाराम' की बीवी कहकर ही बुलाते हैं।

सूरज के बारे में दोबारा सलाह-मशविरा करने के बाद केशवराम ने फैसला सुनाया, 'न्ना ! सूरज को छेड़ने की ज़रूरत नहीं। पता नहीं कौन सी बात क्या रूप ले ले और हम सब मुसीबत में पड़ जाएँ।'

प्रताप ने अपने किसी आदमी के साथ चन्दन को अपने बाबूजी के यहाँ भेज दिया।

सूरज को अंदाज़ा हो गया, अब उसकी परेशानी और बढ़ जाएगी। गाँव के सभी लोग उससे भयंकर खुन्नस खाए हुए हैं। प्रताप की बीवी दुर्गा अब उसे अपने यहाँ काम नहीं देगी। उसे सूझ नहीं रहा था कि अब वह क्या करे। चम्पा की सूरत देख-देखकर उसकी छाती पर जमा पहाड़ और वजनी हो आया। यह क़दम क्या वाकई उसने महज ज़िद में आकर उठाया ? बेटी के सौभाग्य के बीच वह दीवार बन गई ? अचानक उसने जबरन अपनी सोच की दिशा उलटी तरफ मोड़ दी। उसने कौशल्या से लालाजी के यहाँ जाकर पता लगाने को कहा। लाला की माँ ने उसे बुला भेजा था, इसकी वजह पता करना जरूरी था।

उसने चम्पा को भी आगाह किया, 'अब तू जब-तब बाहर मत निकलाकर बिटिया।'

चम्पा ने सिर हिला दिया।

बात क्या हुई, चम्पा अंदाज़ा नहीं लगा पाई। लेकिन इतना ज़रूर समझ गई कि उसी के कारण उसकी माँ पर पहाड़ टूट पड़ा है। उसे खयाल आने लगा जाते वक्त चन्दन उससे मिलकर नहीं गया।

परम विस्मय के साथ उसने महसूस किया अब चिड़िया पकड़ने में उसका बिलकुल मन नहीं लगता, नदी किनारे पानी निहारते हुए भी उसका मन उचटा रहता है। आजकल उसे बहुत सी चीज़ें अच्छी नहीं लगतीं। जिस दिन उसके आँगन में पीले रंग की चिड़िया आ बैठी, चावल पर पड़ी सूखी मिर्च अपनी चोंच में दबाए फुर्र हो गई। इसके बावजूद उसे पकड़ने के लिए उसका मन नहीं उमगा। उस दिन पहली बार चम्पा बेतरह उदास हो आई।

यानी अब वह ज़माना बीत गया जब यह सब उसे अच्छा लगा करता था। हालाँकि अभी कुछ दिनों पहले तक, पंछी, तितली, फूल वगैरह को मुग्ध भाव से निहारते हुए वह जाने कितना-कितना वक़्त गुज़ार दिया करती थी। इन दिनों चन्दन के लिए, उसका मन बेतरह छटपटाता रहता था। उसे लगा जिस दिन चन्दन फिर उसके साथ होगा, यही सब नज़ारे फिर कितने भले-भले लगेंगे। उसका मन कचोट उठा। चन्दन शायद कहीं बहुत दूर चला गया है, शायद गुम हो गया है...

3

प्रताप के बाबूजी, डेरापुर के बाशिंदा होते हुए भी स्वभाव-रुचि में बिलकुल अलग-थलग ! प्रताप ठहरा किसान और गृहस्थ जीव ! खेती-बारी में जुटा रहता था। निपुण, अभिज्ञ और मेहनती किसान के तौर पर उसका अच्छा-ख़ासा सुनाम भी था। प्रताप के लिए उसके खेत, खेतों की फसल, फसल बेचकर अपनी दौलत में बढ़ोतरी के अलावा उसे और कोई नशा नहीं था। गाँव के सम्मानित बाशिंदा के तौर पर वह और भी अनगिनत जिम्मेदारियाँ निभाता था। अगर किसी परिवार में लड़ाई-झगड़ा हो जाता तो निपटारे के लिए वही जाता था। किसी के भी घर ब्याह, जनेऊ, अन्नप्राशन वगैरह का मौका हो, वह खुद जाकर काम-काज का सारा दायित्व अपने सिर ले लेता। धीरे-धीरे वह गाँव का स्वनामधन्य नाम बन चुका था। अपनी पद मर्यादा की हिफ़ाज़त भी वह खुद करता था। धर्म-कर्म भी करता था। आचार-व्यवहार में ख़ासा गंभीर और शिष्ट ! यानी अपनी उम्र के मुक़ाबले काफी तजुर्बेकार ! अपने हमउम्र साथियों में उठने-बैठने की बजाय वह बड़े-बूढ़ों से सलाह-मशविरे में ज्यादा वक्त गुज़ारता था।

चम्मन बिलकुल अलग-थलग इनसान ! लापरवाह और फुर्तीबाज़ ! उम्र के मुक़ाबले वह अभी भी देह-मन से ख़ासा जवान ! प्रताप को अपने पिताश्री की आदतें बिलकुल पसंद नहीं थीं। लेकिन चूँकि वह उसका बाप था, इसलिए वह कुछ कह भी नहीं पाता था। गाँववाले चम्मन को देखते ही श्रद्धा से नमस्कार करते थे। उसे देखकर सबके मन में एक ही सवाल जागता था, इस बूढ़े इनसान ने ज़िंदगी में खुशी और उत्साह का ऐसा कौन सा सुराग पा लिया है। वह हमेशा गाँव के नौजवान छोकरों से बातचीत में व्यस्त रहता, शिकार खेलता, होली के 'तमासे' में दिखाए जानेवाले कार्यक्रम के बारे में विचार-विमर्श में हिस्सा लेता। चम्मन के हमउम्र लोग अब बूढ़े हो चुके थे। सबने घर-गृहस्थी से किनारा कस लिया था। वे लोग इस लोक का कारोबार चुकाकर परलोक के लिए पुण्य-अर्जन की कोशिश में व्यस्त थे। लेकिन, चम्मन ने ही जाने कैसे शारीरिक टूट-फूट और बुढ़ापे को दूर धकेल रखा था। गाँववालों के लिए यह अजीब रहस्य था जो आज भी रहस्य बना हुआ था।

'अरे, कुछ नहीं यह सब फौजी ज़िंदगी का नशा है। उसके दिमाग पर मस्ती सवार है, तभी तो गाँव में उसके पैर नहीं टिकते। गाँव की ज़िंदगानी शांत ! लहरहीन ! ऐसी ठहरी हुई ज़िंदगी उससे सही नहीं जाती,' गाँववालों में अक्सर यह चर्चा छिड़ी रहती थी।

वैसे उनकी बातें झूठ भी नहीं थीं। चम्मन के खून की बूँद-बूँद में सच ही जंग का नशा घुलमिल गया था। सोलह साल की उम्र में उसने कंपनी फौज में अपना नाम लिखाया था। उसके बाद से उन सुदीर्घ सालों में वह देश-देश घूमता रहा लड़ाइयाँ लड़ता रहा, कैंप की ज़िंदगी का यायावर स्वाद जीता रहा। आज भी वह उसी कर्मव्यस्त, अफरा-तफरीवाली, तेज़ रफ़्तार ज़िंदगी के नशे में धुत्त रहता है। रिटायर होकर अगर उसे गाँव लौटना पड़ा और ऐसी निष्क्रिय, शांत ज़िंदगी गुज़ारनी पड़ी तो वह बेमौत मर

जाएगा। उस दिन वह सच ही वीतरागी हो जाएगा। बुढ़ापा उसे मात देने में सचमुच कामयाब हो जाएगा।

चम्मन छुटपन से ही बेहिसाबी ! लापरवाह जीव ! जब, जो मन हुआ झोंक में आकर कर गुज़रा। अपनी अनगिनत बेवकूफियों के लिए कभी-कभी उसे भारी क़ीमत भी चुकानी पड़ी है। किसी ज़माने में उसके गाँव की छोर पर जंगल किनारे चंद राजस्थानी खानाबदोश, गूजरी औरतों नें दारू का धंधा शुरू कर दिया। गाँव का चौकीदार कभी-कभार उन्हें धमका आता। चम्मन संपन्न-संभ्रांत घराने का बेटा होकर भी नियमित रूप से वहाँ आता-जाता था। दारू पीकर नशे में उसने एक बार चौकीदार को ही पीट दिया और उसकी बाँह मोड़कर हाथ तोड़ डाला। वैसे मार-पीट में वह खुद भी काफी ज़ख्मी हो गया था। इसी तरह एक बार वह अपनी फौज के साथ कूच की मुहिम पर निकला था। अजमेर के क़रीब वह किसी ठाकुर साहब की बेटी को ले उड़ा। उस लड़की को उसने तीन महीने अपने साथ-साथ रखा। तीन महीने बाद वह लड़की ही उसे छोड़ गई और तमाखू के व्यापारी किसी साहब के घर जा बैठी। चम्मन एकदम से उस साहब को काट फेंकने को आमादा हो गया। खासा हंगामा मचा। नौकरी तो खतरे में पड़ ही गई, उसकी जान पर भी आ बनी।

साहब ने गुर्राकर कहा, 'जाओ, इस बदमाश को फाँसी पर चढ़ा दो। इसे देखकर और लोगों को भी सबक मिलेगा।'

चम्मन के अफसर ने एड़ी-चोटी का पसीना एक करके बमुश्किल यह मामला रफा-दफा किया। लेकिन इसके बाद भी चम्मन के सिर से भूत नहीं उतरा। प्रेमिका की दग़ाबाज़ी से बौखलाकर अंत में उसने अपनी ही गर्दन काट फेंकने की कोशिश की। उसके दोस्त उसे घेर-घारकर किसी मुसलमान हकीम के पास ले गए। उन्हीं की देखरेख में चम्मन का हाथ-पाँव बाँधकर, उसके माथे पर बड़ी-बड़ी जोंक चिपकाई गईं और उसके माथे से गंदा खून निकाल फेंका गया।

उसकी इन करतूतों की ख़बर जब गाँव तक पहुँचती, चम्मन की माँ, बीवी, बुआ सब तार-स्वर में विलाप करने बैठ जातीं। चम्मन की बीवी पूरे साल-भर तक पीर-फकीरों और साधु-संन्यासियों की ख़िदमत करते हुए गंडा-ताबीज़ जुटाती फिरी। जब वह गाँव आया, उसने चुपके-चुपके वे ताबीज़ उसकी बाँह और गले से स्पर्श कराने के बाद उसकी फौजी वर्दी की जेब में डाल दिया। नहीं, ताबीज़ उसकी बाँह में बाँधने की हिम्मत वह कभी नहीं जुटा पाई। अपनी जेब में ताबीज़ देखते ही चम्मन आग-बबूला हो उठा। ताबीज़ के अंदर का माल-मत्ता उसने निकाल फेंका और चाँदी-सोने का पत्तर वह सोनार की दुकान पर बेच आया। जो रक़म मिली शहर जाकर जुआ खेल आता। उसकी इस करतूत पर उसकी बीवी छाती पीट-पीटकर रोती रही। चम्मन ने भी आव देखा, न ताव, उसकी जी भरकर पिटाई कर डाली। वह तो जब प्रताप पैदा हुआ उसने बीवी को मारना-पीटना छोड़ा।

लेकिन, वह आँखें तरेरकर बीवी को चेतावनी देने से बाज़ नहीं आया, 'खबरदार !

बेटे को मलाई का उबटन लगाकर, खीर खिला-खिलाकर मक्खन की डली मत बहा देना।'

बीवी भी तीखी आवाज़ में झंकार उठी, 'और नहीं तो क्या ? तुम जैसा जाहिल या गँवार बनाऊँगी।'

'बेशक ! वह फौज में ही जाएगा। ठाँय-ठाँय गोली चलाएगा ! सटासट तलवार भाँजेगा, मालूम ?'

लेकिन, ऐसा नहीं हुआ। प्रताप की माँ पति को अपने वश में नहीं रख पाई। हाँ, बेटे को उसने अपने आँचल तले छिपाए रखा, सो वह बिलकुल अलग-थलग निकला। उसे देख-देखकर चम्मन का मन निराशा से भर उठा। बेटे का ब्याह हुआ। बहू घर आ गई।

चम्मन कह बैठा, 'अरी, प्रताप की माँ, रुपया-पैसा, गहना-जेवर और ख़ानदान देखकर ही तू भरमा गई ? ऐसी बदसूरत बहू उठा लाई ? मेरा ऐसा सुंदर-सलोना बेटा ! अब उसका मन भला घर में टिकेगा ?'

'हाँ, टिकेगा ! बहू के हाथ में बड़ा यश है, जी ! उसका पावा बड़ा शुभ है, देख लेना।'

धीरे-धीरे वही बहू मालकिन बन गई। प्रताप की भी नहीं रही। बीवी दुर्गा के यश-प्रताप से उसकी गृहस्थी फलने-फूलने लगी। लेकिन चम्मन इन सबसे काफी दूर चला गया। वैसे उसकी पुत्रवधू उसकी काफी सेवा-टहल करती। उसके तलवों में मालिश भी कर देती। लेकिन कोई मर्द आदमी, दिन-भर सिर्फ गाय-भैंस, खेत-खलिहान, मकई, दूध-दही में ही रमे रहकर वक्त कैसे गुज़ार सकता है यह कभी उसकी समझ में नहीं आया।

प्रताप ने काफी उमगकर अपने पिता को बताया, 'इस बार हल के लिए बैल के जोड़े खरीद लिये। भगत चाचा के खेत में अरहर बो दिया। गैवीनाथ के मंदिर में इस बार चाँदी का झारी चढ़ाया—'

चम्मन ने अनमने अंदाज़ में हुँकारी भरी।

अंत में उसने कहा, 'गाँव के लड़के पीछे पड़े हैं। इस बार वे हमारी हवेली में राम-भजन करेंगे। आँगन की साफ-सफाई करा दे। कहारों से कहकर लाला के मकान से दरी भी मँगवा ले। वे लोग भाँग पीएँगे। इन सबके लिए मैंने दस टके देने का वादा किया है।'

प्रताप का चेहरा एकदम से लटक गया।

उसने आहत मुद्रा में कहा, 'न कोई बात, न चीत, एकदम से दस टके की खर्ची की हामी भर दी ?'

'क्या करता ? वे लोग पीछे जो पड़े थे—' चम्मन हँस पड़ा।

प्रताप और दुर्गा दुखी हो आए। पूरे दस टके का सवाल था। जो लोग गाए-बजाएँगे तीन टके वे लोग ले लेंगे। बाकी रुपयों में खाना-पीना-फुर्ती ! सात टके की क़ीमत क्या

कम होती है ? एक टके में पूरे तीस सेर दूध आ जाता है। एक टके में तीन-तीन धोतियाँ खरीदी जा सकती हैं। टके में बत्तीस सेर आटा आ जाता है। इसी एक टके में दुधारू बकरी खरीद सकते हैं, तीन टके में एक बछिया ला सकते हैं !

प्रताप ने सिर हिलाते हुए कहा, 'ना, बाबूजी में कोई बुद्धि नहीं है।'

चम्मन के आने की ख़बर मिलते ही गाँव के नौजवान छोकरों की भीड़ लग जाती थी। चम्मन भी उनके साथ गपशप में मगन हो जाता। उनके साथ जंगल की सैर को निकल जाता। पक्का शिकारी जीव ! उसका निशाना भी अचूक ! उसके पास साहब बहादुर का सर्टिफिकेट भी मौजूद था।

उस बार गाँव के नौजवान छोकरे उससे बंदूक के निशाने पर बाघ का शिकार करने की फरमाइश कर बैठे। चम्मन ही राजी नहीं हुआ।

उसने हँसकर कहा, 'भई, बाघ जंगल में खाता-पीता मस्त घूमता है। अपनी मर्जी से हिरन मारकर खाता है। भगवान ने उसे यही आहार प्रदान किया है। अगर वह जंगल त्यागकर गाँव में घुस आए और तुम लोगों के गाय-बछेरू का शिकार करने लगे तभी उसे मारूँगा।'

'अगर वह आदमी का शिकार करे ?'

'धत्त ! धत्त ! बाघ इनसान को क्या यूँ ही मारता है ? कौन सा बाघ इनसान का शिकार करता है, पता है ? जिसके अंदर शैतान पैठ जाए ! हाँ, शैतान ! कोई-कोई बाघ भी शैतान-बुद्धि होते हैं। वही बाघ आदमी दबोच ले जाते हैं।'

'कभी कोई आदमखोर बाघ मारा है तुमने ?'

'अलबत् ! दो बार ! मैंने दो-दो बाघ मारा है—'

'बाघ देखकर, तुम्हें डर नहीं लगा ?'

'डर ? डर किस बात का ? अरे, जंगल में यूँ ही नज़र पड़ गई। बाघ के दो बच्चे खेल रहे थे। बिलकुल कुत्ते के पिल्लों जैसे गुदगुदे ! दोनों एक-दूसरे से लपट-झपट रहे थे। फिर एक बच्चा धरती पर लोटपोट लगाने लगा दूसरा छिप-छिपकर उसे देखने लगा। बड़ा मजेदार नज़ारा था !'

'चलो छोड़ो, बाघ का किस्सा छोड़ो। फौज की कोई कहानी सुनाओ—'

चम्मन ने ज़ोर का ठहाका लगाया। उसने छोकरे की पीठ पर धौल जमाते हुए कहा, 'अबे जा ! जाकर फौज में भर्ती हो जा। कानपुर चला जा और अपना नाम लिखा ले। फिर जंग में जाना, दो-चार जख़्म खाना, वरना कैसा मरद-बच्चा ?

लड़कों ने आग्रह किया, 'वो मदन सिंह की बीवी का किस्सा ही सुना दो—'

चम्मन ने दोबारा ठहाका लगाकर कहा, 'भई, अब तुम लोग बड़े हो गए हो ! अब तुम लोगों को उस क़िस्म की कहानियाँ सुना सकता हूँ। सुनो, एक थे मदन सिंह ! उनकी बीवी औरत नहीं साक्षात् बाघिन थी। रोज गुड़-गुड़ हुक्का गुड़गुड़ाया करती थी। मदन सिंह को तो एक थप्पड़ में सीधा किए रखती थी। उस बीवी को मैं पसंद आ गया। उस ज़माने में मेरी सूरत-शक्ल भी खूबसूरत...जवान थी !'

इतना कहकर चम्मन ने रुककर लड़कों पर निगाह डाली।

अगले ही पल उसने बातों की कड़ी दोबारा जोड़ दी, 'अपने नाना-दादा-परदादों से पूछ देखना ! वे लोग भी हामी भरेंगे। कहेंगे वाकई चम्मन खासा बाँका जवान था। हाँ, तो हुआ यह कि मदन सिंह की बीवी ने मुझे गुलाब का एक फूल नज़्र किया। लेकिन मुझे तो मालूम था उसका गुलाब सूँघते ही मैं उसका गुलाम हो जाऊँगा। फूल भी ऐसा-वैसा नहीं; मंतर पढ़ा हुआ फूल ! शाम तक अगर मैं वह फूल न सूँघता या किसी और को न थमा देता तो मैं कुत्ता या बिल्ली या चिड़िया बन जाता। महामुश्किल में जान ! सूबेदार दुर्गा सिंह मदन सिंह का जानी दुश्मन था। दोनों चचेरे भाई ! लेकिन दोनों एक-दूसरे को सह नहीं सकते थे। दुर्गा सिंह की बीवी भी जितनी खूबसूरत थी, उतनी ही महागुस्सैल ! दोनों भाई एक ही रेजिमेंट में होने के बावजूद एक-दूसरे से बात नहीं करते थे। न दुर्गा सिंह, न मदन सिंह ! सो भइया, मैं तो सीधे दुर्गा सिंह के पास जा धमका। उन्हें सलाम करके वह फूल उनकी नज़र कर दिया।

दुर्गा सिंह ने छूटते ही कहा, 'भई, यह फूल तो ग़ज़ब का सुंदर है।'

फूल को नाक के क़रीब ले जाकर वह इत्मिनान से सूँघता रहा। मैं अपने तंबू में लौट आया।'

'उसके बाद क्या हुआ ?'

'उसके बाद ही तो असली मज़ा हुआ। खेल जम गया। शाम के वक्त, महा हंगामा ! भयंकर शोरगुल; चीख-चिल्लाहट !

मदन सिंह के तंबू में उसकी बीवी की चीख सुनाई दी, 'छोड़ दे ! छोड़ दे रे !'

दुर्गा सिंह बाघ जैसे पंजों से उसके घाघरे का कोना कसकर दबोचे हुए ! दुर्गा सिंह की बीवी कभी दुर्गा सिंह को कभी मदन सिंह को बेभाव जुतिया रही थी।

मदन सिंह की आवाज़ सुनाई दी, 'हे राम ! जय राम ! जय-जय राम ! बीवी तो मेरी गर्दन उतारे ले रही है...हलाल कर रही है मुझे।'

ये सब सच्चे-झूठे, चटखारेदार किस्से सुनने में गाँव के छोकरों को बेहद मज़ा आता था।

वैसे, चम्मन तो गाँव आने को ही राजी नहीं था। लेकिन जब प्रताप का बेटा चन्दन पैदा हुआ तो उसका मन थोड़ा नरम पड़ा। चन्दन जब धीरे-धीरे बड़ा होने लगा, उसके रंग-ढंग, हाव-भाव में चम्मन के स्वभाव-चरित्र की झलक एकदम से स्पष्ट हो उठी।

अब चम्मन साल-भर गें एक बार ज़रूर आता था। हर बार चन्दन पहले से कुछ ज्यादा सयाना नज़र आता। उसने नया-नया बोलना सीखा था। जिस बार चम्मन ने सुना कि चन्दन पाठशाला के पंडित केशवराम को मुक्का मारकर भाग आया, उसने इस बात का ख़ासा मज़ा लिया। अगली बार जब वह गाँव आया तो उसे ख़बर मिली चन्दन ने गुलेल से निशाना साधकर हारिल चिड़िया मार गिराया, लाठी से पीट-पीटकर काले गेहुँवन साँप का भुर्ता बना डाला। पता चला जंगल में वह साँप पानी की कलसी के इर्द-गिर्द कुंडली मारे सो रहा था। यह भी सुनने में आया कि चन्दन ने अपने साथियों

से बाज़ी लगाई और अकेले ही मरघट तक जाकर लाठी गाड़ आया। ये ख़बरें सुन-सुनकर चम्मन खुशी से फूला नहीं समाता था।

दुर्गा ने उससे आग्रह किया, 'बाबूजी, आप ज़रा उसे कसकर डाँट-डपट कीजिए ! हद खुराफाती हो गया है आपका पोता।'

चम्मन ने सिर हिला दिया, 'हाँ-हाँ, ज़रूर डाँटूगा।'

लेकिन, उसने पोते को डाँटने की बजाय शाबासी देते हुए उसकी पीठ ठोंकी, 'अच्छा किया ! अरे तू मरद का बच्चा है। तू क्या गुड्डे-गुड़िया खेलेगा ? या सिलाई-कढ़ाई करेगा ? लेकिन, हाँऽ, हर काम हाथ-पाँव बचाकर करना। कभी कहीं हाथ-पाँव न तुड़वा बैठना।'

अपने पोते को वह बंदूक की गोली दिखाता। फौज के किस्से-कहानियाँ सुनाता।

दुर्गा ने देखा, चन्दन पपीते की डाल मुँह से लगाए अकेले ही बिगुल बजाते हुए आँगन में चक्कर लगा रहा है और कड़कती आवाज़ में 'हुकुम' दुहराए जा रहा है—मार्च ऑन ! अटेंशन ! स्टैंड अप !

उसने बेटे को करीब बुलाकर घुड़की लगाई, 'यह तू दिन-दिन-भर क्या करता रहता है ? बाकी बच्चे स्कूल जाते हैं। राम-नाम सुमिरन, गंगा-स्तुति, जाने क्या-क्या सीख चुके, एक तू है...'

'सीख चुके तो सीखने दो। मुझे नहीं लिखना-पढ़ना।'

'लिखेगा-पढ़ेगा नहीं तो क्या करेगा ?'

'मैं दद्दू की तरह फौज में जाऊँगा। जंग लड़ूँगा ! ठाँय-ठाँय ! बंदूक़ चलाऊँगा।'

दुर्गा उसकी बातें सुनकर, इस क़दर दुखी हो आई कि उसे कुछ सूझता नहीं था। ब्याह के बाद कई साल गुज़र गए। उसकी गोद नहीं भरी। अनगिनत देवी-देवताओं की मनौती, पूजा-पाठ, व्रत-उपवासों के बाद उसकी गोद भरी। भगवान ने उसे बेटा दिया। वही बेटा यह सब क्या बकवास कर रहा है ? उसे बेभाव रुलाई आने लगी।

उसने बमुश्किल कहा, 'हाँ, हाँ, तेरे दद्दू महाबली, वीर हैं न ! तभी फौज छोड़कर जाने किस वन-जंगल में जा बैठे।'

'तुमको पता नहीं, मेरे दद्दू बहुत बड़े शिकारी हैं तभी तो एक साहब जी ने उन्हें जंगल में रख छोड़ा है।'

दुर्गा अब अकेले-अकेले ही रो-रोकर विलाप करने लगी। फौज में क्या और लोग नहीं जाते ? कितने ही लोग तो फौज में भर्ती होते हैं। वे लोग धन-दौलत समेटकर अपने मुल्क लौटते हैं। उसके ससुर तो फौज में काफी ऊँचे पद पर थे। फौज में तनख्वाह बाँटते थे। अचानक सब छोड़-छाड़कर जाने कहाँ तो जा बसे हैं। हल्द्वानी या जाने कहाँ ! किसी पहाड़ की चोटी पर ! नैनीताल के करीब ! वहाँ कोई सफ़ाखाना है। वैसे, सफ़ाखाना किसे कहते हैं, दुर्गा पहले नहीं जानती थी। बाद में उसे पता चला, काँच और काठ के मिले-जुले घर को 'सफ़ाखाना' कहते हैं। वहाँ साहब लोगों के लिए दवा-दारू रखा रहता है। साहब लोग कभी-कभी वहाँ आराम करने भी चले आते हैं। वहाँ रहकर वे

लोग शिकार करते हैं, खाते-पीते हैं। लेकिन इतनी सारी जगहों के बावजूद ये साहब लोग जंगल में घर क्यों बनाते हैं ? सफ़ाखाना काँच और काठ का क्यों बनाया जाता है ? साहब लोग तो राजा आदमी हैं, चाँद-सूरज जैसा उनका यश-प्रताप ! उन्हें क्या ईंट या मिट्टी नहीं मिलती ! सुना है, उसके ससुर उस घर के 'कीपर' हैं। कीपर की नौकरी क्या भली होती है ? दुर्गा यह सब नहीं समझती थी। वह तो, बस दुखी होती रहती। उसने यह भी ग़ौर किया कि ससुर साहब से कोई सवाल करते ही उनका चेहरा कैसा तो निस्तेज हो आता है। इसीलिए अब वह इन बातों का जिक्र नहीं छेड़ती। वैसे, इस बारे में उसे कोई कुछ बताता भी नहीं। ऐसे भी, वह तो हर वक्त अपनी गृहस्थी में ही फँसी रहती थी। प्रताप की बीवी होने का गुमान गाँव के गरीब-गुरबा, दीन-दुःखी लोगों के सामने अपने रुपए-पैसे, सुख-समृद्धि की गर्मी जाहिर करने का काम भी कुछ कम तो नहीं। लेकिन उसका खयाल था कि फौजी जीवन त्यागकर हल्द्वानी जाने के पीछे ज़रूर कोई अहम् वजह है। उसके ससुर साहब के सीने में कहीं कोई गहरा दुःख घर कर गया है।

यूँ तो चम्मन भी अक्सर इन्हीं सब खयालों में डूबा रहता था।

जब वह फौज में शामिल हुआ था, उन्नीसवीं सदी की शुरुआत का ज़माना था। कंपनी के विभिन्न पद, अश्वारोही, गोलंदाज़ फौज वगैरह हाल ही में तैयार हुए थे। उस ज़माने में गोरी चमड़ीवाले साहबों की तादाद बस मुट्ठी-भर थी। कंपनी का राज-पाट भी ख़ास फैला हुआ नहीं था। छोटी-मोटी जंग की ज़रूरत पड़ती थी तो कंपनी सरकार भारतीय राजा-जमींदार वगैरह से उधार पर फौज तलब करती थी। बड़े-बड़े घरानों के जो भारतीय बाशिंदे कंपनी रेजिमेंट में शामिल होते थे, वे लोग अपने ओहदे के मुताबिक शान-शौकत से रहते थे। साहब लोगों से होड़ लगाकर वे लोग अपने लिए भी रेशमी तंबू गाड़ते, नौकर-चाकर रखते थे। चुने हुए बेशक़ीमती घोड़े, महँगे-महँगे बंदूक़-तलवार खरीदा करते थे। इन सामानों पर वे लोग बेशुमार दौलत खर्च करते थे। इसके लिए वे लोग अपनी तनख्वाह पर निर्भर नहीं करते थे।

साहब लोग भी भारतीय जीवन में घुलमिल गए थे। अंग्रेजों ने जमींदारी खरीद ली और अपना निजी कारोबार शुरू कर दिया। उन लोगों ने भारतीय लड़कियों से शादी कर ली। अब वे लोग हुक्का गुड़गुड़ाया करते थे; उत्सव-समारोहों के मौके पर बाईजी का नाच, भानुमती का जादू का खेल, भालू का नाच, तीतर की लड़ाई वगैरह का आयोजन करते थे। वे लोग रुपयों के लेन-देन का भी कारोबार करने लगे।

वैसे रेजिमेंट के कड़ियल साहब लोग इस बारे में अक्सर फिकरे कसते थे, 'ये कमबख़्त अंग्रेज, बिलकुल 'नेटिव' हो गए हैं।'

लेकिन रेजिमेंट इन छोटे-मोटे साहबों की फिकरेबाजी की बिलकुल परवाह नहीं करती थी।

उस ज़माने में यहाँ रेल लाइनें नहीं बनी थीं। टेलिग्राम के जरिए ख़बर भेजने की बात भी सपना लगती थी। गाँव के लोग गाँव में ही रहते-सहते थे। टके के बदले में, ताँबे की 'दमड़ी' या लोहा-ताँबा मिला हुआ 'ढेबुआ' पैसों से खरीद-फ़रोख़्त करते थे। उस ज़माने में बरेली, लखनऊ, आगरा जैसे शहरों में एक टके में बत्तीस सेर आटा सुलभ था। एक मन चावल की क़ीमत डेढ़ रुपए। सुदूर बंगाल से बंगाली लोग काम-काज के सिलसिले में उत्तर-पश्चिम भारत की तरफ आने लगे थे। महीने में दस-पंद्रह या बीस रुपए की कमाई में से वे लोग अपने-अपने गाँव भी रुपए भेज सकते थे। गाँव में अपनी ज़मीन-जायदाद बढ़ा सकते थे। साथ ही वे लोग अपनी नौकरी पर भी पूरे सम्मान के साथ बहाल रह सकते थे।

उसी ज़माने में उत्तर-पश्चिम और मध्यभारत में अमीर-उमरा, लुटेरे, पिंडारी और ठगों, डकैतों का एकछत्र उपद्रव जारी था। समृद्ध भू-स्वामी का मतलब था अपने-अपने निजी लठैत और अश्वारोहियों की फौज के मालिक ! अपने पास पर्याप्त रुपए-पैसे होने के बावजूद वे नहीं चाहते थे कि पूजा-पाठ या समारोह हमेशा धूमधाम से ही आयोजित किए जाएँ। असल में वे लोग डाकुओं की नज़र में नहीं पड़ना चाहते थे। विशेष ज़रूरत न हो तो इनसान अपना गाँव-मुलुक छोड़कर सड़क पर कभी पाँव नहीं रखता। दल बाँधकर तीर्थयात्रा पर जाने के अलावा घर-गृहस्थ लोग घर छोड़कर बाहर जाने को तैयार नहीं होते थे। हाँ, कारोबारी लोग इस-उस शहर में आते-जाते रहते थे, मगर किराए की घोड़ागाड़ी या बैलगाड़ी पर या फिर वे लोग डाकगाड़ी के साथ हो लेते।

उस ज़माने में भी आम इनसान की ज़िंदगी प्रमुख रूप से गाँवों पर ही आधारित थी। जो लोग खेती-बारी नहीं करते थे, वे लोग ग्रामीण-शिल्प के कारीगर बन जाते थे या रोटी-रोजगार के लिए कोई और जीविका अपना लेते थे। लोहार, बढ़ई, चर्मकार, ताँती और धुनिया वगैरह को पूरे साल-भर तक काम मिलते रहते थे। गाँव के अमीर लोग अनगिनत ज़रूरतमंदों को शरण देते, रोज़गार देते। गाँव के वाद-विवाद मिटाते। उत्सव या पूजा-त्योहारों के मौके पर या मृत लोगों की याद में या मनौती पूरी करने के लिए वे लोग रास्ता-घाट बनवाते, कुएँ खुदवाते, पूजा-पाठ करते, सड़कों पर पौधे लगाते थे।

अंग्रेज साहबों के बारे में आमलोगों ने मन में अजीबोग़रीब बेहद अद्भुत और अतिशय आश्चर्यजनक धारणाएँ पाल रखी थीं। अंग्रेज बहादुर सुदूर कलकत्ता में राज-काज चलाते थे, इस बारे में आम लोगों को ख़ास अंदाज़ा नहीं था। वे लोग तो अपने गाँव के ताल्लुकेदार को जितना पहचानते थे, कंपनी सरकार को उतना नहीं। मिशनरी साहब जब कभी गाँव के हाट-बाज़ार में आ पड़ते, लोग-बाग़ भाग खड़े होते थे। उन लोगों को तो यह भी खबर नहीं थी कि दक्षिण भारत और पंजाब, नेपाल और बर्मा वगैरह को अपने दखल में लेने के लिए अंग्रेज अभी भी टुकड़े-टुकड़े जंग में व्यस्त थे। उन दिनों भी चम्मन के गाँव में अगर ब्राह्मण वंश में कोई मौत हो जाती। उन दिनों भी अपने गोपन उद्देश्य की पूर्ति के लिए कभी-कभी गुप्त-पूजा आयोजित की जाती

और गुप्त रूप से नरबलि भी दी जाती। गाँव की ख़बर शहर तक पहुँचते-पहुँचते, काफी देर हो जाती थी। कंपनी सरकार के अंग्रेज अमले, जब तक उस सरज़मीन पर छान-बीन के लिए पहुँचते, कोई भी सुराग उनके हाथ नहीं लगता था। साहब लोग गुस्से से आगबबूला हो उठते। ऐसे में साहब का अमीन गाँव में हाजिर होता और साहब लोगों के लिए महीन चावल, मुर्गी, खस्सी, घी वगैरह ले जाकर उनका गुस्सा शांत करता था।

उसी ज़माने में चम्मन ने फैसला किया वह भी फौज में नाम लिखावेगा।

डेरापुर गाँव में हंगामा मच गया। चम्मन अंग्रेज साहबों के यहाँ चाकरी करने जा रहा है। ऐसे में उसकी जात भला बची रहेगी ? कौन नहीं जानता कि यहाँ बात-बात पर जात चली जाती है ? प्रायश्चित करने के बावजूद खोई हुई जात वापस नहीं मिलती।

उन दिनों क्या गाँव के लोग, क्या शहरी पढ़े-लिखे लोग, सबके सब जात और धर्म के बारे में बेहद दुविधा में उलझे हुए। जात और धर्म आँखों को नज़र नहीं आता। इनसानों का बहिष्कार करने के लिए जात और धर्म मानो हर वक्त बहाना ढूँढ़ते फिर रहे थे। उन दिनों डबलरोटी या बरफ खाने भर से जात चली जाती थी। एकादशी के दिन किसी विधवा ने अगर पानी पी लिया तो जात से गई। विलायती दवाएँ ली नहीं कि मरणासन्न रोगी भी अपनी जात गँवा बैठता। आँगन के करीब से अगर कोई मुसलमान गुज़र गया तो धान खेत की जात ख़त्म ! उस खेत की पूरी फसल फेंक दी जाती थी। नौका-यात्रा के दौरान अगर पानी पी लिया तो ब्राह्मण अपनी जात खो बैठा।

अंग्रेजों के आगमन के बाद जात-धर्म पर और गहरा ख़तरा मँडराने लगा। जात-धर्म से हाथ धो बैठने के बारे में अद्‌भुत-अद्‌भुत किस्से-कहानियाँ, इस छोटे से गाँव डेरापुर तक भी पहुँचती रहीं। नदी पार पंजाब से भी आगे काबुल या कश्मीर की सरज़मीन पर क़दम रखते ही झुंड के झुंड फौजी अपना जात-धर्म गँवा बैठे। प्रायश्चित करने के बावजूद वे लोग पापमुक्त नहीं हो सके। भीषण सर्दी से बचाव के लिए भेड़ के चमड़े का 'पख्तूनी' कुर्ता पहनने के जुर्म में पंजाब का फौजी जत्था जात-बाहर कर दिया गया। इस-उस देश में खेमे लगाने के बाद प्यास से तड़पते हुए ब्राह्मण-गैरब्राह्मण लोगों, हिंदू-मुसलमानों ने लाचारी की हालत में एक ही झरने का पानी पीकर अपनी-अपनी प्यास बुझाई। लो, सबके सब जातच्युत कर दिए गए।

साहब लोगों के हुक्म पर, साहब लोगों के डर से राजस्थान, बंगाल, मध्य भारत और उत्तर भारत के अनगिनत परिवारों ने सद्यः विधवा औरतों को 'सती' नहीं किया, उन लोगों को भी जात से निकाल बाहर किया गया। साहब लोगों ने अभी क़ानून नहीं बनाया। 'सतीदाह' अभी भी प्रचलित था। लेकिन 'सती' आयोजन की ख़बर मिलते ही साहब और मिशन के पादरी वहाँ पहुँच जाते, लोगों को 'सतीदाह' से मना करते। जो लोग तथाकथित नज़र में अक्लमंद थे, साहबों की मनाही अनसुनी कर देते थे। वे लोग अक्षय पुण्य अर्जित करते थे। जो लोग उनकी आज्ञा मान लेते थे वे लोग अनंत काल तक सड़ते रहने के लिए नर्क में जा पड़ते थे।

बहरहाल, जिनकी जात चली जाती वे लोग लाचारी में ईसाई हो जाते थे। जातच्युत

होने की बेइज़्ज़ती झेलते हुए गाँव के किसी निर्वासित कोने में ज़िंदगी गुज़ारने के बजाय, धर्मांतरण क़बूल करना उन्हें बेहतर लगा। यह सब देख-सुनकर लोग हाहाकार कर उठे। कलकत्ता और बंगाल के अन्य जिलों में जो-जो अखबार निकलते थे, उनमें लोगों के इस मतिभ्रम की निंदा करते हुए काफी कुछ लिखा जाने लगा। पढ़े-लिखे, शिक्षित लोगों ने पंडितों से मिलकर विचार-विमर्श किया।

उन्होंने पंडितों के आगे सीधे-सीधे सवाल रखा, 'यह सब क्या हो रहा है ? जो धारण किया जाए उसी का नाम 'धर्म' है न ? अगर यह सच है तो हिंदू धर्म की उँगलियों की दरारों से लोग फिसलते क्यों जा रहे हैं ?'

किसी ने सवाल किया, 'धर्म का हाथ जरा और बुढ़ापे की वजह से शिथिल होता जा रहा है। अब उसमें इतनी शक्ति कहाँ है कि अपमानित, पीड़ित इनसानों को थामे रख सके ?'

किसी ने राय जाहिर की, 'अनावश्यक कठोरता, अनावश्यक सख्ती की वजह से इनसान को इंसाफ नहीं मिलता। वर्तमान धर्म में सुधार-संस्कार की ज़रूरत है। आदिकाल से प्रचलित मानव धर्म पर समाज और धर्म के ठेकेदार युगों-युगों से अनगिनत आचार-नियम, विधि-निषेधों के बोझ लादे जा रहे हैं, उसकी छँटाई ज़रूरी है। सिर्फ तभी हिंदू धर्म सुरक्षित रह सकेगा, वरना इसका नाश अवश्यंभावी है।'

इन मंतव्यों के खिलाफ जबर्दस्त विवाद उठ खड़ा हुआ। धर्म के निर्णायकों ने बेभाव धिक्कार भेजा।

सुधारकों ने जोर-शोर से दावा किया, 'नदी में जब कूड़ा-करकट या मिट्टी जमा हो जाती है तो उसका बहाव रुक जाता है। ऐसी स्थिति में मिट्टी काटकर धार को दोबारा गति दी जाती है वरना नदी मर जाती है। संस्कारों के स्तूप तले जो धर्म सुधार-संस्कार में बाधा पड़ने की वजह से अपनी प्राणशक्ति खो देता है, उस धर्म का परित्याग करके, लाचार-निरुपाय लोग अगर किसी अन्य धर्म की शरण लेते हैं तो क्या गुनाह करते हैं ?'

दोनों पक्षों में तुमुल वाद-विवाद छिड़ गया। पंडित लोग ज़ोर-ज़ोर से सिर हिलाते हुए बार-बार सुँघनी का सहारा लेने लगे। नई-नई सभाएँ आयोजित की जाने लगीं। आम इनसान के मन में नए-नए सवाल जागने लगे। लोग-बाग़ तमाम विधि-निषेधों को तर्क और युक्ति से परे महज अंधे तरीके से मान लेने को क़तई तैयार नहीं थे। उन लोगों ने विद्रोह का ऐलान कर दिया।

लेकिन, यह विद्रोह काफी दूर देश में प्रकट हुआ। सुदूर बंगाल मुल्क में ! इन सब मामलों में चम्मन के छोटे से गाँव डेरापुर में कोई सवाल नहीं किया गया; किसी ने भी संशय जाहिर नहीं किया। जब जो कहा गया उन लोगों ने क़बूल कर लिया। नर्क, महापाप, दादा-परदादों की दुर्गति और बदनामी का डर दिखाकर, पंडित और पुरोहित लोगों की जुबान बंद किए रखते। ऐसे गाँव का नौजवान होने के बावजूद चम्मन ने फौज में जाने का ऐलान किया।

उन दिनों गैवीनाथ शिव के पुजारी थे—लक्ष्मीनारायण मिश्र ! उनका भानजा केशवराम उन दिनों निरा बच्चा था।

डेरापुर के ग्राम-समाज में लक्ष्मीनारायण परम प्रवीण और बहुदर्शी इनसान के रूप में काफी लोकप्रिय थे। उन्होंने अनगिनत तीर्थ किए थे, अनगिनत देश देख चुके थे। सुदूर नर्मदा नदी के पवित्र जल में डुबकी भी लगा आए थे। दूरदराज उत्तरी क्षेत्र में केदारनाथ, बदरीनाथ के दर्शन करके सूखे नारियल-मेवे-मिश्री के प्रसाद समेत अपने गाँव वापस लौटे थे। काशीधाम की तीर्थयात्रा करके बाबा विश्वनाथ के भी दर्शन कर आए थे। इसके अलावा विश्वनाथजी के अवतार, श्री तैलंगस्वामीजी के दर्शन-लाभ का भी पुण्य कमा चुके थे। द्वारकाधाम तक की परिक्रमा करके उन्होंने द्वारकाधीश के भोगराग और आरती-समारोह में भी अपनी भक्ति अर्पित की थी।

चन्दन की हवेली में वे कंबल के आसन पर बैठ गए।

हाथ में सोने के रुद्राक्ष की माला फेरते हुए उन्होंने कहा, 'साहब लोगों के पास जाने से जात जाने का डर बिलकुल सच है। जबलपुर में मेरा चचेरा भाई रहता है। उसने बताया, साहब लोग हर क़िस्म का गोश्त खाते हैं। बच्चा गोरा हो इसलिए वे बच्चों को शराब की हँड़िया में डुबोए रखते हैं। नदी पर पुल बनाते हुए छोटे-छोटे बच्चों को पकड़ लाते हैं और शिशु-बलि देते हैं। जो लोग फौज में शामिल होते हैं। साहब के हुक्म पर उन लोगों को मेहतर और डोम के साथ खाना पड़ता है। ब्राह्मणों को जनेऊ पहनने की अनुमति नहीं है। मुसलमान नमाज नहीं पढ़ सकते।'

गाँव के लोग ये बातें सुनकर विस्मय से हतूवाक रह गए। चम्मन की माँ घूँघट की आड़ से लक्ष्मीनारायण को देखे जा रही थी। अचानक वह फूट-फूटकर रो पड़ी।

अब लक्ष्मीनारायण को पूरा यकीन हो गया कि उनकी बातें ये लोग ध्यान से सुन रहे हैं।

उन्होंने अपनी आवाज़ और गंभीर बनाते हुए कहा, 'ब्रह्मवर्त में एक बार नहाने गया था मैं। कानपुर और इलाहाबाद में मैंने अपनी आँखों से देखा, दाढ़ीवाले बूढ़े-बूढ़े साहबों ने भूत जैसे लबादे पहन रखे थे। गले में ताँबे का एक कट्टम-कुट्टम झूलता हुआ। सुना है हाट-बाज़ार के दिन वे गाँव-गाँव का चक्कर लगाते हैं। लोगों में यह प्रचार करते फिरते हैं कि अपने देवी-देवता की पूजा मत करो। देवी-देवता सिर्फ बेजान गुड्डे-गुड़िया हैं। उनमें कोई शवित-वक्ति नहीं होती।'

'और ? और क्या-क्या कहते हैं ?'

'वे लोग अपनी बात समझाने के लिए यह तर्क देते हैं कि फर्ज़ करो तुम्हारे घर में आग लग जाए तो क्या तुम्हारा यह चतुर्भुज विष्णु भगवान अपने चार-चार हाथों से तुम्हारे घर की आग बुझाने आएगा ?'

लक्ष्मीनारायण ने पादरी साहब के उच्चारण की नक़ल उतारते हुए अगला वाक्य जोड़ा, 'अब यह बात कौन नहीं जानता कि ये साहब लोग कच्ची उम्र के जवान लड़कों की जात नष्ट करने में हर वक्त जुटे रहते हैं।'

चम्मन की माँ ने चीख-चीखकर रोना शुरू कर दिया। उसने सुन रखा था, किसी को अगर एक ही बेटा हो तो उस पर हमेशा गाली-गलौज करते रहना चाहिए। अगर उससे हमेशा प्यार से ही बातें की जाएँ, तो आड़ में छिपा भगवान उस पर हँसता है और बेटे को नुकसान पहुँचाता है। इसीलिए कच्ची उम्र के बच्चों को बीच-बीच में 'मुँहजला', 'काला-कलूटा भूत' वगैरह कहकर उन्हें कोसते रहना चाहिए। चूँकि कमउम्र अनाड़ी माताएँ, यह बात नहीं जानतीं, इसीलिए उनके बच्चे पेट-दर्द, कान-दर्द की तकलीफ भोगते रहते हैं। देवताओं में भी चंद छोटे-मोटे देवता होते हैं, जैसे 'हैजा' या 'कॉलरा' की वृद्धादेवी, बच्चों का बुरा-भला करनेवाली, 'छटिया मइया', गाय-बछड़ों का रोग-कष्ट मिटानेवाली 'गवइया गोपाल'। पोथी-पुराणों में ये देवियाँ अपनी बिरादरी से निर्वासित हैं। महादेव, विष्णु, सरस्वती और गणेश अपने इन गरीब, गँवार-जाहिल नाते-रिश्तेदारों की कभी ख़बर नहीं लेते। असल में लोगों के संस्कार और आस्था ही उन्हें जन्म देती है। बेटा बीमार है ? 'छटिया मइया का मंत्र-जाप करते हुए पीपल के पेड़ में टुकड़ा-भर कपड़ा बाँध आओ।' 'पीपल के सूखे-बेजान खोखर में प्रतिष्ठित 'छटिया मइया' सी लिपी-पुती पत्थर की मूर्ति पर सिंदूर का प्रलेप करती हुई जो जुलजुल बुढ़िया बैठी रहती है, उसे भी एक 'पाई', चावल और हल्दी की एक गाँठ टिका आओ। बेटा निरोग हो जाएगा।' गाय बीमार है ? 'जो बूढ़ी, 'गवइया गोपाल' के भजन गाती है, उसे आटा-गुड़ के सख़्त-सख़्त आठ लड्डू चढ़ा आओ। गोशाला धो-लीपकर, उसे बुला लाओ। वह गाय का झाड़-फूँक कर देगी। साल-भर में उसे एक साड़ी या चादर चढ़ा आना। जाड़े के मौसम में वह कान पर लपेटे रहेगी। इधर तुम्हारे गाय-बछेरू बिलकुल रोग-कष्ट मुक्त रहेंगे।'

इंद्र, चंद्र, वरुण, महाज्योतिसंपन्न विभावसु या प्रजापिता ब्रह्मा वगैरह के साथ, गाँववालों का रोज़-रोज़ का वास्ता नहीं होता। उनकी रोज़मर्रा की ज़िंदगी में सारा लेन-देन, इन छोटे-छोटे देवताओं से ही होता था। इन देवताओं में ऐसे अनगिनत दोष-गुण शामिल थे, जो सिर्फ सरल-सहज आम ग्रामीण को ही शोभा देते थे। अगर किसी ने उनके चरणों में एक 'पाई' चावल या एक 'ढेबुआ' पैसा नहीं टिकाया, वे इसका हिसाब रखते और इसकी सज़ा के तौर पर उनका छोटा-मोटा नुकसान कर देते। मसलन किसी के बेटे को पेट-दर्द शुरू हो जाता; किसी की गाय दूध की बाल्टी लात मारकर उछाल फेंकती; किसी की बेटी को अचानक चक्कर आने लगते और वह बेहोश हो जाती। इन देवताओं की दौड़ बस यहीं तक थी। उन्हें ज्यादा कुछ की चाह भी नहीं थी। इस बात का उन्हें बखूबी अंदाज़ा था कि स्वयं गैवीश्वर शिव कुल एक दिन में जो चढ़ावा पाते हैं, उतना तो उन लोगों को साल-भर में भी नहीं जुट पाता।

चम्मन की माँ को उस वक्त उन्हीं देवी-देवताओं का खयाल आने लगा। उनका बेटा उनका कितना दुलारा है, ऐसी सई-साँझ अगर यह बात उनकी जुबान से निकली तो कहीं कोई सुन न ले। हो सकता है उसके बेटे को जूड़ी-बुखार घेर ले या फिर नई-ब्यायी बछेड़ी उछलकर बरामदे में चली आए और गयाजी से लाई हुई पत्थर की

कटोरी ही तोड़-फोड़ दे या सूखी ज़मीन पर ठोकर खा जाए और ज़िंदगी-भर को बाँझ हो जाए।

वह बेटे पर गालियाँ बरसाती हुई रो पड़ी, 'अरे ओ पत्थर-दिल, तेरे जैसा मुँहजला, अभागा और कोई नहीं। अरे ओ चमना, कोख से गिरते ही तू मुझे जलाने लगा; अब तक जलाए रहा है। तेरे जैसा कुलंगार कौन है ? जुआ खेलकर रात-रात को घर लौटता है। अब मैं किस उजबक का रास्ता देखूँगी ? अरे, ओ मोरा भइंसा-घीव की मटकी रे ! अरे ओ मोर घी का लड्डुवा, अब हम किसके हाथ में खीर रखिहौं रे ? किसके आगे ?'

पड़ोसिनें आगे बढ़कर चम्मन की माँ को धीरज बँधाने लगीं। सास की देखा-देखी चम्मन की बहुरिया ने भी तार-स्वर में रुदन छेड़ दिया। विलंबित सुर ! कँपकँपाती आवाज़ !

चम्मन की माँ ने सोचा, देवता के भय से उसने बेटे को 'मुँहजला', 'उजबक' कह डाला, अब और ज्यादा गालियों की ज़रूरत नहीं। नज़र लगाने का खटका तो कट ही गया। अब वह भरपूर आवाज़ में मन का क्षोभ जाहिर करने लगी।

'रजाई रे रजाई, पूरी तीन सेर रुई की रजाई थी। अब वो कौन ओढ़ेगा रे चमना ? रोटी के संग अचार न होने पर अँगना में थाली कौन फेंकेगा रे ? तेरे हाथों में कितना तो जोर है रे ! थाली कितनी दूर जा गिरत है ! अब कौन नई भैंस को मारते-पीटते, 'टाँड़' (पोखर) से घर लाएगा, रे ? तेरा बाप तो डर के मारे मुँहचोर बना रहता है, अरे चमना, रे चमना, तेरी जात चली जाएगी, बेटा ! तुझे हम छू भी नहीं पाऊँगी...धर-पकड़ भी नाहीं सकूँगी। कहार जइसा तू अँगना में ही अछूत-सा खड़ा रहेगा रे, हम बरामदे से तोरा हाथ में टुक्कड़ फेंक दूँगी। अरे तुझे फौज में जाने की क्या पड़ी है रे ? क्या कमी है तुझको ? तेरे खेत में इतना-इतना मकई-जुवार फलता है कि दो-दो खानदान पलते हैं; सबका गुज़ारा चल जाता है। अरे, मोर दूध रे दूध, पीतल की फूलदार कड़ाही में तेरे लिए दूध खौलाती हूँ, उसमें से लोटा-लोटा दूध, मुहल्ले में बाँट देती हूँ। वो लोग तेरा यश गाते हैं। तुझे फौज में जाने की क्या जरूरत है, बेटा ? जात देने की क्या पड़ी ? तू मोरा दुधमुँहा बच्चा है, रे ! भला तू दंबूक चला सकेगा ? वो लोग क्या तेरी पसंद का खिवाएँगे तुझे ?'

शुरू-शुरू में चम्मन की माँ का रोना सुनकर गाँव के मर्द उसकी हँसी उड़ाते रहे, लेकिन आखिरकार वे भी सोच में पड़ गए। उसकी रुलाई में जो करुण गुहार गूँज रही थी, उनसे सहा नहीं गया।

गाँव के मर्द तो इस बात से चिंतित थे कि वह जात-धर्म से हाथ धो बैठेगा। लेकिन, चम्मन की माँ को यूँ रोती हुई देखकर उन लोगों ने कन्नी काटने की कोशिश की।

लक्ष्मीनारायण ने चम्मन को चेतावनी दे डाली, 'एक बार फिर अच्छी तरह सोच ले। माँ को यूँ रुलाकर जाना अच्छी बात नहीं है। तुझे आख़िर किस चीज़ की कमी है ? तेरे पास क्या नहीं है ? तेरे बाप के पास इतना है कि वक़्त-ज़रूरत पर समूचे गाँव के लिए गेहूँ का गोला खोल सकता है; महीने-भर तक खिला सकता है। यह सब तेरा

ही तो है।'

लेकिन चम्मन ने किसी की भी नहीं सुनी।

उसे तो कोई और ही ज़िंदगी आवाज़ दे रही थी। नितांत अपरिचित, मगर रंगारंग शानदार और रोमांचक ज़िंदगी ! अब तक जिसके बारे में वह लोगों की जुबानी सुनता रहा है वही ज़िंदगी उसे खींच रही थी।

4

साहब से पहली मुलाक़ात में चम्मन को जो विस्मय भरा धक्का लगा उसे जाहिर करना मुश्किल है।

जो हवलदार उसे ले गया था, उसकी हिदायत के मुताबिक वह साहब को सलाम करना नहीं भूला। लेकिन, उसके पैर काँप रहे थे। वह बुरी तरह डरा हुआ था। उसके कान झनझना उठे। कुछेक पल बाद उसने सिर उठाकर देखा।

ना ! इसमें हैरत या ताज़्जुब की कोई बात नहीं थी। कमोबेश मँझोले क़द का अधेड़ शख़्स ! कच्चे-पक्के बाल ! ताँबे जैसा रंग ! घनी-घनी भौंहों तले, नीली-नीली धारदार आँखों में कौतुक की उजली-धुली हँसी ! साहब की वर्दी के कंधे पर झक्झक चमकते हुए जाने क्या-क्या तो जड़े हुए ! साहब ने धीर-स्पष्ट उच्चारण में उसकी भाषा में उससे बात की।

चम्मन ईषत् निराश हो आया। किस्से-कहानियों में सुने हुए सारे हवाले क्या झूठ थे ? साहब की भयंकर दहाड़ तो नहीं गूँजी ? उनके दोनों हाथ देखकर यह बिलकुल नहीं लगा कि उनमें कोई चमत्कारी ताकत है। साहब की मेम भी मौजूद नहीं थी। इसलिए वह यह भी नहीं देख सका कि मेमसाहब के पंख होते हैं या नहीं। बच्चों को शराब में डुबोकर, उन्हें गोरा कैसे बनाया जाता है, उसे यह भी देखने का मौका नहीं मिला। चम्मन को लगा इसके बजाय वह अगर कोई आश्चर्यजनक या अलौकिक नज़ारा देखता तो उसे ज्यादा खुशी होती।

हालाँकि यह बात बहुत बाद में उसकी समझ में आई कि साहब-मेम भी उन्हीं की तरह हाड़-मांस के इनसान होते हैं। उसे मालूम हो गया कि मेम औरतें, हाथ में मोरपंख का बड़ा-सा पंखा थामे सैर को निकलती हैं। साहब अपनी बीवियों के कंधे पर हाथ रखकर चलते हैं। बस, यही सब बातें अफवाह बन गई थीं कि पंख फैलाए परियाँ उड़ती हैं और साहब उन्हें पकड़कर क़ैद कर लेते हैं। वह समझ गया कि साहब लोगों की सिर्फ चमड़ी ही गोरी होती है। भयंकर, बुर्राक सफेद ! कोढ़ रोग के शिकार मरीज की खाल भी ऐसी सफ़ेद होती है। इसके अलावा साहब लोग अजीब-अजीब हरक़तें करते हैं। वे लोग बीवी का हाथ पकड़कर या कंधे पर हाथ रखकर चलते-फिरते हैं। उन्हें

शर्म-वर्म नहीं आती। उनके देवता भी कोई साधारण इनसान ! ये अंग्रेज लोग काठ की सलीब पर जड़ी उनकी मूर्ति अपने कमरे की दीवार पर टाँगे रखते हैं। देवता की कमर में टुकड़ा भर कपड़ा, माथे पर काँटों पर मुकुट !

उसके साहब ने उसे बताया, 'इनसान को बचाने के लिए ही उन्होंने मौत को गले लगा लिया।'

'चलो, मान लिया ! मगर हमारे किशन भगवान को तो किसी शिकारी ने मार डाला था। हमारे यहाँ उनकी मौत की कोई मूर्ति नहीं है। आपके देवता की कोई सुंदर तस्वीर क्यों नहीं है ?'

'इसलिए कि हमारे देवता चाहते हैं कि उनकी यही सूरत इनसान के दिल में बसी रहे।'

चम्मन ने फिर कोई सवाल नहीं किया। लेकिन, यह बात उसके पल्ले नहीं पड़ी। अगर वे देवता हैं, तो उन्हें भला कोई मार सकता है ? किशनजी को भला कोई मार पाया ? देवता तो अमर होते हैं। अकेले किशन भगवान ने ही कितने-कितने अवतार लिये। यानी साहब का भगवान कोई देवता नहीं इनसान है। इसीलिए तो वे लोग उनकी मौत पर विश्वास करते हैं। कहते हैं, उनकी मौत ही यादगार है। यह मौत बेहद पवित्र है। चम्मन के मन में विचारों की जंग छिड़ी रही। चलो, ठीक है ! लेकिन अंग्रेजों के क्या और कोई देवता नहीं है ? उनकी पूजा नहीं की जा सकती ?

फिलहाल उस वक्त उसने अपनी जुबान से कुछ नहीं कहा। ये अंग्रेज मंदिर नहीं बनवाते। धूप-दीप जलाकर भगवान की पूजा नहीं करते। असल में ये लोग किसी और ही दुनिया, किसी और ही आस्था-विश्वास के इनसान हैं।

बहरहाल, चम्मन की तक़दीर अच्छी थी। नौकरी-जीवन के शुरू से ही उसने कर्नल मैकमोहन जैसा अंग्रेज अफसर मिला। उनसे वह देर-देर तक बातें कर सकता था। उनसे ढेर-ढेर सवाल भी कर सकता था।

•

रंगरूटों को ड्रिल-परेड वगैरह सीखने में काफी वक्त लग जाता था। लेकिन, चम्मन ने बहुत जल्दी ही राबकुछ सीख लिया। इसीलिए कई रंगरूटों को लाँघकर वह रेगुलर सिपाही बन गया।

उस जमाने का हालचाल ही बिलकुल निराला !

कुल पचास या बावन साल पहले कंपनी ने मुर्शिदाबाद के नवाब को जंग में पराजित कर दिया। जाने कहाँ तो प्लासी का आम बाग़ था। जंग वहीं लड़ी गई थी। एक बूढ़ा जमादार पेंशन लेने आया करता था। प्लासी-युद्ध में वह भी शामिल था। वह बंगाल में भी काफी दिनों रहा था।

पूछे जाने पर उसने बताया, 'हाँ, प्लासी में जंग हुई थी। वहाँ जितनी तो गर्मी, उतने ही मच्छर ! बाप रे ! क्या मच्छर थे ! हम वहाँ से मुर्शिदाबाद पहुँच गए। नवाबों के

आम-बाग़ में खूब बड़े-बड़े कोहिनूर आम लगे थे। हमने जी भरकर आम खाया। जश्न मनाया।'

उसी ने बताया, 'बाप रे ! क्लाइव साहब ! जितना तो मिज़ाज, उतना ही गुस्सैल।'

'और नानाजी, बंगाल मुलुक देखा ? कैसा लगा ? कलकत्ता देखा ?'

'अरे, वहाँ ! मकान पर मकान ! मगर मुझे वह मुलुक बिलकुल ही अच्छा नहीं लगा। लोग ढेर-ढेर भात खाते हैं, हड्डियाँ बिलकुल नरम हो जाती हैं। मुझे तो वहाँ अपने घर की याद आने लगी। लेकिन हाँ, हमारे झोले भरे रहते थे।'

'किस चीज़ से ? खाने-दाने से ?'

'नहीं भइया, वह तो कोई और भरता था। हमने तो आँख से देखा तक नहीं। हम लोग खस्सी पकड़ लाते थे और हजम कर जाते थे। हाट से भर-भर टोकरी तरकारी, मछली ले आते थे।'

आगे का किस्सा भी उसी ने बताया, 'नवाब को पहले कभी नहीं देखा था। कितनी बड़ी तो उसकी फौज ! क्या खूबसूरत उसकी साज-पोशाक ! हाथी की पीठ पर सुनहरा हौदा चमचमाता हुआ ! लोगों ने बताया, वही है—नवाब सिराजुद्दौला। सुना था, नवाब बड़ा साहसी है। दुधमुँहा बच्चा होने के बावजूद, प्लासी-युद्ध में उसने साहबों को करारी मात दी थी। कहते हैं, इस नवाब से हेस्तिन साहब तो इतना डर गए कि जाने किस परचूनी के घर छिपे रहे। बाद में यही हेस्तिन साहब बड़े लाट बने।'

'नवाब के बारे में बताएँ न !'

'नवाब को उनकी मौत के बाद देखा। हाथी की पीठ पर बाँधकर उन्हें मुर्शिदाबाद की सड़कों पर घुमाया जा रहा था। हाथी जब रुका। नवाब की अम्मी सिर के बाल नोचती हुई बाहर निकल आईं। उस वक्त मैंने देखा। अहा, कैसा कमसिन, मासूम मरद ! साँवला रंग ! क्या सेहत थी ! उसे देखकर हमें बेहद तकलीफ हुई थी। ये जो पीतल की तोप-कमाने हैं न, उन्हें प्लासी से घसीटते-घसीटते हमलोग ही कलकत्ता लाए थे। ये कमान फ्रांसीसियों ने गढ़े थे। बंगाल के कारीगरों ने भी कमान गढ़े थे। बेहद हल्का ! बेहद खूबसूरत !'

उस ज़माने में भी, कंपनी का राज-पाट दूर-दूर तक नहीं फैला था।

पंजाब, बर्मा, अफगानिस्तान अभी भी आज़ाद थे। किस राजा ने संधि की शर्तें मानने से इनकार किया; किस राजा ने अपने दरबार में फ्रांसीसियों का स्वागत किया; कौन सा राजा शक्तिशाली हो उठा—अंग्रेज लोग ये सारी ख़बरें रखते थे। वे लोग जंग छेड़ते, जंग जीत लेतें और थोड़ा-थोड़ा करके, अपना राज-पाट फैलाते जा रहे थे।

इसलिए कंपनी के सिपाहियों को पूरे साल-भर ही जंग में जूझना पड़ता था; अपनी बहादुरी का सबूत देना पड़ता था। पैदल-पैदल चलते हुए, कंधे पर बंदूक़ रखकर वे जंग करते फिरते। वे लोग लड़ाइयाँ लड़ते रहे; जीतते रहे और अपना राज्य अंग्रेजों के हाथों

सौंपते रहे। अगर सौंपते नहीं तो और क्या करते ?

इतनी रुई, इतना धान, इतना गेहूँ, इतना पाट, इतना कोयला—इन्हें लाने-भेजने का क्या इंतज़ाम किया जाए ? बंबई, मद्रास, कलकत्ता के डॉक पर लगे जहाज, क्या यूँ ही लौट जाएँ ? जो लोग तकलीफें उठाकर अपने देश से इस देश में आए थे उनका क्या होगा ? वे लोग डंके की चोट पर ऐलान कर आए हैं—वे लोग Nabab (नवाब) बनेंगे। उनकी आँखों के सामने रॉबर्ट क्लाइव, द बयेन, हेस्टिंग्स वगैरह का चेहरा तैरता रहा। इन सब साहब लोगों के साथ-साथ और भी जाने कितने-कितने क्लाइवों, फ्रांसिसों, बारबेलों वगैरह ने अपने वतन लौटकर, विराट 'मैनर हाउस' खरीद डाला, कोट-ऑफ-आर्म्स करा लिया, क़ीमती-क़ीमती घोड़े खरीद डाले। उनके विराट प्रासादों के हर कमरे में भारतीय ब्रोदेड, कीमख़ाब, संगमरमर के सामान, चन्दन काठ, हाथी दाँत और चाँदी के सामान सजे हुए ! इसीलिए वे इस देश तक दौड़े चले आते थे।

नवाब चाहे भले न बन सकें, मगर कोशिश करने में क्या हर्ज़ है ? लेकिन यहाँ आकर उनका मोहभंग हो जाता था। उन्हें भी काम-काज में जुटना पड़ता था। अपना श्रम दो, वक्त दो, हॉलैंड को अमीर बनाओ। अपने लिए ऐश्वर्य मत माँगो, महारानी के देश को समृद्ध करो। इस देश में क़दम रखने के बाद अपने बारे में सोचना छोड़ दो। 'एकजाति-एकप्राण' राष्ट्रीय एकता की भावना को ध्यान में रखते हुए देश के लिए मेहनत करो।

उसी दिन, कंपनी के साम्राज्य-विस्तार के दिन, चम्मन कंपनी फौज का सिपाही बन गया।

उसकी क़िस्मत बुलंद थी, इसलिए वह एक ऐसे साहब के पास तैनात हुआ, जो इस देश में आकर इस देश के लोगों से प्यार कर बैठा।

इस देश में आते हुए उसे हिदायत दी गई थी, 'तुम जिस मुल्क में जा रहे हो, वह साँप, बाघ, साधु-संन्यासियों, महाराजाओं और 'रोप ट्रिक' यानी रस्से का खेल दिखानेवालों का देश है। उस देश के लोग बर्बर होते हैं। वे लोग अधनंगी हुलिया में सड़कों पर घूमते-फिरते हैं और कुटिया में रहते हैं। उनके यहाँ के मर्द कई-कई ब्याह करते हैं और सद्यः विधवाओं को जलाकर मार डालते हैं। उनके यहाँ लड़कियाँ, शैशव में ही ब्याह दी जाती हैं और कुसंस्कारग्रस्त औरतें अपने पहले बच्चे को अपने हाथों पानी में डुबो देती हैं। उस देश की धरती पर सूरज लगातार आग बरसाता है। लेकिन, वहाँ के लोग अज्ञान के अँधेरे के गुलाम हैं। तुम्हारी ड्यूटी होगी उस असभ्य-बर्बर और अँधेरे-बेजान देश के लोगों को सभ्य बनाना। तुम अपने अंतर् में कोई महत् और उदार सभ्यता का आलोक लेकर उनके देश में जा रहे हो।'

इस देश में क़दम रखने के काफी सालों बाद मैकमोहन साहब ने ये बातें अपनी डायरी में लिखी थीं और उसके नीचे और भी कई हक़ीक़त कलमबंद कर रखी थीं।

लेकिन, यह सब काफी बाद की बात है।

इस ज़माने में भी कंपनी फौज को लगभग पूरे साल जंग करना पड़ता था।

छोटी-छोटी बटालियन, छोटी-छोटी टुकड़ी में बंटी फौज के हर सिपाही को उसका अफसर, ब्रिगेडियर बखूबी पहचानता था। जब भी उसकी फौज का कोई सिपाही अपनी बहादुरी का प्रदर्शन करता, ये ब्रिगेडियर उसे याद रखते थे।

मैकमोहन भी चम्मन की गतिविधि, हावभाव पर गौर करते रहे। उस विनम्र, अति उत्साही छोकरे पर शुरू से ही उनकी नज़र पड़ गई थी। बाद में वे दोनों धीरे-धीरे घनिष्ठ होते गए। उन दिनों उन्हें या उन जैसे दूसरे अफसरों को पूरे साल-भर श्वेतांगों का साथ नसीब नहीं होता था। वे लोग जंग करते, खेमे लगाते। जूडीशियल अफसर और कमिश्नर घूम-घूमकर खेमे तानकर गाँव-गाँव में मुकदमों का फैसला सुनाते।

बहुत बार गाँववाले मैकमोहन के आगे नालिश करते, उनसे मध्यस्थता का आग्रह करते, 'जब तुम आय गए हो, साहेब, तो हमरी नालिश भी सुनते जाओ।'

ढेर-ढेर शिकायतें ! अजीब-अजीब आरोप !

लखपतिया के पति की ममेरी बहन ने लखपतिया को चक्की उधार दी थी। उसकी अपनी चक्की टूटी पड़ी थी। चक्की मज़बूत ! पत्थर की बनी हुई। ख़ासी पुख़्ता ! आसानी से टूटनेवाली नहीं थी। लेकिन, शनिवार की दोपहर बुधुवा की लाल गइया को भुतही हवा लग गई। शनि के दिन दोपहर के वक्त शनीचरी डायन, हवा में घुल-मिलकर खेत-खेत घूमती फिरती है और बाँस-वन में बैठी-बैठी, सों-सों आवाजें लगाती; यह बात भला कौन नहीं जानता ? लेकिन बुधुवा की लँगड़ी बहुरिया बड़ा बनती है न ! सो, दोपहर के वक्त, गाभिन गाय को दरवज्जे पर छोड़कर नींद में चूर थी। बिचारी गाय को शनीचरी के अँचरा की भुतही हवा छू गई। बस वह गाय खूँटे समेत उछलते-कूदते लखपतिया के अँगना में चली आई और जमा दिया उसकी चक्की पर एक भरपूर लात ! बाप रे ! उसके खुर में ज़रूर उस डायन का असर रहा होगा। ठोकर लगते ही चक्की दो टुकड़े हो गई। बेहतरीन पत्थर की चक्की ! ऐसी चक्की समूचे गाँव-भर में किसी के पास नहीं थी। लखपतिया दनदनाती हुई पहुँची और बुधुवा और उसकी दुलारी लँगड़ी बहुरिया पर गालियों की बौछार करके उसकी चौदह पीढ़ी का उद्धार कर डाला। हाँ, लखपतिया की जुबान बड़ी धारदार थी। साहब के सामने जुबान खोलते हुए उसे बेहद शर्म भी आ रही थी, लेकिन...गाँव में किसी के यहाँ झगड़ा छिड़ जाता तो लोग लखपतिया को बुला जे जाते। गालियों को ऐसी झड़ी लगा देती कि सामनेवाले अपने पिछले सारे पुरखों का नाम भूल जाते। हाँ, तो लखपतिया अपनी ननद से चक्की उधार माँग लाई। चक्की वापस लौटाने की मंशा भी थी उसकी। लेकिन, वह ठहरी अबला औरत ! पत्थर की चक्की भला वह चला पाती ? इस बीच, पति से भी मामूली सी तकरार हो गई। पति भाँग के नशे में चूर, वह घर लौटा। उसने लखपतिया को हाथ में बेलन लिये खड़ी देखा तो एकदम से हाथ जोड़कर 'माँ-माँ' कहते हुए उसकी स्तुति शुरू कर दी। लखपतिया ने ज्यादा कुछ नहीं किया, बस, उसके सिर पर दो बार बेलन ठोंक दिया। लो, मर्द की इज़्ज़त तो इतने से ही उतर गई न ? बीवी के हाथों मार खाकर उसने घर छोड़ दिया और अभागे बुधुवा के यहाँ रहने चला गया। लखपतिया की ननद

भी कहीं से कम थी ? उसने कई बार अपनी चक्की वापस माँगी, जब नहीं मिली तो एक दिन दुपहरिया के वक्त लखपतिया की बकरी खोल ले गई और हाट में ले जाकर उसे बेच दिया।

अब, साहब इंसाफ करें, लखपतिया की बकरी वह किस अक्ल से बेच आई ? इसका फैसला किया जाए। लखपतिया को बकरी वापस करे और उसका जो वह अभागा, नशेबाज़ पति है, उसके आगे नाक रगड़कर उसे घर वापस लौटने का हुक्म दिया जाए।'

लखपतिया ने अभी अपनी बात ख़त्म भी नहीं की थी, कि उसकी ममेरी ननद रणचंडी की मूरत बनी कमर में आँचल कसकर एकदम से प्रकट हो गई।

ननद-भौजाई का झगड़ा निपटाते-निपटाते शाम हो गई। उसके बाद कोई और बंदा अपनी फरियाद लिए-दिए आ पहुँचा। उसके ब्याह के मौके पर उसके अपने ससुर ने जो गाय दी थी, उसका ममेरा ससुर, खूँटा खोलकर उसे भगा ले गया। ममेरे ससुर के फुफेरे भाई के किसी रिश्तेदार ने उसे बताया कि वह कामधेनु गाय थी, 'कामधेनु' गाय दिखाकर उसके ममेरे ससुर ने बाज़ार से 'हफ़्ता' वसूल किया।

कोई-कोई तो मैकमोहन साहब के पाँवों पर लोट जाता। लक्खन का बेटा, उसके पेड़ का नीबू तोड़ ले गया और उसी के आँगन में गड्ढा खोदकर कंचे खेलता रहा। उसी गड्ढे से ठोकर खाकर लक्खन अपनी बाँह तुड़ा बैठा। उसकी बाँह की मालिश करने के बजाय उसकी आठ साला पतोहू, बकरी चराने जाने के बहाने लक्खन के यहाँ खिसक गई। वहाँ, चोरी के नीबू का अचार खाकर खुश-खुश घर लौट आई। इसलिए लक्खन को कान पकड़कर, घुड़दौड़ कराई जाए और लक्खन के परिवार को उचित सबक दिया जाए कि नाते-रिश्तेदारों की बेटी-बहुओं को यूँ बढ़ावा न दे।

मैकमोहन यथासंभव फैसला कर देते, चम्मन और बाकी कई लोग मुकदमा सुनने-निपटाने में उनकी मदद करते। नतीजा यह होता कि सभी लोग खुशी-खुशी अपने-अपने घर लौट जाते। मैकमोहन साहब घूस भी नहीं लेते थे। लेकिन चम्मन वगैरह जब कोई खस्सी या सेर-दो सेर दूध वसूल लाते तो वे देखकर भी अनदेखा कर देते। कभी-कभी चम्मन को लेकर वे तालाब की तरफ चल देते बंसी डालकर मछली पकड़ने। पंछी या हिरन का शिकार करते। कभी कोई बड़ा हिरन मिल जाता, तो उसका मांस गाँव-भर में बाँट दिया जाता। रात के वक्त कैंप में मांस पकाया जाता। महाराजिन गोश्त में ढेर सारी मिर्च भी झोंक देती।

मैकमोहन भी महाराजिन को बढ़ावा देते, 'हाँ, हाँ, डाल दे ! ढेर सारी मिर्च डाल दे। खूब सारा घी भी डालना। मिर्च तेज़ हो तो स्वाद बढ़ जाता है। घी की वजह से मिर्च की झाँस भी कम हो जाती है।'

चम्मन को शिकार का भी काफी झोंक था। जंगल के पेड़-पौधे, पशु-पक्षी—उसे सबकी पहचान थी। उनके बारे में काफी जानकारी भी रखता था। जंगल की पगडंडियों पर साँप की तरह निःशब्द रेंगने में भी वह माहिर था। शिकार पर उसे अपने साथ रखना

मैकमोहन को बेहद प्रिय था। उनका निजी अर्दली हरजी, ख़ासा मोटा-मुटल्ला था। एक बार तो ऐसा हुआ कि चम्मन वगैरह ने उसे भाँग पिलाकर नशे में बेहोश कर दिया और रातोरात उसे खटिया समेत उठाकर जंगल में छोड़ आए। सुबह जब हरजी की नींद टूटी उसने देखा, भालू का बच्चा उसके चेहरे पर झुका-झुका, अवाक् निगाहों से उसके खर्राटों की दहाड़ सुन रहा है। डर से हाँफता-काँपता वह सिर पर पाँव रखकर दौड़ पड़ा और सीधे कैंप तक पहुँचकर ही उसने दम लिया। उस दिन मैकमोहन ने चम्मन को कसकर डाँट लगाई।

बाद में वे भी हरजी को अक्सर छेड़ते रहे, 'सुन अब से सोते वक्त ज़मीन पर खूँटा गाड़कर अपने को बाँध लिया कर, वरना किसी दिन कोई परी तुझे उड़ा ले जाएगी।'

चम्मन ने हरजी के सामने कसम खाकर कहा, 'सच्ची बिरादर, मैं कुछ नहीं जानता। लेकिन, तुम्हारे जैसा बाँका रूप और किसी का नहीं है। लगता है इसीलिए आसमान की परी तुम्हें उड़ाकर ले गई।'

हरजी को भी उसकी बातों पर यकीन आ गया।

जब मैकमोहन ने उससे दरयाफ़्त किया, 'कल रात तुम कहाँ थे ?'

उसने जवाब दिया, 'हजूर, कोई परी मुझे उड़ाकर जंगल में ले गई थी।'

इसी बहाने मैकमोहन जैसे साहब का भारतीय इनसानों के साथ दिल का रिश्ता क़ायम हो गया था। इस बड़े शहर में कैंटोंमेंट के क्लब के माहौल में मैकमोहन परेशानी अनुभव करते थे।

उन्होंने चम्मन से कहा, 'ये लोग काफी बड़े होने, काफी ऊपर उठने के सपने देखते हैं।'

'और, हजूर, आप ?'

'मैं ?' मैकमोहन हैरत से मानो खुद ही अपने से सवाल कर बैठे। सच ही तो ! उनकी तो कोई महत्त्वाकांक्षा नहीं है। वे कमांडर या लेफ्टिनेंट होने का सपना भी नहीं देखते। उनकी सारी महत्त्वाकांक्षाएँ जैसे गुम हो चुकी हैं। उनमें कहीं परम तृप्ति आ बसी है। क्वार्टर मास्टर सार्जेंट से सार्जेंट मेजर का ओहदा पार करके, वे एडजुटेंट बन गए थे। उन्हें यह जानने में कोई दिलचस्पी नहीं थी कि वे सेकंड कमांडिंग अफसर कब बनेंगे। वे जिस ओहदे पर थे उससे और ऊपर जा सकेंगे या नहीं, यह सपना तो जैसे वे भूल ही चुके हैं।

चम्मन मैकमोहन को जैसे-जैसे करीब से जानने-समझने लगा, उतना ही उनका भक्त होता गया। उनके प्रति उसकी प्रीति भी प्रगाढ़तर हो उठी।

सात रुपए उसकी तनख्वाह !

मैकमोहन साहब की कंपनी में जो बनिया-मोयी था वह और बाज़ार-चौधुरी ही सिपाहियों की दाल-रोटी के मालिक ! बनिया महीने-भर के लिए दाल, नमक, घी, आटा, दाल, चावल वगैरह रसद जुटाता था। बाज़ार-चौधुरी भ्रमणशील कंपनी के लिए साग-सब्जी,

दूध-मछली, मांस जुटाता था। चम्मन या उसके अन्य साथियों को शहर या गाँव के बाज़ार से सौदा-सुलुफ खरीदने का इख्तियार नहीं था। किसी जगह फौज के डेरा डालते ही, अक्सर मुनादी पीटकर लोगों को आगाह कर दिया जाता था—फौज के किसी भी सिपाही को अगर उधार पर सामान बेचा गया तो इसके लिए सरकार जिम्मेदार नहीं होगी। फौज कूच कर जाने के बाद डिग्री जारी करके भी कोई फ़ायदा नहीं होगा।

महीने के आखिर में बाज़ार-चौधुरी बनिए के साथ बैठकर हिसाब-किताब करता अपना बकाया काट लेता और बाकी रुपए फौज के हाथ सौंप देता। किसी सिपाही को एक आना मिलता, किसी को पूरा एक या डेढ़ रुपया ! ये दोनों बाज़ार-चौधुरी और बनिया अनपढ़ सिपाहियों को ठगकर भरपूर फ़ायदा उठाते थे।

मगर मैकमोहन की कंपनी में इसकी कोई गुंजाइश नहीं थी। दूर-दूर का चक्कर लगाते हुए सिपाही ही जंगल से लकड़ियाँ काट लाते; शिकार का गोश्त खाते। मैकमोहन साहब खुद बाज़ार जाते, मोल-दर करके हरी-तरकारी खरीदते और बाज़ार-चौधुरी की मदद से फौजियों के लिए चार-छः आने में खस्सी भी खरीद लाते। बाज़ार में अगर हिरन का मांस मिल गया तो पूरा हिरन ही खरीद लाते। मछली दिख गई, तो दो पैसे-एक आने फ़ी सेर की दर से। मन-मन भर मछली खरीद डालते और फौज में बाँट देते। उनके सिपाही उन्हें बेहद प्यार भी करते थे। कोई भी सिपाही अगर जुआ खेलता हुआ पकड़ा जाता तो सज़ा के तौर पर वे उससे दौड़ कराते थे। किसी सिपाही ने अगर घरवालों को रुपए नहीं भेजे तो वे कसकर डाँट भी लगाते थे।

नेपाल युद्ध के दौरान मूसलाधार बारिश शुरू हो गई। जोंक और साँपों का भयंकर उपद्रव ! संचित पानी सड़कर दूषित हो गया। चम्मन और कई अन्य सिपाही तेज़ बुखार और खूनी आँव के शिकार हो गए। ऐसे में सार्जेंट मेज़र हॉब्स फौज की जिम्मेदारी बंगाली डॉक्टरों पर छोड़कर निश्चिंत नहीं हो जाते थे। वे लोग खुद अस्पताल की टेंट के सामने बड़े-बड़े भट्ठों पर पानी खौलाते। वह पानी कंपनी के सभी लोग पीते थे। मैकमोहन खुद आगे बढ़कर बैंडेज बाँधने में मदद करते थे। डोली-बैरे या डोली कम पड़ जाती, तो वे खुद पेड़ों की डालें काट-काटकर डोली बनाते। ज़रूरत पड़ने पर वे खुद जख़्मियों की डोली को कंधा लगाते। हाँ, अगर किसी की मौत की घड़ी करीब होती, तो वे सिर से टोपी उतारकर एक कोने में खड़े रहते। उसे हाथ नहीं लगाते थे।

मरणासन्न सिपाही के किसी स्वजातीय को हिदायत देते, 'उसके मुँह में पानी डालो।'

लेकिन हैरत है ! उस मृत्युपथ यात्री की जुबान पर उन्हीं का नाम होता था। वह उन्हें ही आवाज़ देता।

'साहेब, तुम ही हमारे माँ-बाप हो। मेरे घर पर खबर भेज देना और मेरे छोटे भाई को फौज में भर्ती कर लेना।'

मैकमोहन उसे आश्वासन देते थे।

हॉब्स साहब भी अंग्रेज थे। मगर वे भूतों से बेतरह डरते थे। हाथ में सलीब लिये

बिना वे रात के वक्त घर से बाहर नहीं निकलते थे।

'मैकमोहन, तुम्हें अंदाज़ा नहीं, यहाँ अनगिनत आत्माएँ घूमती रहती हैं,' वे सहमी हुई आवाज़ में बताते।

ख़ैर, भय-डर तो चम्मन वगैरह को भी लगता था। घनघोर जंगल ! सुदूर विदेश ! मृतक का अभी तक संस्कार नहीं हुआ। वे लोग मरनेवाले की मुखाग्नि करके उसकी लाश गड्ढे में गाड़ देते। नियम निभाने के लिए उसके सिर्फ कपड़े-लत्ते जला दिए जाते थे। अब अगर वे आत्माएँ भूत बनकर टेंट के आसपास घूमती फिरें तो कोई हैरत की बात नहीं। लेकिन, मैकमोहन को कभी डर नहीं लगा।

वे शांत-उदास आवाज़ में कहते, 'बेचारे को शांति मिल गई। वह स्वर्ग चला गया, भगवान के पास !'

पिंडारियों को कुचलने के लिए बुंदेलखंड में क़याम के दौरान चम्मन और उसके साथी सिपाहियों को घोर कष्ट झेलना पड़ा। पिंडारी भयंकर अत्याचारी और नृशंस ! चम्मन ने अपनी आँखों से देखा, तालाब-किनारे किसी के दोनों हाथ-पैर कटे पड़े थे। उसका आधा धड़ मिट्टी में गाड़कर वे लोग फ़रार हो गए थे। असहनीय यंत्रणा और प्यास से छटपटाते हुए उसकी जुबान फूल गई। बेचारे ने दम तोड़ दिया। उन जालिमों ने कहीं-कहीं गड्ढा खोदकर आदमी का समूचा धड़ तो मिट्टी के नीचे ठूँस दिया, सिर्फ मुंड मिट्टी के ऊपर छोड़कर वे लोग भाग गए थे। आदमी का हाथ-पैर बाँधकर असहाय हालत में उसे तिल-तिल करके मार डाला गया था। ये तमाम बर्बरताएँ देख-देखकर उन लोगों ने क़सम खाई थी कि इस भयंकर मनहूसों को कुचलकर ही दम लेंगे। ठगों और पिंडारियों के अत्याचार के भय से वह इलाका जनशून्य ! ये ठग-बटमार छिपकर लोगों पर हमला करते और उन्हें जान से मार डालते थे। पिंडारियों का गिरोह, अमीर गाँव-शहरों में घुस आता और एकबारगी धावा बोलकर उस जगह को श्मशान बनाकर वापस लौट जाता था।

वक्त पर रसद नहीं पहुँचा।

इसलिए रसद का अकाल पड़ गया। रुपए-पैसे भी खत्म हो चुके थे। आखिरकार, मैकमोहन साहब ने अपनी निजी जिम्मेदारी पर किसी जमींदार या जोतदार से उधार माँग लाने को कंपनी का आदमी भेजा। जितने दिनों तक जवाब नहीं आया, उन्होंने भी सिपाहियों के साथ मिल-बाँटकर रोटी-नमक पर गुज़ारा किया। उसके बाद रुपए आ पहुँचे। शायद उस अमीर आदमी ने ही ढेर सारे चावल-दाल-नमक-घी-आलू भेज दिया। उस दिन भी मैकमोहन साहब ने सबके साथ मिल-जुलकर जश्न मनाया।

मैकमोहन ने बड़े जतन से हिंदी, राजस्थानी, बुंदेलखंडी सीखी। चम्मन को याद है, किसी ब्राह्मण लड़के की बातचीत सुनकर, वे बेहद उत्साहित हो उठे।

उन्होंने कहा, 'भाई, तुम ज़रूर मथुरावासी हो। सुनो, तुम शब्दों का उच्चारण कैसे करते हो ? पेंड़-पेंड़ा; दग़ा-दग़ाबाजी; धुनिया-धुन ? तुम लोग 'ड़' पर ज़ोर देते हो या नहीं ?'

बहरहाल, वे इसी तरह के पागलपन अक्सर किया करते थे।

किसी बरामदे में कोई ब्राह्मण पंडित शुद्ध और सुंदर उच्चारण में रामायण-पाठ करेंगे यह ख़बर मिलते ही वे खुद श्रोता बनकर वहाँ जा पहुँचते थे।

उस ब्राह्मण के गाँव तक पहुँचने के लिए भले उन्हें ग्यारह मील पैदल चलना पड़े। संयुक्त प्रदेश के ज़िला-ज़िला की बोली और उच्चारण में क्या-क्या फर्क़ है, वे अपनी डायरी में नोट कर लिया करते थे। ख़ैर, उस डायरी में जाने कितना कुछ लिखा करते थे; कितना कुछ संचय किया करते थे।

नेपाल के जंगल में नीले रंग का आर्किड ! नए-निराले फर्न ! अनचीन्ही तितलियाँ वगैरह देख-देखकर अपनी कॉपी में वे उनके हवाले दर्ज कर लिया करते थे। जब उन्हें पता चला बबुई चिड़िया बड़ी खूबसूरती से अपना घोंसला तैयार करती है पूरे चार दिनों रोज छः-छः घंटे, चुपचाप बैठे-बैठे वे उन चिड़ियों को घोंसला बनाते हुए देखते रहते। जब भी उन तक खबर पहुँची कि कोई हकीम साहब गेहुँवन साँप के ज़हर से कोई दवा तैयार करनेवाले हैं, बस, वे हकीम साहब के घर पर हाजिर हो जाते और उनके यहाँ पूरे तीन दिन गुज़ार देते थे।

शिकार के बारे में उन्होंने चम्मन को भी काफी कुछ सिखाया था। जंगल में कैसे दबे पाँव बेआवाज़ चलना चाहिए, कैसे चुपचाप थिर होकर बैठना होता है; बाघ से मुठभेड़ हो जाए तो कैसे एकदम से खड़े हो जाना चाहिए; कौन सा साँप ज़हरीला होता और कौन ज़हरमुक्त ! नन्हे-नन्हे जीवों और पंछियों की गतिविधियाँ देखकर या उनकी आवाज़ सुनकर कैसे यह अंदाज़ा लगाया जाता है कि इस राह से चीता या विशालकाय बाघ गुज़रा है, वगैरह-वगैरह !

उन्होंने कहा, 'हलद्वानी में वह जो सफ़ाखाना है न, सुना है, उसके इर्द-गिर्द खूबसूरत जंगल है। हज़ारों तरह के शिकार हैं वहाँ। मैंने उस जगह के बारे में सुना तो बहुत है, मगर कभी गया नहीं। चलो, हम-तुम, एक बार वहाँ चलें। मैंने लखनऊ के उत्तरी झरने में 'महाशोल' मछली पकड़ी थी। सुना है, हलद्वानी के क़रीब जो नदी बहती है, वहाँ भी महाशोल मछली पकड़ने की ख़ासी सहूलियत है। चलो, मैं तुम्हें भी सिखा दूँगा, एक साथ बीस-तीस पाउंड की मछली कैसे पकड़ सकते हैं—'

चम्मन ने सहमति जताई। तब तक वह मैकमोहन साहब को इस हद तक प्यार करने लगा था कि साहब अगर कहते, 'चल, हम विलायत चलते हैं।' वह उनकी उस बात पर यकीन कर लेता। उनकी कोई बात विश्वसनीय है भी या नहीं, उसने यह कभी नहीं सोचा। सचमुच, मैकमोहन साहब ग़ज़ब के इनसान थे।

उन्होंने बताया, 'पता है, गीता पढ़ने के लिए मैंने संस्कृत सीखी। गीता महान् ग्रंथ है। तुम लोग चाहो तो मैं उसके एकाध अंश पढ़कर सुनाऊँगा।'

चम्मन ने चिंतित मुद्रा में सवाल किया, 'लेकिन, हजूर, गीता पढ़ने के लिए खाली बदन, सिर्फ धोती पहनकर गीता-पाठ किया जाता है। हम लोग आपको पहले चावल। सुपारी और हल्दी भेंट करेंगे, तब सुनने बैठेंगे। गीता सुनने का ख़ास-नियम होता है।'

मैकमोहन उसकी बात पर खूब हँसे। उसके बाद : उन्होंने अपनी डायरी में लिखा—चावल, सुपारी, गीता-पाठ ! संदर्भ। चम्मन !

उनकी डायरी, इसी तरह के नोट्स से भरी हुई थी। मसलन :

* रात के वक्त हर्रे, सुई और तिल विक्रय निषिद्ध है—संदर्भ : हेड बाबू, मनमोहन गाँगुली, बस्ती : पानीहारी, ज़िला : हुगली, बंगाल।

* ममेरे ससुर ने भानजे की बहू का मुँह देख लिया इसलिए खड़ाऊँ से पिटाई। संदर्भ : कुंदन मिसिर, ज़िला : छपरा।

* गाँव में आलू या टमाटर निषिद्ध है, क्योंकि इसे विलायती बैंगन, विलायती आलू भी कहते हैं।

* दुर्गा पूजा, विवाह या अन्य पूजा-आयोजन में औरतों का शालिग्राम को छूना, निषिद्ध है। इन दोनों का संदर्भ : मुसद्दी, सातकौड़ी सेन बाबू, गाँव : क्षीरसुकुल; ज़िला-वर्धमान।

* रात के वक्त दही खाना निषिद्ध। मोती या सोना-दाने को 'लड़ियाँ' न कहकर, 'लढ़ियाँ' या 'लड़िहयाँ' कहा जाता है। संदर्भ : सूबेदार यशवन्त सिंह; ज़िला अजमेर; गाँव चिरहइ।

* दूल्हे का घोड़े पर चढ़कर ब्याह के लिए जाना अनिवार्य नियम। संदर्भ : वही।

* कछुए की पीठ पर दीया बिठाने के लिए अतिवृष्टि खत्म हो जाती है, मथुरा के खेतिहरों का विश्वास।

ये तमाम तथ्य वे गहरे मनोयोग से अपनी डायरी में दर्ज कर लेते थे।

वैसे फौजी ज़िंदगी काफी दुखमय और तकलीफदेह होती है। फौजी ज़िंदगी अपमान और लांछन की ज़िंदगी है। चम्मन ने ये बातें कभी-कभार सुनी तो ज़रूर, मगर उन पर कभी विश्वास नहीं किया। उसका तो निजी तजुर्बा यह था कि फौजी ज़िंदगी धीरे-धीरे उसे बेहद प्रिय लगने लगी है। जो लोग चाकरी करते-करते बूढ़े हो जाते हैं, उनकी पेंशन तय हो जाती है। चम्मन ने तो फैसला कर लिया है कि वह कभी पेंशन क़बूल नहीं करेगा। इससे तो बेहतर है, माँग-जाँचकर ही सही अपने लिए कोई न कोई काम जुटा लेगा। वह साफ कह देगा, 'मैं काम किए बिना नहीं रह सकता। चाहे जैसे भी हो कोई काम जुटा दो मेरे लिए।'

वह कह देगा, 'मैं अपने साहब को छोड़कर नहीं रह सकता।'

उसने साहब से भी कई बार दरयाफ़्त किया, 'क्यों, साहेब, बाद में क्या आप विलायत चले जाएँगे ?'

'क्यों ?'

'जो लोग डाकुओं को हरा देते हैं बाद में वे लोग विलायत चले जाते हैं। ठगों के यमराज सिलीराम साहेब भी तो चले गए थे।'

'शायद उस देश में स्लीमैन साहब के सब अपने लोग हों।'

'आपका कौन-कौन है साहेब ?'

'मेरा कोई नहीं। उस देश में कोई नहीं।'

यह बात चम्मन ने भी सुनी थी, जिन साहब लोगों का उस देश में कोई सगा-संबंधी नहीं होता, लौटकर उन्हें भयंकर तकलीफ होती है। उन्हें अपना देश पहले जैसा नहीं सुहाता। जब वे लोग इस देश में आते हैं, उनकी माँ-बहन, बूढ़ा बाप सोचता है बेटा जब लौटेगा तो अपने साथ काफी माल-मत्ता लाएगा। इंडिया सोने का देश है उस देश के पथ-घाट पर सोना बिखरा पड़ा है। नेटिव लोग, मोती-माणिक की क़ीमत नहीं समझते। इसीलिए तो लंदन वापसी के वक्त एक-एक साहब सोने-चाँदी के हज़ारों-हज़ार रुपए, चाँदी का डिनर सेट, शर्बत सेट, काश्मीरी कालीन, हाथी दाँत के सामान, खिलौने; यहाँ तक कि इंडिया के बंदर, मोर, चीते, बाघ तक अपने साथ ले जाते। उन साहबों के माँ-बाप उन्हें सिखाकर भेजते, चाहे जैसे भी हो वे 'नौवब' बनकर लौटें।

लेकिन, इस देश की मिट्टी पर क़दम रखते ही साहब लोगों को नज़र आता था, यह तो धूल-मिट्टी का देश है। इस देश की मिट्टी में कहीं भी सोने का चूरा बिखरा हुआ नहीं है। मद्रास और बंबई के पोर्ट पर राजा-महाराजे उनके अभिनंदन के लिए मौजूद नहीं रहते। इसके बावजूद वे लोग धीरे-धीरे इसी देश में घुलमिल जाते थे।

इसी देश में सुख-दुःख झेलते हुए वे लोग ढेर सारे साल गुज़ार देते। जब कभी काम-काज से फुर्सत मिलती, वे लोग 'होम' का सिर्फ जिक्र भर करते।

अगर कोई मेहमान आ जाता, तो वे लोग सवाल करते—'होम में इस बार सर्दी कैसी थी ? बड़े दिन पर कैसी धूमधाम रही ? ब्राइटन में अभी भी भीड़भाड़ होती है या नहीं ? ब्रॉडफोर्ड की डचेज का जिसने खून किया उस डॉक्टर को फाँसी हुई या नहीं ? और फुटबॉल मैच का क्या हालचाल है ? लंदन में नया कौन सा थिएटर चल रहा है ? वगैरह-वगैरह ! उनकी बातें सुनकर ऐसा लगता है, मानो 'होम' की ख़बर के अलावा और कुछ जानने में न तो उनकी दिलचस्पी है, न उस बारे में कोई फिक्र ! उनका कहना था, 'इंडियन समर' बेहद भयंकर होता है, मच्छर-मक्खियों का उत्पात भी खौफनाक ! बीयर तक गरम हो उठती है। भदेस देश है, निहायत भयानक ! यहाँ रहना-सहना भी नामुमकिन !

उसके बाद एक दिन उन लोगों का भी 'होम' लौट जाने का वक्त आ पहुँचता।

लेकिन देश वापस लौटकर उन्हें अच्छा नहीं लगता था। उन लोगों को अपने इस अहसास पर बेहद हैरत होती थी। वे महसूस करते थे, ज़िंदगी के ढेर सारे साल वे जहाँ गुज़ार आए, उसी देश के लिए उनका मन छटपटाने लगा है। भयंकर विस्मय से वे देखते उन जैसे साधारण इनसान की जुबानी भारतवर्ष के बारे में लोग कुछ भी सुनने को तैयार नहीं। किसी ज़माने में इंग्लैंडवासियों के मन में भारतवर्ष के बारे में काफी कौतूहल था। उस ज़माने में वे लोग भारतवर्ष को पहचानते भी नहीं थे। उनका ख्याल था कि भारतवर्ष की माटी में जाने कितने-कितने रहस्य, कितने-कितने विस्मय छिपे पड़े हैं। धीरे-धीरे भारतवर्ष की चाय, पाट, कच्चा चमड़ा और अभ्रक से उनका परिचय घनिष्ठ हुआ। एज़ द बॉयेन जैसा दुःसाहसी अफसर भारत से ढेर-ढेर रुपए लेकर यूरोप लौट गया।

भारत से मैरियन को लेकर हेस्टिंग्स भी लौट आया।

पार्लियामेंट में उसका मुकदमा चला।

हेस्टिंग्स ने बयान दिया, 'मैंने सिर्फ लूट और अत्याचार ही नहीं किया। वहाँ भगवद्गीता का भी अनुवाद कराया। गीता ऐसा अमर ग्रंथ है कि मुमकिन है लोग किसी दिन अंग्रेजी भाषा ही भूल जाएँ। अंग्रेजी भाषा का अक्षय प्रताप शायद अब वैसा न हो। लेकिन गीता को लोग याद रखेंगे। विलियम जोन्स के सहयोग से मैंने रॉयल एशियाटिक सोसाइटी की स्थापना की। भारत के पंडितों की मदद से भारत के अमर महाकाव्य महाभारत के भी अनुवाद की कोशिश की मैंने। मैंने भारत की पहचान कराने का प्रयास किया है।'

भारत के पहले गवर्नर जनरल वारेन हेस्टिंग्स इंग्लैंड में ही बुढ़ा गए। उस दौरान इंग्लैंड को बखूबी अहसास हो गया कि भारतवर्ष बड़ी तेजी से इंग्लैंड के सबसे समृद्ध उपनिवेश में परिणत होनेवाला है।

भारत से लौटे हुए साहबों ने देखा, भारत के बारे में उनकी बातें जानने में लोगों की कोई दिलचस्पी नहीं, वे लोग निःसंगता में निर्वासित हो गए। शाम के वक्त बैठे-बैठे वे लोग भारतवर्ष को ही याद करते रहे। उन्हें ज़िंदगी भर अफसोस रहा कि वे लोग वहाँ से लौट क्यों आए ? इससे तो बेहतर था...वे लोग चिर-सूरज के देश भारत में ही रह जाते।

मैकमोहन ने चम्मन से कहा, 'मैं उस क़िस्म की ज़िंदगी नहीं चाहता। मैं इसी देश में बस जाना चाहता हूँ।'

चम्मन ने मैकमोहन के साथ ढेर सारे साल गुज़ार दिए। सात रुपल्ली के सिपाही से अब वह हवलदार बन चुका था। उसे उम्मीद थी, उसके बाद वह जमादार बन जाएगा। उसके बाद सूबेदार बनकर रिटायर होगा। हवलदार बन जाने के बाद उसे पे-हवलदार का सम्मानित ओहदा दिया गया। जब वह सिपाही था, वह मैकमोहन साहब के अर्दली की भी ड्यूटी निभाता था। पदोन्नति के बाद भी वह मैकमोहन के काम-काज खुद ही करता रहा। पे-हवलदार बन जाने के बाद उसकी जिम्मेदारी काफी बढ़ गई। उसे काफी सारे रुपयों का हिसाब-किताब रखना पड़ता था। साहबों को उधार भी देना पड़ता था। बाद में रुपए गिन-गिनकर वापस लेना भी उसी की ड्यूटी थी। देश में उसका सम्मान बढ़ गया था। आत्मीय-स्वजन भी उसकी ख़ातिर करने लगे।

उसके बाद एक ऐसा दिन भी आ पहुँचा, जब उसे सख़्त सज़ा का सामना करना पड़ा।

इतना सारा मान-सम्मान, नाम-यश—सबकुछ एकबारगी खो गया। हालाँकि परमात्मा गवाह है कि वह बिलकुल बेक़सूर था।

मैकमोहन ने किसी मौके पर उसे बताया था, 'मैं अपने भानजे को ला रहा हूँ। मेरा भानजा बेहद ब्राइट है। उसकी माँ नहीं है, बाप भी मर चुका है। अब उसका जिम्मा मेरे ही कंधों पर है। मेरा तो ख़ैर कोई परिवार नहीं है। पता नहीं उस लड़के के प्रति

सही इंसाफ कर पाऊँगा या नहीं। ज़िंदगी भर वह प्यार-ममता का मुहताज रहा। पता नहीं मैं भी उसे प्यार दे पाऊँगा या नहीं।'

उस दिन से चम्मन भी बेहद उत्सुकता से इंतज़ार करने लगा। सिर्फ वही नहीं, सभी लोग मैकमोहन के भानजे के आने की राह देखते रहे। उन लोगों ने संकल्प किया, जिस लड़के को मैकमोहन साहब प्यार करते हों, वे लोग भी उसे अपने सिर-आँखों पर बिठाएँगे।

ब्राइट आ पहुँचा। सुंदर, देवकांति, तरुण ! नीली सपनीली आँखें ! नुकीली नाक ! ईषत् फूले-फूले गदराए हुए होंठ ! मूँछों की हल्की-हल्की धारी !

ब्राइट पहली ही नज़र में चम्मन के दिल में बस गया। उसने हल्की-हल्की कानाफूसी ज़रूर सुनी थी कि मैकमोहन के भानजे के खून में काफी कुछ भारतीय मिलावट भी है। सुनने में आया कि इसी वजह से भाई-बहन में मुँह देखा-देखी भी नहीं थी।

लेकिन उसकी नज़र के सामने ब्राइट का भीतरी चेहरा उजागर होने लगा। मामा के सामने ब्राइट बिलकुल ख़ामोश नज़र आता लेकिन और-और वक्त उसकी बातचीत में विजातीय क़िस्म के भारतीय विद्वेष की स्पष्ट झलक उभर आती। मैकमोहन को तो कभी यह याद भी नहीं आता था कि वे श्वेतांग हैं। अंग्रेज फिरंगी ! इसीलिए ब्राइट अपने मामा को भी पसंद नहीं करता था। हाँ, उसकी बंदूक़ का निशाना बेहद पक्का था।

वह काफी दूर तक निशाना साधकर हँसते-हँसते ही गोली चला सकता था। उड़ते हंस के सीने में गोली दाग़ सकता था। चम्मन को उसके साथ शिकार पर जाने में ख़ासा मज़ा आता था।

अक्सर वह अपनी राय ज़ाहिर करते हुए कहता, 'छोटे साहब की जब उम्र होगी, वे बेजोड़ शिकारी होंगे।'

उस दिन ब्राइट के साथ चम्मन शिकार पर निकला था।

उन दोनों को अंदाज़ा भी नहीं था कि हिरन की तलाश में घूमते हुए आहार में मगन किसी चीते से उनकी मुठभेड़ हो जाएगी। ब्राइट की गोली छूटी। चीता एकदम से भाग खड़ा हुआ। जख़्मी चीते को छोड़ देना बुद्धिमानी नहीं थी। अगले दिन भोर फूटते ही वे दोनों निकल पड़े। दोपहर ने विदा ली। जंगल में शाम का धुँधलका उतर आया। सूरज की आखिरी सुनहरी किरणें जब समूचे बाँस-वन पर लालिमा बनकर ढल गईं। आखिरकार उन्हें एक बाघ नज़र आ गया। ब्राइट का इंतज़ार करने के बजाय, चम्मन ने ही गोली दाग़ दी। बाघ गिर पड़ा। उसने दूसरी गोली दाग़ी और निश्चिंत हो गया कि बाघ मर गया। लेकिन, बाघ के क़रीब जाते ही वह एकदम से चीख उठा।

उसने उत्तेजित आवाज़ में कहा, 'छोटे साहेब, छोटे साहेब, यह तो वही बाघ है। गुलकनिया गाँव के ग्वाले की बेटी को इसी ने मारा था। सोनचरी के बच्चे को भी यही खा गया। यह वही शैतान है। देखो छोटे साहेब, देखो, इसके बाएँ पैर की तीन उँगलियाँ गायब हैं। गरदन पर भाले का निशान ! वाकई सोनचरी के दूल्हे ने कितनी जबर्दस्त

ताकत से भाला फेंका होगा। लगता है, भाले की नोंक शायद अभी तक उसकी गर्दन में गड़ी हुई है।'

अपनी ही रौ में चम्मन धाराप्रवाह बोलता रहा। लेकिन जब उसने पीछे मुड़कर देखा तो हत्वाक्-सा अचानक ख़ामोश हो गया। ब्राइट का चेहरा बेहद भयंकर हो आया था।

ब्राइट एकदम से दहाड़ उठा, 'सुन बे उल्लू ! खबरदार, जो मुझे छोटे साहब कहा। मैं उस बुड्ढे की तरह अहमक नहीं हूँ। तू ठहरा नेटिव ! ब्लडी नेटिव ! अपनी औकात हमेशा याद रख।' इतना कहकर ब्राइट दनदनाता हुआ आगे बढ़ गया।

चम्मन अपमान और आघात से विमूढ़ हो आया। उसे अपना क़सूर समझ में नहीं आया। उसने बारूदी बंदूक़ उठाकर अपने कंधे पर रख लिया। चारों तरफ अँधेरा घना हो आया। करीब ही किसी की फुसफुसाहट सुनाई दी। मृदु-मृदु...बेहद मृदुल आवाज़। पत्तों का मर्मर स्वर ! चम्मन के रोम-रोम खड़े हो गए। शायद उस जख़्मी बाघ की प्रेतात्मा ही उसका पीछा कर रही हो।

अपनी आदत मुताबिक उसने थुथकारकर स्वगत कहा, 'तेरे मुँह पर थूकता हूँ। पेशाब करता हूँ तेरे मुँह पर। जा भाग ! भाग जा ! माँ भवानी मेरी रक्षा कर रही है। भवानी मइया मेरी सहाय हैं।'

उसे अपनी थूक का स्वाद तक बेहद कड़वा लगा। उफ ! ब्राइट की गालियाँ खाकर क्या उसके मुँह का स्वाद कड़वा गया है ? अचानक उसकी आँखों में तपते पानी का सैलाब उमड़ पड़ा।

उसने बुदबुदाकर कहा, 'मैं बूढ़ा हूँ ? उल्लू हूँ ? मैं ब्लडी नेटिव हूँ ? हे भगवान !'

थोड़ी देर बाद चम्मन ने आँसू पोंछ लिये। उसने मन ही मन तय किया अब वह ब्राइट से सात हाथ का फासला रखकर चलेगा।

बाद में कुछ लोग मिलकर मृत बाघ को उठा लाए। सबने देखा।

सबने तारीफ करते हुए कहा, 'सोनचरी का दूल्हा खुश होकर तुझे एकाध छुरा तो ज़रूर भेंट देगा। तूने निशाना ताककर गोली चलाई थी, रे, चमना ! अगर यह शैतान ज़िंदा रह जाता तो ज़रूर आदमखोर हो जाता। आदमी खाना शुरू कर देता। गर्दन पर जख़्म खाने और ख़ासी कमज़ोरी के बावजूद वह आदमी का ही मांस ढूँढ़ता फिरता। अगर बच जाता तो पूछो मत, कितना कहर ढाता।'

चम्मन सबकी बातें सुनता रहा, मगर उसे कतई खुशी नहीं हुई !

उसके साथियों ने बताया, 'गाँव से बड़ी-बूढ़ियाँ आई हैं। बाघ के नाखून माँग रही हैं। ताबीज में भरकर बच्चों को पहनाएँगी। तू क्या कहता है, चम्मन ?'

चम्मन ने झुंझलाकर जवाब दिया, 'जो जी चाहे, करो। मुझे नहीं पता।'

लेकिन, इसके बाद भी ब्राइट उसके पास आता रहा।

रुपए उधार लेने की ग़रज से वह पे-हवलदार के पास आ धमकता ! पे-हवलदार के पास रुपयों का संदूक ! संदूक की चाबी ! वक्त-ज़रूरत पर साहब लोग उसी से उधार लेते। यूँ रुपए उधार लेना ग़ैरक़ानूनी था। लेकिन हमेशा क़ानून के मुताबिक ही काम

किया जाए, तो काम नहीं चलता। साहब लोगों को तो हमेशा ही रुपए कर्ज़ लेने की ज़रूरत पड़ती थी। उनके सारे रुपए जुए में उड़ जाते। देशी बीवियों के लिए कान तक चेनवाली नथ, माथे की बिंदी जुटाते-जुटाते ही सारे रुपए हवा ! इसलिए साहब लोग उधार लेते। बाद में चुका भी देते। रुपए पर जो ब्याज आता, वह पे-हवलदार का मुनाफा ! ब्याज के उस रुपए से पे-हवलदार अपना हिसाब-किताब दुरुस्त रखता था। साहब लोग या भारतीय अफसर रुपए उधार लेने के लिए अगर बाहर जाते तो रेजिमेंट की बदनामी होती। इसलिए रेजिमेंट के कर्ता-मुख़्तार जानकर भी अनजान बने रहते थे।

धीरे-धीरे ब्राइट क्वार्टर मास्टर के ओहदे पर पहुँच गया। अब उसे हर वक्त रुपयों की ज़रूरत पड़ने लगी। हर रेजिमेंट के साथ-साथ, कंपनी की तरफ से स्वीकृत चंद रूपजीवाएँ भी होती थीं। ब्राइट का उन तंबुओं में आना-जाना था। चम्मन को यह सोच-सोचकर हैरत होती कि वह देख-सुनकर कोई भली-शरीफ बीवी क्यों नहीं ले आता ! पता नहीं उसे इन औरतों में क्या मज़ा मिलता है ? उनमें एक अधेड़-सी वेश्या भी थी—गुलाबी ! वह बाकी औरतों पर लगाम कसे रहती। क्या अंग्रेज, क्या भारतीय, सबके लिए वह कुटनी का काम करती थी। उसने ब्राइट को क़िस्म-क़िस्म की औरतों के स्वाद की पहचान कराई। चम्मन समझ गया, ब्राइट रसातल में जा रहा है। लेकिन, उससे कुछ कहने की हिम्मत नहीं पड़ी। उसने न ब्राइट को टोका, न गुलाबी को। गुलाबी की हर कोई इज़्ज़त करता था। उसे तरह-तरह की दवाओं और मंत्र-तंत्र की जानकारी जो थी। बंगाली डॉक्टर बाबू अगर कहते कि भूपबहादुर आमाशय का शिकार है और गुलाबी अगर यह कहती कि भूपबहादुर के पेट में कोई बच्चा-भूत घुसकर उपद्रव मचा रहा है, क्योंकि वह कान पर जनेऊ चढ़ाए बिना शाम के वक्त पीपल के पेड़ तले पेशाब करने गया था तो भूपबहादुर निःसंदेह, गुलाबी की दी हुई जड़ी-बूटियाँ ही अपने पेट पर बाँधता और डॉक्टर बाबू की दी हुई दवा बाहर फेंक देता। यहाँ तक कि सूबेदार साहब जैसे गुम-गंभीर शख़्स भी जोड़ों के दर्द के इलाज के लिए गुलाबी की ही हिदायत के मुताबिक गोबर में मदार के सूखे पत्ते उबालकर मालिश कराते थे। अपनी पसंद की औरत को वश में करने के लिए फौजी लोग गुलाबी को चवन्नी टिकाकर, उससे ताबीज़ ले जाते। गुलाबी दिन-रात लता-पत्ते बटोरती रहती; आग पर कुछ-कुछ उबालती रहती। लाल धागे से ताबीज़ की डोरी बनाती और शाम उतरते ही बोतलभर दारू पीकर नशे में टुन्न हो जाती।

लाल-लाल आँखोंवाला कोई शख़्स कहीं निर्जन में बैठा-बैठा जाने किससे तो बातें कर रहा था, 'हाँ, जानता हूँ, जानता हूँ ! तू ठहरी ऊँची जात, मैं नीची जात ! तभी तो तू मुझे धार में बहाकर खुद चंपत हो गई। राम ! राम ! अब मैं सिर्फ बहे जा रहा हूँ ! राम ! राम ! मेरे दुःख पर अब सियार-कुत्ते तक रोते हैं। लेकिन, तू चाहे जहाँ भी हो, मैं तुझे खोज निकालूँगा। अगर तू मर भी गई न, तो मेरी आवाज़ पर चिता से उतरकर भागती चली आएगी। मेरी ख़ैर-ख़बर लेगी ! तुझे आना ही होगा।'

चम्मन ने गुलाबी को कुछ नहीं बताया।

लेकिन ब्राइट के क़र्ज का अंक धीरे-धीरे बढ़ते-बढ़ते जब सात सौ रुपए हो गया तब चम्मन महामुसीबत में पड़ गया।

हिसाब पेश करने का वक्त आ पहुँचा।

चम्मन ने ब्राइट से विनती की, 'आप असल रकम तो चुका दें हजूर, मुझे ब्याज नहीं चाहिए।'

लेकिन, कहाँ, कौन सुनता है ?

ब्राइट कर्ज़ की रकम का एक पैसा भी वापस नहीं कर सका। आखिर, चम्मन डर से काँपता हुआ मैकमोहन साहब की शरण में हाज़िर हुआ। ज़मीन पर पैर का अँगूठा रगड़ते हुए उसने सारा वृत्तांत कह सुनाया।

मैकमोहन साहब ने उन दोनों में से किसी एक को भी माफ नहीं किया। उन्होंने ब्राइट के कर्ज़ की रकम तो चुका दी लेकिन चम्मन का कोर्टमार्शल नहीं रोका जा सका।

मामला काफी दूर तक पहुँचा। हेड क्वार्टर ने निर्देश भेजा कि रेगुलेशन के मुताबिक चम्मन को सजा मिलेगी। ब्राइट ने दस्तखत करके तो रुपये लिए नहीं थे। चम्मन ने उसे सहज विश्वास पर उधार दिया था। उसने ग़ैर-जिम्मेदारी का काम किया है। यह मामला आपस में ही निपटाया जा सकता था। सभी लोग जानते थे, पे-हवलदार अपने उधार देता है, वापस भी लेता है। लेकिन, चूँकि यह मामला कोर्टमार्शल तक पहुँच गया, चम्मन को सज़ा क़बूल करनी ही होगी। अब उसका प्रमोशन असंभव है। हाँ, उसकी पेंशन नहीं रोकी जाएगी।

मैकमोहन अचानक फट पड़े।

चम्मन को जब पता चला कि अब उसका प्रमोशन नहीं होगा और कंपनी में भी वह बदनाम हो गया तो वह एकबारगी टूट गया।

शर्म और अपमान के अहसास ने उसे इस क़दर कातर बना दिया कि उसे कुछ सूझ नहीं पड़ा कि अब वह क्या करे। खाना-पीना त्यागकर वह अपनी कोठरी में पड़ा रहा। बीच-बीच में पागलों की तरह वह छाती पीट-पीटकर रोता भी रहा। खुदकुशी महापाप है वरना वह सीधे नदी में डूब मरता।

उस वक्त खुद मैकमोहन साहब सहाय बनकर अगर उसके क़रीब न आ खड़े होते तो पता नहीं क्या होता।

मैकमोहन ने ब्राइट को भी सबक़ देना चाहा।

वे ब्राइट को लेकर जंगल में चले गए।

उन्होंने कहा, 'डेवी, तुम्हारे माथे के ऊपर आकाश है, नीचे ज़मीन ! ईश्वर तुम्हें देख रहा है। तुम उन्हें तो धोखा न दो। अब तुम अपने सीने पर हाथ रखकर कहो, क्या तुमने रुपए उधार नहीं लिए ? मैं अच्छी तरह जानता हूँ, रुपए तुमने लिये हैं। कम से कम मेरे सामने तो क़बूल करो।'

'किसने कहा मैंने रुपए लिये हैं ? वह बुड्ढा क्या मेरे खिलाफ सही सबूत पेश कर सका ?'

'लेकिन, मैं जानता हूँ; उसने झूठ नहीं कहा।'

'क्या मतलब है आपका ? आपको एक 'नेटिव' की बात पर यकीन आ गया ?'

'हाँ, डेवी, तुम जिसे नेटिव कह रहे हो। वह तुमसे कहीं ज्यादा सच्चा और ईमानदार है।'

'हाँ, हाँ, मुझे मालूम है, मुझसे तो आप नफरत करते हैं।'

'तुमसे ? एमिली... अपनी बहन के बेटे से ?'

'हाँ ! हाँ !! हाँ !!! और मुझे यह भी पता है कि आपकी नफरत की वजह हैं मेरे डैडी ! मेरे डैडी...'

मैकमोहन ने उसकी बात बीच में ही काटते हुए कहा, 'सुनो, मूरख, तुम्हारे डैडी को मैं इसलिए बर्दाश्त नहीं कर सका, क्योंकि उसने मेरी बहन को ज़िंदगी भर सताया। उसे बेहद तकलीफें दीं। उसने तुम्हें भी अनाथालय में फेंक रखा था। इसीलिए मैं उस आदमी से नफरत करता हूँ। उसकी नसों में जो खून बहता था मुझे उस खून से कोई शिकायत नहीं क्योंकि मैं इनसान की चमड़ी देखकर उसके बारे में अपनी राय नहीं बनाता, ऐसा कभी करूँगा भी नहीं। मैं चाहता हूँ कम से कम तुममें इतना साहस हो कि अपनी ग़लती क़बूल कर लो।'

'आखिर क्यों ?'

'मैं चाहता हूँ तुम यह बात लिखकर क़बूल करो। मैं वह रिपोर्ट भेज दूँगा, ताकि बिचारे चम्मन का प्रमोशन न रुके।'

'नो ! नेवर ! मुझे उस आदमी की शक्ल से भी नफरत है।'

'देन टेक दैट ! एंड दैट ! एंड दैट ! यू गर्‌टस्नाइप !'

मैकमोहन का ताबड़तोड़ चाबुक ब्राइट की बाँह लहूलुहान कर गया। मैकमोहन गुस्से से फुफकारते हुए लौट आए।

ब्राइट का ट्रांसफर हो गया।

मैकमोहन साहब ने अपनी वसीयत भी बदल डाली और अपने सारे रुपए कानपुर के किसी अनाथाश्रम को दान कर दिये।

उन्होंने चम्मन से कहा, 'तुम्हें मैं कोई और काम देना चाहता हूँ। यहाँ रहोगे तो हर वक्त अपने को अपमानित महसूस करोगे। यहाँ तुम शान से सिर उठाकर चल-फिर नहीं सकोगे।'

मैकमोहन ने चम्मन के नाम एक सुंदर-सा सर्टिफिकेट लिख दिया।

उन्होंने उसे समझाया, 'सुनो, नैनीताल की तलहटी में कुमायूँ का जंगल है। वहीं एक जगह है—हलद्वानी ! बेहद खूबसूरत जगह ! वहाँ एक सफ़ाखाना क़ायम है। वहाँ दवाएँ हैं। एक अदद ड्रेसर भी है। इसके अलावा साहब लोग उस इलाके में अक्सर शिकार करने जाते हैं। उन दिनों वे लोग उस सफ़ाखाने को डाकबँगले के तौर पर इस्तेमाल करते हैं। हलद्वानी के उत्तर में काठगोदाम और रानीबाग़ बसा है। पूरब की तरफ गउला नदी बहती है। एंड्रूय फ्रिज़र साहब ने इस सफ़ाखाने के बाग़ में तरह-तरह

के पेड़-पौधे लगाए हैं। जगह ख़ासी निर्जन है, लेकिन बेहद मोहक ! मैं तुम्हें इस सफ़ाखाने का कीपर बनाना चाहता हूँ।'

'हजूर, आपकी मेहरबानी !'

'वहाँ तुम्हें आठ रुपए महीने तनख्वाह मिलेगी। काशीपुर के शिवराम मिश्र के घर के आसपास अच्छा-खासा एक जंगल है। उनका एक काठगोला भी है। मैंने उन्हें लिख दिया है। अगर तुम उनका भी हिसाब-किताब देख लिया करोगे तो ऊपर से छः रुपए महीने की आमदनी और हो जाएगी। डाक-रनर वहाँ डाक जमा रख जाते हैं। तुम उनकी तरफ से डाक जमा रखने की जिम्मेदारी भी ले लेना। नैनीताल के पोस्टमास्टर भी तुम्हें दो रुपए महीने दे दिया करेंगे।'

चम्मन एकबारगी रो पड़ा। उसकी आँखों से धार-धार आँसू बह निकले।

मैकमोहन ने मुँह फेरकर दूसरी तरफ़ देखते हुए धीमे-धीमे लहजे में कहा, 'चम्मन, वहाँ ईंधन का कोई खर्च नहीं लगता। वहाँ की नदी में ढेर-ढेर महाशोल मछलियाँ कुलेल करती रहती हैं। जंगल में अनगिनत पंछी और हिरन हैं। वहाँ के पहाड़ी लोग, जितने धर्मभीरु हैं, उतने ही सरल ! पैसे में तुम्हें दो सेर आलू मिलेगा। एक टके में मन भर चावल। सुनो, चम्मन, तुम ऐसा करना मेरे लिए कंकड़-पत्थर डालकर उस नदी की धार को रोके रखना। नदी छोटी है न ! पानी को बाँध दोगे तो मछलियाँ आसानी से पकड़ सकोगे। मैं आऊँगा तुम्हारे पास ! मैं और तुम मछलियाँ पकड़ेंगे, हिरन का शिकार करेंगे। तुम अंदाज़ा नहीं लगा सकते, वहाँ कितने-कितने रंग-बिरंगे पंछी हैं। क़िस्म-क़िस्म की तितलियाँ ! रकम-रकम के आर्किड नज़र आएँगे। मेरे लिए सब इकट्ठा करते रहना। मैं आऊँगा चम्मन ! सर्टिफिकेट में मैंने तुम्हारे शिकारी होने की बात भी लिख दी है।'

अचानक मैकमोहन के होंठों पर मंद-मंद मुस्कान खेल गई, 'पता है चम्मन, इनसान, आखिर तो इनसान होता है न ! अक्सर बड़ी-बड़ी ग़लतियाँ करता रहता है। मसलन, मैं सोचा करता था, कँटीले पेड़ की जड़ को दूध-घी से सींचते रहने से उस पेड़ में मीठे आम फलेंगे। मसलन, मेरा ख्याल था कि आदमी जिस स्वभाव और आदतों के संग पैदा होता है, प्यार-मुहब्बत के जरिए, उसे जीता जा सकता है। लेकिन देखो न, मेरे बाल सफ़ेद हो गए मगर मुझे अक्ल नहीं आई।'

अचानक वे ख़ामोश हो रहे।

चम्मन ने अपने आँसू पोंछ डाले और धीमी उदास आवाज़ में उन्हें हिदायतें देने लगा, 'साहेब, शाम को नहाने से पहले कन्हाई से कहिएगा पानी गरम कर दे। तमाखू खत्म हो जाए तो लखनऊ से मँगा लिया कीजिएगा। आप ही मेरे माई-बाप हैं, साहेब। हाँ, सूर्यकांत अपने गाँव गया है। उसे मेरी तरफ से तीन रुपए दे दीजिएगा। मैंने कोई अधरम नहीं किया, हजूर ! और हाँ, आपके ग्यारह रुपए के चिल्लर मैंने इस दवा की बोतल में रख दिए हैं। और, हजूर, कभी-कभी मुझ गरीब अभागे को थोड़ा-बहुत याद कर लिया कीजिएगा। आपकी बहुत-बहुत मेहरबानी, हजूर ! आपकी वजह से ही कंपनी में मेरी नौकरी सलामत रह सकी, अगर नौकरी गँवाकर गाँव लौटता तो वहाँ मेरा मन

नहीं टिकता साहेब !'

अचानक चम्मन विलाप्र के सुर में फूट-फूटकर रो पड़ा। मैकमोहन साहब उठ खड़े हुए। उसकी तरफ पीठ किए, ख़ामोश खड़े रहे। तंबाकू भरते हुए दो बार उनके हाथ भी काँपे। कुछेक पल बाद जब उन्होंने मुड़कर देखा—चम्मन बाहर जा चुका था।

चम्मन को सफ़ाखाने की ज़िंदगी की भी धीरे-धीरे आदत पड़ गई।

बेहद निर्जन परिवेश ! इर्द-गिर्द जंगल ! बीच-बीच में छोटे-छोटे गाँव ! गाँववाले बेहद सहज-सरल ! बेहद मासूम ! वे लोग चम्मन का काफी सम्मान करते थे।

चम्मन उनसे दरयाफ़्त करता, 'जंगल गए थे, हिरन मारा ? मधु लाए हो ? पता है, यह जंगल कंपनी बहादुर का है ? कंपनी बहादुर की आँख खासी कड़ी है। उनकी नज़र सब पकड़ लेती है, समझ गए न ?'

गाँववाले उसकी बात सुनकर सहम जाते।

बीच-बीच में वे लोग खुद आकर चम्मन से अनुनय-विनय करते, 'हम सब मिलकर पूरे एक टका देंगे बाबू गोली का खर्चा ! एक बाघ है ! बड़ा बदमास बाघ ! हमारी गाय मार-मारकर उसने हमारी नींद हराम कर रखी है। आप दया करें, बाबू !'

चम्मन ने बारूद-बंदूक में पलीता लगाकर बाघ को मार डाला।

गाँववालों ने मुक्त कंठ से उसका गुणगान शुरू कर दिया, 'अरे बाप रे ! चम्मन जी ने बस एक गोली छोड़ी। ऊ गोली सर्र से सीधे उस शैतान के कपार में छेद कर दिहिस—'

गाँववाले उसके लिए घी-दूध, मधु और मछलियाँ ले आते। चम्मन ने धीरे-धीरे रुपए जमा करना शुरू कर दिया। गाँववालों से आदर-सम्मान पाकर, उसका हाव-भाव, चाल-चलन भी ख़ासा रौबदार होता गया। बीच-बीच में साहब लोगों के साथ शिकार पर जाते-जाते उसका मान-सम्मान और बढ़ गया। साहब लोगों में भी किसी अफसर ने उसे सर्टिफिकेट लिख दिया, कोई उसे छुरी भेंट कर गया, किसी ने एक जोड़ी बूट दे डाले, किसी ने छोटे-मोटे अन्य उपहार थमा दिए। डाक रनर तक अब उसे पहचानने लगे थे।

आहिस्ता-आहिस्ता काठगोदाम, रानीबाग़ वगैरह तमाम जगहों में यह ख़बर फैल गई कि हलद्वानी के सफ़ाखाने में चम्मन नामक एक ख़ास आदमी आया है। बहुत बड़ा आदमी ! कंपनी के मान-सम्मान की रक्षा की जिम्मेदारी उसी के हाथ में थी। हाट-बाज़ार में हर तरफ़ वह बंदा कंपनी के नाम पर छड़ी घुमाता फिरता है। गाँवों की पंचायत में लोग उसे भी आमंत्रित करने लगे।

झगड़ा-झमेलों में फैसला देते हुए वह किसी-किसी को डपट भी देता, 'अरे, रामधनिया, अपने बूढ़े बाप को तू खिलाएगा नहीं ? होश में तो है तू ? तू कंपनी राज में रहता है न ? और पुतली तू ? तू अपनी सास पर पीतल का कंगन फेंककर मारती

है ? कंपनी बहादुर के राज में इतना बड़ा अनाचार ? चल नाक रगड़ ! दाँत में तिनका दबाकर माफी माँग !'

कुछ ही दिनों बाद यानी बाघ मारने के कुछ ही दिनों बाद गाँववालों ने चम्मन को दावत दी। दरी बिछाकर उन्होंने आदरपूर्वक चम्मन को बिठाया और सुर-ताल-छंद में उसका गुणगान करना शुरू किया। एक आदमी गा रहा था, सब लोग मिलकर गीत की लाइनें दुहरा रहे थे :

जब गाय-बछेरू मरि-मरि जाते, हम किसको आवाज़ लगाते ?
(समवेत) चम्मन जी रे, चम्मन जी !
गोली दाग़ी, दन-दनादन, किसने किया शैतान ख़तम
(समवेत) चम्मन जी रे, चम्मन जी !
बूढ़ा बाघ बड़ा शैतान रे, बड़ा शैतान
एक आँख का काना बाघ, एक आँख में आग
गरज से उसकी फाटे अकास रे, फाटे अकास
किसकी गोली से पूँछ उलटकर मरा शैतान ?
(समवेत) चम्मन जी रे, चम्मन जी !

सबने समवेत स्वर में उसकी जय-जयकार किया और उसे घेरकर बैठ गए।

चम्मन को यह सब बेहद भला लगा। उस रात उसने घरवालों को ख़त लिखा—'यहाँ मैं राजा जैसी शान-शौकत से हूँ। अपने हल-बैल, गाय-बछड़े, बीज-धान वगैरह की खबरें दे-देकर मुझे तंग मत किया करो। कंपनी का नमक खाता हूँ, कंपनी के काम में लगा रहता हूँ।'

कभी-कभार वह अपने गाँव भी हो आता मगर वहाँ उसका मन नहीं लगता था। उसकी बीवी तो सालों पहले भगवान के घर चली गई थी। बेटा प्रताप अब अधेड़ हो चला। प्रताप और दुर्गा अक्सर उससे ज़िद करते थे कि अब वह लौट आए।

वह झुंझला उठता, 'क्यों ? रुपए-पैसों की अब ज़रूरत नहीं है हमें ? ठीक है ! ठीक है ! खेत-वेत, हल-बैल तो ढेरों खरीद डाले। अब मेरे रुपए इधर-उधर खर्च न करना, सुन दुर्गा बेटी, अब से तू रुपया जमा करना शुरू कर दे। उन रुपयों से हम चन्दन के ब्याह पर रोशनी करेंगे, पटाखे चलाएँगे, बाजेवाले को बुलाएँगे।'

दुर्गा अपने ससुर की बेहद सेवा-जतन करती थी। रात को ससुर के तलवों में तेल मालिश करने बैठ जाती।

उसने भी ससुर से अनुनय किया, 'आप कुछ दिनों घर पर ही रह जाइए बाबूजी ! जी भरकर सेवा करूँगी मैं ! आपकी बेटी होकर भी आपकी सेवा नहीं कर पाई, यह दुःख मेरे मरने के बाद भी मेरे दिल से नहीं मिटेगा।'

प्रताप का बेटा चन्दन तो अपने दद्दू को छोड़ना ही नहीं चाहता था।

अपने दद्दू से उसकी एक ही फरमाइश रहती थी, 'दद्दू...ए दद्दू, कर्नल साहेब की कहानी सुनाओ न !'

चम्मन ने कहा, 'रुक जा ! रुक जा ! तुझे भी फौज में भरती करा दूँगा। तू रिसाला फौज में शामिल हो जाना, घुड़सवार बन जाना। उसके बाद तू रिसाला-मेज़र बन जाएगा। मैं तुझे अपने बड़े साहब के पास ले चलूँगा। वे तुझे फौज में ले लेंगे। तब तुझे पता चलेगा बूढ़े साहब के सर्टिफिकेट की क्या अहमियत होती है। तू जंग पर जाएगा, लड़ाई करेगा। देखना तोप छूटेगी—दमादम ! वर्दी बजेगी, झनाझन्न ! बस तू देखता रह !'

चन्दन ने बेसब्र होकर पूछा, 'मैं कब बड़ा होऊँगा, दद्दू ? कब जाऊँगा, तुम्हारे पास ?'

5

बड़े होने के बाद चन्दन सचमुच एक दिन चम्मन के पास चला आया।

गाँव से संदेशा लेकर आए हुए व्यक्ति ने चम्मन को सारी खबर दे डाली। चम्मन अवाक् रह गया। हिकारत भरे अचंभे में वह ज़मीन पर बार-बार थूकता रहा।

'यह क्या ग़ज़ब है ? कैसा ग़ज़ब है बताओ तो ? वो औरत सूरज अपनी छौंड़ी का बियाह हमारे चन्दन से करना चाहती है ? मेरे चन्दन को हथियाने का चक्कर चला रही है ?'

थोड़ा ठहरकर उसने अगला वाक्य जोड़ा, 'उन माँ-बेटी को तुम लोग सबक़ नहीं सिखा सकते ? इतने सारे मरद आखिर किस बात के लिए हैं ? और वह केशवराम, क्या कर रहा है ? घास चर रहा है ? केशवराम का मामा लक्ष्मीनारायण बड़ा तेज़ आदमी था। इस क़िस्म का गोलमाल वह एक घुड़की में रोक सकता था। तुम लोग उस छौंड़ी का ब्याह नहीं करा देते ?'

'अरे चचा। ब्याह की कोशिश की गई। सूरज को वह लड़का पसंद नहीं आया,' गाँववाले ने कहा।

'कमाल है ! बड़े ही ताज्जुब की बात है,' चम्मन ने क्षुब्ध मुद्रा में सिर हिलाया।

उसके बाद वह गहरी सोच में डूब गया। अपना चन्दन इतना गँवार और जिद्दी क्यों निकला ? यह लड़की, उसे इतनी पसंद क्यों आ गई ? काफी सोच-विचार के बाद उसे लगा, ये बुराइयाँ उसने ज़रूर उसकी पतोहू दुर्गा के बाप-भाइयों से ली होंगी। यह बात सभी जानते हैं, लड़के अक्सर अपने मामा पर जाते हैं। उसे ख्याल आया कि दुर्गा के दोनों पटवारी भाई स्वभाव से जितने कुटिल थे, उतने ही धूर्त !

वह मन ही मन बुदबुदा उठा, 'रुक जा ! रुक जा ! तेरे विष-दाँत तो मैं उखाड़ता हूँ। अरे तू मरद आदमी है, काम-काज कर और खुश रहा कर। तेरी माँ ने तो तुझे दूध-खीर खिला-खिलाकर बिलकुल मक्खन का गुड्डा ही बना दिया है।'

उसने गाँववाले से भी कहा, 'यह केशवराम निरा गधा है। उसकी ज़गह उसका मामा लक्ष्मीनारायण होता तो चाहे जैसे भी होता अनंत की बहुरिया को 'टाइट' कर देता।

हवलदार शोभालाल की बात मुझे आज भी याद है। यमुनापार करने के लिए वह जिस नाव पर चढ़ा था उसमें एक भिस्ती भी सवार था।

यह ख़बर जब लक्ष्मीनारायण को मिली, उसने कहा, 'अरे, यह तो सत्यानाश हो गया। धर्मनाश !'

शोभालाल को ढेर-ढेर रुपए खर्च करने पड़े थे। प्रायश्चित करने के बाद ही वह बिरादरी में शामिल किया गया। अनंत की बहुरिया को भी किसी बहाने सबक नहीं दिया जा सकता ?'

गाँववाले ने कहा, 'अरे चचा, अनन्त की बहुरिया बला की खूबसूरत है ! तुम्हारा क्या खयाल है ? सुंदर मुखड़े के गरब में ही वह सबकी उपेक्षा करती रहती है।'

'अरे रूप लेकर क्या करेगी वह ? है तो करमजली !'

'करमजली वह बहुरिया नहीं है, उसकी कोख-जायी बेटी है। उसके जन्म के साथ-साथ उसके बाप का वंश ही खत्म हो गया। सबके-सब मर-मरा गए।'

'तुम ठीक कहते हो। वह छोकरी ही बदजात है,' कुछेक पल की ख़ामोशी के बाद चम्मन ने अगला सवाल किया, 'वह छोकरी भी क्या अपनी माँ की तरह ही खूबसूरत है ?'

'अरे नहीं चचा, वैसा रूप-रंग उसे नहीं मिला।'

चन्दन ने उस लड़की में ऐसा क्या देख लिया कि दीवाना हो गया ? चम्मन ने अपने दिमाग़ पर ज़ोर दिया; काफी सोचा मगर कोई सुराग हाथ नहीं लगा।

आखिरकार उसने कहा, 'इसमें अपने लड़के का कोई क़सूर नहीं। गाँव-बस्ती में ज़रा-ज़रा-सी बात अफवाह बन जाती है। तुम जाओ जी और चन्दन को भेज दो। उसके बाप से कहना उसे मेरे पास ले आए।'

'आने में काफी रुपइए लगते हैं चचा ! प्रताप क्या आएगा ?'

'तो खर्च करे न ! खर्च करके आए। अपने प्रताप का स्वभाव भी बिलकुल बनियों जैसा है। दो-एक रुपइए खर्च करने में उसकी जान निकल जाती है।'

प्रताप नहीं आया। अकेला चन्दन ही आया। चन्दन को देखकर चम्मन मन ही मन खुश हुआ। पोते की सूरत-शक्ल अपने बाप जैसी नहीं है। वह अपने दादा पर गया है। क़द-काठी में चम्मन से भी लंबा ! सख्त-समर्थ चेहरा ! मूँछों की हल्की-हल्की धारियाँ, अभी बस निकलना शुरू हुई थीं। चाल-ढाल दृष्टि कैसी तो लापरवाह ! अक्खड़ ! दुर्विनीत !

उसके प्रणाम की भंगिमा देखकर ही चम्मन भड़क गया, 'अभागे तुझे इतना भी नहीं मालूम कि बड़े-बूढ़ों का सम्मान कैसे किया जाता है ? तेरी माँ ने तुझे कुछ नहीं सिखाया ?'

चन्दन कुछ देर उसकी बातें सुनता रहा।

आखिरकार वह भी झुंझला उठा, 'ठीक है तुम बकबकाते रहो। करते रहो फिजूल के बकवास ! मैं चला !'

'मैं चला ? लेकिन तू जाएगा कहाँ ?'

'जिस तरफ निगाह जाएगी। तीस मील पैदल चलकर पूरे दो दिनों में तो यहाँ पहुँचा। पेट में अन्न का एक दाना तक नहीं पड़ा और यहाँ पहुँचते ही शुरू हो गया तुम्हारा भाषण !'

चम्मन सकपका गया।

अपनी सकपकाहट ढँकने के लिए उसने ज़रा ऊँची आवाज़ में कहा, 'सामने झरना है, जाओ हाथ-मुँह धो आओ। दूध-मिठाई खाओ और मुझे कृतार्थ करो। हाँ, झरने में उतरना मत ! वहाँ खड्डे हैं।'

चन्दन चला गया।

सफ़ाखाने की रसोई और काठ वगैरह रखने की कोठरी के पीछे हल्की-सी ढलान पर झरना बहता हुआ ! झड़बेरियों के जंगल से होकर बहुता हुआ यह झरना करीब सौ हाथ की दूरी पर गेटला नदी में जा समाया है। नदी के इर्द-गिर्द भयंकर झाड़-झंखाड़। वहाँ तक जाना हो तो जंगल के भीतर से गुज़रकर आधी मील दूर जाना ही बेहतर था। उस जगह नदी थोड़ी चौड़ी हो गई है। दोनों ओर के तट भी साफ-सुथरे !

करीब घंटा-भर गुज़र गया। चन्दन नहीं लौटा ! चम्मन परेशान हो उठा। वह दुविधा में पड़ गया। वह उसे बुलाने के लिए रसोईघर से आवाज़ लगाए या खुद जाए ?

तभी चन्दन की चीख सुनाई दी, 'दद्दा !'

पुकार का आखिरी अक्षर दाऽ...दा...आ...आ...आ ! की आवाज़ धज्जी-धज्जी बिखर गई।

'क्या हुआ ? हुआ क्या ?' पूछते हुए चम्मन कूदता-फलाँगता नीचे उतरा।

उसकी छाती धड़क रही थी।

क्या हुआ ? कहीं डूब तो नहीं रहा ? जाने क्यों तो मैंने डाँटा ? क्यों तो उसके साथ नहीं गया ?—यही सब बुदबुदाते हुए वह हाँफता-काँपता नीचे पहुँचा।

झरने के बीचोबीच, खासा चौड़ा, चन्दन वहीं खड़ा था।

उसने हाँफते-हाँफते गुहार लगाई, 'एक कछुआ मेरी धोती दबोचे हुए है, दद्दू ! लाख छुड़ाया, छोड़ ही नहीं रहा।'

'धत्त् ! यहाँ के पानी में कछुआ नहीं है।'

'फिर यह क्या है ? कड़ा-कड़ा लग रहा है।'

'कितना बड़ा है ?'

'खासा बड़ा है।'

'तू तैरकर आ जा न !'

'कैसे आऊँ ? यह पीछे से खींच रहा है—'

'पानी कितना गहरा है ? पैरों तले ज़मीन है ?'

'हाँ, है !'

'धोती की खूँट चीरकर, फाड़ दे–'

'पैर के नीचे चट्टान है। दद्दू ! फिसलन भी है।'

'वह क्या है ? तुझे काट रहा है ?'

'ज़रा-ज़रा !'

'वहाँ तक गया ही क्यों अभागे ?'

'तैरकर ! यहाँ से कितनी दूर जाया जा सकता है, दद्दू ?'

'तू नहीं जा सकेगा। थोड़ी ही दूर पर नदी का पानी खाई में उतर गया है। तुझे आवाज़ सुनाई नहीं दे रही ?'

'न्ना ! कान में पानी घुस गया है।'

'हरामज़ादे ! तू न...सात शैतानों का एक शैतान है।'

पोते को कोसते हुए परेशान चम्मन खुद ही छलाँग लगानेवाला था कि चन्दन चिल्लाया, 'पकड़ लिया ! पकड़ लिया !' और वह उछलकर किनारे की तरफ आ पड़ा।

खासी विराट महाशोल मछली ! चम्मन ने माली को आवाज़ दी। माली हाज़िर ! उसके साथ काठ बेचनेवाली एक लड़की भी चली आई।

'कित्ती बड़ी मछली है ! देख नाहीं रहे, समुच्ची देह पर कित्ती काई जमी हुई है ?'

बहरहाल, मछली पकड़ी जाने के शोर-शराबे में उस दिन चन्दन को डाँट-डपट करने की बात चम्मन भूल गया।

अगले दिन चन्दन ने ही कहा, 'लाओ दो, बंदूक़ मुझे साफ करने दो ! मुझे सीखना है।'

चंद दिनों बाद उसी ने पूछा, 'साहब के पास मुझे कब ले जाओगे ? रिसाला फौज में कब भर्ती कराओगे मुझे ?'

पेड़ की डाल को छुरी से छीलकर चम्मन मछली का जाल बुनने के लिए फ्रेम तैयार कर रहा था।

उसके होंठ ज़रा सिकुड़ आए थे। जीभ की नोक भी ज़रा बाहर तक नज़र आती हुई ! आँखें सिकोड़कर वह दत्तचित्त मुद्रा में पेड़ की डाल को निरख-परख रहा था।

उसने आँखें झुकाए-झुकाए ही कहा, 'रिसाला में भर्ती होने के लिए तीन सौ रुपइए लगेंगे। इसके अलावा उस फौज में एक बार घुसा नहीं कि फिर कभी निकल नहीं सकेगा।'

'क्या फर्क पड़ता है ?'

'तेरे माई-बाप तुझे जाने देंगे ?'

'हाँ देंगे ! मेरा बापू तुमसे डरता जो है।'

'तू नहीं डरता ?'

कोई जवाब देने के बजाय चन्दन ने जाल का धागा थाम लिया और रस्सी बटने लगा। चम्मन ने सिर झुकाए-झुकाए ही दोबारा कहा, 'रिसाला में भर्ती होने के लिए अट्ठारह

से बीस साल की उम्र होना ज़रूरी है। तू रंगरूट बन सकता है या सिपाही बन सकता है।'

'चलो वही बन जाऊँगा। बस मैं गाँव वापस नहीं जाऊँगा।'

'क्यों ?' मन ही मन चम्मन खुशी से गद्गद हो आया।

'गाँव में मेरा मन नहीं लगता। वहाँ कुछ करने को ही नहीं है।'

'ठीक है, मैं तुझे सिपाही बना दूँगा। लेकिन सर्दी गुज़र जाने दे। इससे पहले मैं नीचे नहीं जा सकता। जाड़े के मौसम में साहेब-मेम लोग नैनीताल से उतरकर नीचे आ जाते हैं।'

'और गर्मी के मौसम में ?'

'गर्मी में वे लोग नैनीताल वापस लौट जाते हैं। गर्मी के मौसम में तीर्थयात्री भी आते हैं। केदार-बदरीनाथ यात्रा के लिए ! वे लोग भी इसी सामने वाले रास्ते से जाएँगे। तू देखना।'

'गर्मी में तुम मुझे ज़रूर ले चलोगे न ?'

अब चम्मन ने सिर उठाया।

'हाँ, ले चलूँगा। अगर तू ठीक ढंग से रहे तो ज़रूर ले चलूँगा। लेकिन मुझे वचन दे कि तू अपना रंग-ढंग सुधारेगा।'

चम्मन से आँखें चुराते हुए चन्दन ने धीमी आवाज़ में जवाब दिया, 'मैंने ऐसा क्या किया ? अभी तक मुझे यही पता नहीं चला। माँ-बापू को तो पक्का विश्वास हो गया है कि मैंने कोई बहुत बड़ा गुनाह कर डाला है। बापू को खुद तो कुछ समझ में आता नहीं, माँ जो कहती है, वे झट से विश्वास कर लेते हैं। माँ, अपनी घर-गृहस्थी, अपने स्वार्थ के अलावा और कुछ नहीं समझती। देख रहा हूँ, तुम भी...! तुम भी कुछ समझना नहीं चाहते। तुम लोगों पर बड़ा अचरज होता है। ख़ैर, मुझे कुछ नहीं कहना।'

चम्मन की निगाहें उसके चेहरे पर गड़ी रहीं। उसे लगा चन्दन काफी सयाना और समझदार हो गया है। वह सोचता रहा...गाँव के संकुचित परिवेश और बूढ़े-अधेड़ लोगों की संगति में पला-बढ़ा है, क्या इसीलिए चन्दन असमय ही वयस्क हो गया है ?

चन्दन ने चम्मन की छुरी उठा ली और हाथ में लेकर घुमाता रहा। छुरी की धार पर धूप पड़ रही थी। धूप का टुकड़ा कभी छुरी पर झलमला उठता। कभी इधर-उधर सरक जाता।

अपनी आँखों को उस चौंध से बचाने के लिए हाथ की आड़ बनाते हुए चन्दन ने कहा, 'मुझे यह देख-देखकर बड़ा अचरज होता रहा है कि चम्पा की माँ हमारे यहाँ घी-दूध खौलाती है। माँ के यहाँ खाने की कितनी-कितनी चीज़ें सड़ जाती हैं, लेकिन मेरी माँ से इतना नहीं होता कि हाथ उठाकर थोड़ा-बहुत दूध-घी या मिठाई उन्हें भी दे दे। ऐसी कड़कड़ाती सर्दी में चीथड़ों में लिपटी चम्पा ! अपनी माँ के साथ आती है और ठिठुरती हुई बर्तन माँजती है। बड़े-बड़े टोकरे, परात, चौकी धोती है। मेरी माँ से इतना भी नहीं होता कि किसी दिन, यहाँ तक कि पूजा-त्योहारों पर ही उन्हें एक नई

साड़ी या च'दर दे दे। हमारे यहाँ अनगिनत साड़ी-चादर तो कीड़े कुतर जाते हैं। इसके अलावा चूँकि वे गरीब हैं, इसलिए उनमें कोई आत्मसम्मान भी है, यह सोचने-समझने की तकलीफ कोई नहीं करता। हर कोई उन्हें उपदेश देता है; उनके बारे में बतकही करता है। यह सब देखकर मुझे भयंकर ताज्जुब होता है। तुम...तुम भी तो बुढ़ा गए हो, दद्दू ! इस-उस की जुबानी, सुनी-सुनाई बातों पर विश्वास करते हो। मुझे जो-सो सुनाते रहते हो। लेकिन, यह बात न तुम्हें समझ में आती है, न माँ-बापू को। इसलिए मैं तुम लोगों की किसी भी बात का जवाब नहीं दूँगा क्योंकि तुममें से कोई भी मेरी बात नहीं समझेगा, समझना चाहता भी नहीं।'

चन्दन उठकर खड़ा हो गया। चम्मन के बनाए हुए फ्रेम में उसने जाल बाँध दिया। उसके बाद उसे हाथ में झुलाए-झुलाए बाहर निकल गया।

चम्मन उस वक्त भी उसी मुद्रा में बैठा रहा। वह सोच में पड़ गया। चन्दन ने उसे अपनी ही ज़िंदगी की याद दिला दी थी। हाँ, जवानी के शुरू के दिनों में छोटी-छोटी भूलों के लिए उसे भी लगातार अपमान-बेइज़्ज़ती बर्दाश्त करना पड़ा था। शायद इसीलिए उसने मानसिक तौर पर अपने नाते-रिश्तेदारों, नितांत अपने लोगों से, खुद को दूर कर लिया था। शायद इसीलिए मैकमोहन साहब के पास उसके मन को निश्चिंत आश्रय मिल गया था। मैकमोहन साहब अनगिनत रंगरूटों और नौजवानों की अनगिनत ग़लतियाँ बर्दाश्त करते रहे थे। उन्होंने उन लोगों को दूर नहीं हटा दिया, बल्कि बेहद क़रीब खींचकर उनकी भूल-भ्रांतियों को माफ करते आए थे।

वे कहते थे, 'अगर कोई इनसान दुखी हो तो उसे समझने की कोशिश करना चाहिए। पंद्रह-सोलह के लड़कों को झट से डाँटना-डपटना अनुचित है। उन्हें अनुचित प्रश्रय भी हरगिज नहीं देना चाहिए, लेकिन डाँट-डपट से पहले यह पता कर लेना ज़रूरी है कि सच ही वे लोग कसूरवार हैं या नहीं, उनका क़सूर क्या है ? कितना गंभीर है ?

चम्मन को उनकी बातें याद आती रहीं। उसे लगा, चाहे जिस भी वजह से हो, चन्दन के मन को जब चोट लगी है उसे कुरेदना या छेड़ना मुनासिब नहीं होगा। चन्दन को अपने सगे माँ-बाप ही अपने नहीं लगते, इसकी कोई न कोई वजह तो ज़रूर होगी। चन्दन उस पर भी भरोसा नहीं कर पा रहा है, इस बात से चम्मन आशंकित हो उठा। उसने अपने को ही 'अज्ञानी ! बुद्धिहीन।' कहा और उठकर चन्दन की खोज में निकल गया।

चन्दन नदी किनारे एक चौड़ी सी चट्टान पर पेट के बल लेटा हुआ था। चट्टान बेहद चिकनी और विशाल ! औरतें उस चट्टान पर कपड़े पीट-पीटकर धोया करती थीं। चट्टान की पर्त-पर्त में नमकीन पानी ठहरा हुआ ! उस पर चमकती हुई धूप में इंद्रधनुष की रंग-बिरंगी आभा झलकती हुई ! चन्दन डाल के टुकड़े से पानी को खँगाल रहा था। पानी की धार कल-कल बहती जा रही थी।

चम्मन उसके करीब आ बैठा। चमकी पत्थर रगड़कर उसने कच्चे पत्ते की बीड़ी सुलगाई।

उसके बाद उसने इत्मिनान से कहना शुरू किया, 'सुन बेटा, रानीबाग़ में एक मुंशी

जी हैं। उनसे तू अच्छी तरह लिखना-पढ़ना सीख ले। काठगोला का हिसाब-किताब अब मुझसे नहीं होता। सारा कुछ समझ में भी नहीं आता। वैसे भी लिखना-पढ़ना सीखकर इनसान का सम्मान बढ़ जाता है। मैं तो निपट मूरख रह गया। ज्यादा लिख-पढ़ नहीं सका। मुझ जैसे सिपाही मूरख ही रह जाते हैं। तू अच्छी तरह लिख-पढ़ ले तो नौकरी भी अच्छी मिलेगी। मुझ जैसा बुद्धू-बक्काल क्यों होने लगा तू ? हमारे घर में खाने-पहनने की कमी नहीं है। कंपनी फौज में हम अच्छी से अच्छी नौकरी कर सकते हैं। अच्छी नौकरी न हो तो इज़्ज़त भी नहीं होती। सिपाही से हवलदार बनने में ही ज़िंदगी गुज़र जाती है। वह ज़िंदगी भी कैसी ? इज़्ज़त की ज़िंदगी नहीं होती।'

चन्दन ने कुछ दिन हलद्वानी के सफ़ाखाने के शांत-खूबसूरत परिवेश में गुज़ार दिए। ठंड का मौसम आते ही नैनीताल में बर्फ पड़ने लगती है। पूस-माघ के जाड़े में हलद्वानी के पानी पर बर्फ की मोटी-सख्त चादर बिछी रहती है। पेड़ के पत्तों पर शिशिर के श्वेत-शुभ्र हिमकण जमे होते हैं। अचानक नज़र डालो तो लगता है यहाँ हज़ारों-हज़ार मोती बिखरे हुए हैं।

रानीबाग़ के मुंशी जी बूढ़े, शांत-सौम्य प्राणी ! कभी-कभार वे हलद्वानी के सफ़ाखाने में भी आते थे। हलद्वानी के इस छोटे से गाँव में उनकी थोड़ी सी ज़मीन भी थी। पहले वे रेवेन्यू विभाग में काम करते थे। अभी तक पेंशन मिलती है। वे इस घनघोर वनभूमि के बारे में अद्भुत-अद्भुत कहानियाँ सुनाते हैं। कहा जाता है हिमालय पर्वत देवताओं की वासभूमि थी। इस घने वन-जंगल में कोसी, मंगुल, रामगंगा, गउला, सारदा वगैरह बेहद पवित्र नदियाँ बहती थीं। इस जंगल के गहन और पहाड़ी गुफाओं में ऋषि-तपस्वी साधना करते थे। आज भी उनकी ज्योतिर्मयी देह अनायास ही आकाश-मार्ग में विचरण करती है; मर्त्य इनसान जिन प्राकृतिक नियमों के अधीन होता है, उन साधकों पर उनका कोई असर नहीं होता।

सैकड़ों सालों से तीर्थयात्री इसी इलाके से होकर केदारनाथ, बदरीनाथ दर्शन को आते-जाते हैं। उनके पुण्य-प्रताप से ही यह वनांचल बेहद शुद्ध-पवित्र है। रात के वक्त पहाड़ों के चप्पे-चप्पे में ज्योतिशिखाएँ नज़र आती हैं। वे सब सिद्ध-साधक पुरखों की तपस्या की ज्योति हैं। रात को यहाँ जंगलों में वीणा के स्वर झंकृत होते हैं, क्योंकि यह अंचल आज भी गंधर्व और किन्नरों की वासभूमि है। रात के वक्त ये लोग इस धरती पर उतरते हैं और नाचते-गाते हैं। जाड़े के मौसम में जब यह वनभूमि निर्जन होती है, वे देवतागण इन नदियों में स्नान करते हैं। हर सुबह नदी के पानी में ईषत् सुगंध का स्पर्श बिखरा होता है, मानो यह उनके दिव्य-पवित्र देह की खुशबू हो।

मुंशीजी ने ही बताया, 'यहाँ ऋषि-मुनि, योगी-संन्यासियों का निवास है। हिमालय तो साक्षात् महादेव का आवास है, मुझे भी मालूम है। इस जंगल के गहन-निर्जन हिस्सों में मैं खुद गया हूँ। मुझे वहाँ अद्भुत-अद्भुत तजुर्बा हुआ।'

'कैसा तजुर्बा, बताइए न !' चन्दन की दिलचस्पी बढ़ गई। उसकी मन की आँखों के सामने इस वनखंड का जैसे कोई नया रूप उद्भासित हो उठा हो।

मुंशीजी के होंठों पर किंचित् हँसी खेल गई।

उन्होंने कहना शुरू किया, 'देखो, हर बात बताने लायक नहीं होती। लेकिन अगर कोई हिम्मत करके, घने-गहन वन में जा सके और इस बर्फीले जाड़े में धूनी जलाकर अकेला रह सके, तो वह ज़रूर देख-सुन सकता है। वाद्य-स्वरों की झंकार, मंत्रों की गूँज उसे सुनाई देगी। पहाड़ों के किनारे-किनारे उसे आकाश में चमकती हुई ज्योतिशिखाएँ नज़र आएँगी। इस वनभूमि में वह पानी की सुगंध और अगरू धूप की सुरभि भी महसूस करेगा।'

चंदन के सद्यःजागृत चेतना की आँखों में मुंशीजी की बातों ने मानो किसी आश्चर्यजनक रहस्य का काजल आँज दिया।

बर्फीली सर्दी जब प्रखर हो आई, जब सड़कों पर मुसाफिरों का चलना-फिरना थम गया, सुबह बर्फ की हल्की-हल्की पर्त में लिपटी चारों दिशाएँ बेहद दिव्य-पवित्र और सौम्य-गंभीर नज़र आने लगीं तब चन्दन को अक्सर उनकी बातें याद आती रहीं। उन दिनों बर्फीली सर्दी और जंगली जीव-जंतुओं से बचाव के लिए कमरे में सारी-सारी रात आग जलाए रखना पड़ता था। रात के वक्त ताँबे की बड़ी-सी सिगड़ी में आग जलती रहती। आग की आँच में ताँबा सुर्ख लाल हो उठता। काँच के दरवाजे से बाहर का आकाश साफ नज़र आता। जब रात गहरा आती और चम्मन गहरी नींद में डूब जाता, मुंशीजी की रामायण की हस्तलिखित पोथी बंद करके चन्दन दरवाजे पर आ खड़ा होता। बाहर घना जंगल ! मौन ? प्रशांत ! कहीं किसी जीव-जंतु, किसी प्राणी की आहट नहीं।

आकाश के नक्षत्रों पर आँखें गड़ाए चन्दन सोचता रहा। ऐसी ही रातों में क्या घने अरण्य के गहन में ऐसी ही कोई अद्भुत-अलौकिक ज़िंदगी जाग उठती है ? वहाँ देवतागण और सिद्ध साधक ज्योतिर्मय देह धारण करके आकाश-मार्ग में भ्रमण करते हैं ? गंधर्व और किन्नर, देव और आत्माएँ रात के वक्त वीणा के सुरों पर नाचते-गाते हैं ? सुबह-सुबह वन-जंगलों में अगरू धूप की भीनी-भीनी बयार बहती है ?

वह भी किसी दिन घोर-गहन जंगल में जाएगा। चन्दन ने मन ही मन तय कर डाला ! ज़रूर जाएगा।

6

तमाम ग्रामवासियों की उपेक्षा करते हुए बेटी के ब्याह के सिलसिले में सूरज के मन में भरपूर साहस आ समाया था। इतना साहस उसने कहाँ से जुटाया यह तो वही जाने। वह तो ठहरी डरपोक ! गरीब ! अनाथ औरत ! सूरज का साहस देखकर गाँव के सारे

लोग हैरत में पड़ गए।

सूरज ने खुद ही सबको सुनाकर कहा, 'ज़रूरत पड़ी तो इस गाँव में रहना ही छोड़ दूँगी।'

लेकिन इस ऐलान के बाद ही उसे रूढ़ वास्तविकता को भी स्वीकार करना पड़ा। यह गाँव छोड़कर अन्यत्र वह कहीं नहीं जा सकती। इस गाँव के अलावा उसका अन्यत्र कहीं ठौर-ठिकाना जो नहीं है।

बेटी के ब्याह के सिलसिले में उसे बार-बार ठोकर सहन करनी पड़ी। जितनी बार उसने चम्पा के ब्याह की कोशिश की, रिश्ता टूट गया। इस दौरान बेतरह बदनामी भी फैल गई। जिसका ब्याह टूट जाए या जिसकी वजह से किसी लड़के को अपना घर छोड़ना पड़े, ऐसी लड़की का ब्याह वाकई बेहद मुश्किल है।

प्रताप की पत्नी दुर्गा ही सैकड़ों बातें बनाती रही। यह बात वह बिलकुल नहीं भुला पाई थी कि इसी चम्पा की वजह से उसके बेटे को देश-बाहर परदेस जाना पड़ा। बेटे बिना सूने घर में उसका मन नहीं लगता था। बेटे के लिए दुःख से उसकी छाती फटती रही थी।

वह रोते-रोते कहती, 'अपने सूने-उजाड़ घर की ओर मुझसे देखा नहीं जाता। यह सर्वनाशी लड़की अपने बाप को खा गई, अपना घर फूँक-ताप डाला, अब उसकी ज़हरबुझी निगाह मेरे बेटे पर गड़ी थी। हे भगवान, तू उसे सज़ा क्यों नहीं देता ?'

सूरज ने देखा, किसी ने उसे बिरादरी-बाहर तो नहीं किया, मगर ग्राम-समाज के संकुचित घरों के तंग दरवाज़े एक-एक करके उसके मुँह पर बंद होते जा रहे थे। अब वह दुर्गा की हवेली के कुएँ से पानी नहीं ला सकती। दुर्गा उसे अपनी हवेली में पैर भी नहीं रखने देती। सूरज घर-घर काम माँगती फिर रही थी। जाड़े के मौसम में शाम होते ही सूरज चम्पा को साथ लेकर नदी के उस पार चली जाती ! शाम के वक्त बाघ का डर होता है। लेकिन डरने से उसका काम नहीं चलने का ! नदी के उस पार जंगली झड़बेरियों का जंगल ! माँ-बेटी टोकरी-भर बेरियाँ बटोर लातीं। कौशल्या का नाती वे बेरियाँ बाज़ार में बेच आता था।

किसी दिन वह एकाध ढेबुआ पैसा थमा देता। किसी दिन भरी की भरी टोकरी लौटाते हुए वह ख़बर देता था, 'लो धरो, कोई खरीदार नहीं मिला। किसी ने भी तुम्हारी झड़बेरियाँ नहीं खरीदीं।'

धीरे-धीरे सूरज की सेहत और लावण्य दोनों ही खोते चले गए।

चम्पा की उम्र बढ़ती जा रही थी। सूरज जितना-जितना उसे देखती, उसकी अंदर की साँस अंदर ही घुटकर रह जाती थी। आजकल वह बात-बात में बेटी को गालियाँ दिया करती थी।

उसे कोसते हुए सुनाती, 'तेरे लिए मुझे नरक में जाना पड़ेगा।'

चम्पा आहत मुद्रा में कहती, 'ठीक है ! तू जा काम पर ! जब लौटेगी तो देख लेना मैं पानी में डूबकर मरी पड़ी हूँ।'

सूरज गाँव की दूसरी छोर पर स्थित लाला लोगों के यहाँ काम करने जाती थी। लाला बैजनाथ के पास अकूत धन-दौलत ! उन दिनों लाला की माँ भी ज़िंदा थीं। सारी ज़मीन-जायदाद उन्हीं की थी, समूचा कारोबार भी उन्हीं के नाम से चलता था। सूरज ने लाला की माँ के यहाँ नौकरी कर ली। वह उनका आँगन धो-पोंछ देती थी, दाल-चावल फटक देती थी। भारी-भरकम चक्की में दाल पीसते हुए उसकी छाती में तीखा दर्द होने लगता, आँखों के आगे अँधेरा छा जाता था। लाला की बीवी भली औरत थी। उसकी ढेर सारी संतानें ! खुद वह गरीब घर की बेटी ! गरीब का दुःख-कष्ट वह समझती थी। सास की चोरी-चोरी उसे साड़ी-ब्लाउज थमा देती। कभी-कभी नौकरानी के ज़रिए सिद्धा वगैरह भी भेज देती।

सूरज से वह यही कहती, 'बेटे की बीमारी में मनौती की थी बहना !'

कभी जब वह उपवास रखती तो पूजा-पाठ के समय सूरज और चम्पा को भी बुला भेजती। दोनों को अपने पास बिठाकर खाना खिलाती थी।

'ले चम्पा, यह साड़ी तू रख ले। पहना करना। बड़े शौक से आठ आने में खरीदी थी यह साड़ी। लेकिन ऐसा गुलाबी रंग मुझ पर अच्छा नहीं लगता,' यह कहते हुए वह चम्पा को साड़ी थमा देती।

कभी वह सूरज से आग्रह करती, 'ऐ सूरज बहन, आज ज़रा मेरे बालों में बेसन लगा दोगी ? अकेले-अकेले मुझसे सँभलता नहीं।'

हालाँकि पोखर-घाट पर बैठकर, वह खुद ही सूरज के बालों में बेसन लगाती। उसकी गर्दन-कंधे पर भी बेसन रगड़ देती।

नहाने के बाद सूरज जब भीगी साड़ी लपेटकर, समूची पीठ पर अपने बाल छितरा देती थी तो लाला-बहू कह उठती, 'देखो तो, कैसी रानी जैसी लग रही हो ! ऐसा सुंदर-सलोना मुखड़ा तुम्हारा लेकिन तुम ज़रा भी जतन नहीं करतीं।'

सूरज ने जवाब दिया, 'करूँगी बहना, जतन करूँगी; जिस दिन चिता पर लेटूँगी।'

'छिः, ऐसी बातें नहीं करते।'

सूरज के होंठों पर उदास हँसी तिर आती, 'जिस दिन गाँव के पाँच लोग मेरा सारा दोष-पाप भूलकर मुझे नई साड़ी पहनाएँगे, घी-हल्दी का लेप लगाएँगे उस दिन मुझे जतन नसीब होगा। लेकिन, जितने दिन भी ज़िंदा रहूँगी तुम्हारे अलावा और कोई मुझे देखने या पूछनेवाला नहीं है।'

आजकल सूरज की जुबान पर अक्सर ही इस क़िस्म की बातें होती थीं। किसी-किसी दिन उसके सीने में इतना तीखा दर्द उठता था कि उससे चला भी नहीं जाता था। कभी-कभी तो वह सड़क-किनारे ही बैठ जाती, कभी किसी पेड़ का सहारा ले लेती। कभी दीवार थामकर जहाँ की तहाँ ठार खड़ी हो जाती। किसी तरह घर पहुँचकर वह ज़मीन पर ही लोट जाती। उस वक्त चम्पा बेभाव रो पड़ती।

'तू काम छोड़ दे अम्मू। इतना काम न किया कर,' वह गिड़गिड़ाकर कहती।

'तो क्या उपासी मरेगी ?'

'काम करते-करते तू मर जाएगी अम्मू !'

'मरने में अब क़सर क्या रह गया है रे ?'

'तो तू काम करने के लिए मुझे भेज दिया कर न !'

'तुझे ? तुझे तो वे घुसने भी नहीं देंगे। कहेंगे...' चम्पा को लिपटाकर सूरज बेतरह बिलख उठी।

रोते-रोते उसका मन हल्का हो आया। माँ-बेटी सो गईं। चम्पा की आँख सुबह-सुबह नहीं खुल पाई। जब वह सोकर उठी माँ काम पर जा चुकी थी।

चम्पा कौशल्या के नाती को साथ लेकर बाहर निकल पड़ी। वह लाला के खेत पर चली आई। लाला का चौकीदार उसका जाना-पहचाना बंदा था।

वह उसे बचपन से ही देखता आया था।

चम्पा ने उससे पूछा, 'कक्का, खेत में झाड़ू लगा दूँ ? मकई दोगे ?'

'देख चम्पा, मालिक खाना खाने गए हैं। शाम को लौटेंगे। तू सारी की सारी मकई न उठा ले जाना, वरना उन्हें पता चल जाएगा ?'

सारी मकई तो मजदूर ही उठा ले गए थे। मिट्टी में मकई के जो टूटे-अधटूटे, बेकार से दाने पड़े थे चम्पा वही बटोरती रही। वह डरी-डरी निगाहों से इधर-उधर देखती भी जाती थी। पता नहीं कौन देख ले और उसे धर दबोचे !

घर लौटकर सूरज ने देखा बेटी कौशल्या के नाती के साथ हँसती-खिलखिलाती मकई भून रही है।

माँ को देखते ही वह ज़ोर से हँसी और माँ से एकबारगी लिपट गई, 'बड़ी कसकर भूख लगी थी अम्मू ! कक्का से कहकर मकई के थोड़े से दाने उठवा लिये।'

'हाँ-हाँ, अब वे तुझे चोर कहें और पकड़ ले जाएँ। ले जाकर तुझे मारे-पीटें। इससे तो बेहतर था तू मर ही जाती।'

चम्पा की हँसी और तेज़ हो उठी, 'मैं कैसे मर सकती हूँ, अम्मू ? नदी में पाँव डालकर देखा उसमें तो डूबने लायक पानी भी नहीं है। फिर मैं कैसे मरूँगी ? इससे तो बेहतर है तू मुझे काम पर जाने दे।'

'अभागी लड़की तुझसे कोई काम नहीं कराएगा रे।'

किसी-किसी दिन चम्पा गहरी सोच में डूब जाती। उससे कोई काम नहीं कराएगा। वह सचमुच बदनसीब है। उसके माँजे हुए बर्तनों और धुले-पुँछे घर में आग लग जाएगी। उसके लाए हुए पानी से नहाकर आदमी दम तोड़ देगा। उसका सारा कुछ मनहूस है। घोर अशुभ ! उसे चन्दन की याद हो आई। शायद वह उसे सच ही प्यार करता था। उसके लिए चोरी-चोरी चीज़ें लाकर उसे खिलाता था। उसके साथ खेलता था। उसके हाथ का पानी पीने में उसे कोई हिचक नहीं होती थी। जब-जब वह आलू भूनकर लाती वह खुश होकर खाता था। चन्दन ने कभी उसे नज़रअंदाज़ नहीं किया।

अच्छा, अगर वह दुर्गा के पास जाए ? अरसे पहले, चन्दन तो चला गया। अब तो चार साल गुज़र गए। दुर्गा और प्रताप खुद वहाँ जाकर चन्दन को देख आए।

अच्छा, अगर वह खुद जाकर दुर्गा से पूछे, 'चन्दन खैरियत से तो है न चाची ? अब तो वह काफी बड़ा हो गया होगा ? उसने मेरे बारे में कुछ पूछा था ?'

लेकिन...वह भला कैसे पूछेगा ? अगर उसने पूछा भी हो तो दुर्गा उसे कुछ नहीं बताएगी। वैसे, वह भी भला क्यों पूछेगा ? चम्पा कौन है ? महज एक गरीब, बदजात लड़की ! चूँकि वह इसी गाँव में मौजूद है, इसीलिए दुर्गा चन्दन को गाँव नहीं बुलाती। दुर्गा के पास अगाध दौलत है। अपनी धन-दौलत के दम पर वह चन्दन के लिए बेहद सलोनी-सी दुलहन ले आएगी। उसके ब्याह में रोशनी होगी, बाजे बजेंगे, कितना धूमधाम होगा। चम्पा एकबारगी उदास हो आई।

उस दिन चम्पा मकई चुराने भी नहीं गई। नदी किनारे बरगद के पेड़ तले पीठ टिकाए। वह बस सामने एकदम घूमती रही। नदी पार जो राह उत्तर दिशा की तरफ चली गई है, चन्दन कभी उसी राह से चला गया था। हो सकता है किसी दिन वह लौट भी आए। लेकिन, तब चम्पा उसे याद भी न होगी। वह उसकी तरफ एक बार देखेगा भी नहीं।

अपने दुःख से चम्पा खुद ही रो पड़ी। धीरे-धीरे वह स्तब्ध हो आई। आकाश में तारे निकल आए। चम्पा हड़बड़ाकर घर की तरफ चल पड़ी। घर लौटते हुए अचानक उसे लगा, झाड़ी की आड़ में कोई शिशु रो रहा है। हे मइया, वहाँ तो लोग सद्यः मृत शिशुओं को दफना देते हैं। उस जगह के बारे में जाने कितनी तरह के किस्से मशहूर हैं। इसी तरह से रो-रोकर मरे हुए बच्चे राहगीरों को अपने पास बुलाते हैं और फिर उन्हें मार डालते हैं। चम्पा ने अपनी चाल तेज़ कर दी। लेकिन, अचानक उसे याद आया, चन्दन ने कभी बताया था कि एक क़िस्म की चिड़िया होती है जो ठंड के मौसम में लोगों को आवाज़ें देती रहती है। मुमकिन है, यह वही चिड़िया हो या फिर और कुछ ! चारों तरफ से अपनी नज़रें समेटकर वह मन ही मन राम-सीता का जाप करती हुई अपनी झोंपड़ी में लौट आई।

अंदर कदम रखते ही वह अवाक् रह गई। उसकी अम्मू आज खाना पका रही थी यानी आज वह लाला के घर से रोटी-तरकारी लेकर नहीं आई ? लाला की बहू ने उसे सिद्धा निकालकर दे दिया ? चम्पा खुश हो गई। उनके यहाँ चूल्हा जलाकर खाना पकाने का मौका कभी-कभार ही आता है। इसलिए जब भी जम्मू चूल्हा जलाती चम्पा को लगता आज कोई ख़ास त्योहार है। वह अम्मू के क़रीब आ बैठी।

'लाला की बहू ने क्या-क्या दिया है, अम्मू ? अच्छा-अच्छा ! मूँग की दाल, आलू, घी, चावल ! अम्मू, आज सिर्फ भात और आलू का भुरता बना लो। दाल हम लोग कल खाएँगे। ठीक है ?'

सूरज के चेहरे पर भी खुशी की चमक थी।

सूरज ने कहा, 'लाला की बीवी ने कहा है, आज से वह रोज सिद्धा दिया करेगी। अब से हम लोग रोज़-रोज़ खाना बनाकर खाएँगे।'

चम्पा अपनी अम्मू के पास बैठी रही।

'ऐ अम्मू, वह कहानी सुनाओ न ! अरे, वही कहानी...तेरे काका के बेटे को मगरमच्छ खींच ले गया था...' चम्पा ने उमगकर फरमाइश की।

सूरज ने चूल्हे में काठ लगाते हुए बताना शुरू किया, 'वह मुझसे साल-भर छोटा था। मेरी काकी बेहद साफ-सुथरी औरत थी। हमें नहलाती थी, दिन में कई-कई बार हाथ धुलवाती थी। उस दिन मैं और गोपाल बैठे-बैठे खेल रहे थे। अचानक गोपाल मेरी ओर देखता हुआ ज़ोर-ज़ोर से रो पड़ा।

'दिदिया, तूने मेरी गुड़िया डुबो दी न ? मैं देख रहा था मुझे मगरमच्छ खींचे लिये जा रहा है,' सबने ज़ोर का ठहाका लगाया। उसको समझाया, 'अरे गोपाल, बुद्धूराम, हमारे गाँव में नदी कहाँ है ?'

सूरज ने हाँड़ी में चावल चढ़ा दिया और आलू काटने लगी, 'उसके बाद कई साल गुज़र गए। मेरा नया-नया ब्याह हुआ था। गोपाल भी सयाना हो चुका था। काका मुझे लेने आने वाले थे। मैंने सुंदर-सी साड़ी पहनी, बाल सँवारे। ऐसे में कक्का रोते-रोते आ पहुँचे। उन्हें तेरे बापू और दद्दू ने दोनों तरफ से पकड़ रखा था। मेरी तो छाती धड़क उठी। सब कुछ भूल-भालकर मैं भी दौड़ी आई। मेरे न माँ, न बाप ! बिचारे ग़रीब काका ने ही मुझे पाला-पोसा था। काकी कहा करती थी मेरी एक बेटी और दो बेटे हैं। उनकी जुबान से कभी किसी दिन भी यह नहीं निकला कि यह मेरी सगी बेटी नहीं है। हे राम ! हे प्रभु ! उन लोगों को अपने पास क्यों बुला लिया ? मुझे अनाथ क्यों कर दिया ?' सूरज ने आखिरी कुछ जुमले मानो अपने आपसे कहे।

उसके मुँह से लंबी उसाँस निकली।

कुछेक पल बाद उसने बातों की अगली कड़ी जोड़ी, 'काका ने बताया कि गोपाल अपने मामा के साथ ढोलपुरा गया था। राजाजी के तालाब में बड़े-बड़े मगरमच्छ थे। सब देखने जाते थे। गोपाल भी गया। अचानक वह तालाब में गिर पड़ा और मगरमच्छ ने उसे धर दबोचा। उसे एक डुबकी खिलाकर मगरमच्छ ने जब उसे पानी के ऊपर उठाया, गोपाल चीख-चीखकर अपनी दीदी, माँ और बापू को आवाज़ें दिए जा रहा था। उफ़् ! याद आते ही, आज भी मेरी छाती फटने लगती है रे ! काश ! गोपाल आज ज़िंदा होता। काका चले गए, काकी चली गई। शुकदेव भी जाने कहाँ परदेस जा बसा। अगर गोपाल ज़िंदा होता तो वह अपनी दीदी की ज़रूर देखभाल करता। वह तुझे भी प्यार से रखता। वह मुझे ज़रूर तसल्ली देता, 'दिदिया, तेरे ससुर तुझे आने नहीं देते, तू फिकिर ना कर ! मैं ढेर सारे रुपइए कमाकर लाऊँगा और तुझे गाड़ी में बिठाकर ले जाऊँगा। ओ मेरे गोपाल, रे ! तू कहाँ चला गया ? देख तेरी दीदी के दुःख से सियार-कुत्ते भी आँसू बहाते हैं।'

सूरज ने लंबी उसाँस भरकर भात उतारा। चम्पा मुग्धभाव से देखती रही। अम्मू आलू तलने लगी। उसमें हल्दी-मिर्च-नमक और पानी डाला; चूल्हे की आग उकेर दी। जब सब्ज़ी खौलने लगी तो उसे चूल्हे से उतार लिया। उसने चम्पा पर हँसती हुई नज़र डाली और पीतल की हाँडी में मूँग की दाल भी चढ़ा दी।

चूल्हे की आग अब मद्धिम पड़ चुकी थी। माँ-बेटी खाने बैठीं। चूल्हे की आँच में कोठरी की टूटी-फूटी खपरैल साफ नज़र आ रही थी। सूनी कोठरी के एक कोने में बोरी बिछी हुई थी। कोठरी की दीवार पर पत्तों की सड़ी-सी छतरी झूलती हुई ! चम्पा ने खाते-खाते ही कड़कड़ाती ठंड के अहसास से पीठ सिकोड़ी। सूरज ने चूल्हे में थोड़ी सी डाल-पत्तियाँ डाल दीं।

'सुन, हाथ-पाँव अच्छी तरह सेंक ले। उसके बाद भूसी की बोरी ओढ़ लेना। देखना देह कैसी गरमाई रहेगी,' सूरज ने हिदायत दी।

बाहर कहीं उल्लू बोल उठा।

सूरज ने बुदबुदाकर कहा, 'जा-जा, दूर भाग जा ! जाकर 'दुस्समन' के घर पर बैठकर आवाजें लगा।'

कहीं इर्द-गिर्द, दूर-दूर तक सियारों की लगातार हुआँ-हुआँ ! रात काफी गुज़र चुकी थी।

7

उस साल फसल खूब अच्छी हुई थी। किसानों के पास काफी रुपए आ गए। घर-घर नई फूस की छान डाली गई। पेट की आग बुझाने के लिए लोगों को अपनी गाय-बकरी बेचने के लिए बाज़ार नहीं दौड़ना पड़ा। बीवी का हाथ-गला सूना करके उनके चाँदी के गहने छीन लेने की भी ज़रूरत नहीं पड़ी। पूरे तीन साल बाद गाँव में ज़रा सुख-चैन की निश्चिंत बयार बहती हुई ! तीर्थ-दर्शन के चर्चे गर्म हो उठे।

अभाव-तंगी या रोग-शोक के दौरान कितने ही लोगों ने कितनी ही प्रार्थनाएँ की थीं, कितनी ही मनौतियाँ की गई थीं। काशी के बाबा विश्वनाथ, अम्बर की देवी शिला और पुष्कर की देवी सावित्री की मनौतियाँ ! अब लोगों को अपनी उन मनौतियों की याद हो आई। यात्रा के लिए लोग संगी-साथी की तलाश में ! दल अगर छोटा हुआ तो राह में डाकुओं का भय ! इसके अलावा सैकड़ों लौकिक-अलौकिक मुसीबतों का खौफ ! रास्तों में चमकती हुई रहस्यमय रोशनी, राहगीरों को, दिग्भ्रमित कर सकती है। ऐसी-ऐसी अजीबोग़रीब घटनाएँ भी हो सकती हैं, मुसाफ़िरों ने जिनकी कल्पना भी न की हो, लेकिन जो सचमुच घट जाती हैं।

ऐसी ही किसी अजीबोग़रीब घटना का एक अदद गवाह आज भी ज़िंदा था। तिवारी-गिन्नी के अतिशय बूढ़े चचेरे ससुर। अब उनकी उम्र एक सौ एक वर्ष ! सिर, भौंहों और सीने के सारे बाल दूधिया सफेद हो चुके थे। लाल चमड़ीवाला वह वृद्ध अब तो कानों से सुन भी नहीं पाता। आँखों से भी कम दिखाई देता है। विभिन्न तीर्थयात्राओं के दौरान वे फल, मिष्टान्न वगैरह सभी पकवान देवताओं को अर्पित कर आए। अब

दिन-ढले सिर्फ एक बार दूध पीते थे। गोद में एक जीर्ण-शीर्ण गीता लिये बदन पर लाल रंग का शॉल लपेटे हुए वे तख्त पर अधलेटे-से बैठे रहते। गाँव के लोग उनका बेहद सम्मान करते थे।

अपनी जवानी के दिनों में पितृपक्ष के दौरान एक बार वे गया-यात्रा पर निकले। राजगीर के गर्म कुंड में नहाकर गया जाते हुए, रास्ते में वे मशहूर धेनुआ जंगल में ठहर गए। रात के ठीक बारह बजे एकाएक असंख्य लोगों का कोलाहल और मंत्रोच्चार सुनाई पड़ा। वे लोग दल-छूट होकर ज़रा पिछड़ गए थे। उन लोगों के साथ ऐसा कोई बंदा नहीं था, जो रास्ता पहचानता हो। उन्हें ग़लतफहमी हो गई कि 'गया' शहर कहीं नजदीक ही है। वे लोग आगे बढ़ते गए। अचानक सामने एक नदी नज़र आई। नदी तट पर ऊँचा-सा मंदिर और मंदिर के इर्द-गिर्द पत्थर के बर्तन और लाख की चूड़ियों की दुकानें सजी हुई थीं। वहाँ असंख्य भक्त आते-जाते हुए ! अनगिनत रोशनियाँ जगमगाती हुईं।

किसी एक पंडे ने आगे बढ़कर उनकी अगवानी की, 'आइए ! आइए !'

लोगों ने हैरत से देखा वह विष्णुपाद का मंदिर था और असंख्य दर्शनार्थी भगवान विष्णुपाद की चरण-पादुका के दर्शन में जुटे हुए थे।

सुबह हुई ! वे लोग भी उस पंडे के साथ पितृ-तर्पण के लिए नदी में उतरे। लेकिन उनके हाथों का अन्न-पिंड अचानक हड्डियों और विष्ठा में बदल गया; फल्लू नदी का पानी रक्ताभ हो आया और वह पंडा एकदम से अट्टहास कर उठा--'ला दे, मेरे हाथ धर दे,' यह कहते हुए उसने शून्य में छलाँग लगाई और एकदम से आसमान में ग़ायब हो गया। हाथ का पिंड फेंककर लोग राम-सीता का नाम-जाप करने लगे और मारे दहशत के सबने आँखें मूँद लीं। जब आँख खोली तो कहीं कोई नहीं ! कुछ भी नहीं था। भोर के उजाले में निर्जन वनभूमि और धू-धू करता हुआ प्रांतर !

बाद में उन्होंने सुना जो लोग आत्महत्या या अस्वाभाविक मौत के शिकार हो जाते हैं, उन्हें कभी पिंडदान या तर्पण नसीब नहीं होता। ये मृतात्माएँ इसी तरह अनाड़ी राहगीरों को विभ्रांत करती रहती हैं। ये आत्माएँ कभी विभीषिकाएँ दिखाती हैं, कभी आर्त स्वर में करुण क्रंदन करते हुए गुहार लगाती हैं, 'फल्लू का पानी और रेत दे जा रेऽऽऽ ! दया कर, मुझ पर दया कर। हम सब आग में जलकर, पानी में डूबकर, विषपान करके या फाँसी लगाकर मरे हैं। अब बिलकुल निराश्रय, निरावलंब, प्रेतयोनि में असहनीय कष्ट भोग रहे हैं।' राहगीर उन्हें दुत्कार कर भगा देते। तब ये प्रेतात्माएँ हाहाकार करती हुई रोते-रोते हवा में धुलमिल जातीं।

इसीलिए गाँव के लोग संगी-साथी खोजते हैं। अगर कोई सम्मानित और अमीर यात्री भी साथ हो ले तो सुविधा होती है। इस बार उनके साथ लाला बैजनाथ की माँ जा रही थीं।

लाला की माँ ने सूरज को बुला भेजा।

उन्होंने सूरज से कहा, 'सुनो, अब मेरी उमिर भई। साथ में अगर कोई ऐसा बंदा भी हो जो मेरी सेवा-टहल कर सके तो मुझे सहूलियत रहेगी। इसके अलावा चल तेरी

बेटी को भी पुष्कर का तीरथ करा लाएँ। उसके माथे पर देवी सावित्री-तिलक लगवा दिया जाए तो उसका मंगल होगा।'

'सावित्री-तिलक लेने से क्या होगा दादी ?' चम्पा की माँ ने पूछा।

'सावित्री मंदिर के बरगद में स्वयं नारायण बसते हैं, चम्पा की माँ ! उनसे चम्पा का ब्याह हो जाएगा। सावित्री-तिलक लगाते ही तेरी बेटी देवता को अर्पित हो जाएगी। उसके बाद तेरी बेटी का ब्याह होने में कोई दोष नहीं होगा। भगवान के साथ ब्याह हुआ है। इनसान भी तो भगवान का अंश है, सो भगवान की घरनी, इनसान की भी घरनी बन ही जाती है। और मान ले कि ऐसा नहीं भी हुआ, तो भी...तेरी बेटी के माथे से क्वाँरी होने का कलंक तो खंडित हो जाएगा।'

हाथ में थामे हुए हुक्के का कश लगाते हुए लाला की माँ ने दोबारा कहा, 'चम्पा अब सयानी हुई। अब उस पर इस-उस की नज़रें गड़ी रहेगीं। निंदा-कलंक भी बाकी नहीं रहेगा। सो, देखो, इसमें कोई दोष-पाप नहीं। मेरी अपनी सगी मौसी थी। उनकी जन्मकुंडली में लिखा था, बीस साल की होने से पहले अगर उनका ब्याह किया गया तो वैधव्य-योग है। पिता का वंश-निरबंस हो जाएगा। इसलिए मेरी मौसी ने बीस साल की उम्र तक सावित्री-तिलक धारण किया। बाद में उनका ब्याह भी हुआ, किसी ने उनकी निंदा भी नहीं की।'

सूरज कई दिनों तक उधेड़बुन में पड़ी रही।

आखिरकार, उसे राजी होना पड़ा, 'ठीक है, दादी ! इस लड़की का मुँह देखती हूँ, तो दर्द से छाती फटती है और मारे फिकिर के रात-रात-भर नींद नहीं आती। जब तक उसका ठीया-ठिकाना नहीं होता, मुझे मरकर भी चैन नहीं आएगा।'

चम्पा की खुशी का ठिकाना नहीं रहा।

तीर्थयात्रा में अभी भी देर थी। लाला के घर से उसे नए-नए कपड़े मिले। उसके रक्ताभ बालों में तेल पड़े। इधर कुछ दिनों से गाँववालों का आना-जाना भी बढ़ गया था। चम्पा की आँखें यह सारा तमाशा देखती रहीं।

कानपुर और अकबरपुर से आती हुई दो अलग-अलग सड़कें डेरापुर से कुछ पहले ही आपस में मिलकर एकाकार हो गई हैं। उसके बाद डेरापुर से होते हुए सेंगर नदी के पार पहुँचकर वही सड़क, कुछ दूर जाने के बाद, दक्षिण में यमुना नदी-तट से गुज़रती है और कालपी की तरफ चली गई है। अब यहाँ पत्थर की खासी पक्की और चौड़ी सड़क बन गई है। कंपनी सरकार ने ही डाक-व्यवस्था और आम लोगों की सुविधाओं का ध्यान रखते हुए इस सड़क को खासी चौड़ी कर दी है। इस कंपनी-सड़क में और भी कई छोटी-बड़ी सड़कें आ मिली हैं। अकबरपुर, घाटमपुर, कोरा, कटोरा, हमीरपुर, बिंदकी, फतेहपुर वगैरह गाँव और जनपद से आते हुए तमाम छोटे-बड़े रास्ते यहीं घुलमिल गए हैं। एक-एक सड़क के साथ जाने कितने-कितने इतिहास लिपटे हुए !

चम्पा को याद है...उसने सुन रखा था, उसके बापू हाजीपुर के रास्ते पर क़दम रखते ही अचानक भगवान को प्यारे हो गए थे। बापू रसूलाबाद की राह से क्यों नहीं आए ? रसूलाबाद की सड़क गाज़ी साहब की सड़क कही जाती है। उस रास्ते में किसी पर कोई विपदा नहीं आती। उस रास्ते में कोई अस्वाभाविक मौत नहीं मरता। उसके बापू को क्या यह बात नहीं मालूम थी ? बहुत-बहुत दिनों पहले रसूलाबाद और डेरापुर के बीच चौदह मील तक कोई पक्की सड़क नहीं थी। सड़क बिलकुल कच्ची थी। बरसात के मौसम में कीचड़-काँदा और जाड़े-गर्मी की धूल में इनसान के पाँव अंदर तक धँस जाते थे, बैलगाड़ी के पहिए तक फँस जाते थे।

रसूलाबाद के गाज़ी साहब थे, सर्वजन श्रद्धेय ! महापुरुष ! उन्होंने धर्म के बारे में कभी बड़ी-बड़ी बातें नहीं कीं, न ही कभी अपनी क्षमता का प्रचार किया, हालाँकि उनमें अनगिनत अलौकिक क्षमताएँ थीं। सर्प-दंशन के इलाज में भी उनका ख़ासा सुनाम था। दूर-दूरांतर से लोग साँप-दंशित व्यक्ति को खटोले पर लिटाकर अपने कंधों पर लादे हुए यहाँ तक ले आते। वही गाज़ी साहब बूढ़े हुए। आहिस्ते-आहिस्ते उन्होंने बिस्तर पकड़ लिया। लोगों को अंदाज़ा हो गया। अब वे बिस्तर से नहीं उठेंगे।

उन्हीं दिनों डेरापुर के मुहम्मद रसूल के इकलौते बेटे को साँप ने डँस लिया। मूसलाधार बारिश के दिन ! रास्ते पर चलना मुश्किल ! गाज़ी साहब खुद भी मरण-सेज पर ! मुहम्मद रसूल, उसकी बीवी और बाकी लोग उस लड़के को घेरकर बैठे रहे। लड़के की देह नीली पड़ते-पड़ते बिलकुल ठंडी हो आई।

रात हो आई। सभी धीमी-धीमी आवाज़ में सिसक रहे थे। ऐसे में दरवाजा खोलकर गाज़ी साहब अंदर कमरे में दाखिल हुए।

उन्होंने आवाज़ देकर कहा, 'मुहम्मद रसूल, मैं पूरे चौदह मील चलकर आया हूँ, तुम्हारे लिए ! तुमने दरवाजा क्यों बंद कर रखा है ?'

उनका ढीलाढाला सफ़ेद लबादा, कीचड़ में सना हुआ ! उन्होंने और किसी तरफ भी नज़र नहीं डाली, सीधे मरणासन्न लड़के के सिरहाने आ खड़े हुए।

उसके माथे पर हाथ रखकर, उन्होंने कहा, 'उठो, बेटा ! बिस्तर छोड़ दो। दुनिया में आकर तूने एक भी फर्ज़ नहीं निभाया। तेरी ज़िंदगी हरे-भरे मैदान की तरह खाली पड़ी है। तूने कोई भी नेक काम नहीं किया, इसलिए तेरे हरे-भरे मैदान में फसल नहीं लहलहाई। उस फसल का एक भी दाना, तेरे कर्मों का सुफल किसी के भी काम नहीं आया। अल्लाह ने तुझे यह जिरग इसलिए दिया था कि तू उनके हुक्म की तामील करे। अब उठ जा। झूठमूठ की नींद में ग़ाफिल मत रह।'

ग़ज़ब है ! वह लड़का बिस्तर पर उठ बैठा। कृतज्ञ माँ-बाप ने गाज़ी साहब के पाँव पकड़ लिये।

'आप जाएँ नहीं, पीर साहब ! ज़रा विश्राम कर लें।'

'विश्राम करूँ ? तुझ जैसे जाने कितने-कितने ज़रूरतमंद मुझे रसूलाबाद की दरगाह पर आवाज़ें दे रहे हैं, तुझे खबर है ?'

'लेकिन, सड़क पर तो धुंध अँधेरा है पीर साहब ! मैं ढिबरी लेकर चलता हूँ आपके साथ !'

'जिस राह मैं जा रहा हूँ, वहाँ तू मुझे रोशनी दिखाएगा ? चल, हट।' गाज़ी साहब ने रूढ़ आवाज़ में उसे झिड़क दिया और बाहर निकल गए।

अगले दिन सुबह-सुबह ही मुहम्मद रसूल रसूलाबाद दरगाह पर पहुँचा। लेकिन कहाँ थे गाज़ी साहब ? पिछली शाम वे चिर-समाधि में लीन हो चुके थे। उनके ताबूत को घेरे हुए अनगिनत औरत-मर्द, आकुल-व्याकुल मुद्रा में अपना सीना पीट रहे थे। रसूल भी फूट-फूटकर रो पड़ा। बाद में गाज़ी साहब की स्मृति में उसी ने यह पक्की सड़क बनवा दी।

इस सड़क से जो भी आता-जाता या उस ख़ौफनाक अँधेरे में जब कोई डर जाता, गाज़ी साहब ज्योतिर्मय देह धारण करके उसे राह दिखाते थे। राह में अगर कोई किसी पर हमला करता था तो गाज़ी साहब उसका हाथ अचल कर देते थे।

चम्पा सोचती रही, उसका बापू अगर इस राह से आया होता तो उस पर भला कोई मुसीबत आ सकती थी ? हरगिज़ नहीं !

बरगद-तले खड़ी-खड़ी चम्पा इन्हीं सब ख्यालों में डूबी रहती और रास्ता निहारती रहती। एक दिन उसी राह से एक-एक करके तीन बैलगाड़ियाँ आ पहुँचीं ! बड़े-बड़े पहिएवाली गाड़ी। विशाल गाड़ी। गाड़ी की छप्पर पर लाल शालू की झालर ! बैलों के गले में नीले पत्थर के बड़े-बड़े टुकड़ों की माला !

शाम को कौशल्या का नाती दौड़ता हुआ आया और उसने ख़बर दी कि प्रताप की बहू दुर्गा आँखों में आँसू भरे हँसते-हँसते घर-घर मिठाइयाँ बाँट रही है। अड़ोसी-पड़ोसी भी प्रताप के घर की तरफ जा रहे हैं। समूची हवेली में रोशनी की जा रही है, फर्श पर दरियाँ बिछाई जा रही हैं।

उसने यह भीं बताया, 'प्रताप सिंह की बहुरिया आज जाने कैसी तो हो गई है ! आज उसने खुद अपने हाथों से मुझे मिठाई दी। उसका बेटा जो आया है। इसलिए वह बहोत खुस्स है।'

अगले दो-तीन दिनों तक चम्पा को चन्दन की कोई ख़बर नहीं मिली। उसके बाद एक दिन सुबह के वक्त चन्दन खुद ही उससे मिलने आया।

दरवाजे से किसी अपरिचित की भारी-भरकम आवाज़ सुनाई दी, 'सूरज काकी, देखो मैं तुमसे मिलने आया हूँ। काकी मैं हूँ—चन्दन !'

8

लाला के घर से ढेर सारे फटे कपड़े-लत्ते कोई मरम्मत के लिए दे गया था। चम्पा सिर झुकाए-झुकाए फटे कपड़े सी रही थी। चन्दन बातें किए जा रहा था।

चन्दन ने कहा, 'पता है, जब तुम्हें देखा तो पहले तो मुझे यह लगा जैसे तुम पहचान ही नहीं रहीं।'

'मुझे तो लगा था तुम हमें भूल ही गए।'

'क्यों ? भूल क्यों जाता ?'

चम्पा कुछ देर के लिए चुप हो रही। चन्दन से नज़रें मिलाते हुए आज जाने क्यों उसे लाज आ रही थी।

थोड़ा ठहरकर उसने कहा, 'देखा, वो जामुन का पेड़ कितना बड़ा हो गया ?'

'हाँ, मैंने ही तो लगाया था वह पेड़।'

'याद है, उस दिन दुर्गा काकी ने कितना डाँटा था ? जब देर हो गई तो खुद ही आईं और तुम्हें हमारे यहाँ से पकड़कर ले गई थीं ?'

'हाँ, उसी दिन तो तूने मेरे हाथ पर ईंट मारी थी !'

'और तुम ? तुमने भी तो मेरे बाल नोंच लिये थे !'

'तुमने मेरी वो चिड़िया जो उड़ा दी थी !'

'अरे, वाह ! चिड़िया थी...खुद ही उड़ गई। मैं क्या करती ?'

बस, दोनों की बातें जैसे ख़त्म हो गईं। सुई में लाल धागा डालकर चम्पा बटन टाँकने लगी।

थोड़ा ठहरकर चन्दन ने पूछा, 'सुनो, तुम झूलन के मेले में नहीं जाओगी ?'

'ना।'

'क्यों ?'

'कई दिनों बाद मुझे तो जाना है। लाला लोगों ने कितना काम सौंपा है, उन्हें पूरा जो करना है। इतने सारे कपड़ों की मरम्मत करना है।'

'शाम को भी नहीं जाओगी ? एक बार भी नहीं ?'

'ना ! शाम को गई तो लौटूँगी किसके साथ ? इसके अलावा मेले में जाऊँगी किसके साथ ? लोग-बाग़ कितनी-कितनी बातें बनाते हैं। मुझे अच्छा नहीं लगता।'

'इस गाँव के लोग बेहद टुच्चे हैं, तंगदिल ! छोटी-छोटी बातों पर तिल का ताड़ बनाते हैं, फिजूल की खिचड़ी पकाते हैं।'

'क्यों, शहरवाले ऐसा नहीं करते ?'

'न्ना !'

झूलन के दिन गैवीनाथ के मंदिर के करीब एक पेड़ पर झूला लटकाया जाता था। उस झूले पर मुरली मनोहर को प्रतिष्ठित किया जाता। मेला भी बैठता था। सभी गाँववाले दल-बल समेत वहाँ पहुँचते थे। काफी देर तक वंशी और भोंपू की आवाज़ें गूँजती रहतीं।

चम्पा को मेले की तरफ अकेले-अकेले जाते हुए डर लगा। अम्मू घर पर नहीं थी। कौशल्या अपने नाती को लेकर मेले के लिए पहले ही रवाना हो चुकी थी। चम्पा चूल्हा जलाने में जुटी रही। पहले उसे खयाल ही नहीं रहा। दोपहर को लकड़ियाँ पानी में

सराबोर ! चम्पा ने अंदर की तरफ ही फूस की छादन में से थोड़ी सी फूस खींच ली। बाँस के चोंगे से ज़ोर-ज़ोर से फूँक मारी, तब जाकर आग दप् से जल उठी। उसने कुप्पी जलाई और आग पर हाँड़ी-चढ़ाकर पीछे पलटकर देखा।

चन्दन के होंठों पर हल्की-हल्की मुस्कान खिल उठी।

उसने कहा, 'बेहद खूबसूरत लग रही थीं, पता है ?'

'अरे तुम ! कब आए ? आवाज़ क्यों नहीं दी ? आओ, इस चौकी पर बैठ जाओ,' चम्पा अपनी झेंप मिटाने की कोशिश में कुछ ज्यादा ही बोल गई।

अगले ही पल उसने अचकचाकर पूछा, 'अरे वाह ! यह क्या है ?'

'तुम्हारे लिए ले आया।'

'चूड़ियाँ तो बहोत सुंदर हैं चन्दन ! कहाँ से खरीदी ?'

'लखनऊ से ! इसे कहते हैं—ज़री चूड़ियाँ !'

'लाओ, दो।'

चूड़ियाँ एक किनारे रखकर चम्पा दोबारा काम-काज में जुट गई।

यूँ ख़ामोश बैठे रहना कितना मुश्किल था !

'तुम्हारी माँ जब तुमसे मिलने गई थी मेरे बारे में कुछ पूछा था ?'

यह पूछते हुए चम्पा ने हाँड़ी उतारी और फोड़न डालकर दाल छौंकने में जुट गई। दाल कटोरी में उड़ेलकर उसने चावल चढ़ा दिया। उसके बाद पत्थर के एक टूटे कटोरे में उसने पकी इमली, पुदीना पत्ता, मिर्च-नमक-गुड़ और तेल मिलाया।

चन्दन ने जवाब दिया, 'माँ को तो मुझ पर गालियों की झड़ी लगाने से ही फुर्सत नहीं मिली।'

चम्पा ने हाथ धोया और संक्षिप्त-सी उसाँस भरकर कहा, 'अगर तुम्हारी माँ को पता चल गया कि तुम हमारे यहाँ आए हो तो वे फिर खफा हो जाएँगी।'

'होने दो। वे तो रोज खफा होती हैं, चम्पा !'

'तो तुम मत आया करो न ! तुम नहीं जानते जब तुमने गाँव लौटने से मना कर दिया तो तुम्हारी माँ ने हमारे नाम जाने कितने-कितने आरोप लगाए।'

'जानता हूँ।'

'हम पर सैकड़ों लांछन लगाए गए चन्दन ! असल में हमारे पास रुपए-पैसे का ज़ोर नहीं है न वरना हम लोग यह जगह छोड़कर शायद कहीं और चले जाते।'

चन्दन ने धीमी आवाज में जवाब दिया, 'वे लोग झूठ-मूठ, बिलकुल बेमतलब ही इतने सालों से तुम्हें सताते रहे।'

'नहीं, झूठ-मूठ नहीं। सच ही तो ! मेरी क़िस्मत ही बड़ी मनहूस है।'

'मैंने कहा न, सारे इल्ज़ाम-कलंक बिलकुल झूठे हैं। सुख पर तुम्हारा भी हक़ है। तुम मेरी बात का यकीन करो।'

अचानक चम्पा डर गई। वह एकदम से रो पड़ी।

उसने कहा, 'ऐसी बातें मत करो चन्दन, तुम जाओ, चले जाओ। देखो कितनी रात

हो गई है। तुम्हें अंदाज़ा नहीं अगर किसी को पता चल गया तो हमारी कितनी बेइज़्ज़ती करेंगे। वे लोग हमें शायद लाला के यहाँ भी काम-काज न करने दें। तब मैं कहाँ जाऊँगी ? चन्दन तुम जाओ।'

चन्दन ने सिर्फ इतना ही कहा, 'असल में तुम बेहद डर गई हो चम्पा !'

'हाँ चन्दन, मुझे डर लग रहा है। तुम नहीं जानते तुम्हारे जाने के बाद...'

चम्पा फफक-फफककर रो पड़ी। चन्दन दर्द भरे विस्मय से उसे देखता रहा। उसके बाद बिना कुछ कहे-सुने वह आहिस्ते उठा और कोठरी के बाहर निकल गया। चम्पा ने झटपट वे चूड़ियाँ समेटीं और कोठरी के कोने में गेहूँ की चोकर के ढेर में छिपा दीं। उसने अपने आँसू पोंछ डाले; आँचल से अपना चेहरा साफ किया। तेल की कुप्पी करीब खींचकर वह दोबारा कपड़ों की मरम्मत में जुट गई।

चन्दन गहरी सोच में डूबा हुआ, आगे बढ़ता रहा...यानी उसके जाने के बाद चम्पा को काफी ज़ोर-जुल्म सहना पड़ा। उसकी हवेली में चम्पा की माँ को आने की मनाही हो गई। इन चार सालों में उन लोगों ने ढेरों तकलीफें झेलीं। उनकी फूस की छादन टूटी-फूटी ! खाली-खाली कोठरी शोभाहीन ! कुप्पी का धुआँ ! जंगल से बटोरी गई लकड़ियों की आग ! मिट्टी की हाँड़ी ! चिप्पी लगा, चम्पा का ब्लाउज ! घाघरा ! ओढ़नी ! अचानक उसे खुद अपने से ही हिकारत हो आई। चम्पा के प्रति सभी लोगों ने गुनाह किया है लेकिन वह खुद मानो उनमें सबसे बड़ा गुनाहगार है।

आहिस्ता-आहिस्ता चम्पा की पूरी लांछन-कथा का भी पता चल गया।

चन्दन को गाँव तक पहुँचाकर उसके दद्दू चम्मन वापस लौट गए थे।

जाते-जाते वे अपने बेटे को हिदायत दे गए, 'अगर हो सके तो कोई अच्छी सी लड़की देखकर बेटे का ब्याह कर दो। बड़ा अक्खड़ और भयंकर जिद्दी हो गया है वह ! रंगरूट तो बन गया, मगर सिपाही नहीं बन सका। ड्रिल-हवलदार का रौब-दाब वह सहन नहीं कर पाया। हाँ, लिखना-पढ़ना ज़रूर सीख गया है। शहर में कारकून या पेशकार की नौकरी उसे मिल सकती है। पता नहीं यह नौकरी वह करेगा या नहीं। तुम लोग उसका ब्याह कर दो। अगर उसका ब्याह हो जाए तो शायद घर में उसका मन टिक जाए वरना तुम लोग उसे रोक नहीं पाओगे।'

चम्पा पर ढाए गए जुल्म-अत्याचार की बातों ने चन्दन को दर्द से तिमूढ़ कर दिया। वह बखूबी समझ गया कि चम्पा का रिश्ता टूट जाने के लिए अप्रत्यक्ष रूप से वही जिम्मेदार है। आज चम्पा को मंदिर ले जाकर टीका लगवा लाने का मतलब होगा ज़िंदगी भर के लिए चम्पा को घोर-तोहमतों और कलंक की आग में झोंक देना। हद तो यह है कि यह नाइंसाफी है, घोर नाइंसाफी ! लेकिन यह बात कोई समझना ही नहीं चाहता।

चन्दन नदी किनारे घास पर चित्त लेटा हुआ आँखों पर बाँह रखे कई-कई दिनों तक लगातार सोचता रहा। अब वह क्या करे ? क्या कर सकता है वह ? ऐसे ही एक

दिन उसकी नज़र पड़ी। उस दिन चम्पा भी नदी किनारे आई थी। अपने साथ वह गठरी भर कपड़े भी लाई थी। शायद लाला लोगों ने उसे धोने के लिए दिया हो। वह काफी देर तक पथरीली चट्टान पर पटक-पटककर कपड़े धोती रही, उसके बाद धुले हुए कपड़ों को उसने घास पर फैला दिया और चुपचाप खड़ी रही। भीगे हुए कपड़े लादकर घर तक ले जाना शायद मुश्किल था। शायद वह सारे कपड़े सुखाकर ही घर लौटे। चन्दन का मन हुआ वह उसे आवाज़ दे। मगर वह संकोच से सिमट आया। चम्पा को अगर आभास भी हो गया कि वह भी यहीं है, तो शायद डर जाए। उसका चेहरा काफी कमजोर लग रहा था। रूखे बाल हवा में उड़ते हुए। काफी देर बाद चम्पा ने कपड़े समेटे, पेड़ों की झुकी हुई डालें तोड़-तोड़कर एक गट्ठर बाँधी और एक किनारे रख दिया। सारा काम निपटाकर उसने कपड़ों का गट्ठर उठाया और चल पड़ी।

कुछ देर बाद वह दोबारा आ पहुँची। इस बार उसके हाथ में एक रस्सी भी थी, उस रस्सी से उसने लकड़ियों का गट्ठर बाँधा और उसे घसीटते हुए दोबारा चल पड़ी।

इसी तरह एक और दिन ! चम्पा उसे फिर दिख गई। हाथ में पीतल की कलसी उठाए वह अपने घर की तरफ लौट रही थी। चन्दन उसे देखकर ज़रा आड़ में खड़ा हो गया।

चम्पा ने किंचित् मुस्कुराकर कहा, 'चने ले जा रहा हूँ। चक्की में पीसने के बाद इमामदस्ते में कूटकर सत्तू तैयार करने का हुकुम हुआ है।'

चन्दन क्या कहे, उसे सूझ नहीं पड़ा।

'माँ बीमार है,' चम्पा ने ही सूचना दी।

'क्या हुआ है ?'

'बुखार है ! खाँसी भी है। हाथ-पाँव भी सूज गए हैं।'

'दवा दी ?'

'मौलवी साहब ने हकीमी गोली खिलाने को कहा है।'

'खिलाई ?'

'कहाँ से खिलाऊँ ?'

चम्पा सहमी हुई चाल में आगे बढ़ गई। चन्दन घर लौट आया।

जब वह खाने बैठा तो अपनी थाली की चारों तरफ सजी-सजाई कटोरियों और अपनी माँ की कलाई में पड़े सोने के कँगनों पर नज़रें गड़ाए हुए उसने कहा, 'माँ ! चम्पा की माँ बेहद बीमार है। तुम लोग उनकी कोई ख़ैर-खबर क्यों नहीं लेते ?'

आजकल दुर्गा चन्दन का थोड़ा-बहुत आदर भी करने लगी थी।

'भई, मुझे अपनी ही गृहस्थी में सैकड़ों काम लगे रहते हैं। मुझे क्या पड़ी है कि दूसरों की खोज-खबर लूँ ?'

'सुना है, बहोत बीमार है।'

'बीमार है तो हकीम बुलाकर इलाज कराए, दवा खाए,' दुर्गा ने नाराज़गी जाहिर करते हुए उसके सामने झन्न से एक कटोरी रख दी।

थोड़ा ठहरकर चन्दन ने दोबारा कहा, 'जिसका कोई नहीं, कभी-कभी उसकी भी थोड़ी-बहुत खोज-खबर ले लेना चाहिए।'

'तुम्हारे पास फुर्सत है तुम बैठकर सोचो। मुझे कहाँ फुर्सत है ? बरखा के पानी में पूरा सात सेर आटा सड़ गया, हँडिया में पहले से धरा जो नहीं गया। अब वह सड़ा हुआ आटा गाय की नाँद में उड़ेल आना पड़ा। इधर दहीबड़ा बनाने के लिए दाल भिगाया था, मगर पीसने की फुर्सत नहीं मिली—'

चन्दन ने इसके आगे कुछ नहीं कहा।

लेकिन, शाम को वह सूरज को देखने उसके घर पहुँच गया। सूरज मैले-कुचैले बिस्तर पर मुँह ढके लेटी हुई थी। चम्पा पानी भरा लोटा गर्म करके उसके हाथ-पैर सेंक रही थी। चन्दन ने गौर किया। सूरज के बिछौने के नीचे जो फूस बिछी हुई थी, वह निहायत सड़ी-गली हुई ! कोठरी के कोने में पानी जमा हुआ ! सुबह बारिश जो हुई थी।

चन्दन उठ खड़ा हुआ। अगले दिन वह दोबारा आया। बैलगाड़ी पर लादकर वह नई फूस ले आया। फूस उसने ग्वालों से खरीदी थी। बाज़ार से दो कंबल भी लेता आया था। इसके अलावा मिश्री, साबू और कुछेक दवाएँ भी थीं। ईंधन के लिए लकड़ी, बोरी-भर चावल, टोकरी-भर आटा वगैरह भी उसके साथ ! उसके पीछे-पीछे छोटे-छोटे बच्चों का हुजूम ! दो-एक लोग कौतूहल से ताक-झाँक करते हुए ! चन्दन ने उन लोगों को भगा दिया। नई फूस पर कंबल बिछाकर उसने सूरज को सहारा देकर लिटा दिया।

चम्पा ने किसी सामान को हाथ भी नहीं लगाया। वह किवाड़ का पल्ला थामे, विस्फारित निगाहों से बस देखे जा रही थी। चन्दन उसके करीब आ खड़ा हुआ।

'यह तुमको क्या सूझी, चन्दन ?'

'ज़्यादा कुछ नहीं लाया चम्पा ! मेरी कमाई के रुपए थे मैंने खर्च कर दिए।'

'चन्दन !' सूरज ने आवाज़ देकर उसे अपने पास बुलाया। जीर्ण-शीर्ण, बेरंग चेहरा। बड़ी-बड़ी आँखें मानो आग बरसाती हुईं !

'तुम क्या हमें गाँव से निकलवाकर ही मानोगे चन्दन ? तुम क्या यह नहीं जानते कि इसके बाद क्या होनेवाला है ?'

'जानता हूँ।'

चन्दन उसके सिरहाने झुक आया, 'सूरज काकी मैं वादा करता हूँ कहीं कुछ भी नहीं होगा।'

'वादा ? कैसा वादा, बेटा ? तुम क्या आज़ाद हो ? अपने माँ-बाप, गाँववालों की जुबान तुम बंद कर पाओगे ? सुनो, तुम्हारी इतनी सारी मदद हमसे बर्दाश्त नहीं हो सकेगी बेटा ! मुझे तुम्हारी मदद चाहिए भी नहीं। लोग तो यही कहेंगे न कि चम्पा की माँ ने प्रताप सिंह के बेटे को बहला-फुसलाकर...! वे लोग मेरी बेटी पर फिर कलंक लगाएँगे। मैं तो भूखों मर ही रही हूँ, बेटी को ज़िंदा रखने के लिए भीख माँगती फिर रही हूँ। उस पर से और ज्यादा अपमान...और ज्यादा कलंक मेरी बर्दाश्त के बाहर है बेटा।'

'सुनो सूरज काकी, मैं चम्पा से ब्याह करना चाहता हूँ !'

'चन्दन !'

'हाँ सूरज काकी ! मैं तुम्हें वचन देता हूँ, लोग चाहे जो कहें। मेरे माँ-बाप भले मुझे दुत्कार दें या बेइज़्ज़त करें ! मैं अपना वचन निभाऊँगा।'

'लेकिन वे लोग तुम्हें ब्याह नहीं करने देंगे।'

'सुनो सूरज काकी, इस बार मैं खुद कोशिश करूँगा। अपने लिए कोई नौकरी भी जुटा लूँगा। चम्पा तीर्थयात्रा से लौट आए तब तक मेरी भी नौकरी का इंतज़ाम हो जाएगा। मैं तुम दोनों को कानपुर ले जाऊँगा। अब तुम्हें इस गाँव में रहने की कोई ज़रूरत नहीं।'

'भगवान तुम्हारा मंगल करे चन्दन ! तुम सौ साल जिओ। लेकिन हमारे लिए तुम अपने माँ-बाप को दुःख मत दो। भगवान करे तुम्हारा दिल और स्वभाव हमेशा ऐसा ही बना रहे। मेरी करमजली बेटी को अपने क़दमों में ठाँव देने की ज़रूरत नहीं है, बेटा ! उसकी वजह से तुम्हें काफी कष्ट...काफी यंत्रणा झेलनी होगी, तुम बर्दाश्त नहीं कर सकोगे चन्दन !'

सूरज से अब बोला नहीं जा रहा था। वह लेट गई। चन्दन बाहर आ खड़ा हुआ। उसे गर्मी लग रही थी। उसकी गरदन और कंधों पर पसीने की बूँदें चमक आईं। चम्पा भी कोठरी से बाहर निकल आई। बिना कुछ कहे-सुने उससे चन्दन की तरफ आँचल बढ़ा दिया।

'चम्पा तुम रो रही हो ?' चन्दन ने पूछा।

चम्पा ने कोई जवाब नहीं दिया।

'सुनो चम्पा, मैं तुम्हें प्यार करता हूँ, इसीलिए तुम्हारी जिम्मेदारी मेरी जिम्मेदारी है। तुम्हारे दुःख में भी मेरा साझा है—यह बात पहले मेरी समझ में नहीं आई थी। अब समझ गया हूँ। अब तुम डरना छोड़ दो। ठीक है ?'

चम्पा निरुत्तर !

अगले दिन चन्दन फिर आ पहुँचा। कई दिनों तक वह लगातार आता रहा। जब तक सूरज स्वस्थ नहीं हो गई वह बार-बार आता रहा। उसने नए सिरे से चम्पा की झोंपड़ी पर छादन डाली। बाँस काटकर नीचे एक मचान भी बना दिया।

'अब तुम फर्श पर मत सोया करो चम्पा।'

वैसे वह उनके यहाँ ज्यादा देर नहीं ठहरता था। ज्यादा बातें भी नहीं करता था। यहाँ तक कि पथ-घाट पर चम्पा से अगर भेंट हो भी जाती तो वह हल्के-से मुस्कुराता, दो-एक बातें करके अपने काम पर चल देता था।

लेकिन तूफान तो आना ही था। उसे रोका नहीं जा सका।

प्रताप और चन्दन, दुर्गा और चन्दन आपस में बहस-मुबाहसे करते हुए बौखलाए रहे। दुर्गा ने सिर पीट लिया। वह क्षोभ और गुस्से से जलती रही। उसे तो अब यह फिक्र लग गई कि अब क्या करे ? चम्पा को कैसे सज़ा दे ? उससे और कुछ न हो सका तो एक दिन वह सरे-बाज़ार खड़ी-खड़ी गालियाँ बरसाने लगी। सूरज अभी-अभी

बीमारी से उठी थी। इसी राह से होकर वह लाला की हवेली की तरफ जा रही थी।

दुर्गा दहाड़ उठी, 'देखो देखो, वो जा रही है, सर्वनाशी ! माँ-बेटी ने मिलकर रंडीखाना खोल लिया है। मेरे जवान बेटे को देखते ही उस पर अपनी ज़हरीली निगाह गड़ा दी ? अरे ओ सर्वनाशी, अभी तो मैंने अपने बेटे का मुखड़ा भी जी भरकर नहीं निहारा। न उसे ढंग से खिलाया, न ढंग से लाड़-दुलार किया। उसके बदन पर नए कपड़े भी डालकर नहीं देखा कि मेरा बेटा कैसा बाँका जवान लगता है। इसी बीच तू उसे छीन ले गई ? ओ करमजली, अपने सास-ससुर-भतार को तो खा-चबा गई। गाँववालों की छाती में अपने रंग-रूप की आग सुलगा दी। अपना तो सब गँवाया ही अब मेरे बेटे को निगलना चाहती है। तुझे वह लेकर जाएगा ? तुझे 'माँ' पुकारेगा ? तू मेरी छाती में भी आग भड़काना चाहती है ?'

'सुनो दुर्गा बहन, मेरी बात तो सुनो।'

'चलो हटो, मैं किसी की बहन-वहन नहीं हूँ। मैं तुम जैसी बदचलन औरत की बहन हो ही नहीं सकती। तू मेरी दुश्मन है, दुश्मन ! तू दुश्मन, तेरी बेटी दुश्मन ! हाय रे हाय, यही था तेरे मन में ? तभी अपनी बेटी का ब्याह नहीं किया। यह सोच रखा था तूने ? भगवान करें, तेरी बेटी खून की उलटियाँ करते-करते मरे। तू मर जाए, तेरा वंश उजड़ जाए।'

मारे अपमान और भय के सूरज थरथर काँपने लगी।

रास्ते पर भीड़ जमा हो गई। प्रताप और दूसरे-दूसरे मर्द भी आ खड़े हुए। ठीक उसी वक्त लोगों की भारी भीड़ को चीरता हुआ चन्दन आगे बढ़ आया। वह नहाने गया था। उसके कंधे पर भीगा गमछा ! बालों और माथे पर पानी की बूँदें !

सबके सामने उसने आगे बढ़कर सूरज को थाम लिया। सूरज गिरने-गिरने को हुई। मारे भय और शर्म से उसने इस-उस चेहरे की तरफ करुण निगाहों से देखा। चन्दन उनका हाथ थामे-थामे अपनी माँ के आमने-सामने आ खड़ा हुआ। चेहरा सुर्ख लाल ! माथे और गले की नसें फूली हुईं।

चन्दन ने कहा, 'मेरी माँ तुम पर झूठा आरोप लगा रही है काकी।'

'अच्छा ? तो तेरी सगी माँ झूठी हो गई ? अरे, शैतान तूने अपने को बिलकुल ही बेच डाला है ?'

उसकी बात पूरी होने से पहले ही चन्दन बोल उठा, 'ऊपरवाला साक्षी है, सुनो गाँववालो ! तुम सब सुनो, अगर मैंने अपनी माँ का दूध पीया है तो अपनी बात से हटनेवाला नहीं हूँ। सूरज काकी ने तो मेरी मदद लेने से बराबर इनकार कर दिया था। मुझे अपने घर में भी घुसने नहीं दे रही थीं। मैंने खुद कसम खाई है, संकल्प लिया है मैंने ! मैं उसकी बेटी से ब्याह करूँगा। उसी से करूँगा ब्याह ! जिस दिन मुझे ठौर-ठिकाना मिल गया, मैं इन लोगों को भी ले जाऊँगा। तुम निर्भय होकर जाओ सूरज काकी, कोई तुमसे कुछ नहीं कहेगा।'

दुर्गा चीखती-चिल्लाती, टसुए बहाती हवेली लौट आई।

उसने लात मारकर चूल्हा तोड़ डाला। थाली-बर्तन, रसोई-खाना वगैरह उसने उछाल फेंका। अगले ही पल वह आँगन में गिरकर बेहोश हो गई। चन्दन निहायत अजीबोग़रीब स्थिति में गाँव छोड़कर चला गया।

जाते-जाते भी वह यही कह गया, 'जब तक कोई नौकरी न जुटा लूँ, अपने पैरों पर खड़ा न हो जाऊँ, मैं वापस नहीं लौटूँगा। अपने लिए जब नौकरी जुटा लूँगा, कहीं पैर जमा लूँगा, तभी गाँव लौटूँगा। चम्पा को ले जाऊँगा।'

प्रताप अपनी पत्नी पर ही फट पड़ा, 'कुल दो गाड़ी फूस, दो अदद कंबल से मदद कर दी उसने, तो तुमसे बर्दाश्त नहीं हुआ ? अरे, कुछ दिनों बाद वह छोकरी विदा हो जाती और हमारा बेटा भूल-भुला जाता। तुमसे अपनी जुबान पर काबू नहीं रखा गया ? बेटे से हाथ धो बैठी न ?'

तीर्थ पर जाने का दिन आ पहुँचा।

इधर कई दिनों से चम्पा अपनी झोंपड़ी से बाहर नहीं निकली। किसी को अपनी सूरत तक नहीं दिखाई। तीर्थयात्रा के लिए तमाम बैलगाड़ियाँ कतार से लगी थीं और रामधुन गाया जा रहा था। जो तीर्थयात्री पुण्य-संचय को निकलते हैं उन लोगों को अच्छी तरह विदा करना भी पुण्य का काम है। गाँव के सभी लोग वहाँ मौजूद ! चम्पा भी एक तरफ खड़ी थी।

दुर्गा भी आ पहुँची। उसने लाला की माँ के हाथ पर मिठाई, तमाखू, नारियल और सुपारी रख दिया। काशी में बाबा विश्वनाथ के लिए सोने का बेलपत्र और पुष्कर की सावित्री मंदिर के लिए चाँदी का पान और सुपारी भी थमा दिया। इतना सब देने के बाद वह मुँह फेरकर खड़ी हो गई। धूप की चमकती किरणों में उसके ज़ेवर आग की तरह झलमलाते हुए। आँखों से भी आग बरसती हुई !

उसने तीखे दर्द से अपना चेहरा सिकोड़ते हुए कहा, 'अच्छा तो तू भी है ? जा-जा ! गाँव से दफा हो ! बला तो टले ! जा-जा ! भाग ! शहर जाकर रमजानी हो जा ! रूप का बाज़ार सजाकर बैठ जाना ! चलो गाँव की मुसीबत तो दूर हुई। भगवान करें सारी आफत-विपदा तू अपने साथ ले जा।'

लाला की माँ ने दुर्गा का हाथ पकड़कर उसे चुप कराते हुए कहा, 'लड़की दूर देस जा रही है। अब उसे इज़्ज़त-बेइज़्ज़त क्यों कर रही हो ? चलो अपने घर की सुध लो।'

'घर ?' दुर्गा के समूचे चेहरे पर सख्त-सी मुस्कान उभर आई, 'अब मेरा घर सलामत कहाँ है दीदी ? मेरे घर में तो इस कमबख़्त ने आग लगा दी। आग भड़का कर मेरा घर फूँक-तापकर खुद खिसक गई ! शैतान ! रंडी कहीं की ! देह बेचनेवाली ! जितना मुझे सताया है इसने, देखना, खुद दोगुनी आग में जलेगी ! देख लेना जल-फुँककर राख हो जाएगी और मैं 'तमाशा' देखूँगी, तभी मेरे दिल की आग ठंडी होगी। उस दिन मैं जी भरकर हँसूँगी, अच्छी तरह हँसूँगी, अच्छी साड़ी पहनूँगी ! भगवान गैवीनाथ को

दूध चढ़ाऊँगी।'

अचानक वह रो पड़ी। अपने चेहरे पर आँचल डालकर वह भीड़ से अलग हो गई।

विदाई का वक्त आ पहुँचा। रोना-धोना, आलाप-संलाप, गले मिलना, शुभकामना वगैरह का दौर शुरू हो गया।

बैलगाड़ियाँ धीरे-धीरे आगे बढ़ने लगीं।

चम्पा को निहारते हुए लाला की माँ बुदबुदा उठीं, 'दुर्गा ने ठीक ही कहा। औरत ज़ात का इतना रूप अच्छा नहीं। चल अब नाटक मत कर, रोना बंद कर। ला, मुझे सुपारी की तश्तरी और सरौता पकड़ा।'

चम्पा ने आँसू पोंछ डाले। वह लाला की माँ की ख़िदमत के लिए ही साथ आई है। यह बात उसे नहीं भूलना चाहिए। माँ का कड़ा हुक्म ! उसने सुपारीवाली तश्तरी उठा ली और सरौते से सुपारी कतरने लगी। उसकी आँखों से धार-धार, मोटे-मोटे आँसू बहते रहे। उसकी छाती का आँचल भीगता रहा, चम्पा को कुछ होश नहीं था। वह बस रोए जा रही थी...

9

अजमेर जाकर भी चम्पा को सावित्री-तिलक नसीब नहीं हुआ। भगवान की शायद मरजी ही नहीं थी कि उसे देवता का आशीर्वाद मिले। लाला की माँ ने कोशिश तो की थी, लेकिन सिर्फ इनसान की कोशिशों से ही कुछ नहीं होता, शायद भाग्य ही ज्यादा बली होता है।

अजमेर पहुँचने के पहले ही तीर्थयात्रियों के दल पर डाका पड़ गया।

लाला की माँ इस बार भी अपने पुराने संघाती हिरुआ को अपने साथ लाई थीं। हिरुआ अब बूढ़ा हो चुका था। उसकी नज़र भी अब कमज़ोर हो चुकी थी। उसने आश्वासन दिया था दोपहर के पहले ही वह यात्रियों को कांत पंडा के अखाड़े पर पहुँचा देगा। उसका अंदाज़ा शायद ग़लत था। रेगिस्तानी इलाके में वह दूरी का ठीक-ठीक अंदाज़ा नहीं लगा पाया। समूचे रास्ते रेत, पत्थर और बीच-बीच में कँटीले झाड़ ! दूर पहाड़ों पर अजमेर दुर्ग की बुर्ज और प्राचीरें नज़र आती हुईं। रेगिस्तान में आँखों की भ्रांति की बजह से बहुत बार दूर की चीजें बिलकुल पास लगती हैं।

थके-हारे, पथ-भूले यात्रियों को उसने तसल्ली दी, 'मंजिल क़रीब है ! बस अब पहुँचने ही वाले हैं।'

इसी उम्मीद में यात्री आगे बढ़ते गए।

बहरहाल, चम्पा का दल दोपहर तो क्या शाम तक भी कांत पंडा के अखाड़े तक नहीं पहुँच सका। उन लोगों ने हिरुआ को जी भरकर गालियाँ दीं और अपने को

भाग्य-भरोसे छोड़कर वे लोग बैलगाड़ी में ही सो गए। हिरुआ और दो-एक अन्य मर्द पहरुए की तरह जगे रहे। आखिरकार उनकी भी आँख लग गई।

नींद काफी देर से टूटी। झटके पर झटका ! कई-कई भयंकर झटके ! यात्रियों का आतंकित आर्तनाद ! गायों के रंभाने का तीखा शोर ! कई-एक हिलती-डुलती छायामूर्तियाँ और उनकी दंभ-भरी ललकारें ! यह सब सुनकर उन लोगों को अनायास ही समझ में आ गया कि डाका पड़ा है।

डाकुओं ने औरतों के बदन के गहने छीन-झपट लिये। लाला की माँ को लाठियों से पीटा और गाड़ीवान तथा दो अन्य मर्दों को गंभीर तौर पर जख़्मी करके फ़रार हो गए। चीख-पुकार, आर्तनाद, मर्दों की चिल्लाहट और डाकुओं की हुँकार में न कुछ सुनाई दे रहा था, न कुछ समझ में आ रहा था। लेकिन सुबह का उजाला फूटते ही भीषण तबाही का चेहरा साफ-साफ नज़र आ गया। वे लोग चम्पा को उठा ले गए थे।

कोई महिला तीर्थयात्री अपने साथ ढेर सारे ज़ेवर लाई थी। बीमार देह, विधवा औरत ! गहने सुरक्षित रहेंगे, यह सोचकर उसने पोटली खोलकर सोने-चाँदी के सारे ज़ेवर चम्पा को पहना दिए थे। उदर-शूल से मुक्ति पाने के लिए भगवान को पूजा चढ़ाने की कामना समेत, वह औरत तीर्थ पर निकली थी। तीखे पेट-दर्द से वह प्रायः अचेत रहती थी। गहने की पोटली कहीं गिर-गिरा पड़े तो कोई विचित्र बात नहीं होती। यही सोचकर उसने सारे गहने चम्पा को पहना दिए थे ताकि वे सुरक्षित रहें।

डाकुओं का गिरोह चम्पा के बदन से सारे गहने नोंचकर उसे सड़क पर फेंक गया। उसके माथे पर लाठी मारकर उसे बेहोश कर दिया था। होश आते ही चम्पा की नज़र सबसे पहले खुले आसमान पर पड़ी। उसके सिर पर एक अकेला चील मँडरा रहा था। उसके बाद, उसकी नज़र साँय-साँय करते मैदान, एक अदद नीम के पेड़ और कँटीले झोंप-झाड़ पर पड़ी। उसकी मूर्च्छा कटने में काफी वक्त लगा। अपनी असहाय हालत देखकर उसे रुलाई आने लगी। रोना चाहकर भी अचानक वह चुप हो गई उस निर्जन प्रांतर में उसकी रुलाई शायद किसी को भी सुनाई न दे।

कंपनी के सर्वे-विभाग की एक टीम ने उसे ढूँढ़ निकाला। वे लोग उसे राजस्थान और मध्यभारत के सर्वे विभाग के राइटर ऑफ़ एकाउंट्स स्टॉर्क साहब और उनकी मेम बीवी के पास ले गए।

उन दोनों ने उसका इलाज करके उसे स्वस्थ किया।

जोनाथन स्टॉर्क ! सीधा-सादा और मितव्ययी इनसान ! दो सौ बीस रुपए तनख्वाह ! काफी मुश्किल से उनका गुज़ारा चलता था। वे दोनों प्राणी एंग्लो-इंडियन थे, इसलिए विशुद्ध साहब बिरादरी में खास मान-सम्मान नहीं था। उनकी बीवी लुइसा मार्गरेट दुबली-पतली खिटखिटिया और गँवार कैथोलिक औरत ! इस मुल्क में उस दंपति ने ज़िंदगी के पूरे सत्रह साल गुज़ार दिए थे। मेमसाहब अपने पति के साथ मध्यभारत और राजपूताना के ज़िला-ज़िला में घूम चुकी थीं। अभी भी साँप, घुटे सिर आदिवासी, साधु-संन्यासी पर नज़र पड़ते ही उनकी चीख निकल जाती थी। आया, खानसामा,

महाराजिन, पानीदार, डोरिया, पंखाकुली वगैरह को वे दोनों बार-बार ईसाई धर्म की उपयोगिता की व्याख्या सुनाते।

'तुम सब यह मूर्ति-पूजा छोड़कर, उन्नत और सभ्य धर्म क्यों नहीं क़बूल करते ?'

उनकी पनियाई आँखें अपने देशी अमलों पर टिकी रहतीं। पिछले सत्रह सालों में वे लोग कुल जमा चार आदिवासियों को ईसाई बना पाए, लेकिन उन दोनों ने उम्मीद का दामन नहीं छोड़ा था। दोनों का विश्वास था कि जल्दी ही वे ढेर-ढेर लोगों को ईसाई बनाने में सफल हो सकेंगे। उनका यह रंग-ढंग उनके मातहत के पदस्थ अफसर कतई पसंद नहीं करते थे।

वैसे लुइसा ग़ज़ब की मेहनती औरत ! उसने चम्पा को बाल सँवारना सिखाया। उसके नाखून तराश दिए। उसे हर वक्त कपड़े के जूते पहनने की सीख दी।

अंत में बाइबिल की कहानियाँ सुनाते हुए उसे आश्वस्त किया, 'सुनो बेबी, चाहे सब लोग तुम्हें त्याग दें, मगर मेरे प्रभु तुम्हारा परित्याग नहीं करेंगे। चलो कानपुर में तुम्हें ईसाई बनवा दूँगी और तुम्हें जोवान स्टॅवफोर्ड मेमसाहब के 'देशी ईसाई अनाथाश्रम' में आश्रय भी मिल जाएगा।'

स्टार्क साहब ने कहा, 'तुम्हारे गाँव के पते पर तुम्हारी माँ को ख़त लिख देता हूँ। शायद उन्होंने यह मान लिया हो कि अब तुम इस दुनिया में नहीं रही। तुम्हारी कोई ख़बर न पाकर वे फ़िक्रमंद होंगी।'

चम्पा ने सिर हिलाकर हामी भरी। उसकी माँ के नाम दो टके का डाक-महसूल चुकाकर, उसे ख़त भेज दिया गया। स्टार्क के मुंशी ने ही ख़त लिख दिया।

काफी घूमते-भटकते, स्टार्क के ठिकाने का पता लगाते-लगाते, उस ख़त का जवाब कानपुर में मिला। लाला बैजनाथ का ख़त था। छोटा सा ख़त ! सूरज अब इस दुनिया में नहीं रहीं। बेटी को डाकू उठा ले गए हैं और उसकी कोई ख़ोज-खबर नहीं है, यह खबर भी सूरज को देर से मिली। उसने बिस्तर पकड़ लिया। बुखार और सूजन की बीमारी भोगते-भोगते उसने आखिरी साँस ली। अब चम्पा का वापस न आना ही मुनासिब है, क्योंकि इस गाँव में उसे कोई ठौर-ठिकाना नहीं मिलेगा।

चम्पा के लिए क़िस्मत की यह ठोकर क़बूल करना बेहद मुश्किल था।

उसने रोते-रोते लुइसा के पाँव पकड़ लिये, 'अब आप ही मुझे अपने चरणों में थोड़ी-सी जगह दें, मेमसाहब !'

जोनाथन और लुइसा को उस पर तरस आ गया। लेकिन वे चम्पा का क्या करते ? अगर वह ईसाई हो जाए तो उसे अभी ही ठिकाना मिल सकता है। उसे अनाथाश्रम में रख लेंगे। लेकिन धर्मांतरण के लिए वह राजी नहीं थी। वे दोनों सोच में पड़ गए।

आखिर एक दिन, गंगाघाट से वापस लौटकर चम्पा ने विदा माँगी।

मुंशी गंगाराम ने भी सहमति जताते हुए कहा, 'आप उसे जाने दें साहब ! संपूरण उसे पनाह देने को राजी है।'

संपूरण का नाम सुनकर स्टॉर्क साहब चिंतित हो आए। संपूरण कानपुर का मशहूर बाशिंदा ! सभी लोग उसे पहचानते थे। लेकिन वह करता क्या है, इसकी जानकारी किसी को नहीं थी। वह तरह-तरह की तस्करी करता था। गंगा नदी पर अनगिनत नावें बँधी होतीं। बरसात के मौसम में नाव-पथ के ज़रिए कलकत्ता तक पहुँचा जा सकता था। नौकाओं के मालिकान अमीर लोग ! संपूरण को वे हर नाव पर 'उगाही' देते थे। यह भी सुनने में आता था कि कानपुर, काशी, मिर्जापुर और लखनऊ के मशहूर गुंडों से उसकी साँठ-गाँठ थी। कम से कम कानपुर के गुंडे-बदमाश संपूरण का जैसा आदर-सम्मान करते वह देखकर इन जनश्रुतियों पर यकीन करने का मन होता था। संपूरण रोज़ नियम से गंगा नहाने जाता और नहा-धोकर काफी देर तक गंगा तट पर स्थित सतीचौरा पर बैठा रहता था। मगनलाल, ज्वालाप्रसाद वगैरह शहर के धनी-मानी मशहूर सेठों के यहाँ उसका काफी आना-जाना था। लोगों का तो यहाँ तक कहना था कि संपूरण के रुपए-पैसे और मान-प्रतिष्ठा का असली जरिया कुछ और है। दिल्ली के चरम दुर्दिन के ज़माने में मुग़ल बादशाहों को अपने हीरे-जवाहरात बेचने पड़े। जाने कैसे तो वह सारा का सारा ख़जाना अकेले संपूरण ने ही ख़रीद लिया। वे हीरे-जवाहरात बेच-बेचकर, उसने काफी सारी दौलत जमा कर ली। आजकल वही रुपए उसने तिजारती कारोबार में लगाया है।

मुंशी ने कहा, 'सुना है कि गंगा घाट पर बैठे-बैठे संपूरण ने सारा मामला भाँप लिया। चम्पा जिस मुद्रा में सूनी-सूनी निगाहों से देखती हुई गाल पर हाथ धरे बैठी रहती थी। उसे देखकर संपूरण को शायद अंदाज़ा हो गया कि वह लड़की मौके की तलाश में है। वह आत्महत्या करना चाहती है। मुझसे खोज़-ख़बर लेने के बाद, उसने चम्पा से कहा—अगर तुम मुझ पर भरोसा कर सको बेटी, तो चलो मेरे साथ चलो। तुम मेरे यहाँ, मेरे घर रहना।'

'तुम्हारे घर ? किस रिश्ते से ? मेरा परिचय क्या दोगे ?'

'मेरी बेटी ! बेटी बनकर रहना ! यही तुम्हारा परिचय होगा।'

'मैं क्यों जाने लगी भला ?'

'अगर और कहीं शरण नहीं मिला तो तुम ईसाई हो जाओगी और मैं यह नहीं चाहता। तुम जवान हो ! तुम्हारी उम्र ही तुम्हारी दुश्मन है। इस संपूरण की छाया में रहोगी तो कोई तुम्हारी परछाईं तक पर पाँव नहीं रख सकता। नाव अगर किसी मज़बूत खूँटे से न बाँधी जाए तो वह धार में बह जाती है, इतना तो तुम्हें पता ही होना चाहिए।'

'लेकिन तुम मुझे पनाह क्यों देना चाहते हो ? तुम तो मुझे जानते भी नहीं।'

संपूरण हँस पड़ा। उसका एक दाँत काफी लंबा था। जब वह हँसता था वह निहायत खौफनाक और क्रूर नज़र आता था।

उसने जवाब दिया, 'तुम अनाथ हो ! तुम्हारा कहीं कोई नहीं। गंगा किनारे बैठी तुम डूब मरने का संकल्प लिये बैठी रहती हो, मैं क्या समझता नहीं ? देखो न अभी से लोग-बाग़ तुम्हारे पीछे पड़ गए हैं। हरनाथ की नज़रें तुम पर गड़ी हैं। वह मगनलाल

के भतीजे का किराए का बंदा है। मगनलाल के भतीजे की नज़रें जिस पर गड़ जाती हैं, उस औरत की रिहाई नामुमकिन है।'

'एक बात पूछूँ बुज़ुर्गवार ? हरनाथ की नज़र पहले जिन-जिन औरतों पर पड़ी, तुमने क्या उन सब औरतों को भी बचाया ? उनको भी पनाह दी थी तुमने ?'

'ना ! असल में तुम्हारे माथे पर मैंने कोई ऐसी रेखा देखी है कि मेरा मन हुआ कि तुम्हें बचा लूँ। मैं तुम्हारी जैसी ही किसी औरत...बिलकुल तुम्हारी ही तरह की किसी की तलाश में था। ऐसा माथा, ऐसा भाग्य मुझे सिर्फ एक ही औरत में नज़र आया था...'

'कौन है वह ?'

'है एक हरामजादी ! पेशे से वह वेश्या है। गहने-रुपयों के लोभ में किसी विधर्मी कुत्ते के घर जा बैठी।'

'अगर मैं तुम्हारे साथ न जाऊँ तो ?'

'तो तुम जहन्नुम में पहुँच जाओगी। अपनी ऐसी क़िस्मत लेकर तुम जहाँ कहीं भी जाओगी, वहाँ आग लगा दोगी–'

हाँ, मुझे पता है मैं कुलच्छनी हूँ।'

'कुलच्छनी नहीं, तुम तो परम सुलक्षणी हो। लेकिन तुम्हारे भाग्य ने तुम्हें किसी और ही काम के लिए गढ़ा है। जिस तलवार से सिर काटा जाता है, अगर उससे घास काटी जाए तो मुसीबत होती है या नहीं ? जिस आग से दावानल जलाया जाए, अगर उस आग से घर का चिराग़ जलाया जाए तो सारा घर जल नहीं जाता ? इसमें आग या तलवार का दोष नहीं होता। जिस चीज़ का जैसा इस्तेमाल ! तुम भी बड़े-बड़े काम करोगी। इसीलिए तुम्हारी क़िस्मत ने तुम्हें खींचकर यहाँ इस गंगा घाट पर ला बिठाया है।'

संपूरण की बातों ने चम्पा को हैरत में डाल दिया। वह डर गई, लेकिन उसके दिल ने समझाया, जब वह बाढ़ की तेज़ धार में बही जा रही है, डरना फिजूल है। अब क्या उपाय ?

उसने स्टॉर्क परिवार से विदा माँगी। मिसेज़ स्टॉर्क उसे रुखसत करते हुए काफी दुखी हुईं।

जोनाथन स्टॉर्क ने ज़रा झिझकते हुए उसे एक बटुवा थमाकर कहा, 'ये पचास रुपए अपने पास रखो ! मैं बेहद मामूली औक़ात का आदमी हूँ, ज़्यादा कुछ नहीं दे पाया।'

उन्हें छोड़कर आते हुए उन निःसंतान, स्नेही दंपति के लिए चम्पा की आँखों से धार-धार आँसू बह निकले।

उसकी आँखों में आँसू देखकर संपूरण ने पुरुष-रुक्ष लहजे में कहा, 'चलो, अब आँख का पानी पोंछ डालो। काफी रो लिया, अब मत रो।'

काफी...काफी दिनों बाद चम्पा की समझ में आया, संपूरण औरतों की आँखों का पानी सह नहीं पाता। आँसू देखकर वह बौखला जाता है।

संपूरण ने उसके लिए एक घर किराए पर ले लिया। छोटे से आँगन के आमने-सामने दो कमरे। पक्का फर्श, पक्की दीवारें, फूस की छादन ! एक ओर रसोई और कुआँ। चम्पा के लिए उसने एक नौकरानी भी तैनात कर दी। अपने लिए उसने छोटावाला कमरा चुना।

चम्पा के लिए उसने सांरगीवादक, तबलावादक और एक संगीत-टीचर भी नियुक्त कर दिया।

उसने संगीत-टीचर आनन्दराम से कहा, 'सुना है जो औरतें रमजानी होने के लिए आती हैं उन्हें तुम कामचलाऊ ढंग से तैयार कर देने में काफी माहिर हो। तुम इसे भी हल्की-फुल्की तालीम दे डालो। बस, उतना ही सिखाना जितने के बगैर काम न चलता हो।'

चम्पा के लिए वह अच्छे-अच्छे कपड़े और गहने खरीद लाया। उसने नौकरानी को हिदायत दी, चम्पा को बेसन से अच्छी तरह नहला-धुला दे। नौकरानी ने अंदर से दरवाजा बंद कर लिया और चम्पा के समूचे तन-बदन पर बेसन का उबटन लगाकर, कुछ देर सूखने को छोड़ दिया। बेसन सब सूखकर चरचराने लगा, तो गर्म पानी का भाप देकर उसने उबटन छुड़ाया। उसे नहलाने-धुलाने के बाद चम्पा के चेहरे, गर्दन और बाँहों पर दूध-चंदन का लेप रगड़कर उसकी त्वचा को भी कोमल-नरम बना दिया।

संपूरण ने कहा, 'ना, अभी भी बात नहीं बनी। उसके पाँव अभी भी फटे-फटे नज़र आ रहे हैं। मेम लोगों की चाकरी करने के बावजूद तुमने कुछ भी नहीं सीखा।'

नौकरानी स्थूलकाय, काली-कलूटी ! हर वक्त नाराज़-नाराज़-सा चेहरा !

उसने चम्पा के हाथ-पाँव पर भी मलाई रगड़-रगड़कर उन्हें कोमल बना दिया। चम्पा के बाल कुछ-कुछ लाल थे और पोरों से फटे हुए। नौकरानी ने बालों में सरसों की खली घिसकर उसे भी चिकना और मुलायम बना दिया। मसालेदार नारियल तेल घिसकर, बालों का रंग भी काला कर दिया। चम्पा को दिन-भर सौंदर्य-निखार में व्यस्त रहना पड़ता। अब उसे सुबह-शाम गाने की तालीम के अलावा थोड़ा-बहुत नाच भी सीखना पड़ता था। बीच-बीच में वह बग़ावत भी कर बैठती थी।

एक दिन तो वह संपूरण को सीधे-सीधे गाली दे बैठी।

उसने दरियाफ़्त किया, 'तुम क्या मुझे बाज़ारू औरत बनाकर रुपइए कमाने का मतलब गाँठ रहे हो ?'

संपूरण ने ज़ोर का ठहाका लगाया। हँसते-हँसते उसका दम फूल आया।

उसने जवाब दिया, 'वाह ! क्या खूब पहचाना है तूने मुझे ? कितने रुपए कमाकर तू देगी मुझे ? सुन औरत, एक बार जुबान हिलाने भर की देर है, मुझे पूरे लाख रुपए यूँ मिल सकते हैं, पता है ?'

चम्पा थोड़ा-बहुत अक्षर पहचानने लगे इस इरादे से उसने एक मुंशी भी नियुक्त कर दिया। इसके अलावा चम्पा को अपनी आया से बातचीत के तौर-तरीके, चलने-फिरने के अदब-क़ायदे की भी तालीम लेनी पड़ी।

एक दिन दर्जी भी आ पहुँचा। वह उसे नई-नई पोशाकें भी सौंप गया। चम्पा ने काली सिल्क पर लाल बॉर्डरवाली, चुमकी-जड़ा घाघरा और अँगिया पहना। भर-भर हाथ चूड़ियाँ ! पैरों में पायल और नागरा जूती।

सिर से पैर तक उसका मुआयना करते हुए संपूरण ने सिर हिलाकर कहा, 'हाँ, अब ठीक है।'

संपूरण ही पहली पेशगी लेकर आया। कैंटोंमेंट में भारतीय अफसरों के सामने चम्पा को गाना पेश करना था। गाते हुए उसकी आवाज़ रुँध आई; नाचते हुए उसके पैर बीच में ही थम गए और वह भाग खड़ी हुई। दर्शकों में ज़ोर का ठहाका गूँज उठा। महफिल में उस पर ढेर-ढेर रुपए भी न्योछावर किए गए।

आहिस्ता-आहिस्ता यह संकोच भी कट गया। चम्पा का नाम समूचे कानपुर में फैलने लगा। कहा जाता था कि बरेली की मशहूर रमजानी पन्नाबाई की महज एक मुस्कान पर साहब लोग दस-दस हज़ार रुपए तक लुटाने को तैयार रहते थे। लखनऊ की तवायफ सुंदरबाई पान खाती थी ! हाय ग़ज़ब ! गले की नसों से उतरता हुआ जैसे पारदर्शी हो आता था। सुंदरबाई तमाम राग-रागिनियाँ गाती थी। काँच के फर्श पर अबीर-गुलाल बिखेरकर उस पर नाचते-नाचते, वह कमल फूल आँक देती थी। पाँव में बँधे पूरे सौ घुँघरुओं की पाजेब वह ऐसे कौशल से बजाती थी कि एक-एक घुँघरू से अलग-अलग सुर निकलते थे।

चम्पा ने यह सब कुछ भी नहीं सीखा। इसके बावजूद उसकी शोहरत फैल गई। यहाँ तक कि कभी-कभी बिठूर के राजप्रासाद में नाना धुँधूपंथ के सामने नाचने का आमंत्रण मिलने लगा।

बहरहाल, चम्पा के नाच-गान का सभी लोग मज़ा लेते थे, मगर किसी को भी उससे घनिष्ठ होने का मौका नसीब नहीं था। चम्पा सब लोगों के साथ हँसी-मज़ाक तो करती थी, लेकिन किसी के भी साथ अंतरंग नहीं होती थी। संपूरण हर वक्त चम्पा की पहरेदारी में रहता था।

दो-चार बयाने वापस कर देने पर उसके नाम ढेरों किस्से-कहानियाँ भी बनने लगीं।

ख़बर मिली कि रिसाला और पैदल फौज के आमंत्रण के जवाब में चम्पा ने यह शर्त रखी है कि उसे हज़ार रुपए दिए जाएँ तभी वह आएगी।

यह भी सुनने में आया कि मूलचंद के ज़रिए उसने असली हीरों का हार मँगवाया है।

यह खबर भी फैली कि वह कुएँ के पानी में गुलाब का इत्र डालकर नहाती है ताकि हर वक्त उसका तन-बदन गुलाब जल की खुशबू से महकता रहे।

चंद सालों में ही चम्पा का नाम धीरे-धीरे शोहरत और प्रतिष्ठा के चरम सोपान तक जा पहुँचा।

एक दिन संपूरण ने उससे कहा, 'तेरे रोज़गार की रक़म जमा होते-होते, डेढ़ हज़ार रुपए हो गई है। आ चम्पा, तुझे रुपए सहेजना सिखा दूँ।'

उसने कमरे के फर्श की ईंट हटाई, वहाँ गड्ढा बनाया और उसमें रुपए सहेजकर रख दिए। रुपए गाड़ने से पहले चम्पा ने उन रुपयों को उलट-पुलटकर देखने की ख्वाहिश जाहिर की।

उसने अँजुरी-भर चाँदी के सिक्के बटोरकर फर्श पर बिखेर दिया। संपूरण हँस पड़ा। जूती खोलकर चम्पा ने उन सिक्कों पर पाँव रखा। पाँव की उँगलियों से वह रुपए, उठाती-फेंकती रही।

अचानक उसने ठहाका लगाकर कहा, 'बुढ़ऊ, तुम्हें क्या लग रहा है, मैं पागल हो गई हूँ ? ना बुढ़ऊ, ना ! रुपइए देखकर मैं पागल नहीं हुई।'

चम्पा ने एक मोहर उठाकर परखा।

अगले ही पल उसने कहा, 'ऐ बुढ़ऊ, मेरी कुछ-कुछ बातें तो तुम्हें पता हैं, मगर बहुत सारी बातें तुम नहीं जानते। पैसा-पैसा, ताँबे के सिर्फ एक पैसे के अभाव में मेरी अम्मू कई-कई दिनों तक उपासी रहती थी। आखिरी समय में भी काश एक रुपइया ही हाथ में होता तो शायद मेरी अम्मू यूँ न मरती। मुझे वे बातें याद आती हैं। इसीलिए मैंने रुपइयों पर पाँव रखकर देखा, हाथ से छू-छूकर देखा। रुपइयों को छूते हुए कैसा लगता है, यही देखना चाहती थी मैं। लेकिन...देखकर मुझे नफरत हुई ! रुपइये कमाना इतना आसान है, फिर भी कितना मुश्किल ! काश, मेरी अम्मू ये देखती...देख पाती।'

एकाएक चम्पा एकदम से ख़ामोश हो रही। उसके चेहरे पर उदासी झलक उठी।

अगले ही पल उसने सिर उठाकर ईषत् मुस्कुराते हुए कहा, 'न्ना ! सोच देखा, मेरी अम्मू खुश नहीं होती। उसे लगता, ये सब पाप के रुपइए हैं। खुद तो उसे भीख माँगने में शर्म आती थी, मेहनत-मजूरी करके चावल-गेहूँ जुटाती। मेरी कमाई के रुपइए देखकर, मारे हिकारत के वह शायद फाँसी लगाने को आमादा हो जाती।

विधवा होने के बाद किसी ने उससे कहा, 'ठहरो ठहरो जी, ज़रा तुम्हारा मुखड़ा तो जी भरकर देख लूँ।'

यह बात सुनकर मेरी अम्मू ने मारे हिकारत और शर्म के सीधे नद्दी में जाकर डुबकी लगाई अपनी सारी देह शुद्ध की, तब जाकर घर लौटी। अपनी उसी अम्मू की बेटी होकर मैं...'

'अब, ये सब बातें याद मत किया कर चम्पा !'

'नहीं, मैं भी याद नहीं करना चाहती, मगर बस, ख्याल आता है।'

'तेरी माँ को परम शांति मिली होगी चम्पा !'

अचानक चम्पा ने दोबारा ठहाका लगाकर कहा, 'तुम मुझे इतनी बुद्धू समझते हो ? अम्मू को शांति मिली होगी ? उसके जीते-जी तो उसे चैन नसीब नहीं हुआ; पल-भर को भी नहीं। मेरा मुँह देख-देखकर वह मर भी नहीं पाती थी, उसे शांति मिली होगी ? अरे, बुढ़ऊ, अपरूप सुंदरी तो मेरी अम्मू थी। जब मैं छोटी थी न, अम्मू के चेहरे पर पड़ती हुई धूप को मैं टकटकी बाँधे निहारती रहती थी। लगता था अम्मू के चेहरे पर रूप धधक रहा हो। क्या तो रंग ! क्या चेहरा ! क्या बड़ी-बड़ी आँखें ! जब वह पलकें

मूँदकर सोई होती थीं न, तो लगता था जैसे किसी ने तस्वीर आँक दी हो। वही अम्मू मेरी आँखों के सामने देखते ही देखते सूखकर महीन सूत बन गई। सिर के बाल तक झर गए, हड्डी-हड्डी निकल आई। आँखों के नीचे काले-काले धब्बे ! साँसें बिलकुल खाली-खाली ! अगर मैं न होती तो वह अभागी बड़े आराम से जान दे देती और अपने सारे दुःख-तकलीफ से छुटकारा पा जाती। लेकिन, उसके सामने मैं जो थी। ना संपूरण, मेरी अम्मू को चैन नहीं मिला। चैन तो किसी और को मिला है।

'किसे ?'

'उसे, जिसने मुझे रमजानी होने का अभिशाप दिया था। रूप का हाट सजाने को कहा था। सच ही वह पुण्यवती थी, तभी तो उसकी बातें सच हो गईं।'

'वह तेरी क्या लगती है ?'

'बड़े बेचैन हो नाम सुनने के लिए। चलो, चलो, सपने समेटकर धर दो। दरवज्जा बंद करके, मुझसे रहा नहीं जाता, मेरा दम घुटने लगता है।'

10

कानपुर कैंटोंमेंट और शहर, दोनों ही इलाकों में सभी लोग बृजदुलारी से बेतरह नफरत करते थे। बृजदुलारी ! ब्राइट साहब की बीवी ! असल में लोग ब्राइट साहब से बेतरह नफरत करते थे और डरते भी थे। किसी में इतनी हिम्मत नहीं थी कि उसके मुँह पर कुछ कहे। उस जैसा दारूबाज़, निर्मम और फूहड़ चरित्र का इनसान शायद ही कहीं नज़र आए। इसीलिए उसके प्रति सारी झल्लाहट बृजदुलारी पर ही बरस जाती थी।

ब्राइट असली अंग्रेज नहीं था। उसके खून में काफी कुछ मद्रासी मिलावट थी। हालाँकि उसकी सूरत-शक्ल से यह बिलकुल जाहिर नहीं होता था। यानी वह जहाजी गोरे और मद्रासी औरत का नाजायज़ बेटा था। बाप अंग्रेज और माँ मद्रासी ! अनाथालय में पला-बढ़ा-बड़ा हुआ। बाद में जौनपुर में मैकमोहन की बहन एमिली से परिचय हुआ। उस वक्त एमिली की उम्र तीस साल थी। सूरत-शक्ल से ख़ासी सुंदर ! मगर चूँकि उसका लालन-पालन, नीतिपरायणा और धर्मांध बुआ ने किया था, उसे किसी दिन भी यह अहसास नहीं हुआ कि उसका भी कोई रूप-लावण्य है।

उसकी बुआ कहा करती थी, 'लड़कियों का रूप साक्षात् शैतान होता है। वे मर्दों को आकर्षित करती हैं और उसी की वजह से लड़कियाँ मुसीबत में पड़ जाती हैं।'

उन्होंने एमिली को मर्दों की परछाईं तक से दूर रखा। एमिली हमेशा पूरी बाँह, गर्दन तक ढँकी, फूहड़-बेढब कपड़े पहनती रही। बालों को कसकर चोटी बनाकर, सिर के ऊपर तक घुमाकर टाँके रहती। आखिरकार, उसकी बुआ भी चल बसीं। दादा ने एमिली को उनके पास चले आने को ख़त लिखा। इस मुल्क के अंग्रेज-समाज में अविवाहिता

लड़कियों की काफी कद्र होती है। भारत की माटी पर क़दम रखते-न रखते, उनका ब्याह हो जाता है। एमिली अपने दादा के पास आ गई। मामूली-सी जान-पहचान में ही वह विक्टर ब्राइट की मुहब्बत में फँस गई। उसे मालूम था, उसके दादा इस ब्याह की अनुमति हरगिज नहीं देंगे। इसलिए वह भागकर लखनऊ चली आई और उसने विक्टर से ब्याह कर लिया।

एमिली के बज्र अनाड़ी तौर-तरीके देख-देखकर डिकेंस और जॉर्ज इलियट पढ़ी हुई मेम साहबें—स्मेलिंग, सॉल्ट सूँघ-सूँघकर बस बेहोश होते-होते रह जातीं। शुरू-शुरू में मैकमोहन ने भी इसे अपनी बेइज़्जती समझी मगर कुछ ही सालों बाद वे अपनी बहन के लिए चिंतित हो उठे।

एमिली सुखी नहीं हो सकी। अपने साथ वह मोटी रकम भी नहीं लाई थी। बुआ का दिया हुआ ब्रोच, मोतियों की माला और सोने की चेन-घड़ी भी वहीं छोड़ आई थी। उसे लगा था विक्टर सिर्फ उसे ही प्यार करता है, उसके ज़ेवरों को नहीं।

लेकिन, विक्टर किसी और ही धातु का गढ़ा हुआ इनसान ! अपनी मासूम, शरीफ बीवी को वह असहनीय तकलीफें देता था। डेढ़ साल बाद एलेक्ज़ेंडर डेविड ब्राइट को जन्म देकर एमिली चल बसी।

शुरू-शुरू में अपनी धर्म माँ, बाद में लखनऊ में मिसेज ब्लूम के अनाथाश्रम और अंत में अपने दफ़्तर का ख़जाना तहस-नहस करके वह खिसक गया।

खोज-ख़बर लेने के बाद मैकमोहन अपने भानजे को रुपए भेजने लगे। हज़ार हो, आखिर वह एमिली का बेटा था। अब जबकि एमिली नहीं रही, बाप अमानुष निकला, तब उसे इनसान बनाने का सारा दाय-दायित्व उन्हीं का था। दो साल बाद बंबई से विक्टर ब्राइट की मौत की ख़बर आई। विक्टर अचानक एकदम से अमीर बन जाने की कोशिश कर रहा था। इसलिए उसने पोर्ट पर चोरी के मालों की ख़रीद-फ़रोख़्त का धंधा शुरू किया था। सन् 1830 का साल ! पुर्तगाली, अंग्रेज, फ्रेंच वगैरह सभी देशों के लोग जहाज पर सवार होकर भारत आने लगे। वे लोग भारत, चीन, सिंगापुर के बंदरगाहों पर उतरे। इन लोगों ने जहाज के खलासियों से दोस्ती कर ली। भारत से चमड़ा, पाट, चाय, चीनी वगैरह विदेशों को निर्यात होने लगे। विलायत से क़ीमती सेंट, शराब, सिल्क और काँच के सामान भारत आने लगे। भारत के बंदरगाहों पर भारतीय कुली-मजूर कीचड़-काँदो में धँस-धँसकर माल उतारते-चढ़ाते। फिरंगी कॉन्ट्रैक्टर हाथ में चाबुक लिये माल उतारने-चढ़ाने की निगरानी करते थे। उन्हें घूस थमाकर दो-एक गठरी या बक्सा या पीपा इधर-उधर पार कर दिया जाता था। चोरी के वे माल बेचकर उन पैसों से सुख खरीदा जाता था।

विक्टर ब्राइट भी अपने लिए सुख खरीदने की कोशिश कर रहा था। इसी चक्कर में नशेबाज़, जुआड़ियों के अड्डे में मार-पीट करके खुद पीठ पर छुरा खा गया। खैराती अस्पताल में उसने दम तोड़ा और लावारिस गरीबों के क़ब्रिस्तान में उसे गाड़ दिया गया।

उसके बाद मैकमोहन ने ब्राइट की सारी जिम्मेदारी अपने कंधों पर ले ली। उन्होंने

उसे लखनऊ के क्लदमार्तीन स्कूल में भर्ती करा दिया। उनका ख्याल था, वे अपने प्यार और जतन से उसे इनसान बनाने में कामयाब हो जाएँगे।

सोलह साल की उम्र में ही, वे उसे अपनी छत्रछाया में ले आए। लेकिन आहिस्ता-आहिस्ता उन्हें क़बूल करना पड़ा कि शिक्षा-दीक्षा से बढ़कर इनसान की रगों में बहता हुआ खून ज्यादा ताकतवर होता है। ब्राइट का अनिंद्य खूबसूरत चेहरा, सरल-निष्पाप आँखें, महज एक मुखौटा भर थीं। मुखौटे के पीछे छिपा इनसान जिस हद तक कुत्सित था, उतना ही क्रूर !

चम्मन के सिलसिले में उन्हें जो तजुरबा हुआ उसने उन्हें तोड़कर रख दिया। ब्राइट से उन्होंने सारा नाता-रिश्ता तोड़ लिया। रिटायरमेंट लेकर वे इलाहाबाद के क़रीब फाफामऊ चले गए। जाने से पहले उन्होंने बहुत सारी पुरानी चिट्ठियाँ जला डालीं। ब्राइट के मास्टरों की चिट्ठियाँ ! उन्हें ढेर-ढेर सारी पिछली बातें याद आती रहीं।

ब्राइट के मास्टर साहब ने बताया, 'सात साल का नन्हा सा बच्चा ! पत्थर मार-मारकर, छड़ी से कोंच-कोंचकर उसने कुतिया के पिल्ले को किस बेदर्दी से मार डाला।'

उन्हें सूचना मिली, 'दोस्त से मारपीट कर बैठा। हार गया। मौका पाते ही उस दोस्त के दाहिने हाथ की उँगलियों को पत्थर से कुचल-कुचलकर बिलकुल भुरता बना दिया।'

ख़बर मिली, 'उसने स्कूल-हॉल की छड़ी चुराकर बेच डाली। कुल तेरह साल की उम्र में इतने सारे रुपयों की ज़रूरत क्यों पड़ गई ? चोरी की यह आदत उसने जाने कहाँ से सीखी ?'

मैकमोहन ने कहा, 'कोशिश करनी होगी। कोशिश करके उसे भलामानस बनाना होगा।'

'सर, हम चाहे कितनी भी कोशिश करें, लेकिन सूअर के कान से हम रेशमी पर्स नहीं बना सकते।'

'नहीं, कोशिश अगर सच्ची हो तो खून में बसी नीचता, निष्ठुरता, लोभ—सब मिटाए जा सकते हैं,' मैकमोहन ने ज़ोर देकर कहा।

लेकिन बाद में उन्हें भी स्वीकार करना पड़ा कि चाहे कितनी भी कोशिश क्यों न की जाए ब्राइट के खून से उसके बाप का असर मिटाना नामुमकिन है।

ब्राइट को जब पता चला कि मामा की धन-दौलत उसे नहीं मिलेगी, उसने क़सम खाई कि वह अपना कैरियर खुद गढ़ेगा।

उसे यह भी समझ आ गया कि चूँकि वह विशुद्ध अंग्रेज नहीं है, इसलिए उसे अन्य अंग्रेजों जैसा बराबरी का सम्मान कभी नहीं मिलेगा। उसका हिंदी सीखना बेहद ज़रूरी है। जब वह हिंदी में अच्छे नंबरों से उत्तीर्ण हो गया तो उसने उर्दू की परीक्षा दे डाली। अब वह उर्दू अख़बार पढ़ने लगा।

लोग उस पर हँस दिए, 'ज़ाहिर है ! ज़ाहिर है ! देशी भाषाओं पर ब्राइट का ख़ासा

दख़ल है, भइए, आखिर क्यों न हो...'

ब्राइट उनका इशारा समझ गया। वे लोग उसके जन्म के बारे में खिल्ली उड़ा रहे थे।

जब से उसने बृजदुलारी के साथ रहना-सहना शुरू किया, तब से उसमें एक क़िस्म का अहंकार और उपेक्षा का भाव भी नज़र आने लगा। अब वह अंग्रेज अफसरों के सामीप्य से कतराने लगा, मानो उसने इस समझ पर मुहर लगा दी हो—हाँ, मेरा पिता भारतीय अंग्रेज की नाजायज़ संतान था। हाँ, मैंने खुद भी भारतीय लड़की को अपने घर ला बिठाया है। लेकिन मैं शर्मिंदा नहीं हूँ।' ब्राइट जुआ खेलता था और सरकारी ख़ज़ाने से रुपए भी चुराता था। कभी-कभार वह पैदल और रिसाला फौजियों को रुपए भी उधार देता था और सूद समेत अपने रुपए वसूल करता था। जुए में भी वह ज्यादातर हारता नहीं था। सरकारी ख़ज़ाने के रुपयों की भी वह भरपाई कर देता था।

अपने रुपयों से वह सोना खरीदता रहा। बृजदुलारी के लिए क़िस्म-क़िस्म के गहने गढ़वाता रहा।

सिपाही और सवार ब्याज चुकाने में असमर्थ हो जाते थे। कंपनी के अफसर जुए में अपना सब कुछ हारकर फकीर हो जाते थे। लोगों का कहना था वह भयंकर अर्थपिशाच है। सोने का उसे बेहद-बेहद लोभ था। तभी तो ब्राइट अपने रुपए जुटाने में जी-जान से जुटा हुआ है। असल में वह लड़की ही शैतान की खाला है।

ब्राइट मन ही मन उन पर हँसता रहता था।

ब्राइट को बृजदुलारी कहाँ मिली, कैसे मिली, यह कोई नहीं जानता। किसी-किसी का कहना था—कुल पचास रुपल्ली के लिए बृजदुलारी के बाप-भाई ने अपनी लड़की ब्राइट के हाथों बेच दी थी।

ब्राइट बृजदुलारी से मनमाने ढंग से बर्ताव करता था।

बृजदुलारी की आया बाहरी लोगों को उनके किस्से सुनाती फिरती थी, 'पता है, साहब अपनी चुरुट से बीवीजी का पाँव दाग देता है। उनका मुँह भी दबोचे रखता है, बीवीजी चीख-चिल्ला भी नहीं पाती।'

किसी-किसी दिन वह कोई और ही किस्सा सुनाती, 'साहब ने माघ महीने की इस कड़कड़ाती ठंड में बीवीजी को निकाल बाहर किया। बीवीजी कुतिया की तरह दरवज्जे पर बैठी रहीं। कई घंटों बाद साहब ने दरवज्जा खोलकर उन्हें अंदर आने दिया।'

लोगों को इन किस्से-कहानियों में ख़ासा मज़ा आता।

'क्यों ? साहब आखिर मारता-पीटता क्यों है ?' लोग सवाल करते।

'क्यों भला ? बूझो तो जानूँ,' आया के होंठों पर अर्थभरी मुस्कान फैल जाती।

सचमुच बृजदुलारी को ब्राइट बेभाव मारता-पीटता था।

असल में ब्राइट बृजदुलारी के साथ तरह-तरह के खिलवाड़ किया करता था। सात सालों के रिश्ते में ब्राइट सात-सात संतानों का बाप बना, लेकिन किसी भी संतान को बचा नहीं सका। बृजदुलारी कभी छमासी, कभी अठमासी मृत संतान को जन्म देती थी।

दो-तीन महीने बिस्तर पर पड़ी-पड़ी बिलकुल मरगिल्ली हो आती। जिस दिन उसे अपनी कोख में भावी संतान के लक्षण नज़र आते, वह दुःख और ग्लानि से फफक-फफककर रो पड़ती। ब्राइट उसकी रुलाई का भी मज़ा लेता। उसे बखूबी मालूम था, बृजदुलारी चाहे जितना रोए-बिसूरे, अपने को चाहे जितना भी कोसती रहे, उससे कुछ होने-हवाने का नहीं। न वह उसे छोड़कर भागनेवाली है, न वितृष्णा से ज़हर खानेवाली है। उसे बखूबी अहसास हो चुका था कि उसने उस औरत का सारा अहम कुचल-पीसकर ख़त्म कर डाला। अब वह भूल चुकी थी कि वह भी इनसान है। बृजदुलारी उसकी ज़रख़रीद गुलाम बन चुकी थी।

बृजदुलारी का रंग ख़ासा गोरा, लेकिन कुम्हलाया हुआ ! उसकी आँखों में डरे हुए जानवर जैसा आर्त भाव ! आँखों के नीचे काले-काले धब्बे ! तमाखू और पान खाते-खाते, होंठ बिलकुल सियाह ! उसके कान, नाक, गले और हाथों में सोने के भारी-भरकम गहने ! कमर में गिन्नी की तगड़ी ! हर वक्त इतने सारे ज़ेवर पहने रहना उसकी लाचारी थी। पल भर के लिए भी इन्हें उतार रखने की उसे अनुमति नहीं थी। उसके कान में एक ही छेद था। ब्राइट एकदम से सोने के आठ-आठ कनफूल गढ़ा लाया। उसने आग में सुई तपाकर खुद ही उसके दोनों कानों में चार-चार सुराख कर डाले और उन्हें कनफूलों से सजा दिया। उसने गोदनहारिन बुलाकर बृजदुलारी को चित्त लिटा दिया और उसका ब्लाउज उतारकर उसकी छाती और गले पर जलती सलाख की नोंक से अपना नाम लिखवा डाला। बृजदुलारी ने एकाध बार भाग जाने की भी कोशिश की। ब्राइट ने उसे धमकाते हुए चेतावनी दी कि अगर दोबारा उसने ऐसी कोशिश की तो वह उसे नंगी करके दिन-दुपहरिया अपने घर से निकालकर सड़क पर बिठा देगा।

उसके बाद बृजदुलारी ने भागने की बिलकुल कोशिश नहीं की। हाँ, न उसने भागने का प्लान बनाया, न खुदकुशी की कोशिश की। जैसे ही, उसकी समझ में आ गया कि यही उसकी तक़दीर का लेखा है, उसे इस ज़िंदगी से कभी रिहाई नहीं मिलेगी और यहाँ से भागकर वह कभी, कहीं जा भी नहीं सकती, वह एकदम से सिमट आई और अपने को उसने क़िस्मत के हवाले कर दिया।

उसके पास भारतीय सिपाही-सवार आया करते थे। उन लोगों को जब अपना ब्याज माफ करने के लिए सिफारिश करानी होती या जब ज्यादा रुपयों की ज़रूरत होती वे बृजदुलारी के आगे गिड़गिड़ाते थे, 'बीवीजी, अगर तुमने मेहरबानी नहीं की तो इस गरीब का बचना नामुमकिन है।'

बृजदुलारी मानो धन्य हो आती। वह ब्राइट के पाँव पकड़ लेती। ज़रूरतमंद को चोरी-छिपे रुपए देती यानी अपनी शरण में आए हुए शख़्स का उद्धार करके ही वह चैन की साँस लेती थी।

लेकिन जैसे ही उन फौजियों का काम हो जाता, वे लोग उपेक्षा से उसे दरकिनार कर देते। उसे देखकर भी अनदेखा कर देते; उससे बात तक नहीं करते थे। रास्ते में भेंट हो जाने पर उसका अभिवादन तक नहीं करते थे। बृजदुलारी के पास जो दासियाँ

रहती थीं, वे लोग उसका काम-काज तो करती थीं, लेकिन उसके प्रति उपेक्षा और असम्मान जाहिर करने से भी बाज़ नहीं आती थीं।

हाँ, अपनी ग़रज पर कोई भी नौकरानी उसके करीब आ खड़ी होती, 'बीवीजी, मेरी बेटी सख़्त बीमार है। उसकी ससुराल पाँच रुपइए भेजना था...'

बृजदुलारी पाँच रुपए निकालकर उसे थमा देती।

लेकिन, बाद में किसी दिन अगर वह दरयाफ़्त करती 'क्यों आया, तुम्हारी बेटी ठीक है ?'

आया बेहद गंभीर मगर नाखुश मुद्रा में जवाब देती, 'ठीक क्यों नहीं होगी ? गृहस्थ घर की बहू है, साग-रोटी ही खाकर सुखी है। वह कोई बाज़ारू औरत तो है नहीं कि सोना-दाना न पहने, तो सुखी न हो।'

यह जवाब सुनकर बृजदुलारी से कुछ बोला नहीं जाता था। वह ख़ामोश हो जाती। अपने को बेहद असहाय महसूस करते हुए वह गहरी सोच में डूब जाती। ना, किसी भी इनसान के साथ एकाध पल के लिए भी सहज होना मुमकिन नहीं था। यह कैसी भयंकर सज़ा है ? सारे-सारे दिन वह घोर निःसंगता के निर्वासन में गुज़ार देती। उसका दिल कचोट उठता। कभी उसे लगता जिस बेटे को उसने नौ महीने तक अपनी कोख में रखा वह जब पैदा हुआ तो सिर्फ 'ट्वाँ' करके ही हमेशा के लिए आँखें मूँद लीं। काश, वह ज़िंदा होता तो शायद उसे थोड़ा-बहुत सुख-चैन ज़रूर नसीब होता। अगले ही पल उसकी सोच बदल जाती। चलो, अच्छा ही हुआ, वह ज़िंदा नहीं रहा। अगर वह ज़िंदा रह जाता तो वह उसका परिचय क्या देती ? नाजायज संतान ! नहीं, नहीं, यह बड़े दुःख और शर्म की बात होती। आखिरकार बृजदुलारी ने सब कुछ छोड़-छाड़ दिया और भगवान की शरण में आ गई।

अब वह व्रत-उपवास, पूजा-पाठ और गंगा-स्नान में जुट गई। क्या जाड़ा, क्या बरसात, वह हर रोज़ नियम से गंगा नहाने जाती। वह सोचती थी—गंगा मइया के निर्मल जल में नहाकर जाने कितने-कितने पापी-तापी तर गए, मुझे क्या मुक्ति नहीं मिलेगी ? या जो लोग मुझ जैसे पापी होते हैं, गंगा मइया उन्हें अपनी गोद में जगह नहीं देगी ?

गंगा के पानी में खड़ी-खड़ी वह सूर्य-प्रणाम करती; हाथ जोड़कर कुछ देर ध्यानस्थ रहती। उस मुद्रा में वह श्वेत संगमर्मर की मूर्ति जैसी लगती थी। उसके माथे और बालों में पानी की बूँदें चमकती रहतीं। उस वक्त उसके बदन पर भीगी साड़ी लिपटी होती। उजला-धुला, मगर स्निग्ध गौरवर्ण ! काले-कजरारे बाल ! बड़ी-बड़ी आँखें !

दूसरी-दूसरी महिला स्नानार्थी उसे सुना-सुनाकर कहतीं, 'देखो ! देखो ! आई तो हैं गंगा नहाने, मगर लोगों को अपना जलवा दिखा रही है। उफ ! क्या-क्या नाटक कर सकती है रे बाबा !'

बृजदुलारी ये बातें सुनकर भी अनसुनी कर देती। उसके बाद नहाना-धोना निपटाकर लोटे में गंगाजल भरती और पानी से बाहर निकल आती। ना, वह दाएँ-बाएँ, सामने-पीछे किसी ओर भी नज़र नहीं डालती थी।

11

गंगाघाट पर ही एक दिन बृजदुलारी और चम्पा का परिचय हुआ। शिवरात्रि के अगले दिन !

सतीचौरा के घाट पर उस दिन काफी भीड़ थी। एक बड़ी सी छतरी के नीचे चौकी बिछाकर घाट-पंडा बैठा हुआ था। गंगा-नहाने को आए हुए पुण्यार्थी नहा-धोकर घाट की सीढ़ियों से ऊपर आते और उसके सामने प्रणामी रखकर आगे बढ़ जाते।

चम्पा ने भी आँख मूँदकर डुबकी लगाई और लुटिया में पानी भरकर ऊपर चली आई। उसने पंडाजी के सामने एक रुपया टिका दिया। उसके साथ-साथ ही कोई दूसरी औरत भी झुकी और उसने पंडे के सामने दो रुपए रख दिए। चम्पा की अचकचाई हुई निगाहें एकबारगी उस औरत की तरफ उठ गईं। लेकिन दूसरी औरत ने उससे नज़रें नहीं मिलाईं। चम्पा ने नज़रें झुका लीं।

घाट-पंडे ने हँसकर अभिनंदन किया, 'माताओं की जय हो। इस ब्राह्मण को तो पैसे-दो पैसे ही मिल जाएँ तो उसका गुज़ारा हो जाता है। तीन रुपयों में तो पूरा महीना भर चल जाएगा।'

चम्पा दो-तीन घाट-सीढ़ियाँ चढ़कर आगे बढ़ गई।

किसी अंधे किशोर को, उसकी माँ सीढ़ियों पर बिठा गई थी। वह घुटने मोड़े बैठा हुआ था और सिर झुकाए-झुकाए गाए जा रहा था–बसो मेरे नयनों में नंदलाल !

गाने की एक कड़ी गाने के बाद वह गुहार लगाता–'सूरदास पर दया करो।' बीच-बीच में वह आँखें उठाकर आसमान पर भी टिका देता था। सूरज की किरणें सीधे उसकी आँखों पर पड़ती हुईं ! धूप जब उसकी आँखों में घुलने लगेगी, आँखों का अँधेरा पिघलने लगेगा, वह समझ जाएगा शाम हो आई।

अचानक उसकी हथेली पर किसी ने अपनी कोमल हथेली रखकर कहा, 'ले, सूरदास, यह रुपया पकड़।'

अंधे लड़के ने चम्पा के हाथ से रुपया ले लिया। बृजदुलारी भी भिखारियों में किसी को एक, किसी को दो-दो पैसे टिकाती जा रही थी।

उसने दासी से कहा, 'ले, ये दो रुपए और उस अंधे बच्चे को दे आ।'

चम्पा की नज़रें उसी पर गड़ गईं। एक धारदार मुस्कान फेंककर उसने सीढ़ियाँ पार कीं और घाट के ऊपर आ पहुँची। सती के चितास्थल पर नन्ही-नन्ही शिलाओं जैसे पत्थर पड़े हुए थे। बृजदुलारी उन पर जल चढ़ा रही थी।

चम्पा को देखकर एक ब्राह्मण बालक आगे बढ़ आया। कुछ नक़दी पाने की उम्मीद में उसने गाल और गला फुलाकर गाना शुरू किया, 'चलो, चढ़ाओ जल ! जल चढ़ाओ ऽऽऽ ! यहाँ सती औरतें ऽऽऽ, अपने पतियों के चरण पकड़कर ऽऽऽ, आग के रथ पर चढ़कर ऽऽऽ स्वर्ग चली गईं ऽऽऽ। चलो, जल चढ़ाओ ! पुण्य होगा ! पुण्य !'

चम्पा हँस पड़ी, 'क्यों रे, पुण्य से होगा क्या ? मैंने क्या कोई पाप किया है ? जो लोग पापी-तापी हैं, वे पुण्य करें।'

बृजदुलारी अचानक घूमकर खड़ी हो गई। उसने चम्पा पर आहत-आर्त-सी निगाह डाली और हाथ का जल मिट्टी में उड़ेलकर वापस लौट गई।

चम्पा ने अचकचाकर पूछा, 'क्यों रे, यह औरत कौन है ?'

ब्राह्मण-बच्चे का चेहरा ज़रा लटक गया।

उसने जवाब दिया, 'ये बृजदुलारी हैं, साहब की बीवी ! तुम्हारी बात सुनकर चली गईं वरना मैं उसको सती-स्तोत्र सिखाता। वह मुझे पूरे चार पैसे देतीं।'

'हाँ, जरूर देती। तुझसे कहा था उसने !'

'अरे वाह ! वे तो रोज़ ही देती हैं।'

चम्पा अपने खयालों में डूबी हुई घर लौट आई।

शिवरात्रि के बाद, अगला दिन !

चम्पा ने तय किया, आज वह अपने हाथों से खाना पकाएगी। उसने दासी को चौके में जाकर चूल्हा जलाने को कहा और खुद पीठ पर बाल छितराए धूप में आ बैठी।

संपूरण मूँज की खटिया पीट-पीटकर खटमल निकाल रहा था।

चम्पा ने कहा, 'अरे, वह सब छोड़ो और मेरी बात सुनो।'

सारी बात सुनकर संपूरण ने कहा, 'वह बृजदुलारी थी। ब्राइट की बीवी। मैं चाहता हूँ, तू उससे दोस्ती कर ले।'

'क्यों ?'

'इससे तुझे क्या मतलब ? बस, तू उससे दोस्ती कर ले।'

संपूरण ने ज़रा सोचकर दोबारा कहा, 'उसके पास ढेर-ढेर धन-दौलत और गहने हैं।'

चम्पा हँस पड़ी, 'तो क्या मैं उससे यह कहूँ कि अपने सारे गहने पहनकर यहाँ चली आए ? तुम क्या उसके गहने छीन लोगे ?'

संपूरण भी हँस पड़ा, 'न्ना ! लेकिन, तू अगर उसे यहाँ बुला सके तो बड़ा फ़ायदा होगा। वैसे तू उसे निरी बुद्धू-बक्काल न समझना। बड़ी चालाक औरत है। यह बात उसे बखूबी मालूम है कि सन् अट्ठारह सौ छप्पन में जिनके घर में सोना है, वही बुद्धिमान है। देखो न, कम से कम सौ भरी सोना हर वक्त वह अपने बदन पर लादे रहती है।'

'क्यों ?'

'इसलिए कि अगर वह भागने में कामयाब हो गई तो साहब को दिवालिया बनाकर छोड़ जाएगी। मुझे यह जानने का बेहद मन करता है कि साहब आखिर किस पर इतना भरोसा करता है कि अपनी सारी जमा-पूँजी उसके पास जमा रखता है। मैं यह पता करना चाहता हूँ कि साहब और दूसरे-दूसरे साहब लोग चाँदी के सिक्कों के बदले में सोने की मुहरें वसूल करते हैं या नहीं। मैं यह भी पता करना चाहता हूँ कि ब्राइट साहब

रेजिमेंट से बाहर किस-किस के साथ कारोबार चलाता है। इसके अलावा मुझे और भी कई-कई बातों की जानकारी चाहिए, जिसका मुझे किसी हाल भी पता नहीं चल रहा है। इसलिए मैं कह रहा हूँ चम्पा, तू उससे दोस्ती कर ले।'

संपूरण ने बाक़ायदा पानीदार के लहजे में अपना आखिरी वाक्य पूरा किया, 'जा...न ! उससे कुछ रुपए उधार माँग ! वह चट् से उधार दे देती है, बहुतेरों को देती है।'

चम्पा पालकी में चढ़कर बृजदुलारी की हवेली आ पहुँची।

बृजदुलारी ने कालीन, सोफे, विलायती पेंटिंग्स और हाथ से खींचे जानेवाले पंखे से सज्जित कमरे में उसे ला बिठाया।

उसने पूछा, 'पान खाओगी ? तमाखू ?'

चम्पा ने इनकार की मुद्रा में हाथ जोड़कर सविनय अपनी ज़रूरत ज़ाहिर की, 'मुझे तुम सौ रुपए उधार दे सकती हो ?'

'रुपए तो नहीं हैं मेरे पास। हाँ, सोने की मोहर है।'

'तो वही दे दो। ये मेरे कंगन रख लो। जब रुपए लौटा दूँ तो वापस ले लूँगी।'

'छिः मुझे तुम शर्मिंदा कर रही हो।'

चम्पा कुछ देर तक इधर-उधर की बातें करती रही। बृजदुलारी ने घूम-घूमकर उसे अपनी हवेली दिखाई। चम्पा के पालकीवाहकों और दास-दासियों को भी मिठाई भेजी।

चम्पा के सामने भी एक तश्तरी पेश करते हुए उसने कहा, 'कम से कम एक पान तो खा लो।'

चम्पा ने एक पान उठा लिया।

जब वह जाने लगी तो अचानक बृजदुलारी ने सवाल किया, 'एक बात पूछूँ ?'

'हाँ, पूछो।'

'तुम क्या सच ही सिर्फ रुपए उधार लेने आई थी ?'

'ना, तुमसे दोस्ती भी करना चाहती थी। अगर सिर्फ रुपयों की ही ज़रूरत होती तो तुम्हें ख़त और ये कंगन भिजवा देती।'

'तुम सच कह रही हो ? मुझसे जान-पहचान करने आई थी ?'

'हाँ, सच ! कभी तुम हमारे यहाँ आओ न !'

बृजदुलारी सचमुच एक दिन पालकी में सवार होकर उसके यहाँ आ पहुँची। उसके साथ आया भी आई थी। उसके बाद चम्पा फिर एक दिन उसके यहाँ गई। बृजदुलारी भी एक बार पैर फेर गई, इस तरह कुछ ही दिनों में दोनों में गहरी दोस्ती हो गई।

संपूरण बेतरह खुश्श ! बृजदुलारी के आते ही वह अपने कमरे से हट-बढ़ जाता। वह खुद बाज़ार जाता और खाने-पीने का सामान खरीदकर भिजवा देता।

एक दिन बृजदुलारी ने ही कहा, 'यह तो बड़ा मज़ेदार किस्सा हुआ। मुझसे सब

लोग नफरत करते हैं, तुम्हें हर कोई प्यार करता है। अब हमारी-तुम्हारी दोस्ती देखकर लोग जाने क्या समझ रहे होंगे।'

एक दिन बृजदुलारी पालकी में सवार होकर उसके घर आई। साथ में वह अनाज से भरी हुई थाली भी लाई।

'एइ चम्पा ! आज हम-तुम खाना पकाएँगे और दोनों मिलकर खाएँगे। ठीक है ?'

'लगता है तुम्हारा साहब घर पर नहीं है।'

'नहीं, घर पर ही है, मैं कहकर आई हूँ। सुनो, ये सामान मैंने महाराज के हाथों मँगवाया है। तुम पकाओ मैं खाऊँगी। चलो, निश्चिंत रहो, मैं तुम्हारी रसोई में पाँव नहीं रखूँगी।'

'क्यों ?'

अपने दिमाग़ पर ज़ोर डालते ही चम्पा समझ गई।

उसने हँसकर कहा, 'तुम शायद यह सोच रही हो कि तुम्हारी वजह से मेरी जात चली जाएगी। नहीं जी, मैं तो पूरे एक महीने तक साहब के घर में साहब के नौकर के हाथ का बना खाना खा चुकी हूँ। मैं क्या अभी तक इस इंतज़ार में हूँ कि तुम्हारे हाथ मेरी जात मारी जाए ? बहुत...बहुत साल पहले...छुआछूत की बात-विचार मैं झाड़कर फेंक आई। पता नहीं, अब मेरी कोई जात है भी या माटी में मिल गई।'

बृजदुलारी खुशी से गद्‌गद होकर फर्श पर ही बैठ गई।

उसने छुरी उठा ली और आलू काटने लगी। मारे उत्साह से वह दाल में नमक डालना भूल गई; सब्ज़ी में एक की जगह दो-दो बार नमक झोंक दिया। रसोई बनाते-बनाते, दूसरी तरफ देखकर बतियाते हुए उसने आलू की सब्ज़ी और गोभी की भाजी अलग-अलग बर्तनों में उड़ेलने के बजाय, थोड़ी ज़मीन पर थोड़ी बर्तन में छितरा दी। चूल्हे पर हँड़िया तो चढ़ा दी मगर चावल डालना भूल गई। जब भात उतारा और हँड़िया में सिर्फ पानी खौलते हुए देखा, तो हँसते-हँसते लोट-पोट हो गई। उसकी क़ीमती साड़ी भी घी-तेल-मसाले में सनकर एकाकार हो गई।

खाना-पीना निपटाने के बाद आँगन में नीम की छाँव तले बैठी-बैठी वे दोनों बतकही में जुट गईं। काफी दिनों से बृजदुलारी को ऐसी खुशी नसीब नहीं हुई थी। चम्पा को आखिर नींद आने लगी, मगर लिहाजवश उसने बृजदुलारी से कुछ नहीं कहा। जैसे किसी ग़रीब बच्चे को कोई क़ीमती खिलौना थमा दिया जाए और वह महाखुश नज़र आए, बृजदुलारी भी बिलकुल वैसी ही खुश-खुश लग रही थी, मानो इतना सुख इतनी निश्चिंतता उसकी ज़िंदगी में पहले कभी नहीं आई थी। उसकी उम्र भी जैसे काफी कम हो गई थी।

'चम्पा, एक बात कहूँ ? मेरा बड़ा मन कर रहा है, तुझे अपने बारे में बताऊँ !'

चम्पा की उत्सुक निगाहें उसके चेहरे पर गड़ गईं।

बृजदुलारी ने रुक-रुककर अटपटी जुबान में अपनी बात शुरू की, 'पता है मेरा एक छोटा सा गाँव था—सिधारन ! उस गाँव के ठाकुर साहब मेरे पिता थे। बापू के पास कोई जमा-पूँजी नहीं थी। लेकिन मेरे बापू को दौलत से बेहद प्यार था।' उसने फौरन कैफियत भरे अंदाज़ में कहा, 'असल में मेरे बापू की दो-दो शादियाँ हुई थीं। हम सब ढेर सारे भाई-बहन थे। रुपइए बिना काम भी कैसे चलता ?'

थोड़ी देर ख़ामोश रहने के बाद, उसने बातों की अगली कड़ी जोड़ी, 'पता है, लोगों ने बताया, बचपन में ही मेरा ब्याह हो गया था और उसी नन्ही उम्र में मैं बेवा भी हो गई।'

अचानक बृजदुलारी ने बेभाव ठहाका लगाकर कहा, 'चार महीने की लड़की और साल-भर का लड़का ! हो गया ब्याह ! ज़रा सोच तो सही ! वह भी भला कोई ब्याह था ? उम्र की पाँचवीं दहलीज़ पर क़दम रखते-न रखते दूल्हा मियाँ भगवान को प्यारे हो गए। उस वक्त तो मैंने साड़ी पहनना भी नहीं शुरू किया था। जाड़े के मौसम में मेरी माँ मेरी गर्दन-छाती पर टुकड़ा भर कपड़ा बाँधकर मुझे ढाँक-तोपकर रखती थी। मुझे कोई होश नहीं था। उन्हीं दिनों मेरी तकदीर में आग लग गई।'

बृजदुलारी हँसते-हँसते अपनी दास्तान बयान करती रही। वह भी इस तरह, मानो ज़िंदगी का कोई हादसा नहीं, बल्कि कोई हँसी की कहानी सुना रही हो।

'छः साल पहले साहब ने उस गाँव में तंबू लगाया। जाने कब और कैसे तो उसकी निगाह मुझ पर पड़ गई—'

'उसके बाद ? उसके बाद क्या हुआ ? वह तुम्हें यहाँ कैसे उठा लाया ? तुम्हें यूँ तिल-तिल करके खत्म करने, तुम पर इतनी बेरहमी से हाथ उठाने का इख्तियार उसने कहाँ से झाड़ लिया ?'—चम्पा के मन में ये सारी बातें जानने की तीखी चाह जाग उठी। उसका मन हुआ कि वह चीख-चीखकर ये सारे सवाल उससे पूछ डाले। लेकिन उसने अपनी जुबान से एक शब्द भी नहीं निकाला।

बृजदुलारी खुद ही बताती रही, 'मेरे बापू को साहब ने ढेर सारे रुपइए दिए। मेरे भाई को भी नौकरी दी। मैं...सूरत-शक्ल से काफी खूबसूरत थी न !...उसकी आँखों को भा गई।'

बृजदुलारी कहानी सुनाते-सुनाते ठिठक गई। उसने अपनी ख़ामोश निगाहें चम्पा के चेहरे पर गड़ा दीं। शायद वह यह पढ़ने की कोशिश कर रही थी कि चम्पा कहीं, किसी और ख्याल में तो गुम नहीं है।

बृजदुलारी फिर शुरू हो गई, 'तुम शायद यह सोच रही हो कि मेरे बापू ने मुझे उसके हाथों बेच दिया। रुपइए के लोभ में उसने मुझे साहब के हवाले कर दिया। ना, ना, ऐसा मत सोचो। मेरे बापू मुझे बेहद प्यार करते थे। मैं रोज़ उनके लिए तमाखू भरती थी। उन्हें दूध गर्म करके पिलाती थी। मेरे बापू अफीम भी खाते थे। मेरी माँ, छोटी माँ सभी मुझे प्यार करते थे। हम लोग चार सगे भाई-बहन थे। छोटी माँ को हर साल बच्चा होता था। उन बच्चों की देखभाल मैं ही करती थी। लेकिन दुखी तो सभी

थे। बापू क्या करते तू ही बता ? घर-गृहस्थी में रुपए-पैसों की ज़रूरत तो क़दम-क़दम पर पड़ती है न ?'

'तुम्हारे बाप-भाई अब तुमसे मिलने भी नहीं आते ?'

'मेरा भाई आता है, कभी-कभार ! रुपइए लेकर चला जाता है।'

'तुम्हें अपने साथ क्यों नहीं ले जाता ?'

'छिः, यह कैसे संभव है भला ? अब मैं लौटकर भी जाऊँ तो मेरे बापू क्या मुझे घर में बैठने देंगे ? जात-बाहर नहीं हो जाएँगे ? गाँव में बापू का काफी आदर-सम्मान है,' बृजदुलारी ने रुककर उसाँस भरते हुए कहा, 'छोटी बहन के ब्याह पर मेरे भाई ने एक लड़ी चेन की फरमाइश की थी। लेकिन मैं क्या करती, मुझे दाना भर गहना देने का हुकुम नहीं है। उसे नहीं दे सकी। भाई गुस्सा हो गया। तब से साल-भर गुज़र गया, वह नहीं आया। उन सबका कुशल-मंगल जानने का, उनकी खोज-खबर लेने का, मेरा मन बड़ा छटपटाता है, लेकिन क्या उपाय ?'

'हाँ, अब उन्हें आने की क्या ग़रज, ज़रा खुद ही सोच। तुझे बेचकर उन लोगों ने नौकरी ख़रीदी, सुख ख़रीदा। अब तू उनके किस काम की ?' चम्पा ने अचानक रूढ़-सा सवाल किया, 'तुम्हारा कभी खुदकुशी करने का मन नहीं किया ?'

बृजदुलारी ने हकबकाई निगाहों से चम्पा को देखा। शिशु जैसी मासूम दृष्टि !

'हाँ, किया था ! कोशिश भी की थी। लेकिन खुदकुशी गुनाह है, किसी ने मुझे समझाया।'

'क्या कहा था ?'

'उसने कहा कि मरना बेमानी है। उसने यह भी कहा, जीना किसे कहते हैं, वह जानता है। वह तो मुझे अपने साथ ले जाना चाहता था।'

'तो तुम गई क्यों नहीं ?'

'उस शख़्स ने मुझसे कई अद्‌भुत-अद्‌भुत बातें कही थीं। उसने कहा मुझमें और बाकी सभी इनसानों में देवता का वास है। बहरहाल, उसने जो-जो कहा, एक भी मेरे पल्ले नहीं पड़ा। मैं तो तुम्हारे सामने बस उसकी बातें दुहरा रही हूँ। अगर तुम्हारी समझ में आ जाए तो तुम खुद ही समझ लो। उसने कहा था, जिस क़िस्म की ज़िंदगी गुजारते हुए, अगर किसी को इनसानों से नफरत हो जाए, खुदकुशी का खयाल आने लगे तो वैसी ज़िंदगी जीना गुनाह है। इससे देवता का अपमान होता है। उसी ने मुझे जीना सिखाया।'

'तुम उसी के साथ चली क्यों नहीं गईं ?'

'मुझमें हिम्मत नहीं थी चम्पा ! मैं डर गई थी।'

'क्यों ?'

'हर पल डरते-डरते मैं अपने भीतर का समूचा साहस ही खोती चली गई, यह बात, पहले मुझे समझ में नहीं आई थी। जब उसके साथ जाने का वक्त आया तब मुझमें बूँदभर भी हिम्मत नहीं बची थी।'

बृजदुलारी ने नीम की एक पत्ती तोड़ ली और उसे तोड़-तोड़कर चिंदियाँ बनाती रही।

अचानक उसने सिर उठाकर कहा, 'पता है, मुझे लगा था मैं उसे भूल गई। लेकिन इधर कई दिनों से उसकी बेतरह याद आ रही है।'

'वह क्या तुझसे बहुत दूर चला गया है, बृजदुलारी ?'

'नहीं चम्पा, इन दिनों वह इसी शहर में आया हुआ है।'

'तुम उससे मिली नहीं ?'

'ना, चम्पा ! हालाँकि वह मेरी हवेली के बिलकुल पास ही रहता है ! यूँ मेरे मन के अंदर बसा हुआ है। मेरी साँस-साँस उसे देखने के लिए बेचैन है। लेकिन उससे मिल नहीं सकती मैं। इसके अलावा जब मैं उसके साथ जा ही नहीं सकती तो सिर्फ आँख भर देखने से भला क्या होगा ? तू ही बता।'

'क्यों, तुम उसके साथ जा क्यों नहीं सकतीं ?'

'मुझमें इतनी हिम्मत जो नहीं है। अब तो मैं और भी डरपोक हो गई हूँ। मुझे देखकर वह अब और ज्यादा दुखी होगा।'

विदा लेते हुए बृजदुलारी ने चम्पा का हाथ पकड़कर कहा, 'आज का दिन बड़ा अच्छा गुज़रा। यह दिन मुझे हमेशा याद रहेगा।'

जाते-जाते पालकी का पर्दा हटाकर वह एक बार फिर हँसी।

कुछ देर के लिए चम्पा का मन भी बेहद भारी हो आया। इस बृजदुलारी से उसे सचमुच लगाव हो गया था। बृजदुलारी के लिए उसे असहनीय तकलीफ हो आई। उसके भाग्य पर वह बेतरह उदास हो आई।

12

चम्पा एक दिन सचमुच डेरापुर अपने गाँव जा पहुँची।

वह संपूरण को भी अपने साथ ले गई। गाँव आते वक्त उसने अपने सारे गहने भी पहन लिये। उसने बृजदुलारी से दो दिनों के लिए सतलड़ी हार भी उधार माँग लिया था। फर्श की ईंट उखाड़कर सोने की मोहरें भी निकाल लीं।

गाँव में दाखिल होने से पहले, उसने हाजीपुर में एक पालकी किराए पर ली। बड़ी-सी पालकी ! दोनों प्राणी आमने-सामने बैठ गए।

चम्पा की झोंपड़ी खंडहर बन चुकी थी। वह कौशल्या के यहाँ ठहर गई। चम्पा के आँगन में गाँववालों की भीड़ लग गई। उन लोगों ने अवाक् होकर देखा, चम्पा दरी बिछाए, सज-धजकर बैठी थी। बीच-बीच में वह चाँदी के डिब्बे से पान की गिलौरियाँ निकाल-निकालकर मुँह में डाल रही थी। उसकी दोनों हथेलियों में आठ-आठ अँगूठियाँ !

गले में सतलड़ी हार ! बदन पर रेशम की लाल-सुर्ख साड़ी; मखमल की अँगिया ! भारी रेशमी चादर ! किनारी पर चाँदी के नन्हे-नन्हे झूमर लटकते हुए !

चम्पा ने सभी लोगों का यथायोग्य सम्मान किया। सबसे पहले लाला की माँ ही रोते-रोते दाखिल हुईं। कुछ देर वे सूरज को याद करते हुए बेतरह विलाप करती रहीं।

रोते-रोते ही वे चम्पा से मुखातिब हुईं, 'तुझे छोड़कर आते हुए मुझे भी शांति नहीं थी रे ! हिरुआ और दूसरे गाड़ीवानों को साथ लेकर तुझे कितना-कितना खोजा मैंने !

कुछेक पल बाद उनकी रुलाई थम गई। अब उन्होंने चम्पा के हाथ-बाँह के गहने हिला-डुलाकर यह अंदाज़ा लगाने की कोशिश की कि यह वाकई सोना है या गिलट !

धीरे-धीरे भीड़ बढ़ती गई। अड़ोस-पड़ोस के घरों की लड़कियाँ भी आ जुटीं। बच्चों का झुंड तो लगातार उसके इर्द-गिर्द ही मँडराता रहा। कौशल्या को बेहद गर्व हो आया। इतने-इतने लोग वहाँ आते गए कि उन्हें बैठाने के लिए उसके पास आसनों की कमी पड़ गई। तिवारी परिवार के घर से खटिया मँगवाई गई ! हर किसी के मन में कौतूहल ! चम्पा...उन सबकी जानी-पहचानी लड़की जिसे डाकू उठा ले गए थे...डाकुओं के हमले से एक दिन पहले तक वह लाला की माँ की सुपारी कतरती रही थी और सरौता खो जाने की वजह से उसे ख़ासी डाँट भी खानी पड़ी थी और वह बेभाव रोती भी रही थी...अचानक उसी लड़की के हाथ इतनी सारी दौलत कहाँ से आ गई ? असली सोने के भारी-भारी गहने, चाँदी का पनडब्बा, माँग में असली मोतियों का माँगटीका ! लोगों के मन में ढेर-ढेर सवाल मचल रहे थे। मगर पूछने की हिम्मत नहीं पड़ी !

अंत में केशवराम भी आ पहुँचे। मारे कौतूहल के उनसे रहा नहीं गया।

केशवराम ने आते ही कहा, 'मुझे मालूम था, एक न एक दिन तू ज़रूर रानी बनेगी। मैंने तेरी माँ से भी यह भविष्यवाणी की थी।'

चम्पा ने सिर झुकाकर बमुश्किल अपनी हँसी रोकी।

उसने धीर-गंभीर आवाज़ में कहा, 'आज मेरे लिए बड़ी खुशी का दिन है। मेरी कुटिया में इतने सारे लोगों की चरणधूलि पड़ी। मैं धन्य हो गई। अगर गाँववाले अनुमति दें तो मैं कुछ निवेदन करना चाहती हूँ।'

'हाँ, हाँ, कहो न भई ! तुम हमारी ही बेटी हो, हमसे बात करने के लिए पूछने की क्या ज़रूरत ?'

'मैं यह सोने की मोहर भगवान गैवीनाथ को चढ़ावे के रूप में केशव काका को सौंपती हूँ, यह दूसरी मोहर अपनी अम्मू के नाम देती हूँ। इस मोहर को पत्थर के टुकड़े में जड़कर उसके नीचे मेरी अम्मू का नाम लिख दें और वह पत्थर मंदिर की सीढ़ियों पर लगा दिया जाए। मेरी अम्मू को पुण्य-लाभ होगा। भगवान गैवीनाथ के मंदिर में देश-देश से सैकड़ों दर्शनार्थी आते हैं। वे लोग सैकड़ों तीर्थों से होकर यहाँ पहुँचते हैं। जब उन पुण्यार्थियों के चरण इस पत्थर पर पड़ेंगे तब मेरी अम्मू भी उनके पुण्य-लाभ में भागीदार होंगी।'

'वाह ! उत्तम ! अति उत्तम ! चम्पा ने सर्वोत्तम बात कही। अति श्रेष्ठ काम किया।'

जितने लोग, उतने मंतव्य !

'पंडितजी का घर भी देखा, जीर्ण-शीर्ण हो गया है। पंडितजी, मानती हूँ, आपकी पाठशाला में मैं अच्छी पढ़ुआ नहीं थी। आपको काफी तंग किया है मैंने। अमृत और चन्दन को आपने मारने की धमकी दी थी, इसलिए मैंने आपकी बेंत चुरा ली थी। बचपन में मैंने सैकड़ों अपराध किए हैं। उस उम्र में समझ जो नहीं थी। लीजिए, आप ये दो रुपए स्वीकार करें, मेरी तरफ से गुरुदक्षिणा ! और इन तीन रुपयों से अपने घर की मरम्मत करा लें। टूटे-फूटे घर में रहने का कष्ट मैं जानती हूँ, पंडितजी ! क्या ठंड, क्या बरसात, जो लोग टूटे-फूटे घरों में रहने को लाचार हैं, वे हर घड़ी कष्ट झेलते रहते हैं।'

पंडितजी अभिभूत हो आए।

उन्होंने अपना काँपता हुआ अचल हाथ उठाकर चम्पा को आशीर्वाद देते हुए बुदबुदाकर कहा, 'कितने-कितने विद्यार्थी मुझसे पढ़ना-लिखना सीखकर अब कारोबार में लगे हैं। सैकड़ों रुपयों की कमाई करते हैं। लेकिन किसी ने मेरा हाल नहीं पूछा। कभी कोई याद भी नहीं करता।'

चम्पा कुछेक पल को ख़ामोश हो रही। उसने खखारकर अपना गला साफ किया। उसके बाद पलकें उठाकर चारों तरफ देखा। न्ना, इत्तने-इत्तने लोग आए, मगर प्रताप या चन्दन नज़र नहीं आए। वे लोग आएँगे भी नहीं। भला क्यों आएँ ? सोना-दाना, रेशम, पटसन वगैरह उन्होंने ढेर-ढेर देखे हैं। इसके अलावा वे लोग चम्पा से अभी भी नफरत करते हैं, शायद चन्दन भी !

चम्पा बोलती रही, 'मेरे बापू की वह जो दो बीघे ज़मीन लाला काका ने खरीद ली थी पता नहीं अब उसकी क्या क़ीमत है। मैं कौशल्या नानी के नाती को ये पच्चीस रुपए सौंपती हूँ—'

'पच्चीस रुपए ?'

'बाप रे ! इतनी रकम से तो एक लड़की ब्याह जाती है।'

'पाँच-पाँच दुधारू गाय खरीदी जा सकती हैं।'

'कौशल्या का साल-भर का खर्च !'

चम्पा ने ये सारे मंतव्य सुने।

उसने बातों की अगली कड़ी जोड़ी, 'कौशल्या नानी को रुपए नहीं दूँगी तो किसको दूँगी ? उन्होंने मेरी अम्मू की देखभाल की, मेरा ख्याल रखती रहीं। उनका नाती दूसरों के खेतों से मकई और पेड़ों से बेरियाँ, अमरूद वगैरह ला-लाकर मेरे दुःख के दिनों में खिलाता-पिलाता रहा। तुम लोग, सारे गाँववाले यहाँ मौजूद हो। ज़रा उसे देखना कहीं वह ठगा न जाए। वे दो बीघे ज़मीन ख़रीदकर उसे सौंप देना। वह उस ज़मीन का फ़ायदा भोगे, अपने घर की भी मरम्मत करा ले और ज़रा सुख-आराम से रहे, माँ-बेटे को अगर भर पेट खाना मिलता रहे, नए घर में आराम से उठ-बैठ-सो सकें तो मेरी अम्मू की आत्मा को शांति मिलेगी।'

चम्पा ने हाथ जोड़कर कहा, 'मुझे, बस एक बात और कहना है। ये और दो मोहरें हैं, मैं कौशल्या नानी के नाती को देती हूँ। मेरी माँ के नाम से वह एक कुआँ खुदवा दे। उस पर यह भी लिखवा दे—स्वर्गीय सूरज कुमारी, स्वर्गीय अनन्तराम की विधवा का कुआँ ! उस कुएँ से सभी लोग पानी लेंगे। गर्मी के दिनों में दूसरों के घर से पानी लाने में मेरी अम्मू ने बड़ी-बड़ी तकलीफें उठाई हैं।'

केशवराम ने गला खखारकर कहा, 'चम्पा, तूने जो कहा, सच ही कहा। लेकिन, एक बात है। तेरा घर तो गाँव के कोने में है। आखिर कितने लोग पानी लेने यहाँ तक आएँगे ? पंडितजी के मकान के सामने, बाज़ार के इलाके में जो कुआँ है, वह बुझता जा रहा है। उसकी जगत भी टूट-फूट गई है। गहराई भी कम होने लगी है। तू वह कुआँ फिर से बनवा दे। वह कुआँ गाँव में किसी के नाम नहीं है। कई सालों पहले तालुकेदार की विधवा ने लोगों की सुविधा के लिए वह कुआँ खुदवाया था। हाट-बाज़ार की तरफ आते-जाते मुसाफिरों को पानी नसीब नहीं होता, बैसाख की चिलचिलाती धूप में बिचारों को लाला के घर पानी माँगने जाना पड़ता है।'

'चलिए ऐसा ही कर लें।'

चम्पा को थकान आने लगी। उसने सोचा था कि इन गाँववालों के बारे में उसके मन में ढेर-ढेर शिकायतें जमा हैं। उन्हें वह कभी माफ नहीं कर पाएगी। लेकिन उसने देखा, नहीं, इन पर चोट करने लायक ज़ोर वह नहीं जुटा पाई।

अब लाला की माँ ने जुबान खोली, 'चम्पा, यह जो तूने दे-दिला दिया, यह तो तूने भला किया। तूने अपने जोग कारज किया। लेकिन, अब मैं गाँव के मरद लोगों से एक बात पूछना चाहती हूँ। मैं पूछती हूँ इन लोगन ने सोने की मोहर क्या पहले कभी नहीं देखी ? इन लोगों ने यह जानने की तो कोशिश ही नहीं की कि तुझे इतनी धन-दौलत, इतनी मोहरें मिली कहाँ से ? यह रुपया कहीं पाप की कमाई तो नहीं है ?'

चम्पा के होंठों पर तीखी-सी हँसी उमड़ आई, 'मैं जानती थी दादी, यह बात ज़रूर उठेगी। मैं तो सिर्फ यह सोच रही थी कि यह सवाल कब और कौन उठाता है। मेरे ये रुपए पाप की कमाई के हैं या नहीं इसका जवाब मैं नहीं दूँगी दादी ! लेकिन, मेरा कहना है, केशव काका यह बात हमेशा रटते रहे हैं कि सोना-चाँदी में कभी दोष-पाप नहीं लगता। इन्हीं भगवान गैवीनाथ के नाम पर घाटमपुर के ठाकुर साहब की रखैल, उस बाईजी ने सोने की पाँच मोहरें चढ़ावे में दिए थे। अपने बेटे की बीमारी में उसने मनौती मानी थी। जब उस मोहर के बारे में बातें उठने लगीं तो इन्हीं केशव काका ने कहा था—सोना-चाँदी में कोई दोष-पाप नहीं।'

'ठीक ! ठीक !' सबने समवेत हुँकारी भरी।

'मुझे वह बात याद है दादी, मैंने मंदिर और कुआँ बनाने के लिए मोहरे दी हैं। क्यों दी हैं आखिर ? इसलिए कि सोना दिया जाए तो कोई भी ले लेगा। दादी, मैंने जो-जो जिसे दिया है, वह प्यार से दिया है। पंडितजी का टूटा-फूटा घर सबकी नजर के सामने था, कोई भी उस असहाय बूढ़े के घर की मरम्मत के लिए आगे नहीं आया।

तुम्हारी तरह और कितने ही लोगों के घर में गड्डी-गड्डी फूस धरा है; भर-भर बोरियाँ गेहूँ जमा हैं, हंडा भर-भर दूध-घी मौजूद है, लेकिन कौशल्या नानी के नाती को किसी ने एक गड्डी फूस या मुट्ठी-भर भी गेहूँ निकालकर दिया ? दादी, तुम लोग संसारी जीव हो। तुम लोग पैसे नहीं फेंक सकते, इसलिए मैंने ही दे दिए। मुझे एक और बात भी कहना है। मैं तुम लोगों की बेटी जैसी हूँ। अगर मैं प्यार से कोई चीज़ देती हूँ और तुम लोग अगर उसे लौटा दो तो इससे क्या सिर्फ मुझे ही तकलीफ होगी ? तुम लोगों को कोई तकलीफ नहीं होगी ?'

लाला की माँ सकपकाकर एकबारगी चुप हो गई।

थोड़ा ठहरकर उन्होंने कहा, 'बाप रे, चम्पा, तू इतना रच-रचकर बातें करना सीख गई रे ? मुझे तो तेरी एक बात का भी जवाब नहीं सूझा। तूने मुझे लाजवाब कर दिया रे !'

सभा भंग हो गई ! चम्पा को किसी ने अपने यहाँ आने की दावत नहीं दी, लेकिन अड़ोस-पड़ोस से उसके लिए मिठाई, अचार, कच्चा दूध, पापड़ और घी ज़रूर आया। कौशल्या यह देखकर अवाक् हो उठी।

चम्पा ने कहा, 'इसमें अवाक् होने की क्या बात है, नानी ? ये सब लोगों ने मुझे नहीं दिया, मेरे गहने-कपड़ों को दिया है।'

गाँव की आम सड़क पर चम्पा की नज़र प्रताप पर पड़ी। प्रताप ने उसे नहीं देखा। वह किसानों से बातचीत करते हुए इधर ही आ रहा था। चम्पा ने गौर किया, प्रताप की कनपटी की जुल्फों पर सफ़ेदी आने लगी थी। उसके बदन पर मैले-कुचैले कपड़े। पीठ भी किंचित् झुकी हुई ! पाँवों में पीतल का फूलदार, भारी-भरकम नागरा ! धूल से भरा हुआ ! चम्पा अचरज से भर उठी। प्रताप तो कभी मैले कपड़े-जूते नहीं पहनते थे। वे हमेशा तनकर चला करते थे। उन पर दुःख का ऐसा कौन सा पहाड़ टूट पड़ा कि उनका ऐसा जीर्ण-शीर्ण चेहरा निकल आया ? ऐसी कौन सी फिक्र का बोझ उन पर आ पड़ा कि उनका अंग-अंग झुक गया ? चम्पा के मन में ये सारी बातें जानने की तीखी चाह उमड़ आई।

चम्पा बरगद के पेड़ तले जा खड़ी हुई।

लेकिन बरगद की दूसरी छोर पर वह कौन खड़ी है ? बीमार चेहरा ! थकी-थकी निगाहें ! हाथ की चूड़ी-कंगन भी ढलढल करते हुए ! अपनी एक हथेली माथे पर टिकाए उसकी आँखें सामने की तरफ गड़ी हुई थीं।

चम्पा ठिठक गई। उसने चुपचाप वहाँ से हट जाना चाहा। इस औरत को तो वह पिछले दिन से ही ढूँढ़ रही थी। उसे सुनाने के लिए वह मन ही मन बार-बार रटती भी रही है--दुर्गा काकी, देख लो, तुम्हारी बात सच हो गई। काकी, सरे-बाज़ार खड़े होकर मुझे अपने रूप और जवानी का सौदा करना पड़ा। अब ऐसा श्राप तुम कभी, किसी को न देना। तुम्हारी जुबान से निकली हर बात भगवानजी मान लेते हैं। तुम्हारी बात ही सच हो जाती है। देखो, देखो, मेरी छाती में आग लगी है। तुमने कहा था न, मुझे

इस रूप में देखकर तुम्हारी छाती ठंडी होगी ? मुझे सुलगती हुई देखकर तुम खुश होना चाहती थी न ? लो, देखो ! गौर से देखो मुझे!

लेकिन चम्पा की जुबान से एक भी शब्द नहीं निकला। उसका भाग जाने का मन हुआ। लेकिन दुर्गा की निगाहें उसी पर गड़ी हुई थीं।

'चम्पा !'

चम्पा ने अपने कानों में उँगली डाल ली—दुर्गा काकी, अगर तुम मेरा नाम ले ही रही हो, तो अपनी उसी भयंकर रूखी आवाज में पुकारो ना ! मुझे ऐसी दीन-हीन, डरी-डरी आवाज़ में मत बुलाओ। मुझसे सहा नहीं जाएगा।

'चम्पा !'

दुर्गा करीब चली आई। सिर का आँचल खिसका हुआ !

'मैं जानती थी, तू यहाँ ज़रूर आएगी। जबसे यह ख़बर मिली कि तू आई है, तुझे एक नज़र देखने के लिए मैं तबसे खड़ी हूँ यहाँ ! चन्दन कहाँ है, चम्पा ?'

'मैं नहीं जानती काकी !'

'तुझे नहीं पता ?' दुर्गा बेतरह रो पड़ी, 'तुझे पता है चम्पा। ज़रूर पता है। बस तू एक बार उसे मुझे लौटा दे। उसके बाद मैं उसे तेरे ही हाथ सौंप दूँगी। मैं वचन देती हूँ, उसे अपने पास नहीं रोकूँगी।'

'काकी, मैं तुम्हारे बेटे की ही कसम खाकर कहती हूँ, मुझे नहीं मालूम कि वह कहाँ है।'

'सच्ची, तुझे नहीं मालूम ?'

'ना, काकी !'

'मैंने तो सोचा था उसकी खबर मुझे तुझसे मिल जाएगी, मैंने तो यह भी तय कर रखा था कि सब कुछ भूल-भालकर तुम दोनों का ब्याह कर दूँगी। यह तूने क्या किया चम्पा ? तेरे लिए तो उसने घर छोड़ दिया—'

चम्पा वहाँ से चल पड़ी।

आते-आते भी उसे दुर्गा की आवाज़ सुनाई दी, 'तुम दोनों की बचपन की जोड़ी थी। पता नहीं, क्यों तो मैंने इसे तोड़ने की कोशिश की ! हाय, हाय, वह नाराज़ होकर चला गया। मुझसे रूठकर चला गया, लेकिन मैंने दरवाजा नहीं खोला, न उसकी सूरत देखी। तुझे डाकू उठा ले गए, यह खबर सुनकर वह कितना दुखी हुआ ! तड़पता हुआ, वह चल दिया। जाते हुए, एक बार भी उसने मुझे 'माँ' कहकर नहीं पुकारा। मुझे उसके माथे पर हाथ फेरने का भी मौका नहीं मिला। मैंने उसका दुलार भी नहीं किया। ऐसा क्यों हुआ रे...?'

चम्पा से अब गाँव में रहा नहीं गया।

वह लौट आई। लौटकर फिर वही पुराना सिलसिला !

सन् अट्ठारह सौ सत्तावन की जनवरी में चम्पा कानपुर से बिठूर आ गई। बिठूर के ही एक परित्यक्त मंदिर में अचानक चन्दन से भेंट हो गई। वहाँ बिठूर में ही, इवान्स ने भी उसे पहली बार देखा।

चम्पा, चन्दन और इवान्स कानपुर लौटे।

चम्पा चन्दन के साथ डेरापुर लौटना चाहती थी, लेकिन संपूरण ने उसका हाथ पकड़कर रोक लिया, 'चम्पा, चाहे कोई भी वजह हो, इस वक्त तेरा कानपुर छोड़कर जाना नामुमकिन है।'

'क्यों, संपूरण ?'

'इवान्स साहब तुझ पर मोहित हो गया है। देख चम्पा, अब तक मैं तुझे छोटी से छोटी मुसीबत से बचाता आया हूँ। अब तू मेरा कर्ज़ उतार दे।'

'तुम मेरे सारे गहने, सारे रुपइए ले लो, संपूरण ! मुझे जाने दो।'

'नहीं, फिलहाल, तुझे यहीं रहना होगा।'

'अगर मैं न रुकूँ ?'

'देखना, यह चन्दन ही तुझे रोक लेगा। चन्दन ही तुझसे कहेगा अभी डेरापुर जाने का वक्त नहीं है। सच तो यह है चम्पा चन्दन बेहद बुद्धिमान है।'

हैरत है ! चन्दन ने भी चम्पा से यही बात कही।

चन्दन ने कहा, 'अभी डेरापुर जाने का वक्त नहीं है, चम्पा ! अभी मैं नहीं जा सकता।'

'लेकिन, चन्दन, तुम्हारे बापू ? तुम्हारी माँ ? तुम उनके बारे में भी तो सोचो।'

चन्दन के होंठों पर दुःख और विषाद की मुस्कान झलक उठी, 'मुझे वे लोग जाने नहीं देंगे, चम्पा ! मैं बुरी तरह फँस गया हूँ।'

'फँस गया हूँ ? किस बात में चन्दन ?' चम्पा भी दहशत से भर गई।

'मुझे नहीं पता चम्पा, मैं खुद नहीं जानता।'

'फर्ज़ करो, अगर हम चले ही जाएँ तो हद से हद क्या होगा ?'

'विश्वासघाती को वे लोग बेहद सख्त सज़ा देते हैं। सालेह महमूद जैसे लोग भी उनसे नहीं बच पाए।'

उन दिनों सरकार के रेंट-कलेक्टर सालेह महमूद की गुप्त हत्या की ख़बर ने सबको बौखला दिया था। सालेह महमूद के अलावा यहाँ एक के बाद एक, किसी हिंदू वकील और एक बेसहारा संन्यासी का भी क़त्ल हो गया। किसने मारा, क्यों मारा, यह कोई नहीं जानता। अंग्रेज कलेक्टर क़त्ल की इन तीनों वारदातों में कोई योगसूत्र ढूँढ़ निकालने की कोशिश में जुटे हुए थे। तीनों लाशें गंगा के रेतीले तट पर मिली थीं। तीनों लाशों के पेट पर छुरे से क्रॉस के आकार में ज़ख़्मों के निशान !

चम्पा ने बुझी हुई, आशंकित आवाज़ में कहा, 'चलो छोड़ो ! तुम मत जाओ,

चन्दन ! लेकिन जो लोग क़त्ल हुए हैं, उन्हें तुम पहचानते थे ?'

'अगर पहचानता भी होऊँ, तो भी बताने का कोई उपाय नहीं चम्पा।'

'चलो, इस बारे में भी अब मैं नहीं पूछूँगी।'

'तुम मुझ पर सिर्फ भरोसा रखो।'

'हाँ, ज़रूर रखूँगी। मैंने तुम पर भरोसा कब नहीं किया, चन्दन ?'

'अगर संपूरण तुमसे साहब लोगों से दोस्ती करने को कहे तो क्या करोगी तुम ? दोस्ती कर लोगी न ?'

'यह तुम कह रहे हो चन्दन ?'

'हाँ, मैं कह रहा हूँ। बेखौफ कह रहा हूँ ; बेझिझक कह रहा हूँ। मैं तुम्हें पहचानता हूँ चम्पा ! तुम मुझे...सिर्फ मुझे प्यार करती हो, मैं जानता हूँ।'

13

सन् 1857 की जनवरी ! कानपुर में बंगाल नेटिव इन्फैंट्री की तीन-तीन रेजिमेंट मौजूद थी—फर्स्ट ! फिफ्टी थर्ड और फिफ्टी सिक्स ! आर्टिलरी में इकसठ अंग्रेज शामिल थे। कमांडिंग अफसर थे मेजर जनरल सर यू. व्हीलर के सी बी ! इन्फैंट्री में मुट्ठी भर देशी गोलंदाज़ भी थे। कानपुर के रेजीडेंट क़िले में कुल मिलाकर लगभग तीन हजार पैदल, अश्वारोही और गोलंदाज़ फौज मौजूद थी। हाँ, इंजीनियर्स की तादाद कम थी। छः महीने पहले थिओडोर एफ इवान्स ब्रिगेड इंजीनियर के पद पर नियुक्त हुआ।

इवान्स को देखकर और उससे मेलजोल रखकर यह बात साफ जाहिर हो गई कि वह बेहद शर्मीला, झेंपू और कमज़ोर शख़्स है।

उम्र लगभग छब्बीस साल ! दीर्घ, इकहरा, अति-साधारण चेहरा ! आँखों में कातर अनुनय ! अन्यान्य अंग्रेज इवान्स को, 'इनकॉरिजिबूल ड्रीमर' या 'मासूम स्वप्नजीवी' कहा करते थे।

उसकी अनगिनत बातें, उन लोगों के लिए परम आश्चर्य की खुराक थीं। भारतवर्ष के बारे में इवान्स अद्‌भुत रूमानी और रोमांचक ख़यालों को हवा देता रहा था।

अफगान और पंजाब से लौटे हुए जंगी बूढ़ों ने उसे समझाने की कोशिश की, 'अरे, भई, यह सन् 1857 है ! यह देश निरा मिट्टी है। यहाँ की मिट्टी में कहीं सोना-चाँदी बिखरा हुआ नहीं है। रास्तों-घाटों पर बाघ, साँप, जोगी, महापुरुष या रूपसी नॉच-गर्ल भी यहाँ क़िलबिल नहीं करतीं। तुम्हारे जैसा किताबी अहमक हमने शायद ही कहीं देखा हो।'

किसी ने उसे समझाया, 'हर वक्त यह तुम आकाश की ओर टकटकी बाँधे क्या देखते रहते हो ? अरे बिरादर इस जादुई कालीन पर सिर्फ पॉन्च या टाइपेस के कार्टून

ही नज़र आते हैं और कुछ नहीं।'

इवान्स शर्म से गड़ गया।

उसने छूटते ही सवाल किया, 'तुम लोगों ने आखिर मुझे समझ क्या रखा है ? हर वक्त यूँ मेरी खिल्ली क्यों उड़ाते रहते हो ?'

यार-दोस्त भी उसे अक्सर छेड़ते रहते, 'अरे यार ! छोड़ो यह इंजीनियर की नौकरी ! तुम तो लंबे-लंबे बाल रखना शुरू कर दो और जमकर कविताएँ लिखा करो।'

कोई-कोई दोस्त उससे फरमाइश करता, 'थिओ, ज़रा अपनी एकाध कविता तो सुनाओ।'

इवान्स गुस्से से लंबे-लंबे डग भरता हुआ वहाँ से चल देता। बिठूर राजप्रासाद में एक नाचनेवाली पर उसकी नज़र पड़ी। वह नर्तकी उसे भा गई। उसे लगा जैसे कोई दीनारज़ादी, कवि बर्टन की 'अरण्यरजनी' के पृष्ठों से निकलकर बाहर चली आई हो। लेकिन, इसमें इवान्स का कोई कसूर नहीं था। नानासाहब के प्रासाद की शान-शौकत देखकर वह हक्का-बक्का रह गया था। चम्पा को देखकर उसकी कल्पना में कई-कई रंग खिल आए थे। कानपुर लौटकर, Lotus eyed maiden, thou stealest my sleep. कविता लिख डाली। ओ कमलनयना, तुमने मेरी नींद चुरा ली...

उस कविता पर दोस्तों की भी नज़र पड़ी।

टॉमसन और फ्रेडरिक हँसते-हँसते लोटपोट हो गए।

'ओ, ओ, स्वप्नजीवी, ज्यादा चक्कर में न पड़ना, वरना ब्राइट की तरह फँस जाएगा। यह ब्राइट का बच्चा तो हाफ-नेटिव है। आधा देशी ! अब वह जो-जो करता फिरता है, भला हमें शोभा देता है ? या हमारी जेब उस लायक है ? अरे, दिल आ गया हो तो उस लड़की के साथ थोड़ी देर गुलछर्रे उड़ा; ऐश कर और बस्स !'

'छिः वह एक औरत है। उसके बारे में ऐसी फिकरेबाज़ी मत करो,' इवान्स ने समझाया।

टॉमसन एकदम से भड़क गया, 'अबे, एक नेटिव नॉच-गर्ल को तू औरत कहता है ?'

किसी ने सलाह दे डाली, 'ज्यादा भलमनसाहत दिखाने की ज़रूरत नहीं इवान्स ! वरना वह औरत तुझे, 'डैडी, डैडी' कहती फिरेगी। जब तू अपने देश लौटेगा, तो तनख्वाह के सारे रुपए यहीं धर देना होगा और बिलकुल दिवालिया हालत में वापस लौटना होगा, समझा ?'

इवान्स झुँझला उठा, 'तुम लोग ज़रा चुप करोगे ?' उसकी आवाज़ काफी महीन हो आई। वे लोग चुप हो गए। लेकिन जब रात हुई, उसे अपने बिस्तर पर एक देहयष्टि नज़र आई। किसी नर्तकी की देहयष्टि ! उसकी आँखों की जगह दो कमल के फूल, चेहरे की जगह उमड़ते-घुमड़ते मेघ और बाँहों की जगह चम्पे के फूल की छवि ! उसकी बगल में घुटनों के बल बैठा हुआ एक नौजवान ! उसकी हथेली अपने सीने पर ! शायद वह कोई संकल्प ले रहा था ! इवान्स ने मन ही मन अपने दोस्तों को गाली दे डाली।

थिओडोर एफ इवान्स ! पच्चीस साल पहले लंदन के ईस्ट एंड में किसी दरिद्र परिवार में पैदा हुआ। अपने डैडी-मम्मी की उसे याद भी नहीं। उसके जन्म से पहले ही उसके डैडी का इंतकाल हो चुका था। उसने सुना था, उसके डैडी किसी शरीफ ख़ानदान के थे। उसकी मम्मी ने उनसे ब्याह करके अपने घर से सारे रिश्ते-नाते तोड़ लिये थे। कुल डेढ़ साल बाद किसी ग़रीब बस्ती में उन्होंने भी दम तोड़ दिया। मम्मी उसके जन्म के कितने महीनों बाद दुनिया छोड़ गई, उसे नहीं मालूम ! जिस अनाथालय में उसका शैशव गुज़रा वहाँ के कार्यकर्ताओं की जुबानी उसने सुना था कि जिन दिनों वह यहाँ आया था, अपने पैरों पर खड़ा हो सकता था।

कार्यकर्ता महोदय की बीवी ने कहा, 'अपने छुटपन के बारे में कुछ मत पूछो, बेटा ! सन् 1832 का ज़माना था। उस साल हमने अट्ठारह बच्चों को अपने अनाथालय में लिया था।'

'क्यों ? उनको क्या हुआ था ?'

'उनमें से ग्यारह बच्चों का तो नाम तक पता नहीं चला। छः बच्चों को मैंने ही 'टॉम' नाम दिया और बाकी पाँच बच्चों को पारसी नाम दे दिया। मिस्टर हेवार्ड ने पूछा (अपने पति को वे हमेशा 'मिस्टर हेवार्ड' ही बुलाती थीं) मेरी ऐन, इतने सारे पारसी और इतने 'टॉम' को, तुम उनके नामों से बुला तो सकोगी न ? मैंने कहा, जितने सारे टॉम और पारसी बच्चे हैं आज से उनके नामों में कोई गोलमाल नहीं होगा, तुम देख लेना, थिओडोर ! और ईश्वर का खेल देखो, उसी साल ही चार टॉम और तीन पारसी बच्चे चेचक और स्कार्लेट बुखार में दम तोड़ गए। उसके बाद एक ही नाम के ढेर सारे बच्चों की वजह से जो परेशानी होती थी अब खत्म हो गई।'

'क्यों मैडम, थिओडोर नाम के बच्चे क्या नहीं मरते ?'

'पाजी कहीं का ! तू ये मौत-फौत की बातें क्यों सोचता रहता है ? थिओडोर नामक बच्चे नहीं मरते, क्योंकि इस नाम के बहुत कम ही बच्चे अनाथालय आते हैं।'

उन्होंने इवान्स को तसल्ली दी, 'असल में तू बाकी सब बच्चों जैसा नहीं है। तू एक 'प्रॉपर्ली बैप्टाइज़्ड चाइल्ड' है। तेरा बाक़ायदा बपतिज़्मा हुआ था।'

'यह क्या होता है मैडम ?'

'क्या होता है ? शरीर कहीं का ! तूने क्या बाइबिल नहीं पढ़ी ? जिस बच्चे का बपतिज़्मा नहीं होता उसे नर्क में जाना पड़ता है।'

इवान्स कई दिनों तक गहरी सोच में डूबा रहा। उसे हर दिन नियम से धार्मिक ग्रंथ पढ़ना पड़ता था। धर्म ग्रंथों में क्या-क्या पढ़ा-पढ़ाया जाता था, यह तो अब उसे याद नहीं। लेकिन नर्कवास और पापियों की अनंत वांछना की बात उसे याद थी।

अपने बचपन को याद करते हुए इवान्स को सिर्फ एक चारदीवारी याद आती। विशाल, ऊँची लाल रंग की चारदीवारी ! वह चारदीवारी इतनी ऊँची थी कि दो-मंज़िले, सीलनभरे मकान के कमरे-बरामदे में सब जगह छाया-छाया-सी तैरती रहती थी। लंदन के धुँधले आसमान से सूरज किसी हाल भी इस घर तक धूप का एक टुकड़ा भी नहीं

भेज पाता था। चारदीवारी के पार सड़क पर तरह-तरह की आवाज़ों का वह शोर सुन-सुनकर बचपन में ही इवान्स मन ही मन बाहरी दुनिया की तस्वीरें बनाने लगा। शराबियों की चीख-पुकार, ऐपल, माफिन और अन्य सामानों के फेरीवालों की पुकार, नाविकों के गीत, राह-चलते छोकरों की सीटियाँ, हो-हुल्लड़, बच्चों की रुलाई, कटहा कुत्तों के भौंकने की आवाज़ें, पुलिस से झगड़ती हुई मछेरी बुढ़िया—उसका ढेर सारा निःसंग समय, यह सब सुनते-सुनते गुज़र जाता ! जब ये आवाज़ें सो जातीं, जाने कौन तो उसी सड़क से 'हार्प' बजाते हुए गुज़रता था। 'हार्प' की वह धुन उसे आज भी याद है। लेकिन उन गुज़रे हुए दिनों को वह बिलकुल याद नहीं करना चाहता।

बहरहाल, उसके न चाहने पर भी पिछले वे दिन उसे याद आते रहते थे।

उसकी आँखों में आगे धान-पान जैसे एक नन्हे से बच्चे का चेहरा उभर आता। उसकी उम्र, यही कोई नौ-दस साल। दुबला-पतला, पीला चेहरा ! बेरंग, बड़ी-बड़ी आँखें ! गालों पर आँसुओं के धब्बे ! वह बच्चा साबुन-पानी से कमरे की फर्श धो-पोंछ रहा होता। सुपर ने उसे सज़ा दी थी। गुंडे क़िस्म का एक चौदहसाला लड़का दरवाजे पर खड़ा-खड़ा बेहयाई से सेव खाता हुआ ! इवान्स जानता था कि बड़ा लड़का इस बात की निगरानी कर रहा था कि छोटा बच्चा अपना काम ठीक तरह कर रहा है या नहीं।

इवान्स पिछली बातें अब बिलकुल भूल जाना चाहता था मगर यादें थीं कि खुद-ब-खुद चली आती थीं।

इवान्स को याद आया, वह नन्हा बच्चा रात के वक्त बर्फ जैसे ठंडे-सख़्त बिस्तर पर लेटा-लेटा ज़मीन-आसमान की सोच में डूबा रहता था। वह लड़का इस चक्कर में था कि कैसे यह चारदीवारी लाँघकर, बाहर की दुनिया में जा मिले। उसे खयाल आया, जाने कितने ही बच्चों को उसके नाते-रिश्तेदार खोज निकालते और अपने साथ लिवा ले जाते थे। वे बच्चे बाहर जाकर या तो कोयले की खदानों में नौकरी कर लेते या गंदी-गंदी कालिख में लिपटे चिमनी साफ करने की नौकरी क़बूल कर लेते। बहरहाल, वह ज़िंदगी इससे बेहतर है। रोज़-रोज़ पानी जैसा सूप और सख़्त जली हुई रोटियाँ खा-खाकर ज़िंदा रहना नामुमकिन था।

लेकिन हर रात उस नन्हे बच्चे को अनाथालय की ज़िंदगी के लिए ईश्वर को धन्यवाद देना होता। प्रार्थना के शब्द के तौर पर, उसे दुहराना होता—Hallowed be thy name ! जयदीप्त हो तुम्हारा नाम, हे ईश्वर !

जयदीप्त हो तुम्हारा नाम ! इस सीलन-भरे आश्रम के लिए ! ठंडे-सख़्त बिछावन और पतली-सी गर्म शर्ट के लिए ! बुखार-खाँसी में मृत, सस्ते ताबूत में लेटे हुए छोटे-छोटे बच्चों के लिए ! तुम जयदीप्त हो ! धन्य हो तुम्हारा नाम !

इवान्स को याद है वह बच्चा अपनी नन्ही उम्र में ही समझ गया था कि मौत से पहले वह इस अनाथालय से बाहर नहीं निकल पाएगा।

उन्हीं दिनों एक अधेड़ सज्जन के साथ एक बूढ़ी महिला उसके अनाथालय में आ पहुँची। वह बच्चा उनके सामने जा खड़ा हुआ। उस भद्र महिला की मूँछें थीं, ख़ासी

लंबी-चौड़ी ! उनके हाथ में सोने की नस्सीदानी और स्मेलिंग-साल्ट की शीशी भी थी। आवाज़ बेहद गंभीर और खनखनाती हुई ! सज्जन ख़ासे डरपोक और हड़बड़िया ! पल भर भी वे चैन से नहीं बैठ पा रहे थे। वह महिला जो-जो कह रही थी वे बस उसकी हाँ में हाँ मिलाते जा रहे थे—हाँ मिस जेन, बेशक, मिस जेन !

वह महिला उस बच्चे के डैडी की बुआ थीं। ईस्ट इंडिया कंपनी में उनका मामूली-सा शेयर भी था। तिरसठ साल की उम्र में पहुँचकर उन्हें ख़याल आया कि अपने मृत भतीजे के लिए उन्हें कुछ करना चाहिए।

इवान्स को ढेर-ढेर बातें याद आती रहीं।

वह महिला उसे सच ही प्यार करती थी या नहीं, उसे कभी समझ में नहीं आया। लेकिन उसे घर लाने के बाद पहले दिन ही उन्होंने आया को हिदायत दी कि उसे गरम पानी के टब में डुबोकर अच्छी तरह नहला-धुला दिया जाए। उनके भाई का एक पाजामा सूट भी पड़ा था। दर्जी जब तक उसका नाप लेकर उसके लिए नए कपड़े न बना दे, तब तक उसे ये बड़े-बड़े, ढीलमढाल कपड़े ही पहनने थे।

उस औरत की एक आया भी थी। अपनी बुआदादी से ज्यादा इस पैमेला से ही उसकी दोस्ती जम गई। उसकी बुआदादी और पैमेला का आपसी रिश्ता बिलकुल वैसा ही था जैसे सेनापति और उसके विश्वासपात्र किसी सचिव में होता है।

घर के हर छोटे-छोटे विषयों पर वे दोनों आपस में सलाह-मशविरा करती थीं।

पैमेला ने बेहद गंभीर मुद्रा में मानो कोई गोपन और अहम् बात बताने की भंगिमा में पूछा, 'मास्टर थिओडोर ने कल खीर बड़े प्यार से खाया था। आज क्या उसके लिए चॉकलेट पुडिंग बना दूँ ?'

बुआदादी ने जवाब दिया, 'इस बारे में ज़रा मैं सोच देखूँ पैमेला !'

करीब घंटा भर बाद उन्होंने बेल बजाकर पैमेला को बुला भेजा।

उन्होंने गंभीर मुद्रा में कहा, 'हाँ, मैंने सोच देखा आज चॉकलेट पुडिंग बनाना ही ठीक रहेगा।'

वे इवान्स को भर पेट खाना खिलाती थीं। चूँकि उन्हें खुद मीठा खाना पसंद था। इसलिए वे इवान्स के लिए तरह-तरह की पुडिंग, सीरप, केक, फल और मिठाई बनवातीं। शुरू-शुरू में इवान्स को विश्वास ही नहीं आया कि इतना सब खाना, मांस, आलू पुडिंग और सफेद-सफेद रोटियाँ सिर्फ उसके लिए हैं। शुरू-शुरू में कुछेक दिन बिस्तर पर जाते हुए वह कुछ फल-केक भी छिपाकर अपने साथ ले जाता और लेटे-लेटे भी खाता रहता था।

उसकी बुआदादी में सैकड़ों किस्म की सनक थी।

वे अपनी कुर्सी के सिरे को सफेद कवर से ढँके रहती थीं। कुर्सी पर अगर कोई टेक लगाकर बैठता तो वे भड़क जाती थीं।

वे गुस्से में चीख उठतीं, 'तुम्हारा जेठू एलबर्ट ठीक ऐसे ही पीठ टिकाकर बैठता था। भयंकर आलसी जीव था। आखिरकार उसका कुछ नहीं बना।'

उनके पास दो बिल्लियाँ और एक काकातूआ था। बिल्लियाँ कहीं ठंड न खा जाएँ, इसलिए वे उनके पंजों में मोजे पहनाए रखती थीं। सफेद रंग का काकातूआ पॉली, बेहद गुस्सैल !

बीच-बीच में ख़याल आते ही वह चीख उठता, 'हैपी बर्थडे टु यू !'

हाथ में काकातूआ का पिंजड़ा थामे-थामे बिल्लियों को अपने आस-पास बिठाकर वे इवान्स समेत अपनी टमटम गाड़ी में सवार होकर कभी-कभार सैर को भी निकलती थीं।

काफी नपी-तुली थी उनकी ज़िंदगी ! बेहद हिसाब से चलती थी। स्नेह, ममता, प्रीति या दया वगैरह कोई भी अहसास उनमें ज्यादा नहीं था। बातचीत में ईषत् रूखी। इसके बावजूद इवान्स का खयाल था, शायद उसे उन्होंने सच ही प्यार किया था। उसके लिए गरम कपड़े बनवातीं, नए जूते खरीद देतीं। उसे लट्टू खरीदने के लिए भी पैसे देतीं।

पैमेला मालकिन में यह परिवर्तन देखकर रसोई में बूढ़े दूधवाले से गप भी करती थी, 'मैडम अपने बुढ़ापे में बिलकुल बदल गई। मास्टर थिओडोर को वह बेहद प्यार करती है।'

इवान्स को याद आया, कभी-कभार घर में रुपयों की कड़की हो जाती, उसकी बुआदादी और पैमेला मद्धिम आवाज़ में फुसफुसाकर आपस में सलाह-मशविरा करतीं। उसकी बुआदादी के पास सोने की पुरानी एक घड़ी थी। बुआदादी घड़ी निकालकर पैमेला को थमा देतीं। हॉब्स नामक एक बौना-बूढ़ा आदमी सामान रेहन रखकर रुपए उधार देने का कारोबार चलाता था। वह आकर रसोई में पड़ी मेज़ पर बैठ जाता। चीनी मिट्टी के ढक्कनदार जग में 'ऐपल-सीडर' रखा होता था। वही 'हॉब्स' को पेश किया जाता। हॉब्स रसीद लिखकर कुछ रुपए उधार देता और वह घड़ी ले जाता। ऐसे वक्त के लिए खाने की मेज़ पर इवान्स के लिए एकाध लैंब चॉप या खाने की कोई और चीज़ रखी होती। इवान्स को आज भी याद है, उसकी बुआदादी सिर्फ 'स्टू' या आलू खाती थीं।

वे इवान्स से अक्सर कहा करती थीं, 'टेडी, अब तो मैं बूढ़ी हो चुकी, सो रात के वक्त मुझे मांस वगैरह कम ही खाना चाहिए।'

कुछ ही दिनों के अंदर जाने कैसे तो सारा कुछ ठीक-ठाक हो जाता। पैमेला पहले की तरह ही हाथ में टोकरी लिये बाज़ार चल देती। खाने की मेज़ पर बढ़िया-बढ़िया पकवान नज़र आते। काले रंग के चगचगाते साइनबोर्ट पर फल सजे होते। इवान्स को लीड्स भेजकर वे उसे इंजीनियर बनाना चाहती थीं। इवान्स की पढ़ाई अभी पूरी नहीं हुई थी, इससे पहले ही वे बीमार पड़ गईं।

इवान्स कुछ दिनों यार्कशायर की कोयला-खानों में काम करता रहा। कोयले की खान देखकर उसका मन बेहद खिन्न और उदास हो आया। उस खान में अक्सर गैस इकट्ठा हो जाती, पानी निकलने लगता, सुरक्षा का भी कोई इंतज़ाम नहीं था और एक

दिन दुर्घटना होकर रही।

इवान्स ने मालिकों के आगे बयान दिया, उसने वक्त रहते बार-बार आगाह किया था। इसके बावजूद खान में उस खड्डे के बारे में कोई सावधानी नहीं बरती गई। यहाँ तक कि पंप के ज़रिए पानी निकाल फेंकने तक की ज़रूरत भी किसी ने नहीं समझी। उसने तीन-तीन ख़ान-मजदूरों की मौत के लिए अप्रत्यक्ष रूप से खान-मालिकों को ही जिम्मेदार ठहराया। नतीजा यह हुआ कि उसकी नौकरी चली गई।

उसकी बुआदादी और बूढ़ी हो चुकी थीं। उनकी दोनों बिल्लियाँ भी भाग गई थीं। पॉली अब गर्दन झुकाए-झुकाए ज्यादातर ऊँघता रहता और बीच-बीच में खनखनाती आवाज़ में चीख उठता—हैपी बर्थडे टु यू !

उन दिनों उसकी बुआदादी श्रीमती ज़ेराल्डाइन जेराल्ड नामक एक महिला के साथ सिर जोड़े, सिर्फ प्लांचेट में रहतीं और मृत आत्माओं से बातचीत करतीं। कमरे के खिड़की-दरवाजे बंद रहते। हवा में कपूर और लेवेंडर की खुशबू फैली होती। बुआदादी हाथ में काग़ज़-पेंसिल लिये बैठी रहतीं, उस वक्त वे न तो किसी से बात करती थीं, न कोई उनके कमरे में घुसता था।

उस दिन खाना खाते हुए, बुआदादी बिलख-बिलखकर रो पड़ीं, 'पता है टेडी, मेरी मौसेरी बहन मैगी आज से सैंतीस साल पहले मर गई थी। आज उसने चाँदी की केतली छीन ले जाने के लिए मुझे कितना तो डराया-धमकाया। उसके डैडी जब चीन गए थे, तो वहाँ से लौटकर उन्होंने चाँदी की यह केतली और यह ड्रैगनवाला चाँदी का ब्रोच मुझे प्रेजेंट किया था।'

किसी-किसी दिन वे चर्च में सेंट फ्रांसिस की पेटी में रुपए डालकर जब घर वापस लौटतीं तो बतातीं, 'पता है, एड काका ने अभी भी अपनी लत नहीं छोड़ी। वे मुझसे लगातार बारमेड और गानेवालियों के ख़ैर-समाचार पूछते रहे।'

किसी और दिन वे फिक् से हँस पड़तीं, 'आज रोज़ी की माँ आई थी। पैमेला बता रही थी तीन साल हुए रोज़ी के डैडी भी वहीं पहुँच गए। दोनों में रोज़ तू-तू मैं-मैं होती है।'

इवान्स ने ग़ौर किया उसकी बुआदादी के कपड़े अब फट चुके हैं। उनके चश्मे का काँच भी ज़्यादा मोटा हो आया है। यह बात भी उसकी नज़रों से छिपी नहीं रही कि सोने की वह घड़ी हॉब्स के यहाँ से वापस नहीं लौटी। उसने पैमेला की जुबानी ही सुना कि उसकी बुआदादी के बुढ़ापे का फ़ायदा उठाते हुए उनके एटॅर्नी अब उन्हें सता रहे हैं। कुछ दिनों बाद बूढ़ा एटॅर्नी भी मर गया। उनके पार्टनर का भतीजा अब उस फर्म का मालिक है। पैमेला ने इवान्स को और भी कई रसीदें दिखाईं। हॉब्स ने सामान रेहन रखकर रुपए उधार दिए थे। इस तरह चाँदी की वह छोटी केतली, सोने की नस्सीदानी, एक जोड़ा चिरागदान, कीमती कोट, एक-एक करके सभी फुर्र हो गए। इवान्स समझ गया। अब वे चीज़ें वापस नहीं आएँगी।

उसे अपने पर ही गुस्सा आने लगा। अगर वह अपनी ज़िद पर अड़ न गया होता

तो शायद उसकी नौकरी बनी रहती। लौटकर उसे इस असहाय-निरुपाय बूढ़ी के कंधों का बोझ तो न बनना पड़ता।

वह नौकरी की तलाश में जुटा रहा। चूँकि ईस्ट इंडिया कंपनी में बेहद मामूली ही सही, उसके शेयर मौजूद थे, बुआदादी ने उसी के दम पर उसे भारत भेज दिया। उसके लिए एक अदद नौकरी भी जुटा दी।

जिस दिन वह भारत आ रहा था, बुआदादी ने रो-रोकर क़बूल किया, 'मैं तुझे उस बर्बर देश में नहीं भेजना चाहती थी टेड ! उस देश में आदमी बीमार होकर मर जाता है। वहाँ राह चलते साँप डँस लेते हैं; बाघ दबोच लेते हैं। सुन टेड, उस देश में जो बस जाता है उसे दिन में चार-पाँच बार मांस खाने की आदत पड़ जाती है; फूहड़ गाली-गलौज सीख लेता है और धीरे-धीरे सारी शराफत-सभ्यता भूल जाता है।'

उन्होंने इवान्स को अपने करीब बुलाया, 'ड्रॉअर खोलकर सोने पर मोती जड़ा हुआ, एक छोटा सा क्रॉस निकालकर उसे थमा दिया, 'मेरे पास और कुछ नहीं है, टेड !'

सोने के क्रॉस के अलावा उन्होंने उसे दस पाउंड नक़द दिया। इवान्स को नहीं मालूम यह रकम उन्होंने कहाँ से और कैसे दी।

उन्होंने कहा, 'ख़त लिखते रहना, टैड ! वैसे भी मैं ज्यादा दिनों की मेहमान नहीं हूँ। मेरी एक और बात हमेशा याद रखना, टैड ! वहाँ जो एंग्लो जात बसी है, खबरदार, उनकी किसी लड़की से ब्याह न करना। तुम्हारे खानदान के मृत बुजुर्गों की आत्माएँ स्वर्ग में बैठे-बैठे यह अफसोस न करें कि तुमने उनका नाम डुबो दिया। उनके सम्मान को बट्टा लगा दिया।'

अपनी धुँधलायी आँखों से उसका चेहरा निहारते हुए, उन्होंने ईषत् हँसकर कहा, 'कल से पंचेट पर तुम्हारे डैडी और ग्रैंड-पा बार-बार आ रहे हैं। वे दोनों तुम्हारे लिए बेहद चिंतित हैं।'

इवान्स को कोई जवाब नहीं सूझ पड़ा। लेकिन अगली सुबह जब उसका जहाज छूटा, कोहरे से ढँके उस उदास बंदरगाह की तरफ टकटकी बाँधे देखते हुए उसका मन दर्द से बोझिल हो आया। उसके मन ने कहा, अब बुआदादी से उसकी भेंट नहीं होगी। उसके मन ने यह भी क़बूल किया कि यही एकमात्र प्राणी उसकी अपनी थीं। आज वह इस विशाल विश्व में बिलकुल अकेला है।

जहाज में भी शुरू के कुछ दिनों समुंदरी लहरों की वजह से उसका सिर चकराता रहा और वह उलटियाँ करते हुए बीमार पड़ा रहा। बीमारी के दिनों में उसका मन बेहद बुझा-बुझा रहा। कुछ दिनों बाद उनके जहाज को सतर्क करते हुए दूर के एक लाइट हाउस की मंद्र-धीर भोंपू सुनाई पड़ी यानी बंबई नजदीक आ चुका था। अरब सागर में इस ख़ास जगह पर अनगिनत पहाड़ ! उन पहाड़ों पर छोटे-छोटे द्वीप बसे हुए ! पानी के तल में चोर-पहाड़ भी स्थित !

जहाज की रफ्तार धीमी हो आई। जिज्ञासु इवान्स जहाज की गैलरी में आ खड़ा हुआ। सुदूर सागर के छोर पर हरे-भरे नारियल पेड़ों की फुनगियाँ और सफ़ेद रंग के

घर-द्वार साफ नज़र आने लगे।

इवान्स भारत पहुँच गया।

इवान्स को बंबई पसंद नहीं आया।

बंबई में वह ज्यादा दिन नहीं रहा। उसे इंजीनियरिंग शिक्षा-केंद्र देखने-समझने के लिए रुड़की भेज दिया गया। वहाँ से बरेली का चक्कर लगाते हुए वह कानपुर आ पहुँचा।

जब वह इंग्लैंड में था तभी से उसे किताबें पढ़ने का बेतरह शौक ! उसने वाल्टर स्कॉट के सारे उपन्यास पढ़ डाले थे। सस्ते दामों की कुछेक रूमानी किताबें भी वह पढ़ चुका था। भारत आने के बाद यहाँ की धूल-मिट्टी, पालकी, मच्छर-मक्खी, यहाँ के बाशिंदों की ज़ोर-ज़ोर से बोलने-बतियाने की आदत वगैरह देख-देखकर वह ख़ासा विरक्त हुआ। मुहर्रम के दिनों में बाजों के शोर से उसके कान बहरे हो आए। बंबई में गणेश-चतुर्थी की शोभायात्रा देखकर वह हँसते-हँसते बेहाल हो गया। हाथी जैसी सूँड़ और लंबोदर देवता को देखकर उसके कौतुक की सीमा नहीं रही।

लेकिन उसके बाद के दिनों में धीरे-धीरे वह भारतवर्ष के इश्क में पड़ गया। इस देश की मुहब्बत ने उसे जकड़ लिया। बंबई से कभी डाक गाड़ी, कभी घोड़ा, ऊँट और पालकी में उत्तर भारत की तरफ जाते-जाते उसने देखा, कितना विशाल है यह देश ! छोटे-छोटे शहर-गाँव ! पत्थरों से चुने हुए दुर्ग ! सामंत-राजाओं की राजधानी वगैरह देखते-देखते उसकी आँखें विस्मय-विमुग्ध रह गईं। उसे खयाल आया, वह कोयला खान का इंजीनियर इसलिए नहीं बन सका, क्योंकि वहाँ वह अपने को फ़िट नहीं कर पा रहा था। वैसे 'हर मैजेस्टी' के इस भारत में वह फौज में इंजीनियर होना भी चाहता है या नहीं, फौजी इंजीनियर बनने में उसकी दिलचस्पी है भी या नहीं, इस बारे में वह खुद भी पशोपेश में था। अचानक वह अपने को कवि और वीर युग का 'नाइट' समझने लगा। काश, इन चट्टानी दुर्ग पर अचानक कोई दुश्मन हमला बोल दे तो वह उनसे घमासान जंग करके किसी अनिंद्य सुंदरी राजकन्या की जान बचा लेता। कैसा रोमांचक और सुखद अहसास होता। इवान्स क्लब-लाइब्रेरी से रिचर्ड बर्टन की किताब 'ए पिलग्रिमेज टु अल-मदीना एंड मक्का' और भारत की पृष्ठभूमि में लिखी गई कई-कई लेखकों की किताबें उठा लाया और सस्ती-पस्ती कई रूमानी किताबें और परीकथाएँ भी पढ़ डालीं। उसके बाद उसने चम्पा को देखा और उसके प्रति एकदम से मुग्ध हो गया।

ऐसी औरतों को उसके यार-दोस्त सीधे-सीधे खुलेआम 'रंडी' या 'वेश्या' कहते थे। लेकिन वीर-गाथाओं के धर्म में दीक्षित इवान्स ऐसा नहीं कर सकता था। ऐसा करना उसके मन और रुचिबोध को हरगिज क़बूल नहीं था।

वह चम्पा के ख्यालों में डूब गया। चम्पा असल में जितनी खूबसूरत थी, उसकी नज़र में उससे कहीं बढ़कर खूबसूरत लगी। उसके दोस्तों ने उसे मशविरा दिया कि अगर

किसी अनुभवी और निपुण बूढ़ी कुटनी को रुपए थमा दिए जाएँ, तो वह उसके लिए कोई बेहतर नचनिया छोकरी जुटा देगी। चम्पा आसानी से हाथ आनेवाली 'माल' नहीं है।

इवान्स के मन में चम्पा का आकर्षण दोगुना हो आया।

14

उन्हीं दिनों रेजिमेंट में एक जलसे का आयोजन हुआ।

यह जलसा भारतीय अफसरों की तरफ से आयोजित किया गया था। चम्पा को भी दावत दी गई थी। चम्पा राजी हो गई।

उस वक्त वह बृजदुलारी से गपशप कर रही थी।

गंगाघाट पर बैठी-बैठी दोनों सहेलियाँ अपने-अपने सुख-दुःख के बारे में बोल-बतिया रही थीं। उस दिन गंगाघाट पर अच्छी-ख़ासी भीड़ जमा थी। घाट पर एक नौजवान की लाश आ लगी थी, लोग उसे ही देखने के लिए उमड़े पड़ रहे थे।

दूर से ही मशहरी-तनी एक किश्ती नज़र आई। लोग तभी उत्सुक हो उठे। जैसे ही वह किश्ती क़रीब आ लगी, लोगों ने देखा, बाँस की किश्ती में कोरी मशहरी तले एक अदद नई चटाई बिछी थी। उस पर सत्रह साल का कोई नौजवान सोया हुआ था। उसकी कलाई पर हल्दी रंग का धागा बँधा हुआ। बदन पर नई-कोरी धोती। बगल में सिकोरा बँधी हँड़िया, गुच्छा भर केले और तिल-हल्दी भी रखी हुई थी।

बृजदुलारी की नौकरानी ने बताया, 'ब्याह की रात ही इसे साँप ने डँस लिया। देखिए न लगता है उस साँप को मारकर इस हँड़िया में भर दिया है और ओका मुँह बंद कर दिया है। शायद यह सोचकर लाश को बहा दिया गया होगा कि इस पर अगर किसी गुनी-ओझा की नज़र पड़ गई तो वही झाड़-फूँक करके इसे ज़िंदा कर देगा।'

'किश्ती को करीब कैसे लाएगा ?' पाँव में बेसन रगड़ते हुए चम्पा ने सवाल किया।

'गुनी लोग मंतर पढ़ते हैं चम्पा बाई ! मंतर सुनकर यह किश्ती सीधे उनके पास चली आती है। गुनी लोग लाश उठाकर घने जंगल में चले जाते हैं। अगर उनके मंतर में ज़ोर हुआ, तो मरे हुए साँप ज़िंदा हो जाते हैं और ज़हर चूस लेते हैं, समझीं ?'

'मरा हुआ आदमी ज़िंदा होकर अपने घर लौट जाता है ?'

नौकरानी चम्पा की अज्ञानता पर हँस पड़ी। वह ताँबे के बर्तन से बेसन का उबटन निकालकर बृजदुलारी के तलवों पर रगड़ने लगी।

उसने अपनी बात जारी रखी, 'गुनी लोगन, मरे हुए को जीवन-दान देते हैं चम्पा बाई ! उसके बाद उसे सीख देते हैं—तू अब आदमजात की दुनिया में वापस मत जा। अब तू दुनियावालों के किसी काम का नहीं है। मैंने तुझे जीवन दिया है। तू मेरे ही

पास रह जा। मुझसे दूर मत जा—तब, जवाब में वह मानस कहता है—लेकिन मेरा परान रोता रहेगा गुनीजी। मुझे पता था, तू मुझे पकड़कर रख लेगा। तूने मेरे परान लौटाए हैं। अब मैं तेरा खरीदा हुआ गुलाम हूँ। लेकिन, मेरा मन रोता रहेगा। गुनीजी, तू मुझे जाने दे—तब गुनी हँसकर कहता है—जा, तू चला जा ! उसके बाद वह मानस लौट जाता है। लेकिन घर पहुँचकर देखता है कि उसके माँ-बाप, भाई-बहन, मेहर-बच्चे सभी उसे देखकर डर रहे हैं। कह रहे हैं—ओ रे, तेरे लिए हमारी जान धिक्-धिक् करके जली जा रही है, लेकिन हम सबने तेरे नाम से मसान घाट पर निसान गाड़ दिया है। तेरी मेहरिया अब राँड़ भै गई है। अब तुझे हम अपने घर में कैसे लें ? अपनी गिरस्ती में तुझे कैसे सामिल करें ?'

नौकरानी ख़ामोश हो गई। उसकी आँखों में आँसू छलछला आए। उसकी आवाज़ भी भारी हो आई।

चम्पा ने कहा, 'यह तू किसकी बात कर रही है ?'

'किसी और की बात नहीं है, चम्पाबाई ! यह साँप-काटे मानुस और एक गुनी की कथा है। हमका एक गुनी का किस्सा याद आय रहा है !'

'तो सुनाओ न, वो किस्सा तो सुनाओ !'

'चम्पाबाई, उस मानस ने काफी देख-सुनकर एक लड़की से ब्याह किया। उसके दिल में सैकड़ों साध-अरमान थे जो पूरे नहीं हुए थे। उस लड़की का गौना भया। उसकी देह में उमर का पानी पड़ा। अभी उसके बदन से नई साड़ी-कपड़ा का गंध भी नाहीं उतरा था, हाथ की मेहँदी तक फीकी ना पड़ी, उसके भतार को साँप काट लिया। वही मानस ज़िंदा होकर लउट आया। बहुरिया के ससुर ने, अपने बेटा को अँगना में चावल के कोठार में बाँध दिया। गुनीजी ने उसे तीन महीने तक संयम से रहने को कहा था। गाँव के पुरोहित ने भी कहा, हाँ, अब अपने बेटवा को तुम तीन महीने संयम में रखना।'

नौकरानी फिर ख़ामोश हो गई। उसने बेसन की कटोरी धो डाली, लोटे में जल भरा और बाल के काँटे से बृजदुलारी की पायल में फँसा बेसन खोद-खोदकर निकालने लगी।

चम्पा ने पूछा, 'उसके बाद क्या हुआ ?'

नौकरानी ने सिर नहीं उठाया।

उसने सिर झुकाए-झुकाए ही कहा, 'होना क्या था चम्पाबाई ! उन लोगन संयम नाहीं रख सके। सबने उनको दोष दिया। ऊ दोनों परानी जंगल में भाग गए।'

'यह तो अच्छा ही हुआ। वे लोग एक संग तो रहे।'

'हाँ, कहा तो तुमने ठीक ही चम्पा बाई ! लेकिन ऊ मरद पर गुनीजी के मंतर का असर शुरू हो गया था। कुछ दिन ऊ लोग जंगल में छिपे रहे। वनचर की तरह ऊ दूनो रात के अँधियार में चलते रहते थे। बहुरिया रातोरात नज़दीक के गाँव से भीख माँगकर खाना लाती; भुट्टे के खेत से भुट्टा उपार लाती। इसी तरह दूनो परानी दुःख-तकलीफ में भी सुख से रहते भए। लेकिन अंत में ऊ मरद जाने कैसा तो हुइ गवा। धीरे-धीरे

ऊ सबकुछ भूल गवा।'

'उसके बाद ?'

'इसी तरह दुइ साल गुज़र गवा। ऊ मरद पागल हुइ गवा। सब लोग जान गए, जंगल में एक पागल और उसकी मेहरिया रहत है। खेतिहर-मजूरों को कभी-कभार बहुरिया दिखाई देती। अपने पागल भतार को नदी के पानी में नहवा रही है, पंखा डोलाकर मक्खी भगा रही है। भीख का खाना खिला रही है। ऊ दूनो जंगल में पत्ते की कुटिया में रहते रहे।'

'उसके बाद ?'

'उसके बाद एक बरस खूब-खूब बरखा हुई। कई-कई दिन तक बरखा नाहीं रुकी। बाढ़ में गाँव का गाँव बह गवा। नदी का पानी किनारे का सबकुछ बहाय ले गया। जब दुर्दिन गुज़र गवा, तो कई आन-गाँव के मानस ऊ पागल को खोजत-खोजत जंगल में पहुँचे। एक बुढ़ऊ बहुत रोवत रहे। रोवत-रोवत ऊ भी पागल को खोजत फिरे। का देखत हैं कि ऊ कुटिया का थाम तो खड़ा है, माटी की दीवार गल-गलकर बह गई थी। कुटिया के सामने एक कबर भी गल गई थी। ऊ कबर में से पागल की लहास बाहर निकली पड़ी है। लहास देखकर ऐसा जान पड़ा कि कुल एकाध दिन पहिले ही ऊ मरे हैं। कबर के पास ही चाँदी की एक जोड़ी चूड़ी पड़ी थी। बुढ़वा ऊ दूनों चूड़ी देख-देखकर ज़ार-ज़ार रोवन लागा ! रोवत रहा ! रोवत गया...'

'क्यों ?'

'अरे, बेटा-बहू थे रोवेंगे नहीं ? बुढ़ऊ का मन नहीं माना। ऊ तो अपने बेटा-बहू को लिवाने आया था।'

'बहुरिया का क्या हुआ ?'

'कोऊ कहता था कि ऊ भी मर-मरा गई। कोऊ कहता था ऊ शहर की तरफ निकल गई। ऊँहा चाकरी करत है। गाँव के लोगन को देखकर वह मुँह घुमाय लेत है और साँप-काटे मानस की लहास देखकर ऊ बहुतै उदास हुइ जात है। बहुत-बहुत साल गुजर गए मगर ऊ दुःख में डूबी रहत है।'

सबने अफसोस की उसाँस भरी। बृजदुलारी अब तक गर्दन घुमाकर किसी और तरफ देख रही थी। उसकी बड़ेरी-कजरारी आँखों में कोमल विषाद की लहर ! आँखों में आसमान की छाया घुमड़ती हुई ! उसकी गोरी-गोरी हथेलियाँ गोद में अलस भाव से पड़ी हुईं ! अब उसने गर्दन घुमाई।

उसने स्नेहभरे, कोमल आवाज़ में कहा, 'देख मोतिया देख, मल्लाह लोग उस किश्ती को बाँस के सहारे बीच-नदी में धकेले दे रहे हैं।'

'हाँ, देख रही हैं, बीवी साहब !'

नौकरानी ने जल्दी-जल्दी बृजदुलारी के पाँवों पर पानी उड़ेल दिया। बृजदुलारी और चम्पा डुबकी लगाकर घाट से बाहर आ गईं।

घाट की सीढ़ियाँ चढ़ते हुए बृजदुलारी ने पूछा, 'चम्पा, तुम्हें एक बात मालूम है ?'

'क्या ?'

'बताऊँगी ! लेकिन मोतिया के सामने नहीं। रुको उसे आगे भेज देती हूँ। तुम मेरी पालकी में आ जाओ, तुम्हें मैं घर पर उतारती जाऊँगी,' बृजदुलारी ने कहा।

'भीगे कपड़ों में तुम बीमार नहीं पड़ जाओगी ?'

'मैं और बीमार ?' बृजदुलारी हँस पड़ी, 'ना चम्पा, मैं न तो आग में जल सकती हूँ न बाढ़ में बह सकती हूँ, मैं बड़ी सख़्त-जान हूँ। माघ के महीने की बर्फ़ीली ठंड में मैं रोज़, भोर-रात नहाया करती थी। उन दिनों प्रयाग में कड़ाके की ठंड थी। लेकिन कुच्छ नहीं हुआ।'

दोनों सखियाँ पालकी में बैठ गईं।

पालकी झूमती चाल में आगे बढ़ी, दोनों अपने-अपने घुटने मोड़कर बैठ गईं। बृजदुलारी ने ठोंगाभर गरम तिलकुट खरीदा था। चम्पा ने खाना शुरू किया। बृजदुलारी ने भी एक टुकड़ा उठा लिया। बातचीत के दौरान ही उन्हें कहीं चीख-चिल्लाहट सुनाई दी।

कोई चौकीदार किसी शख़्स को पकड़कर ले जा रहा था। पीछे-पीछे रोती-चीखती कोई बुढ़िया ! बच्चों का एक झुंड भी तमाशबीन की तरह उनके साथ-साथ चल रहा था।

पालकी आगे बढ़ती रही।

बृजदुलारी ने कहा, 'नाक पर आँचल रख लो चम्पा ! मछली की गंध आएगी, मछली-बाज़ार आ गया।'

दोनों ने अपनी-अपनी नाक पर आँचल रख लिया।

बृजदुलारी ने कहा, 'पता नहीं, ये रेजिमेंटवाले मछली क्यों खाते हैं !' ज़रा सोचकर उसने खुद ही अपनी तरफ से सफाई भी दे डाली, 'मछली खाने से, बुद्धि जो साफ होती है।'

चम्पा अनमनी आँखों से बस देखती रही। रास्ते पर कितने-कितने राहगीर ! कितने-कितने तरह के काम जारी थे। खच्चर की पीठ पर चमड़ा लादकर ले जाते हुए लोग ! वे लोग चमड़ा-व्यापारियों के कर्मचारी थे। बर्तनों की दुकान पर धौंकनी की आग में तपे हुए चेहरेवाला एक बूढ़ा जाने क्या ठोंक-पीट रहा था। दो अदद धोबिनें! सिर पर कपड़ों की गठरी उठाए हुए ! साथ में नन्हा सा बच्चा ! वे दोनों दूर गंगा-नाले के क़रीब बड़े तालाब में कपड़े धोएँगी। गंगा का पानी इन दिनों गँदला हो गया है। उस पानी में कपड़े नहीं धोए जाते।

पालकी हस्बेमामूल आगे बढ़ती गई।

मिठाई की दुकान से घी की खुशबू आती हुई। सड़क पर पत्तल उड़ते हुए। सड़क के कुत्ते धूल सूँघते हुए ! नन्हा बच्चा जलेबी खाने में मगन ! बहुत-बहुत दिनों पहले...क़भी चम्पा का भी जलेबी खाने का मन हो आया। चन्दन उसके लिए जलेबी ले भी आया। लेकिन जलेबी चूँकि पिछले दिन की थी, इसलिए नरम पड़कर बेस्वाद हो

गई थी। चम्पा को खयाल आया, चन्दन उस दिन शायद आ ही जाए। पिछले दिन वह नहीं आया था। वैसे उसकी बातें उसे अक्सर याद आती रहती हैं। ज़िंदगी ज़रा-ज़रा करके टुकड़ों-टुकड़ों में जाने कैसी तो हो गई। सोचने बैठो तो जाने कैसा तो लगता है। एक ज़माना वह भी था, जब उसके और चन्दन के जीवन में कहीं कोई भीड़ नहीं थी, न ही किसी किस्म की बाहरी गड़बड़ी थी। लेकिन धीरे-धीरे, दिनोदिन उन दोनों की ज़िंदगी में जाने कितने लोग, कितनी घटनाएँ, कितने-कितने शोर शामिल होते गए। आजकल चम्पा को अक्सर अंदेशा होने लगा है, अनजाने में ही, जाने कौन वो उसकी तरफ बढ़ता आ रहा है और उसकी परिणति भी बिलकुल अचीन्ही है, जिसे वह देख नहीं पा रही है। उसका मन कहता है, चन्दन अगर उसे लेकर कहीं चला जाता, तो बेहतर होता। लेकिन, चन्दन जाने किन कामों में तो उलझ गया है। ऐसा कौन सा काम कर रहा है चन्दन ? संपूरण किस काम में व्यस्त है ? चम्पा को कुछ समझ नहीं आता। उसे सिर्फ इतना भर लगता है कि वे दोनों किसी ऐसे घटना-जाल में फँस गए हैं, जिसे गुप्त रखना बेहद जरूरी है।

झटका खाकर चम्पा ने मुँह घुमाकर देखा। बृजदुलारी उससे जाने क्या कुछ कहे जा रही थी। मगर, चूँकि वह अपने खयालों में डूबी हुई थी इसलिए उसे कुछ सुनाई नहीं दिया।

बृजदुलारी ने कहा, 'हाँ, मुझे भी पता है। मैंने भी सोचा था—तुम्हें होशियार कर दूँगी।'

'होशियार ? किसे होशियार करोगी ?

'चम्पा, तुमने मेरी एक भी बात नहीं सुनीं,' बृजदुलारी की आवाज़ अभिमान से भारी हो आई।

चम्पा हैरत से उसकी तरफ देखती रही।

बृजदुलारी के होंठों पर हल्की-सी दरार ! चेहरा हँसता हुआ। तिलकुट का ठोंगा उसके हाथ में। चम्पा जानती थी उसके साथ थोड़ा सा भी वक्त गुज़ारकर बृजदुलारी के चेहरे से असहाय करुणा की छाया धीरे-धीरे गायब हो जाती है। बृजदुलारी के प्रति उसके मन में बेभाव ममता उमड़ आई।

'आज तुम बेहद हसीन लग रही हो।'

बृजदुलारी ने हँसते हुए किंचित् प्रगल्भ लहजे में जवाब दिया, 'मुझे छोड़ो ! तुम अपने बारे में सोचो। तुम पर एक बिचारा बेभाव फ़िदा हो गया है। ख़बर गर्म है कि उसकी जुबान पर तुम्हारे अलावा और कोई बात नहीं होती।'

'कौन है वह ? कौन है, भई ?' चम्पा की आवाज़ में बूँद भर भी कौतूहल नहीं उभरा।

'इंजीनियर इवान्स !'

'अच्छा !'

'हाँ, चम्पा !' बृजदुलारी ईषत् गंभीर हो आई और उसने एक नन्ही सी उसाँस

भरकर कहा, 'तुम्हें वह अपनी बीवी बनाना चाहता है।'

'अच्छा, सच ? यानी मेरी किस्मत बुलंद है ?'

'पता नहीं ! लगता है तुम समझी नहीं। उन लोगों के दिमाग़ में अगर कोई बात घुस जाती है तो वह उनके दिल में नक्श हो जाती है। वे भूलते नहीं...'

कुछ देर ख़ामोश रहने के बाद चम्पा ने संक्षिप्त सा जवाब दिया, 'यह तो अच्छी बात है।'

'तो तुम्हें मेरी बात पसंद आई ?'

'आई क्यों नहीं ? ढेर-ढेर गहने मिलेंगे, सम्मान भी बढ़ेगा।'

'क्यों, क्या सुख नहीं मिलेगा चम्पा ?'

चम्पा ने हल्के-से उसका हाथ दबाते हुए कहा, 'तुम मेरे लिए परेशान न हो। अगर कोई मेरे साथ मेलजोल बढ़ाना चाहे तो मैं उसे बखूबी समझा सकती हूँ—'

'क्या समझाओगी ?'

'उसे समझा दूँगी कि चम्पा के दरवाज़े उसके लिए कभी नहीं खुलेंगे। उसे बाहर से ही लौट जाना होगा।'

बृजदुलारी ने धीमे लहजे में कहा, 'हर कोई तो अंदर दाखिल नहीं होना चाहता चम्पा ! बाहर-बाहर से ही मज़ा लूटना चाहता है।'

'नहीं बृजदुलारी, मैं उसे अपने करीब आने ही नहीं दूँगी।'

घर लौटकर संपूरण से भी उसकी बातें हुईं।

संपूरण तो खुशी से गद्‌गद हो आया, 'यह तो बहोत अच्छी ख़बर है। आज ही मैं चन्दन से मिलनेवाला हूँ। कोई संदेशा भेजना है तुझे ?'

'नहीं, वह खुद आएगा मेरे पास !'

चन्दन आ पहुँचा।

आकाश में ढलती हुई शाम रात बनकर उतर आई।

कमरे में दाखिल होते ही चन्दन ने अपने नागरा जूते कोने में उछाल दिए और बिस्तर पर लुढ़क गया।

'मुझे कसकर नींद आ रही है,' उसने कहा।

चन्दन सच ही गहरी नींद सो गया। चम्पा ने नौकरानी से खाना दे जाने को कहा। कमरे की फर्श पर खाना ढककर वह चन्दन के सिरहाने आ बैठी। उसे भी ज़ोरों की नींद आ रही थी।

चम्पा की जब बेसुधी टूटी काफी रात हो आई थी। चन्दन रोशनी के सामने बैठा-बैठा जाने क्या सोच रहा था।

चम्पा ने पूछा, 'जाग गए ? मुझे आवाज़ क्यों नहीं दी ?'

'बस, यूँ ही।'

'संपूरण आ गया ?'

'न्ना, आज वह नहीं आएगा।'

'अरे, मुझे तो उसने नहीं बताया।'

'मुझे बताया था।'

'लखपतिया कहाँ है ? और नौकर कहाँ चला गया ?'

'लखपतिया को छुट्टी दे दी है। नौकर 'जामा' देखने गया है।'

'जामा ? यहाँ कहाँ हो रहा है 'जामा' ?'

'चौक में ! मैं खुद देखकर आ रहा हूँ। उन्होंने कई-कई मालाएँ लटका रखी हैं।'

'तुम नहीं जाओगे ?'

'नहीं, आज तुम्हारी पहरेदारी करूँगा।'

रात चम्पा चन्दन के क़रीब बैठी हुई उसकी बातें सुनती रही, अँधेरे में चम्पा का चेहरा नज़र नहीं आ रहा था। चम्पा से वह बेहद धीमे-धीमे लहजे में बातें करता रहा। बीच-बीच में आम के दरख़्त से कोई पाखी रह-रहकर पुकार उठता था। गंगा की तरफ से आती हुई ठंडी-ठंडी बयार !

चन्दन ने कहा, 'आज मैं तय करके आया हूँ ! आज मैं तुझे सारी बात बता दूँगा।'

चन्दन ने उसे 'तू' कहा ! अरसे बाद, उसने उसे 'तू' कहा था।

अन्दर से उभरती हुई संक्षिप्त सी उसाँस को चम्पा ने जबरन अंदर ही अंदर दबाते हुए कहा, 'चलो, बताओ।'

'मैंने एक दिन कहा था न चम्पा, मैं किसी बहुत बड़े काम में उलझा हुआ हूँ। आज बताता हूँ, तू ही...तू ही है इसकी वजह ! तू ही मुझे खींचकर ले आई।'

'मैं क्यों चन्दन ?'

'यह बात मैं तुझे बाद में बताऊँगा। सुन चम्पा, कुछ ही दिनों में यहाँ एक बहुत बड़ा कांड...भयंकर हंगामा होनेवाला है।'

'देखो तुम मारपीट में न पड़ना, चन्दन !'

'मेरी बातें ज़रा समझने की कोशिश कर चम्पा ! यह कोई छोटा-मोटा हंगामा नहीं है। मेरी बात ध्यान से सुन ! जैसे यहाँ इस शहर में अंग्रेजों की फौज तैनात है, दिल्ली, मेरठ, आगरा वगैरह सभी शहरों में अंग्रेजों की फौज मौजूद है न ?'

'हाँ, है तो ! साहब लोग कंपनी सरकार जो हैं।'

'इन साहब लोगों के आने से पहले, दिल्ली में बादशाही हुकूमत थी। हमारे राजाओं का राज था। इन साहबों का कंपनी राज़ कोई नहीं चाहता।'

'कौन नहीं चाहता ? मैं भी तो इतने लोगों को जानती-पहचानती हूँ। मुझसे तो यह बात किसी ने भी नहीं कही कि कंपनी राज...साहब लोगों का हुकुम कोई नहीं चाहता।'

'अनगिनत लोग हैं जो सच ही कंपनी राज़ नहीं चाहते। पहले उन सबसे मेरी भेंट नहीं हुई थी। मैं तो यही समझता रहा कि कंपनी राज़ में ग़रीब लोग सुखी हैं। वे लोग डाकुओं-ठगों को सज़ा देते हैं। रास्ता-घाट बनाते हैं। वे लोग हमारी जात और रोटी-रोज़ी दोनों तबाह कर रहे हैं। हम ये बात समझते नहीं।'

'अब इन बातों का मतलब भी ज़रा मुझे समझा दो।'

'अब स्थिति यह है कि जो लोग कंपनी राज़ नहीं चाहते उन लोगों ने हिसाब लगाकर देखा है। इस देश में साहबों की संख्या कुल मुट्ठी-भर है। उन लोगों को यह भी अंदाज़ा हो गया है कि कंपनी फौज में जितने भारतीय सिपाही, सवार और गोलंदाज़ हैं, वे सब उनकी तरफ चले आएँगे।'

'क्यों चन्दन ?'

'सभी लोग तो साहबों से नाराज हैं। अयोध्या के तालुकदार इसलिए ख़फा हैं कि उनकी ज़मीनें छिन गईं। शहरों के ज्यादातर अमीर-दौलतमंद भी भड़क गए हैं। इसलिए साहबों के साथ अब जंग होगी।'

'चन्दन!'

'लोगों का कहना है, सन् 1757 में साहब लोगों ने बंगाल में एक लड़ाई जीती थी। इस बात को अब सौ साल गुज़र गए। अब उनका राज जाना चाहिए।'

'यानी तुम जंग करोगे ?'

'हाँ चम्पा, तू...तू ही तो मुझे इस तरफ खींच लाई।'

'सो कैसे ?'

'तुझे खोजते-खोजते जब मैं यहाँ पहुँचा, तो देखा तू भी इन्हीं के दल में शामिल है।'

'कैसे भई ? मुझे समझाओ तो सही।'

'यह संपूरण भी तो उन्हीं का एक पंडा है। संपूरण तुझे यहाँ इसलिए लाया है कि तुझसे भी काम लेगा। अगर मैं भी इनके दल में शामिल न होता तो एक ही शहर में रहते हुए भी मुझे तेरा अता-पता नहीं मिलता। तू मुझे कभी नहीं मिलती।'

'क्यों ?'

'यह संपूरण ही मुझे जान से मार डालता। उसके हाथ में बहुतेरे लोग हैं, बहुतेरे रुपइए हैं। सालेह महमूद और बाकी दूसरे लोगों की इसी ने क़त्ल कराया था।'

चम्पा ने कोई जवाब नहीं दिया। संपूरण से जान-पहचान होने के शुरू दिन से लेकर अब तक जितना उसने जाना है, वह मन ही मन उसे तौलती रही। हाँ, संपूरण को वह समझ नहीं पाई। साथ-साथ खाने-बतियाने मिलने-जुलने के बावजूद वाकई वह शख़्स उसकी समझ से बाहर रहा।

'हाँ वाकई, संपूरण को मैं समझ नहीं सकी,' उसने क़बूल किया।

'ख़ैर, समझने को तो मैं भी उसे नहीं समझ सका। सुना है, बचपन में ही वह घर से भाग आया था। उसका कोई बाप नहीं था। माँ ने देह का धंधा करके उसे

पाल-पोसकर बड़ा किया। किसी ने उसकी माँ का खून कर दिया। वह घर छोड़कर भागा और किसी साधु के पास पहुँच गया। उस साधु ने उसे बताया कि अपने पूर्वजन्म में वह शिवाजी महाराज था। इस जन्म में वह म्लेच्छ विधर्मियों को खदेड़कर हिंदुस्तान में जनता का राज़ लाएगा।'

'अज़ीब बात है !'

'हाँ, अज़ीब तो है लेकिन साधु की बात पर उसका अटूट विश्वास है। इन दिनों उसने जिन लोगों के साथ दल बनाया है, वही मगनलाल, ज्वालाप्रसाद वगैरह अपना-अपना स्वार्थ देख रहे हैं। वे लोग ताल्लुक मुलुक चाहते हैं। इस गद्दी पर बिठूर के राजा को बिठाकर समूची सत्ता अपने हाथ में खींचना चाहते हैं। संपूरण कुछ नहीं चाहता, चम्पा ! इसीलिए उससे डर लगता है। वह गुंडों का सरदार है। खून-ज़ख्म उसके बाएँ हाथ का खेल है। सुन चम्पा, जिन्हें रुपए पैसे का लोभ नहीं, जो बस यूँ ही इनसानों का खून कर सकते हैं, उनसे वाकई डरना चाहिए।'

'तुम क्या संपूरण से डरते हो ?'

'मैं ? न्ना ! बिलकुल नहीं ! भला मैं क्यों डरने लगा ?'

'तब तुम उन लोगों में क्यों शामिल हुए ? सिर्फ मेरी ख़ातिर ?'

'नहीं, सिर्फ तेरी ही ख़ातिर मैं उनसे जा मिला यह बात शायद सच नहीं है। मुझे इसका नशा भी हो गया है।'

'नशा ? कैसा नशा ?'

'वाह ! जो बातें रोज़-रोज़ सुनता रहता हूँ, उस पर मुझे भी विश्वास होने लगा है। इस बार हम लोग अंग्रेजों को खदेड़कर ही दम लेंगे। हाँ, यह सोचते हुए मुझे सच ही नशा आने लगता है चम्पा ! कहाँ पड़ा था मैं ? कहाँ पड़ी थी तू ? जाने किन-किन राहों पर भटकते हुए हम अब यह कैसी ज़िंदगी में आ पड़े हैं ? कभी तो मेरा विश्वास बिलकुल पक्का होने लगता है, कभी लगता है सब कुछ कोरी कल्पना है। पता नहीं क्या सच है।'

'चन्दन, तुम काफी बदल गए हो।'

'तुझे पता है, संपूरण में एक ख़ासियत है। उसे मैंने ग़ौर से पढ़ा है। उसमें दया-माया, विचार-बुद्धि वगैरह कुछ भी नहीं है। लेकिन, वह किसी की आँख में आँसू, ख़ासकर औरतों के आँसू बिलकुल बर्दाश्त नहीं कर पाता। वह औरतों पर गाली-गलौज करता है, उन पर थूकता है, उनके सामने से तमककर निकल जाता है, लेकिन उनके आँसू नहीं देख पाता। पता है, मैंने और-और लोगों की भी बातें सुनी है, उसकी बातें भी सुनता रहता हूँ। वह घुटनों के बल बैठा-बैठा धीमे-धीमे झूमता रहता है। उसका चेहरा लाल सुर्ख होता है और वह ऊँघता रहता है। जब वह बोल रहा होता है, ऐसा लगता है, जैसे उसके अंदर से कोई और शख़्स बोल रहा है। उसने तो कह दिया है कि मगनलाल के अतिशय लालच की वजह से अपने ही किसी आदमी के हाथों उसका खून होगा। ज्वालाप्रसाद इन लोगों से दग़ा करेगा और अंग्रेजों के हाथों इन्हें गिरफ़्तार

करवाकर उनसे इनाम-अकराम लेगा। फिर उन अंग्रेजों से भी बेइमानी करेगा। उसकी बात पर सभी लोग भरोसा करते हैं। कहते हैं वह भविष्यद्रष्टा है, भावी घटनाओं को वह पहले से ही देख-समझ लेता है।'

'मुझे भी तो वह इसी इरादे से लाया था।'

'हाँ, तुझे भी इसीलिए लाया था। वैसे अगर वह तुझे पनाह नहीं देता तो तू बेहद मुश्किल में पड़ जाती। निराधार बह जाती।'

'लेकिन मैं भला उनके किस काम की ?'

'तू उनके बहुतेरे काम कर सकती है, चम्पा ! अब तो मैं भी हूँ ! मैं हूँ न तेरे साथ ! अब भी तू कहेगी कि ये सब काम तेरे बूते का नहीं ? तू नहीं कर पाएगी ये काम ?'

'करूँगी।'

'तू इस इंजीनियर साहब से दोस्ती कर सकती है ?'

'मुझसे तुम यह काम करने को कह रहे हो चन्दन ? तुमने बृजदुलारी का हाल नहीं देखा ?'

'क्यों ? तुझे क्या डर लग रहा है ?'

'मेलजोल बढ़ाने लगो तो इसका कोई अंत नहीं होता।'

'ऐसा कर, तू उनसे थोड़ी-थोड़ी दोस्ती कर ले। उससे तू बहुत सारे राज उगलवा सकती है। बहुत सारी बातें जान सकती है।'

'तुम मुझे बदचलनी का पाठ पढ़ा रहे हो, चन्दन ?'

'हे भगवान् ! ठीक है, अगर इसे बदचलनी कहते हैं, तो चल तू बदचलन ही बन जा।'

'क्यों ? इसे ही क्या चरित्रहीनता नहीं कहते ?'

'नहीं, हरगिज नहीं, तू उससे मेलजोल बढ़ानौ बातें करती रहना। जैसे ही यह लगे कि साहब को इससे ज्यादा बढ़ावा नहीं देना चाहिए वहाँ से हट जाना।'

चम्पा ख़ामोश बनी रही।

कुछेक पल बाद उसने हँसकर कहा, 'मुझे मालूम था—'

'क्या मालूम था चम्पा ?'

'आज ही मुझे ख़याल आ रहा था, हमारी ज़िंदगी में बड़ा शोरगुल आ समाया है। कहीं बहुत बड़ी गड़बड़ी शुरू हो गई है। हम सरे-बाज़ार आ खड़े हुए हैं। ढेर-ढेर लोग, ढेर-ढेर बातें, ढेर-ढेर घटनाओं के बीच में ! अब हम यहाँ से वापस नहीं लौट सकते।'

'चम्पा !'

'सारा कुछ कैसा तो गडमड हो गया है, चन्दन ! अच्छा होता अगर हम-तुम यहाँ से चल देते। हम तुम्हारी माँ से माफी माँग लेते।'

'अरे, वह भी हो जाएगा। बाद में माफी भी माँग लेंगे।'

'ना, अब ऐसा कभी नहीं होगा।'

'अगर ऐसा नहीं भी हुआ तो भी हम दोनों साथ-साथ तो हैं।'

'इसे क्या 'साथ' कहते हैं चन्दन ?'

दोनों ख़ामोश हो गए।

थोड़ा ठहरकर चम्पा ने कहा, 'काश, मैं तुम्हें भूल पाती तो शायद सब कर गुज़रती। मेरे मन को रत्ती भर भी बुरा नहीं लगता, कहीं कोई टूट-फूट भी नहीं होती।'

'जानता हूँ !'

'लेकिन, तुम्हें भुला ही तो नहीं पाती मैं ! आजकल तो मुझे तुम पर गुस्सा भी आने लगा है चन्दन ! लगता है, जैसे तुम मेरे अंदर समा गए हो। अपनी मौत के आखिरी पलों तक तुम्हें अपने मन से निकाल नहीं पाऊँगी।'

कुछेक पल और गुज़र गए।

चन्दन ने जुबान खोली, 'रात अब गुज़र जाएगी चम्पा ! देखो, आसमान साफ होता जा रहा है...'

'तो अब तुम संपूरण के कमरे में न जाओ। बाकी रात हम बातें करते गुज़ार दें।'

दो-एक बातों के बाद बातें जैसे ख़त्म हो गईं। दोनों प्राणी चुप हो रहे। भोर के वक्त चन्दन सो गया। चम्पा ने उठकर दरवाज़ा भिड़का दिया और बरामदे में आ बैठी। उसने बरामदे के खंभे से सिर टिका दिया। भोर की ठंडी-ठंडी बयार में उसका माथा उसका तन-बदन, धीरे-धीरे जुड़ा आया।

15

मार्च का महीना ख़त्म हो गया। ठंड अभी तक ठहरी हुई थी। व्हीलर साहब अजीब ऊहापोह में थे। रेजिमेंट को इस जलसे की वे अनुमति दें या न दें। फरवरी-मार्च में ही उन्हें खबर मिल चुकी थी। वह खबर 'फौजी अखबार' में प्रकाशित नहीं की गई और इस दुःसंवाद को फैलने भी नहीं दिया गया। उच्च पदस्थ अफसरों ने मीटिंग की और खुसुर-फुसुर के लहजे में इस खबर पर विचार-विमर्श किया। बहरामपुर के एक रेजिमेंट में हुक्मउदूली और बैरेकपुर में एक अदद सिपाही की मौत—ये दो मुद्दे घूम-फिरकर हर अफसर की जुबान पर ! ना, उन लोगों ने इन वारदातों को कोई अहमियत नहीं दी। व्हीलर अब वाकई बूढ़े हो चुके थे।

उम्र में प्रवीण ! तजुर्बे में प्रौढ़ ! इसके बावजूद उन्हें कोई राह नहीं सूझ रही थी। आखिर वे कौन सी सतर्कता बरतें ? ऐसा क्या करें कि भारतीय लोगों के मन में ख़ामखाह का संशय न जागे। अचानक उन्हें एक उपाय सूझ गया।

उन्होंने शहर के पुलिस कमिश्नर को बुलाकर समझाया, 'देखिए, हर बार मुहर्रम और होली के मौके पर गाजे-बाजों का शोर-शराबा होता है, शोभायात्रा का हो-हुल्लड़ रहता है। इस होली पर भी हो सकता है, वे सूखे काठ-पत्ते जलाएँ, स्वांग निकालें,

गा-बजाकर नाक में दम कर दें। इस बार आप लोग ज़रा बर्दाश्त कर लें। उन्हें मना मत करें। हज़ार हो, यह उन लोगों का बहुत बड़ा त्योहार है।'

उस बार उन्होंने खुद भी कई-कई आमंत्रण स्वीकार किए।

शहर के संभ्रांत हिंदू घरानों से जो आमंत्रण आते, वे क़बूल करते और अपना कोई हिंदू वकील भेजकर निमंत्रण का सम्मान करते।

होली के मौके पर इस जलसे का भी आयोजन होना था।

हालाँकि व्हीलर को ऐसी कोई हिदायत नहीं मिली थी, लेकिन वे खुद अपने भरसक किसी ग़ोलमाल या हंगामे से बचना चाहते थे। इस जलसे में भारतीय लोगों का जमघट होगा। वे नहीं चाहते थे कि ऐसे मौकों पर उन लोगों में अलग से मेलजोल बढ़े, बातचीत हो। हालाँकि उन पर पाबंदी लगाने का भी उनमें हौसला नहीं था।

अगले ही पल उन्हें लगा ना, कहीं कोई गड़बड़ नहीं है। मेरठ, फैजाबाद, दिल्ली कहीं किसी तरह का असंतोष या अशांति नहीं है। उन्हें लगा जो कुछ हुआ वह तो सिर्फ बंगाल में हुआ था और बंगाल यहाँ से काफी दूर है। उन्हें थोड़ा-बहुत इत्मिनान हुआ।

व्हीलर भारतीय लोगों को समझाते-बुझाते रहे, उन पर अपनी प्यार-ममता बरसाते रहे। उन्होंने यहाँ की भाषा भी अपना ली। इस देश की लड़की से ब्याह करके उसे अपनी पत्नी की मर्यादा दी। किसी के खिलाफ, किसी शिकायत पर उन्होंने कभी ध्यान नहीं दिया। अरसे से वे कानपुर में रसे-बसे थे। पेंशन पानेवाले अनगिनत बूढ़े सिपाहियों का नाम आज भी उन्हें याद है। उनके साथ वे दोस्त की तरह मिलते-जुलते रहे।

यह सोच-सोचकर वे सचमुच परम सुख महसूस करते रहे थे कि वे भारतीय लोगों के मन-प्राण के बेहद करीब आ सके, उनके अंतरंग बन सके। भारतीय लोगों के उत्सव, पर्व-त्योहार, आमोद-प्रमोद भी उन्हें अच्छे लगते थे। यह सच है कि कई-कई सालों पहले उन्हें लगा था, यह उनका अपना 'होम' नहीं है। उनका अपना देश कहीं और है। लेकिन सुदीर्घ अरसे तक, ज़िंदगी की दो-तिहाई उम्र यहाँ गुज़ारने के बाद अब यह बात उनकी जुबान पर नहीं आती। इस देश की गर्मी-वर्षा, हर मौसम के साथ उनकी घनिष्ठ अंतरंगता क़ायम हो चुकी थी। यह उनका अपना देश बन चुका था, नितांत अपना।

हाँ, जलसे की अनुमति उन्होंने सहर्ष दे दी।

उन्होंने भारतीय अफसर से कहा, 'मौसम सुहाना है। अप्रैल में बूँदाबाँदी वक्त पर हो गई तो सर्दी, थोड़े दिन और रुकी रहेगी।'

उनमें जैसे कोई बचपना भी हमेशा जीवंत रहता था। अप्रैल के महीने में काल बैसाखी के बाद बरसात होते ही पेड़-पौधों के धूल-धूसरित, म्लान चेहरे जब नम हरियाली ओढ़ लेते, उनका विस्मय-विमुग्ध मन आत्मविस्मृत-सा उन्हें एकटक निहारता रहता था।

माली से ही उनकी अंतरंग बातों का आदान-प्रदान शुरू हो जाता।

'इस बार आम के पेड़ों में जितने बौर आए हैं, उतने आम फलेंगे न ? बैसाख में आखिर कितनी बारिश दरकार होती है, ताकि आम की गुठलियाँ सख़्त हो सकें ?'

बारिश की बूँदें जब वाकई धूल-मिट्टी को भिगो देतीं और चारों तरफ सोंधी-सोंधी खुशबू महक उठती, पके बालों वाले इस साहब की आँखें खुशी से भर उठतीं। वे मन ही मन बोल उठते—ब्यूऽऽटीफुल !

एक दिन सच ही जलसे की रंगारंग रोशनी जगमगा उठी।

जलसे में साहब लोग भी आए। उनके साथ उनकी मेमसाहबें भी आ पहुँचीं। वे लोग कुर्सी पर विराजमान हो गए। भारतीय अफसरों में जो उच्च पदस्थ थे, वे लोग भी कुसी पर बैठे। मेमसाहब लोग सिर से पाँव तक गहनों से लदी हुईं। एक तरफ चिक की आड़ में कतिपय भारतीय अफसरों की संगिनी विराजमान थीं। बृजदुलारी भी सकुचाती हुई एक कोने में आ बैठी। उसके आभूषण देखकर मेमलोगों में खुसफुसाहट शुरू हो गई। साहब लोगों को शराब पेश किया गया।

भारतीय लोग खीर, पिश्ते और बर्फ के चूरे से भरे भाँग के शर्बत की घूँट भरने लगे।

जलसे की पहली गायिका बुझी-बुझी-सी बैठी हुई !

वह सोच रही थी—इस महफिल में गाने लायक उसे एक भी गाना नहीं आता। वैसे भी इन लोगों को गाने की भला क्या समझ ? ऐसी जगहों पर हल्की-फुल्की ठुमरी या टप्पे के अलावा भला और कैसे गीत चल सकते हैं ?

उसके मन की दुविधा सारंगीवादक भाँप गया।

उसने दबी जुबान में खिसखिसी, कफदार आवाज़ में कहा, 'फिकर ना करें रेशम, जिन लोगों को चन्दन के पेड़ तले बैठने का मौका नहीं मिला, वे इमली की छाया में बैठकर ही सोचते हैं, उन्हें स्वर्ग मिल गया।'

रेशम की भौंहें सिकुड़ आईं।

उसने कहा, 'फिजूल की बातें क्यों करते हो ? उनसे माँग-जाँचकर, कहीं भाँग तो नहीं पी ली ?'

सारंगीवादक ने बुदबुदाकर कहा, 'कोई अच्छी बात बताने के लिए भला भाँग चढ़ाने की ज़रूरत क्यों पड़ने लगी ?'

रेशम एकदम से दुखी हो आई। अपने लिए, सारंगिए के लिए, हर किसी के लिए ! किसी दिन इसी शख्स से वह प्यार कर बैठी थी। इससे उसने ब्याह भी कर लिया। जब रेशम जवान थी, इस आदमी ने उस पर मनमाने अत्याचार किए थे। यहाँ तक कि दूसरे-दूसरे लोगों के हाथ उस जीती-जागती औरत को रेहन भी रखता रहा। असल में, उस इनसान में इनसानियत थी ही नहीं। लेकिन, जाने क्या बात थी कि इसके बावजूद वह उसे प्यार करती थी। इसी तरह काफी सारे दिन गुज़र गए। एक दिन रेशम को अहसास हुआ, अब वह अधेड़ होने को आई। यह इनसान भी अपनी सेहत और रुपए गँवाकर नितांत निर्बल हो चुका है। रेशम ने सोचा था, थोड़े से रुपए-पैसे देकर वह उसे

विदा कर देगी और खुद अपनी मरजी मुताबिक ज़िंदगी शुरू करेगी। लेकिन, जाने क्यों तो ऐसा नहीं हुआ। अब रेशम उसे छोड़ भी नहीं सकती। वही तो उसके लिए यहाँ-वहाँ से गाने की फरमाइशें जुटा लाता है। अब वह भी रेशम को छोड़ नहीं सकता।

रेशम ने बुदबुदाकर कहा, 'सारे रंग बेरंग हो गए हैं। श्रीहीन ! कितने दिन हो गए। किसी ने न प्यार-वार की बात की। न मैंने सुनी।'

सबसे पहले रेशम की ही बारी थी। रेशम ने गाना छेड़ा। उसे लगा था, उसे कोई गीत याद नहीं आएगा और वह जो गाएगी, उससे श्रोताओं को खुश नहीं कर पाएगी। उसे मन ही मन अफसोस होता रहा, उसने आज दारू क्यों नहीं चढ़ाई। ज़रा-सी भी अगर पीकर आती तो बेहतर गा सकती थी।

लेकिन, हुआ यह कि शराब के बिना ही वह गाती रही और बढ़िया गाती रही। उसने पहला गीत छेड़ा—'नदिया किनारे हिराय आई कँगना !' उस वक्त अचानक वह गीत उसके होंठों पर आ गया। जवानी के दिनों में यह गीत सारंगिए को बेहद पसंद था। उन दिनों रेशम भी यह गीत अच्छा ही गाती थी। आज यह गीत गाते हुए उसे खयाल आया, अब उन दोनों की जवानी के दिन हवा हुए। वैसे दुनिया में जवानी का रंग, बूँद भर भी फीका नहीं पड़ा। यह खयाल उसे चम्पा को देखकर आया।

उस गीत के बाद उसने शौरी मियाँ का पंजाबी टप्पा और एकाध दूसरे गीत गाए। अपने भरसक उसने अच्छा ही गाया। लेकिन महफिल ज्यादा सरगर्म नहीं हुई। महफिल को किसी और बात की तलब थी।

जब चम्पा गाने को उठी, उसने महफिल की प्यास को मानो नशे का जाम थमा दिया।

बदन पर गहरे नीले रंग का घाघरा और दुपट्टा ! सिर से पैर तक गहनों से सजी हुई ! उसे बखूबी अहसास था कि न उसे बढ़िया गाना आता है, न नाच ! उसने महफिल में सालू की एक चादर पर अबीर छिड़क दिया और कलाई में घुँघरू बाँध लिया। छुन-छुन की गूँज में उसने नाचना शुरू कर दिया। उसके अंग-अंग में अदाओं का शोर जाग उठा, बदन के गहने आपस में टकराते हुए रुनझुन तरंग बन गए, कलाई और पाँवों के घुँघरू पूरे दमखम से गूँज उठे। चम्पा के होंठों पर नशीली हँसी नाच उठी। चारों तरफ अबीर उड़ने लगे, हँसी-खिलखिलाहट के ज्वार उठाते हुए साहब लोगों ने अपनी-अपनी नाक पर रूमाल रख लिया। महफिल पूरे जोश में आ गई। उसके बाद चम्पा ने गीतों की तान छेड़ दी।

टूटी-फूटी, मगर मीठी आवाज़ में चम्पा ने जो-जो गीत गाए, उन्हें सुनते हुए रेशम गर्दन झुकाए-झुकाए किसी और ही तरफ देखती रही। उसके बाद चम्पा के पाँव दोबारा थिरक उठे। रेशम ने बुदबुदाहट के लहजे में अपनी खिसियाहट जाहिर की।

उसने सारंगिए से कहा, 'सुनो, आज रात मुझे दारू चाहिए। चाहे जहाँ से भी हो, तुम मेरे लिए इंतज़ाम कर देना ! आज दारू बिना मेरी रात नहीं कटेगी।'

इसी बीच साहब लोग उठ गए। भारतीय अफसर और महिलाएँ भी खिसक गईं।

गानेवालियों को विदा कर दिया गया। अब सिपाही लोग ज़रा अपने ढंग से फुर्ती करने को तैयार हो गए। एक मर्द और एक औरत बना। दोनों नाचने लगे। औरत बने हुए मर्द ने घूँघट की ओर से कभी मुखड़ा दिखाते, कभी छिपाते नाच का समाँ बाँध दिया। उसकी घनी-घनी मूँछों का मज़ा लेती हुई भीड़ सियार की आवाज़ में हुआँ-हुआँ की आवाज़ें उछालती हुई, मौज़ में आकर उन दोनों को बढ़ावा देने लगी।

इस जश्न की रात, महफिल में सिर्फ झलक भर दिखाकर बंगाली कर्मचारियों ने अपने-अपने घरों की राह ली। रिसाला के बड़े बाबू हरविलास मुखुज्जे को पहला पुत्र-लाभ हुआ था। इस मौके पर आज भोज का आयोजन था। डॉक्टर भवानीशंकर चौधुरी अविवाहित इनसान ! उनका घर एक व्यक्ति के लिए काफी बड़ा था। चार-चार कमरे, लंबा बरामदा, कोने में रसोईघर ! कमरों से जुड़े गुसलखाने ! सर्वसम्मति से इसी घर में भोजन का आयोजन किया गया था। मिलीटरी, कमिसरिएट में शामिल लगभग सभी बंगाली इस भोज में शरीक हुए। आँगन में शामियाना लगाया गया था। फर्श पर दरी बिछा दी गई थी। सभी मेहमान दरी पर बैठे गपशप में व्यस्त ! कोई-कोई मेहमान सपरिवार आया था। असल में नौकरी की जगह हर कोई अपना परिवार नहीं लाता। लेकिन रामलाल चाटुज्जे, सखाराम मित्तिर वगैरह लोग जो यहाँ दो-दो पीढ़ियों से आ बसे हैं, उनका परिवार उनके साथ ही रहने लगा था।

दिन के वक्त महिलाएँ पहसुल पर सब्ज़ियाँ काट दी थीं। खाना पकाने की सारी तैयारी पूरी कर दी थी। हरविलास मुखुज्जे के छोटे भाई कपाली मुखुज्जे ने रसोई की सारी जिम्मेदारी अपने ऊपर ले ली थी। कपाली मुखुज्जे खाना-वाना बनाने में माहिर सदाचारी ब्राह्मण थे। साँझ को तीन-तीन गायत्री-जाप करते थे। रसोई और खाने-पीने के मामले में अक्सर गड़बड़ी मच जाती। ख़ासकर रामलाल चाटुज्जे के काका ख़ासे गुस्सैल इनसान थे। एक बार पोस्ट ऑफिस के बड़े बाबू नन्दलाल गाँगुली की बेटी के ब्याह में पाँठा-बलि न देकर बाज़ार से गोश्त मँगा लिया गया। बस, यह खबर मिलते ही उन्होंने पंगत-भोज ही चौपट कर डाला। गोश्त हिंदू कसाई से खरीदा गया है, यह सुनने के बाद भी, उन्होंने नन्दलाल बाबू को कभी माफ नहीं किया।

हर बात का खयाल रखते हुए क्या-क्या इंतज़ाम ज़रूरी है, इस बारे में हरविलास मुखुज्जे ख़ासे चिंतित थे। ऐसे में कपाली बाबू हाज़िर हो गए। लोगों ने राहत की साँस ली।

औरतें भीतर कमरे में दरी बिछाकर आराम से लोटपोट लगा रही थीं। उनकी दासियाँ भी क़रीब ही मौजूद ! कोई गोद का बच्चा सँभाले हुए, कोई मालकिनों के पान-ज़र्दा की रखवाली करती हुई ! कम उम्र बहू-बेटियाँ एक कोने में बैठीं गपशप में मशगूल ! नन्दलाल बाबू की माँ, सफ़ेद-पके बालों के बावजूद, माँग में सिंदूर भरती थीं। अभी तक उनका कहीं अता-पता नहीं था। उनकी सास उन्हीं की निंदा-स्तुति में जुटी हुई थीं।

'गाँव से माटी की मुँह बंद हाँड़ी में कितने जतन से बुआ-माँ ने बड़ियाँ भेजीं। ऐसी

अच्छी मटर यहाँ इस प्रांत में नहीं मिलती। साथ में सोना मूँग की दाल ! इस देश की दाल में तो ज़रा भी स्वाद नहीं होता, समझीं फूलू की माँ ? और उसे मेरी गुणवंती बहूरानी ने फेंक दिया। पता है, क्या कहा ? बड़ियाँ अशुभ होती हैं, सो रास्ते में ही फेंक दिया। ऐसा कभी सुना है ? अरे, जिसने वे बड़ियाँ दीं, वह तो हमारी बड़ी-बुजुर्ग, गुरुजन थीं। उनसे ज्यादा धरम-शास्त्र जानती है वह ? मटर दाल की बड़ी में कोई दोष नहीं होता। लेकिन, यह बात उसे कौन समझाए ?'

फूलू की माँ ने संवेदना में जाने क्या तो कहा।

डाक बाबू की माँ ने थोड़ा सा और ज़र्दा फाँकते हुए कहा, 'मैंने बड़की बहुरिया से कहा, उसके हाव-भाव से ज़रा पता तो लगाओ। रास्ते में वह अपने मायके तो नहीं उतरी थी। शेओड़ाफुली से होकर ही तो आते हैं। लेकिन बड़की बहुरिया से इतना सा भी काम नहीं हुआ। मुझे तो पक्का विश्वास है, बड़ियाँ वह ज़रूर अपने मायकेवालों को दे आई होगी। अरे बहना, मुसीबत तो मेरी है। अब, आज की ही बात लो। नंद ने कहा, वह नीम की रसदार तरकारी खाएगा। सो, किसी तरह सहजन का दो डंठल और बैंगन तो जुटा लिया, लेकिन बड़ी के लिए मन मसोसकर रह गई।'

उनकी बड़ी बहू ने मुँह फेरकर बमुश्किल अपनी हँसी दबाई।

सास ने खिन्न लहजे में कहा, 'हँसो मत, बड़की ! साल-भर में तीन महीने तुम लोगों के यहाँ ठीया लेती हूँ, सो ज़रा भला-बुरा पकाकर अगर खिला भी न सकूँ तो मन मानता है भला ? अरे हाँ, याद आया तुम्हारी ननद क्यों नहीं आई, फूलू की माँ ?'

'हमारा हाल क्या पूछती हैं दीदी ? जानती तो हैं कुल एक मानस के कंधे पर कितनी बड़ी गिरस्ती का बोझ है ! ननदोईजी तो मुद्दतों से नहीं आए थे। ननदजी की बड़ी बेटी जचगी के लिए मेरे पास चली आई। पता नहीं, ननदोईजी को क्या सूझी, इस बार वे भी आकर दो महीने यहीं टिके रहे। अभी परसों ही वे वापस गए। अब जाने कितने साल इधर का रुख नहीं करेंगे। सो, आज सुबह से ही ननदजी रोए जा रही हैं। मैंने उन्हें कितना समझाया, बहना, बड़े भइया क्या तुम्हारे अपने नहीं हैं ? या मैं तुम्हारी ऐसी-वैसी भौजाई हूँ जो तुम्हें सताती हूँ ? अब तुम भात की थाली के सामने बैठे-बैठे आँसू बहा रही हो, इस गृहस्थी का कल्याण-अकल्याण भी तो देखो। अभी उस दिन मेरी गोद का बच्चा चला गया। बाबू साहब आँव भोगकर अभी-अभी उठे हैं। क्या बताऊँ बहना, मेरे नसीब में सुख-चैन कहाँ है ? उस पर से मेरी ननदजी ने फरमाया, 'बहू, दुःख की बात तुम्हें क्या बताऊँ ? मेरे विनोद के झुमके नहीं मिल रहे हैं।' अब बताइए, यह सुनकर हाथ-पाँव ठंडा हो जाएगा या नहीं ?'

'अरे ! झुमके लिये किसने ? नौकरानी क्या तुम्हारे कमरे में घुसी रहती है ?'

सभी औरतों की जुबान पर यही सवाल !

फूलू की माँ ने नथनी उठाकर, दाँत पर मिस्सी चढ़ाते हुए कहा, 'नहीं जी, नहीं ! आप लोग थीं न ! अरे, यह घर के ही किसी आदमी का काम है।'

'यानी बाप होकर बेटी की ?'

'क्या बुद्धि है, रे बाप !'

'तुम्हारी ननद की बेटी भी न अजीब बौड़म है।'

'अरे, बाप का स्वभाव तो तू जानती है। ज़रा सावधान रहती तो क्या हो जाता ?'

'अब आप लोग ही बताएँ। हमारी ननदजी फ़रमाती हैं कि बड़े भइया से कहो। मैंने कहा यह मुझसे ना होगा। उस इनसान पर पहले ही इतना देना चढ़ा हुआ है। ननद जी का कहना है, विनोदबाला की सास उसकी ऐसी-तैसी कर देगी। मैंने उसे दिलासा दिया है, पहले बच्चा होने दो। जब जाने लगेगी तब देखूँगी। बस इसी बात पर एक चोट हो गया। मैं खाने के पत्तल के सामने बैठी ही नहीं, ननदजी ने ज़रा-सा मुँह जुठारकर बाकी सारा खाना बिलैया को खिला दिया। क्या पूछती हो बहना, उपवासी रहने से सबका अपशकुन होता है। आखिरकार मैं ही उठी; चूल्हा जलाया, पराँठा-तरकारी बनाई। खुद खाया, उनको भी खिलाया। बेटों के लिए भी ढककर रख दिया। इतना सब निपटाने के बाद तब जाकर आ पाई, जानती हैं दीदी ?'

इतना कहकर वह अपनी गोद के बच्चे को आँचल से ढककर दूध पिलाने में व्यस्त हो गई।

नन्द बाबू की माँ ने दोबारा गपशप जमाने के लिए किसी और की तलाश में इधर-उधर निगाह दौड़ाई। उनकी नज़र सखाराम बाबू के भानजे की बहू पर पड़ी।

कमरे में जितनी औरतें जमा थीं, उनमें वही सबसे खूबसूरत थी। रंग बुर्राक-गोरा ! धार-धार आँखें। चेहरा-मोहरा साधारण ! मांसल देह ! सखाराम बाबू आबकारी के दारोगा ! अगाध कमाई ! भानजा ही उनका उत्तराधिकारी ! सखाराम बाबू निःसंतान थे। इस देश में रहते-सहते वे यहीं के हो गए थे। भानजा असमय ही आवारा हो गया। इसलिए वे उसके लिए काफी देख-सुनकर, कलकत्ते के बाग़ बाज़ार से खूबसूरत बहू ढूँढ़ लाए। दत्त घराने की लड़कियों के रूप की ख्याति दूर-दूर तक फैली हुई थी। उन लड़कियों का जैसा तो रूप-रंग, वैसी ही मांसल-देह !

नन्द बाबू की माँ ने भरपूर गले से चीखकर आवाज़ लगाई, 'ए जी, ओ नयनबहू, तुम्हारी मामी क्यों नहीं आई जी ?'

'मामी के पाँव में मोच जो आ गई है,' नयनबहू ने अपनी हँसी दबाने के लिए अपने मुँह पर आँचल रख लिया। बात-बात में हँसने की उसे बीमारी थी।

'अरे, क्या हुआ ? पैर कैसे मुचक गया ?'

सिर झुकाकर सोने का फूलदान काँटा जूड़े में कसकर बिठाते हुए बहू ने कहा, 'कल बृहस्पतिवार था न ! आपको तो पता है, बाम्हन दीदी न हो तो पूजा के बरतन माँजे ही नहीं जाते। बाम्हन दीदी बेतरह बीमार पड़ी हैं। मैंने कहा, लाइए मामी, मैं ही आँवले से माँज देती हूँ। बाद में बाम्हन दीदी उन पर गंगाजल छिड़ककर उठा लेंगी। लेकिन मेरा माँजा-धोया भला उन्हें पसंद आता ? 'इस पर पानी का दाग पड़ा है,' यह कहते हुए जैसे ही वे कुएँ तक गईं वैसे ही...कानू ने शायद वहाँ तेल उड़ेल रखा था, मामी ठहरी मोटी-तगड़ी ! सो...'

'अहा रे...!'

नयनबहू ने किंचित् मुस्कुराकर अपनी हँसी दबाते हुए कहा, 'मैंने तो कितना-कितना कहा, मामी कानू-बुलू बड़े खुराफाती बच्चे हैं। इन्हें मैं ले जाती हूँ। लेकिन वे नहीं मानीं। जब तक वे नातियों को अपने हाथ से न खिला लें, उन्हें चैन नहीं। इस वक्त नौकरानी उनके पाँव पर हल्दी-चूना लगा दे, इसका भी उपाय नहीं। अभी मैं लौटकर जाऊँगी, चूल्हे पर हल्दी-चूना गर्म करूँगी, उनके पाँव पर लगाऊँगी तब जाकर होगा।'

इस बीच नन्द बाबू की ब्याहता बेटी ने लपककर उसकी कलाई थाम ली और उसकी नई चूड़ियाँ देखने लगी।

औरतों की मजलिस में तरह-तरह की बातें चलती रहीं। यह चर्चा भी सरगर्म हो उठी कि कोई संन्यासी आए हैं। वे तरह-तरह की चमत्कारी दवाएँ बाँटते हैं। सखाराम के भानजे की बहू चाहे जितने भी गहने पहने उसका दूल्हा बिलकुल ही आवारा हो गया है। उसने बगान-बाड़ी में जाने किसे तो रख लिया है और अब उसी औरत के साथ रह रहा है।...प्रह्लाद बाबू का बेटा अब नहीं बचेगा। वैद्य-कविराजों ने उसे जवाब दे दिया है। लेकिन उसके पास पैसा है, वे लोग चाहते तो 'सूचिकाभरण' करा सकते थे।...बांडुज्जे की पुत्रवधू को अब बच्चा नहीं होगा।' बहू की उम्र बाईस साल हो गई। अब ब्याह के ग्यारह साल बाद भला बच्चा हो सकता है ? सो बेटे का अब दूसरा ब्याह करना ज़रूरी है। लेकिन बीवी कहती है ऐसा हुआ तो वह अफीम खा लेगी। इस ज़माने की बहुएँ परदेस आकर सबके सिर पर पाँव रखकर चलना चाहती हैं...बिंदुवासिनी की सास बड़ी कंटाला है। बहू को इतना मारा-पीटा की बिचारी मर ही गई। बिंदु के बाप की बेवकूफी ! नौकरी करते हैं कानपुर में बेटी को ब्याह दिया बाँसबेड़े में। अब बिंदु की माँ बिंदु के दुधमुँहे बच्चे को ले आएगी। बड़े लोगों की बड़ी-बड़ी बातें ! अब बिंदु के बाप खुद क़बूल करते हैं कि बेटी को हैजा हो गया था।...इस बार कानपुर में मछली का दर चढ़ा हुआ है। तीन आने सेर रुही, रोहू ! ऐसे ऊँचे दाम कभी किसी ने नहीं सुने थे। खटिक-मल्लाह मछली का मर्म क्या जानें ? वे मछलियाँ लाना ही नहीं चाहते। उस दिन नौका भरकर आड़ और चीतल मछलियाँ आई थीं। ख़बर पाते ही बाबू लोग दौड़े। उनके पहुँचते-न पहुँचते मछलियाँ उठ गईं। साहब लोगों के बावर्ची आजकल आड़ मछली की 'फेराकिसि' और 'फराइ' बनाना सीख गए हैं।...कलकत्ते में विद्यासागर ने जीना हराम कर रखा है। रामबाबू के साले की जुबानी ख़बर मिली, विद्यासागर हर लड़की को लिखना-पढ़ना सिखाएँगे। लाटसाहब तक उस बाम्हन से खौफ खाते हैं। अगर कहीं क़ानून पास हो गया तो वह शख़्स बिलकुल सिर पर ही सवार हो जाएगा। घर बैठे किसी पंडिताइन या आचार्या टीचरानी से बँगला पढ़ने के बजाय अब गाड़ी में बैठकर उनके यहाँ पढ़ने जाना होगा।...खबर गर्म है कि काशी में लीची-आटा कंगन के काफी चर्चे हैं।...अरे हाँ, काशी के जिक्र पर याद आया, भुवन के दूल्हे का पता चल गया है। उसने काशी जाकर संस्कृत पाठशाला खोल ली है। उसने साफ कह दिया है, किसी अमीर घर का घरजमाई बनने पर, वह एक नहीं एक साथ एक जोड़ी लात मारता है।

इधर बाहर के कमरे में बैठे मर्दों की भी गपशप का सिलसिला जारी था।

नन्द बाबू ने हाँक लगाकर पूछा, 'अरे ओ कपाली बिरादर, कितनी देर और...?'

'बस, पुलाव की देग भर उतार लें, खाना तैयार ! अभी बिठाता हूँ आप सबको खाने के लिए !'

'अरे, साहब, कपाली के रहते आप फिक्र न करें,' हरविलास बाबू ने ताश फेंटते हुए कहा, 'बिरादर हमारा अकेले हाथ से ही सौ-सौ मेहमानों के लिए पकवान बनाकर खिला सकता है। रामराजतला में चाहे जिस भी किसी के घर का मामला हो, हर कोई कपाली को बुला ले जाता है। भई, सिर्फ़ माहिर बाम्हन-महाराज से ही काम नहीं चलता, एक बंदा ऐसा भी होना चाहिए, जो अगुआ बनकर तुरत-फुरत काम करा ले।'

'आपका महाराज नहीं आया ?'

'नहीं, महाराज तो एक छोड़ दो-दो हैं, लेकिन कपाली ने कहा कि मांस और मछली वह खुद पकाएगा।'

'कपाली क्या अब मांस-मछली खाने लगा ?'

'नहीं नहीं, वह तो खाना ही सिर्फ एक वक्त खाता है। उसके खाने में तो सैकड़ों तरह के अगर-मगर और फरमाइशें होती हैं, सो उसका खाना तो मेरी बुआ ही बनाती हैं।'

बातचीत के दौरान प्रहूलाद बाबू के बेटे का भी जिक्र आया।

रामलाल चाटुज्जे ने कहा, 'उन लोगों ने 'सूचिकाभरण' क्यों नहीं किया ? काशी से बड़ा वैद्य तो बुला लिया, मगर...'

उनके काका बोल उठे, 'अरे भइए, सिर्फ बड़े वैद्य से ही कुछ नहीं होता। वे लोग अब भला क्या इलाज करेंगे ? विशुद्ध मोती, शुद्ध मूँगा वगैरह चाहिए। अगर ये सब न हों तो क्या भस्म-वस्म बन सकता है ? अरे, असली कविराज तो पिछले ज़माने में होते थे। हमने अपनी आँखों से देखा है। आयुर्वेद शास्त्री गंगादास सेन के 'सूचिकाभरण' की एक खुराक रोगी के पेट में पड़ा नहीं, कि मरा हुआ आदमी भी एकदम से ज़िंदा हो जाता था। 'सूचिकाभरण' करा सके, आजकल ऐसा इनसान भला मिलता कहाँ है ?'

'क्यों ? आजकल क्या 'सूचिकाभरण' नहीं होता ?'

'देखो, हरविलेस सही वक्त पर, 'सूचिकाभरण' नहीं मिला, इसलिए गंगादास सेन का बाप मर गया। जानते हो गंगादास कविराज कितने मशहूर आदमी थे ? शहर के सभी बड़े-बड़े घराने उनके बँधे हुए थे। बड़े गुस्सैल जीव थे। एक बार बर्धमान महाराज का साला उनके पास पहुँचा। उसे असहनीय सिर-दर्द की शिकायत थी। हर वक्त नस्सी सूँघते रहने की आदत ! गंगादास सेन को बर्धमान ले जाया गया। गंगादास कविराज ने कहा, चार-चार नौजवान उसे कसकर पकड़े रहें। महाराज उनका मन-मिज़ाज जानते थे। सबने उनके साला बाबू को कसकर दबोचे रखा। कविराज जी ने सोने की सुई गर्म की और साले साहब की नाक में घुसेड़ दी। नाक की दोनों सूराख कोंच दिए। साले साहब तो बलि के बकरे की तरह छटपटाने लगे। तुम लोग विश्वास नहीं करोगे, कुछ

ही देर में उसकी नाक से पुराने घी जैसा काला-काला सड़ा हुआ जाने क्या सब तो निकलता रहा। असल में उसके नाक के जरिए सिर पर नस्सी जम गई थी और क्या ? उस वक्त तो भयंकर तकलीफ हुई, मगर साले बाबू चंगे हो गए। महाराजा ने कविराज को ढेरो इनाम-अकराम दिए।'

'अब क्या ऐसे कविराज नहीं होते ?'

'होते क्यों नहीं ? अलबत् होते हैं। ये सारे कविराज बंगाल मुलुक में मौजूद हैं। इस गँवारू-पिछड़े देश में आने की उन्हें कोई गरज़ नहीं पड़ी है। गंगादास कविराज के पास जब अगाध दौलत आ गई, तो उन्होंने 'सूचिकाभरण' किया। 'सूचिकाभरण' के आयोजन के लिए पूरे एक मन के वजन की नर-रूही मछली और बूढ़ा नर-गोखरू साँप चाहिए। मछली का वजन न एक रत्ती ज्यादा, न कम। निश्चित तिथि-नक्षत्र देखकर उस मछली के पित्त का रस और साँप का ज़हर मिलाकर सोने के बर्तन में मद्धिम आँच पर पूरे आठ पहर खौलाना होता है। गंगादास कविराज ने वही किया। वही विशुद्ध 'सूचिकाभरण' उनकी संदूकची में सोने के डिब्बे में संचित रहता था। मरणासन्न रोगी की ख़बर मिलने पर वे कोई खुराक देने से पहले सूचिकाभरण देते थे। यह कोई ऐसी-वैसी दवा तो थी नहीं। जीता-जागता इनसान अगर इसे चाट ले तो खड़े-खड़े दम तोड़ दे। ख़ैर, अब तो जितने दिन उनका बेटा मौजूद है उतने दिन लोगों को 'सूचिकाभरण' मिलता रहेगा। वैसे भी गंगादास कविराज क्या कोई सीधे-सादे प्राणी थे ? भद्रासन में तिमंज़िला मकान खड़ा कर लिया। देश में भी तीनों बेटों के लिए तीन-तीन मकान बनवा दिया। हाटखोला में बड़ी सी हवेली खड़ी कर ली। शोभाबाज़ार के राजा-रजवाड़ों ने उन्हें चाँदी की पर्त-मढ़ी पालकी भेंट की थी। वे उस पालकी में बैठकर गंगा नहाने जाते थे। पूरे एक सौ दो वर्ष की उम्र में परलोक सिधारे।'

बाकी लोगों के साथ बैठे-बैठे भवानीशंकर भी उनकी कथा सुन रहे थे।

उन्होंने ईषत् हँसकर कहा, 'लेकिन इस कविराज हज़रत ने अपने सगे पोते को खदेड़ दिया था।'

'पोता था तो क्या हुआ ? अगर वह कुलंगार निकले तो उसे खदेड़ नहीं देते ?'

'उनका वह पोता मेरे ही साथ पढ़ता था। जेठू ! बड़ा शरीफ लड़का था।'

'अरे भइए ! ऐसे ही लड़के को हम 'बुरा' कहते हैं, जिसका दादा इतना बड़ा कविराज उसका पोता कॉलेज में पढ़ाई करके डॉक्टर बनने चल दिया ? बीवी का बाप जात-बाहर कर दिया गया। उस बीवी को त्यागकर, दूसरा ब्याह करना, बाबू साहब को अपनी बेइज़्ज़ती लगी—'

'तो उसने बुरा क्या किया ?'

'सुना है कि अब वह जाने कहाँ तो चाकरी करता है। बड़ी बुरी हालत में है।'

'नहीं जेठू, वह काशी में मास्टरी करता है। मज़े में है।'

'लेकिन, मैंने तो सुना ईसाई हो गया है ?'

'नहीं, ईसाई हुआ तो नहीं, मगर उसके बाप-काकाओं ने उसके साथ जो बर्ताव

किया, अगर वह गुस्से में आकर इसाई हो जाता तो यह उसका क़सूर नहीं होता। आप लोग यह समझते ही नहीं कि बात-बात में यूँ रोड़े अटकाने या बदनामी फैलाने की वजह से ही कितने लड़के इसाई या ब्राह्म बनते जा रहे हैं।'

'हाँ-हाँ बेटा, तुम तो यह कहोगे ही। ब्राह्मण होकर जनेऊ त्याग दिया, आचार-पूजा छोड़ दी।'

मामला पेचीदा होते देखकर भवानीशंकर ने छूटते ही जवाब दिया, 'आप परेशान न हों, जेठू ! आप लोगों ने मेरे यहाँ अपनी चरणधूलि दी ! मेहरबानी की मुझ पर ! इसीलिए आज मैं न रसोई की तरफ जाऊँगा, न आपके साथ खाने बैठूँगा, यह मेरा वादा रहा। बस आप नाराज न हों।'

बूढ़े जेठू बैठे के बैठे रह गए।

प्रसंग बदलने के इरादे से अब ब्रज सिकदार ने दूसरी-दूसरी बातों-सी झटपट पहल की, 'भवानी भइया, हम तुम्हें नहीं छोड़नेवाले। हम तो चाहते हैं तुम भी हमारे साथ हमारे जैसे रहो। बस, तुम झटपट एक ब्याह कर डालो। इससे पहले ज़रा 'प्रायश्चित' कर लेना। हम भी एक दिन इत्मिनान से पूड़ी-मिठाई का भोज उड़ाएँ।'

रामलाल के काका भी उत्साहित हो उठे।

'भई, इलाहाबाद में मेरे साले की पोती अच्छी-ख़ासी सयानी हो चुकी है। तेरह पार किया है। अगर तुम कहो तो उन्हें एक ख़त लिख भेजूँ ?'

'अरे जेठू, आप भी क्या बात करते हैं। अब इस उम्र में भला...'

'अरे बिरादर, यह भी कोई उम्र है ? कितना कुलीन वंश है तुम्हारा !'

अब हरविलास मुखुज्जे ने भी छौंका लगाया, 'तुम लोग नए ज़माने के लड़के बेहद स्वार्थी होते हो जी ! अरे, तुम्हारे बीवी-बच्चे होंगे तभी न पितृकुल को तर्पण मिलेगा।'

भवानीशंकर के होंठों पर मीठी सी मुस्कान तैर गई, 'तर्पण के लिए मेरे सौतेले भाई तो मौजूद ही हैं।'

'उनके साथ तो तुम्हारा कोई वास्ता नहीं है न ! बेकार पैतृक संपत्ति से भी हाथ धो बैठे।'

'सुना है विजयशंकर बड़ा भला लड़का है। बाप-जेठू का नाम वही रोशन करेगा। उसके कई बाल-बच्चे भी हैं। ज़मीन-जायदाद की ज़रूरत उन्हें ही थी।'

इतनी देर बाद अब नन्द बाबू ने भी जुबान खोली 'देखो, बिरादर, अगर तुम ब्याह कर लो, तुम्हारी भी घर-गृहस्थी बस जाए। परदेस में बंगालियों का एक घर और बढ़ जाए; हमारा बल-भरोसा और मज़बूत हो।'

'बात दरअसल यह है कि भाईसाहब ने दो-दो बार गृहस्थी बसाई, अब दूसरों को भी इस सुख की तरफ खींच रहे हैं,' कपाली बाबू ने पसीना पोंछते-पोंछते कहा।

नन्द बाबू ने मुँह बिचकाकर जवाब दिया, 'अब यह तो मत कहो भइए, घर में रोज़-रोज़ की किचकिच, रोज़-रोज़ की फरमाइशों के मारे मेरी तो नाक में दम है। अभी तो खैर मेरी माँ मौजूद हैं, इसलिए शांति है, वरना कभी-कभी तो ऐसा महाभारत शुरू

हो जाता है कि चील-कौए भी डरकर भाग जाते हैं। मारे ग्लानि के मन होता है देशांतरी हो जाऊँ। घर छोड़कर कहीं और चला जाऊँ।'

भवानीशंकर ने कहा, 'वैसे भाईसाहब, ऐसे जवान-जहान बेटा-बेटी के रहते आपको नई गृहस्थी बसाने की क्या ज़रूरत थी ? दूसरा ब्याह न करते।'

नन्द बाबू ने किंचित् मुस्कुराते हुए पान की गिलौरी में ज़र्दा डाला और मुँह में दबाते हुए कहा, 'अरे बिरादर, दो-दो ब्याह में दुःख भी है और सुख भी है। बड़ी बहू दूध उबाल देती है, हाथ-पैर धोने का पानी गरम कर देती है, मान-कच्चू के पत्ते पर दवा लेपकर सिंकाई कर देती है। इन सबके बिना काम नहीं चलता। छोटकी नथिया हिला-हिलाकर बोलती-बतियाती है, छुन-छुन पाजेब बजाती घर भर में घूमती-फिरती है। सो बिरादर, दो-दो ब्याह मेरे जाड़े का लेप है; गर्मी में आम की सब्ज़ी है। तुम ठहरे संन्यासी जीव ! तुम इसका मरम क्या बूझोगे ? अब अगर मैं पट् से मर भी जाऊँ, तो बीवियों के लिए कंपनी का काग़ज़ मौजूद है; गाँव में धान, ज़मीन मौजूद है। अब बाप-जेठा का ज़माना तो रहा नहीं कि पति के साथ औरत भी चिता पर जा बैठे। तुम्हारी भौजाइयाँ मज़े में ही रहेंगी, तुम देख लेना।'

सुख क्या सिर्फ कंपनी के काग़ज़ में ही है ? नाबालिग बच्चों समेत नाते-रिश्तेदारों के हाथ नेस्तनाबूद होना क्या सुखद है ? भवानीशंकर ने दोबारा कोई सवाल नहीं किया।

रामलाल चाटुज्जे ने नया प्रसंग छेड़ दिया, 'आजकल इन सिपाहियों को भी खासी गर्मी चढ़ गई है। बात-बात में सुना देते हैं—बाबू, आप लोग तो साहब लोगों के दल में हैं।'

हरविलास बोल पड़े, 'अरे, चींटी के पर निकल आए हैं और क्या ? खाली-पीली गरम-गरम बातें ! अरे कमबख़्त, ये साहब लोग तुझे एक जुमले में ठंडा कर सकते हैं।'

रामलाल ने अलग राग अलापा, 'इस बार मगनलाल के घर से होली का न्योता नहीं मिला ?'

'सुना है, इस बार होली में कोई मशहूर बाईजी बुलाई गई थीं ?'

'अरे वो तो कहो यह भवानी भाई का घर है, वरना ऐसा निरामिष निमंत्रण, हरगिज नहीं होता जी ! हम भी बाईजी ले आते—'

'चलो एक दिन तरफा-नाच हो जाए। जिस बाईजी को मगनलाल ने बुलाया था, हम भी उसे ही लाएँगे।'

'कहाँ हो तुम नन्द भइया ? वह बाईजी लखनऊ की थी। नजराने में पूरे तीन हज्जार रुपए लेती है।'

'तो देंगे। अगर सबकी राय हुई, तो हम भी तीन हज़ार रुपए गिन देंगे।'

भवानीशंकर ने हल्के-से गला खखारा। रामलाल के काका रसोई का चक्कर लगाकर इधर ही आ रहे थे। सभी लोग एकबारगी ख़ामोश हो गए।

उन्होंने कहा, 'कपाली का हाथ बड़ा पक्का है जी ! अभी रात के कुल दस बजे हैं। इतनी-सी देर में उसने सारा खाना तैयार कर दिया। बस रबड़ी आने भर की देर है।'

'रबड़ी भी आ गई,' भवानीशंकर ने सूचना दी, 'मेरा मिसिर ही ले आया। बर्फ के बक्से में ठंडा होने के लिए रख दिया है। गुलाब जल भी डाल दिया है।'

थोड़ी ही देर में पत्तलें लगा दी गईं। सब अभ्यागत मेहमान उठ खड़े हुए।

खाना-पीना निपटते-निपटते काफी रात हो गई। लोगों को विदा करते-करते रात के एक बज गए। भवानीशंकर नहाने चले गए। नहा-धोकर वे अपने कमरे में चले आए।

उन्होंने टेबल लैंप जलाकर अपनी डायरी खोली। भारी-भरकम रजिस्टर के पृष्ठों पर उनके अपने विचार और तजुर्बे दर्ज थे।

वे लिखने लगे—अरसे बाद उसे देखा। उसे देखते ही मेरा मन चंचल हो उठा। उसकी आँखों के नीचे सियाह धब्बे पड़ गए हैं। लेकिन उसका रूप कहीं से भी म्लान नहीं हुआ। कभी जिसका रूप निहारते हुए मेरे खून की बूँद-बूँद में तूफान उमड़ आता था, नसों में शोर मच जाता था, वह रूप आज भी ज्यों का त्यों है। अब वह किसी और की है। मेरा उस पर कोई अधिकार नहीं है। उस पर से अब वह दाग़-दाग़ हो चुकी है। कलंकिनी है ! उसने खुद ही अपने को कलंकित किया है। मुझे इन तमाम बातों का अहसास है, फिर भी उस कलंकित-चाँद को देखकर मेरा मन आकुल-व्याकुल क्यों हो उठता है ? उसे मैं भूल जाना चाहता हूँ, मगर वह मेरे खयालों में बसी हर पल मेरे साथ होती है। मैंने यूँ अपनी आहुति क्यों दे डाली ? प्रभु मेरा पथ-निर्देश करें ! मुझे शक्ति दें।'

बेहद खाली-खाली निगाहों से वे बाहर की तरफ देखते रहे। बाहर का अँधेरा बेहद दुर्भेद्य; घोर सियाह लगा। घुप्प अँधेरा। इस अँधेरे का कोई रूप होता है भला ? उन्हें काली मइया का ध्यान हो आया। कभी उन्हें देवी के ध्यान में डूबे रहना बेहद भला लगता था। उफ़ ! पिछली सारी बातें अब याद भी तो नहीं रहीं।

—मेरा मन इससे कहीं ज्यादा गहरे, कहीं ज्यादा भयंकर अँधेरे में निरंतर घिरा रहता है—उन्होंने धीमे-धीमे मन ही मन मानो अपने को ही अहसास दिलाया।

बाहर के अँधेरे पर उन्होंने दोबारा नज़र डाली। हाँ, अँधेरे का भी रूप तो होता है, जुबान भी होती है। यह अँधेरा किसी के मन की वेदना जैसा है। विशाल चराचर में व्याप्त है वह वेदना !

भवानीशंकर अपने खयालों पर खुद ही चकित रह गए। इस विशाल, विपुल, अनंत अँधेरे को वे समो नहीं पा रहे थे। उनका मन हुआ कि इस असीम को वे सीमित बना लें। इस असीम की किसी औरत के दुःख-दर्द से तुलना करने का मन हो आया !

यानी वे नितांत बुद्धिहीन हैं ! बेहद मूर्ख ! जीवनयुद्ध में पराजित। अब उन्हें यह प्रकृति कहीं से भी विशाल नज़र नहीं आती। उसकी तुलना में एक अदद औरत उन्हें ज्यादा विराट लगती है। उनकी निगाह जिधर भी जाती है, वही औरत नज़र आती है। सिर्फ वही औरत ! आँधी-तूफान, झंझा-बाढ़, खुशनुमा आसमान—सब कुछ मानो उसी औरत की तस्वीर !

'मैं क्या वाकई बुद्धिहीन हूँ ?' भवानीशंकर ने अपने से ही सवाल किया।

'मैं क्या वाकई मूर्ख हूँ ?' भवानीशंकर ने धीमे लहजे में अस्फुट-सा सवाल दोहराया।

16

जलसे से लौटकर चम्पा अपने कमरे में बैठी-बैठी किसी सोच में डूबी हुई थी।

संपूरण उसके सामने ही बैठा हुआ रुपए गिनने में तन्मय था। चाँदी और सोने के सिक्के ! इतने सारे रुपयों के सिक्के वह कहाँ से लाया, चम्पा नहीं जानती। रुपए गिनकर संपूरण थैली में भरता रहा। कमरे में सिक्कों की गूँजती हुई टकराहट की संक्षिप्त मगर तीखी झन्न-झन्न आवाज़ें ! इस वक्त संपूरण को देखते हुए चम्पा को लगा जैसे वह कोई अनजान अपरिचित चेहरा हो।

आज शाम जलसा खत्म होने के बाद इवान्स चम्पा से मिलने आया था। उसने क्या कहा, चम्पा ने क्या जवाब दिया, संपूरण ने अक्षर-अक्षर सुना।

'तुम खुश हो न संपूरण ?' अचानक चम्पा ने दरयाफ़्त किया।

संपूरण ने फौरन कोई जवाब नहीं दिया।

थोड़ा ठहरकर उसने कहा, 'हाँ, खुश तो हूँ।'

चम्पा फिर कुछ देर चुप रही।

कुछेक पल बाद उसने सवाल किया, 'संपूरण तुम कौन हो ?'

'यह कैसा सवाल ?'

'तुम कौन हो ?'

'मतलब ?'

'तुम कौन हो ? तुमसे सब इतना डरते क्यों हैं ? तुम्हें रुपए क्यों देते हैं ? तुम...तुम मुझे क्यों ले आए ? कौन हो तुम ?'

'क्यों, तुम्हें सोना नहीं है ? नींद नहीं आ रही ?'

'नहीं, तुमने मेरी नींद हराम कर दी है,' चम्पा ने सख़्त लहजे में कहा।

उसने अगला वाक्य भी जोड़ा, 'मैं सोचती रही...सोचती रही...। काफी सोचा, पता चला मैं तुमसे बिलकुल नहीं डरती।'

'यह तो अच्छी बात है।'

'लेकिन, दूसरे-दूसरे लोग तुमसे इतना खौफ क्यों खाते हैं ?'

'यह तो तुम उन्हीं से पूछो।'

'उन लोगों को मैं पहचानती जो नहीं। ये इंजीनियर साहब भी ख़ासा बेवकूफ इनसान हैं। तुम क्या उनका खून करना चाहते हो ? वरना उसके साथ मुझे क्यों..?'

'अरे, मैं उसका खून क्यों करने लगा चम्पा ?'

‘वजह मुझे नहीं मालूम ! लेकिन तुम इनसानों का खून करते तो हो ! करते हो न ?’

‘मैं ? खून क्यों करने लगा मैं ? जो मेरे काम में बाधा डालते हैं, उन्हें मैं अपने रास्ते से हटा देता हूँ, बस्स !’

‘मुझे भी हटा दोगे ?’

‘तू मेरी राह में रोड़ा नहीं बनेगी।’

‘यह तुमने कैसे सोच लिया ?’

‘तेरे माथे पर लिखा है। तुझे मैं पहचान गया हूँ।’

‘यह बात क्या सच है, संपूरण कि तुम माथे की लकीरें पढ़ सकते हो ?’

‘हाँ, पढ़ सकता हूँ।’

‘क्या तुम बता सकते हो, मेरा क्या होगा ? चन्दन का क्या होगा ? हम क्या एक-दूसरे को कभी पा सकेंगे ?’

‘यह सब पढ़ना-बताना मुझे नहीं आता, चम्पा ! मैं सिर्फ मौत को पढ़ सकता हूँ। माथे पर लिखे दुःख-दर्द पढ़ सकता हूँ।’

‘ओऽ...’

‘चम्पा, एक बार मुझे एक साधु जी मिले थे। वे मुझे लिये-लिये जंगल-जंगल घूमा करते थे; श्मशान का भी चक्कर लगाते थे। उनके साथ रहते-रहते मैंने माथे के लक्षण पढ़ना सीख लिया। मैं यमराज को भी देख चुका हूँ, पता है ?’

‘उनका चेहरा कैसा था ?’

‘काला-कलूटा रंग। भैंस की पीठ पर आसीन उनकी हथेली तले विश्व-ब्रह्मांड के तमाम लोग असहाय नज़र आए। किसी भी प्राणी के जन्म पर उनके होंठों पर बिजली-सी हँसी कौंध जाती। वे जानते थे, जिसने भी जन्म लिया वह उनका दास हो गया। आखिरकार, उसे उन्हीं की शरण में आना होगा। चाहे राजा हो या फकीर, आखिर मंज़िल वही है। हर इनसान को उनकी शरण में जाना ही होगा।’

‘ख़ैर, यह बात तो सभी जानते हैं।’

‘उस दिन मैंने संकल्प किया जितने दिन ज़िंदा रहूँगा सार्थक काम करूँगा। साधु बाबा ने मुझे बताया, मैं शिवाजी महाराज हूँ। पिछले जन्म में मैंने म्लेच्छों से जंग की थी, क्योंकि मैं धर्म राज्य की स्थापना करना चाहता था। इस जन्म में भी मुझे यही काम करना है। यह आदेश देकर साधुजी निर्वाण में लीन हो गए। मेरी नज़रों के सामने ही उनकी देह स्वयं-प्रज्वलित हो उठी। उनकी लपटें ऊपर आसमान में समा गईं। मैंने अपने से कहा—मुझे यमराज के दर्शन हो गए। अब मुझे उनका पुजारी बनना है, एक सौ आठ मनुष्यों की बलि देना है। साधु-बाबा ने मुझे आदेश दिया था—जा, तू संसार में जा ! तेरे दिन लौटेंगे। तेरे जीवन में सुदिन ज़रूर आएगा। तू सुख का मुँह ज़रूर देखेगा।’

संपूरण ने अपनी रक्ताभ निगाहें चम्पा के चेहरे पर टिका दीं।

कुछ देर घूरते रहने के बाद संपूरण ने किंचित् हँसकर कहा, ‘पता है, आजकल मुझे

कितने ही लोगों, कितने-कितने अंग्रेज, मुसलमान-हिंदुओं के माथे पर यमराज की छाप नजर आती है। मेरे अच्छे दिन अब क़रीब आ चुके हैं। बस, आने ही वाले हैं। इस बार भयंकर रक्तपात होगा।'

'उससे क्या होगा ?'

'अनगिनत म्लेच्छों को मारकर मैं सिद्ध-पुरुष हो जाऊँगा। मैं इस माटी को खून से नहलाकर इसे पवित्र कर दूँगा।'

'संपूरण, तुम पागल हो गए हो।'

'देखना, बहुत उत्पात मचेगा। बड़े भयंकर-भयंकर कांड होंगे। मैं जानता हूँ, मेरे सुदिन लौट आए हैं।'

संपूरण धीमे-धीमे झूमने लगा।

उसके चले जाने के बाद चम्पा देर तक जगी रही...

संपूरण पागल हो गया था। ऐसे-ऐसे पागल और भी थे। रक्तपात, मृत्यु, युद्ध ! चम्पा ने महसूस किया, वह किसी बहुत बड़े जाल में फँसती जा रही है। वह जितना भी अपने को छुड़ाने की कोशिश करेगी, उतना ही फँसती जाएगी।

अपने बिस्तर पर लेटी-लेटी वह एकटक खिड़की की तरफ देखती रही। काफी रात गए उसके कमरे का दरवाजा फिर खुला।

चन्दन कमरे में दाखिल हुआ।

'अब सारी रात वे लोग रंगरेलियाँ मनाएँगे। मैं चला आया।'

उसके पीछे-पीछे संपूरण भी चला आया। चम्पा ने उसे फौरन निकाल बाहर किया।

'जाओ ! इस वक्त दफा हो यहाँ से !'

चम्पा ने दरवाज़ा बंद कर लिया।

'अच्छा किया तुम आ गए। आज मुझसे भी अकेले नहीं रहा जा रहा था,' चम्पा ने कहा।

चन्दन अचकचा गया।

चम्पा उसकी बगल में आ बैठी।

'एइ, मुझे करो...खूब-खूब प्यार करो आज ! चन्दन...!'

'तुम्हें क्या हुआ है, चम्पा ?'

'कुछ हुआ नहीं, बस तुम मुझे प्यार करो, यह मेरा हुक्म है। लो मुझे थाम लो। कसकर थाम लो, चन्दन !'

'चम्पा !'

'देखो, तुम दोनों ने मुझे जब जो-जो कहा, मैंने वही-वही किया। अब, तुम लोग मेरी बात नहीं मानोगे ? इसीलिए तो मैंने उसे बाहर निकाल दिया। इसीलिए तुमसे ज़िद कर रही हूँ–मुझे प्यार करो। खूब-खूब प्यार करो।'

चन्दन के कन्धे से सिर टिकाकर चम्पा एकबारगी रो पड़ी।

'तुम मेरी बात क्यों नहीं सुनते ? मुझे तुम कुछ नहीं दोगे ? सिर्फ मुझसे अपने काम ही कराते रहोगे ?'

चन्दन को लगा, आज अरसे बाद चम्पा सूरज की वही नन्ही-मुन्नी बेटी बन गई है, जिसे न प्यार नसीब था, न कोई सखी-सहेली, न खेल-खिलौने ! इसके बाद...अब, उसे सबकुछ चाहिए ! सिर्फ चाहिए !

उसने चम्पा का पोर-पोर प्यार से भर दिया। अपना ढेर-ढेर प्यार बरसाकर उसे शांत किया। रात, जब भोर में ढलने लगी, चम्पा सो गई। नींद में भी उसके होंठों में हल्की-सी दरार बनी रही और रह-रहकर, उसके होंठ धीमे-धीमे सुगबुगाते रहे। चन्दन भी सो गया। नींद में उसने सपना देखा, सूरज आई है। उसके सिरहाने खड़ी होकर उससे पूछ रही है—'तुमने तो वादा किया था, मेरी बेटी से ब्याह करोगे ?' सपने में ही चन्दन जैसे ही हामी भरने जा रहा था, उसकी नींद टूट गई।

उसने देखा, भोर फूट आई है।

बृजदुलारी फर्श पर बैठी हुई बेभाव रोए जा रही थी। ब्राइट साहब बिस्तर पर बैठा हुआ था। उसके होंठों पर मंद-मंद हँसी खिली थी और निगाहें एकटक बृजदुलारी के चेहरे पर गड़ी हुई थीं।

कुछ देर बाद उसने आवाज़ दी, 'आओ चलो, उठ जाओ अब।'

बृजदुलारी ने आँसू पोंछ लिये और वह एकदम से उठ खड़ी हुई।

ब्राइट ने कहा, 'देखूँ, ज़रा तुम्हारा चंद्रहार तो देखूँ—'

बृजदुलारी क़रीब आ खड़ी हुई। उसके होंठों से एक गहरी उसाँस निकली। हफ़्ते में दो-तीन दिन उसे इसी तरह साज-सिंगार करना पड़ता था। माथे, हाथ, कमर, गले और कानों में गहने पहनने पड़ते थे। ब्राइट को रोकना नामुमकिन ! चाबुक मार-मारकर वह उसकी खाल उधेड़ देता था, उसके होश ठिकाने लगा देता था।

घर में नया चंद्रहार आने के बाद से ही वह दहशत में थी। ब्राइट को हँसते देखकर वह और डर गई।

ब्राइट ने उसे क़रीब खींच लिया। हाथ बढ़ाकर बत्ती बुझा दी।

उसका ब्लाउज़ लगभग चीरते हुए वह गुर्रा उठा, 'स्साली ! इतना-इतना खाती है फिर भी बदन पर मांस क्यों नहीं चढ़ता ?'

बृजदुलारी कुछ देर ख़ामोश रही।

थोड़ा ठहरकर उसने रुँधी हुई आवाज़ में कहा, 'नहीं ! बस, और नहीं...'

'क्या बोली ?' ब्राइट की साँसें फुफकार उठीं।

'साहब मुझे छोड़ दो ! मुझे...'

ब्राइट ने उसे अपनी बात भी पूरी नहीं करने दी।

कुछ देर घनी-घनी हिचकियाँ ! तेज़-तेज़ फुफकारें ! और बृजदुलारी की सिसकियाँ गूँजती रहीं।

ब्राइट सो गया।

बृजदुलारी आकाश को घूरती हुई ख़ामोश लेटी रही। उसकी आँखों से बहते हुए आँसू अब सूख चुके थे।

वह बिस्तर से उतर आई। अँधेरे में टटोलते-टटोलते उसने दीवार पर जड़े आईने के पीछे से एक डिब्बा निकाला।

डिब्बा हाथ में कसे हुए, वह कुछ देर स्थिर खड़ी रही। रात के अँधेरे में उसके मन में एक चोर-खयाल ने सिर उठाया। उसकी आँखों के आगे दो-दो मर्दों का चेहरा तैर गया। उसकी ज़िंदगी के दोनों धुरी पर दो-दो मर्द खड़े थे। वह विषुवत् रेखा की तरह जलती-फुँकती, झुलसती हुई, उन दोनों के बीच से गुज़रती हुई ! ज़िंदगी-भर उसे इसी तरह चलते जाना है।

'तुम्हें ऐसे ही चलना होगा, जब तक तुम अपने को खींचकर इस कीचड़ से बाहर नहीं निकालतीं।'

'तू महाचालाक है री, भयंकरी ! तुझ जैसी जवान-जहान औरतों को सबक देने का मंत्र मुझे आता है।'

'तुम अपने को खींच निकालो तुम भय को जीत लो।'

'अरी ओ बाँदी, तेरे देश की औरतें इसी तरह जानवर की ज़िंदगी जीती हैं। तेरे लिए क्या शास्त्र उलट जाएगा ?'

'अगर तुम ऐसा न कर सको, अगर तुम हार जाओ ! बृजदुलारी, अगर तुम असफल हो जाओ...अगर तुम्हारी आँखों के आगे यह समूचा विश्व-संसार अँधेरा हो जाए तो...?'

'रो तू , रो ! औरतजात की आँखों में आँसू देखकर मुझे बड़ा मज़ा आता है।'

'तो मैं क्या करूँ ?' बृजदुलारी ने पहले मर्द से सवाल किया।

'देखो, तुम्हारी आँखों में, अगर विश्व-संसार का अँधेरा उतर आए तो भी तुम आत्महत्या मत करना।'

'आत्महत्या न करूँ ?' बृजदुलारी ने अस्फुट अँधेरे से पूछा।

'नहीं, तब भी तुम आत्महत्या हरगिज न करना।'

—नहीं, तुम आत्महत्या नहीं करोगी।

—नहीं, आत्महत्या नहीं करोगी।

बृजदुलारी सहमी-सहमी-सी अँधेरे का संवाद सुनती रही। कमरे की दीवारें, खिड़कियाँ, घड़ी, अलमारी वगैरह तमाम निर्जीव जड़ सामान, अचानक बोलने लगे। वह सुनती रही। कमरे के तमाम सरो-सामान उसे मना करते रहे—ना ! ना ! ना !

बृजदुलारी ने मंत्रमुग्ध मुद्रा में हुँकारी भरी, 'ना !'

उसने डिब्बा रख दिया। दरवाज़ा खोला। हॉल घर पार करके वह बरामदे में आ खड़ी हुई। शिथिल क़दमों से वह सीढ़ियाँ उतरी। सूखे पत्ते कंकड़-पत्थर रौंदते हुए वह आहिस्ते से बाग़ में निकल आई। वह धीरे से कच्ची मिट्टी पर ही बैठ गई। धूल-मिट्टी, सूखे पत्ते और जलहीन, सूखे फव्वारे के पत्थर—इन सबको उसने अपनी फैली हुई बाँहों में जकड़ लिया। शुरू-शुरू में उसे अपने तन-बदन में अजीब-सी जलन महसूस हुई। अचानक वह काँपने लगी। धीरे-धीरे उसकी देह ठंडी और थिर हो आई।

उसने फुसफुसाकर कहा, 'मैं मरने जा रही थी। मैं खुदकुशी करने जा रही थी।'

अचानक उसके अंग-अंग में एक दुर्निवार, अद्‌भुत-प्रेत-हँसी गूँज उठी। हँसी के उस झटके से वह हिल गई। रात के इस अँधेरे में बृजदुलारी को सहसा अपनी ज़िंदगी में विराट कौतूहल की झलक मिली। उसकी आँखों ने देखा—वह किस क़दर मासूम थी !

—मैं तो मरी हुई ही हूँ। मौत इसी का तो नाम है। फिर भी मैं ज़हर खाने चली थी ? वह हँस पड़ी।

बेवकूफ ! निरी बेवकूफ ! किस क़दर बेवकूफ थी मैं। वाकई हद बेवकूफ थी मैं ! मैं तो मर ही चुकी हूँ। इसके बावजूद मैं दोबारा मरने चली थी। मरा हुआ इनसान क्या दोबारा मर सकता है ? बृजदुलारी हँसते-हँसते मिट्टी में अपना चेहरा रगड़ने लगी। अचानक उसका चीखने का मन हो आया।

उसने चाहा वह चीख-चीखकर पूछे, 'इस मौत के बाद भी अगर मैं नीले ज़हर की मौत मरना चाहूँ, तो किसी का क्या आता-जाता है ?

अच्छा, सिर्फ एक चीख़ से इस धरती-आकाश का सीना चाक नहीं किया जा सकता ?

अपनी गर्दन दबोचने की कोशिश में बृजदुलारी ने काठ का एक टुकड़ा कसकर धर दबाया। काठ से रगड़ खाकर उसका होंठ कट गया और खून बहने लगा। उसकी आँखों से भी आँसू बह निकले। वही अश्रु-संतप्त, अपमानित, एक अदद काले महादेश के सीने से झरता हुआ खून ! उतना ही नमकीन और तप्त !

17

उसी रात बैरेक के क़ैदखाने में नन्नू मुखिया नामक एक सईस जगा बैठा था। कल उसे सज़ा सुनाई जाएगी। कोर्ट मार्शल के हुक्म मुताबिक नन्नू मुखिया को बीस बेंत भी खाना था। उसकी नींद उड़ चुकी थी। रह-रहकर वह उसाँसे भरते हुए, 'हाय राम ! हा-य रा-म !' की गुहार भी लगाता जा रहा था। उसके हाथ-पैर के तलवे और माथा पसीने में भीगा हुआ। थोड़ी-थोड़ी देर बाद वह पसीना पोंछ लेता था, मगर उसका हाथ-पाँव,

चेहरा बार-बार उस चिपचिपे पसीने में भीगता रहा। वह सोचने-समझने की कोशिश कर रहा था कि आखिर उसने किया क्या है ? आखिर किस गुनाह के लिए उसे अपराधी ठहराया गया है।

इस बार रिसाला में घोड़े की खरीदारी के लिए ख़ासी सरगर्मी नज़र आई। रिसाला में घोड़े खरीदते वक्त घुड़सवार सैनिक रुपए अपने घर से लाते। यही नियम था।

इस बार यह फैसला किया गया कि रुपए घुड़सवार ले आएँगे और घोड़े देना रिसाला की जिम्मेदारी होगी। घोड़ों की खरीदारी सेकेंड रिसाला के एड्जुटेंट ही निपटाते थे। कमांडेंट या सेकेंड कमांडेंट इस मामले में सिर नहीं खपाता था। इस बार हुआ यह कि एड्जुटेंट साहब को यांत्रिक बुखार चढ़ा हुआ था और वे अस्पताल में थे। इसलिए यह जिम्मेदारी कमांडर ब्राइट पर आ पड़ी। ब्राइट ने मदद के लिए भारतीय रिसालादार मेजर लाजपत सिंह को तलब किया। लेकिन वह टाल गया।

उसने अपने दूसरे साथियों से कहा, 'तीस घोड़े खरीदे जाएँगे। नौ हज़ार रुपयों का मामला ठहरा ! ड्यूटी पर ब्राइट साहब होंगे, कोई न कोई गड़बड़ी ज़रूर होगी। मैं इस पचड़े में नहीं पड़ूँगा।'

ब्राइट खुश हो गया। रुपए-पैसे के मामले में उसकी नीति काफी धीमी थी, यह क़बूल करने में उसने कभी कोई शर्म महसूस नहीं की। रिसाला के 'अमानत फंड' के रुपयों के सिलसिले में वह पहले भी दो-दो बार मुसीबत में पड़ चुका था। एक बार तो उसका कोर्टमार्शल तक होते-होते बचा। उस बार वह बच गया। अमानत फंड में हर सवार, यहाँ कि रिसालादार, मेजर तक अपनी डेढ़ महीने की तनख्वाह जमा रखते थे। यह अनिवार्य क़ानून था। रिसाला के रुपए सूद पर चढ़ा दिए जाते थे। ज़रूरत पड़ने पर रिसाला में शामिल फौजी इस फंड से कर्ज़ भी ले सकते थे। कभी-कभी किसी-किसी रिसाले के अमानत फंड का मूलधन सत्तर हज़ार तक पहुँच जाता था।

कोई और वक्त होता तो सवार फौजी घोड़े खरीदने के लिए अपने पास से ही रुपए निकालकर दे देते। रिसाला में शामिल होना वे लोग गौरव की बात समझते थे। 'निकाल्सन, लारेन्स, मीड साहब की कैवेलरी में मैं भी था,' यह बताते हुए वे गर्व महसूस करते थे। लेकिन सन् 1856 के आरंभ में रिसाला या इन्फैंट्री में भर्ती होने में किसी की भी दिलचस्पी नज़र नहीं आती थी। बहरहाल, नए फौजियों से रुपए लाने को कहा गया। साथ ही यह फैसला भी किया गया कि घोड़े खरीदने के लिए रुपए फिलहाल अमानत फंड से ही दिए जाएँगे। बाद में सवार फौजी जब रुपए लाएँगे तो फंड में जमा कर दिया जाएगा।

कानपुर कैवलेरी में पिछले तीस सालों से मिर्ज़ा महमूद और सिराजी बाईजू ही घोड़े सप्लाई करते रहे थे। उनके पास विशाल अस्तबल था। उन्हें जब भी यह ख़बर मिलती कि अच्छी नस्ल के घोड़ों की बिक्री होनेवाली है, वे फौरन तैयार हो जाते। घोड़ों के लालन-पालन के बारे में भी उनका अगाध तजुरबा था। मिर्ज़ा महमूद काफी धर्मनिष्ठ मुसलमान ! बेइमानी की कमाई से उन्हें सख़्त नफ़रत थी। घोड़ों की क़ीमत भी ज्यादा

नहीं थी। मिर्ज़ा महमूद का घोड़ा हो तो कोई भी ज्यादा रुपए देने में नुकसान नहीं समझता था।

सिराजी निहायत जुआड़ी व्यवसायी।

सिराजी के वालिद अल्ताफ ! अल्ताफ के दादा-परदादा बादशाह हुमायूँ की हुकूमत काल से ही बादशाही मोहरों का कारोबार करते थे।

जुआ खेलते-खेलते जुए का नशा सिराजी के खून में भी घुलमिल गया था। अपने वालिद की मौत के बाद वह घोड़े के कारोबार में भी जुआ खेलने लगा। आजकल उस पर एक-एक करके ख़ानदानी सोने-चाँदी के बरतन, गहने बेचने का भूत सवार था।

वह सीधे ब्राइट के बँगले पर आ धमका। मिर्ज़ा महमूद के एल्ची को ख़बर देर से मिली।

सिराजी और ब्राइट में बातचीत तय हो गई। कंपनी हालाँकि दो सौ अस्सी रुपयों में जिनपोश समेत घोड़े खरीदती थी, इस बार ब्राइट उसे फ़ी घोड़े के लिए तीन सौ बीस रुपए देगा। सिराजी घोड़े की क़ीमत के तौर पर तीन सौ रुपए लेगा। फ़ी घोड़ा उसे बीस रुपए का मुनाफा होगा। ब्राइट हर घोड़े पर बीस रुपए वसूल करेगा। वह अपना आदमी भेजेगा, सिराजी उसे छः सौ रुपए थमा देगा।

सिराजी ने कहा, 'आप ऐसा क्यों नहीं करते, छः सौ काट कर बाकी रकम मुझे दे दें ?'

ब्राइट ने जवाब दिया, 'नहीं, यह मुमकिन नहीं। मैं काग़ज़-क़लम में गड़बड़ी नहीं करूँगा। काग़ज़ पर मेरे दस्तखत होंगे। तुम्हें पूरे नौ हज़ार छः सौ रुपए अदा किए जाएँगे। तुम उस काग़ज़ पर दस्तखत करके पूरे रुपए साथ ले जाओगे। मेरे रुपए तुम बाद में भेज देना। आजकल बड़ी सख्ती है। आँख में धूल झोंकना मुश्किल है। मैं आमने-सामने रुपयों के लेन-देन में नहीं जाना चाहता।'

रुपए लेने कौन जाएगा ? ब्राइट किस पर भरोसा करे ? ऐसा कौन है जिस पर किसी को शक़ नहीं होगा ? ऐसा बंदा जिसकी तरफ किसी का भी ध्यान न जाए।

सबके हँसी-मज़ाक और करुणा का पात्र ! मूर्ख नन्नू मुखिया पर उसकी निगाह गड़ गई। उसके काम के लिए नन्नू ही सही आदमी लगा।

ब्राइट ने उसे दो रुपए दिए। वह सिराजी के पास पहुँचा। इधर इन चौबीस घंटों में सिराजी की नीयत बदल चुकी थी। रुपए हाथ में आ जाने के बाद उसने ब्राइट के हिस्से में से तीन सौ रुपए हड़प लेने का चक्कर चलाया। उसने गड्डी में बँधे हुए तीन सौ रुपए भेज दिए। नन्नू को भी पाँच रुपए थमा दिए।

ब्राइट आगबबूला हो आया। लाचारी में उसे सिराजी का यह घूँसा हजम कर जाना पड़ा। इसके अलावा उसके पास और कोई उपाय नहीं था।

लेकिन नन्नू यह खबर नहीं दबा पाया। बचपन में बार-बार बुखार का शिकार होते-होते उसकी बुद्धि बिलकुल भोथरी हो चुकी थी। सभी उसे बुद्धू-बौड़म कहते थे। नन्नू ! ब्राइट का मामूली सा सईस ! इसके बावजूद ब्राइट उससे अनेक काम करा लेता

था। नन्नू उसके आँगन की घास छील देता था, कुएँ से घड़े-घड़े पानी खींच देता था। इसके बावजूद ब्राइट लात-घूँसों से उसकी खबर भी लेता; मार-पीट करता।

नन्नू पर सभी लोग हँसते थे, 'तू न निरा बुद्धू है ! अभागा है तू !'

नन्नू हँस-हँसकर सबको बताता फिरा, 'सिराजी साहब ने मुझे पाँच रुपइए दिए। मेरे साहब ने भी दिए दो रुपए। अगर मैं सचमुच बुद्धू होता, तो पूरे सात रुपइयों की कमाई कैसे करता ?'

उसकी बात पर लोगों ने ज़ोर का ठहाका लगाया।

सबूत के तौर पर नन्नू ने बड़े गर्व से वे रुपए भी दिखाए। इतने दिनों जिसे कुल डेढ़ रुपए महीने तनख्वाह पर खुश रहने की आदत पड़ चुकी थी, उसके लिए सात रुपए का मालिक बन जाने का ऐलान न करना हैरत की बात होती।

रिसालादार मेजर ने उससे भेद लेने के लिए मजाकिया लहजे में दरयाफ़्त किया, 'क्यों रे बौड़म, सुना है तुझे सात रुपए की कमाई हुई है ? तेरे साहब को कितना मिला।'

'मुझे नहीं मालूम मेजर साहब, सिराजी साब ने मेरे हाथ में एक गड्डी थमाई। मैंने लाकर हजूर को दे दिया।'

'तू जब सिराजी के यहाँ गया, तुझे किसी ने देखा नहीं ?'

'ना ! साहब ने मुझे सिखा दिया था। मैं तो घास काटनेवाली हँसिया पर धार चढ़ाने के लिए शहर गया था। मेरा चचेरा भाई सिराजी साब के अस्तबल में सईस है। उससे भी दो-चार बातें करते पहुँच गया। उसके बाद रुपइए लेकर लौट आया।'

ख़बर धीरे-धीरे फैलने लगी।

सिराजी किसी की भी परवाह नहीं करता था। निहायत ग़ैर-जिम्मेदार भंगिमा में ऊलजलूल बकवास करना उसकी आदत थी।

वह खुद भी कहता फिरा, 'साहब लोगों को अपनी रियासत समेटने का वक्त आ गया है। आज ये लोग घोड़े के रुपयों में घूस खा रहे हैं, कल सुनोगे घोड़े के दाना-पानी के खर्चे पर भी हाथ साफ किया जा रहा है।'

महाजन चैतराम-जैतराम ! तीन-तीन पीढ़ियों से रेजिमेंट को रुपए उधार देते आ रहे थे। सूद-ब्याज का बहुत बड़ा कारोबार ! उन लोगों ने भी भारतीय अफसरों के कान में यह ख़बर फूँक दी। उनके यहाँ दावत वगैरह के मौके पर इन भ.रतीय अफसरों का आना-जाना था।

चैतराम ने कहा, 'यह काम अच्छा नहीं हुआ। बहुत बुरा हुआ। इस किस्से से रिसाला मज़ाक का सामान बन गया।

धीरे-धीरे यह ख़बर ऊपरवालों तक जा पहुँची। व्हीलर परेशान हो उठे। ब्राइट को अगर वे सज़ा दे पाते तो उनके विवेक को खुशी होती। कंपनी का मान-सम्मान भी बच जाता। लोग देखते कि अंग्रेज साहब से भी अगर भूल-चूक या कसूर हो जाए तो कंपनी सरकार उन्हें माफ नहीं करती।

लेकिन एवर्ट, विलियम्स जैसे प्रमुख और प्रवीण अफसरों ने राय दी, 'नहीं, अभी

नहीं। आजकल रिसाला के फौजियों में एक क़िस्म की उपेक्षा और लापरवाही नज़र आने लगी है। भारतीय अफसरों में भी अपने मनोभाव छिपाए रखकर चलने की कोशिश, एकदम साफ नज़र आने लगी है।'

व्हीलर ने खिन्न आवाज़ में कहा, 'हाँ, यह सब क्या मैं नहीं जानता ? कभी-कभी सोचता हूँ, उनसे सीधे-सीधे बात करूँ। उनसे पूछूँ। लेकिन अगले ही पल लगता है नहीं, यह ठीक नहीं होगा। अनजाने में जाने कब कहाँ कौन सी बात चुभ जाए और अचानक कोई भयंकर परिस्थिति उठ खड़ी हो। सच तो यह है कि मुझे कुछ समझ नहीं आ रहा। किसी अनजान खतरे की आशंका, भावी मुसीबत का पूर्वाभास, यह सब क्या मेरी मनगढ़ंत कल्पना है ? या इसमें कोई सच्चाई भी है ?'

बहरहाल, आपसी सलाह-मशविरे के बाद, यही फैसला किया गया कि ब्राइट से खुल्लमखुल्ला जिरह करना या उसे सजा देना फिलहाल संभव नहीं है। अगर ऐसा किया गया तो यह ख़बर दावानल की तरह फैल जाएगी। लोगों के मन में अजीबोग़रीब धारणाएँ जन्म लेंगी, लोग यह भी सोच सकते हैं कि इस फौज की आर्थिक स्थिति शोचनीय है। लोगों को यह खटका भी लग सकता है कि जिनके हाथ में शासन का राजदंड है। अगर वे लोग ही रिश्वतखोर हैं, तब तो किसी पर भी भरोसा नहीं किया जा सकता।

'यह कमबख़्त ब्राइट प्लेग की महामारी है...' एवर्ट ने कहा, 'ब्राइट के अलावा और भी तो एंग्लो-इंडियन, वर्णसंकर और मिश्रित नस्लें हैं। वे सब तो ऐसे नहीं हैं। उस पर से पठान सवारों का दल उसका अंध-भक्त ! ब्राइट ऑफ ब्राइट्स ! इस घोड़े को अगर भड़का दिया तो मुमकिन है फौज की वह पूरी टुकड़ी बदमाशी पर उतर आए।

व्हीलर ने कहा, 'देखो, हंगामा होने या अप्रिय होने के डर से यूँ पैबंद लगाने या कच्चा काम करने में मैं कतई यकीन नहीं करता। लेकिन, फिलहाल मैं यही करने को लाचार हूँ।'

अस्तु, ब्राइट से कुछ नहीं कहा गया।

लेकिन, इशारे-इशारे में उसे यह भी समझा दिया गया कि जानबूझकर ही उसकी हरकतों को नज़रअंदाज़ किया जा रहा है। अब कोई नहीं चाहता था कि उसके साथ बैठकर दारू पी जाए। लोग उससे कतराने लगे। अगर और कोई वक्त होता तो लोग किसी न किसी बहाने उसे अपमानित करते। और कुछ नहीं तो घूँसेबाज़ी पर उतर आते। लेकिन नहीं, अभी वह वक्त नहीं आया।

लेकिन ब्राइट नन्नू को नहीं भूला। उसी कमबख़्त ने उसे फँसाया है, यह बात उसे हर पल याद रही। यूँ तो सिराजी ने भी उससे मज़ाक किया, उसकी बेइज़्ज़ती की, लेकिन ब्राइट में इतनी क्षमता नहीं थी कि उसे नुकसान पहुँचा सके।

नए घोड़े अभी सवारों को नहीं सौंपे गए थे। उन्हीं दिनों एकाध रुपए की ऊपरी आमदनी के लोभ में नन्नू ने खुद आगे बढ़कर यह जिम्मेदारी अपने ऊपर ले ली थी। अचानक चार-चार घोड़े बीमार हो गए। उन्हें गोली मार देनी पड़ी। घोड़ों की खुराक

में कच्चे धतूरे के पत्ते बरामद हुए।

कोर्टमार्शल ! नन्नू के नाम बीस कोड़े।

उस रात भवानीशंकर ने अपने रोजनामचे में लिखा—आज लाजपत सिंह ने क्षुब्ध लहजे में मुझसे सवाल किया, 'ब्राइट को बेक़सूर घोषित किया गया और उस बदनसीब सईस को कसूरवार ठहराया गया, काज़ी का यह कैसा फैसला है ?' इस सवाल ने मुझे परेशान किया है। उन्होंने यह भी कहा, 'डॉक्टर बाबू, आपको शायद इसमें कोई गंदगी नज़र न आए।' मैंने पूछा, 'क्यों ?' उन्होंने ईषत् हँसकर कहा, 'बाबूसाहब, क्या हम यह नहीं जानते कि आप सब साहबों की तरफदारी में साहबी ढंग से ही सोचते हैं। उनके ख़यालात ही आप लोगों के ख़यालात हैं।' मैंने उन्हें जवाब दिया, 'मैं औरों की बात नहीं जानता। लेकिन मैं अपने भरसक अपने विवेक और धर्म के अनुशासन में चलता हूँ। अपने आज़ाद सोच-विचारों को ज़ंजीर नहीं पहनाता। रिसालादार मेजर साहब, इसके बावजूद मैं अदना-सा तनख्वाहयाफ़्ता भर हूँ। मैं नन्नू की सज़ा को नाइंसाफी तो मान सकता हूँ, लेकिन क्या उसके निवारण की क्षमता है मेरे पास ? आप तो रिसाला के प्रधान हैं न ? लोग आपको दयावान और इंसाफ-पसंद कहते हैं। आपकी तारीफ करते हैं। अगर आप यह सोचते हैं कि नन्नू निर्दोष है तो उसकी रक्षा के लिए आपने कोई कोशिश क्यों नहीं की ? मेरा सवाल सुनकर लाजपत सिंह का शुभ्र मुखमंडल आरक्त हो आया। उन्होंने गंभीर लहजे में जवाब दिया, 'डॉक्टर बाबू, सर्वजन के समक्ष उस पर बेंत बरसाने दें। वह नज़ारा देखकर दूसरों के मन में क्रोधाग्नि प्रज्वलित होगी। अभी भी तो सकल मूर्ख यह सोचते हैं कि अंग्रेज़ न्याय-धर्म के प्रतिपालक हैं, उनका यह भ्रम तो मिट जाएगा।' लाजपत सिंह चले गए। मैं चिंता से आकुल-व्याकुल हो आया। असल में कई दिनों से रेजिमेंट में उलटी हवा बह रही है। सिपाही वर्ग और रिसाला में क्षोभ नज़र आ रहा है। ऐसा भी सुना गया है कि रेजिमेंट से बाहर पत्राचार चल रहा है। व्हीलर साहब और अन्यान्य साहबों के मन में संशय जाग उठा है। उन लोगों से कुछ कहने जाओ तो वे लोग अब उतने प्यार से नहीं सुनते। हालाँकि इससे पहले रिसाला के कमांडर मेजर साहब मेरी ढेरों बातें सुना करते थे।

अब तो वे यह कहकर किनारा कर लेते हैं, 'चौधुरी तुम बुद्धिमान और सुशिक्षित हो। तुम इन उड़ती-फिरती अफवाहों पर कान मत देना।'

ब्राइट के मामले में व्हीलर साहब समयोचित सख़्ती बरतते हुए नज़र नहीं आए। यह भी सुनने में आया है कि देशी सिपाही रिसाला के समक्ष साहब लोग हेय साबित होंगे यह सोचकर उसे समुचित चेतावनी भी नहीं दी गई। इस तरह पैबंद लगा-लगाकर, चलने से क्या हंगामे से बचाव हो सकेगा ? भारतीय लोगों के मन में क्षोभ और बेचैनी की सचमुच कोई वजह है या नहीं, इसकी जाँच-पड़ताल में साहब लोग इतने आशंकित क्यों हैं ? महज आशंकित रहकर मुसीबत की संभावना से मुँह फेरे रहने से क्या मुसीबत दूर हो जाएगी? अपने नाते-रिश्तेदारों को नाराज नहीं करूँगा; भारतीय लोगों के मन में क्रोध नहीं जागने दूँगा; सबको संतुष्ट करके चलूँगा, यह क्या हक़ीक़त में संभव है ?

जनरल व्हीलर वृद्ध और प्रवीण व्यक्ति हैं। वे अनुभवी और दूरदर्शी भी हैं। लेकिन इन दिनों वे मानो गीले प्याले को ढककर कमरे की आग बुझाना चाहते हैं। मगर गीला प्याला धूमायित आग नहीं बुझा सकता। यह असंभव है। माटी का बाँध तेज़ आग नहीं बुझा सकता। उनकी समझ में यह क्यों नहीं आता ? सवार फौजियों को तो अब मुझ पर भी पहले जैसा भरोसा नहीं रहा। अब वे बात-बात पर सुनाते हैं, 'बाबू बंगाली लोगों ने तो साहबों की रीति-नीति, आचार, सभी कुछ ग्रहण कर लिया है।' कोई-कोई अफसर कह बैठते हैं, 'बाबू सारा सुशासन सिर्फ कंपनी राज में है, ऐसा हरगिज न सोचें।' हमारे प्राचीन हिंदू राजाओं के ज़माने में या मुग़ल बादशाहों की हुकूमत में क्या सुशासन नहीं था ? बल्कि उस ज़माने में अपराधियों के मामले में दंड-विधान का, समान कठोरता से पालन किया जाता था। मैंने काफी सोच देखा, अब सिपाही और रिसाला के लोग नियमित वेतन पाते हैं। अब शासन व्यवस्था में काफी नियमितता आई है, इससे भी इनकार नहीं किया जा सकता। इसके बावजूद इन लोगों के मन में असंतोष के जो बीज अंकुरित हो रहे हैं, उसकी भी उपेक्षा नहीं की जा सकती, वरना ये लोग उस गुज़रे हुए अतीत की शासन-व्यवस्था की प्रशंसा क्यों करते ?

जिस राज में व्यभिचारिणी औरत की नाक काट ली जाए, झूठे लोगों की जुबान खींच ली जाए, चोरी के अपराधी के हाथ-पाँव तराश लिये जाएँ, ऐसा शासन भला कौन चाहता है ? ख़ास बात तो यह है कि आजकल जिन तमाम हिंदू और मुसलमान राजाओं की स्वतंत्र रियासतें मौजूद हैं, उनका इतिहास भी किस क़दर भयानक है। उन रियासतों में फौज और कर्मचारियों की तनख्वाह तक का इंतज़ाम नहीं। वे लोग हमेशा लूट के माल से अपना ख़ज़ाना भरने में जुटे रहते हैं। रैयत-प्रजा में सुख-चैन नहीं है। धन-दौलत, ज़मीन-जायदाद के बारे में भी कोई निश्चितता नहीं है। हमेशा खो देने का, छिन जाने का अंदेशा लगा रहता है। राजा न कुछ समझते हैं, न सुनते हैं। ऐश-विलास और सुरा में उनकी हद से ज्यादा आसक्ति ! सच तो यह है कि उनमें तमोगुण पर्याप्त मात्रा में विद्यमान है। उनके लिए भोग ही जीवन है। भोग के कारण मृत्यु तेज़-रफ़्तार से क़रीब आती जाती है। शिक्षा-दीक्षा, पूजा के हित के बारे में इन राजाओं को तत्पर होते हुए मैंने कभी नहीं सुना। वे लोग तो रेसिडेंट अफसरों के साथ दरबार करने और कंपनी के डाइरेक्टर महोदय को बार-बार अर्जी देने में ही जुटे रहते हैं। मेरे खयाल में ये तमाम बातचीत साहबों के कानों तक भी पहुँचनी चाहिए, ताकि वे लोग भरपूर समझदारी के साथ असंतोष का अंकुर उखाड़ फेंकने में प्रयत्नशील हों। लेकिन बोलूँ किससे ? हर किसी के मन में गुपचुप-गुपचुप, छोड़ो-छोड़ो का भाव !'

इतना लिखने के बाद भवानीशंकर रुक गए।

कुछेक पल बाद उन्होंने पन्ना उलटकर दोबारा लिखना शुरू किया, 'कल नन्नू मुखिया पर बेंत बरसाए जाएँगे। बहरहाल, इस घटना की किस पर किस रूप में प्रतिकूल प्रतिक्रिया हुई, मुझे यह देखने का इंतज़ार रहेगा।'

आजकल भवानीशंकर कुछ ज्यादा ही चिंतित, कुछ ज्यादा ही परेशान रहने लगे थे।

नन्नू पर बेंत बरसाए जाने का नज़ारा देखने के लिए जितनी भीड़ इकट्ठी हुई, उसे देखकर भवानीशंकर अचरज में पड़ गए। उन लोगों के चेहरों पर क्षोभ और क्रोध साफ जाहिर था। वे लोग यहाँ क्यों खड़े हैं ?

उनके साथ चन्दन भी आ खड़ा हुआ। चन्दन की उपस्थिति अनिवार्य तो नहीं थी ?

उन्हें खुद बेहद तकलीफ हो रही थी।

वे खुद महसूस कर रहे थे, उनके पेट के अंदर कहीं कुछ बर्फ हो आया है। माथे की नसें तड़क रही हैं, अंदर ही अंदर कुछ फड़फड़ा रहा है। बहरहाल, वह नज़ारा देखने के लिए उन्होंने अपने को किसी तरह तैयार कर लिया।

नन्नू को बाहर लाया गया। सुबह से उजाले में वह और ज्यादा मासूम और डरा हुआ लग रहा था। बदहवास मुद्रा में इधर-उधर देखते हुए दयनीय आवाज़ में वह—हाय राम ! हे राम ! की गुहार लगाता जा रहा था। उसकी आँखों से आँसू बहते हुए !

शोभाराम ने चाबुक बरसाना शुरू किया।

हट्टा-कट्टा शोभाराम ! अन्यान्य लोगों से वह कहीं ज्यादा ताकतवर है, यह शोहरत दूर-दूर तक फैली हुई थी।

चमड़े में मढ़ी हुई बेंत की चाबुक एकदम से ऊपर उठती थी, हवा में सीटियाँ उछालती हुई नन्नू की पीठ पर बरस पड़ती थी।

पहली चाबुक पड़ते ही नन्नू पूरे दम से चीख उठा। उसके बाद वह चींख, पल भर के लिए भी रुकी नहीं लगातार गूँजती रही। हा-य, ई-ई-ई ! उसकी काँपती-हहरती चीत्कार लगातार दूर-दूर तक फैलती गई।

भीड़ में किसी ने राय जाहिर की, 'नन्नू कुछ ज्यादा ही...हद कर रहा है ! अरे जवान मर्द है, चना-अनाज की बोरियाँ ढोते-ढोते उसकी पीठ अब तक पुख्ता हो जाना चाहिए थी।'

असल में उसे जितनी तकलीफ हो रही थी, उससे कहीं ज्यादा वह डर गया था।

कुछ ही देर में उसकी पीठ के लगभग चीथड़े नज़र आने लगे। उसकी पीठ से मवाद बह निकला।

खून की जगह मवाद बहते देखकर भवानीशंकर चीख उठे, 'रोको ! रोको !'

शोभाराम चूँकि उनकी आवाज़ पर नहीं रुका, भवानीशंकर ने आगे बढ़कर उसके हाथ से चाबुक छीन लिया।

भवानी ने उसे रोकने की कोशिश की, 'नहीं, वह बेहोश हो गया है।'

'ओह नो ! आइ कान्ट एलाउ इट ! मैं इसकी अनुमति नहीं दे सकता। नो ! नो ! उसने ज़रूर अपने अंदर खुद कोई धमाका किया है।'

'उस जैसा इनसान क्या धमाका करेगा ? वह अपनी लिवर और आँत तो अपनी पीठ पर लादकर नहीं लाया।'

'बट इट इज़ समथिंग, आइ से ! इसके पास ज़रूर कुछ मौजूद है।'

इसके बावजूद भवानीशंकर को सारा मामला पहेली-सा लगा ! नन्नू को अस्पताल ले जाने के बाद असली बात समझ में आई। अंग्रेज डॉक्टर की जुबानी सारा किस्सा सुनने के बाद भवानी ने ही ऑपरेशन किया। इस क़िस्म का ट्यूमर उन्होंने पहले कभी नहीं देखा था। ख़ैर, चीर-फाड़ में उनका तजुरबा भी बस मामूली-सा ही था। वे आशंकित हो उठे, कहीं इससे गंभीर कुछ न हो !

ब्राइट उनसे बेतरह खफ़ा हो गया। उनके बाप के नाम गाली-गलौज करते हुए उसने गुर्राकर ऐलान किया, वह उन्हें सबक ज़रूर देगा।

जब वह भयंकर गुस्से में होता था तब हिंदी में गाली-गलौज पर उतर आता। यह हिंदी उसने कोई इम्तहान देने के लिए किसी टीचर से नहीं सीखी। उसका बचपन अनाथालय में बीता था। बाद में वह अस्तबल के सईसों के साथ उठता-बैठता रहा। नीच लोगों की संगति में वह हिंदी के फूहड़ शब्दों में माहिर हो गया। वैसे अच्छी हिंदी भी वह ख़ासी बढ़िया बोल लेता था। लेकिन, जब वह गुस्से में होता था उसकी जुबान से जो हिंदी झरती थी, उसके हर वाक्य में गालियों की बेतरह भरमार !

चन्दन भी बेतरह चिंतित हो उठा। आज की घटना ने जाने क्यों उसे बुरी तरह हिलाकर रख दिया था। उसे याद आया, इसी साहब ने कभी उसके दद्दू चम्मन के जीवन में भी मुसीबत ढाई थी। टुकड़े-टुकड़ों में उसे कई-कई बातें याद आती रहीं।

अचानक वह भवानी से कह बैठा, 'डॉक्टर साहब, जब मैं हलद्वानी में अपने दद्दू के पास रहता था, नैनीताल से साहब और मेम शिकार खेलने आए थे। साहब अपनी मेम के लिए निशाना साध देता था। शाम से कोशिश करते-कराते मेमसाहब ने आखिरकार दो चिड़िया मार गिराई। दोनों चिड़िया पानी में जा गिरी थीं। उस वक्त मैं भी उनके साथ था। मेरे साथ एक छोटा लड़का और था। उस लड़के को मेमसाहब ने बख्शीश का लालच देते हुए चवन्नी देने का वादा किया। वह लड़का पानी में कूद पड़ा। काफी दूर तक तैरकर वह उन दोनों बत्तखों को खींच लाया। वह काफी ज़ख्मी भी हो गया था, डॉक्टर बाबू ! पत्थरों से रगड़ खा-खाकर उसके कंधे छिल गए थे। मेमसाहब उसकी हथेली पर चवन्नी टिकाने को आगे बढ़ीं। वे ठहाके मार-मारकर हँस रही थी। हँसते-हँसते ही उन्होंने वह चवन्नी उछालकर दूर फेंक दी। वह बच्चा चवन्नी ढूँढ़ने में जुट गया...जी-जान लड़ाकर ढूँढ़ता रहा। लेकिन वह चवन्नी उसे नहीं मिली—'

भवानी मन ही मन अचरज से भर गए। वे सोचते रहे। इस वक्त इस अप्रासंगिक चर्चा का भला क्या तुक है ?

चन्दन को भी लगा, सच ही वह कोई बेवकूफी कर बैठा।

उसी दिन शाम को वह गंगा किनारे जाकर बैठ गया। मल्लाहों की बातचीत सुनते हुए वह सुबह के ही खयालों में खोया रहा। सुबह उसे उस ज़ख्मी लड़के का प्रसंग बार-बार घूम-फिरकर क्यों याद आता रहा ? ना, उसे कुछ समझ नहीं आया।

वह ख़ामोश बैठा रहा। उसके कान मल्लाहों की बातचीत सुनने में लगे रहे।

धीरे-धीरे मंदिर का घंटा गूँज उठा। सती मंदिर में नौजवान ब्राह्मण पुजारी आरती कर रहा था। आसमान में दो-एक तारे निकल आए थे। ऐसे में अपनी शांत-निष्क्रिय देह कहीं अलस भाव से ढीला छोड़ देने का मन हो आया। वह विषाद से भर उठा। वह घाट की राह में ही लेट गया और अपनी ख़ामोश आँखें आसमान पर टिकाए हुए वह अपने ही खयालों के बोझ से अवसन्न हो आया।

18

आहिस्ता-आहिस्ता सिर उठाती हुई अस्थिरता और अनिश्चयता को अब दबाए रखना मुश्किल हो आया। यह खबर अक्सर सुनाई देने लगी कि तीन हज़ार सवार, सिपाही और गोलंदाज़ों के ऊपर कुल चंद अंग्रेज अफसर ! उनकी संख्या सौ के बराबर भी नहीं थी। भारतीय लोगों में मानों नई दिलचस्पी जाग उठी। वे काफी सतर्क होकर, हिसाब-किताब लगाते रहे और मन ही मन चकित होते रहे। समूचे भारतवर्ष में जगह-जगह इतने-इतने सवार मौजूद हैं और श्वेतांग महज कुछेक हज़ार ?

तरह-तरह की बातों, लोगों के हाथों तक रुक्का बाँटने का सिलसिला जारी था। धार्मिक उन्माद से भरे संपूरण जैसे लोगों की तादाद भी बढ़ती जा रही थी। जिनका खयाल था वे लोग ईश्वर के भेजे हुए दूत हैं। राजा, जमींदार, तालुकदार, गद्दीच्युत भू-मालिक, यह उम्मीद लगाए बैठे थे कि इसके बाद दिल्ली में बूढ़े बादशाह तख़्तनशीन होंगे। वे लोग भी अपने-अपने क्षेत्रों में भरपूर गौरव से अपना राज-पाठ चलाएँगे।

जिन किसानों की ज़मीन छिन गई थी, वे लोग यह आस लगाए हुए थे कि उनकी ज़मीन वापस मिल जाएगी। अयोध्या के लोग यह सोच रहे थे कि नवाब को कलकत्ता से खींचकर यहाँ के सिंहासन पर बिठाते ही उन लोगों को नौकरी नसीब होगी, ज़मीन-जायदाद नसीब होगी। उन्हें सब कुछ मिल जाएगा।

रेजिमेंट में जो लोग ऊँचे-ऊँचे पदों पर आसीन थे, वे लोग सोच रहे थे इन्हें ध्वंस कर पाए तो हम स्वाधीन हो जाएँगे। जो लोग निचले पदों पर थे, बस उन सिपाहियों के मनोभाव का ही पता नहीं चल रहा था। वैसे उन लोगों की नाराजगी का पर्याप्त कारण भी था। वे लोग सात रुपए महीने की तनख्वाह पर भर्ती होते थे, चालीस सालों बाद भी उनकी तनख्वाह होती—नौ रुपए ! इतने से रुपयों में खाना-पीना और दूसरे-दूसरे खर्च निपटाने के बाद महीने के अंत में उन लोगों के हाथ में आता था, कभी एक रुपल्ली, कभी एक इकन्नी और कभी कुछ भी नहीं। सिपाही से सूबेदार बनना आसान नहीं था। अस्तु, रोज़-रोज़ नाइंसाफी और अपमान सहना, उनका रोज़मर्रा का नसीब था। रिसाला के सवार सत्ताईस रुपए महीने की तनख्वाह पर भर्ती होते थे और नौकरी के आखिरी पड़ाव तक पहुँचते-पहुँचते उनकी तनख्वाह होती थी, तीस रुपए।

उन लोगों के हिस्से में भी नौ-दस रुपयों से ज्यादा कभी नहीं आता था। सवार से रिसालादार मेजर होना उनकी कल्पना से बाहर था। हर सिपाही यह बखूबी जानता था कि वह सूबेदार नहीं बन सकता, फिर भी वह इसी लक्ष्य पर निगाहें गड़ाए, ड्रिल, परेड और कूच करने के नेम-नियम निभाता रहता था। सवार भी रिसालादार मेजर की पूरे तीन सौ रुपए तनख्वाह वाले ओहदे पर नज़रें गड़ाए घोड़े दौड़ाते रहते थे।

इन तमाम जमींदार, तालुकदार, खुदगर्ज़ लोग, निःस्वार्थी योद्धा, सिपाही सवारों के अलावा, धर्मोन्माद से उफनते संपूरण जैसे उन्मादियों का एक दल भी आ जुटा था। उनकी यह पक्की धारणा बन चुकी थी कि अंग्रेजों को इस देश से खदेड़ने की महान कार्य-साधना के लिए ईश्वर ने ही उन लोगों को भेजा है। इसमें उन लोगों का कोई निजी स्वार्थ नहीं था। अपने लिए उन लोगों ने न ज़मीन माँगी, न रुपए-पैसे, न क्षमता। वे लोग गाँजा चढ़ाकर आँखें लाल-लाल किए भावोन्मत्त भाषण देते फिरे; लोगों में जागरण-मंच फूँकते रहे। दूर-दराज के गाँवों में, जहाँ के सीधे-सादे मासूम-गँवई लोगों ने कभी इन बातों के बारे में सोचा तक नहीं था, ये लोग वहाँ के हाट-बाज़ारों में भी टूट पड़े।

कानपुर के माहौल को विक्षुब्ध और अशांत करने के लिए ये धर्मोन्मत्त लोग बातों-बातों में बिठूर के गद्दीच्युत महाराज की मिसाल देने लगे। बिठूर महाराज की फौज और कानपुर रेजिमेंट की फौज के बीच पत्रों और दूतों के आदान-प्रदान का अंत नहीं रहा।

बिठूर के पेशवा महाराज को शायद इसकी ख़बर तक नहीं हुई। जिन लोगों पर वे निर्भर करते थे, इस दौरान उन्हीं लोगों ने सबकुछ तय कर डाला। वे लोग उन्हीं को नेता बनाएँगे।

मज़े की एक बात यह भी थी कि हर किसी ने अपने-अपने बारे में ही सोचा, अपने से परे दूसरे-दूसरे लोगों के बारे में किसी ने नहीं सोचा। बड़े-बड़े अफसरों या सिपाहियों के बारे में नहीं सोचा, कोई भी शख़्स ताल्लुकेदार, भूमिच्युत प्रजा के बारे में सोचकर सक्रिय नहीं हुआ। सबका लक्ष्य एक था—अंग्रेज़ों को खदेड़ना ! मगर उनमें एकता नहीं थी। मेजर जनरल हिउ व्हीलर को इस असंतोष और हंगामे का सिर्फ आभास भर मिल सका। लाक्षागृह निर्माण का काम ख़त्म ! अब सिर्फ हुक्म का इंतज़ार किया जा रहा था, व्हीलर को यह अंदाज़ा नहीं था।

बहुतेरे लोगों ने उनसे बहुतेरी बातें कहीं। उन लोगों ने यह भी कहा कि बिठूर के पेशवा पर भरोसा करना कतई मुनासिब नहीं।

व्हीलर को यह नहीं सूझा कि वे पेशवा पर अविश्वास कैसे करें।

स्थूलकाय ! अर्थलोभी ! आरामतलब पेशवा ! अंग्रेजों के साथ उन्होंने हमेशा दोस्ती का रिश्ता क़ायम रखा। उनके पिता को जो 'थैली' मिलती थी, उन्हें उससे भी वंचित कर दिया गया। सदर में अनगिनत अर्जी भेजने के बावजूद पिता की सील-मुहर अपने नाम से इस्तेमाल करने का हक़ उन्हें नहीं मिला। इसके बावजूद उन्होंने अंग्रेजों से कभी

कोई बेअदबी का बर्ताव किया हो, व्हीलर को ऐसी कोई घटना याद नहीं आई। वे परेशान हो उठे।

उन्हें यह तो अंदाज़ा हो गया कि कहीं कुछ घट रहा है, मगर वे पकड़ नहीं पा रहे थे। कहीं आग की आँच का आभास तो मिल रहा था, मगर धुआँ नज़र नहीं आ रहा था। उन्हें अफसोस हुआ। शायद वे बूढ़े हो चुके हैं। इतनी अहम जिम्मेदारी शायद किसी नौजवान या सुयोग्य अफसर के हाथों में होना चाहिए थी।

अगले ही पल उन्हें लगा, नहीं यह सच नहीं है। यह उनके अपने ही मन की कमजोरी है।

उन्हीं दिनों सेकंड कैवेलरी के भारतीय डॉक्टर भवानीशंकर ने फैसला किया, वे छुट्टी लेकर काशी चले जाएँगे।

जाने क्यों इन दिनों उनके मन में अजीब-सी बेचैनी आ समाई थी। कोई दमघोटूँ अहसास उनकी छाती पर बोझ बनकर सवार हो गया। वे उस अवसाद से किसी हाल भी मुक्त नहीं हो पा रहे थे। अंदर ही अंदर कहीं बेतरह घुटन भी थी।

रिसाला और अन्य जगहों में वे बेहद जनप्रिय !

लोग उन्हें प्यार करते थे; उन पर भरोसा करते थे। बीमारी-तकलीफ में वे उन लोगों की ख़िदमत करते, सीमा से बढ़कर फर्ज़ निभाते। वक्त-ज़रूरत वे इन लोगों को रुपए भी उधार देते। सभी यही समझते थे कि संसार में रहते हुए भी वे परम संन्यासी जीव हैं। उनकी निजी ज़रूरतें भी बेहद कम ! हाँ, बीच-बीच में वे कलकत्ता से किताबें ज़रूर मँगवाते थे। ज्यादा महसूल चुकाकर अखबार भी मँगाते थे। इसके अलावा उन्हें दूसरा कोई शौक नहीं था। सुदीर्घ डीलडौल ! इकहरा बदन ! गहरी और निरासक्त आँखें ! खाने-पीने या किसी अन्य व्यसन में उनकी कोई दिलचस्पी नहीं थी। धर्म के आदेशों-निर्देशों पर वे शायद ही कभी चलते थे। गले में एक अदद जनेऊ ज़रूर था, लेकिन नित्य-वंदन, पूजा-पाठ वे नहीं करते थे। कभी-कभार गंगा-स्नान के लिए भी निकल पड़ते थे, वह भी गर्मियों में। रात के वक्त वे नहाने के लिए नदी पार चले जाते थे।

साहब लोगों के यहाँ उनका आना-जाना बिलकुल नहीं रहा। प्रवासी बंगालियों का जो समाज वहाँ बन गया था, वहाँ वे काली पूजा या दुर्गा पूजा के अलावा कभी भी नहीं जाते थे।

बिरादरी के लोगों का कहना था, 'उन्हें शादी कर लेना चाहिए।'

पदस्थ भारतीय अफसर की राय थी, 'डॉक्टर बाबू के दिमाग़ में कीड़ा है।'

वैसे फौज के लोग और अंग्रेज उन्हें सचमुच प्यार करते थे, उन पर विश्वास भी करते थे। उनके उस प्यार और विश्वास का भवानी को अहसास भी था।

इन दिनों उन्हें लगता है लोगों का वह प्यार विश्वास, उन्होंने खो दिया है। वे बेचैन हो उठे।

काशी में उनके दूर के रिश्ते के भाई रहते थे। उस सदानंद, स्नेहशील इनसान से भवानी सचमुच ही स्नेह करते थे। उस शख़्स से उनका मन भी मेल खाता था। उनके साथ वे काफी अंतरंगता महसूस करते थे। उन्हें महसूस होने लगा, अब वे थक चुके हैं। उनका मन हुआ कुछ दिनों के लिए वे काशी हो आएँ। उस सुखी और भरे-भरे परिवार की कोमल-स्नेहिल छाया में कुछ दिन आराम कर आएँ।

उनके जाने की ख़बर पाकर चन्दन ने भी उनके साथ जाना चाहा। साथ चलने के लिए उसने अपने किसी ज़रूरी काम का भी वास्ता दिया।

भवानीशंकर को ताज़्जुब तो हुआ मगर उन्होंने कुछ कहा नहीं। इधर कुछ दिनों से वह भी काफी बौखलाया हुआ नज़र आ रहा था। उन्होंने ग़ौर किया, वह कई-कई रात घर के बाहर जाने किन लोगों की संगति में गुज़ारता है। रात काफी देर-देर तक उसके कमरे की बत्ती जलती रहती है। उन्हें जानने का कौतूहल भी हुआ। उन्हें अक्सर यही नज़र आया कि वह मोमबत्ती जलाए या तो कुछ पढ़ता रहता है या लिखता रहता है। वैसे उसे हिंदी भी आती है मगर असल में वह जिस पाठ का गहरा अनुरागी बन चुका था, भवानी को उस बारे में बूँद भर भी पता नहीं चला। बहरहाल, उन्होंने जुबान से कुछ भी जाहिर नहीं किया। कौतूहल व्यक्त करना उनकी आदत के खिलाफ था।

उन्होंने फैसला किया। वे नाव से यात्रा करेंगे। जाने की तैयारियाँ होने लगीं। जाने से पहले उन्होंने तय किया उन्हें किसी से मिलकर जाना चाहिए।

उसे सतर्क करना बेहद ज़रूरी है। हालाँकि वह अपराधी नहीं है मगर उसे यह ख़बर नहीं है कि उसके खिलाफ फौज और सवारों में किस क़दर क्रोध और नफरत जमा हो गई है। उन्हें यह भी खयाल आया कि अब उस पर उनका कोई अधिकार नहीं रहा, फिर भी उसे सावधान करना उनका फर्ज़ है।

काफी ऊहापोह के बाद उन्होंने चन्दन का सहारा लिया। उससे भेंट करने के लिए चम्पा के घर के सिवा अन्यत्र कोई जगह सुरक्षित नहीं थी।

चम्पा के यहाँ बाहरवाले कमरे में लैंप जल रहा था। दरवाज़े पर नज़रें टिकाए, कोई औरत खड़ी थी।

सिर से आँचल सरका हुआ ! गले-हाथ में कोई ज़ेवर तक नहीं ! कमरे में जलते हुए लैंप का उजाला फैला हुआ ! वही उजाला उसके चेहरे पर भी पड़ रहा था। चेहरे का गोरा-शफ़्फ़ाक़ रंग, बिलकुल पीला नज़र आ रहा था। उसकी काली-काली बड़ेरी आँखों में उम्मीद की बेचैन छटपटाहट !

भवानीशंकर जब उसके सामने जाकर खड़े हुए, अपने को बेहद निढाल और थका-थका महसूस करते रहे।

जैसे वे किसी सागर तट की सूखी-विस्तृत खाई पार करके वहाँ तक पहुँचे हों। मानो उस सूखी-खुरदुरी मिट्टी पर चलते हुए उन्हें असहनीय तकलीफ झेलनी पड़ी है। सागर जाने किसके अभिशाप से रेगिस्तान बन गया था।

सागर को जाने किसने तो अभिशाप दे डाला था, 'जाओ, सूखकर रेत बन जाओ।

सीने में सुलगती आग वहन करो।'

उनका अपना दिल ही वह सागर था। अपने दिल पर पाँव रखकर ही उन्हें यहाँ तक आना पड़ा है।

उस औरत ने निगाह उठाकर देखा। भवानीशंकर सहसा अस्थिर हो उठे। उनकी नसों का खून हिलोरें लेने लगा। उस सागर में जैसे पानी का ज्वार उमड़ आया हो ! धीरे-धीरे वह सागर, सागर-तट भरने लगा। भरते-भरते, पूरा होते-होते, अपनी पूर्णता समेट पाने में नाकाम अचानक उफनती लहर में ऊब-डूब होने लगा। उसी लहर का पहला ज्वार उनके सीने से आ टकराया। उनका दिल धक्क से रह गया।

उस लहर की टकराहट उनके कानों में गूँज उठी।

लगभग स्वरहीन, टूटी-फूटी आवाज़ में उन्होंने पूछा, 'बृजदुलारी, अच्छी तो हो ?'

बृजदुलारी चुप !

भवानीशंकर की बातें मानो खो गईं। उनकी निगाह बृजदुलारी को निहारने लगीं। बृजदुलारी का गला, हाथ, कान बिलकुल खाली ! आभूषण-शून्य ! उसकी आँखों तले सियाह धब्बे ! रक्तशून्य बाँहें ! हथेली, माथा, गले की नीली-नीली नसें शफ़्फ़ाक़ झलकती हुईं !

काफी ज़ोर लगाकर उन्होंने अपनी आवाज़ स्वाभाविक बनाते हुए पूछा, 'इतनी दुबली कैसे हो गईं ? अपनी सेहत यूँ क्यों तबाह कर रही हो ?'

बृजदुलारी ईषत् हँस पड़ी। उसकी उस हँसी में ही मानो उनके सवाल का जवाब मौजूद था।

भवानी को लगा, अगर उन्होंने बातचीत ज़ारी रखी और बृजदुलारी उनके सवालों के जवाब देने के बजाय इसी तरह हँसती रही तो उनके वहाँ ज्यादा देर तक खड़ा नहीं रहा जाएगा। उन्हें भयंकर परेशानी हो रही थी। पाँव तक काँप रहे थे।

उनका जैसे होश खोने लगा। उन्हें लगा, वे पागल हो जाएँगे।

उन्होंने मुँह फेरकर कहीं और देखते हुए कहा, 'कुछेक बातों के सिलसिले में तुम्हें आगाह करना ज़रूरी है। तुम...तुम क्या बैठोगी नहीं ?'

वे खुद एक कुर्सी पर बैठ गए। बृजदुलारी वहीं फर्श पर बैठ गई।

'सुना है, तुम्हारे लिए गहने गढ़ाने के लिए ही ब्राइट को इस बार रुपयों की ज़रूरत पड़ी थी ?'

बृजदुलारी ने सिर हिलाकर इनकार जताया।

'फौजी लोग, ख़ासकर मेरे सवार तुमसे बेहद नाराज़ हैं। आदमी जब भड़क उठता है तो गुस्से में अंधा हो जाता है। मैंने सुना है कि और कुछ नहीं तो वे लोग तुम्हारे पीछे गुंडे लगाकर तुम्हारा खून कर सकते हैं।'

'कहते जाएँ।'

'तुम अपने पिता, भाई के पास नहीं जा सकतीं ? कुछ दिनों के लिए तुम्हें यहाँ से हट-बढ़ जाना चाहिए। यह ज़रूरी है।'

'मेरा कोई नहीं है।'

'को-ई नहीं है ?'

बृजदुलारी ख़ामोश हो रही। फिर झुककर मानो अपने को संयत करने में लगी रही। अचानक उसने सिर उठाया।

'आप कहाँ जा रहे हैं ?'

'काशी।'

'ओ !'

दोनों फिर चुप। दोनों ही घड़ी की टिक्-टिक् की आवाज़ सुनते हुए अपनी-अपनी ख़ामोशी में डूबे रहे। वक्त चुपचाप उड़ता रहा।

'आप ही बताएँ मैं क्या करूँ ?'

'यह मैं क्या बताऊँ ?' भवानी की आवाज़ दर्द से बुझ आई।

बृजदुलारी दुःसाहसी हो आई।

अचानक उसने फासले की बेड़ियाँ तोड़कर फेंक दीं।

'कभी तुमने मुझे आवाज़ दी थी; कहा था मेरी मुसीबत में तुम मेरे साथ हो; हमेशा मेरे करीब रहोगे। याद है ?'

याद है ! ना, कुछ भी याद नहीं है। ना, सब याद है। असल में मन बेहद जिद्दी और अक्खड़ होता है। उन्हें सबकुछ याद है, मगर वे उन बातों को याद नहीं करना चाहते, क्योंकि उस अतीत में जान फूँक उसे ज़िंदा करने से कोई फायदा नहीं।

'उस दिन मैं डर गई थी डॉक्टर साहब ! मुझमें साहस नहीं था।'

'हाँ, तुम डर गई थीं। यह तुम्हारी भूल थी। उस भूल की क़ीमत तुम चुका रही हो, मैं चुका रहा हूँ। अब तुम गैर की हो चुकी हो। फिर भी तुम्हारी फिक्र मुझे निगलती रही, मुझे बूढ़ा करती रही। तुम्हारी दुश्चिंता ने मेरे मन को चिंदी-चिंदी कर डाला है। दुनिया के तमाम सुख, चैन, कामना-वासनाओं से उखाड़कर मुझे बेसहारा महाशून्य में उछाल फेंका है। अब मेरा मन कहीं भी थिर नहीं हो पाता।'

'एक ज़माना था, तुम मुझसे कितनी-कितनी बातें किया करते थे डॉक्टर ! रेवा की याद है ?'

'ना !' भवानी की आवाज़ मारे क्षोभ के रूढ़ सुनाई दी।

'लेकिन, मुझे याद है। मैंने मर जाना चाहा था। तुमने समझाया—आत्महत्या महापाप है। तुमने कहा अपने को यूँ तबाह करना ग़लत है।'

'ख़ैर, आज उन बातों का जिक्र क्यों ?' भवानीशंकर की आवाज़ में बेरुख़ी और दर्द का पुट झलक आया।

वे बोलते रहे, 'उस दिन अगर तुम हिम्मत करतीं, अगर तुम डर न जातीं तो इतने दिनों में जाने कहाँ...कितनी हसीन...खूबसूरत ज़िंदगी में पहुँच जाती। लेकिन तुममें हौसला नहीं था। चलो, छोड़ो ! अब जो ज़िंदगी गुज़ार रही हो, उसे ही मन से क़बूल कर लो। दो नावों पर पैर रखकर नहीं चला जाता। बृजदुलारी, बड़ी तकलीफ होती है।'

'लेकिन, अब मुझसे यह नहीं होता। मैं हार गई। मैं तुम्हें दोष नहीं देती। इसमें तुम्हारा कोई क़सूर नहीं। तुम तो महान हो। मुझे तो बचाना ही चाहा था तुमने।'

'न्ना !' भवानी लगभग चीख उठे, 'मैं महान नहीं हूँ।' मैं नकारा हूँ ! अक्षम ! पथभ्रष्ट हूँ मैं ! मुझे तुम्हें याद नहीं करना चाहिए, मगर मैं तुम्हें हर पल याद करता रहता हूँ। तुम्हारी कोई मदद कर सकूँ, इतनी मेरी औकात ही नहीं। लेकिन फिर भी तुम्हारे लिए तड़तपा हूँ। धीरे-धीरे मैं अपनी राह खोता जा रहा हूँ। विभ्रांत हो गया हूँ मैं ! थक गया हूँ !'

'बताएँ, मैं क्या करूँ ?'

'मैं नहीं जानता, बृजदुलारी, अगर जी सको तो जिओ वरना मर जाओ। मरो मगर शान से ! खूबसूरत-सी मौत ! हाँ, एक बात और ! तुम्हें इस रूप में देखकर मुझे वितृष्णा होती है। इससे तो बेहतर है, तुम मर ही जाओ। तुम न रहो तो मुझे चैन मिल जाए।'

बृजदुलारी की आँखें भवानीशंकर के चेहरे पर गड़ी रहीं।

भवानीशंकर बाहर निकल आए।

सड़क पर चलते हुए उन्होंने महसूस किया, उनकी आँखों से धार-धार आँसू बह रहे हैं। उनका दिल टुकड़े-टुकड़े हुआ जा रहा है। उन्होंने अपने को सैकड़ों लानतें भेजीं।

उस रात घर लौटकर भवानीशंकर अपने रोजनामचे में एक अक्षर भी दर्ज नहीं कर पाए। पन्ने पर आज की सिर्फ तारीख ही सही ! बाकी पन्ना खाली, सूना ! आज का पन्ना निरुत्तर ही सही।

उन्होंने आहिस्ता-आहिस्ता बेहद सावधान हाथों से डायरी का पहला पन्ना खोला। कभी इस डायरी के पन्नों में वे अपना ज़िंदगीनामा लिखा करते थे। उन्होंने जिज्ञासा-जटिल, अपनी ज़िंदगी की गाँठ खोलने की भरसक कोशिश की थी। आज वे बातें याद करते हुए उन्हें हँसी आने लगी।

असल में हमारे हाथ में कुछ भी नहीं होता। यहाँ तक कि हम खुद भी अपने नहीं होते, बल्कि तक़दीर के हवाले होते हैं। अँधियारी रातों में नदी के सीने पर तैरते-डोलते, नन्हे-नन्हे दीपों की तरह ! ये दीये अपार-अतल रहस्यों को क्या आलोकित करेंगे ? बस, किसी तरह अपने अस्तित्व को टिकाए रख सकें तो काफी है।

19

वर्षों पहले हुगली जिला के सूज़ाखाल गाँव में भवानीशंकर का जन्म ! समृद्ध-संपन्न परिवार की संतान ! उनके पिता विशुद्ध कुलीन !

भवानीशंकर को अपने उस परिवार की ढेर-ढेर बातें याद आती रहीं। उनके उस घर में बारहों महीने अनगिनत पूजा-समारोहों का सिलसिला ! वहाँ की काली पूजा आज

भी बखूबी याद है। काली पूजा से एक दिन पहले वे अन्य छोटे-छोटे बच्चों के साथ चौदह किस्म के साग चुनने जाया करते थे। गाँव के आखिरी सिरे पर वागदी बूढ़ी के घर के पासवाली नहर में शुषनी साग का खेत था।

साग लेकर जब वे लोग लौटते थे तो उनकी विधवा बुआ कहतीं, 'अरे अरे, साग को 'भसान' के पानी में धो ला। साग अगर नदी के 'भसान' वाले पानी में न धुला हो तो उन्हें पसंद नहीं आता था। ये बूढ़ी महिला भवानी के पिता की बुआ थीं। पति-पुत्र की मौत के बाद वे भतीजे के यहाँ रहने चली आईं। भवानी ने सुना था, उन्होंने गाँव के मसान में तीन हाथ ज़मीन पहले से ही खरीद रखी थी। अपने दाह-संस्कार पर खर्च के पैसे भी उन्होंने एक डिब्बे में सहेज रखा था। किसी ज़माने में वे अतिशय अमीर घराने की पतोहू थीं। अपने ससुराल की इज़्ज़त क़ायम रखने के लिए ही उन्होंने ये सारा इंतज़ाम पहले से कर रखा था। वे लोग उन्हें 'बुआदादी' कहकर बुलाते थे। यह वृद्धा ही उस विराट परिवार के अंदर महल की बागडोर सँभाले रखती थीं। भूत चतुर्दशी के दिन शाम ढलते ही वे परिवार की छोटी-छोटी लड़कियों और बहुओं को दीया बनाने और बत्ती पूरने के लिए बिठा देती थीं, घर की जगह-कुजगह पर चौदह दीया स्थापित करने की जिम्मेदारी घर के छोटे-छोटे लड़कों पर थी। अँधेरे में बच्चे खिड़की पर जमा कूड़े पर ही बिठाकर भाग आते। शाम होते ही जंजाल के इस ढेर पर बुढ़िया दाई मोती आकर बैठ जाती थी। कहा जाता था कि इसी जगह वह भूत हो गई थी। लोगों ने अपने कानों से उसे यह कहते हुए सुना था, 'ए कत्ता बाबू, हमका गंगा नाहीं दीयो ? हमार लइकन के ज़मीन भी नाहीं दियो ?' बाद में भवानी ने सुना, उनके जेठू ने वचन दिया था कि मोती का दाह-संस्कार वे गंगा-किनारे करेंगे और उसके बेटे को ज़मीन देंगे। वही मोती बुखार में कष्ट भोगती हुई कोठरी में मरी पड़ी रही। किसी ने उसे गंगा-तट नहीं पहुँचाया। उसकी लाश को 'तीन पौवा' गुनाह का कलंक लगा था।

काली पूजा के दिन शाम को भवानी-परिवार गोबर का गौर रखकर, उस पर दीया स्थापित करता था। भवानी और उनके साथियों को लंबी-चौड़ी हवेली की प्राचीर, छत और ड्योढ़ी पर दीया रखने, आँगन में बाँस की खपच्चियों का मंच बनाकर उस पर रोशनी की मालाएँ सजाने में ख़ासा मज़ा आता था। दीये जलाकर घरवाले चंडी मंडप की ओर दौड़ पड़ते। काली मइया के गले में मोम फूल की माला झूलती रहती थी। भवानी के बापू कलकत्ता से काग़ज़ के फानूस ख़रीद लाए थे। चंडी घर में तिरछी क़तार में बड़े-बड़े फानूस टाँगे जाते थे। उन फानूसों के अंदर बत्ती जलती रहती थी। फिनफिने काग़ज़ के घेरे के इर्द-गिर्द धीमी-धीमी रफ़्तार में काग़ज़ का एक चक्र घूमता रहता था। उसमें हाथी, घोड़ा, इनसानों की आकृतियाँ बनी होतीं और फानूसों पर उनकी हिलती-डुलती परछाइयाँ उभरी होतीं।

काफी रात गए ढाक पर काठियों की चोट पड़ती।

आधी रात को नींद टूटते ही ढाक-ढोल का ढम-ढमाढम शोर सुनते ही भवानी अपनी माँ की छाती में अपना मुँह दुबका लेते थे, 'मेरा जी घबरा रहा है, मइयो ! मैं

बलि देखने नहीं जाऊँगा।'

लेकिन जेठू बेहद कड़क ! घर के सारे लड़के-बच्चे बिलकुल सामने की लाइन में खड़े होंगे; बहू-बेटियाँ चिक की आड़ में ! बलि देखना ही होगा। जाने कौन लोग भैंस के गले के अंदर, जबरन घी घुसेड़े जा रहे थे। एक तरफ रतन लोहार बैठा हुआ ! गाँजे के दम से आँखें सुर्ख-लाल ! हाथ में विशाल कटार ! गले में—माँ ! माँ ! ओ माँ ! जय माँ ! की आवाज़।

घनी-काली रात ! कच्ची नींद टूटने की वजह से सिर भन्नाता हुआ ! सीने में तेज़-तेज़ धुकपुकी ! बलि देखने की दहशत ! रतन लोहार की तरफ भी देखते रहने की लाचारी ! माँ ! माँ ! माँ ! उस पर मानो किसी दिव्य शक्ति ने अधिकार जमा रखा हो। उनकी आँखें बरबस ही मंडप की ओर दौड़ गईं। उस तरफ काली कीर्तन मंडली।

अधेड़ उम्र पार्वतीचरण आँखें मूँदकर मुँह बाए, राग अलाप रहा था, 'श्याम रण में द्रुतगति चले, धरि भुजबल से गज-गरास में।' कैसी विशाल काली मूर्ति ! निरावृत्ता ! माथे पर मुकुट कितना ऊँचा। साष्टांग दंडवत करते हुए भवानी के काका ने काली मइया को गुहार लगाई—माँ ओ ! माँ ! माँ !

माँ ! सबकी माँ ! उधर जंजीरों में बँधी, खस्सियों की क़तारें ! ढाकी मंडली का उन्मत्त नाच ! धुनुची में धुने का बुरादा डालते ही, झप्-झप् की आवाज़ें ! श्यामा कीट उड़-उड़कर चेहरे-आँखों पर पड़ते हुए।

सुनने में आया किसी ज़माने में सूज़ाखाल के इस मकान में भैंसा-बलि नहीं होती थी। छः आने ये लोग इस तरफ ! दस आने बड़के की तरफ ! बड़के की तरफ भैंसा-बलि का प्रचलन था। एक बार बलि का भैंसा बलि-काठ समेत भाग खड़ा हुआ। डरा हुआ क्रुद्ध जानवर अपने भयंकर आर्तनाद से हवा को चीरते हुए दे-छूट भाग खड़ा हुआ।

उसी रात प्रायश्चित और मनसा पूजा भी संपन्न हुआ। लेकिन, इस बार बलि अटक गई। एक ही कोप में सिर धड़ से अलग नहीं हुआ। बलि के पशु पर दो-तीन वार करने पड़े तब जाकर उसका सिर धड़ से अलग हुआ। बाद में इस घर पर तरह-तरह के कोप गिरे। धीरे-धीरे बलि का रिवाज़ उठ ही गया। वैसे, इस घर की सुख-समृद्धि लगातार फलती-फूलती रही। भवानी के दादा ने नए सिरे से काली पूजा शुरू की। आगे चलकर इस परिवार की काली-पूजा की शोहरत, अड़ोस-पड़ोस तक फैल गई। भवानी ने ग़ौर किया, गाँव में जिस-जिसकी जो भी मनौतियाँ होतीं उन्हें पूरी करने के लिए लोग झुंड के झुंड इस मौके पर आते थे। सोने की नथ ! नए-कोरे कपड़े ! जोड़े-जोड़े काले पाँठे !

भवानी के बापू कलकत्ता में जो-जो देखकर आते थे, उसी के मुताबिक यहाँ पूजा संपन्न होती थी। यहीं पटाखे भी बनवाए गए। मिट्टी में गड्ढा खोदकर भारी-भरकम बम फोड़े गए। पटाखे चलाते वक्त बाँस गाड़कर नारियल की रस्सी से वहाँ घेरा बाँध दिया जाता था। दर्शकों को वहाँ से हटा दिया जाता था। सबको बेड़े के पार खड़े होकर, तमाशा देखने की हिदायत दी जाती। अकेला बाज़ीगर चमत्कारी दैत्य की तरह बेड़े के

अंदर खड़े-खड़े पटाखे चलाता।

वहाँ खड़े-खड़े जब दर्शकों के पैर थक जाते उसी वक्त अचानक ढाक-ढोल, काँसे के घंटे बज उठते। शोर गूँज उठता। अगरू, धूप के धुएँ में सबकुछ अँधियार ! मंडप में मंत्रोच्चार ! कीर्तन-ध्वनि—'कौन रे घोर वरणी कराल बदनी, निशीथ मसान में खिल-खिल हँसे।' जेठू हाथ जोड़े हुए आकाश की तरफ निगाहें गड़ाए भक्ति भाव से ध्यान मुद्रा में लीन नज़र आते।

इसी दौरान समूची भीड़ के सिर के ऊपर एकाध बार रतन लोहार की कटार झलमला उठती।

अगले दिन बुआ गरद-सिल्क का थान पहने हुए सबको खीर-पूरी बाँटतीं। पूजा के अगले दिन, काली पूजा का भोज ! भवानी की जेठी माँ, माँ और बाकी बहुएँ मिलकर बलि के पाँठों का सालन पकातीं। नाक-मुँह पर कपड़ा बाँधकर फूस की नई मड़ैया में खाना पकाया जाता।

दोपहर से आमंत्रित मेहमानों का ताँता लगना शुरू हो जाता। रात ग्यारह बजे तक खाना-पीना चलता रहता। पूरी-चीनी, मुरब्बा और खीर !

इसी तरह बचपन की ढेरों बातें भवानी को याद आती रहीं।

'नवान्न' के दिन, सुबह-सुबह लँगड़ा तिले उर्फ त्रिलोचन महाराज आ धमकता—'परसाद मिल जाए बुआ जी ! तिले किसी ज़माने में भवानी परिवार के ठाकुरघर में काम करता था। चूँकि अब बूढ़ा हो गया, अब वह काम नहीं करता था। लिखा-पढ़ा भी नहीं था। बुखार का शिकार होने के बाद उसका चेहरा रस्सी की तरह सूखकर ऐंठा हुआ। अब बारहों मास वह घर-घर घूमकर अपना आहार जुटाता था। ख़ास-ख़ास दिनों में बुआ तिले को सरसों का तेल, नया गमछा-धोती और कभी-कभी चाँदी की एकाध दुअन्नी थमा देती थीं। भवानी के बचपन की यादों में तिले एक अहम हस्ती था।

'नवान्न' के दिन वह सुबह से ही माथे पर गमछा बाँधे केले के 'पेटको' बनाकर रख देता। दासियाँ उन्हें धोकर दरवाज़े पर रख देतीं। बहुएँ पहसुल लेकर बैठ जातीं और गन्ना, नारियल, खीरा, शांखालु वगैरह काटने में जुट जातीं। पीतल के बड़े से थाल में काँचा गुल्ला, गुड़ की मिठाई, बताशा, चीनी का बूरा सजा दिया जाता। जब पंडितजी आते, पूजा शुरू हो जाती। बुआ उन दिनों काफी बूढ़ी हो चुकी थीं। पीतल का दससेरी कटोरा अब उनसे खुद नहीं उठाया जाता था। उनके सामने वह कटोरा रख दिया जाता। उस कटोरे में नई गाय का दूध, नए खजूर का गुड़, भीगा हुआ अरवा चावल, मिठाई, फल-मूल वगैरह सानकर, वे केले के 'पेटको' में भरती जातीं और अभ्यागत लोगों को एक-एक करके थमाती जातीं। घर के चरवाहे, महिंदर, दास-दासी, सबको 'नवान्न' बाँटा जाता। सिर पर भीगे बालों की 'जुट्टी' बनाए, भवानी की माँ, जेठी, हेम बुआ वगैरह रसोई में पहुँच जातीं। गाँव के उस घर में भोज के दिन घी-भात, पंचमेल भुजिया, पाँच क़िस्म की मछली, पाँच रकम की सब्ज़ी, दो-दो तरह की दालें, गुड़ का गुरम्मा, खीर वगैरह तैयार किए जाते।

श्री पंचमी के दिन तिले भवानी और दूसरे बच्चों के लिए बाँस छीलकर साँठी की क़लम तैयार कर देता। पूजा के लिए फूल तोड़ लाता। कार्तिक-पूजा और श्री पंचमी के मौके पर गाँव के बाज़ार में 'स्वांग' निकलता था। तिले बच्चों को वह भी दिखा लाता।

भवानी ने वह कहानी भी सुनी थी, जब दस आने वालों ने स्वांग निकालकर उनके जेठू की खिल्ली उड़ाई थी। उनका एक पुतला बनाया गया था, जमींदारी की कचहरी में बैठे हुए जेठू सूद-ब्याज का हिसाब लगाते हुए। यह बात भवानी को बहुत बाद में मालूम हुई कि उनके परिवार की अधिकांश धन-दौलत जेठू की ही अर्जित कमाई थी। उनका तिजारती का कारोबार। यह कारोबार चलाने के लिए उनकी खासी निंदा-आलोचना भी हुई। लेकिन उनके पास दौलत थी। इसलिए चाहे कैसी भी निंदा-स्तुति हो उनकी शोभा मान ली गई।

भवानी को अपनी मइयो के बारे में धुँधली-धुँधली याद भर है। हाँ, उनकी कोई-कोई छवि आज भी बिलकुल स्पष्ट है। मइयो और हेम बुआ में ख़ासा हेल-मेल था। गाहे-ब-गाहे वे दोनों दोपहर के वक्त खिड़की-पोखर किनारे आ बैठती थीं। पोखर का बाहरी हिस्सा पक्का था। वह औरतों का नहान-घाट था। खजूर के पेड़ की जड़ें बिछाकर मेड़-सा बना दिया गया था। घाट के उस तरफ दासी-नौकरानियाँ बर्तन माँजती थीं। सीढ़ी के नीचे हाँड़ी, पीतल की देग, कड़ाह वगैरह डुबाकर रखे रहते। भवानी को याद पड़ता है, उन बर्तनों में छोटी-छोटी मछलियाँ खेलती रहती थीं।

खिड़की-पोखर के घाट पर बैठी-बैठी हेम बुआ माँ के बदन पर सरसों की खली रगड़ देती थीं। कलाई का पट्टा, गले की मटरमाला वगैरह इमली से माँज-घिस लेती थीं। भवानी की मइयो के कान में चार-पाँच नन्हे-नन्हे कनफूल भी दमकते थे।

हेम बुआ भवानी की माँ से इसरार करतीं, 'ए भउजी, तनिक गाओ न !'

गाना ? वह भी घर की बहुरिया की आवाज़ में ? बड़े शर्म की बात थी। फिर भी इधर-उधर सतर्क निगाह डालकर भवानी की माँ गीत छेड़ देतीं :

ननदी ! ननदी ! ओ ननदी !
बड़ी साध से पहनी, मोती की झुलनी !
चाव बड़ी, देखूँ तनिक, कैसी सजी-धजी !
हाय री दइया, देखी सुरतिया,
लाज की मारी मैं तो, घुँघटा में छिपी !

वे दोनों पानी से खेलती हुई लहरें उठाती रहती थीं। भवानी की माँ नीले रंग की साड़ी पहना करती थीं। ताँती-बहू ही साड़ियाँ दे जाती। जो नाउन पैरों में आलता लगाने आती थी उसी ने बाद में भवानी को बताया, उनकी मइयो जैसे खूबसूरत पाँव उसनें और कहीं नहीं देखा।

उसने बताया, 'आलता लगाते ही दूनो पाँव जैसे हँस पड़ते थे,' और वह खुद भी हँस देती थी।

भवानी उसकी वह बात आज भी नहीं भूले। उन्हें यह भी याद है कि उनकी माँ के गोरे-गोरे पाँव नीलांबरी साड़ी से ढँके रहते थे। इसके अलावा, अपनी माँ के बालों से आती हुई तेल की खुशबू, उनकी कोमल-नरम छाती का स्निग्ध सुवास, चाँद-तारा डिज़ाइन के कनफूल में जड़े, लाल-चुन्नी पत्थरों का डोलना...उन्हें आज भी याद है।

भवानी जब क़रीब सात साल के थे, उनकी माँ चल बसीं।

वह माघ का महीना था। भवानी को एक भाई हुआ था। आँगन के एक कोने में खजूर के पत्तों से कच्चा जापा-घर बनवाया गया। रात को दाई की आँख लग गई। बोरसी में आग नहीं थी। मारे ठंड के जच्चा-बच्चा दोनों ने दम तोड़ दिया।

भवानी को याद आया, उन दिनों हेम बुआ भी वहाँ नहीं थीं। कई दिनों तक बुआदादी ही उन्हें सँभालती-अगोरती रहीं। उन्होंने भवानी की कमर में लोहे की चाबी भी बाँध दी थी। रात को उन्हें अपने ही पास सुलाती थीं।

बाद में धाय-माँ ने कहा, 'तेरी माँ पर श्राप चढ़ा है ! वह तुझे आवाज़ देगी; बार-बार बुलाएगी। भर-दुपहरिया या रात या बेला-कुबेला...अगर अचानक कोई तुझे पुकारे तो फौरन जवाब मत दे बैठना ! जवाब दिए नहीं कि वह तुझे बँसवाड़ी की झाड़ पर खींच ले जाएगी।'

बाँस-पेड़ के बारे में वह बच्चा ऐसे भी ख़ासा डरा हुआ ! धाय-माँ ने ही बताया कि उसकी माँ को श्राप लगा है, इसलिए वह बाँस के रूप में आड़ी-तिरछी राह पर पड़ी रहती है। भवानी ने अगर भूल से भी उधर क़दम रखा, तो वह सीधी होकर उठ बैठेगी और उसे ज़ोर का धक्का देकर बाँस की झाड़ की तरफ खींच ले जाएगी और उसकी गर्दन मोड़ देगी। उसकी बातों ने भवानी को भयभीत कर दिया। उन्हें खासा विस्मय भी हुआ।

उनकी मइयो, जो बेहद धीमे-धीमे बोलती-बतियाती थी, जिनका चेहरा हमेशा घूँघट की ओट में छिपा रहता था, मौत के बाद क्या इस हद तक बदल सकती है ? प्रेत-प्रायश्चित भी नहीं हुआ, इसलिए क्या उनकी माँ भूतनी बनकर रोती-बिसूरती फिर रही है ? शायद, पहली बार भवानी के मन में जिज्ञासा जागी। शायद उन्हीं दिनों पहली बार अहसास हुआ कि वे बिलकुल निःसंग हैं। दुनिया में तमाम लोगों के बीच भी नितांत अकेले। निरे अलग-थलग और एकाकी ! उनके इर्द-गिर्द का वृहद संसार अपने कार्यक्रम में जुटा रहता। उन्होंने स्पष्ट महसूस किया, वे निचाट संगीविहीन और अकेले हैं।

उन्हीं दिनों सौतेली माँ का आगमन हुआ।

भवानी को जब पता चला तो वे दंग रह गए। उनके बापू ने आखिर कितनी शादियाँ की थीं ? उनकी यह सौतेली माँ अपने दो-दो बेटों के साथ मायके में रहती थी। भवानी के बापू ही बीच-बीच में उनके यहाँ चक्कर लगा आया करते थे। भवानी को यह जानकर और भी ताज़्जुब हुआ कि सौतेली माँ उनकी माँ की सगी फुफेरी बहन थी। इस तरह दीन-दुनिया के बारे में भवानी का विस्मय, क्रमशः बढ़ता जा रहा था। नतीजा यह हुआ कि उनका परिचित संसार ही अब अपरिचित होता जा रहा था। रोज़मर्रा के

जाने-पहचाने लोगों में अपरिचय का यह विस्मय रह-रहकर उन्हें मुँह चिढ़ाने लगता था।

बहरहाल, विमाता उन्हें अपना नहीं बना पाई। जिस खाट पर वे अपनी माँ के साथ सोया करते थे, अब उन्हें उस खाट से निर्वासित कर दिया गया।

उनकी विमाता की गोद में भी दो-दो बच्चे खेलने लगे। भवानी यह नहीं जानते थे कि परिवार की स्नेह-ममता भी माँगकर वसूल करना होता है। उनकी आँखों के सामने ही, उनके पिता और विमाता उनके सौतेले भाई-बहनों में मगन रहते थे। भवानी उस गृहस्थी में पराए-पराए, ग़ैर-से इधर-उधर उदास डोलते रहते थे।

अब उनसे कोई नहीं कहता था, 'आ, मेरे पास आ। तेरा बदन पोंछ दूँ या तुझे खाना खिला दूँ। अरे, तू धूप में जा रहा है, आ तेरे सिर पर भीगा गमछा लपेट दूँ। तू बिना खाए-पीए सो जाता है। आ सई--साँझ ही तुझे खिला दूँ--'

उनसे कभी कोई बात नहीं करता था। जब तक उनकी मइयो ज़िंदा थी, वे किसी एक के थे। उनके बाद मानो वे सबके हो गए। अब वे सबके साथ-साथ नहाते-धोते, खाते-पीते, पंडितजी से पढ़ना-लिखना सीखते। सबके साथ ही उनके भी कपड़े-लत्ते-चादर आते थे। बीच-बीच में जब घर में कोई भी नहीं होता था, वे अकेले-अकेले ही बाहर घूमते-फिरते; खेत-मैदान, हाट-घाट में भटकते रहते। भरी-दुपहरिया के वक्त धान बिछाना-समेटना; ढेंकीखाने में क़तार से ढेंकियाँ बिठाना, पेड़ों पर उल्लुओं की सीटियाँ सुनना, बस, यही सब देखते-सुनते डाँव-डाँव डोलते-फिरते थे। भवानी के कानों में ज़ाने किस सुदूर से किसी के गीतों के सुर-ताल-बोल गूँजने लगते थे--ननदी, ननदी ! ओ ननदी...

इन आवाज़ों के साथ गीत का वह सुर बेहद मिलता-जुलता था। बाँस के पेड़ों की झिर-झिर आवाज़ों के साथ, जाने किसकी तो गुमशुदा हँसी, स्नेहिल निगाहें और आलता-सजे पाँवों की भी याद हो आती।

भवानी ने लिखने-पढ़ने में मन लगाया। वैसे उनका परिवार बेहद गँवारू और पिछड़ा हुआ। लेकिन, उनके गाँव के ही किसी-किसी परिवार के लड़के कलकत्ता जाकर अंग्रेजी पढ़-लिख रहे थे, बाहर नौकरी कर रहे थे। भवानी के सौतेले भाइयों को लिखने-पढ़ने में ख़ास दिलचस्पी नहीं थी। नवीनचन्द्र मुखोटी नामक एक सज्जन कभी-कभार 'समाचार दर्पण' और 'संवाद प्रभाकर' अख़बारों में प्रकाशन के लिए मूज़ाखाल और इर्द-गिर्द के गाँवों की आश्चर्यजनक खबरें लिख भेजते थे। श्रीदाम परामानिक ने अपना ख़ानदानी कारोबार त्यागकर तीसी के धंधे में अगाध दौलत इकट्ठी कर ली। काफी रुपए खर्च करके उसने काली पूजा कराई। बरसात के मौसम में एक मुसलमान गाँव में आया और ब्याह के लिए पगलाए हुए किसी बाम्हन के हाथ असली जात छिपाकर एक-कूड़ी रुपयों में एक लड़की बेच गया। नवीन मुखोटी ये खबरें अख़बारों को भेज दिया करते थे। वैसे, वे नकियाकर बोलते थे और लीची उन्हें बेहद पसंद थी। उन्होंने

ही ज़िद करके भवानी को बँगला, संस्कृत और फारसी पढ़ाई और कलकत्ता जाकर अंग्रेजी पढ़ने पर भी ज़ोर दिया। उन दिनों भवानी कुल अट्ठारह साल के थे। एक दिन उन्हें ख़बर मिली, कुलीन ब्राह्मण के नियम मुताबिक उनकी भी शादी का इंतज़ाम किया जा रहा है। उस दिन भवानी ने अपने जेठू से पहली बार जुबानदरजी की। उन्होंने इस शादी का विरोध किया और ज़िद करके कलकत्ता चले गए।

कलकत्ता में उन्होंने एक नई दुनिया में क़दम रखा और नई ज़िंदगी की दीक्षा ली।

भवानी हिंदू कॉलेज के स्कूल में भर्ती हो गए। वैसे उम्र बड़ी होने की वजह से उन्हें शर्म भी आती थी।

लेकिन उन्होंने अपने को समझाया, 'विद्या-लाभ के लिए उम्र कोई बाधा नहीं होती। मैं भी शर्मिंदा नहीं होऊँगा।'

उन दिनों शायद जेठू की मनाही पर ही पिता ने कुछ दिनों रुपए-पैसे नहीं भेजे। भवानी को पढ़ाई छोड़नी पड़ी। अपने किसी दोस्त की मदद से उन्होंने शोभा बाज़ार की किसी राजबाड़ी की कचहरी में नौकरी कर ली। उनकी नौकरी करने की वजह से उनके परिवार के लोगों ने अपने को ख़ासा अपमानित महसूस किया। वहाँ उन्होंने दो साल तक नौकरी की। पंद्रह रुपए तनख्वाह ! इसी में वे अपना खर्च भी चलाते और कुछ जमा भी करते रहे। उन्होंने गोलदीघी के क़रीब एक घर किराए पर ले लिया। इसमें उनके तीन अन्य दोस्तों का भी साझा था। चारों दोस्तों ने खाने-पीने का इंतज़ाम भी एक ही जगह कर डाला। इतने सारे दिन गुज़र जाने के बाद शायद उनके बापू को भी पछतावे का अहसास हुआ। उन्होंने भी उन्हें रुपए भेजे और ख़त के जरिए नौकरी-चाकरी न करने की हिदायत दी। भवानी समझ गए ढलती उम्र के साथ-साथ उनके बापू कमजोर पड़ते जा रहे हैं। शायद, उनकी सौतेली माँ का भी उन पर दबाव हो।

जब वे इम्तहान पास करके निकले, उनकी काफी उम्र निकल चुकी थी। चौबीस साल की उम्र काफी होती है। उनकी उम्र के और-और लड़के तब तक नौकरी, ब्याह, बाल-बच्चों की गृहस्थी में रम चुके थे।

वे बेहद अकेले हो आए। जाहिर है उन्हें किसी ऐसे साथी की तलाश रहने लगी, जो शहरी दुनिया और उनके खयालों-विचारों में उनका साथ दे सके।

इसी दौरान उनके मन में ईश्वर-जिज्ञासा जाग उठी।

जिस उम्र में इनसान अपने को बाहरी जगत से जोड़ना चाहता है, इस दुनिया के रूप-रंग का मज़ा चखना चाहता है, उस उम्र में भवानी, जिज्ञासा का चिराग़ लेकर क्यों निकल पड़े और किसी अगाध-अतल अँधेरे की गुफा में समा जाने को कैसे आमादा हो गए ? ईश्वर क्या है, इस सवाल का कोई आखिरी जवाब है भला ?

उन दिनों भवानी ने अपनी डायरी में लिखा—नहीं, इसका कोई जवाब नहीं है। प्राचीन मिस्र के आदिम लोग थोथ की पूजा करते थे। वेदों के स्रष्टा आर्यगण का खयाल

था, आदित्यवर्ण सभी देवता ईश्वर हैं, इस प्रश्न का कोई उत्तर नहीं है। ईसा मसीह इसके उत्तर नहीं हैं। बुद्ध, जरथुस्त्र या कनफ्यूशियस के पास भी कोई जवाब नहीं है। वे लोग निरंतर अन्वेषक थे। इस सवाल का अगर कोई जवाब सच ही मिल पाता तो गाँव की औरतें पत्थर की शिला पर पानी उड़ेलकर या कैथोलिक मर्द संतों की पूजा करके एक ही प्रकार की तृप्ति महसूस नहीं करते। मन तो होता है, इसका जवाब पाने से बेहतर है इस सवाल को ही नमन किया जाए, क्योंकि आदमी के मन में जब तक सवाल जगा रहता है, तब तक उसका मन नई-नई राहों की तलाश में दौड़ता-भागता रहता है और इसी सवाल से बार-बार टकराते हुए, इनसान अपने को प्रखर और धारदार भी बनाता है। अगर उत्तर मिल जाए तो इनसान उसे परम और चरम मानकर निष्क्रिय, बलहीन और वीर्यहीन होकर गहरे अवसाद में डूब जाता है।

एक तरफ बंगाली नौजवान बाईजी के नाच, मुर्गों-तीतरों की लड़ाई, दारूबाज़ी और अन्यान्य लतों में चूर थे; दूसरी तरफ दूसरे-दूसरे बंगाली नौजवान, गंभीर और जटिल जीवन-जिज्ञासा में क्षत-विक्षत हो रहे थे। बँगला में इसी को नाम दिया गया--उन्नीसवीं सदी !

भवानी अपने रोजनामचे में चाहे जो भी लिखें, असल में वे आत्मजिज्ञासा और जीवन-जिज्ञासा को लेकर बेतरह बौखलाए हुए थे।

सबसे पहले ईसाई पादरियों के उदार मानव-प्रेम से भरपूर धर्म ने उन्हें ईश्वर-चिंतन को प्रेरित किया। ईसा मसीह की मानवता और करुणा ने उन्हें सच ही अभिभूत किया था।

इसका उत्स थी एक तस्वीर !

उन्होंने किसी स्नेही फादर के कमरे में तीन पेंटिंग्स देखीं। जूनियर रोमन प्रोक्यूरेटर, पॉन्टियास पाइलेट के हुक्म पर ईसा मसीह अपनी सलीब उठाए वधस्थल की तरफ जाते हुए। एक मशहूर पेंटिंग की प्रतिलिपि ! यीशु की दर्दभरी आँखें स्वर्ग की तरफ स्थिर !

वह पेंटिंग उनके मन में तीखी प्रतिक्रिया जगा गई।

वैसे सिर्फ पेंटिंग ही इसकी वजह नहीं थी। फादर से उनकी बातचीत का सिलसिला चल पड़ा। सवाल-दर-सवाल !

सवाल उठाते-उठाते बहस शुरू हो जाती, बहसबाज़ी के दौरान जाने कौन वो उनके अंदर बैठा-बैठा उनकी जुबान पर बातें रखता जाता। ईसा मसीह जिस धर्म के पक्षधर थे, भवानी उस धर्म का आदर करते थे। लेकिन, ईसाइयों की यह दकियानूसी कट्टरता देखकर उन्हें हैरत हुई।

'कट्टरता ?'

'हाँ, अपने धर्म को सब धर्मों के श्रेष्ठ मानना कट्टरता ही तो है।'

'लेकिन, इस विश्वास का ही धर्म में पालन होता है।'

'नहीं, फादर, नहीं !'

भवानी बाकी जगहों में ज़रूर मुँहचोर बने रहते थे, लेकिन यहाँ आकर उनकी सारी

झिझक फुर्र हो जाती। वे सिर्फ जानना चाहते थे...और-और जानना चाहते थे। इस दुनिया में अनादि-अनंत काल से इतने सारे देशों में इतने सारे धर्म फलते-फूलते रहे। चलें, मान लिया यही धर्म, अपेक्षाकृत नया है। यह भी क़बूल है कि अधिकांश श्वेतांगों ने इसे ग्रहण भी किया है, लेकिन इस वजह से बाकी धर्म तुच्छ या कमतर तो नहीं हो जाते ?

फादर उनके तमाम सवालों का जवाब नहीं दे पाते थे। उनके होंठों पर मंद-मंद मुस्कान खिली रहती, कौन जाने मन ही मन विरक्त भी होते हों !

उन दिनों भवानी अक्सर ही सड़कों पर भटकने के लिए निकल पड़ते थे। फादर के यहाँ से निकलकर, उनका मन काफी देर-देर तक चंचल रहता और वे अपने आप में खोए रहते। सड़क पर चलते-चलते उन्हें यह भी होश नहीं रहता था कि वे जा कहाँ रहे हैं।

इसी तरह एक दिन वे अपने खयालों की बेसुधी में बहते-तैरते आगे बढ़ते रहे। मेडिकल कॉलेज और कोलूटोला से भी आगे वे कितनी दूर आ निकले उन्हें कुछ होश नहीं था। कहीं दूर से आता हुआ गाने का स्वर। भजन-कीर्तन की समवेत आवाज़ें ! अंत में मोड़ घूमकर वे आते-जाते राहगीरों में जा मिले और भीड़ के साथ-साथ चलने लगे।

ओम हरि ! ओम हरि ! ओम हरि ! गंभीर और पवित्र नामोच्चार ! भक्तगण दाएँ-बाएँ झूम-झुमकर गाते हुए ! वे भी झूमने लगे।

वे चलते-चलते झूमते रहे; झूमते-झूमते चलते रहे। लेकिन, जैसा कि भीड़ के साथ चलते हुए होता है उनकी चाल भी अपने आप ही बेहद मोहक और सधी हुई, सुशृंखल हो आई। नंगे बदन बाँहें पसारे हुए गायक मंडली ! बार-बार चंदन-जल के छींटे ! दोनों ओर से खील और कौड़ियों की बरसात ! बेहद बूढ़ा-सा एक शख़्स खटोले पर शायित ! भवानी ने देखा मृतक के चेहरे पर मृत्यु का कोई विकार नहीं था। चंदन-तुलसी की खुशबू से गमकता हुआ। उसके एकाध सफ़ेद बाल हवा में फर्र-फर्र उड़ते हुए। वरना ऐसा लगता कि उसकी बादामी झुर्रीदार देह खून-मांस की नहीं है अनेक बार इस्तेमाल किए गए क्षरणशील, विशाल चंदन काठ से निर्मित कोई मानवमूर्ति है।

भवानी का मन उद्वेलित हो उठा। चाल-ढाल में छंद ! जो शख़्स झूम-झूमकर, खील और कौड़ी लुटा रहा था, उसके हाथों की भंगिमा में छंद ! 'ओम-हरि' मंत्रोच्चार भी छंदबद्ध !

हर तरफ छंद ! ये गंदे-मैले पथ-घाट, कूड़े-करकट से भरा शहर; क़तार-दर-क़तार घर-मकान ! खपरैल की झोंपड़ियों, कीर्तनियों के पसीने की गंध—ये सब कुछ भी नहीं ! सचमुच कुछ भी नहीं ! दरअसल सबकुछ के भीतर कोई नियामक छंद लगातार गूँजता रहता है।

भवानी भी अर्थी के पीछे-पीछे चल पड़े और नीमतला मसानघाट पर आ बैठे। वहाँ वे सारी रात बैठे रहे। किसी बूढ़ी औरत की लाश को अंतर्जलि-संस्कार के लिए लाया

गया। भवानी उसे ग़ौर से देखते रहे। श्मशान, शववाहक, जलती हुई चिता। शोकार्त विलाप—सारा कुछ उनकी नज़र में नया लगा। उन्हें एकदम से लगा कि तमाम तुच्छ से तुच्छ प्रसंगों में भी किसी गहरे प्रवहमान 'असंभव' का सुराग ढूँढ़ निकालने में वे कामयाब हो गए हैं।

वे सुबह तक मसानघाट पर बैठे रहे। भोर के वक्त दो-एक कुलवधुएँ आ पहुँचीं। हर सुबह वे औरतें, सौभाग्यवती, सधवा, सुहागिनों के शव की तलाश में आती थीं। अगर किसी सुहागिन की लाश मिल जाती तो उसके पाँव पर जल, फूल और आलता चढ़ाकर पूजा करती थीं और पुण्य अर्जित करती थीं।

वे औरतें भी इस जवान-जहान शख़्स को देखकर अचकचा गईं। बहरहाल, गंगा स्नान करके, भवानी अपने डेरे में लौट आए। रास्ते के कूड़ा-करकट, उड़िया पानीदार, मुसलमान भिस्ती, रोते-चीखते बच्चे—ये सारे दृश्य मानो उनकी निगाहों में नए-नए और 'ओम हरि' के सूत्र में बँधे हुए लगे।

उन्होंने लिखा—इतने दिनों तक मेरा मन, बाहर-बाहर ही भटकता रहा था। अब वह अंदर पैठने की खोज रहा है।

नहीं, इस क़िस्म के अहसास, ख़ास टिकाऊ नहीं होते। दो दिनों में ही उनके मन में, उस दिन की सारी अनुभूतियाँ, उनकी स्वर्गीय खुशबू एकदम से धुल-पुँछ गईं और उनके मन में नया आवेग, अस्थिरता और संशय जगा गई। विश्वास में किस कदर शांति है ! 'ओम हरि' मंत्र के प्रति आत्मसमर्पण कितना सुखद है—यह ठोस सत्य, जाने किसने उनके आगे एकबारगी उजागर कर दिया। लेकिन, अगले ही पल उसे झटपट छिपा भी लिया।

मन की हलचल से बेचैन-अधीर भवानी ने उपनिषद्-वेद पढ़ डाला। गीता तो रट ही डाली। बेस्थम और मिल भी पढ़ा। राममोहन राय का निरीश्वरवाद भी पढ़कर खत्म कर दिया। आहिस्ता-आहिस्ता उनका मन सुरंग खोदकर मन की अंतरंग गहराइयों में समा जाने में जुट गया। भवानी खुश हुए ! भवानी दुखी हुए !

बहरहाल, खुश कम हुए, दुखी ज्यादा ! क्योंकि उनका मन, एक तरफ, अपने गाँव में चिर-आचरित, सनातन काल की शाश्वत परंपराओं के प्रति आस्थावान था, जिन पर बिना कोई प्रश्नचिह्न लगाए, वे एक-एक विश्वास को कसकर थामे हुए थे; दूसरी तरफ उनकी बेशतर रुझान, अपने वर्तमान और भविष्य से जुड़ी थी। इसलिए उनका विश्वास रह-रहकर कहीं खो जाता था और सैकड़ों संशय और सवाल उन्हें घेर लेते थे। उनकी मति-गति देखकर उनके बंधु-बांधव भी परेशान ! रिश्ते के काका-मामा लोगों के जरिए, यह खबर सूज़ाखाल तक भी पहुँचती रही, भवानी इन बातों से बेख़बर थे। एक दिन हाथ में भारी-भरकम छाता थामे नवीन मुखोटी हाजिर ! भवानी के बचपन की यादों में वह काफी प्रभावशाली शख़्स था। उनके बचपन में लंबी-लंबी चिट्ठियाँ लिखा करता था। सती होने में विधवा की आपत्ति; रथ के पहिए तले कुचले जाकर किसी बच्चे की प्राणहानि; विवाहलोभी ब्राह्मण के साथ मुसलमान लड़की का विश्वासघात ! (नहाते वक्त

जैसे ही इसकी जुबान से 'गुसल' शब्द निकला लोग फौरन जान गए कि एक सौ बीस रुपए ऐंठकर उस नकली दलाल ने ब्राह्मण को चकमा दिया है। उस ब्राह्मण पर व्यंग्य-तानों की बौछार करते हुए, गाँववालों ने उसे बिरादरी बाहर कर दिया और उस मुसलमान लड़की ने खुद ही कहा कि उसे उसके फूफा के यहाँ भेज दिया जाए। यहाँ की रसोई की गंध में उसकी साँस घुटने लगती है) ये सारे समाचार यही शख़्स 'समाचार दर्पण' और 'समाचार चंद्रिका' को लिख भेजता था। कलकत्ते के अख़बारों में उसका नाम छपता था और उसके कमरे में किरासिन की सेज-बाती जलती थी, इन सब कारणों से गाँव के नौजवानों पर उसका काफी रौब-दाब भी था। भवानी को भी लिखने-पढ़ने की दीक्षा उसी व्यक्ति ने ही दी थी।

बूढ़े नवीन नकियाती आवाज़ में भवानी के आगे खेद प्रकट करते रहे। उनके गले की आवाज़ हमेशा से ही नकियाती हुई। वे 'लीचू' को 'नीचू' कहते थे और कभी-कभार भरपूर आवाज़ में 'राधा सखी नलिता, नलितकंठ गावे—' गा-गाकर भवानी का दिल भी बहलाया करते थे।

अनगिनत चंद्रबिंदुओं के शोर में से जो आशय स्पष्ट हुआ, उसका सार-मर्म यह था कि भवानी 'क्रिस्टान' लोगों के साथ मेलजोल रखते हैं, शायद खुद भी ईसाई होनेवाले हैं, यह खबर सुनकर उनके जेठू गुस्से से पागल हो गए हैं और दिन-रात नवीन मुखोटी के पीछे ही पड़ गए हैं। यह भी कहते फिर रहे हैं कि इस मुखोटी ने ही हमारे बच्चे के कान में ज़हर-मंतर फूँका है। चौधुरी घराने का हीरा जैसा बच्चा, पाखंडी-विधर्मी हो गया। अगर उनका बेटा 'क्रिस्टान' हो गया तो वे मुखोटी को सबक़ पढ़ाकर ही रहेंगे।

उनकी बातें सुनकर भवानी को पहले तो ख़ासा मज़ा आया। कुछ दिनों बाद वे खुद सूज़ाखाल जा पहुँचे। उन्होंने महसूस किया, वहाँ के लोग उन्हें अतिशय शंका की नज़र से देख रहे हैं। जेठू ने उनसे दरयाफ़्त किया, कहीं वे 'क्रिस्तान' तो नहीं होने जा रहे हैं। अगर ऐसा करें तो उन्हें ख़बर ज़रूर कर दें। उनके ईसाई बनने से पहले ही वे उन्हें त्याज्य-पुत्र घोषित कर देंगे।

क्रुद्ध बुजुर्ग ने हुँकारते हुए कहा, 'तू कुलंगार है। नीम की एक डाल अगर आम की क़लम में जोड़ दी जाए तो उस पेड़ के सारे आम कड़वे निकलते हैं। ऐसे पेड़ को जड़ से उखाड़ फेंकना ही बेहतर है।'

भवानी लौट आए। बेहद आहत ! पथराए हुए ! लेकिन अभिमान में आकर धर्मांतर क़बूल लें, वे ऐसे इनसान नहीं थे। अंत में उन्होंने ब्रह्म हो जाने का निश्चय किया।

कई-कई कारणों से उन्हें बार-बार लगा था, बेहद कट्टर अंधा और अनुदार है यह हिंदू समाज ! ज़रा साफ-सुथरे ढंग से जीने के लिए धर्मांतरण के अलावा और कोई उपाय नहीं है।

वे दोबारा कभी अपने गाँव नहीं लौटे। बापू उन्हें रुपए भेजते रहे। कभी-कभार लुक-छिपकर ख़त भी लिखते रहे। भवानी को यह ख़बर भी मिली कि अट्ठारह साल

के होते-न होते उनके सौतेले भाई ने अपना दो-दो ब्याह रचा डाला है।

भवानी को यह सब जानकर बेहद बुरा लगा। उन्होंने फैसला किया, पढ़ाई खत्म होते ही वे उस घर से रत्ती भर भी रिश्ता नहीं रखेंगे।

आखिकार, ब्रह्म हो जाने का सारा इंतज़ाम ठीक-ठाक हो गया, ऐन उन्हीं दिनों—'जीवन के संधि-पल में उसे देखा। पहली ही भेंट में संशय से आकुल-व्याकुल मेरा मन उसके क़दमों में प्रणत हो गया। मुझे लगा प्रज्वलित आग की लपलपाती लपटों में कोई महा तेजस्विनी तापसी बैठी है।

भवानी का ही कोई मित्र उन्हें विद्यासागर के पास ले गया। विद्यासागर को देखकर भवानी को फिर एक जबर्दस्त धक्का लगा। अब तक उन्हें हिंदू समाज में प्रचलित तमाम रीति-नीति और कर्मकांड नितांत जीर्ण-शीर्ण और सड़े-गले लगते रहे थे और इसीलिए वे हिंदू धर्म का ही परित्याग करने के लिए अपने को तैयार कर रहे थे। लेकिन, विद्यासागर को देखकर वे कहीं से अपनी ही नज़रों में छोटे हो आए। उन्हें खयाल आया, चारों तरफ उन जैसे लोग तो लता-गुल्म-तिनकों की तरह बिखरे पड़े हैं। विद्यासागर, मानो विराट कल्पतरु की तरह अपने प्रबल व्यक्तित्व समेत, पैर जमाए हुए डटकर खड़े हैं। अटल ! अडिग ! उनकी तरफ देखने के लिए इनसान का श्रद्धाविनत होना ज़रूरी है।

उन्होंने देखा, वह महान इनसान धर्म-त्याग की बजाय उस धर्म में साँस लेते हुए उसी धर्म के बीच रहते-सहते हुए उसमें सुधार-संस्कार लाकर समाज को मुक्ति दिलाना चाहता है।

भवानी के मित्र ने विद्यासागर को बताया, 'मेरा यह मित्र ब्रह्म होना चाहता है।'

कमरे में बत्ती जल रही थी। विद्यासागर आरामकुर्सी पर स्थिर मेरुदंड समेत सुदृढ़ मुद्रा में बैठे हुए थे।

हाँ, यह सच है, हिंदू समाज के अच्छे-अच्छे, भले और शरीफ नौजवान, ब्रह्म हो जाना चाहते हैं।' यह स्वीकार करते हुए वे किंचित् हँसे और स्वगत सोच में डूबे हुए, उन्होंने दोबारा कहा, 'बहुत से लोगों का खयाल है, यह महज फैशन है। लेकिन वे लोग युग-सत्य को क़बूल नहीं करना चाहते। किसी ज़माने में विशॅप कॉलेज के लड़कों ने भी जब ईसाई होना चाहा, तो इन लोगों ने उसे भी महज फैशन बताया। लेकिन, न्ना ! यह फैशन नहीं है। इतने सहज तर्क देकर मैं इतने बड़े सच को झुठला नहीं सकता।

उसके बाद उन्होंने जो कहा, भवानी को यह ईषत् अप्रासंगिक लगा।

विद्यासागर ने कहा, 'अभी उसी दिन की बात है। लाहा परिवार ने पूरे हज़ार रुपए खर्च करके, कारीगर बुलाकर आतिशबाज़ी की नुमाइश की। अच्छा है ! अच्छा है ! एक आँखवाले हिरण की तरह आँख बंद किए रहने का यही तो वक्त है।'

भवानीशंकर जब विद्यासागर के पास गए थे, उसके छः महीने के बाद विद्यासागर

संस्कृत कॉलेज के प्रिंसिपल नियुक्त किए गए। बाद में भवानी यह सुनकर अवाक् रह गए कि ईश्वरचन्द्र उनसे कुल चार साल बड़े थे। उन्हें अचरज इसलिए हुआ, क्योंकि ईश्वरचन्द्र की प्रौढ़ मानसिकता और उनकी उन्नत विचार-क्षमता देखकर, वे हमेशा उन्हें औरों से कहीं ऊपर, कहीं बेहतर नज़र आए थे। उस दिन भवानी अपनी ही नज़र में बेहद अकिंचन हो आए। उन्होंने महसूस किया, यह इनसान अपनी ज़िंदगी का हर दिन, जीने की तरह ही जीता रहा है। विद्यासागर ने पहले-पहल उन्हें 'आप' कहा था, बाद में 'तुम' कहने लगे। भवानी को लगा, 'तुम' कहकर विद्यासागर ने उन्हें अपने कुछ और क़रीब आने का मौका दिया है।

भवानी का दोस्त ईश्वरचन्द्र को 'जेठू' कहकर संबोधित करता था। शायद उसकी कोई रिश्तेदारी हो। उसके साथ जाते-आते, कुछ दिनों बाद वे अकेले ही वहाँ मौजूद रहने लगे। विद्यासागर ठहरे कर्मव्यस्त इनसान ! जो दायित्व वहन करता है, जिम्मेदारी उसी पर सौंपी जाती है। उन दिनों विद्यासागर एक साथ बहुत सी जिम्मेदारी निभाने की कोशिशों में व्यस्त थे। हर रोज़ उनसे भेंट भी नहीं हो पाती थी। उन्हें फुर्सत ही नहीं होती थी। ऐसे में वे दूसरे लोगों से जो बातचीत करते थे, भवानी ध्यान से सुना करते थे।

ऐसे ही एक दिन विद्यासागर ने क्षुब्ध लहजे में कहा, 'हमारे यहाँ का शिक्षित, पढ़ा-लिखा, हर नौजवान, अगर दस-दस अनपढ़ इनसानों की निरक्षरता दूर करने का संकल्प उठा ले तो देश का परम उपकार हो।'

कुछेक पल ख़ामोश रहने के बाद उन्होंने दोबारा कहा, 'हो सकता है किसी दिन ऐसा हो भी जाए। शायद ऐसा कोई संकल्प सचमुच ही ले ले, जिस दिन हमारा नौजवान तबका सजग और जागरूक हो जाएगा। लेकिन, वह देखने को मैं नहीं रहूँगा।'

एक दिन उन्होंने भवानी से भी कहा, 'तुम वही हो न जो ब्रह्मवादी होना चाहते थे ?'

'जी-हाँ !'

'बस, इसी बात को लेकर मैं परेशान हूँ। देखो, हिंदू समाज के सभी अच्छे-भले, शरीफ नौजवान अगर मुक्ति की तलाश में धर्मांतरण की राह पकड़ लें, तो हद से हद एक की मुक्ति होगी, अनेक का क्या होगा ? व्यक्ति तो मुक्त हो जाएगा, समाज का क्या होगा ?' यह कहते हुए वे एकदम से चुप हो गए।

वे उठ खड़े हुए !

चहलकदमी करते हुए उन्होंने स्वगत लहजे में कहा, 'संस्कार, अशिक्षा, अधर्म वगैरह कर्कट रोग की तरह समाज पर हमलावर हो रहे हैं। लेकिन, ऐसे में सिर्फ अपने को किसी तरह समेटकर खिसक लेने से क्या काम चलेगा ? विवेकी इनसान को क्या शांति मिल सकती है ? ना ! मेरा मन यह मानने को तैयार नहीं। मैं इसे एक क़िस्म की कायरता...बुज़दिली मानता हूँ।'

थोड़ा ठहरकर उन्होंने बातों की अगली कड़ी जोड़ी, 'एक बात, ज़रा सोचो, अभ्यास

और आचार ने हिंदू धर्म को जराग्रस्त कर डाला है, वरना इस जैसा उदार धर्म एक तरह से समूची दुनिया में कहीं भी नहीं है। तुम संध्या-पूजा करो या न करो, आचार-नियमों का पालन करो या न करो, अपना धर्म कदापि त्याग न करो। जन्म से ही तुम हिंदू हो, मृत्यु के बाद तुम अपने प्राप्य लोक में गमन करो।'

उनकी बातें भवानी के मन में नुकीले काँटे की तरह चुभ गईं। हाँ, वे अँधेरे में डूबते जा रहे थे। अचानक रोशनी की एक तेज़ शलाका उनके विवेक को चीर गई। अस्तु, भवानी ने धर्म त्याग का संकल्प रद्द कर दिया। यह बात तो उन्हें बाद में...बहुत बाद में समझ आई कि ईश्वर का विराट और वृहद रूप जो मूर्ति से परे है, जो ध्यान की वस्तु है, उसकी उपलब्धि के लिए धर्मत्याग की ज़रूरत नहीं होती, जिसके मन में तीखी बेचैनी है, वह चाहे किसी भी धर्म के अनुशासन में रहे ईश्वर को उपलब्ध कर लेता है।

एफ.ए. पास करने के बाद भवानी का मन था वे डॉक्टरी पढ़ें।

उन्हें यह पेशा बेहद महान लगा। डॉक्टर बनकर वे बीमारों की सेवा कर सकेंगे; दुखी-असहाय को आराम दे सकेंगे। मिशन के डॉक्टर और धर्म साधकों के दृष्टांतों ने उनमें प्रेरणा भर दी।

इस दौरान उनके पिता चल बसे। भवानी देशी अस्पताल में पहली नौकरी लेकर गया जा पहुँचे।

गर्मी में गया में हैजा की महामारी फैल गई। भवानीशंकर ने देखा पानी और इलाज के अभाव में मौत कितनी भयावह होती है !

हर जगह वे समझाते फिरे, 'पानी उबालकर पिओ ! रोगी के कपड़े उन तालाबों में मत धोओ जिसका पानी पीने के काम आता हो।'

लेकिन उन दिनों उन्होंने गौर किया, इस पिछड़े हुए देश में पीने के पानी का कोई इंतज़ाम नहीं है। ऐसी कोई नहर या तालाब या नदी तक कहीं नहीं है, जहाँ पीने का विशुद्ध पानी उपलब्ध हो। यह सब देख-सुनकर उन्हें बेहद तकलीफ हुई। डॉक्टर बन जाने भर से वे मानव मात्र की दुःख-तकलीफ दूर कर पाएँगे, उनका यह अहम भी टूट गया। ना ! देश को पीने के पानी की ज़रूरत है; आहार की ज़रूरत है, इनसान की तरह जीने के न्यूनतम अधिकार की ज़रूरत है।

इसके बाद उन्होंने सेना विभाग में नौकरी ले ली। आगरा ! लखनऊ ! काशी ! वे जहाँ कहीं भी गए, वहाँ-वहाँ नौकरीपेशा बंगाली समाज मौजूद था। उनसे मिलकर उन्हें कतई खुशी नहीं हुई। अपने ही रुचिबोध और मानसिक रुझानों ने उन्हें निःसंग कर दिया।

दरअसल, अपने स्वभाव और रुझान का सम्मान करते हुए वे इत्मिनान महसूस कर रहे थे। लेकिन, वहाँ भी बुरी तरह मोहभंग हुआ।

यह देखकर उन्हें भयंकर अचरज हुआ कि हेयर, प्रिंसेप, डिरोज़िओ जैसे उदारचेता,

ज्ञानव्रती अंग्रेज उनके बीच नहीं थे। मिशनरी फादर यानी पादरियों की तरह इनसान को प्यार करने का संकल्प उठानेवाले अंग्रेज भी उन लोगों में कहीं नज़र नहीं आए।

यहाँ इस फौजी ज़िंदगी में मौजूद था, श्वेत और काली चमड़ी के दरमियान स्पष्ट रंग-द्वेष से घिरा हुआ—वर्तमान ! यहाँ उनका परिचय था—नेटिव डॉक्टर ! इसलिए उनके अस्पताल का खेमा तंग ! दवा वगैरह बेहद कम ! उनकी शिकायत या माँगों के बारे में अधिकारी वर्ग उदासीन !

वे दुखी हो आए। लेकिन, उनकी शिक्षा-दीक्षा ने उन्हें सभ्यता और शराफत का जो पाठ पढ़ाया था उसकी वजह से उन्होंने किसी तरह की नुक्ताचीनी और आलोचना से परहेज रखा। अत्याचार और वैषम्य देखकर, वे दुखी हो आए। मगर इस जुल्मो-सितम और असमानता के पीछे अंग्रेजों की शासक-बुद्धि काम कर रही है, यह उन्हें नज़र नहीं आया।

उन्हें तो बस यह अहसास हुआ कि उनके मन का संतुलन डगमगा गया है। अपना संतुलन दोबारा ढूँढ़ लाने के लिए अब वे एक बार फिर प्रकृति की ओर उन्मुख हुए। उन्होंने महसूस किया, इनसानों की दुनिया में वैषम्य और हिंसा है, प्रकृति के साम्राज्य में सारा कुछ उदार और महिमामय है।

भवानीशंकर वर्ड्सवर्थ और रूसो पढ़ चुके थे। कार्लाइल और वाल्तेयर नहीं पढ़ा था। वे समझ नहीं सके कि वे अपने युग के इनसान नहीं हैं। वे आगामी युग के शिक्षित, उदार, मध्यवित्त नौजवानों के अग्रज पुरोधा थे।

उन्हीं दिनों उन्हें ज़िंदगी का सर्वथा नया तजुर्बा हुआ। वे ब्राइट की कैवलेरी के साथ रीवा में पोस्टेड हुए। उन्हें ब्राइट और बृजदुलारी के रिश्ते की जानकारी थी लेकिन बृजदुलारी के बारे में उन्होंने स्वगत चिंतन में बूँद भर भी वक्त बर्बाद नहीं किया। उनका खयाल था बृजदुलारी निरी स्वर्णलोभी, नीतिहीन, मूर्ख और स्थूल स्वभाव की औरत है। ब्राइट ने उनसे बृजदुलारी को हिंदी-उर्दू पढ़ाने का आग्रह किया।

उसने सफाई दी, 'एक पंडित उसे पढ़ा रहे थे। मगर अब वे बूढ़े हुए, आने-जाने में तकलीफ होती है।'

शुरू-शुरू में भवानीशंकर कतई राजी नहीं थे। ब्राइट उनसे बार-बार आग्रह करता रहा।

आखिरकार उन्होंने कह ही डाला, 'हिंदी में मामूली चिट्ठी-पत्री लिखने-पढ़ने की सामान्य शिक्षा तो वे किसी से भी ले सकती हैं।'

ब्राइट ने व्यंग्यभरे लहजे में जानकारी दी, 'ख़ैर, चिट्ठी-पत्री लिखने-पढ़ने जैसी हिंदी उसे बखूबी आती है। लेकिन, इतने से उसका मन नहीं भरा। वह आगे पढ़ना चाहती है। वह पंडितों के गाँव की लड़की जो है।'

भवानी को यह जानकारी मिल चुकी थी कि उस गाँव में चंद कनौजिया ब्राह्मण अभी भी निवास करते हैं। शायद उन्हीं लोगों की वजह से उस गाँव में पढ़ने-लिखने

का माहौल आज भी मौजूद था। जब वह विधवा हुई उस वक्त वह निरी बच्ची थी। उसके बाप ने उसे किसी बूढ़े पंडित के पास जाने की अनुमति दे दी। बूढ़े मिश्रजी उसे लिखना-पढ़ना सिखाने लगे।

उसके बापू ने भी कहा, 'लिखाई-पढ़ाई सीखने से लड़कियाँ विधवा हो जाती हैं और वह तो विधवा हो ही गई। उसे लिखने-पढ़ने का शौक है तो पढ़े। लेकिन, इस बारे में किसी को कानो-कान ख़बर न हो।'

आखिरकार भवानी को राजी होना ही पड़ा।

सुबह के वक्त उन्हें फुर्सत नहीं थी, वे शाम को आने लगे। बृजदुलारी ख़ामोश बैठी रहती। कमरे के बीचोबीच फर्श पर बिछी कालीन पर एक अदद छोटी सी चौकी। उस पर क़लम-दवात और एक अदद कॉपी ! दीवार से लगी आलमारी में तुलसीदास का रामायण, मीरा, कबीर, सूरदास का दोहावली संग्रह, भगवद्‌गीता, बेताल पच्चीसी, पंचतंत्र वगैरह ग्रंथ सजे हुए। लखनऊ और हैदराबाद से प्रकाशित चंद उर्दू किताबों पर भी भवानी की नज़र पड़ी। सबसे ज्यादा हैरत उन्हें बच्चों की 'ईशप की कहानियाँ' अंग्रेजी कथा-संग्रह देखकर हुई।

'साहबजी कभी मुझे अंग्रेजी सिखाना चाहते थे, लेकिन बाद में उन्हें फुर्सत नहीं रही।'

बृजदुलारी ने सवाल किया, 'कहते हैं अंग्रेजी में ढेर-ढेर किताबें हैं। उनके देश में क्या सभी लोग किताबें पढ़ते हैं ? इतनी सारी किताबें आखिर लिखता कौन है ? और अगर सभी लोग लिखते रहते हैं, तो पढ़ते कौन हैं ? उन लोगों के देस में इतनी सारी किताबों की भला जरूरत भी क्या है ? सुना है, वे लोग इसलिए पढ़ते हैं कि अंग्रेजी पढ़ने से नौकरी मिल जाती है। लेकिन, उनके देस में तो सभी लोग अंग्रेजी जाने-पढ़े हैं। नौकरी करने के लिए तो वे लोग भारत आए हैं। इस देश में आकर उन्हें भी हिंदी-उर्दू सीखनी पड़ रही है, फिर इतनी सारी किताबें आखिर कौन पढ़ता है ? वे लोग इतना-इतना लिखते ही क्यों हैं ?'

बृजदुलारी इस क़िस्म के सैकड़ों सवाल किया करती थी।

उसकी जिज्ञासा देखकर भवानी किंचित् ताज़्जुब में पड़ गए। उन्होंने बताया कि दुनिया के बहुतेरे देशों में अंग्रेजों ने इसी तरह अपना राज-पाठ जमा लिया है। दुनिया के बारे में उन्होंने उसका अज्ञान दूर कर दिया। संस्कृत, महाभारत पढ़ाते हुए, यह देखकर वे दंग रह गए कि वह ग्रंथ बड़ी आसानी से समझ लेती थी वह। इसका किताबी-ज्ञान महज चंद किताबों तक ही सीमित था। लेकिन उसमें सीखने-जानने का सहज आग्रह था। उन्हें सबसे ज्यादा अचरज तो तब हुआ था, जब उसने यह फरमाइश की कि श्री चैतन्य के बाद बंगाल में जितने सब संस्कृत ग्रंथ रचे गए, उनमें से दो-एक किताबें उसे मँगा दें।

भवानी ने बताया कि कर्णपूर रचित, 'आनन्द वृंदावन' के अलावा उन्हें अन्य किसी किताब की जानकारी नहीं है। वे कोशिश करेंगे कि उस किताब के साथ-साथ उसके

लिए जयदेव की किताब भी मँगा दें।

वैसे भवानी के मन में तीखा कौतूहल जाग उठा। उन्होंने उसे निपट गँवई-गँवार और अति साधारण औरत समझा था। उन्होंने तो कभी इसकी कल्पना भी नहीं की थी कि इतने सुदूर प्रवास में आकर उस जैसी किसी औरत से उनकी भेंट होगी।

काफी दिन गुज़र जाने के बाद बृजदुलारी ने उन्हें अपनी ज़िंदगी की हज़ारहा बातें बताया। वह ब्राह्मण की बेटी थी। उसके पिता हालाँकि बेहद गरीब थे। मगर अपने छोटे से गाँव में बेहद सम्मानित शख़्स थे। उनके दादा महान पंडित थे। जब उसके बापू ने दूसरा ब्याह कर लिया तो वह अपनी माँ समेत कुछेक साल नाना के पास ही रही।

बृजदुलारी ने कहा, 'मेरे नाना के मकान में एक विष्णु-मंदिर था। नाना पोथी लिखा करते थे। काशी में जो पंडित समाज है, मेरे नाना उनमें से एक थे। सुना है, जब वे जवान थे, एक बार नदिया की राजबाड़ी की तरफ से उन्हें आमंत्रित किया गया था। वे वहाँ साल-भर रहे। वहाँ के महाराजा ने उनसे अनुरोध किया कि वे पाठशाला खोल लें और वहीं बस जाएँ। लेकिन वहाँ के ब्राह्मणों का आचार-व्यवहार उन्हें अलग-थलग लगा। वे लौट आए। उन्होंने कहा भी अगर उस वक्त वे कलकत्ता चले जाते, तो बाद में उन्हें सहूलियत होती। उन्होंने सुन रखा था कि साहब लोग संस्कृत पंडितों का आदर करते हैं। लेकिन नवद्वीप के एक बुजुर्ग पंडित उदयराम भट्टशाली ने उन्हें सलाह दी कि कलकत्ते में निजी आचार-विचार पर क़ायम रहना मुश्किल होगा। इसके अलावा, वहाँ के पानी में ऐसा 'नमक' है जो स्वास्थ्य नष्ट कर देता है।'

'नाना को बेहद अफसोस रहा। वे बार-बार कहते रहे, गाँव लौटकर उन्होंने ग़लती की। बंगाल के बहुतेरे पंडित वहाँ पहुँचे थे। उनमें से कोई-कोई मछली ज़रूर खाने लगे थे। लेकिन, कितने ही पंडित अभी तक बेहद कट्टर आचारनिष्ठ भी थे। नाना कहते थे, उनसे समझने में भूल हो गई। उन्हें भ्रम हो गया था कि वहाँ जाकर वे अपना आचार शुद्ध नहीं रख सकेंगे। काश, वे चले जाते तो बेहतर होता। आजकल के राजा लोग संस्कृत के विकास में मदद नहीं करते।'

'उन दिनों साहब लोग ही तो राजा थे। वे लोग संस्कृत को बड़े आदर की निगाह से देखते थे। पंडितों का वे लोग सम्मान करते थे। किसी-किसी पंडित को अपने घर बुलाकर संस्कृत सीखते भी थे।'

बंगाल के ब्राह्मण अलग-थलग क्यों थे, इस सवाल के जवाब में भवानी ने उसे बताया, 'हज़ारों सालों से बंगाल में बहुतेरी जातियों के लोग एक-एक करके आते और बसते गए। बहुतेरी जात के खून आपस में घुलमिल गए। नतीजा यह हुआ कि उस देश के इनसानी खून में अनगिनत जात के नियम-क़ानून समा गए हैं, जैसाकि आप लोगों के मुल्क में अनजाने में ही सभी समाज में मुसलमानों के कई-कई आचार-नियम शामिल हो गए हैं। इसकी वजह यह है कि उत्तर भारत काफी लंबे अरसे तक मुग़ल अधिकार में रहा।'

परिचय जब कुछ पुराना हुआ, भवानी ने महसूस किया—संयम, शुचिता, ईश्वर-भक्ति,

ज्ञान का सम्मान—बृजदुलारी के खून की बूँद-बूँद में समाया हुआ था। लेकिन उनकी समझ में यह नहीं आया कि उस जैसी औरत इस माहौल में कैसे आ पड़ी। उन्होंने ग़ौर किया कि बीच-बीच में उसकी आँखों के नीचे गहरे नीले निशान उभरे होते थे। आँखों में दर्द की छा़या तैरती होती। वह चेहरा झुकाए-झुकाए कॉपी में लिखती रहती। ऐसे दिन उन दोनों में कोई संवाद नहीं होता था।

बीच-बीच में वह कोई न कोई व्रत-उपवास भी रखती थी।

पूजा-व्रत, उपवास वगैरह आए-दिन लगा रहता।

एक दिन उसने सकुचाते हुए पूछा, 'मेरे व्रत में आप पुरोहित बनेंगे ?'

'ना !' भवानी को उसका यह प्रस्ताव अजीब लगा। उनका साफ जवाब भी किंचित् रूढ़ जान पड़ा।

उन्होंने दोबारा कहा, 'मैं पुरोहितों के आचार-नियमों का पालन नहीं करता।

'लेकिन, आप हैं तो ब्राह्मण ?'

'हाँ, यह सच है कि ब्राह्मण वंश में मेरा जन्म जरूर हुआ। लेकिन सिर्फ जन्म लेने भर से कोई ब्राह्मण नहीं हो जाता।'

'क्यों ?'

'किसी अर्थ में 'ब्राह्मण' शब्द को विराट रूप में देखा जाना चाहिए। जो विद्या दान करे वह ब्राह्मण है। मुझे यही व्याख्या भली लगती है। इस तरह हम बहुतों को 'ब्राह्मण' कह सकते हैं। जिस अर्थ में आप 'ब्राह्मण' का जिक्र कर रही हैं, वह बेहद तंग दायरा है।'

'लेकिन, आप विद्या-दान भी तो देते हैं ?'

'आप यह बात कहाँ मानती हैं ? कोई आचारनिष्ठ ब्राह्मण होना चाहिए। बस आपका काम चल जाएगा।'

'अच्छा, मैं जो समझती हूँ वह क्या मेरी भूल है ?'

'नहीं-नहीं, आप जो मानती हैं, बाकी लोगों का विश्वास भी उसी पर टिका है। मेरी व्याख्या भला कौन मानता है ?' भवानी ने हँसकर जवाब दिया।

बृजदुलारी को हँसी नहीं आई। वह उसी तरह गंभीर मुद्रा में सोच में डूबी रही।

थोड़ा ठहरकर उसने कहा, 'कहते तो शायद आप भी ठीक हैं।'

'देखिए,' भवानी ने गंभीर लहजे में कहा, 'जिस पर आपको विश्वास हो, आप वही करें। मैंने कहा या किसी और ने कहा, इसलिए आप भी वैसा सोचें, उसी पर भरोसा करें, यह कतई ज़रूरी नहीं !'

'मैं ? मेरा भरोसा ?'

'हाँ, हर इनसान को अपने मुताबिक...ही सोचना-समझना चाहिए—'

उस वक्त बृजदुलारी निरुत्तर बैठी रही। बाद में किसी दिन उसने फिर जिक्र छेड़ दिया।

'आप बता रहे थे कि कई-कई साहब भी बंगाल में लिखाई-पढ़ाई सीखने की

भरसक कोशिश में लगे हैं। आप क्या उन्हें भी ब्राह्मण कहेंगे ?'

'हाँ, मैं उन्हें भी ब्राह्मण ही कहूँगा। मेरा यह अटूट विश्वास है कि जो लोग ज्ञान के प्रचार की कोशिश में लगे हैं। जिनके आदर्श महान हैं, जिनका चरित्र श्रद्धायोग्य है, उन्हें ही असली ब्राह्मण समझना चाहिए।'

'फिर आप उन्हें 'ब्राह्मण' क्यों कहते हैं ? कहिए, उन्हीं का सम्मान करना चाहिए।'

उसकी बात सुनकर भवानी एकदम से अचकचा गए। उसकी बातों से उन्हें चोट भी लगी। काफी देर तक वे सिर झुकाए बैठे रहे। उसके बाद उन्होंने धीरे-धीरे सिर उठाया। इससे पहले उन्होंने कभी उसकी तरफ, यूँ भरपूर निगाहों से नहीं देखा था। पहले उनकी निगाहें या तो झुकी रहती थीं या खिड़की पर लगी रहती थीं।

उनके होंठों पर ईषत् अजीब-सी हँसी उभर आई, 'हाँ, आपने पकड़ लिया। मुझे यह कहना चाहिए था कि वे लोग ही श्रद्धेय हैं। क्योंकि वे विद्या-दान देते हैं। इसकी बजाय मैं 'ब्राह्मण', 'ब्राह्मण' दोहराए जा रहा था। शायद मुझे भी जानकारी नहीं थी कि मेरे मन में यही विश्वास छिपा बैठा है कि वही ब्राह्मण श्रेष्ठ हैं।'

बृजदुलारी उनकी सभी बातों का आशय शायद नहीं समझ पाई।

भवानी ने स्वगत लहजे में अपनी बात जारी रखी, 'हाँ, जो कुछ आपने कहा, मैं भी शायद यही कहना चाहता था। लेकिन, कहीं गड़बड़ा गया... ।'

अपनी छात्रा के प्रति उनका आदर-भाव और बढ़ गया।

उन्होंने एक दिन ब्राइट से कहा, 'उनकी मेधा काफी तेज़ है। अगर ये कोशिश करें और किसी अच्छे पंडित से पढ़ें, तो काफी कुछ सीख सकती हैं। यहाँ तक कि अंग्रेजी पढ़ना-लिखना भी उनके लिए मुश्किल नहीं होगा।'

ब्राइट ने साफ मना कर दिया, 'छोड़िए, उसे अंग्रेजी सीखने की कोई ज़रूरत नहीं। अगले ही पल उसने एकाध फिकरा जड़ते हुए कहा, 'तुम भी न अजीब इनसान हो, डॉक्टर ! मैंने और-और डॉक्टरों को भी देखा है। वे लोग तुम्हारी तरह दिन-रात किताबी-कीड़ा नहीं बने रहते। तुम क्या सिर्फ डॉक्टरी की किताबें ही पढ़ते रहते हो ? इतना पढ़कर करोगे क्या ? इससे बेहतर नौकरी तो मिलने से रही।'

वह अक्सर ही भवानी को छेड़ता, 'चलो न डॉक्टर, ज़रा शिकार-विकार कर आएँ।'

अचानक वह यह फिकरा भी जड़ देता, 'न्ना ! तुम निहायत अजीब आदमी हो जी ! तुमको यह सब अच्छा नहीं लगता ?'

कभी-कभी अचानक ही वह उनसे रुपए उधार माँग बैठता। कभी शिकार से लौटकर उनके यहाँ हिरण या चिड़ियों का मांस भिजवा देता।

यह बात भी भवानी की नज़रों से छिपी नहीं रही कि अक्सर ही उसकी निगाहें एकटक उनके चेहरे पर गड़ी होतीं। उनके चेहरे पर वह क्या पढ़ने की कोशिश किया करता था, भवानी को बिलकुल समझ में नहीं आया।

उस बार गर्मी के मौसम में वे लू के शिकार हो गए और उन्हें तेज़ बुखार चढ़ गया। तीन दिन उनकी तबीयत बेतरह बिगड़ी रही। इन्फैंट्री का एक़ाउंट्स अफसर शुकदेव

मुंशी उनकी देखभाल के लिए उनके यहाँ आते-जाते रहे। एक दिन शाम के वक्त बृजदुलारी की आया उन्हें देखने आ पहुँची। अपने साथ वह कुछ फल, मिश्री और मेवे भी लाई थी।

'बीवीजी ने भिजवाया है। मुझे आपकी खैरियत जानने के लिए भेजा है,' आया ने कहा।

'अब मैं बेहतर हूँ। तुम जो सामान लाई हो, उनकी कोई ज़रूरत नहीं थी। उनसे कहना मैं ठीक हो जाऊँगा।'

उसके जाने के बाद शुकदेव उनके क़रीब आ बैठे।

फतुवे के गले के बटन खोलते हुए उन्होंने ज़ोर-ज़ोर से दो-चार डकारें लीं।

उन्होंने छूटते ही कहा, 'डाक्टर बाबू, उम्र में मैं आपसे बड़ा हूँ। देखिए यह सब ठीक नहीं।'

'क्या ठीक नहीं, मुंशीजी ?'

'यहीं, साहब की बीवी की आया का यहाँ आना !'

'क्यों ?'

'काफी बातें बनेंगी। वह कोई शरीफ नहीं है।'

'कौन ? वह आया ?'

'नहीं, वो बीवी, आप उसे पढ़ाते हैं, इसी बात को लेकर सैकड़ों लोग सैकड़ों तरह की बातें उड़ा सकते हैं। बदनामी तो ख़ैर, हो भी रही है। बस, आपको ख़बर नहीं...।'

'सुनिए मुंशीजी, उस शरीफ औरत के बारे में इस क़िस्म की बातें न करें।'

'देखिए, आप मेरे गहरे दोस्त हैं। इसलिए सावधान करना मेरा फर्ज़ था। वह साहब कमबख़्त भी तो गेहुँवन साँप का बच्चा है ! आया के आने की ख़बर, अगर कहीं उसके कानों तक पहुँच गई तो मुमकिन है, आपको ही...'

'छोड़िए ये बातें...'

शुकदेव मुंशी चुप हो गए।

थोड़ा ठहरकर उन्होंने कहा, 'आपको हम सभी लोग प्यार करते हैं डॉक्टर बाबू।'

भवानी ने प्रसंग बदलने की पहल की।

'गाँव से कोई ख़त मिला ?'

दो-एक बातें करके मुंशीजी ने विदा ली।

भवानी अपने ख़यालों में खो गए। उन्होंने महसूस किया, आया के आने से उन्हें कहीं खुशी हुई है। क्यों ? अगले ही पल उन्होंने अपने को डाँट दिया। ना, उन्हें इस तरह की बातें नहीं सोचना चाहिए।

तबीयत सुधर जाने के बाद वे दोबारा बृजदुलारी के यहाँ पहुँचे। इस बार वे दोनों ही एक-दूसरे से ईषत् संकोच महसूस कर रहे थे।

'आप 'लू' कैसे लगा बैठे ?' बृजदुलारी ने पूछा।

'ज़रा लापरवाही कर गया।'

भवानी ने पढ़ाने में मन लगाया। उन्होंने ग़ौर किया, पढ़ाने के दौरान एक आया कमरे के एक कोने में बैठने लगी थी। पहले उस कमरे में आया नज़र नहीं आती थी।

ब्राइट को क्या उन पर शक हो गया है ? अगर ऐसा है तो किसी दिन वे खुद ही आने से मना कर देंगे। अब वे नहीं आएँगे। उन पर कोई शक़ करे यह उनके लिए एक बेइज़्ज़ती की बात है। यह बात वे बखूबी समझते थे कि बृजदुलारी की ज़िंदगी ख़ास आसान नहीं है। उसे और जटिल बनाने से क्या फ़ायदा ?

इसके बावजूद उन्हें उलझना पड़ा। लाचार थे वह !

उस दिन उन्होंने सुना बृजदुलारी को ब्राइट ने बेभाव मारा-पीटा है। उसका भाई आया था। उसके हाथ पर उसने कुछ रुपए रख दिए। इसी बात को लेकर तू-तू, मैं-मैं हो गई।

शाम को आया ने आकर ख़बर दी, 'बीवीजी को बुखार चढ़ा है। आज वे नहीं पढ़ेंगी।'

उसी दिन भोर-रात ही ब्राइट का नौकर उन्हें बुलाने आया। भवानीशंकर उसके साथ ब्राइट के बँगले पर पहुँचे। बृजदुलारी को ब्राइट ने बेभाव पीटा था। बृजदुलारी ने दिन-भर कुछ खाया नहीं। रात को ब्राइट दोबारा शुरू हो गया। उसने गालियों की झड़ी लगा दी। शायद बृजदुलारी ने भी उसकी दो-चार गालियों का जवाब दे डाला।

ब्राइट ने उसे घर से बाहर निकाल दिया और बृजदुलारी ने सीधे कुएँ में छलाँग लगा दी। भवानी दौड़ते हुए आए।

ब्राइट बाहर ही चहलक़दमी कर रहा था। बृजदुलारी कमरे में फर्श पर ही पड़ी थी। बेहोश थी ! अंग-अंग पानी में तर-ब-तर ! गले और हाथ पर उभरे नील के निशान और उनसे रिसता हुआ खून ! भवानी की नज़र उन जख़्मों पर भी पड़ी।

ब्राइट ने सफाई देने के लहजे में कहा, 'कुएँ पर पाँव फिसल गया।'

'नहीं, ये बेंत के निशान हैं।'

आया की मदद से भवानी ने उसका सिर झुकाकर उसके अंदर का पानी बाहर निकाला। नाक में फूँक मारी। काफी देर कोशिश-मेहनत के बाद बृजदुलारी को होश आया। उसने असहाय निगाहों से चारों तरफ देखा।

अगले पल ही उसने कहा, 'मुझे क्यूँ बचाया आपने ? मैं मर जाना चाहती हूँ। मुझे मौत चाहिए। मर जाने दें मुझे,' उसने रोते-रोते कहा, 'इससे कहो मेरे सामने से हट जाए। वह मुझे मार डालना चाहता था,' वह दुगुने वेग से रो पड़ी।

इतने लोगों के सामने अपने पर आरोप सुनकर, ब्राइट सकपका गया। अचानक उसकी आवाज़ बदल गई।

उसने भवानी को बाहर बुलाकर पूछा, 'उसकी हालत तो ठीक है न डॉक्टर ?'

'हाँ, फिलहाल ठीक है ! लेकिन, उस पर बेंत बरसाने के लिए आपको कुछ दिन सब्र करना पड़ेगा।'

'तुम समझते नहीं डॉक्टर, वह जो कुछ बक रही है, गुस्से में बक रही है। सुनो...'

'नहीं, मुझे और कुछ नहीं सुनना।'

'डॉक्टर, तुम भूल रहे हो...'

'नहीं, मैं भूला नहीं हूँ कि मैं आपका कर्मचारी हूँ।'

'तुम जानते हो न, मैं अगर चाहूँ तो...'

'हाँ, मैं चाहता हूँ, आप मेरे खिलाफ रिपोर्ट करें। नौकरी चली जाएगी, इससे मैं कतई नहीं डरता। बल्कि हेडक्वार्टर्स में आपके बारे में दो-चार सूचना देकर मुझे भी खुशी होगी।'

भवानी लौट आए।

अपने घर लौटकर, उन्हें अहसास हुआ कि वे कितने असहास और निरुपाय हैं। उन्होंने लाचारी में अपना सिर पीट लिया और थके-हारे-से बैठे रहे। भीगे हुए बाल ! गोरा माथा ! नीले होंठ और असहाय, बेहद निरुपाय, एक अदद चेहरा उनकी आँखों के आगे घूमता रहा। असहाय-सी दृष्टि ! लेकिन, वे क्या कर सकते हैं ? उनकी आखिर औक़ात ही कितनी सी है ? अभी कुछ दिनों पहले तक उन्होंने सोचा था, अब वे उसके यहाँ नहीं जाएँगे। अब वे अपने को हटा लेंगे। उसकी दुनिया से हट जाएँगे। लेकिन कैसे हटें ?

वे भगवान को याद करते रहे। यह उनकी परीक्षा की घड़ी थी।

ब्राइट से कुछ भी करते नहीं बना।

वह खुद ही उनके पास आया, 'अब तो वह भली-चंगी हो गई है डॉक्टर ! तुम आना शुरू कर दो। पढ़ाई-लिखाई में जुटी रहती है तो उसका मन-मिज़ाज खुश रहता है।'

'नहीं, अब मैं नहीं आऊँगा। मैं उसे नहीं पढ़ा सकता।'

ब्राइट के मुँह से बरबस ही सीटी का सुर निकल पड़ा। उसने गर्दन झटकारा और वापस लौट गया। भवानी नहीं गए। बृजदुलारी की आया ही एक दिन अपने पाँव के दर्द के लिए दवा लेने आई।

उसने खुद ही ख़बर दी, 'साहब अब बड़े शरीफ हो गए हैं। अब वे बीवीजी को कुछ नहीं कहते। आपसी झगड़ा-झमेला भी दो-एक दिनों में ही खत्म हो जाता है।'

उसकी इस सूचना से भवानी ने आश्वस्त होने की कोशिश की। उन दिनों वे तिनके का सहारा लेने को भी राजी थे। अगर वाकई ऐसा हो जाए; अगर उनके दांपत्य जीवन की ग़लतफहमियाँ, यूँ ही आसानी से ख़त्म हो जाएँ तो उन्हें सच ही खुशी होगी। उन्हें तसल्ली हो जाएगी। लेकिन उन्हें भरोसा ही तो नहीं होता। मामूली-मामूली वजहों से नाराज़ होकर जो औरतें आत्महत्या के लिए आमादा हो जाती हैं, बृजदुलारी भी क्या उसी

बिरादरी की औरत है ?

उन्होंने आया से ही दरयाफ़्त किया, 'बीवीजी का भाई आया था न ? वह उन्हें अपने साथ ले क्यों नहीं जाता ?'

आया के मिस्सीयुक्त काले-काले दाँत एकबारगी चमक उठे।

उसके होंठों पर चतुर हँसी झलक उठी, 'उन लोगों ने तो बीवीजी को बेच दिया था न ? साहब ने उनके भाइयों को नौकरी भी दे दी। बाप को भी रुपए थमाए। अब वह अपनी लड़की घर कैसे ले जाएँ ? उनका ईमान-धरम नहीं है ? एक बार प्रायश्चित तक कर चुके हैं।'

भवानी को लगा, वे किसी घोर अँधेरे में डूबते जा रहे हैं। बृजदुलारी की समस्या उन्हें अनिवार्य नियति की तरह खींच रही थी। यानी असली सच यही है। अब उन्हें सारा मामला समझने में कोई मुश्किल नहीं हुई। बाप और भाइयों ने उसे साहब के हाथों सौंपकर अपने लिए नौकरी खरीदी है। उनके यहाँ इस औरत के लिए, अब कोई जगह नहीं। ब्राइट के प्रति कृतज्ञता के अहसास ने ही उसे यहाँ, इस ज़िंदगी में क़ैद रखा है। इसके बावजूद उसके सब्र का पैमाना भर गया है। इस बार उसने मौत का दामन थाम लेना चाहा। अगर अपनी इस ज़िंदगी के प्रति असहनीय ग्लानि ही उसके लिए अपरिचित तो नहीं। इतनों दिनों से यह ग्लानि झेलती हुई। वह ज़िंदा तो थी। अब वह मरने को क्यों आमादा हो गई ? तो क्या...? इस मामले में क्या उनकी भी कोई जिम्मेदारी बनती है ?

भवानी गहरी सोच में डूब गए। फ़िक्र की आँच उन्हें जलाने लगी। उन्हें खयाल आने लगा। अगर दोबारा उससे सामना हो जाए तो उससे कहने के लिए उनके पास ढेर-ढेर बातें हैं, उससे बहुत कुछ सुनना भी है। अब उसे नज़रअंदाज़ करना असंभव है।

इस संभावना का ख्याल आते ही वे सहम गए। जब भी उन्हें ख़बर मिलती कि ब्राइट दौरे पर गया है, वे डरे-डरे रहते। ऐसे में अगर बृजदुलारी उनके यहाँ हाज़िर हो गई तो ? अगर कहीं उन्हें ही बुला भेजे तो ? इस बार अगर उससे सामना हुआ तो छोटे-छोटे जुमले, महज औपचारिक लहजे में दोस्ताना वाक्य-विनिमय मुमकिन नहीं होगा। आखिर वे क्या करेंगे ? वे क्या बात करेंगे ? भवानी सिर्फ़ इसी ऊहापोह में डूबे रहे।

शाम होते ही वह घर उन्हें मानो उन्हें खींचने लगता। लेकिन वे उस रास्ते से कभी गुज़रते भी नहीं थे। मंदिर दर्शन के लिए वह शहर आती थी। पहले सड़क-चौराहे पर उससे भेंट हो जाती। इन दिनों उन्होंने शहर जाना भी छोड़ दिया। दिन-भर वे अपने काम-काज में जुटे रहते। शाम होते ही वे अपने घर लौट आते; बेड-लैंप जलाकर चुपचाप अपने कमरे में बैठे रहते। और कुछ नहीं तो वे कोई किताब ही खोल लेते। लेकिन अंदर ही अंदर बेहद स्थिर मुद्रा में अपने ही खयालों में गुम हो जाते।

इसी तरह एक दिन वे अपने कमरे में ध्यानस्थ बैठे हुए ! नीरव और चिंतामग्न ! उनके दरवाज़े पर आहट हुई। बृजदुलारी कमरे में दाखिल हुई।

'आप ज़रा बाहर आएँगे ?'

वे दोनों बाहर निकल आए। छावनी की सरहद पार करके ऊबड़-खाबड़ सड़क से गुज़रते हुए वे लोग शाल-वन में दाखिल हुए। दोनों आमने-सामने बैठ गए। कुछ वक्त और गुज़र गया। उसके बाद भवानी ने सिर उठाया।

'कुछ बात करो। मुझे तकलीफ हो रही है। बेहद असहनीय होता जा रहा है यह दर्द।'

फिर काफी सारा वक्त गुज़र गया। उसके बाद उनमें बातों का लंबा सिलसिला जारी रहा।

'नहीं, यह समूचा विश्व-संसार तुम्हारा है। आँखों के आगे चाहे जितना भी घना अँधेरा छा जाए, तुम खुदकुशी नहीं करोगी,' भवानी ने कहा।

उसके बाद ये बातें भी खत्म हो गईं।

काफी देर की चुप्पी के बाद भवानी ने दोबारा कहा, 'मैंने जो-जो कहा है, उन पर ग़ौर करना।'

'जब सोचा लेना मुझे बता देना।'

घर लौटकर वे दोबारा अपने खयालों में डूब गए। एक दिन नहीं कई-कई दिनों तक वे लगातार सोचते रहे।

बृजदुलारी ने पूछा, 'तुम्हारा कोई समाज नहीं है ? कोई संस्कार नहीं है ?'

'समाज ? संस्कार ? है क्यों नहीं ? बेशक है ! लेकिन किसी न किसी दिन कोई न कोई तो उस समाज और संस्कार पर चोट करता ही। चोट ज़रूरी होती है। जब मैंने तय कर लिया कि यही मेरा कर्त्तव्य है, तब मुझे इसे पूरा करना ही होगा।'

बृजदुलारी का चेहरा रंगहीन ! वह किसी गहरी सोच में डूबी हुई थी।

भवानी ने कहा, 'सुनो, ज़िंदगी काफी विराट है। हम यहाँ नहीं रहेंगे। कहीं और जा बसेंगे।'

'साहब के दूर से लौटने के पहले ही चल दोगी न ?'

'हाँ, शायद अभी ही निकलना पड़े। मैंने तो सोचा था उसकी नज़र के सामने ही जाऊँगा। मैं उससे साफ-साफ पूछूँगा, उसके बाप-भाई ने तुमसे मदद ली थी, इसके लिए ज़िंदगी-भर उसे तकलीफ देने का तुम्हें क्या हक़ है ? तुम्हारा कोई हक़ नहीं बनता। तुमसे तो उसका ब्याह भी नहीं हुआ। तुम्हारे पास रहने के लिए वह कतई मजबूर नहीं। लो, सँभालो, अपने सारे रुपए और ज़ेवर ! मैं उसे अपने साथ लिये जा रहा हूँ। लेकिन फिर काफी सोच देखा, यह नहीं होने का। यह नामुमकिन है। हो सकता है वह चरम नीचता पर उतर आए।'

थोड़ा ठहरकर उन्होंने दोबारा कहा, 'फैसला करने से पहले मैंने बहुत-बहुत सोचा है। अब मेरे मन में कोई संशय नहीं।'

एकाध पल की ख़ामोशी के बाद उन्होंने फिर पूछा, 'तुम्हें तो कोई परेशानी नहीं होगी न ? तुम्हें मुझ पर भरोसा है न ?'

'हाँ,' बृजदुलारी ने हुँकारी भरी, 'पता है, यह सारा कुछ कैसा तो सपने-सा लग रहा है मुझे। मैं नए सिरे से बिलकुल नई ज़िंदगी जी सकूँगी। अब रात-दिन का जलना-फुँकना खत्म ! इस ख़याल पर जैसे विश्वास ही नहीं होता।'

'हर किसी ने तुम पर जुल्म ढाया; तुमसे दुर्व्यवहार किया। तुम्हारे पिता-भाई...वे भी निरुपाय हैं। इसके अलावा जो तकदीर का लेखा है, वह तो झेलना ही होता है न !'

'मैं यह बात नहीं मानती।'

उस वक्त तक भवानी भी यह मानने को कतई तैयार नहीं थे कि नियति ही सर्वशक्तिमान है। उनका तो विश्वास था कि इनसान अगर कोशिश करे तो नियति का लेखा भी जीत सकता है।'

इसके बावजूद उन्हें पराजय ही क़बूल करनी पड़ी।

उन्हें नियति से, भाग्य से हार जाना पड़ा। इनसान नियति के हाथों की कठपुतली है, वह नियति ही उसको नचाती है, इस दावे के आगे उन्हें घुटने टेक देने पड़े।

उनकी तरफ से कोई ग़लती नहीं हुई। डाकगाड़ी और पालकी का इंतज़ाम उन्होंने पहले से ही कर रखा था। उन्होंने अपना इस्तीफा भी लिख डाला। अपने किसी बड़े भाई को ख़त लिखकर उन्होंने रुपए भी मँगा लिये।

लेकिन सफर पर निकलने से एक दिन पहले बृजदुलारी टूटी हुई लता-सी उनके चरणों में आ गिरी, 'मुझसे यह नहीं होगा। मुझे डर लगता है। मुझसे यह नहीं होगा। यह मुझे क्या हो गया है ?' वह फूट-फूटकर रो पड़ी।

वह विपर्यस्त, दिशाहारा-सी अपने बाल नोंचती हुई, ज़मीन पर सिर पटक-पटककर रोती रही।

'मुझे दहशत होती है, वह हम दोनों को मार डालेगा। सुनिए, मुझमें इतना साहस नहीं है। मैं बुज़दिल हूँ।'

भवानी ने उसे बहुत-बहुत समझाया। वे उससे रूढ़ हो आए, प्यार से समझाया, उसका डर मिटाने की लाख कोशिश की। लेकिन अंत में हार गए।

आहत भवानीशंकर रीवा छोड़कर चले आए। आते वक्त वे छुट्टी की दरख्वास्त लिखकर छोड़ आए थे। उन्होंने इस्तीफा फाड़कर फेंक दिया और रात के घुप्प अँधेरे में गुम हो गए।

उसके बाद उनके दिल के गोशे-गोशे से सिर्फ खून टपकता रहा। वह ज़ख़्म आज तक नहीं सूखा। इनसान महज अपनी कोशिशों से कुछ नहीं कर पाता, भवानी को इस अहसास के लिए बहुत बड़ी क़ीमत चुकानी पड़ी है।

भवानी ने डायरी बंद कर दी।

रात काफी गुज़र चुकी थी। अपने समूचे जीवन की परिक्रमा करके वे अपने वर्तमान में लौट आए थे। आज उनकी समझ में आया, वे किसी को पूर्णता देने या

खुद पूर्णता जीने का सौभाग्य लेकर इस दुनिया में नहीं आए। उनकी किस्मत ने चिर-अकेलापन सौंप दिया है। उनकी भाग्यलिपि ने उन्हें बिलकुल निःसंग बनाकर इस दुनिया में भेजा है।

20

चैतराम का छोटा सा बगान-बँगला संपूरण ने पहले से ही किराए पर ले लिया था। इन दिनों वहाँ कालीन, झाड़-फानूस, गद्देदार कुर्सियाँ खिड़की-दरवाज़ों के परदे, ख़सख़स, हुक्का, चादरें और तकिए भी पहुँचा दिए गए। इवान्स यहाँ अक्सर आता था।

आजकल वह गहरे इश्क में दीवाना ! चम्पा के पास आने से पहले वह मन ही मन ढेर सारे लच्छेदार, मोहक जुमले बुनता रहता, मगर चम्पा को देखते ही उसकी आवाज़ भारी हो जाती, साँसें गहरा जातीं और सारी बातें गडमड हो जातीं। चम्पा उसकी हालत देख-देखकर हँसती रहती। उसकी हँसी का सैलाब देखकर इवान्स को कभी-कभी यह भ्रम भी होता कि वह शायद उसका मज़ाक उड़ा रही है। इवान्स के मन में कभी-कभी अजीब दुविधा भी जाग उठती। चम्पा अगर सच ही उससे प्यार करती है तो उसके प्यार में प्रगाढ़ता क्यों नहीं नज़र आती ? जब वह नज़रों से ओझल रहता है, तो चम्पा उसको देखने के लिए आकुल-व्याकुल होकर उसका इंतज़ार क्यों नहीं करती ? एक बार तो वह पूरे सात दिनों तक नहीं आ सका। सात दिनों के बाद चम्पा के पास आते हुए इवान्स इन कल्पनाओं में डूबता-उतराता रहा कि वह मान ठाने बैठी होगी। वह उसका मान-भंजन कैसे करेगा; 'इतने दिनों उसे देखे बिना, उसकी आँखें छलछला आई होंगी, वह उन्हें कैसे पोछेगा ?

लेकिन, उसकी आँखें यह देखकर हैरान रह गईं कि चम्पा उसके विरह में बूँद भर भी दुखी या कातर नहीं हुई। बिस्तर पर पड़े-पड़े चम्पा उसाँसें भरती हुई भी नज़र नहीं आई। चम्पा तो किसी दासी के साथ हिसाब-किताब करने में जुटी हुई थी।

वह बेहद तीखी आवाज़ में दासी को डपट रही थी, 'घी का दाम बारह आने सेर है ? तूने मुझे बेवकूफ समझ रखा है ? और यह दर्जी तेरा कौन लगता है री ?'

'कोई नहीं चम्पाबाई।'

'ना, ज़रूर तेरा उससे कोई लंद-फंद है। मेरा खयाल है वह तेरा कोई ससुराली रिश्तेदार है, वरना मेरे सोफे और कोचों की ढक्कन सिलाई के लिए वह दो रुपए माँगता ? लगता है तुझसे कोई बखरा है उसका।'

'देखिए, चम्पाबाई मैं आपके सामने नाक-कान रगड़ती हूँ। मुझे यूँ बेइज़्ज़त न करें। मेरी ससुराल की सात पीढ़ियों में अब कोई ज़िंदा नहीं बचा। हाय राम ! हे भगवान !'

इवान्स को देखकर चम्पा ने दासी को एक और घुड़की लगाई, 'जा, इत्र और

तंबाकू दे जा। शर्बत की सुराही भी रख जा। उसके बाद जाकर सड़क पर बैठी रहना ! अगर मैंने तुझे दरवाज़े से अंदर झाँकते हुए देख लिया तो तेरी नाक काट लूँगी।'

दासी ने हाथ भर का घूँघट खींचा और भागकर किसी तरह अपनी जान बचाई।

अब चम्पा इवान्स के खातिर-तवज्जो में जुट गई।

'सुनो जी, यह सत्यानाशी पाइप तुम छोड़ दो न ! हुक्का गुड़गुड़ाने की आदत डालो।'

उसके बाद चंचल क़दमों से समूचे कमरे का चक्कर काटते हुए उसने सफाई माँगी, 'कल कहाँ थे जनाब ?'

'क्यों, तुम मेरे बिना उदास हो गई थी ?'

'कल तो ख़ैर मैं आम का अचार डाल रही थी। आम...आम समझते हो ?'

'हाँ, आम एक स्वादिष्ट फल है।'

'वह तो पकने के बाद ! कच्चे आम का अचार डाला जाता है, पता है ? मिर्च-मसाले डालकर।'

'भई, चीनी और मसाले बेहद खराब चीज़ें हैं।'

चम्पा ने गंभीर लहजे में कहा, 'तब तो बात नहीं बनी साहब !'

'कौन सी बात ? कौन सी बात नहीं बनी।'

'यही ! हमारा-तुम्हारा इश्क...!' चम्पा ने हाथ के इशारे से समझाया।

'क्यों, चम्पा ? आखिर क्यों ? मैंने ऐसा क्या कर डाला ?'

'तुमसे अपनी आदतें, भली-बुरी पसंद तो बदली नहीं जाती। अब देखो न मुझे घी की मिठाइयाँ अच्छी लगती हैं, तुम्हें नहीं लगतीं ?'

'ना भई, वह तो ग्रीज़ का मामला है।'

'मुझे मिर्च पसंद है, अचार पसंद है...'

'नामुमकिन !'

'मुझे होली में रंग खेलना पसंद है, ढाक-ढोल का शोर अच्छा लगता है और तुम्हारा सिर-दर्द शुरू हो जाता है। मेरे गाने तक तो तुम्हें सुहाते नहीं।'

'तुम न, बेरी बैड सिंगर हो चम्पा !'

'ओऽऽऽ ! अच्छा ?'

'लेकिन, डांसर अच्छी हो। अब से तुम जिप्सी यानी खानाबदोशों की तरह हाथ में तंबुरिन लेकर नाचा करो। सिर पर एक रुमाल बाँध लिया करो।'

'समझ गई।'

कुछ देर तक चम्पा उससे छेड़छाड़ में लगी रही। इवान्स के गले में अपना चौड़ा हार पहनाकर उसे निहारती रही। उसने ज़ोर-ज़बर्दस्ती इवान्स के लिए हुक्का मँगवाया। इवान्स रोज ही सोचता इन उलटे-सीधे हँसी-मज़ाक से चम्पा इन पलों को हल्का-फुल्का बनाए रखती, उसे टालती रहती है। उसे अपने करीब नहीं आने देती थी। वह हर रोज़ संकल्प करता वह अपना अधिकार ज़बर्दस्ती प्रतिष्ठित करेगा। लेकिन चम्पा के क़रीब

आते ही उसके सारे संकल्प अपना वजन खो बैठते। वह अक्सर ही टॉमसन और एवरेर्ड जैसे साथियों से सलाह-मशविरा भी करता रहता।

उन लोगों ने सलाह दी, 'अबे ओ मूर्ख ! ओ अहमक ! छोकरी को ज़रा उपहार-टुपहार थमा ! उसके बाद उसका ज़ोर आजमा ! देख बे, ये लड़कियाँ मीठी-मुलायम बातें, नरम-नाजुक बर्ताव-वगैरह नहीं समझतीं ! बिलकुल नहीं समझतीं। अबे, टैम या ज़रूरत पर दो-एक रद्दा भी जमा दे। बर्ताव सख़्त-कड़क रखो तो वे काबू में रहती हैं। समझे ?'

इवान्स चम्पा के लिए उपहार भी लाया। चाँदी का एक इत्रदान ! चम्पा वह उपहार देखकर गंभीर हो आई।

कुछ देर सोचते हुए उसने कहा, 'सुनो, इतना खर्च-वर्च करके मेरे लिए उपहार लाने की ज़रूरत नहीं, समझ गए ? मेरे पास ढेर-ढेर गहने तो पड़े हैं, ढेर सारी साड़ियाँ वगैरह भी मौजूद हैं।'

'हाँ, तुमने ठीक कहा चम्पा ! मैं भला तुम्हें क्या दे सकता हूँ ? मामूली सी तनख्वाह है मेरी ! मामूली सा इंजीनियर जो ठहरा ! मैं जानता हूँ, भारतीय लोगों के घर-घर में सोना-चाँदी, मोती-मूँगा बिखरा रहता है।'

'ना साहेब, वह तो गिनती के लोगों के पास होता है। ख़ैर, यह बात छोड़ो ! तुम रुपइए जमा करते रहो।'

'रुपए जमा करता रहूँ ?'

अचानक इवान्स का चेहरा चमक उठा।

'तुम ठीक कहती हो, चम्पा ! यही बेहतर है। ज्यादा बेतहर ! सुनो मैं एक घर बनवाऊँगा। उस घर में तुम्हें बसाऊँगा। इसके लिए मुझे ढेर-ढेर रुपए चाहिए, है न ?'

आज चम्पा ने दरयाफ़्त किया, 'सुना तुम चले जाओगे ?'

'नो माई प्रिंसेस ! नो माई प्रिटी !'

'साहेब, अंग्रेजी मत बोलो न !'

'नहीं, मैं नहीं जाऊँगा।'

'नहीं जाओगे ?'

'नहीं, मेजर साहब ने मना कर दिया है।'

'क्यों ?'

चम्पा इवान्स की बगल में आ बैठी। उसके कंधे पर हाथ रख दिया।

इवान्स ने मन ही मन जुमले जोड़ने की कोशिश की, 'तुम्हारी गति-भंगिमा बिलकुल हिरनी जैसी है,' इतना भर कहने के लिए वह शब्द ढूँढ़ता फिरा। लेकिन, अगले ही पल उसे लगा, उसकी कोशिश बेकार है। बोलते हुए वह गड़बड़ा जाएगा। उसकी हालत देखकर चम्पा उस पर हँस देगी।

उसने सीधे-सीधे वाक्य में जवाब दिया, 'मेजर चाहता है, मेम और बच्चे हिफ़ाज़त से रहें। मुझे हुक्म आया है, मैं जल्द से जल्द बंदोबस्त करूँ।'

'तुम क्या करोगे ? उनके लिए क़िला खड़ा करोगे ?'

'नहीं, मैं एक टावर बनाऊँगा। उसकी गुंबद पर तुम्हें क़ैद कर रखूँगा। तुम सिर्फ मेरी राह निहारा करोगी।'

'उसके बाद ?'

'घोड़े पर सवार जब मैं आऊँगा, अपने केश बिछाकर तुम मुझे उतारोगी। तुम मेरी रैपुनजेल जो हो।'

'समझ गई।'

'देखना, बहुत जल्दी ही मैं एक कोठी खरीदूँगा। तुम्हारे लिए ढेर सारी काली-कलूटी दासियाँ रखूँगा। खूब सारे पान, तमाखू, इत्र, पिंजराबंद बुलबुल, मैना, आम और मिर्च वगैरह-वगैरह। तुम्हें जो-जो पसंद है मैं सब ला दूँगा।'

'सुनो, तुम मुझे अपनी भाषा अच्छी तरह नहीं सिखाओगे ?'

'नहीं चम्पा, खुद मैं ही तुम्हारी जुबान अच्छी तरह सीख लूँगा। तुम जब अपनी बोली में बात करती हो न, तो सुनने में बड़ा मीठा लगता है।'

'अच्छा यह बताओ, तुम क़िला कब बनाओगे ? मुझसे मिलने तो आया करोगे न ?'

घर लौटकर चम्पा ने संपूरण को ख़बर दी, 'सुनो बूढ़ेराम, ये साहब लोग तुम्हारी तरह 'काली', 'काली' रटने में मगन नहीं रहते, वे लोग असल काम करते हैं। याद रखो, उन लोगों को दिल्ली की इश्तेहारबाज़ी और अफवाहों से सरगर्म मेरठ के बाज़ारों की खबर नहीं है, इस खुशफहमी में मत रहना। वे लोग भी सतर्क हो गए हैं। मेजर साहब ने इवान्स को क़िला बनाने का हुक्म दिया है।'

वही मोर्चाबंदी ! उसी तरह की घेराबंदी !

इवान्स जैसे नौजवान चाहते थे मोर्चाबंदी अगर करना ही है तो मजबूत घेरा तैयार किया जाए।

व्हीलर उस वक्त भी यह विश्वास करने को तैयार नहीं थे कि उनकी अधीनस्थ फौज उनके खिलाफ बग़ावत करेगी।

उन्होंने कहा, 'गुप्तचरों ने मुझे ख़बर दी है कि अगर बग़ावत हुई तो ये लोग सीधे दिल्ली की तरफ जाएँगे। कानपुर के ईसाइयों को वे हाथ भी नहीं लगाएँगे। ऐसे में अगर हम मज़बूत घेराबंदी; रसद जमा करें और मैगजीन के लिए गोला-बारूद मँगाए, तो इन लोगों को लगेगा कि हम जंग की तैयारी कर रहे हैं।'

'मेजर, अगर कोई ज़रूरी परिस्थिति आ ही पड़े तो यह मोर्चाबंदी क्या काफी होगी ? हम सिपाही लाइन के इतने क़रीब क्यों मौजूद रहें ?'

'इसलिए कि सिपाही लाइन के क़रीब हमारी मौजूदगी बेहद ज़रूरी है। अफसर लोग रात को वहीं सोएँगे। इसके बजाय अगर तोड़जोड़ का इंतज़ाम किया गया और कहीं वे लोग तैश में आ गए तो ? हमारे उकसाने पर अगर उन्होंने शहर के आम-ईसाइयों

पर भी हमला बोल दिया तो ? हमारे यहाँ के रेजीडेंट मैजिस्ट्रेट हिलार्सडन ने कहा है कि पेशवाओं के नानासाहब हमारी मदद करेंगे। उन्हें खजाने की जिम्मेदारी सौंप दी जाएगी।'

इसलिए उन्हीं की बात मान ली गई।

इवान्स के सारे उत्साह पर पानी फिर गया। ईंट की बनी हुई एक-एक मंज़िली छः इमारतें खड़ी की गईं। चूँकि गर्मी का मौसम था, इसलिए चूने-सुर्खी का प्लास्टर भी चटपट सूख गया। एक इमारत पर टाली और दूसरी पर फूस की छाजन डाली गई। दूसरे बैरकों के सामने एक अदद खाई भी खोद डाली गई। हालाँकि वह खाई उथली ही थी। उन बैरकों की ऊँचाई भी ख़ास नहीं थी।

जिस वक्त बैरक तैयार किए जा रहे थे और खाई खोदी जा रही थी उसी वक्त रेजिमेंट में तीखा असंतोष नज़र आया।

'क्यों भई, साहब लोगों का भरोसा क्या हम पर से उठ गया है ?'

'बैरक तैयार करने की क्या ज़रूरत थी भला ?'

ऐसी ही तरह-तरह की बातें लोगों की जुबान पर फिरती रहीं।

एक बूढ़ा जमादार विश्वस्त भी था और स्वापिभक्त भी !

एक दिन उसी ने कहा, 'तुम लोगों को इन बातों से भला क्या मतलब ? यह खिलौने जैसा बैरक गढ़कर वे लोग क्या तुमसे दुश्मनी ठान रहे हैं, अरे, उन लोगों में ढेर-ढेर बुद्धि है। तुम लोग उन पर भरोसा क्यों नहीं करते ?'

लोग व्हीलर को बूढ़ा, निकम्मा, तोतेचश्म कहते फिरे। व्हीलर वक्त के हाथों बेजान कठपुतली भर बनकर रह गए।

इसके बाद भवानीशंकर रवाना हो गए। आसन्न विदाई से एक दिन पहले चन्दन उनके सामने आ खड़ा हुआ।

चन्दन उस वक्त बेहद परेशानी और उत्तेजना का शिकार ! उसे बेहद महत्त्वपूर्ण एक गोपन जिम्मेदारी सौंपी गई थी, इसी वजह से वह बेहद उत्तेजित था। चम्पा को किसके पास छोड़ा जाए, इस बात को लेकर वह बेतरह परेशान था। किसी बच्चे की तरह उसने चम्पा को कसकर पकड़ लिया।

'तू मेरे पास-पास ही रहना !'

चम्पा उसके कुरते में बटन टाँक रही थी। उसने चन्दन के लिए नया कुर्ता, जोधपुरी नागरा भी बनवा लिया था। काफी सारे रुपए खर्च करके साहबी रंग-ढंग की नक़ल करते हुए उसके लिए कैंबिस बक्सा मँगवाया। उसे राह-खर्च में सहूलियत हो, इस खयाल से उसने रुपए भुनाकर रेजगारी भी हाथ पर रख दी।

जाते वक्त चन्दन बच्चों जैसा बौखलाया हुआ था।

'तुझे मैं किसके पास छोड़े जा रहा हूँ,' उसने घबराकर सवाल किया।

'जाओ, जल्दी-जल्दी लौट आना,' चम्पा ने रुँधी हुई आवाज़ में कहा।

'मुझे तो वहाँ तक बस खबरें पहुँचाना है, उसके बाद मेरी छुट्टी !'

'छुट्टी ?'

चम्पा को उसकी यह बात पहेली-सी जान पड़ी।

'हम दोनों जिन चक्करों में फँस गए हैं, उनसे क्या वाकई किसी दिन छुट्टी मिल सकती है ?' चम्पा ने कहा।

'हाँ, उन लोगों ने मुझसे वादा किया है कि इसके बाद वे लोग हम दोनों को जाने देंगे। हमें रिहा कर देंगे।'

'सच ?'

'हाँ चम्पा, वरना मैं भला जाता ? तुझे अकेली छोड़कर जाने को राजी होता ?'

'इसके बाद तुम मुझे कहाँ ले चलोगे ?

आजकल चम्पा उसके मुँह से यह बात बार-बार सुनना चाहती है। चन्दन को यह परीकथा बार-बार दोहरानी पड़ती है।

चन्दन ने कहा, 'सेंगर नदी पार डेरापुर नामक एक छोटा सा गाँव है। कानपुर के दक्खिन में अकबरपुर से होते हुए हाजीपुर की सड़क पकड़कर वहाँ पहुँचते हैं। इधर बिठूर से होते हुए दक्खिन-पश्चिम के समानांतर पेशवा लोगों की कच्ची सड़क और ईंट के पक्के-पुख़्ते रास्ते से होकर भी डेरापुर गाँव तक पहुँचा जा सकता है। हम उसी राह से अपने गाँव जाएँगे।'

'अकबरपुर में हम रुकेंगे ?'

'हाँ, रुका जा सकता है। अगर वृहस्पति का दिन हुआ तो वहाँ का हाट भी देख सकते हैं। हाट में किसी आढ़तिए को अगर दुअन्नी टिका दी जाए तो वे लोग रात गुज़ारने के लिए कमरे और बर्तन-भांडों का भी इंतज़ाम कर देते हैं। हम लोग अकबरपुर में रात गुज़ारकर, सुबह-सुबह बैलगाड़ी किराए पर ले सकते हैं।'

'तुमने सिन्नी का जिक्र नहीं किया ?'

चन्दन का गला दर्द कर आया।

उसने बमुश्किल अपनी आवाज़ को दोबारा सहज बनाते हुए कहा, 'सुनो, हम भी सिन्नी खरीदेंगे। अकबरपुर दरगाह के पीर साहब हालाँकि मुसलमान हैं मगर हम भी वहाँ अधेले की सिन्नी चढ़ाएँगे क्योंकि वह पीर साहब सबको बराबरी की निगाह से देखते थे।'

'उसके बाद ?'

'उसके बाद बैलगाड़ी में बैठकर जैसे-जैसे हम गाँव के करीब पहुँचेंगे, दूर से ही गैवीनाथ के मंदिर का शिखर नज़र आएगा। त्रिशूल झलमला रहा होगा। उसके बाद गाँव बिलकुल क़रीब आ जाएगा, वो बरगद का पेड़ भी नज़र आने लगेगा।'

'और किसान लोग ?'

'हाँ, सबसे पहले उन्हीं लोगों की नज़र पड़ेगी हम पर ! वे लोग दौड़कर गाँववालों

को खबर देंगे। मैं आगे-आगे रहूँगा...'

'लेकिन, मैं गाड़ी से उतरूँगी नहीं—'

'हाँ, तू मत उतरना ! मैं माँ-बापू से कहूँगा—लो, काफी ढूँढ़-ढाँढ़कर मैं चम्पा को ले आया हूँ। अब अगर तुम लोग उसे आने दो तो मैं उसे ले आऊँ, वरना हम दोनों दोबारा लौट जाएँगे। तब मेरी माँ दौड़ी आएगी, बापू भागे-भागे आएँगे। और भी जाने कितने-कितने लोग दौड़े-दौड़े आएँगे। गाँव के सभी लोग आ पहुँचेंगे। माँ तेरा हाथ पकड़कर गाड़ी से उतारेगी। जाते-जाते हमारी नज़र बरगद के पेड़ पर पड़ेगी। नई-नई जटाएँ फूटती नज़र आएँगी।'

'अरे वाह, तुम देखोगे और मैं नहीं देखूँगी ?'

'ना चम्पा, तुम नहीं देख सकोगी। उस वक्त मेरी चम्पा पलकें झुकाए-झुकाए हौले-हौले जो चल रही होगी।'

इतना कहकर चन्दन ने मुँह फेर लिया। उसके सीने में असहनीय दर्द उमड़ आया। उसका गला भी बेतरह टीस उठा। चम्पा काफी देर तक ख़ामोश बैठी रही।

कुछ देर बाद उसने बुदबुदाकर कहा, 'कानपुर से दक्खिन तरफ अकबरपुर गाँव। वहाँ से अपने गाँव जा सकते हैं, नहीं तो बिठूर के दक्खिन-पच्छिम से सीधे पेशवा लोगों की सड़क पर...! चन्दन, तुम बिलकुल मत घबराना।'

'हाँ चम्पा, मैं बिलकुल नहीं घबराऊँगा।'

'मैं भी बिलकुल ठीक रहूँगी।'

'मैं जानता हूँ चम्पा !'

'और सुनो, मान लो अगर कोई हंगामा हो ही जाए, तब भी तुम परेशान न होना। मेरा कोई कुछ नहीं बिगाड़ सकेगा।'

'जानता हूँ।'

'तो, अब देर न करो चन्दन ! तुम्हें काफी देर हो जाएगी,' चम्पा ने एकदम से जल्दी मचाई।

सारा सामान समेटकर उसने नौकर के हाथ भिजवा दिया। उसे रुपए-पैसे भी सौंप दिए। चन्दन के जूते रगड़-रगड़कर चमका दिए।

'चम्पा !' चन्दन ने आवाज़ दी।

'हूँ ?'

'अब मैं चलूँ !'

'हाँ, जल्दी लौट आना ! वाकई वक्त हो आया। है न ?'

चम्पा ने जो चंद बातें कही वह निहायत असंलग्न थीं। अगले ही पल वह सिर उठाकर हँस पड़ी।

'ऐ चन्दन, सुना है विश्वनाथ गली में लकड़ी के ढेरों खिलौने मिलते हैं। इत्ते-इत्ते हाथी, घोड़े, ऊँट ! यह भी सुना है कि वहाँ काले पत्थर की नन्ही-नन्ही शिवमूर्ति भी मिलती हैं। तुम मेरे लिए लेते आना—'

'ले आऊँगा।'

'जब...जब हम अपने गाँव जाएँगे, सबको कोई-कोई निशानी देनी होगी न ?'

चन्दन ने सिर हिलाया। उसके बाद वह निकल पड़ा।

चम्पा ने घर का दरवाज़ा बंद कर लिया। अगले ही पल उसने दरवाजा दोबारा खोला। उसे लगा उसने बाहर का दरवाजा बंद नहीं किया। अगले ही पल उसे लगा, उसने दरवाज़ा बंद तो किया है। दीवार पर झूलती हुई चन्दन की पुरानी क़मीज पर नज़र पड़ी। उसने वह क़मीज खींच ली और झटपट संदूक में सहेजकर रख दिया। एक बार उसे लगा, घर में अनगिनत काम पड़े हैं। अगले ही पल उसे लगा कहीं कोई काम नहीं है।

वह अपने में ही डूब गई। जाने कहाँ तो कुछ चिटखकर टूटता रहा, कहीं कुछ रीतता चला गया। अंदर ही अंदर, कहीं कोई हाहाकार मचाता हुआ ! चम्पा को कुछ समझ में नहीं आया।

अचानक उसे लगा, वह रो ले तो शायद हल्की हो जाए। लेकिन उसकी आँखों से आँसू ही नहीं निकले।

'ओ चन्दन...' अस्फुट आवाज़ें देती हुई वह फर्श पर ही बैठ गई। काफी देर तक वह उसी तरह पत्थर की बुत बनी बैठी रही।

चन्दन को गए हुए अभी दो घंटे भी नहीं गुज़रे थे। अभी से उसे इतनी घबराहट होने लगी ? अभी तो ढेर-ढेर घंटे, ढेर-ढेर प्रहर, काफी सारे दिन बाकी हैं ! इतना लंबा वक़्त गुज़ारना है। ये पहाड़-सा वक्त आखिर वह कैसे गुज़ारेगी ?

21

सन् 1857 ! मार्च का आखिरी और अप्रैल का शुरुआती महीना ! उत्तर भारत की प्रकृति में मानो वसंत का समारोह जाग उठा। कानपुर के आसपास आम के पेड़ों में नन्हे-नन्हे बौर खिल उठे। दो-एक दिन के अंतराल में कई-कई दौर बारिश। इस वजह से हवा भी काफी ठंडी हो आई।

कुछ ही दिनों बाद या निकट भविष्य में कोई वारदात हो सकती है, इस बारे में श्वेतांग बिरादरी मानो अपने को सायास तटस्थ बनाए हुए ! जबरन उदासीन !

अंग्रेज औरतें बंद कमरों में अपने बदन पर बेसन का उबटन लगातीं या नौकरानी की मदद से उबटन छुड़ातीं। उसके बाद लैवेंडर या गुलाबजल में नहाती-धोतीं। वे आपस में फैंसी फेयर या चैरिटी बॉल के किस्से छेड़ देतीं, कुछेक मेम औरतें अविवाहित नौजवानों को खोज-खोजकर अपनी कुवाँरी रिश्तेदारों से ब्याह कराने के चक्कर में उलझी हुई थीं। इसके अलावा घर-गृहस्थी की छुटपुट बातों की चर्चा तो रोजमर्रा की बात थी।

'मेरे जॉन के दाँत निकलने वाले हैं। हर वक्त मुँह में उँगली डाले रहता है। उसकी यह आदत मैं किसी तरह भी छुड़ा नहीं पा रही।'

'सुनो मिसेज मैकगिल क्राइस्ट, उसकी उँगलियों में ज़रा सा कुनैन पाउडर मल दो, आदत बिलकुल ही हवा हो जाएगी, समझीं ?'

'मेरी आया न, तनख्वाह बढ़ाने की ज़िद कर रही है। अभी पाँच रुपए तनख्वाह के साथ-साथ, पान-तमाखू भी देती हूँ। खाना भी वह मेरे यहाँ खाती है। अब मैं क्या करूँ ? मुझे समझ में नहीं आ रहा है।'

'अरे कुछ सुना ! आर्मेनियन की दुकान पर नए-नए बरतन आए हैं !'

'बाज़ार में इन दिनों जैसे आग लगी हुई है। अच्छी मुर्गियों की जोड़ी की क़ीमत एकदम से आठ आने ?'

'अरे, दाम तो अभी और बढ़ेंगे। साबुन तो अभी से ही बाज़ार से ग़ायब हो गया है।'

'ठीक है, मैं तुम्हें भेज दूँगी। पीयर्स ग्लीसरीन ! मेरे पास नया पड़ा है।'

साहब लोगों में बाचतीत के कई दूसरे-दूसरे मुद्दे छिड़े हुए।

पोलो ग्राउंड तैयार होने का जिक्र। किसी टूर्नामेंट की चर्चा। गवर्नर जनरल और कांउसिलर की खबरें। खूबसूरत मिसेज़ ब्लूमकिस्त के साथ शेरीडॉन के ब्याह का जिक्र।

इसी दौरान किसी ने कहा, 'सुना जनाब, उन्नाव में फिर एक फकीर गिरफ़्तार किया गया है। गाँव-गाँव में वह चपातियाँ बाँटता फिर रहा था।'

किसी अधेड़ अफसर ने बरमूथ के गिलास में उँगली घुमाते हुए कहा, 'जब मैं भूपाल में था, तब मैंने देखा था, रंगरेज लोग चपाती तोड़-तोड़कर बाँटा करते थे। अरे, यह सब कुछ नहीं, उनका विधर्मी कुसंस्कार है।'

किसी दूसरे अफसर ने हँसते-हँसते कहा, 'एक सच्ची ख़बर सुनाऊँ। काशीपुर के राजा ने फिर एक ब्याह रचाया है। यह औरत उनकी ग्यारहवें नंबर की बीवी होगी।'

'तुम भी तो काशीपुर में रह चुके हो जनाब !'

'हाँ, लेकिन यह मत समझना कि मैंने रानियों का जलवा देखा है। कभी-कभार पूजा-त्योहारों पर कतार-दर-कतार बंद पालकियाँ निकलती थीं। उन पालकियों को एक बड़े से तालाब में डुबकी लगवाकर लौटा लाया जाता। ज़बर्दस्त पर्दा-प्रथा का प्रचलन !'

'सच्ची ?'

'हाँ बिलकुल सच, मगर काशीपुर का राजा ख़ासा बुद्धिमान था। ज्यादा अय्याश भी नहीं था। लेकिन बिचारा क्या करता ? ब्याह तो नहीं टाल सकता था न ? उनके तिलक से पहले ही कई-कई राजघरानों से उनके लिए नारियल भेजे गए। उनके पिताश्री ने जिन-जिनके नारियल क़बूल किए, उन-उन राज्यों की राजकुमारियों से तो उन्हें ब्याह करना ही था। यही रिवाज था। एक राजघराने की तरफ से जब नारियल भेजा गया। उस वक्त वहाँ की राजकुमारी की उम्र कुल एक साल थी। अब जाकर वह बारह साल की हुई, अब महाराजा की उम्र सैंतालीस। फिर भी यह ब्याह तो होना ही था।'

'अरे, इंजीनियर साहब, ज़रा ग़ौर से सुनें। सुनें और याद भी रखें। इस रहस्यमय भारत का जिक्र सुनते हुए तुम लोग जो बेसुध होने लगते हो, तुम्हें यहाँ के अजीबोग़रीब रिवाजों की खबर है ?'

'अरे, उसके कान में तो यह सब सबसे पहले पहुँचेंगी। आजकल तो जनाब, अगाध सागर में ऊब-डूब हो रहे हैं।'

'अच्छा चलो, नया कॉकटेल बनाते हैं। बैरा, इधर तो आना ! वरमूथ, सिनायोन, ब्रांडी, ऑरेंज स्क्वाश और बर्फ लाओ। हाँ, एक ट्रे बर्फ ! जल्दी। रेसिपी याद है न तुम्हें ?'

इस बार वसंत के मौसम में कुमायूँ के उस सफ़ाखाने के आसपास के जंगल बेहद खूबसूरत आए, नदी के पानी में जैसे बर्फ पिघल आई हो। झुंड-की-झुंड महाशोल मछलियाँ नज़र आती हुईं। बेर या जामुन किस्म का एक फल उस वक्त भी पेड़ों में फलते-फूलते हुए। मौसमी पंछी जाने से पहले फलों के लोभ में झुंड के झुंड वहाँ जमा हो गए। हिरणों का झुंड मानो और बड़ा हो आया। चम्मन ये नज़ारे देख-सुनकर खुशी से गद्गद हो आया। उसे तो एक दिन सुर्ख रंग का एक काश्मीरी हिरन भी नज़र आ गया।

नदी में छोटा सा जाल या बंशी फेंकते ही मछलियाँ एकदम से फँस जातीं। अनगिनत हिरन ! अनेक पंछी ! यहाँ तक कि आसपास ही वह काना शैतान बाघ भी नज़र आया। चम्मन ने बेहद खुश-खुश मन से बूढ़े मैकमोहन को उनके पलामू के ठिकाने पर एक ख़त लिखा। उसने लिखा :

अब वक्त आ गया है। बूढ़े साहब अगर सैर को आएँ तो कुछ दिन बड़े सुख-चैन में गुज़ार सकते हैं। इस दौरान यहाँ चंद बड़ी और अजीबोग़रीब घटनाएँ भी हुईं। चम्मन ने गहरे जंगल में एक दँतियल हाथी की लाश देखी। उसने उस मरे हुए हाथी के दोनों दाँत निकलवा लिये। ये दाँत काफी बेशक़ीमती थे। चम्मन ने ख़त में ही दरयाफ़्त किया कि हाथी दाँत के वे जोड़े क्या वह हलद्वानी के अमीर व्यवसायी थापाजी को बेच सकता है ? या यह कंपनी की संपत्ति है ? इसके अलावा एक और खबर भी थी। जो बूढ़े साधु बाबा पिछले तीन युगों से कल्पांत समाधि लगाए गुफा में ध्यानमग्न थे, जिन्होंने एक बार चिलचिलाती गर्मी में चट्टान पर लात मारकर पानी का झरना बहा दिया था और ग्रामवासियों की जान बचाई थी, उस महान विभूति ने चिर-समाधि ले ली। उनका शव लकड़ी की चिता पर रखकर उनका दाह-संस्कार कर दिया गया। उनकी चिता की राख जब नदी में बहाई गई तो दूर के सातों पहाड़ों में एकदम से आग धधक उठी। लोगों का कहना था साधु बाबा कोई विराट महापुरुष थे, जिनकी आत्मा महान होती है, उनके स्वर्गारोहण के समय इन पहाड़ों में ज्योति जगमगा उठती है।

चम्मन ने ख़त पूरा करने के बाद उसमें दोबारा जोड़ा—हाथी दाँत के बारे में उसे सूचित किया जाए। उसे दो-नली बंदूक का बेहद शौक है। थापाजी उसे बंदूक़ और कारट्रीज भी दिला सकते हैं।

उसका ख़त हाथ में थामे-थामे इलाहाबाद के क़रीब फाफामऊ के बँगले में बूढ़े मैकमोहन अनमने हो आए।

उन्हें बेहद पुरानी सी बात याद हो आई। चम्मन शायद यह आस लगाए बैठा है कि मैकमोहन आज भी पहले जैसे ही हैं। शिकारप्रिय, उत्साही, कर्मठ, वह नहीं जानता कि भरतपुर, बर्मा, रोहतक और पिंडारी की जंग ने पुरोधा नेता मैकमोहन को कितना बदल दिया है। अब उनमें वह उत्साह नहीं रहा। शिकार का शौक भी नहीं बचा। उनके बँगले के पिछवाड़े आजकल एक गेहुँवन साँप कई दिनों से आम के पेड़ पर चढ़कर चिड़ियों के अंडे खा जाता था। इसके बावजूद उनका मन नहीं होता कि बंदूक़ उठाकर उसे मार दें।

आजकल सुबह-सुबह वे बगीचे में चले आते हैं। सर्दी में वह जो गहरी नीली 'मोटुसी' चिड़ियों की जोड़ी ने उनके काँचन पेड़ पर घोंसला बनाया था, अब उनके जाने का वक्त आ पहुँचा। अब ये चिड़ियाँ बहुत दूर उत्तर दिशा में उड़ जाएँगी। मैकमोहन उनके लिए रोज रोटी के टुकड़े लेकर आते, बगीचे में सीमेंट का बना हुआ बड़ा सा अहाता। वे वहाँ बादाम, मुरमुरे, रोटी, बिस्कुट, चने वगैरह बिखेर देते। सत्तू भी घोलकर लाते। मोटुसी, साहेब बुलबुली, तित्तिर, हरिपाल, ब्लूजे, कोयल और लाल चिड़िया, हीरामन वगैरह के झुंड वहाँ आ जुटते और आपस में छीन-झपटकर खाते रहते। दोनों मैना तो बस आपस में झगड़ती ही रहतीं। वे दोनों सारा का सारा चारा-दाना अकेले ही हड़प लेना चाहतीं। सबको खदेड़ देने की कोशिश में लगी रहतीं। मैकमोहन वहाँ से एक पल के लिए नहीं टलते। बीच-बीच में मोटुसी चिड़िया उड़-उड़कर उनके कंधे पर भी आ बैठती, उनकी कमीज भी खरोंचती। ऐसे ही बीच-बीच में गिलहरी भी आगे बढ़कर उनके हाथों में पड़ी खील कुतरती रहती। गिलहरी में संचय की भी जबर्दस्त आदत होती है, सबकुछ जमा भी करती रहती है। मैकमोहन ने गिलहरी के बिल में झाँककर देखा है। संगमरमर का टुकड़ा, घिसी हुई पेंसिल, सुर्खी-चूने के लोंदे, मोमबत्तियों के टुकड़े, टूटी हुई कंघियाँ वगैरह ढेरों चीज़ें उसकी बिल में नज़र आती हैं। उन्होंने एक पैकिंग बक्से में सुर्ख लाल आँखोंवाले एक जोड़ी नेवले भी पाल रखे हैं। वे दोनों बस, बक्से के अंदर-बाहर आने-जाने के खेल में मगन रहते हैं। कभी-कभी एक भारी-भरकम गोखरू साँप मैकमोहन की बगिया में घुस आता। नेवलों की बेचैन भाग-दौड़ देखकर ही मैकमोहन समझ जाते कि बगिया में गोखरू साँप घुस आया है।

मैकमोहन की निगाहें सामने की तरफ लगी रहीं। इस बार मौसमी फूलों का चारा रोपने में ज़रा देर हो गई। इसलिए गुलदाउदी के लाल-पीले फूल अभी तक अपनी हास्य-छटा बिखेर रहे हैं। डालिया की पंखुरियों में मधुमक्खियाँ और चीटियाँ चिपकी रहती हैं। बारहमासी गुलाब की लतर में इस बार ढेर-ढेर फूल आए हैं। बोगनवेलिया के लाल-जोगिया फूलों की पंखुरियाँ हवा में उड़ती फिर रही हैं।

आम के पेड़ों पर बौर और टिकोली-अंबियों की खुशबू ! कृष्णचूड़ा और सेमल के रंगों में मानो आग धधक उठी हो।

माली की बीवी सूखे घास-तिनके चुन-चुनकर टोकरी में भर रही थी। उसके दोनों बच्चे आसपास खेलने में मगन ! छोटी बच्ची पेड़ की छाँव में सोई हुई।

माली की बीवी ने पूछा, 'आपके लिखने की चौकी यहाँ ला दूँ साहेब !'

'नहीं,' उन्होंने ईषत् मुस्कुराते हुए जवाब दिया।

'आज खाना क्या बनवाऊँ ?'

'क्या-क्या आया है बाज़ार से ?'

'आज बढ़िया मछली मिल गई।'

'तो मछली पकाने को कह दो।'

माली की बीवी चली गई। मैकमोहन की छोटी सी गृहस्थी यही दोनों मियाँ-बीवी चलाते हैं। मैकमोहन ने उन्हें रहने के लिए घर दिया है। इस बगीचे की दूसरी तरफ साग-सब्ज़ी के खेत, वे दोनों तरकारी खाते और बेच भी लाते। इसके अलावा मैकमोहन उन्हें दस रुपए तनख्वाह भी देते थे।

उनके बच्चों की कृमि, कान-दर्द, सर्दी-जुकाम का इलाज करके आसपास की बस्तियों में मैकमोहन को यह ख्याति भी मिल चुकी है कि वे काफी अच्छे डॉक्टर हैं। बस्ती के लोग शाम को उनके पास आ धमकते। उनसे गपशप करते होली और रासलीला के मौके पर उन्हें आमंत्रित करते। उत्सव के अगले दिन मैकमोहन के बरामदे में पीतल के ढेरों कटोरों की कतारें नज़र आतीं, जिसमें आटा, गुड़ के लड्डू, चीनी, केले वगैरह सजे होते। कभी-कभार वे लोग दूध भी दे जाते।

मेरी तीर्थयात्रा सार्थक हुई, मैकमोहन ने मन ही मन इत्मिनान की साँस ली। सारी ज़िंदगी वे इन्हीं लोगो में रहे इन्हें ही प्यार-दुलार दिया। उन्हें लगता है, उन लोगों ने भी उन्हें स्वीकार कर लिया है। उन्हें अपने करीब आने दिया है।

फिलहाल मैकमोहन 'भारत में पचास वर्ष' या Fifty Years in India—शीर्षक से एक किताब लिखने में व्यस्त ! उन्होंने इस देश में पूरे पचास साल गुज़ार दिए। जिस दिन वे भारत-सफर पर रवाना हुए थे, लंदन में ही उन्हें आगाह कर दिया गया था, 'जिस देश में जा रहे हो, वह निहायत अनुन्नत, अविकसित और बर्बर देश है। तुम वहाँ सभ्यता बाँटने जा रहे हो।' लेकिन, इस मुल्क में आने और यहाँ के लोगों से हेलमेल के बाद उनकी पिछली धारणाएँ जाने कहाँ हवा हो गईं। वे मिशनरी तो थे नहीं, वे योद्धा थे। इसके बावजूद आहिस्ता-आहिस्ता वे इस मुल्क से प्यार कर बैठे।

आजकल वे सुबह के वक्त बगीचे में अपनी चौकी लगाकर बैठ जाते और धीमी गति से लिखते रहते। शुरू-शुरू में उनके मन में यह सवाल भी जगा करता था कि आखिर उन्हें कहना या बताना क्या है ? आखिर कितनी बड़ी होगी उनकी किताब ? लेकिन, अब लगता है उन्हें काफी कुछ कहना है। इन लोगों के उत्सव-समारोह, पूजा-पाठ, व्रत-पर्व, समाज, आचार-व्यवहार, रीति-नीति वगैरह के बारे में उन्हें काफी कुछ बताना था। उनके फौजी जीवन की यादें ! इस देश के पशु-पक्षी, पेड़-पौधे, नदी-सागर के बारे में उनकी अवधारणाएँ ! आजकल मैकमोहन को यह अहसास होने

लगा है कि वे यहाँ जंग करने नहीं आए, बल्कि किसी तीर्थयात्रा पर आए थे। वे यहाँ के मंदिरों में नहीं गए, तीर्थ-सलिल में भी डुबकी नहीं लगाई, लेकिन उन्होंने इस देश के इनसानों के दर्शन किए और वही दर्शन उनके लिए मानो देव-दर्शन बन गए।

चम्मन के ख़त का क्या जवाब दें ? काफी सोच-विचार के बाद वे ख़त लिखने बैठ गए—'चम्मन, हाथी-दाँत बहुत महँगा होता है। वह जंगल रामपुर के राजा की जागीर है। वहाँ के मौजूदा राजा को मैं जानता हूँ। मैं उनके वकील के नाम ख़त भेज रहा हूँ। सुना है उनके वकील कभी-कभी हलद्वानी के दौरे पर भी जाते हैं। तुम हाथी-दाँत उन्हें ही सुपुर्द कर देना। वे लोग तुम्हें रुपए या बंदूक़ कुछ भी दे देंगे। और हाँ चम्मन, तुमने मुझे अपने यहाँ आने की दावत दी है, मगर फिलहाल मैं नहीं आ सकूँगा। बाद में कभी आऊँगा। साधु बाबा के बारे में पढ़कर मुझे भी लगा वे परम पुण्यात्मा थे। उनके बारे में अगर फिर कुछ सुनो तो मुझे ज़रूर लिखना।'

मैकमोहन की निगाह बाहर की तरफ जा पड़ी। उन्हें याद आया, रेवेन्यू कलेक्टर फेयर ने उस दिन कहा था, जल्दी ही कोई गोलमाल होनेवाला है। जाने क्यों उन्हें यह भी लगा कि फेयर की आशंका झूठी है। ये आजकल के नए अफसर भारत के लोगों को बिलकुल नहीं समझते और उन पर भरोसा भी नहीं करते।

इवान्स ने चम्पा से कहा, 'सच कह रहा हूँ। मेजर साहब ने हुक्म दिया है कि कोई भी अफसर कैंटोंमेंट के बाहर नहीं रहेगा। ज़रूरत पड़ी तो सिविल यूरोपियन और अन्यान्य ईसाई भी कैंटोंमेंट में ही रहेंगे।'

'क्यों ?'

अचानक इवान्स को लगा, व्हीलर के हुक्म का जिक्र उसे नहीं करना चाहिए था। अपनी भूल को ढँकने के लिए वह चंद इधर-उधर की ऊलजलूल बातों में लगा रहा।

'लेकिन, सब साहब लोग तो जा नहीं रहे ? सिविल लाइंस के साहब तो अभी वहीं रहते हैं,' चम्पा ने पूछा !

'अरे ! सभी साहब एक साथ चले गए तो हिंदुस्तानी शक नहीं करेंगे ?' इवान्स की जुबान से फिर एक राज की बात फिसल गई।

'तुम्हें क्या डर लग रहा है ?' चम्पा ने पूछा।

'नहीं, हमने डरना नहीं सीखा।'

'ओऽ।'

उस दिन चम्पा ने और कोई सवाल नहीं किया।

उसी दिन रात दो बजे के बाद संपूरण ने चम्पा को पालकी पर सवार कराया।

'कहाँ जा रही है, यह मत पूछना,' संपूरण ने पहले ही बरज्र दिया।

चम्पा ने सिर्फ इतना ही कहा, 'ए बुढ़ऊ, अगर तेरा छुरी-टुरी घोंपने का इरादा है तो बता दे। अपने कमरे में जाकर खुद ज़हर खाकर सो रहूँ।'

'देख चम्पा, मज़ाक मत कर।'

'मज़ाक कौन कर रहा है, संपूरण ? तुम्हारी करतूत अभी तक आँखों से नहीं देखी। हाँ, सुना जरूर है कि तुम्हारे हाथ, छुरे से खिलौने की तरह खेलते हैं।'

चम्पा की पालकी जब वहाँ से उठकर सेठ मगनलाल की हवेली में दाखिल हुई तो चम्पा चकराए बिना नहीं रह सकी। मगनलाल धनी कारोबारी ! सिर्फ यही नहीं, अंग्रेजों से उनका गहरा मेलजोल ! चावल और आटे की बड़ी-बड़ी आढ़तों के अलावा और भी कई-कई तरह के व्यवसाय ! रेजिमेंट में आटा, चावल, घी वगैरह सप्लाई करने का लाइसेंस भी उसके पास मौजूद था। होली और बाकी उत्सव-समारोहों में उनकी हवेली में अंग्रेज साहबों की दावत होती थी। मिलिटरी और गोरी चमड़ीवाले सिविल दोनों ही उन्हें अपना दोस्त समझते थे। मगनलाल की हवेली काफी विशाल ? तीन महला हवेली ! महल के बाहर बैठकखाने में आकर चम्पा ने कई बार मुजरा भी किया है। हर बार उसे पाँच सौ एक रुपयों का नज़राना पेश किया गया था। मगनलाल ! गौरवर्ण और स्थूलकाय ! उनके पाँवों में फीलपाँव का असर ! बेहद मुँहफट, रूखा और अहंकारी जीव !

हवेली के उस कमरे में जो लोग बैठे थे, चम्पा उनमें से हर किसी को नहीं पहचानती थी। लेकिन, चैतराम, जैतराम दोनों भाई भी वहाँ नज़र आए। बिठूर का एक संभ्रांत ब्राह्मण भी वहाँ मौजूद था।

चम्पा एक कोने में बैठ गई। कुछ देर बाद चैतराम ने बातचीत की पहल की।

'अजीमुल्ला साहब, दिल्ली में चाहे मुग़लों की बादशाहत हो या यहाँ, चाहे पेशवाओं का हिंदू राज हो, हम सब दोनों में खुश हैं। इनका राज म्लेच्छों से तो बेहतर होगा,' चैतराम ने कहा।

अब चम्पा ने कोने में अलग-थलग बैठे हुए साँवले सुदर्शन पुरुष को भी पहचान लिया।

अजीमुल्ला ने कोई जवाब नहीं दिया।

जैतराम ने कहा, 'खजांचीख़ाने का सारा रुपया-पैसा ये लोग गायब कर देंगे। हम लोग बाज़ार से सोना उठा ला रहे हैं।'

'रुपए ग़ायब करके रखोगे कहाँ ?'

संपूरण ने चम्पा की तरफ़ इशारा किया।

चम्पा ने बताया, 'खजांचीख़ाने के रुपए शायद पेशवा लोगों के हाथों में सौंपे जाएँगे। साहब लोगों को उन पर बेहद भरोसा है। इन अंग्रेज साहब को कमोबेश सारी बातों की ख़बर है। सिविल लाइन के साहब लोग भी कैंटोंमेंट में चले जाएँगे। कहीं उन पर शक न हो जाए इसलिए एक संग नहीं जा रहे हैं।'

कुछ देर बाद दो और लोग उस जमात में शामिल हो गए। चम्पा उन्हें पहचानती

थी। शायद वे लोग भारतीय अफसर थे। लेकिन, वे रिसाला के अफसर थे या सवार के, चम्पा यह अंदाज़ा नहीं लगा पाई।

वहाँ अनगिनत बातों की चर्चा हुई। परिवहन की क्या सूरत है ? नाव आने-जाने लायक पानी गंगा में अब ज्यादा दिन नहीं रहेगा। ज़रूरत पड़ी तो नावें हटा ली जाएँगी। डाकगाड़ी, इक्के, ताँगे और पालकियों का भी हिसाब-किताब कर लेना ज़रूरी है।

मगनलाल ने कहा, 'मेरी राय में रुपए इसी ट्रेजरी में जमा किए जाएँगे। काशी से कोई खबर मिले तो अंदाज़ा लगाया जा सकेगा कि कलकत्ते का वह व्यापारी अपने वादे मुताबिक, तीन हज़ार बंदूक़ें और टोटे दे सकेगा या नहीं। वैसे लगता तो है कि वह दे देगा, क्योंकि उसके बीवी-बच्चे समेत सारा परिवार यहीं बसा हुआ है। हम उन्हें रोक सकते हैं, उसे इस बात का पूरा डर है।'

चैतराम चम्पा से मुखातिब हुए, 'तुम्हारा इनाम हम बाद में देंगे ! बहुत सारे रुपए।'

'नहीं, मुझे रुपए नहीं चाहिए,' चम्पा ने जवाब दिया।

सब लोगों के चले जाने के बाद मगनलाल को अचानक एक बात याद आ गई। इतनी देर से वह बात अंदर ही अंदर चुभती रही थी। उन्होंने अपने भतीजे को आवाज़ दी।

'सुनो, गोदाम में जो सड़ा आटा मौजूद है, उसमें से बीस बोरी फौरन बाहर फेंक आओ और बाकी तीस बोरियाँ नब्बे बोरी अच्छे आटे में मिला दो। कैंटोंमेंट के बनिए को यह मिलावटी आटा ही सप्लाई करना।'

'लेकिन, अगर उस आटे से गंध...'

'गंध ?' मगनलाल ने ज़ोर की डाँट पिलाई, 'जैसे ये सिपाही, सोना-चाँदी खाते हैं। जो इस आटे में गंध मिलेगी उन्हें...'

आटे का इंतज़ाम करके मगनलाल ने फर्श पर अपनी छड़ी ठुकठुकाई। कमरे में एक नौकर दाखिल हुआ। वह मगनलाल का फील पाँववाला पैर दबाने लगा। दूसरा नौकर एक उठौवा-चूल्हा ले आया। उस पर मदार का पत्ता, गोबर और नमक का लेप खौलाया जाने लगा। वह लेप उनके पाँव पर चढ़ाकर पट्टी बाँधने लगा। मगनलाल सीलिंग की कड़ियाँ गिनने में तन्मय हो गए। उनके पाँवों को खासा आराम लग रहा था। सुना है पाँव का गोद यानी फीलपाँव कभी अच्छा नहीं होता। अचानक उन्हें याद आया कि चीनी-मिट्टी के मर्तबान में उन्होंने चंद जोंक पाल रखे हैं। कल वे पाँवों में जोंक लगवाएँगे। गठिया का दूषित खून चूस लिये जाएँ तो दर्द में आराम हो जाता है।

तीस बोरी आटे का इंतज़ाम किया गया।

कुछ दिनों के अंदर कानपुर के बाज़ारों में उसी सड़े आटों की वजह से हज़ारों तरह की अफवाहें फैल गईं।

रेजिमेंट के बनिए के मार्फत वही सब आटा बाज़ार-चौधुरी ने खरीदा, तब तक उस सड़े, काले, ईषत् गंधभरे आटे के बारे में कनखजूरे की तरह सरसराती हुई फूहड़

अफवाहों का बाज़ार गर्म हो उठा।

'साहब लोगों ने आटे में जानवर की हड्डियों का चूरा मिला दिया है।'

'यानी एनफील्ड प्रिचेट राइफल के टोटों में सच ही जानवरों की चरबी चढ़ी थी।'

'ज़रूर यही बात है ! चरबी ही चढ़ी थी। तभी तो उन लोगों ने बाज़ारों से वे टोटे उठा लिये। लाटसाहब तक को इश्तेहार भेजकर बयान देना पड़ा कि टोटे में चरबी नहीं थी। इन सबकी वजह तुम नहीं समझे ?'

'समझ गया ! अपना दोष-पाप ढाँकने के लिए यह तोड़-जोड़...'

'हे राम ! टोटे से जी नहीं भरा तो अब यह आटा खिलाकर जात मार रहे हैं ये लोग ?'

'अरे, आटे में पानी डालते ही मैं झट समझ गया इसमें कुछ गड़बड़ है।'

ये कहानियाँ एक-एक करके। सभी लोगों के कानों तक पहुँच गईं।

मगनलाल अपने पाँवों में जोंक लगवाते हुए बेहद गंभीर मुद्रा में सारी ख़बरें सुनते रहे।

उसके बाद उन्होंने एक राजपूत अफसर से कहा, 'अब क्या बताऊँ जनाब, जो रक्षक था वही भक्षक बन गया है।'

22

भवानी जब कानपुर से चले तो उनका मन बेतरह अशांत था। इलाहाबाद से नाव लेकर वे काशी की तरफ रवाना हो गए। गंगा के आर-पार के नज़ारे देखते-देखते उनका मन निरासक्त प्रशांति से भर उठा। जिस दिन वे बंगाल छोड़कर गया के लिए निकले थे, उनका मन इसी तरह बेतरह उदास हो आया था। उन्हें लगता था उस जैसा श्यामल-कोमल प्रांत और कहीं नहीं है। उसके बाद धीरे-धीरे बिहार और उत्तर भारत की प्रकृति का धूलभरा बैरागी परिधान उनके दिल-आँखों में बस गया।

इधर, गंगा के दोनों छोरों पर चैत की लहलहाती फसल ! उड़द, मिर्च, जौ और अरहर ! मल्लाह दिन-भर पतवार चलाता रहा। नाव में जिस जगह पतवार बँधी थी, वहाँ से लगातार एकरस आवाज़ें उभरती रहीं। उस शब्द से सुर मिलाकर आसमान पर गिद्धों की चीत्कार ! दूर...काफी दूर, किसान कुएँ से पनचक्की में पानी खींचते हुए ! पनचक्की की अनवरत आवाज़ें ! इन तमाम एकरस, उबाऊ आवाज़ों के बीच एक करुण उदासी ! अजीब-सी विश्रांति ! बेभाव चिरंतनता ! बीच-बीच में भाले की नोंक पर घुंघरू बाँधे, रुनझुन चाल में डाल लेकर जाते हुए डाक-हरकारे ! डाकगाड़ी तक डाक पहुँचा देने के बाद उनकी छुट्टी !

शाम उतर आई। वृहद प्रांत में चारों तरफ खिन्न और उदास शाम की छाया !

बैलगाड़ी पर सवार ससुराल जाती हुई छोटी सी दुल्हन, नाव के मुसाफिरों की तरफ अवाक् विस्मय से देखती हुई ! अपनी नाव में चूल्हा जलाकर मल्लाहों ने दाल-भात चढ़ा दिया और आपस में किस्से-कहानियाँ कहने-सुनने में मगन हो गए। उनकी कहानियाँ भवानी के कानों तक भी पहुँचती रहीं। भवानी का मन कैसा-कैसा तो हो आया।

काफी सारी खबरें सुनाई पड़ीं...छेदीराम की चाची आखिरकार दम तोड़ गई। मरने से पहले उसने अमरूद खाने की इच्छा जाहिर की थी। रामभरोसे की गाय आखिर परम ने ही खरीदी। भई, परम के पास काफी दौलत जो आ गई है। आजकल वह रोज मिश्री घोलकर पानी पीता है। पहले मल्लाह के पेड़ में इस बार आम के ढेर-ढेर टिकोले फले हैं। पता नहीं आम आएँगे या नहीं। गर्मी तो ख़ासी पड़ रही है। पहले मल्लाह के मामा के गाँव से खबर आई है कि गर्मी के मारे कौए-चमगादड़ तक चक्कर खाकर, पटा-पट मर रहे हैं। मुश्किल यह है कि अगर बरखा नहीं हुई तो आम की गुठलियाँ सख़्त नहीं होंगी। इस बार उसने फैसला किया है कि पेड़ जमा देकर वह रुपए ले आएगा, तभी अपनी बेटी को विदा कराने उसकी ससुराल जाएगा।

कितने सरल, निरीह और बेहद कम में संतुष्ट, ये सीधे-सादे लोग ! सच पूछे, तो इन लोगों की ज़िंदगी का सुख-दुःख क़िस्मत के हाथों समर्पित है। इस साल पेड़ों में आम तो आए हैं। अगर बारिश हुई तो ये ज़िंदा रहेंगे। थोकदार आम लदे पेड़ ही जमा लेगा। बदले में डेढ़-दो रुपए टिका देगा, तभी वह अपनी बेटी को ससुराल से विदा करा लाएगा और खुशियाँ मना सकेगा।

इन लोगों की खुशियाँ ! बेटी को शायद थोड़ा-सा दही या अचार खिलाएगा। बेटी घूँघट उघाड़कर कुछ दिनों अड़ोस-पड़ोस के घरों में घूमती फिरेगी। जब ससुराल लौटने का वक्त आएगा तो उसका बापू उसके लिए एक साड़ी खरीद देगा।

वह कहेगा, 'गौने के वक्त चाँदी की चूड़ी देने का वादा किया था बिटिया ! लेकिन अभी तक नहीं दे सका। अपनी सास से कहना, अषाढ़-सावन तक नदी का पानी बढ़ जाएगा। मैं नाव चला-चलाकर ढेर सारे रुपए कमाऊँगा। तेरे लिए चूड़ियाँ भी ला दूँगा...ज़रूर लाऊँगा, बिटिया !'

भवानी सोचते रहे। इंडिया को बेहतर बनाने के लिए वे लोग रेल-सड़क बना रहे हैं; डाकघर खोल रहे हैं, अदालतें शुरू कर रहे हैं। इंडिया बेहद प्राचीन, बेहद आदिम देश है। इस देश में वे रफ़्तार लाना चाहते हैं। लेकिन...लोग आखिर किस भारतवर्ष का सपना देख रहे हैं ? असली भारत तो ये लोग हैं। बड़े-बड़े नगर-महानगर से इन लोगों का कोई वास्ता नहीं है। इन लोगों की ज़िंदगी में न गति है, न वेग, न बड़ी-बड़ी चिंता-फिक्र ! ये लोग तो दिन-भर जी-तोड़ मेहनत करते हैं, शाम को थोड़ा-बहुत ईश्वर-भजन करके ही महाखुश ! दोनों वक्त न सही, एक ही वक्त भर पेट खाना नसीब हो जाए तो इनके सारे सपने सार्थक हो जाते हैं। दिल्ली का सिंहासन कब कलकत्ता चला गया, तैमूर सल्तनत के निढाल-अकर्मण्य हाथों का राजदंड कब विदेशियों के कब्ज़े में चला गया, ये लोग इन बातों में सिर नहीं खपाते, शायद कोई खोज-ख़बर भी नहीं

रखते।

दूर शिवालय में घंटों की गूँज ! आरती के स्वर ! कहीं मरघट में चिता धधकती हुई।

काफी रात गए मरघट की बगल से गुज़रते हुए मल्लाहों ने कहा, 'राम का नाम लें हजूर, राम नाम !'

उन लोगों का कहना था, इस मरघट में रात गए मुँह में आग दबाए डाइनें-चुड़ैलें दौड़ती-फिरती हैं। रात के वक्त वे रो-रोकर गुहार लगाती हैं—हम जल रही हैं, मोका भतार नाहीं मिला ! हम फुँकी जा रही हैं, मोका भतार नाहीं मिला।'

चन्दन पथराई हुई आँखों से उन्हें देखता रहा।

वह बेहद गंभीर ! अनमना ! भवानी ने ग़ौर किया, वह बातचीत में भी कोई दिलचस्पी नहीं ले रहा था। उसमें कहीं कोई हरक़त भी नज़र नहीं आई।

भवानी को अपनी हेम बुआ याद आने लगीं। हेमशशि रिश्ते में उनकी बुआ लगती थीं। उनकी माँ की सखी ! सहचरी !

उन दिनों सती-दाह बंद होने की खबर गर्म थी। सन् 1828 ! हालाँकि उस साल तो नहीं, उसके अगले साल सती-दाह बंद हो गया। उस ज़माने में उनके गाँव और आसपास के गरीफा, हालीशहर वगैरह गाँवों में सती-दाह जोरों पर था। कलकत्ता से 'समाचार दर्पण' लाकर किसी ने जेठू को पढ़कर सुनाया। उसमें इस ख़बर का भी जिक्र था।

जेठू एकदम से खफा हो गए, 'कलकत्ते के ये छापा-बाबू लोग देश-धर्म को रसातल में धकेल रहे हैं। यह खबर उन्हें भेजी किसने ? अपने नवीनचन्द्र ने ?'

भवानी उस वक्त चार साल के थे। बुआ की उम्र लगभग अट्ठारह वर्ष ! उच्चवंशी घराने की बेटी, उच्चवंशी घराने की बहू !

विशुद्ध कुलीन बांडुज्जे महाशय एक नौकर और एक नाऊ को साथ लिए-दिए, माघ-फागुन के महीने में विवाह-अभियान पर निकल पड़ते थे। नाऊ एक दिन पहले पहुँच जाता और रिश्ता पक्का कर आता। बांडुज्जे महाशय हाट में किसी फूस की मड़ैया में आराम फरमाते और नई-नई हँड़िया में मूँग की दाल और चावल उबालकर केले के पत्ते पर उड़ेल लेते और पेट-पूजा करते। हेमशशि शायद उनकी ग्यारहवीं या बारहवीं बीवी थीं। एक सौ इक्यासी सिक्के, चार जोड़ी धोती-दुपट्टा, अँगूठी और सोने के जनेऊ के बदले में उन्होंने हेम से ब्याह किया। भवानी के जेठू ने उन्हें ज़मीन देकर अपने ही गाँव में बसाने की कोशिश की। वे राजी नहीं हुए। ब्याह के बाद वे हेम के पास एक बार भी नहीं आए। हेम को भी कुछ बुरा नहीं लगा। वे जानती थीं, कुलीन घरानों की बेटियों की तकदीर यही है। सभी लड़कियों का तो ब्याह भी नहीं होता। ब्याह के नाम पर जामुनी रंग के नए रेशमी टुकड़े की खुशबू और काँसे की नई थाली में किसी के खाए हुए भात-मछली की जूठन खाने की अजीबोग़रीब स्मृति। अब तो उन्हें बस, इतना भर ही याद रह गया था।

हेमशशि देह से तो बड़ी होती गईं, लेकिन उनमें एक मासूम बालिका की शुचिता भी विराजमान थी। घरवाले भी शायद इस बात से गाफिल थे कि अब वे जवान होती जा रही हैं। हर कोई उन्हें निरी बच्ची ही मानते रहे। हाँ, ब्याहता औरतों की तरह सुहाग के मंगल के लिए कुछेक नेम-नियम भी वे निभाती रहीं। शादी-ब्याह के मौके पर ब्याह का डाला सजाने के लिए अरवा चावल पीस-रँगकर, 'श्री' लिखतीं। ब्याही जानेवाली लड़की के बाल सँवार देतीं। कई-कई गुच्छियों की चोटी गूँथकर जूड़ा बाँधने में भी उन्हें महारत हासिल थी।

बहरहाल, कालीसर के विशुद्ध कुलीन बांडुज्जे महाशय सन् 1838 में भगवान को प्यारे हो गए।

हटिया के दो विक्रेताओं ने खबर दी, 'कर्ता बाबू, हेम दीदी की चूड़ियाँ तोड़ दें। उन्हें घाट किनारे ले जाएँ। कालीसर के जमाई-भैया चल बसे।'

जेठू ने खोज-खबर ली। कालीसर में काफी धूमधाम से तीन-तीन पत्नियों समेत, बांडुज्जे महाशय चिता पर सवार होकर स्वर्ग चले गए। जेठू ने फैसला किया, वे भी महाधूमधाम से हेमशशि को 'सति' कराएँगे। साधारण-सी हेमशशि पलक झपकते, असाधारण हो उठीं।

ढाकी ढाक पर थाप देने लगे, गाँव के लोग दौड़ते-हाँफते आ पहुँचे। घर की दासियाँ हल्दी पीसने में जुट गईं। लड़कियाँ तेल-हल्दी ले आईं। सब अपने-अपने बुखरहा बेटे, मरगिल्ली बेटियों को खींचते-घसीटते उनके दरवाजे पर ले आए।

अंधे उन्माद का कैसा भयंकर उन्मत्त चेहरा ! भीतरी दालान धूप-धुएँ से सियाह ! हेमशशि के अंग-प्रत्यंग पर अब तक किसी की नज़र भी नहीं पड़ी थी। आज उसी देह की आबरू मटियामेट ! बदन पर जैसे-तैसे नई-कोरी साड़ी लपेट दी गई। जिसको भी मौका मिलता था, वह सिर पर सिंदूर पोत रहा था। हेमशशि की आँखें विक्षिप्त ! बीच-बीच में वह कुछ कहने की भी कोशिश कर रही थीं; पाटे से बार-बार उठने को आमादा ! जाने कौन तो आकर उनकी कलाई में आम्र-मंजरी बाँध गया। जाने कौन लोग उनके चरणों पर मत्था टेकते हुए ! अपने बच्चों को उनका परस दिलाते हुए।

जेठू बाहर बैठे-बैठे कुछ लिखे जा रहे थे।

पंडितजी चीख-चीखकर, पूजा-सामग्री की फेहरिश्त लिखाते रहे, 'तीन रुपए का घी; ओढ़न-पारन वस्त्र एक रुपए; सती वस्त्र ढाई रुपए; काठ, पंडित, चावल, सुपारी, मिष्टान्न...'

जेठू ने हाँक लगाई, 'घी, मिष्टान्न, हल्दी, चावल, नारियल, सुपारी, फूल, कपूर, चन्दन वगैरह तो ख़ैर घर से ही भेज दिए जाएँगे। अरे ओ रे, जरा परमानिक को ख़बर कर आ। कोई दूसरा लपककर बाज़ार के मथुरा सा की आढ़त में चला जाए, पाँच रुपए के धेले करा लाए। दान देने के काम आएगा। कोई जाकर डोम-कहारों को भी ख़बर कर आए, दान-पुण्य के लिए उनकी भी ज़रूरत पड़ेगी। नाऊ से कहते आना, चार जोड़े लाख के कड़े भी लेता आए। तेल और धोती भी लेते आना, ढाकियों को देना होगा।'

भवानी को याद आया, जेठू ने हेमशशि को पालकी में बिठाते हुए कहा, 'तेरे नाम से सिन्नी बाटूँगा। अरे, कोई जमाई राजा का दुपट्टा तो ला दे। सती होते समय पति का दुपट्टा गोद में रखा जाता है।'

भयंकर स्मृति ! विचित्र शाम !

उस शाम घर में कोई नहीं रुका, पूरी की पूरी हवेली खाली। सबके सब मरघट पहुँचे हुए ! उस शाम सातसाला एक बच्चा अपनी माँ को खोजता फिरा। उसकी आँखों के सामने उसकी माँ ज़मीन पर चित्त लेटी हुई थी। उसकी पुकारों का कोई जवाब नहीं दे रही थी। समूचे बरामदे में सिर्फ सिंदूर, आलता, कौड़ी, चावल, खील के ढेर बिखरे हुए !

बाद में, बहुत बाद में भवानी को पता चला। थाने के कर्मचारी आए थे। जेठू सनातन धर्म की रक्षा में इतने सचेष्ट हैं, यह जानकर वे भी उनकी भूरि-भूरि प्रशंसा करके लौट गए। उन्होंने अपने दफ़्तर में रिपोर्ट पेश कर दी। उन्नीस वर्षीया विधवा हेमशशि हँसते-हँसते अपने पति का दुपट्टा अपनी गोद में रखकर सहर्ष...वगैरह-वगैरह !

भवानी को अब लगता है, जाने कैसे तो हेमशशि ने अपनी ज़िंदगी की समूची वंचना, अपने भाग्य का परम परिहास बृजदुलारी में समो दिया। उन्होंने चूँकि हेमशशि और अपनी मइयो वगैरह के जीवन के दुःख देखे थे, उनकी यंत्रणा के साक्षी थे, इसीलिए वे किसी अन्य औरत के दुःख-तकलीफ को भी महसूस कर सके। उन्होंने क्या यह सोचा था कि अगर वे उसे ज़िंदगी के दुःख-दर्द से मुक्ति दिला सके तो उनके मन को राहत मिलेगी ? लेकिन कोई क्या किसी को मुक्ति दिला सकता है ?

विद्यासागर कहा करते थे, 'अगर इनसान अपने भीतर की जड़ता के बंधन को खुद काटने का प्रयास न करे, दूसरा उसकी कोई मदद नहीं कर सकता।'

यह बात सच है। जो खुद मुक्त नहीं होना चाहता उसे भला कौन मुक्ति दिला सकता है ? वह बार-बार उसी बंधन, गुलामी और क़ैद में लौट जाएगा।

भवानी काशी के क़रीब आ पहुँचे। अर्ध-चंद्राकार गंगा के दर्शन करके उनकी आँखें धन्य हो उठीं, भवानी ने अँजुरी-भर गंगा-जल अपने माथे से लगाया। चन्दन की आँखें क़रीब आते हुए काशीधाम के गंगातट की दृश्यावली पर जा टिकीं। गंगा के उस पार चटियल रेत का चौड़ा पाट ! इस पार मंदिर, घाट, प्रासाद-दर-प्रासाद !

उसके कानों में माँझी-मल्लाहों की आवाज़ें आ टकराईं, 'यह हरीश घाट है। हरिश्चन्दर का सोना-दाना लेकर कालू डोम अमीर बन गया। यह रहा केदारघाट ! यह चौंसठ योगिनियों का घाट है। और यह है पेशवा प्रासाद !'

दशाश्वमेध घाट पर कितनी बड़ी-बड़ी छतरियाँ ! घाट के दोनों तट पर पानी के तल में जो सब शिवमंदिर ढँके पड़े थे, अब वे प्रकट हो गए हैं। इतने दिनों तक गंगा ने महादेव को गेरुआ मिट्टी से सजाए रखा था। अब घाट-पुजारी, छोटी-छोटी किश्तियाँ लेकर उन मूर्तियों पर फूल बेलपत्र और आचमनी वगैरह छिड़क आते।

घाट के पंडे छतरियों के नीचे बैठे हुए। गंगा-स्नान के लिए आए हुए भक्त उनके

सामने अधेला, कौड़ी या ताँबे का पैसा रखकर उनसे तेल ले रहे थे। कोई-कोई पानी में उतरते-उतरते ऊँची-ऊँची आवाज़ में गंगास्तोत्र दुहराते हुए।

एक अधेड़ सज्जन अपने साथी से कह रहे थे, 'ए हो, आजकल बैंगन नाहीं आता। तुम दो महीने रुक जाओ, समधिनजी के लिए हमरी तरफ से आम लेकर जाना।'

बहुत-बहुत दिनों बाद भवानी एक साथ कई-कई बंगालियों की बातचीत सुन रहे थे।

कोई विधवा अपने साथवाली से कह रही थी, 'मटर-दाल चढ़ाकर आई हो न ?'

'हाँ, चढ़ा आई।'

'नमक-मिर्च भी डाल दिया ?'

'सुनो, बहना, दाल अच्छी तरह पक जाए, मगर फुरफुरी न हुई हो तो कुछेक मिर्चें तोड़कर घी का तड़का लगाना और उतार लेना। उसके बाद अच्छी तरह हिला लेना। हिलाती जाना।'

उस औरत के गले की आवाज़ ऐसी सुनाई दी, मानो वह सचमुच दाल हिला-हिलाकर उसे दिखा रही हो।

उसके बाद उसने सीने पर पड़ी साड़ी के अंदर हाथ डालकर जल्दी-जल्दी मिट्टी का शिवलिंग गढ़ते हुए कहा, 'सुनो, तुम्हारी बहू अगर पूछे, माँ घी क्यों ? तो कह देना, हम घी बिना दाल नहीं खाते। वह जो कहते हैं न—घी बिना दाल और चिपटे-चिपटे गाल !'

पलक झपकते उस औरत ने कुशल हाथों से शिवमूर्ति गढ़ी, चटपट पूजा निपटाई और शिव समेत गंगा में डुबकी लगा दी।

डुबकी लगाकर अगले ही पल पानी से सिर उठाकर उसने रुष्ट आवाज़ में एक औरत को घुड़की लगाई, 'हाँ जी, अपना झोंटा इधर क्यों झटकार रही हो ? झोंटे का पानी इधर क्यों झाड़ रही हो ?'

उस महिला को देखकर भवानी को मज़ा आने लगा।

भवानी और चन्दन ने दशाश्वमेध घाट के करीब ढलुआ मिट्टी से नाव बाँधने को कहा। घाट पर मौजूद सभी लोग नदी के दर्शन में लीन सिर झुकाए प्रणाम करने लगे। उन सबने देखा गंगा के इस पार एक विशालकाय पुरुष पानी में बहते हुए आगे बढ़ा जा रहा था।

सबने समवेत स्वर में कहा, 'प्रणाम करो ! प्रणाम करो ! वे तैलंगस्वामी हैं। साक्षात् विश्वेश्वर के अवतार !'

भवानी के बड़े भाई हरिलाल बाबू, उन्हें लेने आए ! उन दोनों की सादर अभ्यर्थना के बाद वे उन्हें साथ लेकर चल पड़े। दशाश्वमेध घाट के क़रीब ही उनका मकान ! वे आबकारी विभाग में क्लर्क थे। तमाखू के कारोबारियों की मेहरबानी से अच्छी-खासी

कमाई हो जाती थी ! वैसे काफी हँसमुख क़िस्म के इनसान ! अपनी घर-गृहस्थी में मगन रहनेवाले !

भवानी को याद आया, उनकी भउजी उनके भाई से फरमाइश करती हैं, 'ए जी, पाँच सेर गुड़ तो लेते अइयो।'

उनके भाई खीज़कर कहते, 'ओफ्फो ! जान कोयला कर रखी है तुम लोगों ने ! मैं पूछता हूँ, सारी फरमाइशें एक बार ही कर देने में तुम लोगों का क्या जाता है ?'

लेकिन सच तो यह था कि सारा सामान एक ही बार ले आना खुद उन्हें भी पसंद नहीं था। बार-बार बाज़ार आना-जाना उन्हें भी अच्छा लगता था। हटिया के दुकानदार और विक्रेताओं से बोलना-बतियाना उन्हें बेहद प्रिय था।

उन्होंने भवानी से कहा, 'दो कमरे मैंने साफ करा लिये हैं, हवलदारजी को कोई तकलीफ नहीं होगी।'

चन्दन हँस पड़ा, 'मैं हलवदार नहीं हूँ।'

'अरे, तो होने में कितनी देर लगती है लाला ! कितनी देर !' उन्होंने चन्दन से गपबाज़ी शुरू कर दी ! पाँच मिनट बाद ही उन्होंने यह कहना शुरू किया कि चन्दन के माथे पर उन्हें कई-कई शुभ लक्षण नज़र आ रहे हैं। ग़ज़ब के शुभ लक्षण ! यह लड़का बड़ी तरक्की करेगा।'

हाथ-मुँह धोकर तैयार हो जाने के बाद उसके सामने ढेर सारा नाश्ता रखते हुए उन्होंने कहा, 'लो, थोड़ा सा नाश्ता कर लो, भइए ! यह पानीफल की जलेबी है। हाँ जी, सच ! जिसे तुम लोग 'सिंघाड़ा' कहते हो। थोड़ी-सी पूरियाँ हैं, सब खा लेना ! और देखो, यह खीर मेरी गिन्नी ने अपने हाथों से बनाई है...'

ज़रा से परिचय में चन्दन ने उन्हें पहचान लिया।

नाश्ते के बाद चन्दन ने विदा ली।

जाते-जाते उसने कहा, 'डॉक्टर साहब, मैं चलता हूँ। बीच-बीच में आकर भेंट कर जाऊँगा।'

भवानी घर के अंदर चले आए।

हरिलाल की पत्नी ! उनकी भउजी ! साँवला रंग ! दोहरा नैन-नक्श ! उनके कानों में चार-चार कर्णफूल ! गले में सोने का हार ! हाथ में पट्टा और चूड़ियाँ ! नाक में नकछवि ! कोयले के चूरे से बना 'गुल' और मिस्सी लगाने की लत की वजह से दाँत काले-काले ! इसके बावजूद उनकी हँसी बेहद मिठासभरी ! चार-चार बच्चों की माँ बनने के बाद अब वे गिन्नी के पद पर पहुँच गईं। भवानी से काफी कम बातचीत ! यहाँ उनकी सास-ननद भी मौजूद नहीं थीं। वैसे पहले अपने भरसक भवानी से बात ही नहीं करती थीं।

भवानी जब नहा-धोकर तैयार हो गए तो उनके सामने नाश्ते की थाली रखकर वे

खुद भी उनके रू-ब-रू आ बैठीं।

उन्होंने पंखा झलते हुए बात छेड़ी, 'अब और कितने दिन संन्यासी बने रहेंगे लाला ? अब तो गिरस्ती बसाओ अपनी सुध लो।'

'इस उम्र में भउजी ?'

'अरे हटो, कुलीन ब्राह्मण घराने में तैंतालीस साल भी भला कोई उम्र होती है ? सुनो, एक लड़की है मेरी नज़र में ! चाटुज्जे खानदान की ! भली और शरीफ ! तुम कहो तो बात चलाऊँ ?'

भवानी ने किंचित् हँसकर जवाब दिया, 'कोई और बात करें भउजी ! अंदर महल से बातचीत की काफी आवाज़ें आ रही हैं। कोई तीज-त्योहार है क्या ?'

'हाँ।'

भउजी ज़रा गर्दन टेढ़ी करके हँसी, 'काली पूजा नज़दीक है न ? इस साल वे चार बार पूजा करेंगे। परसों का दिन शुभ है। इसलिए लड़कियाँ जमा हैं।'

भउजी ने अचानक आवाज़ धीमी करते हुए कहा, 'एक बात कहूँ देवरजी ?'

भवानी ने सवालिया निगाहों से उनकी तरफ देखा।

भउजी ने अतिशय धीमी आवाज़ में कहा, 'मेरा भाई भी आया है—नारान ! अब आपके भइया तो धियान ही नहीं देते, आप ही उसको किसी नौकरी-चाकरी में डाल दें।'

'देखता हूँ, अभी तो कई दिनों रहूँगा यहाँ।'

भवानी कमरे में आ बैठे। भौजी उन्हें सौंफ-सुपारी दे गईं।

भवानी ने पूछा, 'भइया गए कहाँ ? अपने दफ़्तर ?'

'न्ना ! नौकरी पर तो आज ऊ देरी से जावेंगे। आपके लिए मछरी खरीदने गए हैं। आप तो जानते ही हैं—ऊ मानस को ! बाज़ार में रकम-रकम की मछरी लावे को शायद पहिले ही कहि आए थे।'

'अरे नहीं ! यह तो साफ नाइंसाफी है ! ज्यादती है !—' भवानी सकुचा गए।

भौजी हँस पड़ीं, 'कितने दिनों बाद तो आए हो लाला, सो ज़रा-बहुत खिवाए-दुलारे का शौक तो होता है न ? लेकिन, घर में बहुरिया ना हो तो भला चलता है देवरजी ? कउन तुमका खिलाता होगा, कउन तुम्हारी बीमारी-आरामी में तुमको देखता होगा, ज़रा बतावें।'

भौजी अपने काम-काज में जुट गईं।

भवानी सुनते रहे, भौजी अपने छोटे बेटे से कह रही थीं, 'इंगी, बेटा, गुड़ के मुरमुरे दूँगी काहे नहीं ? पहिले बाम्हन' दी से मँगा तो लूँ। बाम्हन' दी अपने घर से लड्डू भी लाएगी, मेवा भी लाएगी। अभी तो पूजा होनी है न, बच्चे।'

भवानी को उनकी बातें सुनकर भला-भला लगा। हालाँकि यूँ कान लगाकर सुनने की उनकी आदत नहीं थी, फिर भी ये बातें उन्हें भली लगीं।

कुछ देरी बाद ही उनके भाई शोर मचाते हुए अंदर दाखिल हुए, 'देख रे भइए,

देख ज़रा, इसे कहते हैं घर-गृहस्थी का सुख ! देख ले। घर-गृहस्थी का बंधन बड़ा मज़बूत बंधन है, बिरादर बड़ा मज़बूत बंधन।'

हरिलाल ने गृहस्थी के सैकड़ों दुःख-तकलीफों की सच्चाई बयान करते हुए अंग्रेजी में एक अच्छी सी चिट्ठी लिख देने का आग्रह किया।

अपनी बीवी के बारे में भी उन्होंने चंद जुमले कहे, 'औरत जात ठहरी ! कुछ समझती ही नहीं ! बस, उछलती-कूदती खर्च किए जाती है,' उसके बाद वे अपने बेटे से मुखातिब हुए, 'चल, बाप, काकू के लिए रबड़ी ले आएँ...' यह कहते हुए उन्होंने तेल-लगी चीकट कमीज़ गले में डाली और बेटे को कंधे पर बिठाए बाहर निकल पड़े।

खाना-पीना निपटाते-निपटाते तीन बज गए। बाम्हन दी की बेटी के साथ बैठकर भौजी ने कई-कई पकवान तैयार किए थे।

उन्होंने अपने सिर की क़सम देते हुए कहा, 'मोचे का घंट तो चखकर देखें देवर जी ! तली हुई मछली के महज चार टुकड़े ही तो हैं। ना, ना, चीतल मछरी की मिर्चदार कलिया तो आपको खाना ही पड़ेगा। पिसी हुई मछरी की तरी है, अच्छी नहीं बनी। असल में जब तक इसमें सौंफ कूटकर न डालो, बात नाहीं बनती, और ये सरपुरी तो महज तेल-पानी है, देवरजी ! चलो, ठीक है, रुइ मछरी का पुलाव तो खाएँ। काहे ? अच्छा नहीं बना ? मछरी का पुलाव अभी नया-नया सीखे हैं हम !'

भवानीशंकर को इस क़िस्म के आदर-जतन की आदत नहीं थी। किसी तरह खाना निपटाकर वे उठ गए और आराम करने के लिए अपने निर्दिष्ट कमरे में चले आए। अंदर महल का शोरगुल और बातचीत उनके कानों तक पहुँचती रही।

हैय्या ! आगे बढ़ो ! हैय्या ! बढ़ते चलो, हैय्या !' पालकी आ पहुँची। लड़कियाँ आ पहुँचीं।

भौजी उनमें से ही किसी लड़की से मुखातिब हुईं, 'हाँ भाई, अनारो की फूल ! इतना बखत लुढ़काकर अब आया जाता है भला ?'

किसी लड़की का जवाब सुनाई दिया, 'क्या करती भाभी ? हमारे पति-परमेश्वर भात खाने के बाद ईसबगोल की भूसी खाते हैं, तुम्हें भी पता तो है। लेकिन बीवियों का पकाया हुआ उन्हें पसंद जो नहीं आता।'

लड़कियाँ पान-सुपारी चबा रही थीं। कोई लकड़ी की आँच में दाल भूनने लगी। औरतें आलता-रचे पाँवों को ढककर सुपारियाँ कतरने लगीं। मशहूर सारदा मित्तिर और अन्नदा मित्तिर की माँ भी आ पहुँचीं। वे पाटे पर बैठी-बैठी पान चबाती रहीं और अपनी आदत के मुताबिक भाषण भी झाड़ती रहीं।

उनके बेटे शहर के रुतबेदार अहम लोग !

अभी उसी दिन उन लोगों ने सरकारी सड़क बनाने के लिए सरकार को ज़मीन दी है। बंगालियों को बुला-बुलाकर उन्हें कमिसारिएट में नौकरी देते थे। दो-दो बेटे !

उनकी तीन-तीन बेटियाँ ! यानी छः-छः गृहिणियाँ ! दोनों बेटे अपनी माँ के परम भक्त ! हर रोज सोने की कटोरी में माँ-बापू के चरण धो-धोकर पीते और कहते, 'हमारे पास जो कुछ है, उसकी जड़ में ये दोनों ही हैं। ये ही हमारे विश्वेश्वर और अन्नपूर्णा हैं।'

मित्तिर गृहिणी घोर काली ! पके हुए बालों में भर-माँग सिंदूर ! ढँकाई या धुली हुई हमेशा कलफ लगी साड़ी पहनतीं। दासी हाथ में उनकी चादर लिये खड़ी रहती। पाँव में आलता, उँगलियों में बिछिया ! हाथ में सोने की चूड़ी, कंगन, बाँहों में अनंत ! गले में चेन और मटरमाला ! कानों में चार-चार कर्णफूल और उसी से जुड़ी हुई चेन के साथ नाक में हीरे की नथ ! वैसे काफी अहंकारी औरत ।

लेकिन स्वभाव से बेहद परोपकारी और मिलनसार। पूजा-पर्व, ब्याह, अन्नप्राशन, जनेऊ वगैरह के आचार-नियमों की वे ख़ासी जानकार। काशी में किसी का भी घर हो, वे जाकर सारा काम-काज निपटा देतीं। गुरु-मंत्र भी ले चुकी हैं। किसी के भी यहाँ अन्न-ग्रहण नहीं करतीं, सिर्फ जल और पान भर स्वीकार करती हैं।'

उन्होंने हरिलाल की बीवी को बुलाकर कहा, 'देखो, सर्वजया चतुर्काली पूजा आसान नहीं होती। ज़रा सी भी चूक हुई नहीं कि दोष लग जाता है। तुम लोगों के पंडित भी सर्व-जानकार नहीं हैं। इस पूजा में सर्व-औषधि षडंग धूप और षोडषांग धूप—दोनों की ज़रूरत होती है। काली पंडिताइन के पास जब नेम-नियम लिखा हुआ है। उन्हें लिखना जो आता है। ऐसा करो, उनकी कॉपी मँगाकर हरिलाल को थमा दो। अरे बिटिया, धूप, गुग्गुल, देवदास, तेजपत्तर, कंगन, श्वेत चंदन, अगरू, कूड़, गुड़, चूना, मोथा, हर्रे, लाख, जटामासी, शिलाजीत और नख—जिसमें ये सोलह षोडषांग हों, ऐसी धूप चाहिए। रक्तकमल, रक्तजवा, कृष्ण अपराजिता, रक्तकरबी और द्रोण फूल—ये पाँच फूल भी चाहिए।

'वाकई दीदी, आप जैसा ज्ञान और किसमें है भला ?'

'अरे, मेरे जमाई जब कलेक्टरी में शेरीफ हुए, मेरे बेटों ने देवी काली की पूजा की। सासजी ने तारापीठ से पुरोहित बुलवाया, कलकत्ते के सोनार असली नवरत्न लेकर आए। मुर्शिदाबाद से खगड़ा के बर्तन आए। हमारे मद्रासन रामकेष्टोपुर से पूजा का सामान मँगाया गया। सोलह बलि दी गई, पता है ? आजकल उतनी निष्ठा से कोई पूजा-पाठ नहीं करता।'

इस बीच उनकी पालकी उन्हें लेने आ पहुँची।

वे उठ खड़ी हुईं।

जाते-जाते उन्होंने कहा, 'देखो सर्वजया बहू, मैं तो सिर्फ पूजा देखकर चली जाऊँगी। मेरी बेटी, भानजा और पतोहू खाना खाकर जाएँगे। मंत्र लेने के बाद कहीं बाहर खाने की मुझे आज्ञा नहीं है बिटिया !'

'जल्दी ही चली आएँगी न ?'

'लो देखो, मेरी पगली बेटी, तुम मेरे कर्ता और बेटों को नहीं जानती बिटिया ! घर में बहुएँ आ गईं, लेकिन आज भी अगर दो-एक सब्ज़ी मैं खुद न बनाऊँ, वे लोग

खाना मुँह में नहीं डालते। क्या बताऊँ बिटिया, गृहस्थी की बहुत ज्यादा ही जिम्मेदारी है मुझ पर। नाते-रिश्तेदारों का घर ठहरा ! सुबह-शाम दोनों वक्त मिलाकर सौ-सौ मानस तो खाते ही हैं। नौकरानियाँ बच्चों की देखभाल करती हैं, बहुएँ चौका सँभालती हैं। दो-दो बाम्हन दीदी, बस, भात-दाल उतार देती हैं। पूरी गिरस्ती की जिम्मेदारी मुझे ही निभानी पड़ती है। अगर मैं दिन-भर नहीं भी रुकी, तो पंडिताइन को तो भेज ही दूँगी। मुक्ता ननदजी सब जानती-बूझती हैं। तुम लोग तो इस ज़माने के 'केशोड़ा' बाम्हन जैसे तो हो नहीं, नेम-निष्ठा पालन करते हो। देखना, पूजा भले-भले ही संपन्न होगी।'

वे चली गईं।

अब जाकर लड़कियाँ सहज हो पाईं।

एक गिन्नी ने अपनी चेनदार नथ हिलाते हुए कहा, 'चलो, अब जाकर ठंड पड़ी ! बाप रे ! रुपए की ऐसी गर्मी मची थी कि समूचा कमरा ही धन-दौलत की गर्मी से तपने लगा था।'

कुल एक अदद चौदहसाला लड़की ! माँग में सिंदूर ! गोद में बच्चा ! अस्तु, उसे बड़ों की बातों में शामिल होने का पूरा-पूरा हक़ है, अपने हाव-भाव से यही दर्शाती हुई उसने मुँह फेरकर कहा, 'उफ ! कैसी काली-कलूटी थी रे बाबा ! रुपइया क्या करेगा, घर में तो काले जीरे का खेत जो बो रखा है।'

किसी ने जवाब दे डाला, 'अरे नहीं, रुपए का जलवा बहुत बड़ा जलवा होता है। कुरूपा को भी अपरूपा बना देता है।'

किसी और की आवाज़ गूँज उठी, 'अरे, मेरे भी बेटे पर्व-त्योहारों पर पूरे पचास ब्राह्मणों को चाँदी के बर्तन में ज्योनार कराते हैं, लेकिन हमें तो गर्मी दिखाना नहीं आता।'

हरिलाल की बीवी ने अपनी मीठी-मीठी बातों से सभी को शांत करने की कोशिश की।

भवानी भी उनकी बातें सुन रहे थे। उन्हें काफी मज़ा भी आया। भउजी का नाम क्या सर्वजया है ? नहीं-नहीं, अचानक उन्हें याद आ गया। उनका नाम तो सर्वसुंदरी है। शायद मित्तिर-गृहिणी की ससुराल में किसी बुजुर्ग का नाम सुंदर या सुंदरलाल होगा, इसीलिए, मित्तिर गृहिणी ने उनका नाम तोड़-फोड़कर यूँ बदल डाला होगा।

बनारस के बारे में गवर्नर जनरल, लॉर्ड कैनिंग काफी डरे हुए थे। जिन राजा-नवाब-बादशाहों को उन्होंने गद्दीच्युत किया था, उनके कितने ही आत्मीयस्वजन इसी काशीधाम में रहते थे, उसका कोई ठीक-ठिकाना नहीं है।

दिल्ली बादशाह के भी दूर-दराज के नाते-रिश्तेदार, पेशवा के भाई, चिमनाजी अप्पा के लोग—कैनिंग इन्हीं लोगों के खौफ में डूबे हुए थे। हेस्टिंग्स ने चेतसिंह की काफी बेइज़्ज़ती कर डाली थी। ख़ैर, चेतसिंह तो भगवान के प्यारे हो गए मगर उनके ख़ानदान

के कुछ लोग अभी भी मौजूद थे।

कैनिंग को अहसास हो चुका था, चेतसिंह के ये बचे-खुचे वारिस मानो खतरनाक बारूद की बोरियाँ हैं। किसी भी पल धमाका कर सकते हैं।

हालाँकि कैनिंग ने अपनी आशंका जाहिर नहीं की, मगर मन ही मन वह मानो भूतों का नाच देख रहा था। काउंसिल की मीटिंग, हस्बेमामूल आयोजित होती रहीं, बैंड-स्टैंड पर बाजे बजते रहे, स्टैंड पर बड़ी-सी लैंडो में सवार होकर सैर-तफरीह भी होती रही। बड़ी सी टेबल पर चाँदी के बर्तनों में कई-कई कोर्स में खाना-पीना भी चलता रहा। हाथ-पंखा अपनी रफ़्तार से डोलता रहा। नहाने के बाद सिर पर गुलाब जल का छिड़काव भी जारी था। बाहर जो-जो भी ज़रूरी था, कैनिंग निभाते रहे, मगर मन ही मन डरे-डरे से ! अधमरे ! यहाँ तक कि जैसे ही उन्हें ख़बर मिली कि तिरहट्टी बाज़ार में किसी मुसलमान फल-व्यापारी ने पटाखे छोड़ते हुए रोशनी में जगमग बारात निकाली है, उनका दिमाग़ एकदम से गर्म हो गया। पटाखे ! दुम-दाम शोर मचानेवाली आवाज़ें ! ढेर-ढेर लोगों की जमघट ! बहरामपुर-बैरकपुर से उड़ती-उड़ाती हज़ारों-हज़ार अफवाहें—सारा कुछ उन्हें एक साथ याद आने लगा।

वे काफी कुछ सोचने को लाचार हो आए। बनारस, हाँ बनारस, हिंदुओं का पवित्र तीर्थस्थान है। मुसलमानों का प्रिय शहर ! भारत की प्राचीनतम नगरी ! इस शहर के बारे में वे बेहद सतर्क थे। वैसे इन दिनों सिर्फ़ खोज-खबर और बनारस के अंग्रेज सिविल और मिलिटरी अफसरों से प्राप्त ख़बरों पर ही निर्भर रहकर निश्‍चिंत होने के अलावा उनके पास और कोई उपाय नहीं था।

जज साहब गविन्स; कलेक्टर लिंड; कमिश्‍नर टॉक वगैरह सुयोग्य और अनुभवी अफसर थे।

37वें बंगाल नेटिव इन्फैंट्री रेजिमेंट का जिम्मेदार अफसर, ब्रिगेडियर पान्सनवी दुःसाहसी और निर्भीक शख्स था। लेकिन, कूटनीति से सरासर अनभिज्ञ ! ज़रा मोटी अक्ल का बंदा !

उसे भी कुछ समझ नहीं आया। वह भी कहीं कुछ पकड़ नहीं पाया। यहाँ तक कि अपने सूबेदार निहालसिंह पर भी उसे किसी तरह का शक़ नहीं हुआ। उस पर तो वह पूरा-पूरा भरोसा करता था। उसे बहुत सारी बातें भी बताता रहा था।

चन्दन कालभैरव मंदिर के क़रीब किसी मकान में ठहर गया। उस मकान का मालिक कोई धनी व्यवसायी था। सेठ बाँकेलाल ! बनारसी साड़ियों और श्रेष्ठ मलीदे का कारोबार करते थे। उनके कारोबार में असंख्य हिंदू-मुसलमान कारीगर और रंगरेज उनके मातहत काम करते थे। भारत के कोने-कोने से थोक व्यापारी और महाजन उनके यहाँ आते थे और उनकी दुकान से साड़ियाँ खरीदकर ले जाते थे। बाँकेलाल अगाध दौलत के मालिक ! काशी में उनके कई-कई मकान ! कलकत्ता तक से उनका कारोबार का

सिलसिला जुड़ा हुआ था। बंगाल के अमीर-उमरा उनकी ही साड़ियाँ खरीदते थे। आजकल तो साहबों की मेमें भी बनारसी साड़ी खरीद-खरीदकर ड्रेस बनवाने लगी थीं।

बाँकेलाल के ही एक मकान में लंगर भी खुला हुआ था, जहाँ हर रोज़ दोनों वक्त, करीब पाँच सौ लोगों को दाल-भात, रोटी-भिंडी, बैंगन की सब्ज़ी, खट्टी दही, गुड़ की डली का मुफ़्त भोजन कराया जाता था। पत्थर का बना हुआ मकान ! बीचोबीच आँगन ! चारों तरफ से घिरा हुआ दालान और चार मंज़िली इमारत ! कई एक नौकर, चूँकि हर वक्त कमरों की धुलाई में जुटे रहते थे, इसलिए मकान की पहली मंज़िल हमेशा ही गीली और सीलनभरी नज़र आती। वहाँ हर वक्त खाना पकाने की गंध फैली रहती और ख़ासी उमस महसूस होती। पहली मंज़िल पर खाना-पीना होता था। दूसरी मंज़िल में नौकर-चाकर और रसोईदारों के रहने का इंतज़ाम। तीसरी मंज़िल के कमरों में मेहमानों के ठहरने की व्यवस्था। यहाँ कोई भी मेहमान हफ्ते-भर रह सकता था। जिन्हें ज्यादा दिन रहना होता, वे बाँकेलाल की गद्दी से मुंशीजी का अनुमति-पत्र ले आते। चौथी मंज़िल पर भी बारह कमरे और बाकी हिस्से में छत। इसके अलावा एक बड़ा सा कमरा और था। वह कमरा मूँज की खटियों, कंबल, बर्तन वगैरह का भंडार था। मेहमानों की ज़रूरत पर इस कमरे से भी सामान निकाला जाता।

चन्दन को चौथी मंज़िल पर एक कमरा मिल गया।

बाँकेलाल की गद्दी में हर किसी को आने-जाने की खुली छूट ! कई-कई गण्यमान्य लोग, मसलन बाँकेलाल का फुफेरा भाई, गुलाब लाल, मुहम्मद जूना अली, माखनराम, सूबेदार निहाल सिंह वगैरह सभी लोग वहीं इकट्ठे हुए। जूना अली दिल्ली के बादशाह का रिश्तेदार ! अधेड़ शख्स ! गुस्सैल और आत्माभिमानी ! उनके पास धन-दौलत का ज़ोर नहीं था। जमींदारी की बेहद मामूली और नगण्य आमदनी पर उनका गुज़ारा चलता था। कट्टर न्यायपरायणता और सत्यवादिता लोगों के परम श्रद्धेय थे। मुस्लिम बिरादरी में उनकी काफी इज़्ज़त थी। छोटी सी छोटी तकरार से लेकर बड़ी-बड़ी समस्याओं के फैसले के लिए लोग उन्हीं की शरण में आते थे।

लोगों का कहना था, 'अली साहब सीधी-सरल हिंदी में हमें क़ानून समझा देते हैं। हम सब अनपढ़ लोग ! फारसी की लाइनें हमारी समझ में नहीं आतीं। अली साहब का फैसला हमें मान्य होगा।'

शायद इसीलिए बाँकेलाल की गद्दी में जूना अली को आमंत्रित किया गया था।

गुलाब लाल मध्यम स्तर के व्यापारी ! वे भी बनारसी कपड़ों का व्यापार करते थे। बेहद शौकीन और अधेड़ शख़्स ! रंग बेहद गोरा, लगभग गुलाबी ! उनकी गिनती काशी के अत्यंत शरीफ और प्रतिष्ठित व्यक्तियों में होती थी। ताव दी हुई मूँछें, सिर पर टोपी ! झीना कुर्ता और उतनी ही महीन धोती पहनते थे। आँखों में सुरमा, हाथ और चाँदी की घड़ी पर बेले के फूलों की माला लिपटी हुई।

माखनराम के परदादा चैतसिंह के कर्मचारी थे। वे हेस्टिंग्स की फौज के हाथों मारे गए। माखनराम आजकल गंगा नदी के उस पार रामनगर के राजमहल में रहते थे। काशी में केदारघाट का बाज़ार उन्हीं का था। उन्हें अच्छा-ख़ासा किराया मिल जाता था। उनका खानदान हमेशा से ही अंग्रेजों का दुश्मन !

सुबेदार निहाल सिंह राजपूत था।

अमीर ख़ानदान का लड़का ! साहबों की बराबरी करते हुए उसने भी अपनी कोठी में रेशमी पर्दों की सजावट की थी। उसके पास दस-दस घोड़े ! सुना जाता है कि उसे जो तनख्वाह मिलती है, उस रकम से तो उसके नौकर-चाकर का खर्च चलता है।

चन्दन ने सारे काग़ज़-पत्र उसे ही सौंप दिए। उसे यही हुक्म भी मिला था। उन लोगों ने उससे हजारहा बातें दरयाफ़्त कीं।

निहालसिंह ने कहा, 'बनारस तक बहुत सारी खबरें पहुँचती रहती हैं, लेकिन 36वीं रेजिमेंट आसानी से बग़ावत नहीं करेगी। हाँ, कानपुर की यह आटेवाली ख़बर अगर इन लोगों के कानों में पड़ जाए तो शायद थोड़ा-बहुत तैश में आ जाएँ।'

चन्दन उसकी बातें ग़ौर से सुनता रहा।

कई-कई मुद्‌दों पर विचार-विमर्श किया गया।

बाँकेलाल ने कहा, 'अब अंग्रेज यहाँ से भागते नज़र आएँगे और दिल्ली के सिंहासन पर बादशाह बैठेगा। अलग-अलग राज्यों के राजा-रजवाड़े, बादशाह से मुहर लेकर अपने-अपने राज्यों पर राज्य करेंगे, यही भगवान का निर्देश है।

बहुत सारे लोगों की बहुत सारी बातें सुनने के बाद चन्दन ने कहा, 'मेरी धृष्टता क्षमा करें, मुझे भी कुछ कहने की अनुमति दें। देखिए सिपाहियों को इस बात की परवाह नहीं है कि कौन राजा होगा, कौन बादशाह ! उन लोगों को मामूली सा 'बट्टा' भर मिलता है। रुपए उनके हाथ में नहीं आते। कोई अपनी जमा-पूँजी खलास नहीं कर सकता। जंग में वही लोग अपनी जान देते हैं। अपनी जाति, धर्म को तिलांजलि देकर उन्हें हर जगह, हर जंग में शामिल होना पड़ता है। अभी इस तरफ रेल चली है, कल उस तरफ भी चालू हो जाएगी। चीज़ें इस देश से उस देश के पार होती रहेंगी और क़ीमतें बढ़ती रहेंगी। इसके बाद सिपाहियों का क्या होगा ? उन्हें क्या ज़मीन मिलेगी ? भत्ता मिलेगा ? इंसाफ होगा उनके साथ ?'

ना, इन सवालों के बारे में तो किसी ने सोचा ही नहीं था। जाहिर है चन्दन को सही-सही जवाब नहीं मिला।

गुलाबलाल और जूना अली ने यह आश्वासन ज़रूर दिया, 'हर किसी को काम मिलेगा।'

चन्दन ने दोबारा सवाल किया, 'हुजूर, चलिए मान लिया कि उन्हें ज़मीन मिल जाएगी, लेकिन किसान ? किसान तो महाजन के हाथों भी मार खाता है और तालुकदारों के हाथों भी। उनके बारे में क्या फैसला किया गया है ?'

माखनराम ने धीमे लहजे में जवाब दिया, 'हाँ, यह सोचने की बात है ! लेकिन,

सच तो यह है कि यह देश बेहद ग़रीब है। उस पर से वे लोग हमारा देश लूट-लूटकर सारा सामान जहाज में भरकर दूसरे देश पार कर देते हैं। हम उन लोगों को ही उनके देश खदेड़ देंगे। उसके बाद अपनी सुविधा के मुताबिक अपना क़ानून बनाएँगे, ज़मीनों का भी हिस्सा-बाँट कर लेंगे।'

चन्दन ने पूछा, 'अब क्या मैं कानपुर वापस जा सकता हूँ ?'

बाँकेलाल का वृहद सिंह जैसा सिर एकदम से हिल उठा, 'ना।'

चन्दन ने सुना कोई आर्मेनियन व्यापारी, अच्छी-अच्छी विलायती बंदूक़ें और टोटे लेकर आ रहा है। चैतराम, मगनलाल वगैरह ने रुपए दिए हैं। चन्दन को आदमी, सवारी और रुपए दिए जाएँगे। वह बड़ी-बड़ी नावों में फूस की ढेर तले बंदूक़ें छिपाकर ले जाएगा।'

निहालसिंह ने कहा, 'हमारे दो-नाली और मास्केट बंदूक़ें बिलकुल बेकाम हैं। बेहतर बंदूक़ और गोलियाँ मिल जाएँ तो हम ज्यादा डटकर मुक़ाबला कर सकते हैं।'

चन्दन समझ गया, वहाँ उसे कुछ दिन और रुकना होगा। अगर वह चाहे या कोशिश भी करे तो भी वह नहीं जा सकता।

23

मेरठ कानपुर का पड़ोसी देश।

मेरठ में जब सिपाहियों ने आज़ादी का एलान कर दिया और छावनी जला डाली, उस वक्त भी व्हीलर साहब शुतुरमुर्ग की तरह रेत में मुँह गड़ाए ख़ामोश बने रहे।

संपूरण जैसे चंद अहम् लोगों ने जिन्हें किसी रियासत या ताल्लुके की चाह नहीं थी, जो सिर्फ जंग चाहते थे, उन लोगों ने नदी पर मौजूद नावों के मालिकों से बातचीत की। उन लोगों को सूचित किए बिना एक भी नाव घाट नहीं छोड़ेगी।

सिपाहियों को भी अंदाज़ा होने लगा था कि साहब लोगों को उन पर भरोसा नहीं रहा। वे लोग भी गुस्से से आगबबूला हो उठे।

इस दौरान अवध के अनियमित कैवेलरी के दो सौ चालीस घुड़सवार और पचास अंग्रेज अफसर कानपुर आ पहुँचे। कानपुर मेरठ के बेहद क़रीब ! फिलहाल कानपुर की तो निगरानी की जाए। लखनऊ तो कुछ दूर है ! लखनऊ पर अगर कोई मुसीबत टूटी, तो वहाँ भी कानपुर से अफसर भेज दिए जाएँगे।

फौज में दोबारा फुसफुसाहट शुरू हो गई—क्यों ? बाहर से सवार और अफसर क्यों आए ? हम पर क्या विश्वास नहीं रहा ?

व्हीलर साहब को अनगिनत सवालों का सामना करना पड़ा।

'क्यों ? अब देख रहे हैं न, सिपाही किस क़दर आपे से बाहर हो रहे हैं ? कहीं

वे झूठमूठ ही तैश में न आ जाएँ, इस डर से आपने हिफ़ाज़ती बैरक और मज़बूत घर नहीं बनाने दिया ?'

'असल में मैं उन लोगों को तैश दिलाना नहीं चाहता था—' व्हीलर ने मानो खुद ही अपने को सफाई दी।

'इसके बावजूद उनमें असंतोष जाग उठा है। वे लोग उत्तेजित होने के लिए तैयार बैठे हैं। बस, कोई बहाना भर मिलने की देर है, वे लोग भड़क उठेंगे। इसीलिए तो लखनऊ में फौज आते ही वे लोग गुस्सा खा गए। अभी भी...अभी भी वक्त है, क्या हम मज़बूत बैरक नहीं बाँध सकते ?'

व्हीलर समझ गए, लेकिन काफी देर से समझ पाए। भारतीय लोगों के दिल में वे जगह नहीं बना सके। ऐसा शायद मुमकिन नहीं था। भारतीय लड़की से ब्याह करने या सालों उनसे हेलमेल रखने के बावजूद यह संभव नहीं हुआ। उन्होंने काफी देर कर दी। अब उन्होंने सारे संयोग खो दिए।

ऐसे में पुराने संगी-साथियों में आजकल मैकमोहन उन्हें बेतरह याद आने लगे। बार-बार याद आते रहे। मैकमोहन के बारे में लोग कहा करते थे, उनका तन ही साहबों जैसा है, मन विशुद्ध भारतीय ! इन दिनों उस शख़्स से उन्हें ईर्ष्या होने लगी है। मैकमोहन ओहदों की ज्यादा ऊँची सीढ़ियाँ नहीं चढ़े, शायद इसीलिए वे उन लोगों के क़रीब बने रहे। व्हीलर और उन लोगों के बीच अनगिनत प्रमोशन और ऊँचे-ऊँचे ओहदों की दीवार खड़ी हो गई थी।

अब उन्होंने जो कुछ कहा, वह मानो अपने को ही अपनी कैफियत या जवाबदेही जैसी थी—लखनऊ से मदद तो मिल गई। ज़रूरत पड़ी तो कलकत्ते से भी मदद मिल जाएगी। नाना धुंधूपंथ भी साथ देंगे, ख़जाने की जिम्मेदारी सँभाल लेंगे। सिविलियन अंग्रेज अगर अपने को असुरक्षित महसूस करें तो वे बैरक में आकर रह सकते हैं।

उसी शाम कानपुर के सिविल लाइंस के अंग्रेज अपना मुहल्ला खाली करके बैरक में चले आए।

उसके बाद व्हीलर देखते रहे, कैसे वे हालात और परिस्थितियों के गुलाम बनते गए; कैसे एक अफसर रात को शराब के नशे में सेकंड कैवेलरी के सवारों पर गोलियाँ बरसा आया।

क्षुब्ध और दुखी घुड़सवार सिपाही ताबड़तोड़ सवाल पर सवाल उठाते रहे। उधर लखनऊ से भी भयंकर ख़बर आई। अवध कैवेलरी के अफसर सवारों समेत लखनऊ के लिए रवाना हो गए।

हवा से भी तेजतर रफ़्तार में ख़बर फैल गई। व्हीलर को जब 'सिक्रेट सर्कुलर' यानी गोपन समाचार मिला, उससे पहले ही यह ख़बर उनकी रेजिमेंट और समूचे कानपुर शहर में फैल गई—साहब लोग लखनऊ, मेरठ वगैरह हर जगह मुसीबत में घिर गए हैं।

व्हीलर को अपने वादे के मुताबिक लखनऊ को मदद भेजनी पड़ी। लेकिन वे भेजते किसे ? सारे के सारे अंग्रेज हाथ में बंदूक़ चाहते थे। सबके सब जंग के लिए आमादा !

अति उत्साहित इवान्स, सबका अप्रिय ब्राइट और उसके अनुयायी पचास पठान सवार फौरन रवाना हो गए। उसके बाद दिल्ली भी हाथ से निकल गई।

लखनऊ, मेरठ और दिल्ली ! व्हीलर मानो मंत्रमुग्ध निगाहों से देखते रहे, दीवार पर टँगे नक्शे पर लाल निशान एक-एक करके मिटते जा रहे थे। दक्षिण में झाँसी और नवगाँव में अंग्रेज या तो मारे गए या फ़रार हो गए।

Desperate time needs desperate action ! खतरनाक वक्त में खतरनाक क़दम उठाना ज़रूरी हो जाता है। व्हीलर अपने ही हाथों से अपने पर चाबुक बरसाते रहे। ट्रेज़री से एक लाख रुपए निकाले जाएँ। रसद जमा किया जाए। बिस्कुट, मैदा, घी, नमक, चीनी, चाय, चावल, आलू, शराब, ब्रांडी, पोर्ट, मोमबत्ती और किरसन वगैरह बैरक में मौजूद रखा जाए।

उफ ! यह बैरक ! ईंटों की चिनाई कुछ और ऊँची की जा सकती थी। चारदीवारी और पुख्ता की जा सकती थी। हल्की-फुल्की तोपों को खींचकर करीबतर किया जा सकता था। इसके अलावा कारतूस, बंदूक़, तलवार, बेयनॉट भी इकट्ठे करने चाहिए थे। यहाँ हर कोई बंदूक़ की माँग कर रहा है; हथियार चाहता है।

पेशवा ने मदद के तौर पर तीन सौ मराठों की फौज भेजी। वह फौज रास्ते में ही बिखर गई। मेरठ और लखनऊ के दल-त्यागी तितर-बितर रिपाहियों में जा मिली। लोगों ने कानपुर के इर्द-गिर्द कैंप लगाया।

जंग लगे लोहे के दरवाज़े एकबारगी खोल दिए गए।

जमींदार, तालुकदार, ठाकुर साहब, छोटे-छोटे राजा-नवाब वगैरह सभी के महल-हवेली की चोर-कोठरी के दरवाज़े खुल गए। पुराने ज़माने के भारी-भारी गदा-बंदूक़, भाले, तलवारों पर शान चढ़ाने लगे। बड़े-बूढ़ों तक ने अपनी-अपनी झूलती हुई लाल भौंहें और चमड़ी समेटकर अपनी पगड़ी में कस ली। कल्याणपुर, नारायणपुर के रास्ते वे लोग कानपुर के क़रीब आ पहुँचे। हाँ, अनगिनत योद्धा शहीद हो गए। हर कोई अपनी क़ुर्बानी देने को दृढ़ संकल्प ! लेकिन कोई नेता नहीं था। किसी नेता की बेहद ज़रूरत थी।

उस दौरान भी कई एक रेजिमेंट विश्वस्त ! भरोसेमंद !

वे लोग साहब लोगों की पहरेदारी में जुटे रहे। बग़ावत की बात सुनकर वे लोग अपने कानों में उँगली डाल लेते।

उन लोगों ने अभय देते हुए कहा, 'डरें नहीं साहेब ! डरने की कोई ज़रूरत नहीं।'

पाँच जून की रात ! तिरपनवीं रेजिमेंट के सिपाहियों ने अपना-अपना खाना चढ़ाने के लिए, अभी चूल्हा जलाया ही था। कच्ची लकड़ियाँ अभी तड़तड़ाकर चिटख ही रही थीं कि अंग्रेजों ने उन पर ही दनादन गोलियाँ दाग़ दीं। वे लोग उन पर राउंड पर राउंड गोलियाँ बरसाते रहे, बिना रुके ! बिना साँस लिये ! बार-बार ! लगातार ! रुकना जैसे

उनके वश में न हो।

असंभव भय और उत्तेजना नसों को तार-तार कैसे कर देती है, अंग्रेजों ने इसे बखूबी साबित कर दिखाया।

इस दौरान कानपुर शहर में विलायत की मलिका की तस्वीर और कंपनी के झंडे उतार फेंके गए। तिरपनवीं रेजिमेंट और अन्यान्य तबाहहाल-फौज आखिरकार इस आकस्मिक सैलाब में बह गई। हिंदू सिपाही-सवारों ने हर-हर महादेव का नारा लगाते हुए लाल झंडा लहरा दिया। मराठा फौज अपना भगवा झंडा ले आई। मुसलमान अपने बादशाह की पताका थामे हुए, 'दीन', 'दीन' की आवाज़ लगाते हुए उनके कंधे से कंधा मिलाकर खड़े हो गए।

व्हीलर ने देखा—अब क़िस्मत का घड़ा भर चुका है। किसी भी पल डूब सकता है। शहर में फौज की तादाद बढ़ती गई। रुपयों की सख़्त ज़रूरत ! अंग्रेजों की कोठियाँ लूट ली गईं। ब्राइट का मकान तो जलाकर बिलकुल खाक़ कर दिया गया।

'उस साली के तो बाल मुड़ाकर शहर से निकाल बाहर करेंगे। उसका गहना-गुरिया छीनकर ही दम लेंगे,' इस ऐलान के साथ लोग बृजदुलारी की तलाश में उन्मत्त हो उठे।

रात को जगह-जगह भयंकर आग लगाकर शहर भर में रोशनी की गई।

ख़ैर, रोशनी का त्योहार तो मनाना ही था। अंग्रेजों के घर-मकान जल रहे थे। उनके साजो-सामान जल रहे थे। गर्मी में नीरस-सूखे पेड़ जलकर ख़ाक हो रहे थे। बाँस चटाख़्-चटाख़् की आवाज़ों के साथ भस्मीभूत होते रहे; काठ तड़तड़ाकर चिटखते रहे। असंख्य लोग दारू पीकर चीखते-चिल्लाते हुए ! लोगों का कोई झुंड फौजी जवानों की आर्मरी से लूटी हुई बंदूक़ें-तलवारें बाँटता हुआ ! कारोबारी, दुकानदार जान बचाकर भागने की कोशिश में बौखलाए हुए ! हर ओर शोरगुल, हंगामा, चीत्कार ! समूचा शहर संतरी, पहरेदारों से घिरा हुआ ! अगर किसी को बाहर निकलना हो तो किसी जान-पहचान की मदद ज़रूरी थी।

जिस रात विद्रोह हुआ उस रात बृजदुलारी की तलाश करनेवालों में संपूरण भी शामिल था !

रात तीन बजे जब वह घर लौटा, उसने देखा, चम्पा और बृजदुलारी आमने-सामने बैठी हुई थीं। बृजदुलारी के सामने गहनों का ढेर ! सोने की मोहरें ! चाँदी के सिक्के, चाँदी के ही इत्रदान, गुलाबदान, सोने का नस्सीदान, सोने की रकाबियाँ-गिलास ! सब ढेर में पड़े हुए !

संपूरण ज़रा-ज़रा लड़खड़ा रहा था। काली मइया के पास बैठा-बैठा वह काफी देर तक देवी को पुकारता रहा और 'कारण' ताड़ी चढ़ाता रहा। दो अंग्रेज चमड़ा-व्यापारी अपने-अपने घोड़े दौड़ाते हुए बैरक की तरफ भागे जा रहे थे, उनमें से एक को उसने

मार डाला। एक झुंड लोग दारू पीकर हंगामा मचा रहे थे, तलवार ताने हुए उसने उन्हें भी खदेड़ दिया।

'यहाँ जंग छिड़ी है और तुम लोग दारू पीकर भँड़ैती कर रहे हो ?' उसने दहाड़कर चुनौती दी।

उसके बाद वह घर लौट आया।

बृजदुलारी को देखकर वह धीमे-धीमे झूमने लगा।

'चम्पा, इस औरत को निकाल बाहर कर ! लोग इसे खोज रहे हैं।'

'निकालना है तो खुद ही निकाल दो न !' चम्पा ने पलटकर तड़ से जवाब जड़ा।

'मैं औरतों के बदन पर हाथ नहीं लगाता।'

'क्यों ?'

'बस, मैं औरतों को नहीं छूता।'

चम्पा ने उसकी तरफ घूरकर देखा।

अगले ही पल उसने गंभीर मगर अपरिचित लहजे में कहा, 'संपूरण, मुझे तुमसे एक चीज़ चाहिए।'

संपूरण ने उसकी तरफ भरपूर निगाहों से देखा। आज वह शराब पीकर आया था, इसलिए अपने काबू में नहीं था। इस वक्त उसे कोई और चला रहा था और वह सम्मोहित-सा अपने अंदर छिपी उस दूसरी शक्ति के हुक्म की तामील कर रहा था।

उसने मन ही मन महसूस किया वह दूसरी शक्ति चम्पा ही है।

'घोड़ा ! रक्तांबरा ! विद्युत-आलोकित कांति !' वह बुदबुदा उठा।

'सुनो संपूरण ! बृजदुलारी ब्राइट के सारे धराऊ ज़ेवर ले आई है।'

संपूरण निरुत्तर !

'संपूरण, अब तुम इसे अपने साथ लेकर जाओगे और हिफ़ाज़त से शहर के बाहर तक पहुँचा आओगे। वह तुम पर ही भरोसा करके यहाँ आई है। तुम्हारी शरण में आई है।'

संपूरण ने कोई जवाब नहीं दिया।

'वह यहाँ से चली जाना चाहती है।'

'नहीं, वह यहीं रहे। शहर के बाहर भयंकर दहशत है ! आतंक का माहौल है,' संपूरण ने रुक-रुककर कहा।

बृजदुलारी उठ खड़ी हुई।

उसने बिलकुल साफ-साफ, दुविधामुक्त आवाज़ में कहा, 'मेरे पास पिस्तौल मौजूद है।'

'लेकिन, तुम्हें जाना क्यों है ?' संपूरण ने दोबारा पूछा।

'उसे जाने दो। रात उजलाती जा रही है।'

'हाँ, मुझे जाने दो। इस रात की सुबह होनेवाली है।'

संपूरण ने माथा पोंछा और होंठ चबाते हुए खखारकर गला साफ किया।

'ठीक है, आज भर यहाँ रुक जाओ। कल रात मैं खुद तुम्हें शहर के बाहर तक पहुँचा आऊँगा। आज आसमान साफ हो गया है। आज भर चम्पा तुम्हें छिपाए रखेगी।'

अगले दिन संपूरण और चम्पा, दोनों बृजदुलारी को शहर के बाहर काफी दूर नितांत अँधेरे और दिशाहीन सड़क तक छोड़ आए।

24

मेरठ, दिल्ली, लखनऊ और अन्यान्य जगहों पर एक-एक करके जब अंग्रेजों ने करारी मात दी, उस दौरान भी काशी में कहीं कोई गोलमाल नहीं हुआ। इसके बावजूद अधिकारी काशी के बारे में भी आशंकित हो आए।

बनारस के एक तरफ पटना, दूसरी तरफ इलाहाबाद ! ज्यादा दिन नहीं, अभी पिछले साल ही बंगाल और बिहार में संथाल आदिवासियों ने विद्रोह कर दिया था। वह विद्रोह भयंकर सख़्ती से कुचल दिया गया। अधिकारियों ने शायद यह सोचा था कि संथालों के भीतरी असंतोष से अभी धुआँ उठ रहा था। उसी वक्त अगर वे लोग अपनी ताकत और क्षमता की एक मिसाल साबित कर सकें, तो वह आग फैल नहीं पाएगी। उन लोगों का अंदाज़ा था, जमींदार और तालुकदार अपनी-अपनी ज़मीनों का अधिकार खोने की वजह से विक्षुब्ध हैं। फौजी भी बाग़ी हो गए हैं। अगर ये लोग आपस में मिल गए तो इस उपनिवेश को अपने क़ब्जे में रखना नामुमकिन हो जाएगा। यह मुसीबत उत्तर से लेकर मध्य भारत, पूरब और पश्चिम, वामपंथी दक्षिण में भी फैल जाएगी। डाक, तार और टेलिग्राफ की मदद लिये बिना ही ये लोग ख़बरों के आदान-प्रदान में किस क़दर माहिर हैं, इसका प्रमाण तो साफ ही नज़र आ रहा है।

इसलिए कैप्टन नील को कलकत्ता लाया गया। नील मद्रास से कलकत्ता आए। हावड़ा स्टेशन पर, रेल विभाग के कर्मचारियों की तरफ संगीनें तानकर भय दिखाते हुए उन्होंने अपनी ज़रूरी ट्रेन पास कराई। स्टेशन की तमाम समय-सूचियाँ उलट-पुलट गईं और फौज से लदी नील की स्पेशल ट्रेन बनारस रवाना हो गई। नील तीन जून को बनारस पहुँचे।

वहाँ पहुँचते ही नील ने उधर के नेटिव इन्फैंट्री को निरस्त्र करने के संकल्प की घोषणा कर दी।

बनारस में ही नील ने टॉकर, लिंड, गॉविन्स—इन अफसरों की कामयाबी से भी इनकार कर दिया और डंके की चोट पर इन्फैंट्री के सिपाहियों को मैदान में वर्दी और अस्त्र-शस्त्र समर्पण करने का हुक्म सुनाया। इस पर भी उन लोगों ने एतराज नहीं किया।

छत्तीसवें नेटिव इन्फैंट्री की छः कंपनियों के तीन हज़ार आठ सौ चालीस सिपाही

और जमादार-सूबेदारों ने अपनी-अपनी वर्दियाँ समर्पित कर दीं और अपमानित-सी सूरत लिये सिर झुकाए खड़े रहे।

बाकी दो कंपनियाँ पीछे-पीछे आ रही थीं। लेकिन, तभी अंग्रेज अश्वारोहियों ने आगे बढ़कर उन लोगों को घेर लिया।

फौजियों में हल्ला मच गया।

वे लोग चीख-चीखकर पूछने लगे, 'हाय अल्लाह ! हे विश्वनाथ ! इधर बंदूक़ छीने ले रहे हैं, उधर से बंदूक़ ताने धीरे-धीरे आगे बढ़ते आ रहे हैं। आखिर क्यों ? पंजाब की ख़बर तो हमें मिल चुकी है। तुम लोगों ने सिपाही और सवारों के हथियार छीन लिए, उनकी वर्दी छीन ली; उनकी नौकरी, जमी-जमा सब छीन लिये। इसके बाद भी उन पर धावा बोलते रहते हो, उनका पीछा करते हुए उन्हें रगेदते फिर रहे हो। हमारे साथ भी क्या तुम लोग यही करना चाहते हो ? वर्दी और बंदूक़ तो हमने उतार ही दी। अब हम बच्चे की तरह असहाय हैं। मुद्दतों पहले यहाँ आकर, जब हमने फौज में नाम लिखाया था तब तो हमारे हाथ में वर्दी और बंदूक़ थमा दिया। उफ ! ऐसी बेइज़्ज़ती ! मानो गर्दन-कानों में अपमान की सुई चुभो दी गई हो।'

बाकी दोनों कंपनियों में दुविधा और भगदड़ का आलम देखकर नील के हुक्म पर गोलियों की बरसात शुरू हो गई। बची हुई कंपनियों के सिपाही बंदूक़ें फेंक-फेंककर अपने बचाव में जुट गए ! जो लोग निहत्थे थे वे भागने के चक्कर में थे या बंदूक़ दोबारा उठा लेने की कोशिश करने लगे। सिख और अनियमित फौज, जो वहाँ परेड के लिए आई थी, को भी गोलियाँ खानी पड़ीं। उन फौजियों ने भी जवाबी गोलियाँ चलाईं। नील की फौज ने निहत्थी जनता पर अपनी नई एनफील्ड प्रिटेस्ट राइफल की तमाम गोलियाँ खाली कर दीं।

कमिश्नर टॉकर और बाकी अफसरों ने नील को कसूरवार ठहराया। लेकिन नील अपने को ईश्वर-प्रेरित शक्ति समझ बैठा था। वह कोई भी मनमानी कर सकता है, उसे हक़ है, यह सोचकर उसने लखनऊ, कानपुर जाने का फर्ज एकदम से भुला दिया और बनारस शहर के कैंटोमेंट और आसपास के गाँवों को अपने अत्याचार का निशाना बनाया।

कैंटोमेंट की सड़क के दोनों ओर खड़े क़तार-दर-क़तार पेड़ों पर फाँसी का फंदा तैयार किया गया। आसपास के गाँवों से निरीह लोगों को रगेदकर यहाँ तक लाया गया और उन्हें फाँसी पर लटका दिया गया।

शहर की अली-गलियों में स्थित मंदिरों के सम्मान का भी खयाल नहीं रखा गया। दुकान-पाट लूट लिये गए। लाशें सड़ने लगीं। चारों तरफ भयंकर बदबू फैल गई।

सँकरी-सँकरी गलियों में जंग छिड़ गई। लेकिन, वहाँ भी आमने-सामने मुक़ाबला करने की बजाय बिना सोचे-समझे नरहत्या का दृश्य नील को ज्यादा पसंद आया।

नील साहब ने बेक़सूर, निहत्थे ग्रामवासियों को पकड़-पकड़कर फाँसी देने और बीच-बीच में किसी-किसी बंदे को तोप के मुँह पर बाँधकर, 'हुम्म' से उड़ा देने की ऐसी

मिसाल पेश की कि बाद में दूसरे-दूसरे अफसर भी उसकी उसी करतूत की नक़ल करते रहे। वैसे नील साहब ने तो तमाम हदें पार करते हुए सबको मात दे दी। वह नृशंस शिशु-हत्या पर उतर आया। सात-आठ-दस वर्ष के बच्चों को पकड़ लाया गया और पेड़ों से दो-दो बच्चों को लपेटकर उन्हें फाँसी पर झुला दिया गया। इसी दौरान नील साहब को बँगला की संख्या 8 की डिज़ाइन इस क़दर पसंद आ गई कि छोटे-छोटे बच्चों की खोज-खोजकर उनकी देह को तोड़-मरोड़कर संख्या 8 की मुद्रा में फाँसी देने का सिलसिला शुरू हो गया।

उस दौर के इतिहास की तमाम घटनाएँ ग़ज़ब तरीके से खूनी-पथ की परिक्रमा करती रहीं। नील साहब बनारस में नए सिरे से नादिरशाही इतिहास रच रहे थे और यह ख़बर कानपुर तक पहुँच गई। अब वहाँ भी हिसाब-किताब गड़बड़ा गया। सत्ती चौरा घाट पर अंग्रेजों को नावों पर सवार कराते हुए भारतीयों ने उन सबको गोली मार दी। उन लोगों को बनारस की ख़बर मिल चुकी थी। पंजाब की ख़बर भी आ चुकी थी। अब उन लोगों ने भी न्याय-अन्याय का हिसाब-किताब दरकिनार कर दिया। बहुत से अंग्रेज तो वहीं दम तोड़ गए, बहुत से बाद में 'बीवीघर' में दम तोड़ने के लिए लौट आए। मरनेवालों में व्हीलर, उनकी भारतीय पत्नी और बेटी भी शामिल थी।

व्हीलर पिछले कई दिनों से निहायत बदहवास और पत्थर हो आए थे। हर पल उन्हें शायद यही अफसोस सताता रहा कि वे व्यर्थ हो गए, भयंकर तरीके से नाकाम साबित हुए। जो लोग मर रहे थे, उन लोगों की मौत के लिए भी कहीं वे अपने को ही जिम्मेदार समझते रहे थे। बहरहाल, जब मौत आई तब उन्हीं के किसी अधीनस्थ की तलवार ने, उनके पके बालोंवाले सिर पर क्रूर आघात किया और उन्होंने बेहद ख़ामोशी से दम तोड़ दिया। अफसर होने के बावजूद उन्होंने अदूरदर्शिता का परिचय दिया। शायद उसी का फल था कि उन्हें ऐसी गौरवहीन मौत मिली। इसके लिए वे अपनी क़िस्मत को हरगिज दोष नहीं दे सकते थे।

उस दौरान शायद नील भी इस बात से अनजान था कि बाद में उसके अपने साथी अफसर, यहाँ तक कि खुद कैनिंग भी उसे घोर धिक्कार देंगे और उसे नासमझ और अदूरदर्शी कहेंगे।

उस वक्त वह ख़ासी मौज में था। आगे के रास्ते में भी इस तरह का खूनी इतिहास रचते-रचते वह इलाहाबाद की ओर बढ़ चला।

बनारस के सिपाही और सवार भी इधर-उधर बिखर गए। गुलाब लाल और बाँकेलाल के रुपयों से खरीदी हुई बंदूक़ें लेकर चन्दन बनारस से निकल नहीं पाया। वे बंदूक़ें तो लोग हाथोहाथ उठा ले गए। अब जिधर-जिधर अंग्रेजी फौज जा रही थी, वे लोग उधर की ओर जाने से बचते रहे। वे लोग इधर-उधर बिखर जाते। अंग्रेज फौज जब गाँवों पर हमला बोलती, वे लोग जवाबी जंग छेड़ देते, उधर जब यह खबर बिहार तक पहुँची तो वहाँ के लोग सिर्फ कैंटोंमेंट के अंग्रेजों को ही मारकर संतुष्ट नहीं हुए बल्कि अंग्रेजों के कारखाने, दफ़्तर, गोदाम वगैरह भी ध्वंस करने में जुट गए।

नील खुशी की मौज में इलाहाबाद की ओर रवाना हो गया। फिलहाल उसकी नीति थी, जिन लोगों ने कुछ भी नहीं किया, जो बिलकुल बेक़सूर हैं उन पर ऐसा भयावह अत्याचार किया जाए कि उन लोगों के मन में जन्म भर के लिए खौफ समा जाए।

उसी दौरान भवानीशंकर और चन्दन की दोबारा भेंट हुई। भवानीशंकर को बिलकुल अंदाज़ा नहीं था कि ऐसी भयावह स्थिति में चन्दन यूँ साहस करके उनसे मिलने आएगा।

इधर कुछ दिनों से वे बेतरह परेशान और दुखी थे।

नील का अर्थहीन आचरण और बाद के अत्याचारों से उनके मन को भयंकर ठेस लगी थी। उनके भाई और अन्यत्र जा बसे नाते-रिश्तेदारों की क्या दुर्दशा हुई, यह जानने को वे अतिशय बेचैन थे। भवानीशंकर उन लोगों की परेशानियों और आशंकाओं के दिनों में उनके सहभागी नहीं बन सके, यह बात उन्हें बेतरह कचोट रही थी।

किन्हीं-किन्हीं पलों में एक खयाल सा जागता कि उन्हें बहुत कुछ करना है, मगर अगले ही पल वे हताश हो आते। ना, उनके वश में कुछ भी नहीं है। वे कुछ नहीं कर सकते। उनकी भूख-प्यास-नींद तक उड़ गई थी। शहर की सड़कों पर निकले बिना उनसे रहा भी नहीं जाता था। बाहर उन्मत्त पशुता का नंगा नाच देखकर उन पर जैसे चाबुक बरसने लगती। वे मर्माहत होकर वापस लौट आते।

चन्दन ने उनसे ज्यादा बातचीत नहीं की।

उसने संक्षिप्त लहजे में कहा, 'चम्पा से अगर आपकी भेंट हो तो उससे कहिएगा वह चली जाए, डेरापुर लौट जाए। कम से कम अपनी जान तो किसी तरह बचा ले।'

भवानी ने दरयाफ़्त किया, 'अब तुम क्या करोगे ?'

'आपकी राह अलग है, मेरी अलग ! लेकिन, आपको पहचानने में मैंने भूल की। मुझे लगा था कम से कम आपमें तो इनसानियत है।'

उसके रूखे लहजे से भवानीशंकर बेतरह आहत हो गए।

चन्दन ने दोबारा कहा, 'अभी कुछ दिनों पहले तक मुझे यह समझ नहीं आया था कि ये लोग अंग्रेजों को आखिर क्यों खदेड़ना चाहते हैं और इन्हें खदेड़ेंगे कैसे ? लेकिन, इनके घोर अत्याचार देख-देखकर अब मेरे मन में कोई संशय नहीं रहा। मैंने देख लिया। आप जो-जो बातें किया करते थे। उनका कोई मोल नहीं था। आप कहा करते थे, शिक्षा ही सबसे अहम है। हम उन लोगों की अच्छी-अच्छी खूबियाँ ग्रहण करेंगे और अपने को बेहतर इनसान बनाएँगे। लेकिन डॉक्टर साहब, उन लोगों ने नन्हे-नन्हे बच्चों को उनकी माँ की गोद से छीनकर फाँसी पर लटका दिया। वे लोग गाँव के गाँव जलाए डाल रहे हैं और गाँव के भोले-भाले इनसानों को रगेदकर यहाँ तक ले आते हैं और उन्हें आग में झोंक देते हैं। जिन लोगों की वे जान ले रहे हैं, उन लोगों ने आखिर क्या कसूर किया है ? बनारस के सिपाहियों पर उन लोगों ने गोलियाँ क्यों बरसाईं ? पहले मुझे अपनी जान का बड़ा मोह था डॉक्टर बाबू, मैं अपने माँ-बाप का इकलौता बेटा हूँ। मैं उन्हें गहरी चोट देकर चला आया। जब मैं आ रहा था, मेरी माँ कितना-कितना रोई थी, इसके बावजूद मैंने पलटकर नहीं देखा। लेकिन, अब मुझे कोई मोह नहीं रहा।'

चन्दन कुछ देर चुप हो रहा।

कुछेक पल बाद उसने दोबारा कहना शुरू किया, 'पहले मुझे मौत से डर लगता था डॉक्टर साब ! अब वह डर जैसे खत्म हो गया।'

'चन्दन, बात यह है कि भारतीय लोगों का कोई नेता नहीं है,' भवानीशंकर ने कहा, 'तुम लोग जंग तो कर रहे हो, तुम लोगों में साहस की भी कमी नहीं। लेकिन, चूँकि तुम्हारा कोई नेता नहीं है, जो इस जंग को सही दिशा दे सके इसलिए बार-बार मुँह की खा रहे हो।'

'हाँ, जानता हूँ—'

चन्दन ने संक्षिप्त सी उसाँस भरी।

उसने गंगा नदी की ओर देखते हुए दोबारा कहा, 'जिन लोगों ने बड़ी-बड़ी बातें की थीं, वे लोग तो फुर्र हो गए। जिनके बारे में कभी सोचा भी नहीं था, वे लोग ही अगली कतार में नज़र आ रहे हैं !'

दोनों ही ख़ामोश हो रहे।

थोड़ा ठहरकर चन्दन ने कहा, 'अब तो बस एक ही राह है।'

'कौन सी राह ?'

'मैं कम से कम मर तो सकता हूँ। लेकिन मरने से पहले जहाँ तक मेरी ताकत मेरा साथ देगी, मैं ज्यादा से ज्यादा अंग्रेजों को मौत के घाट उतारूँगा। मैं मर सकता हूँ, डाक्टर साहब, अपनी जान दे सकता हूँ। मौत को आप भी गले लगा सकते हैं, यही एकमात्र राह है। हाँ, बचना अब नामुमकिन है। लेकिन, मैंने सोच लिया है, बचने की कोशिश भी क्यों करूँ ? मुझे समझ नहीं आ रहा है डॉक्टर बाबू, मेरे अंदर कहीं कुछ बदल गया है...'

कुछ पलों के बाद, उसने स्वगत लहजे में कहा, 'हाँ, सिर्फ चम्पा...'

'चम्पा ?'

'हाँ, उसका तो कोई कसूर नहीं। संपूरण उसे कठपुतली की तरह इस्तेमाल करता रहा। वे लोग क्या उसे मार डालेंगे ? ये अंग्रेज लोग ?'

भवानी से कोई जवाब देते नहीं बना। इतने दिनों बाद अब जाकर वे चन्दन को थोड़ा-बहुत समझ पाए। उसके जो-जो बरताव अब तक उनकी समझ में नहीं आया था, अब मानो सब कुछ स्पष्ट हो आया।

'पता है डॉक्टर साहब, जाने कब से...शायद उस वक्त से जो अब मुझे याद भी नहीं, वह मुझ पर भरोसा करती आ रही है, मैं उसके भरोसे की क़ीमत नहीं चुका पाया।'

कुछ देर फिर चुप्पी छाई रही।

'शहर का चेहरा देख रहे हैं डॉक्टर बाबू ? सड़क सारी निर्जन-सुनसान ! कहीं, कोई बंदा नज़र नहीं आता। घर-घर में अँधेरा ! कहीं रोशनी की एक लकीर तक नहीं। नदी में नौकाएँ भी नज़र नहीं आतीं। जिन्हें फाँसी चढ़ाकर मार डाला गया, उनकी लाशें इसी

गंगा में फेंक दी गईं, आप देख रहे हैं न ? उफ़ ! कितनी हैरतनाक ! हौलनाक रात है यह डॉक्टर बाबू ! बेटा मर गया, माँ रोई नहीं; पति मर गया, पत्नी की आँख में एक भी आँसू नहीं...'

भवानी ने कोई जवाब नहीं दिया।

थोड़ा ठहरकर चन्दन ने ही कहा, 'पता है डॉक्टर बाबू, वे लोग कह रहे थे कि अगर मैं आपसे मिलने गया तो आप मुझे गिरफ़्तार करा देंगे। आप क्या वाकई मुझे उनके सुपुर्द कर देंगे ?'

भवानी उसका चेहरा पढ़ते रहे।

अगले ही पल उन्होंने गंभीर संयत आवाज़ में कहा, 'ना।'

'वे लोग कह रहे थे, आप नील साहब के साथ ही जाएँगे। आप क्या सचमुच जाएँगे ?'

'ना।'

'अब आप क्या करेंगे ?'

'मुझसे सवाल मत करो चन्दन !'

दोनों फिर ख़ामोश हो रहे।

कुछ देर बाद भवानी ने ही कहा, 'चन्दन, अगर तुम्हें जाना है तो देर मत करो। उन लोगों को तुम पर शक़ हो जाएगा और यह स्वाभाविक भी है। घर-घर छापा मारकर तुम्हें खोजते फिरेंगे। फिर कमीशन बैठेगा; मुकदमा चलेगा ! सचमुच क्या मुकदमा चलेगा ?' उन्होंने मानो अपने से ही सवाल किया।

दोनों चुपचाप बैठे रहे। अँधेरे में गंगा की छाती पर हरिश्चंद्र घाट की तरफ से एक-दो नावें नदी का चौड़ा पाट पार करते हुए रामनगर की तरफ जाती हुईं !

'वे लोग भाग रहे हैं।' चन्दन ने फुसफुसाकर कहा।

दोनों फिर ख़ामोश !

चन्दन ने संक्षिप्त-सी उसाँस भरकर कहा, 'ये लोग कुछ भी कर सकते हैं डॉक्टर बाबू ! पंजाब में उन्होंने क्या किया, पता है ?'

'चन्दन, अत्याचार के और-और किस्से मत छेड़ो तुम !'

'और-और किस्से मैंने कहाँ छेड़ा ? कहाँ, कुछ कहा ! हाँ, सुना ज़रूर ! उन लोगों ने किसी रावार को पहले पाँव से पकड़कर चीर डालने की कोशिश की। उसके बाद उसका पाँव उखाड़कर नचाते फिरे और बेयॉनट से उसके मुँह पर खोंचा मारते रहे। उसे एक ही बार में क़त्ल करने की बजाय...'

ख़बरें सुनाते हुए चन्दन, मानो अपने पर काबू नहीं रख पा रहा था।

वह कहता गया, 'उसी हालत में उसे काठ के तख़्ते पर लिटाकर आग लगा दी। वह कमनसीब किसी तरह कूदकर उस आग से भी निकल आया, डॉक्टर बाबू ! उसने अफसरों से गिड़गिड़ाकर कहा, 'मेरा सिर काट डालो या मुझे गोली मार दो।' मगर विकट अट्टहास करते हुए उन लोगों ने उसे दोबारा आग में झोंक दिया डॉक्टर बाबू,

और उसे बेयॉनट से दबाए रखा, ताकि वह उठकर भाग न सके।'

दो घाट सीढ़ियाँ उतरते हुए चन्दन उनकी तरफ दोबारा मुखातिब हुआ, 'यह खबर सुनकर मैंने क्या किया, पता है ? हड़बड़ाकर खूब सारी उलटियाँ की। डॉक्टर साहब, वे लोग इनसान नहीं हैं। उन्हें मारकर कोई गुनाह नहीं होगा।'

अँधेरे में ही छोटी सी एक नाव किनारे आ लगी। घाट की जंजीर से नाव बाँध दी गई। चन्दन उस नाव में जा बैठा। भवानीशंकर ने देखा उसने भी एक पतवार उठा ली है और नाव खेने लगा। वे लोग उत्तर दिशा में जा रहे थे। धार की विपरीत दिशा में ! घाट के किनारे-किनारे ही वे लोग आगे बढ़ते रहे ! नदी के बीचोबीच पानी गहरा था। घाट के किनारों पर भी बहाव तेज़ नहीं था।

एक दिन ! दो दिन ! तीन दिन ! भवानीशंकर इंतज़ार करते रहे। उसके बाद, अपने भाई या किसी और को सूचना दिए बिना ही उन्होंने मामूली कपड़े पहने, थोड़े रुपए भी रख लिये। कुर्ते की भीतरी जेब में अपनी डायरी भी रख ली, सिर पर पगड़ी भी बाँध ली। उसके बाद जिस राह नील गया था, उसी राह वे भी रवाना हो गए। रास्ते में कभी नील की फौज का रसद ढोनेवाले चौधुरी लोगों का साथ हो गया, कभी अकेले ही चलते रहे। सड़क के दोनों ओर लाशें ही लाशें ! दोनों तरफ जले हुए गाँव ! तबाहहाल ! झुलसे हुए !

रास्ते में कहीं-कहीं डरे-सहमे गाँववालों पर भी उनकी नज़र पड़ी। अंग्रेज लोग अगले दो दिनों का रास्ता तय करके आगे बढ़ गए हैं, यह खबर पाते ही वे लोग अपने नाते-रिश्तेदार, संगी-साथियों को खोजने निकले थे। एक जगह भवानी ने देखा एक अस्सीसाला बूढ़ा और एक अदद लड़की, पेड़ से बँधी डोरी काटकर किसी लाश को नीचे उतारने की कोशिश कर रहे थे। भवानीशंकर ने आगे बढ़कर उनकी मदद की। वे अकेले ही उस लाश को लादकर ले गए। बूढ़ा व्यक्ति उन्हें राह दिखाते हुए एक गाँव में ले आया। गाँव बिलकुल जलकर स्वाहा हो चुका था और परित्यक्त था। बूढ़ा वहाँ कुछ खोजता रहा। बाँस से कुरेदते-कुरेदते आखिरकार एक जगह थोड़ी सी आग नज़र आई।

बूढ़े ने मानो मन ही मन बुदबुदाते हुए कहा, 'रुई की आग है न ! काफी दिनों तक धुँधुआती रहती है।'

भवानी उन दोनों को देखते रहे। उनकी जुबान ख़ामोश ! आँखें पथराई हुईं ! उनके चेहरे पर मातम का कोई शोक-विषाद नहीं था। वे दोनों स्तब्ध थे। बूढ़े ने एक गट्ठर जलायी और उस लाश के मुँह तक ले जाकर उसका चेहरा निहारता रहा। उसके बाद भवानी की मदद से उसे पाँव से उठाकर उस तूश और फूस की धधकती आग को अर्पित कर दिया। चारों तरफ मांस जलने की दुर्गंध फैल गई। उसके बाद उस लड़की ने अपनी दोनों कलाई बूढ़े के सामने कर दी। बूढ़े ने बिना कुछ कहे ख़ामोश-जड़ मुद्रा

में उस लड़की की कलाइयों से चूड़ियाँ उतारीं और उन्हें भी आग के हवाले कर दिया। उस लड़की ने इधर-उधर खोजभरी निगाहें दौड़ाईं। वह एक नाले से छान-छानकर अँजुरी-भर कीचड़-कादा मिला हुआ पानी ले आई और उस चिता पर छिड़क दिया। भवानी से भी कुछ कहे-सुने बिना वे दोनों उठ खड़े हुए और तेज़-तेज़ क़दमों से आगे बढ़ चले। उस वक्त शाम हो चुकी थी। भवानी उन्हें जाते हुए देखते रहे। वे लोग भीतर की तरफ मैदान-खेतों की ओर बढ़ते गए।

भरपूर शाम उतर आई। कहीं किसी इनसान की आवाज़ नहीं; पाखियों का कलरव नहीं; धूल, राख, जले हुए, मांस की बदबू ! अजीब-सी शाम !

अब भवानी ने दिन की बजाय रातों को चलने का क्रम बना लिया। अब वे रातों को चलते रहे। रास्ते में जहाँ कहीं भी किसी को लाश उतारकर दाह-संस्कार का आयोजन करने देखा, वे कुछ देर को वहीं ठहर गए।

उन्होंने उन लोगों से विनती की, 'मुझे भी हाथ बँटाने दें। मैं ब्राह्मण हूँ।'

किसी जवान, बूढ़े या बच्चे की नंग-धड़ंग लाश पेड़ से उतारकर वे पत्तों से ढक देते और उसके मुँह पर जलता हुआ कोयले का काठ रखकर उसका दाह-संस्कार करते। कहीं लाश को उठाकर चिता पर शयन करा देते; कभी किसी लाश को, जले हुए गाँव के खंडहरों में रखकर आगे बढ़ जाते। यूँ लोगों का हाथ बँटाते हुए, लाशों को ठिकाने लगाते हुए उन्हें परम शांति का अहसास होता रहा।

राह चलते हुए भवानीशंकर को कभी-कभार खाना नसीब हो जाता। अगर कभी नहीं मिलता तो भूखे ही आगे बढ़ते रहते।

चलते-चलते उनके पाँवों में छाले पड़ गए। इसलिए अब वे तेज़-तेज़ नहीं चल पाते थे। अब वे पक्की सड़क छोड़कर मैदान की तरफ उतर आते और सरकारी फौज की राह से हटकर गाँव, खेतों से होते हुए आगे बढ़ते रहते थे।

बीच-बीच में कभी-कभी, छोटे-छोटे दलों में बँटे-बिखरे हुए भारतीय लोगों से भी भेंट हो जाती।

उस दिन राह में दो लाशें उतारकर उनका दाह-संस्कार करने के बाद वे चिता के पास, हाथ जोड़े निश्चल खड़े थे। उनकी आँखें खुद-ब-खुद मुँद आईं। जब उनकी आँखें खुलीं, वे अचकचा गए। सात-आठ जोड़ी विस्मित निगाहें उन पर ही गड़ी थीं। उनके कपड़े-लत्ते तार-तार हो चुके थे। चेहरे-आँखों पर धूल की परतें ! उनमें से किसी के हाथ में बंदूक़, किसी के हाथ में तलवार !

एक बूढ़े सज्जन ने उनसे दरयाफ़्त किया, 'आप कौन हैं ?'

भवानी ने कोई जवाब नहीं दिया।

'आप क्या इन लोगों के नातेदार हैं ?'

उन्होंने सिर हिला दिया।

किसी ने पूछा, 'आप जानते हैं, साधु बाबा, यहाँ आसपास कोई तालाब है या नहीं ?'

भवानीशंकर ने कहना चाहा—मैं साधु नहीं हूँ—लेकिन उन्होंने यह बात क़बूल नहीं की।

उन्होंने जवाब दिया, 'हाँ, तालाब है ! यहाँ से आधी मील दूर। दक्षिण में।'

उस वृद्ध ने अपने साथियों से कहा, 'कहीं हम लोग उसे तालाब के पास ही तो नहीं छोड़ आए ?'

'किसे ?'

'हमारे किसी अपने को ! उसे गोली लगी है।'

भवानी उनके साथ चल पड़े। उस जख्मी नौजवान की उम्र, यही कोई पच्चीस साल !

उसकी लंबी-चौड़ी काया देखकर, भवानी ने पूछा, 'यह क्या रिसाला का आदमी है ?'

'हाँ, रिसाला का ही है, मगर आपने कैसे पहचाना ?'

कोई जवाब न देकर भवानी ने झुककर उस ज़ख्मी लड़के पर नज़र डाली। वह लड़का चित्त पड़ा हुआ था। उन्होंने सूखा-चकमक पत्थर ठोंककर आग जलाई और उसकी रोशनी में उस जख्मी की जाँच की। उसकी गर्दन के पास कंठ की हड्डी में गोली बिंधी थी। जख़्म ताज़ा था और उस पर सफ़ेद-सफ़ेद आभा झलक रही थी। उन्होंने एक छुरी माँगी। उस छुरी से उन्होंने गोली बाहर निकाली। उस ज़ख्मी ने दाँत-मुँह सिकोड़ा, मगर वह चीखा-चिल्लाया नहीं। उन्होंने बारूद माँगी। बारूद को थूक से भिंगोकर ज़ख्म का मवाद पोंछ डाला।

उन्होंने कहा, 'यहाँ से दस हाथ दूर, नीम का पेड़ है। पत्तियों से भरी एक अच्छी सी डाल तोड़ लाएँ।'

उन्होंने नीम की पत्तियाँ पानी में धोकर उन्हें चबाकर ज़रा नरम कर लिया और घाव में अच्छी तरह भर दिया। अपनी पगड़ी फाड़कर उन्होंने ज़ख्म पर पट्टी बाँध दी।

अचानक वह नौजवान बोल उठा, 'मैंने आपको पहचान लिया। आप डॉक्टर साहब हैं।'

'हाँ—' भवानी ने उसकी तरफ अपराधी मुद्रा में देखा।

वे पहचान लिए गए थे।

उस जवान ने पूछा, 'आप यहाँ कैसे ?'

उसके सवाल का जवाब देने की बजाय भवानी ने पलटकर सवाल किया, 'तुम कानपुर में थे ? इसीलिए न मुझे पहचान लिया ?'

'जी, डॉक्टर साहब !'

'तुम्हें मालूम है, ब्राइट साहब की बीवी ज़िंदा है या नहीं ?'

'जी, मुझे नहीं मालूम ! उनकी कहीं, कोई खोज-खबर नहीं है।'

'कानपुर की क्या खबर है ?'

'जी, वह भी नहीं मालूम ! पेशवा की सारी फौज यमुना के दक्षिण कालपी की तरफ चली गई है। उससे ज़रा और दक्षिण बुंदेलखंड में हमारा राज हो चुका है।'

'तुम लोग वहाँ क्यों नहीं चले गए ?'

'चुनार के करीब मेरा गाँव है। हम लोग अपने गाँव जा रहे थे—'

'लेकिन तुम लोग तो रास्ते में ही पकड़े जाओगे।'

उन लोगों ने कोई जवाब नहीं दिया।

थोड़ा ठहरकर उस बूढ़े सज्जन ने कहा, 'मैंने तो समझा था, आप कोई साधु-संत हैं। शवदाह करके पुण्य कमा रहे हैं।'

उस रात वे लोग ठहर गए। उन लोगों के साथ-साथ भवानी ने भी नहाना-धोना निपटाया। सभी लोग एक बड़े तालाब के पक्के घाट पर ही लेट गए। भवानी भी वहीं सो रहे। सुबह जब उनकी नींद टूटी, अचानक उनकी नाक में भयंकर सड़ी-सी दुर्गंध भर गई। उन्होंने आँखें खोलकर देखा, एक शकुनी, उनके सिरहाने बैठा, उन्हें तीखी निगाहों से घूर रहा था। वे उठ बैठे। शकुनी दो क़दम पीछे हट गया। उन्होंने निगाहें घुमाकर देखा, दूर-पास, पेड़ की डाल-डाल पर अनगिनत गिद्ध बैठे हुए थे। वे समझ गए धीरे-धीरे वे अंग्रेजों के क़रीब पहुँचते जा रहे हैं। इधर-उधर लाशें लोटती हुईं या झूलती हुईं। गिद्ध जी भरकर लाशें नोंचते-खाते हुए ख़ासे दुस्साहसी हो उठे थे।

उन्होंने महसूस किया उनकी देह में इतनी भी ताकत नहीं बची कि गिद्धों का झुंड, अगर उन पर अचानक हमलावर हो तो वे उनका मुक़ाबला कर सकें। पिछले दिन की टूटी हुई डाल पर उनकी नज़र पड़ी। उन्होंने वह डाल उठा ली और अपनी राह चल पड़े।

दोपहर के क़रीब चन्द बैलगाड़ियों पर उनकी नज़र पड़ी। वे लोग रसद और अन्यान्य सामान लेकर हथियारबंद संतरियों के पहरे में इलाहाबाद जा रहे थे। भवानीशंकर ने जब उनसे मदद माँगी, पहले तो उन्होंने इनकार कर दिया। उसके बाद उन्होंने रुपयों की माँग की। वैसे यह माँग उन्होंने चारी-छिपे पेश की थी। अब भवानी ने उन्हें अपना असली परिचय दिया। शुरू-शुरू में उन लोगों ने उन पर विश्वास नहीं किया। उस वक्त उन्होंने संन्यासियों की तरह कमर में धोती लपेट रखी थी। सिर पर पगड़ी ! पिछले कुछ दिनों की लापरवाही की वजह से अच्छी-खासी दाढ़ी उग आई थी। उनकी दीर्घ-सबल देह और धूप-जला गोरा रंग देखकर उन लोगों ने उन्हें कोई साधु-संन्यासी समझ लिया था। साधु-संन्यासियों के मामले में वे सभी लोग कुछ ज्यादा ही सतर्क थे। ख़बरों की छलनी में छानबीन के बाद ही वे लोग भारतीय लोगों की मदद करते थे। उनकी बातचीत सुनकर भवानी को खयाल आया, रुपए तो उनके साथ भी हैं। इधर कुछ दिनों में उन्हें रुपयों की ज़रूरत ही नहीं पड़ी। आखिरकार उन्होंने अपना असली परिचय दिया और उन्हें अपना भरोसा दिलाते हुए रुपए भी दिखाए, तब जाकर उन लोगों ने उन्हें अपनी गाड़ी में सवार होने की अनुमति दे दी। इलाहाबाद पहुँचकर, वे उनकी गाड़ी से उतर

गए। जैसे वे इलाहाबाद पहुँचे थे, उसी तरह कानपुर तक पहुँचने के लिए भी कोई अनुकूल मौका तलाश करते रहे। उनका मन अंदर से टहोके मारता रहा। वे सोचते रहे—अब यह बात साफ जाहिर हो चुकी है कि इनसान सबसे ज्यादा खुद को ही प्यार करता है। यह क़बूल करते हुए, उन्हें शर्म तो आ रही है, मगर यह सच है कि वैसे भी इसके व्यतिक्रम नहीं हैं। वे भी सिर्फ अपने ही बारे में सोचते रहे। कभी एक बार भी वे बृजदुलारी के बारे में फिक्रमंद नहीं हुए। बृजदुलारी अगर उन लोगों के हाथ पड़ गई हो तो वे लोग उसे नहीं छोड़ेंगे। बहुत पहले ही उन्हें उसकी बगल में जाकर खड़ा होना चाहिए था।

अगर वे भी कहीं पकड़े गए तो क्या ये अंग्रेज उन्हें भी दग़ाबाज़ कहेंगे ? क्या वाकई वे पकड़े जाएँगे ? पता नहीं ! कुछ समझ नहीं आता। उनकी सोच-समझ की समूची ताकत ही मानो धुँधला गई थी, वरना वे यूँ शवदाह क्यों करते फिरते ? तो क्या उनकी सहानुभूति इन लोगों के साथ ही ज़्यादा है ? लेकिन, अगर यही सच होता, तो वे भी इस जंग में शामिल नहीं होते ? खुद भी जंग नहीं करते ?

दरअसल इस किस्म की जंग महज चरम उन्माद का सबूत है। अंग्रेजों की आँखें निपट अंधी हैं। वे लोग इनसान-विनसान कुछ नहीं समझते। ऐसा विशाल साम्राज्य हाथ से फिसल जाने के खौफ से वे लोग जूझ रहे हैं। मुमकिन है, इस लड़ाई के पीछे हज़ारों न्यायसंगत कारण हों लेकिन उसकी परिणति क्या यही है ? इधर आपस में एकता, निश्चित योजना और अनुशासन के अभाव में झुंड के झुंड, दल के दल लोग, शहरी हो रहे हैं। यह भी सुनने में आया कि उधर दिल्ली में चंद अंग्रेज और आइरिश भी इनके पक्ष में आ मिले हैं।

न्ना ! अब और नहीं सोचा जाता। क्या ऐसा कोई है जो उन्हें उनका फर्ज़ बता दे ? अगर वे उसे नहीं बचा सके, तो वे भी जान दे देंगे। चन्दन ने भी तो मरने की ही बात की थी। वाकई, इन लोगों ने साबित कर दिखाया, जान कैसे दी जाती है। महज छोटे-मोटे स्वार्थ के तकाजे पर कोई जाति क्या यूँ जान लुटा सकती है ? यूँ मर सकती है ? यह सब सोचते हुए बेहद तकलीफ होती है। अंग्रेजों की शिक्षा-दीक्षा के जरिए, उन्होंने जिस उदार जाति को देखना-समझना सीखा था, वही सबकुछ नहीं था। उन लोगों को इस देश का सम्मान करना नहीं आया। हम उनके लिए 'सब्जेक्ट नेशन' भर हैं ! महज प्रजा-राष्ट्र !

25

संपूरण और उसके चंद साथियों ने चम्पा के यहाँ खेमा लगाया। पहले कुछेक दिन युद्ध और विद्रोह के बारे में हवा काफी सरगर्म थी।

पेशवा की फौज क्रमशः विशाल होती गई। युद्ध के कई-कई दौर के बाद तात्या टोपे, पेशवा के भतीजे वगैरह ने मिलकर कालपी में एक विराट मोर्चा तैयार कर डाला। कालपी यमुना के दक्षिण में स्थित था।

पेशवा की फौज में संपूरण को कोई काम नहीं मिला। क़ैदी अंग्रेजों की हत्या का नज़ारा देखकर वह जाने कैसा तो पथरा गया था।

सत्ती चौरा घाट पर अंग्रेजों की हत्या के बाद चम्पा ने उससे बेहद निर्मम लहजे में जवाब तलब किया, 'तुम्हें तो भगवान ने चमत्कारी शक्ति दी थी न ? अपनी चमत्कारी शक्ति का क्या खूब परिचय दिया तुमने !

बाद में उसने दोबारा दरयाफ़्त किया, 'बीवीघर में उन सबको ज़िंदा क्यों रखा है ? क्या बाद में क़त्ल करने का इरादा है ?'

उसने बेहद क्षुब्ध लहजे में फिर आक्रोश जाहिर किया, 'तुम इतने सारे लोग हो, तुम्हारे पास इतने सारे लड़ाकू जवान हैं, इतने ढेर सारे अस्त्र-शस्त्र हैं, इतना रुपया-पैसा है, तुम लोग लड़ते क्यों नहीं ? यूँ छिटपुट तरीके से एक दौर यहाँ, एक दौर वहाँ टक्कर लेने से क्या तुम लोग जीत सकोगे ? यह सब देख-देखकर पहले मुझे भी बड़ा जोश आता था कि तुम लोग जाने कौन सा तो बहुत बड़ा मैदान मार लोगे। लेकिन, अब मैं देख रही हूँ, तुम सबके सब बेमौत मरोगे। फिर मुझे इसमें क्यों फँसाया ? उसे क्यों जाने दिया ?

संपूरण एकदम से पूछ बैठा, 'तू डेरापुर जाएगी चम्पा ? भेज दूँ तुझे ?'

'ना।'

'क्यों ?'

'तुम्हें मेरी फिक्र करने की ज़रूरत नहीं संपूरण !'

कुछ ही दिनों बाद ख़बर मिली कि हैवलॉक और नील दोनों ओर से कानपुर की तरफ बढ़ते आ रहे हैं।

उसके बाद ही ख़बर मिली, इस बार हैवलॉक और नील कानपुर को खून में नहला देंगे। यह भी ख़बर आई कि उत्तर-पश्चिम पंजाब के उजनाला में कूपर ने पाँच सौ लोगों को मौत के घाट उतार दिया। कुछ लोगों को खींचते हुए ले गए और नदी में डुबो दिया, कुछ को गोलियों से भून डाला; कुछ को फाँसी चढ़ा दिया; कत्ल कर डाला या तोप के मुँह पर बाँधकर उड़ा दिया। एक ही कुएँ में ज़िंदा और मुर्दा लोगों को एक साथ गर्क कर दिया। उसने बड़े दंभ से एलान किया है—There is a well at Cawnpur, but there is also one at Ujnalla. हाँ, एक कुआँ कानपुर में और दूसरा कुआँ उजनाला में मौजूद है !

अब आम लोग कानपुर छोड़-छोड़कर भागने लगे। अनगिनत लोग कालपी चले गए। उनकी तादाद बहुत ज्यादा थी। बहुतेरे लोगों ने दूर-दिशाओं में दौड़ लगा दी और

जंगल या पहाड़ों की राह पकड़ी।

बैलगाड़ी ! ऊँटगाड़ी का अनवरत काफिला शुरू हो गया।

इधर इलाहाबाद, लखनऊ और अन्यान्य प्रांतों से भारतीय फौज का एक-एक करके अलग-अलग दलों में कानपुर आना जारी रहा। किसी मजबूत दल और नेता के अभाव में वे लोग विभ्रांत होकर लौट रहे थे। वे लोग कानपुर में पेशवा की फौज में शामिल होना चाहते थे।

यहाँ न पेशवा थे, न फौज ! आखिरकार वे लोग कालपी की तरफ चल पड़े। मध्यभारत में अंग्रेजों का नाम-गंध तक नहीं था। शायद वहाँ वे लोग सुरक्षित रह सकते थे।

वे लोग अपने साथ कई-कई तरह की खबरें लाए थे। सुनने में आया कि भारत से बाहर जहाँ-जहाँ अंग्रेजों का राज-पाठ, मसलन चीन, ऑस्ट्रेलिया से गोरी फौज मध्य-पश्चिम से कई-कई जहाजों में भरकर बंबई, कलकत्ता, मद्रास के बंदरगाहों पर उतर रही थी। भीड़ ही भीड़ ! फौजियों का ताँता बँधा हुआ !

वे लोग अंग्रेजों के जुल्म-अत्याचारों की खौफनाक कहानियाँ अपने साथ लाए थे।

उसी दौरान जैसे किसी ने भयावह आतंक का कोई दैत्य कानपुर शहर में खुला छोड़ दिया। शहर के हाट-बाज़ार, गली-राजपथ, अमीरों के राजमहल और ग़रीबों की कुटिया में उस दैत्य की विशालकाय छाया लहरा उठी। उस आतंक का चेहरा इतना विराट था कि उसका कूल-किनारा पाना नामुमकिन था।

हर किसी की जुबान पर एक ही सवाल--अब क्या करें ? हम कहाँ जाएँ ?

ऐसे संकट के समय मगनलाल, जैतराम वगैरह महारथी कहीं नजर नहीं आए। वे लोग भी फ़रार थे। जाते-जाते चैतराम अपनी दो सौ बैलगाड़ियाँ, एक हज़ार डोलियाँ, पालकी, शिविका, डाँडी वगैरह भी छोड़-छाड़कर चले गए। ख़बर मिली कि वे कह गए हैं कि जिससे जितना हो सके, ये सवारियाँ समेटकर यहाँ से भाग ले।

आगंतुक सिपाही सवारों ने आपस में कहना शुरू किया, 'जिन लोगों ने जंग भी नहीं लड़ी, जिन्होंने अंग्रेजों को क़त्ल भी नहीं किया, उनकी कोठियाँ भी नहीं लूटीं उन्हें भी रिहाई नहीं। अब कोई नहीं बचेगा। बालक, वृद्ध, शिशु कोई ज़िंदा नहीं रहेगा। अगर ज़िंदा रहना है तो भागो।'

'अगर जीना चाहते हो, तो भागो ! ज़िंदगी बचाना है, तो भाग जाओ यहाँ से।'

इसके अलावा कहीं कोई चारा नहीं। कोई मंतव्य नहीं।

उन्हीं दिनों संपूरण के सिर पर दोबारा भूत सवार हो गया। पिछले कुछ दिनों से वह बिलकुल चुप मार गया था। अब उसने दोबारा कहना शुरू किया कि वह सर्वशक्तिमान है। भगवान से उसे दैवी प्रेरणा मिली है, उसे म्लेच्छों का विनाश करना है। वही है शिवाजी महाराज ! इस युग में म्लेच्छों का विनाश करने और हिंदू राज्य की प्रतिष्ठा के लिए उसने जन्म लिया है। इसके लिए वह किसी तरह की रिश्वत नहीं लेगा। रुपए-पैसे, औरत या सूबे की लालच में आकर वह हरगिज नहीं डगमगाएगा।

सभी लोगों ने उसे घेर लिया।

किसी-किसी ने क्रोध से उबलते हुए सवाल किया, 'क्यों संपूरण ! कहाँ गई वो तुम्हारी बड़ी-बड़ी बातें ? कुछ दिन पहले ही हमने अंग्रेजों को खदेड़ दिया था न ? इतनी जल्दी हमारी सारी कोशिशें यूँ अकारथ हो गईं ?'

'अब हम क्या करें ? क्या करें हम लोग ?'

संपूरण को बार-बार इस सवाल से दो-चार होना पड़ा।

एक दिन वह चम्पा के पास आ बैठा। चम्पा ने ग़ौर किया, वह खूब सारी भाँग चढ़ाकर आया था। उसे नफरत हो आई।

संपूरण ने चम्पा से कहा, 'चम्पा, मुझसे भयंकर भूल हो गई है। मेरी कोई औकात नहीं है रे ! मेरा भगवान मुझे छोड़ गया है। अब मैं सिर पीट-पीटकर रह जाता हूँ, वह मुझे कोई हुक्म नहीं देता।'

चम्पा कुछ देर तक उसका प्रलाप बर्दाश्त करती रही।

जब उसकी बातें असहनीय हो आईं तो वह चीख उठी, 'यूँ बैठे मत रहो। अगर जंग ही लड़ना चाहते हो तो जाओ न ! लड़ो जाकर ! अगर मरना ही है, तो ऐसे मरो कि उसे याद करके मैं या और लोग तुमसे नफरत तो न करें।'

संपूरण उसके पाँवों के क़रीब आ बैठा। उसके घुटनों में उसने मुँह छिपा लिया।

चम्पा ने उसे झिड़क दिया, 'हटो ! हटो यहाँ से !'

'कहाँ जाएगी तू ?'

'मैं चौक बाज़ार में जा बैठूँगी।'

'और, मैं क्या करूँगा ?'

चम्पा ने कोई जवाब नहीं दिया।

संपूरण चला गया। लेकिन, जाने से पहले कई दिनों तक वह और भी कई तरह के पागलपन करता फिरा। उसने अपने और चम्पा के जमा किए हुए रुपए, उन बेसहारा, दरिद्र आदिवासियों में बाँट दिए जो भाग रहे थे। साथ ही बाज़ार-हाट; गली-सड़क; बस्ती-बस्ती में वह ढोल पीटते हुए आवाज़ें देता रहा—अंग्रेज आ रहे हैं ! जो लोग जीना चाहते हैं वे भाग जाएँ।

चम्पा की परेशानी और बढ़ गई। कोई सुननेवाला नहीं था। सूने नगर में संपूरण के ढोल का शोर हज़ार गुना तेज़तर होकर गुमु-गुमु गूँज उठा। संपूरण ने नहाना-खाना तक त्याग दिया। चम्पा ही उसे आवाज़ें देकर बुलाती। उसे खाना खिलाती।

उसके बाद संपूरण जाने कहाँ तो चला गया।

सूखे के मौसम में अचानक जैसे मेघ घिर आए। ठंडी-ठंडी हवाएँ बहने लगीं। बारिश का मौसम आ पहुँचा। चम्पा दिन-भर बाज़ार के चक्कर लगाती रही; सब्ज़ी-मंडी में बैठी रही। चन्दन आएगा या नहीं, यह खोज-ख़बर लेती रही। कितने ही लोगों से उसकी

भेंट हुई।

वह जिससे भी मिली, उसने बेचैन होकर दरयाफ़्त किया, 'चन्दन से मिले थे ? चन्दन को पहचानते हो ? डेरापुर में जिसका घर है, जो कानपुर में रहता था, काशी गया था ! लंबा छरहरा, साँवला चेहरा ! माथे पर ज़ख्म का निशान है; बाईं भौंह के ऊपर !'

लेकिन किसी ने भी उसे स्वीकारात्मक जवाब नहीं दिया।

किसी ने कहा, 'हाँ-हाँ, जानता हूँ। वह तो बिहार भाग गया। उधर से नेपाल निकल जाएगा।'

चम्पा ने कहा, 'नहीं-नहीं ! वह कोई और चन्दन होगा।'

किसी ने कहा, 'मैं एक चन्दन को जानता हूँ। हमारे ही दल में था। गोरा रंग ! मूँछें भी हैं।'

'नहीं-नहीं, वह भी नहीं।'

काफी दिनों बाद एक अधेड़ पठान आ पहुँचा। चम्पा उसके लिए कुएँ से पानी खींच लाई। हलवाई की दुकान का झाँप खुला हुआ था। वहाँ कुछ लड्डू पड़े हुए थे, जिन पर मक्खियाँ भिनभिना रही थीं। पठान, वे लड्डू झाड़-झाड़कर खाता रहा।

कुएँ के पानी से हाथ-मुँह धोकर जब वह लौटा, चम्पा ने उसे झट पहचान लिया।

'तुम वही दफादार हो न ? चन्दन के साथ तुम मुझसे रुपए उधार लेने आए थे ?'

वह आदमी भी कुछ देर उसे घूर-घूरकर देखता रहा !

अचानक वह चम्पा से मुखातिब हुआ, 'चम्पाबाई !'

'हाँ, तुमने...तुमने चन्दन को देखा है ? मिले थे उससे ?' चम्पा लगभग रो पड़ी।

वह शख़्स अपनी पगड़ी से पंखा झलते हुए हवा खाता रहा।

थोड़ा ठहरकर उसने जवाब दिया, 'हाँ, मिला था। वह भी कानपुर बस पहुँचने ही वाला है।'

'कहाँ देखा था उसे ? कब देखा ? अगर मैं ज़रा आगे तक जाऊँ, तो उससे भेंट हो जाएगी ? मुझे मिल जाएगा वह ?'

'वह अकेला नहीं है, चम्पाबाई ! उसके साथ बहुत सारे लोग हैं। वे लोग खेत-मैदानों से होकर, रात-रात भर चलते हुए सबसे छिपते-छिपाते आ रहे हैं। दिन के वक्त वे लोग नहीं चलते, इसलिए पहुँचने में देर हो रही है। तुम आगे बढ़कर जाओगी किधर ?' अगले ही पल उसकी आवाज़ स्वगतोक्ति में बदल गई, 'उन्हें तो सियार-गिद्ध ही खा जाएँगे। कानपुर में मौत मँडरा रही है। इस शहर में क़दम रखा नहीं कि बस, जान से गए। फिर भी स्साले मानेंगे नहीं, आएँगे ही आएँगे।'

'तुम क्यों चले आए ?'

'मैं आया नहीं, रगेदकर लाया गया हूँ।'

जाते-जाते वह हँस पड़ा। निरानन्द ! मगर भयंकर हँसी !

'हालाँकि, आएँगे तो भी मरेंगे; नहीं आए तो भी मरेंगे। मौत को कोई टाल नहीं

सकता। मैं भी नहीं।'

वह चला गया। उसके लोहे की नाल-जड़े बूट की आवाज़, पक्की सड़क पर ज़ोर-ज़ोर से गूँज उठी।

चम्पा अपने कमरे में लौट आई। संपूरण अब वहाँ रहता नहीं था। सारा घर सूना ! खिड़की-दरवाज़े, हर वक्त खुले ही रहते। चम्पा अब उन्हें बंद नहीं करती। चारों तरफ धूल ही धूल ! कमबख़्त हवा, कमरे में सूखे पत्ते उड़ाती रही। आईने की धूल हटाकर चम्पा ने अपने को निहारा। वह अपने को पहचान नहीं सकी।

26

इलाहाबाद पहुँचकर नील की फौज ने सबसे पहले गंगा-जमुना के संगम पर स्थित क़िला दख़ल कर लिया। वहाँ मौलवी लियाक़त अली ने अपना स्वाधीन साम्राज्य स्थापित किया था।

नील ने इलाहाबाद की सरज़मीन पर क़दम रखा। उसके पीछे-पीछे शकुन और गिद्धों के झुंड भी उड़ते हुए आ पहुँचे। गोरी फौज और सिख सिपाही गाँव-गाँव में घुस पड़े और उन लोगों ने पाशविक नरसंहार शुरू कर दिया।

इलाहाबाद के प्रमुख चौराहे पर एक विशाल बरगद के पेड़ पर लाशें झूलने लगीं। असहनीय गर्मी के दिन !

नील अपने खेमे से बाहर नहीं निकलता था। कोई संतरी या अफसर बाहर ही ऊँची-ऊँची आवाज में गिनता रहता था—तीस ! पचास ! पचहत्तर !

नील खेमे के अंदर से ही चीख-चीख हुक्म देता, 'लटका दो। हैंग देम !' 'ये लोग लड़ने-भिड़ने की कोशिश कर रहे हैं। हथकड़ी-बेड़ियों समेत हाथ उठा-उठाकर संतरियों को मार रहे हैं।'

'ब्लो देम ! तोप के मुँह से बाँधकर उड़ा दो।'

तोपों में बारूद ठूँसे गए। बंदियों के हाथ पीछे बाँध दिए गए।

'एक!'

बंदियों के चेहरे नीले पड़ गए। मुँह से झाग बह चली।

'दो!'

उनकी आँखें गोल-गोल घूमते हुए, पलट-पलटकर देखती रहीं, मुड़-मुड़कर देखती रहीं। वे लोग बुदबुदाते हुए भगवान को याद करते रहे। अफसर ज़ोर-ज़ोर से ठहाके लगाते रहे।

किसी क़ैदी के कंधे पर धौल जमाते हुए किसी अफसर ने ठहाका लगाकर कहा, 'देख देख, ई स्साले का तो पेशाब निकल गया।'

अगले ही पल उसने तोप दागने का हुक्म जारी कर दिया। विकट आर्तनाद गूँज उठा। टुकड़े-टुकड़े मांस के लोथड़े छिटक पड़े। ताज़ा-गर्म खून-सना एक अदद सिर आँखें नचाते-नचाते लुढ़ककर आगे आ पड़ा। तब तक दूसरे दल को भी खींच लाया गया।

अफ़सर चीखते-चिल्लाते रहे और ज़ोर-ज़ोर से ठहाके लगाते रहे।

कोई-कोई क़ैदी ज़ंजीरों में बँधे-बँधे ही सिख फौजियों को धिक्कार भेजते रहे, 'सालों, हमें मारकर मज़ा ले रहे हो ? जा, जा, साहबों का गू चाट-चाटकर खा ? ये साहब, तेरे सात जन्मों के बाप जो ठहरे ! इसीलिए न अंबाला, उजनाला, सियालकोट, झेलम में तुम लोगों को कुत्ते की मौत मार डाला !

सिख फौजियों ने भी जवाब दिया, 'अबे, ओ बुड्ढे, यूँ अजूल-फजूल थूक छींटने से कुछ नहीं आता-जाता ! थूका तो तुम लोगों की लहास पर जाएगा—'

शाम को खेमे में बैठे-बैठे ये अंग्रेज अफसर बड़ी-बड़ी क़लम से कलकत्ता या इंग्लैंड को ख़त लिखने बैठ गए—'हमारे ये बच्चे बड़े फुर्तीबाज़ हैं, मम्मी ! गाँव-गाँव में घूम-घूमकर, कमबख़्त निगरों को मार रहे हैं और मज़ा ले रहे हैं। उस पर से हमारे पास आ-आकर पूरे जोश से अपनी बहादुरी के किस्से भी सुनाते हैं।'

—'एमीलिया, मेरी प्यारी एम, एमि, एमा, मेरी चिरैय्या, मेरी जान, तुम्हारा डेविड इन दिनों बेहद, बेहद व्यस्त है। ये कमबख़्त नेटिव लोग बदमाशों का झुंड, बीच-बीच में ऐसा रोना-धोना छेड़ देते हैं कि अगर तुम देखो तो उनसे नफ़रत कर बैठो। गाँव के गाँव जल रहे हैं। बाँस तड़तड़ा रहे हैं। नेटिव औरतें-लड़कियाँ रोती-बिलखती हुईं ! ख़ासा मज़ेदार दृश्य ! एमिली, तुम मेरे लिए बिलकुल परेशान न होना। इन कुछ दिनों में मैंने खुद अपने हाथों से करीब सत्तर जानें ख़त्म कीं यानी इस बार मेरे लिए कोई न कोई सम्मान-मेडल इनाम पक्का है।'

'डैडी, आपका ख़त मिला, हाँ, आपने जो-जो हिदायत दी है, मुझे याद है और उस पर विश्वास भी करता हूँ। आपने लिखा है, 'याद रखो, बर्टी, तुम लोगों की यह युद्ध-कीर्ति इतिहास के पन्नों में दर्ज होगी। उस असभ्य महानिवेश में तुम लोगों ने अंग्रेजों की श्रेष्ठता प्रतिष्ठित की है। डरना नहीं, बस, जंग जारी रखो। युद्ध में अगर तुम्हारी मौत भी हो गई तो सबसे पहले मैं गर्व महसूस करूँगा।' यह ख़त मैंने जिस-जिसको पढ़कर सुनाया, उन लोगों ने मेरे पितृ-भाग्य की तारीफ की। ना ! कानपुर के उस रक्तपायी जानवर, ब्लड फींड, नानासाहब को हम लोग नहीं पकड़ पाए। लेकिन, फ़िक्र की कोई बात नहीं। आप निश्चिंत रहें, यहाँ का हर अंग्रेज अपने खून की आखिरी बूँद तक कानपुर की इस बीभत्स नाटकीय लीला का बदला लेकर ही रहेगा। एक-एक अंग्रेज की जान के बदले में पाँच-पाँच 'निगरों' का सिर उतार लिया जाएगा। आपको यह लिखने में जरा शर्म आ रही है, लेकिन, हमारे बीच चंद दुधमुँहें, शर्मीले, बुड्ढे-सुड्ढे जंगी भी शामिल हैं। उनका ख्याल है, हमारे ये काम ईसाइयों को शोभा नहीं

देते। उनका कहना है कि हम लोग ईसाई-धर्म और प्रभु ईसा के खिलाफ गुनाह कर रहे हैं।'

ये तमाम नौजवान अफसर अपने को ईश्वर का दूत मान बैठे थे। हर नौजवान अफसर मानो कंपनी के उपनिवेश का एक-एक मज़बूत स्तंभ हो। उनके ही कृतित्व पर मानो साम्राज्य की बुनियाद तैयार होनी थी।

वैसे मुट्ठी-भर अंग्रेज ऐसे भी थे, जिन्होंने भारत के साथ सुदीर्घ नाता जोड़ लिया था। उन्हें मानो यह अहसास होने लगा कि अब वे निकम्मे हो चुके हैं। वे लोग किसी भी हालत में इस विनाश-यज्ञ से सहमत नहीं हो पा रहे थे।

मैकमोहन को देखकर अब सभी टिटकारी मारते थे, 'बूढ़ा निकम्मा कहीं का ! उसे तो पादरी होना चाहिए था या फिर किसी जंगल का रास्ता लेना चाहिए था।'

सत्तर साल की उम्र में मैकमोहन ने महसूस किया, उनके पैरों तले ज़मीन खिसकती जा रही है। वे किसी हाल भी हिसाब-किताब नहीं मिला पा रहे थे। 'फिफ्टी इयर्स इन इंडिया' की अधूरी पांडुलिपि, मौसमी चिड़िया-चुनमुन और पंछियों की गतिविधियाँ, एकशिरा पेड़ों में खिले-खिले फूलों के समारोह का नज़ारा करना, काले-कलूटे, नन्हे-नन्हे बच्चों को दाँत-कान-दर्द का इलाज करना—बस, यही उनकी जीवनशैली बन चुकी थी।

आखिरकार, यह ज़िंदगी भी छोड़कर उन्हें वापस जाना पड़ा।

मैकमोहन से किसी ने कहा, 'You have to unlearn yourself यानी जो कुछ सीखा है, उसे भूल जाएँ। लेकिन, सिर्फ चाहने भर से क्या पिछली सीखी-सिखाई बातें भूली जा सकती हैं ? नए सिरे से, नई-नई नीतियाँ क्या सीखी जा सकती हैं ? सारा कुछ क्या विस्मृत किया जा सकता है ? यह बात भला वे कैसे भूल सकते हैं कि अपने माली के नन्हे बच्चे को वे हर रोज़ सीख देते थे, लेकिन, दाँत से नाखून काटने की उसकी आदत नहीं छूटी। उसके बाद वे उसके नाखून काटते, रुई से उसके कान साफ करते और वह बेहद गंभीर मुद्रा में टुकुर-टुकुर उन्हें निहारता रहता। उसकी आँखें कुछ ज्यादा ही काली और गहरी थीं।

एक दिन उसी ने कोई बड़ी सी तितली लाकर उनके हाथों पर रखते हुए कहा, 'तितली है साहेब, तितली ! पकड़ो ! पकड़कर रखो ! पिन में गोदकर इसे रखे रहो। तुम लोग तो जीती-जागती तितली को पिन चुभाते हो न, देखो यह मरी हुई है।'

जब भी मौका मिलता वह बच्चा उनकी मछली मारने की वंशी ले भागता।

ये तमाम यादें आखिर वे कैसे भूल सकते थे ?

बूढ़े-बुजुर्ग मैकमोहन !

उनके बाल बेहद छोटी उम्र में ही पक गए थे। दो-चार काले बाल जो बच रहे थे,

वे भी भयंकर चिंतन-फिक्र के मारे उन दिनों एकदम से पक गए जब उनकी इकलौती बहन ने ब्राइट के डैडी, उस कुलंगार इनसान से ब्याह रचा लिया। सभी उन्हें बूढ़ा-बूढ़ा कहा करते थे। हाँ, उनके मुँह पर तो नहीं, उनके पीठ पीछे हँसते थे।

ऐसी ही ढेर-ढेर यादें !

वे भयंकर गठिया के शिकार थे। गठिया भी कैसी ? ख़ानदानी गठिया ! बेहद तकलीफ थी उन्हें ! जिस साल नेपाल में जंग छिड़ी, तराई के जंगलों में घनघोर बारिश उतर आई। एक दिन जब वे लोग घने-जंगल में रात गुज़ार रहे थे, गठिया का रोग एकदम से ज़ोर पकड़ गया और उन्हें तेज बुखार भी चढ़ गया। चम्मन ने उन्हें ज़ोर-जबर्दस्ती खटिया पर लिटाए रखा और उनके पाँवों में जोंक चिपका दिया। हरी-हरी जोंक देखकर उन्हें हिकारत होने लगी।

वे चम्मन पर ही भड़क गए, 'हरामज़ादे रुक जा, मैंने तेरे गले में जोंक न लपेटी तो कहना।'

लेकिन, खून चूस-चूसकर जोंक जब मुटिया गईं तो टप्-टप् ज़मीन पर टपक पड़ीं और हैरत है, उनका दर्द भी कम हो गया। बाद में चम्मन की हिदायत पर उन्होंने गाय के घी में लहसुन तलकर खाया और उन्हें बेहद आराम भी हुआ था। ये बातें भला भुलाई जा सकती हैं ?

उन लोगों को अनगिनत झमेले सहन करने पड़ते, काफी तकलीफ भी उठानी पड़ती। उस ज़माने में जाने कितनी-कितनी जंग छेड़नी पड़ी; कितनी ही अजीबोग़रीब परिस्थितियों से उलझना पड़ा था। खाना नहीं था। यानी खाने की मोहताजी ! सड़ा हुआ काई-जमा पानी ! पानी उबालकर पीना पड़ता था। जंगली हाथी आ-आकर उनके मालवाही हाथियों को छेड़ते-भड़काते रहते। कितने-कितने अजस्र साँप भी नज़र आते थे।

उन्हें उस खौफनाक जंगल की याद हो आई। शायद सन् 1832 या 33 का साल ! उन्हें ठीक-ठीक याद नहीं आ रहा है। उस बार उन्हें साँप ने डँस लिया था।

वे ठहरे साहब ! विधर्मी ! म्लेच्छ ! इसके बावजूद, महावत ने उनके पाँव का खून चूसकर ज़हर निकाल दिया। रात को उन्हें नींद ने आ घेरा ! उस वक्त अगर वे सो जाते तो जी-जान से चले जाते, इसलिए महावत और तेजपाल उन्हें खेतों की मेड़ पर रात भर टहलाते रहे। इसके बावजूद वे रह-रहकर नींद में झूमने लगते। महावत उन्हें कच्चे बाँस की छड़ी से हल्की-हल्की चपत मारते रहे और उन्हें जगाए रखा। सुबह चौदह मील दूर मुख्य कैंप तक वे दोनों उन्हें चलाकर ले गए।

डॉक्टर ने लोहा तपाकर सर्पदंश का असर बुझा दिया और मोटा परमैंगनेट लगाकर पट्टी बाँध दी।

बाद में महावत अपराधी मुद्रा में उनके सामने आ खड़ा हुआ और उसने मासूम लहजे में कहा, 'मुझसे बहुत बड़ा पाप हो गया, साहेब, मैंने आप पर हाथ उठाया।'

कच्ची डालों की डोली बनाकर उन्हें ढोकर ले जाते हुए उन दोनों ने कम से कम

तीस बार डोली रोक-रोककर यह जाँचा कि कहीं वे सो तो नहीं गए।

उन्हें दोबारा चम्मन की याद हो आई।

चम्मन ने तैशभरी आवाज़ में कहा था, 'आँधी में पेड़ टूटने लगते हैं, यह बात बिलकुल झूठ है, हजूर ! असल में हनुमानजी के पिता पवन देव अपने बेटे को देखने आते हैं, उनके तेज़ से आँधी हहराने लगती है। उन्हीं के तेज़ के मारे पेड़ टूट-टूटकर गिर पड़ते हैं।'

मैकमोहन सोचते रहे उन लोगों के दिल में घर करने में उन्हें जाने-कितने साल लग गए।

'यह देश निहायत बर्बर और पिछड़ा हुआ है। इस देश को सभ्य बनाना होगा,' ये तमाम हिदायतें भूलने में उन्हें ज्यादा वक्त नहीं लगा। उन्होंने तो इन लोगों को सच ही प्यार किया, सच ही इन लोगों का प्यार लिया !

वे धर्मप्रचारक या समाजसेवी या शिक्षाव्रती नहीं थे। बेहद मामूली से इनसान थे। सन् 1807 में उन्होंने पहली बार भारत की मिट्टी पर क़दम रखा था। उसके बाद से वे सिर्फ चलते रहे...चलते रहे। गली-सड़कों पर सिर्फ चलते रहे। कभी वे अफ़गान गए, कभी पंजाब ! कभी नेपाल या कुमायूँ या बुंदेलखंड की सड़कें नापते रहे। उसी दौरान यहाँ के लोगों से मिलते-जुलते इन्हें प्यार देते-देते एक दिन उन्होंने समूचे भारतवर्ष का दिल जीत लिया। उन्होंने अपनी डायरी के पहले पृष्ठ पर लिखा, 'मैंने भारतवर्ष का आविष्कार किया है। इनसानी प्यार, धर्म, सहिष्णुता, क्षमा, सहनशीलता, नम्रता, कठोर श्रम करने का अभ्यास, निर्लोभी, बूढ़े बुजुर्गों और नारी के प्रति सम्मान—अगर ये खूबियाँ किसी देश को समझने का मानदंड हैं, तो मैं कहूँगा इस देश के लोग बेहद दरियादिल और बेहद सभ्य-शरीफ हैं।'

उन्होंने यह भी लिखा—'प्रभु यीशु ने जब सलीब अपने कंधे पर उठाई, तब वे जितने भी क़दम क़त्लगाह की ओर बढ़े थे, वे आखिरी चंद क़दम, उन्हें हमेशा-हमेशा के लिए इनसान के अंतस् तक पहुँचा गए। मैंने भी इन लोगों को प्यार किया है। मेरा यह अटूट विश्वास है कि प्यार के अलावा, अन्य किसी भी उपाय से अपनी इस गोरी चमड़ी समेत, मुझे उनके दिल में प्रवेश करने का अधिकार हरगिज नसीब नहीं होता। सुदीर्घ पचास सालों बाद मुझे लग रहा है, इन्हें प्यार देना ही होगा। हाथ जोड़कर इनसे प्यार माँगना होगा। तभी लोग हमारे करीब आएँगे, हम भी उनके करीब जा पाएँगे। इसके अलावा और कोई रह नहीं; और कोई उपाय नहीं।'

इसके बावजूद मैकमोहन को जंग में उतरना पड़ा।

'मैं इनकार नहीं कर सकता था। मैं फौजी हूँ। हुक्म की तामील करना मेरा धर्म है। लेकिन, आज मुझे जिस भूमिका में उतरना पड़ा है, उसकी यह पहाड़ जैसी जिम्मेदारी वहन करना मेरे बर्दाश्त-बाहर है। होने को तो जल्लाद भी हत्यारा ही होता है। आखिरी

उम्र में मेरा यह परिचय क्या पिछले सारे परिचय मिटा देगा ?'

काश, आज उन जैसे इनसान जिंदा होते। वे सब बूढ़े-बुजुर्ग, रिटायर्ड सैनिक, सिपाही और सवार आज मौजूद होते; अगर उन लोगों को इसी तरह तोप के मुँह पर बाँध दिया जाता, तो...?

श्वेतकेशी मैकमोहन सिर हिलाते रहे। उन्होंने अपने माथे पर हाथ फेरा। उन्होंने विश्वास खो दिया था। आज, जब वे चौक के रास्ते, कोतवाली दारापुर की तरफ निकले, जब वे घोड़े पर सवार फाफामऊ की अति-परिचित राह पर बढ़े तो उन्हें देखकर, औरतें, बूढ़ियाँ, बच्चे डरकर इधर-उधर हट-बढ़ गए। उनका मन हुआ वे घोड़े से उतर पड़ें, उनके सामने घुटने टेककर बैठ जाएँ।

लेकिन, चाहते हुए भी वे घोड़े से नहीं उतरे। उन्होंने घुटने भी नहीं टेके। लोगों की आँखों में आतंक की छाया देखते-देखते सिर ताने हुए, वे सीधी राह पर निगाहें जमाए बस चलते चले गए। वे लोग दूर...काफी दूर हट गए।

वे लौट आए। खाने और शराब में डूबे अंग्रेजों को वे ख़ामोश आँखों से निहारते रहे। अंग्रेज अफसर किस क़दर आत्मतृप्त ! सख्त और क्रूर ! उनकी जुबान से आवाज़ नहीं फूटी। लेकिन, वे समझ गए। आज की तारीख से अंग्रेजों ने इस महादेश पर अपने सारे अधिकार खो दिए। मुमकिन है, इनके जुल्म-अत्याचार लोगों को पीसते-कुचलते रहें। मगर अब वे कभी करीब नहीं आएँगे। अब वे लोग अंग्रेजों से घोर नफ़रत करेंगे और ये अंग्रेज भी उन्हें सिर्फ हिकारत ही देंगे। अब से ये दोनों पक्ष एक-दूसरे पर अविश्वास करेंगे। जहाँ विश्वास का नामोनिशान तक नहीं होगा उस विश्वासहीन साम्राज्य में आखिर कितने दिन संग-संग रह सकेंगे ?

लेकिन, अकेले मैकमोहन ही यह सब सोचते रहे।

अब किसी माली का बेटा बेहिचक उनके करीब आकर उनके घुटनों पर हाथ नहीं रखना चाहेगा, कोई चम्मन निःसंकोच मुद्रा में उनके हाथों में घी या बेसन का लड्डू नहीं थमाएगा।

'भयंकर नुकसान के दिन थे वे ! कभी भर न पाने वाली अपूरणीय क्षति ! अब तो दिल्ली और बाकी सब राजा-बादशाहों के ख़जाने लूट-लूटकर समूचे भारत पर 'लेवी' टैक्स बिठा दिया जाए और अगर करोड़ों-करोड़ रुपए भी अर्पित किए जाएँ तो भी अंग्रेजों के नुकसान की भरपाई नहीं हो सकती,' वे चीख-चीखकर कहते रहे।

सूना खेमा ! उनकी बातें सुननेवाला वहाँ कोई नहीं था।

वे चुप हो गए।

अब चम्मन का हाथ थामे-थामे जंगल की सँकरी पगडंडियों से गुजरने के दिन खत्म हो गए। मोती की बूढ़ी माँ को पेट-दर्द दूर करने की दवा थमाने के दिन अब हवा हुए। अब वे उसका हाथ पकड़कर बेहद सावधानी से उसे बँगले की सीढ़ियाँ उतरने में मदद नहीं कर पाएँगे। यह नुकसान कितना बड़ा और भयंकर है ! यह नुकसान, अकेले उनका या भारत में मौजूद अंग्रेजों का ही नहीं, समूची अंग्रेज-जाति का है। कितना भारी है

यह नुकसान ! काश, आसपास एकाध अंग्रेज भी ऐसा होता जो इस नुकसान का अंदाज़ा लगा पाता।

इतने दिनों कुछेक विरुद्ध-ताकतों ने ब्राइट के हाथ बाँध रखे थे। वह अपना प्रभाव-विस्तार नहीं कर पा रहा था। अब सन् 1857 में, उसे अपना हाथ-पाँव फैलाने का मनचाहा और सही मौका मिल गया।

इतने दिनों उसकी राह में अनगिनत बाधाएँ थीं। अब कोई रुकावट नहीं रही।

यह बात वह कभी नहीं भूल सका कि चूँकि उसके पिता के शरीर में नेटिव खून था, इसलिए सभी लोग उसे नीची नज़र से देखते थे। उसे हीन समझते थे। अब नेटिव लोगों के खून के साथ अपने तमाम नाते-रिश्तों से इनकार करने का चरम मौका उसके हाथ लग गया।

हत्या ! उन्मत्त नरसंहार ! इनमें इतना-इतना मज़ा आता है, मन में दबी-ढँकी अनगिनत लालसाएँ इस हद तक उन्मुक्त हो सकती हैं उसे अंदाज़ा नहीं था। 'सरप्राइज़ अटैक' यानी आकस्मिक हमला ! ब्राइट और उसके अनुयायी सवारों का आजकल मनपसंद शग़ल बन गया।

वे लोग पहले से ही सारी खोज-खबर इकट्ठी कर लेते। उसके बाद अचानक हमला ! मर्द और लड़कों को मौत के घाट उतार देना उनके लिए खेल बन गया। इन दिनों उन्हें कम उम्र किशोरों पर भी भरोसा नहीं रहा। उनकी नज़र में इस देश का एक-एक बच्चा गेहुँवन साँप का बच्चा था। लड़कियाँ-औरतें अगर छाती पीट-पीटकर रोएँ या अपने बाल नोंचती हुई ज़मीन पर लोटपोट भी लगाएँ तो कोई परवाह नहीं। उन्हें रोने-धोने दो। खबरदार, उनके बदन को हाथ भी मत लगाना। औरतों की बेइज़्ज़ती गुनाह है।

वैसे लूट के भी कुछेक नियम तय थे। चाँदी के सिक्के, चाँदी के दूसरे-दूसरे सामान सवारों में बाँट दिए जाते। साहब सिर्फ सोने की मोहरें और सोने के सामान ही लेता था।

एक-एक 'सरप्राइज़ अटैक' के बाद जब ब्राइट लौटता वह बिलकुल तरुण अपोलो जैसा नज़र आता। नीली-नीली आँखें; सुनहरे बाल; अतिशय सुदर्शन चेहरे पर महीन सी दाढ़ी ! उसका वह खूबसूरत रूप देखकर यह अंदाज़ा लगाना मुश्किल था कि अभी घंटे भर पहले वह क़ैदियों को मारते-पीटते चरम फूहड़ जुबान में गालियाँ उगल रहा था और ऐसे भद्दे-भद्दे मज़ाक कर रहा था कि रेजिमेंट की वेश्याएँ भी शर्म से पानी-पानी हो जाएँ।

जिन-जिन लोगों से ब्राइट को पुराना हिसाब-किताब चुकाना था, इस वक्त वह उन्हें ही खोजता फिर रहा था। इससे पहले, वह जिस-जिस रेजिमेंट में रुपए-पैसों की गड़बड़ी के मामलों में फँसा था और जो लोग यह सच्चाई जानते थे, उनकी छुट्टी कर देने का

भी यही बेहतरीन मौका था। ऐसे लोगों को निकाल बाहर करके अपनी जान छुड़ाना बेहतर था। अगर उन लोगों का इस दुनिया से टिकट कट जाए तो ऐसा कोई बंदा नहीं होगा जो उसे मुसीबत में डाले या शर्म का अहसास दिलाए।

दरअसल, यह अपनी बहादुरी दिखाने और सम्मान अर्जित करने का दौर था। कई-कई बार उसे चम्मन का भी खयाल आया। इस वक्त अगर वह कम्बख़्त बुड्ढा गधा भी किसी तरह हाथ लग जाता, तो फ़ायदा होता। जब वह मरदूद पे-हवलदार था तो ब्राइट अच्छी-ख़ासी मुसीबत में फँस गया था, यह बात वह भूला नहीं था। उस हवलदार की वजह से उसे बेइज़्ज़त और शर्मिंदा होना पड़ा था। मैकमोहन उसी दिन से उसे ज़हरबुझी निगाह से देखने लगे थे। उनमें और ब्राइट में हद तनाव पैदा हो गया और मैकमोहन ने झट से अपनी वसीयत तक बदल डाली।

काश ! अगर चम्मन कम्बख़्त हाथ लग जाए तो मज़ा आ जाए।

उसे यह ख़बर मिल चुकी थी कि कानपुर में उसने जो कुछ भी जमा किया था सब लूट लिया गया। उसे यह भी पता चला कि बृजदुलारी उसके सारे गहने समेटकर फ़रार हो चुकी है। यह ख़बर पाकर वह मन ही मन कहीं बेहद खुश भी हुआ। ये नेटिव औरतें विश्वास निभाना नहीं जानतीं। ये विश्वास के कतई क़ाबिल नहीं हैं।

लेकिन चम्मन ? काश, चम्मन हाथ लग जाता। बस एक बार वह उसे नज़र आ जाता।

27

चम्मन भयंकर मुसीबत में पड़ गया।

उसे बरेली-युद्ध की ख़बर मिल चुकी थी। उसके बाद आसपास की कुछेक खबरों ने उसे चौंका दिया। सचमुच क्या ऐसा भी हो सकता है ?

साहब लोगों के पास बेपनाह क्षमता होती है। कंपनी सरकार तो सिपाहियों की माँ-बाप होती है। बाग़ी लोग क्या ये बातें भूल गए ? हाँ, यह सच है कि सिपाहियों को भी कई-कई परेशानियाँ हैं। लेकिन, इस वजह से वे लोग अंग्रेजों को इस देश से बिलकुल खदेड़ ही दें, भला यह भी कहीं संभव है ?

शुरू-शुरू में उसे इस मामले की अहमियत बिलकुल समझ नहीं आई।

कुछ दिनों बाद, साहब लोग बरेली से भाग आए। मेम, बच्चों, नौकर-चाकर समेत वे लोग सीधे नैनीताल चले आए।

किसी ने कहा, 'सुनो बूढ़े, तुम्हारे साथी-सहकर्मी हमारे घर-द्वार जला रहे हैं, कैंटोंमेंट फूँक रहे हैं। तुम अगर बचना चाहते हो तो भाग जाओ और अगर तुम...'

चम्मन ने जुबान काटते हुए सिर हिला दिया। जाते वक्त उसने साहब लोगों से

दरयाफ़्त किया था कि उनके पास बंदूक के कुछेक टोटे हैं ? साहब लोगों ने उसे टोटे नहीं दिए।

आसपास के जंगलों में छिपे ग्रामवासी अब पहाड़ों की गुफाओं और दूसरी-दूसरी जगहों की तरफ भाग खड़े हुए। वे भी यह नहीं बता सके कि अब क्या होनेवाला है !

उन लोगों ने सिर्फ इतना ही कहा, 'भयंकर मुसीबत आनेवाली है ! बहुत बड़ी विपदा ! बरेली से चंद बंगाली भी नैनीताल चले गए। जाते-जाते वे लोग भी आगाह कर गए कि अब हम अपनी सुरक्षा खुद करें।'

'लेकिन, यह सफाखाना जो मेरे जिम्मे है।'

'जिम्मे है तो क्या हुआ ? अगर तुम नहीं भागे तो क्या वे लोग लौटकर तुम्हें शाबासी देंगे ? तुम्हारी पीठ ठोंककर कहेंगे कि तुम इन वक्तों में भी सफ़ाखाने में पहरा देते रहो ? तुमने कमाल की ड्यूटी निभाई। नहीं ! इस बार जब साहब लोग लौटेंगे, तो तुम पर यह आरोप ज़रूर लगाएँगे कि तुमने ज़रूर बाग़ियों को मदद दी होगी। इस तरह इनके हाथ न सही, उनके हाथ तुम परेशान तो ज़रूर किए जाओगे।'

चम्मन महामुसीबत में पड़ गया।

सफ़ाखाने में ढेरों असबाब मौजूद थे। बर्तन-भाँडे, फूलों के गमले, दवाएँ, हिरनों के सिर, बाघ की खाल, कालीनें और पर्दे वगैरह ! दीवार पर एक तस्वीर टँगी थी। एक बच्चा जहाज की डेक पर खड़ा है और उसके चारों तरफ आग लगी हुई। अब यह तस्वीर वह कहाँ रखे ? सुना है, आर्किड के ये गमले काफी क़ीमती हैं। यह सब वह कहाँ उठा रखे ? किसकी हिफ़ाज़त में सौंप जाए ?

काफी सोच-विचार के बाद चम्मन ने लकड़ी का एक गोदाम खाली कर डाला। इस कमरे के दरवाज़े वजनी काठ से निर्मित थे, उन पर लोहे के बोल्टू जड़े हुए थे। लकड़ियाँ खींचकर बाहर निकालने रखने में उसे ख़ासी मेहनत पड़ी। उसने झाड़ू लगाकर वह कमरा साफ़ कर डाला। कालीन लपेटकर उस कमरे में उठा लाया। हिरन का माथा, बाघ की खाल, बर्तन-भाँडे, दवाएँ, तोशक, गद्दी और पर्दे, बाथरूम के ड्रम, मग वगैरह सारा कुछ समेट लाया। काफी जोर लगाकर वह तस्वीर भी उतार ली और उसे भी इस कमरे में लाकर रख दिया। वैसे सारा का सारा सामान इस कमरे में लाकर भरना नामुमकिन था। तिपाई, कुर्सी, टूल, टोप टाँगने की रैक वगैरह भी इसी कमरे में खींच लाया। सारा सामान उस कमरे में भरकर उसने ताला जड़ दिया।

उसने फूलों के गमले भी बरामदे से हटा लिये। आर्किड के पौधे-लतरों को उसने सेव और एकाशिया की डालों से बाँध दिया। कुछेक दिन धूप में सूखकर अगर मुरझा भी गए तो बारिश होते ही दोबारा हरिया उठेंगे।

अचानक उसकी नज़र बाग़ के कोने की तरफ जा पड़ी। कुदाल, खुरपी, टोकरी, घास काटने का हँसुआ वगैरह तो वह लावारिस छोड़े जा रहा था। चम्मन वह सब भी कमरे में उठा लाया। अंत में उसने सभी कमरे अच्छी तरह बंद कर दिए। बड़े हॉल-घर में ताला मार दिया। सफाखाने की एक चाबी अपने पास रख ली, दूसरी चाबी बरामदे

में की-सीलिंग पर रख दी।

अब वह अपने सामान समेटने लगा।

बड़े से खाकी बैग में उसने अपने दो सेट कपड़े रखे। मैकमोहन साहब का ख़त, उनका दिया हुआ सर्टिफिकेट, उसकी विश्वसनीयता के बारे में कैप्टेन कॉलिन्स का ख़त भी अपने बैग में रख लिया। रुपए जमा करके उसने तीन मोहरें खरीदी थीं। वे मोहरें भी उसने अपनी धोती के फेंटे में बाँध लिया। पीतल की हाँड़ी-लोटा-थाली भी समेट ली। साथ में एक अदद चकमकी भी रख छोड़ी। उसके पास जो थोड़े से चावल-दाल, आटा-नमक, गुड़-घी, आलू, हल्दी वगैरह पड़े थे, उसने अपने साथी पहाड़ी लकड़हारे को दे डाले। अपने साथ सिर्फ थोड़ा सा गुड़ रख लिया। प्यास लगने पर गुड़ खाकर पानी पीना उसकी पुरानी आदत थी। उसने सोचा, खाने का सामान ढोकर ले जाने का कोई तुक नहीं है। रास्ते में माँगने पर कोई भी घर-गृहस्थ, उसे खाने भर का आटा-चावल, घी-नमक और दाल दे देगा। अगर उसका मन हुआ तो वह खुद ही पका लेगा या किसी के घर में ही बैठकर खा लेगा।

चम्मन अब अपने गाँव, अपने घर डेरापुर वापस लौटना चाहता था। हाड़-मांस के इस शरीर के अंदर एक अदद मन भी तो मौजूद होता है। उस मन के भीतर एक और मन रहता है। इन दिनों चम्मन के देह-मन में घूम-फिरकर एक ही इच्छा जाग उठी थी—उसे अपने गाँव लौटना है। कभी इसी गाँव से उसे किस क़दर नफरत थी।

चम्मन ने महसूस किया, चारों तरफ काफी अशांति है ! हर तरफ गड़बड़ है। ऐसे वक्त घर पहुँचना बेहद ज़रूरी है। अपने बेटे-पतोहू और अपनी गृहस्थी की हिफ़ाज़त बेहद ज़रूरी है, वरना वह अपने अंदर ताकत कहाँ से जुटाएगा ?

प्रताप ! उसका बेटा ! प्रताप के लिए उसका मन बेतरह बेचैन हो उठा। उसे दुर्गा की भी याद हो आई। पतोहू ज़रा मुँहफट ज़रूर है, मगर उसके सेवा-जतन में उसने कभी कमी नहीं की। क़िस्म-क़िस्म के अचार, पापड़ बना-बनाकर, वह उसके साथ रख देती। मलाई उतारकर वह अपने हाथ से घी बनाती, पीतल के पेंचदार लोटे में डालकर उसे सौंप देती। नए-कोरे कपड़े में मिठाई भी बाँधकर रख देती।

'चन्दन, अपने दद्दू से कहना कुछ दिन और रुक जाएँ...'

इस बार अगर उसका वश चला तो चाहे जैसे भी हो वह चन्दन को भी अपने साथ गाँव लौटा ले जाएगा। अब वह खुद भी कभी डेरापुर छोड़कर नहीं आएगा। उसके सीने में अजीब सी हूक जाग उठी। बार-बार उसका गला सूखने लगा, बार-बार उसे ज़ोरों की प्यास लग रही थी।

चम्मन ने पहले से ही तय कर लिया, वह दक्खिन की तरफ उतरकर पीलीभीत चला जाएगा। पीलीभीत से ज़रा और दक्खिन की तरफ उतरकर वह डाकगाड़ी का रास्ता पकड़ लेगा। इसी तरह वह एक दिन सीधे कानपुर पहुँच जाएगा। बस एक बार कानपुर पहुँच जाए तो डेरापुर पहुँचने में भला कितने दिन लगेंगे।

लेकिन, जैसे-जैसे वह उतराई पार करता गया, उसकी समझ में आने लगा कि अब

तक वह बिलकुल नासमझ था। बड़े-बड़े गाँव, हाट, सब जनशून्य ! कहीं कोई आदमजात नहीं। खिड़की-दरवाज़े खुले हुए ! कपड़े-लत्ते, बरतन, चावल-दाल—सारा कुछ यूँ ही खुला पड़ा था। लोग अपने गाय-बछड़े तक छोड़कर चले गए थे। जो मवेशी बँधे हुए थे वे सिर्फ टुकुर-टुकुर निहार रहे थे। चम्मन ने बँधे हुए मवेशियों की रस्सियाँ काट दीं। पहले तो उसे यह खयाल आया कि शायद किसी आदमखोर बाघ ने गाँव तबाह किया होगा। बाद में उसे बखूबी समझ में आ गया कि इसी का नाम है—बलवा ! विप्लव ! क्या होगा ? क्या हो सकता है ? लोग इतनी हड़बड़ी में भागे थे कि कुछ भी देखने को नहीं रुके, बस जान समेटकर भाग खड़े हुए। कुछ वक्त और चलते रहने के बाद चम्मन को हाटतला के फूस के घर-दुकानों का सिरा नज़र आने लगा।

वह आश्वस्त हो आया। वहाँ उसकी जान-पहचान के बहुत से लोग थे। वे लोग उसे ज़रूर शरण देंगे और किस रास्ते से वह आगे बढ़े इसकी भी हिदायत दे देंगे।

लेकिन, हाटतला निचाट निर्जन। फूस के घर-दुकानों में साँय-साँय सन्नाटा। न कहीं कोई आदमी, न आदमजात। कुम्हार की मिट्टी की हाँड़ी-कलसी टूट-फूटकर बिखरी हुई या लुढ़की हुई। शायद बोरियों में ले जाते वक्त गिरकर टूट गई होंगी। हाट का समूचा अहाता घोड़े की खुरों की चोट से क्षत-विक्षत। दीवारों पर गोलियों के निशान। खाली कारतूस ज़मीन पर लुढ़कते हुए।

चम्मन का सिर चकराने लगा। वहीं ज़मीन पर पड़ी हुई रस्सी पर उसकी नज़र पड़ी। रस्सी उठाकर वह करीब के कुएँ तक चला आया। उसने पानी लेकर अपना सिर धो डाला। थोड़ा सा पानी उसने गले में भी उड़ेल लिया। अब जाकर उसका चित्त ज़रा ठिकाने आया।

कुएँ के क़रीब, फूस के ढेर के नीचे उसे इनसानों के कई-कई पाँव नज़र आए। उसका चेहरा भय से फक्क पड़ गया। वह आगे बढ़ा। उसके बाद ही उसे ज़ोर का चक्कर आने लगा। वह डाक-रनर जात का गढ़वाली। पहाड़ी रास्ता-घाट बखूबी पहचानता था, आसानी से आ-जा सकता था, इसलिए उसे रख लिया गया था। उससे तो चम्मन की हफ्ते भर पहले ही भेंट हुई थी। उसे यूँ काटकर कौन रख गया ? गर्दन आर-पार चिरी हुई ! सिर पीछे की तरफ लटका हुआ। दुबला-पतला आदमी था, इस वक्त फूलकर ढोल हो गया था। चम्मन ने दहशतभरी निगाहों से देखा। उसकी आँखों की कोटरों में झुंड-झुंड चींटियाँ बिलबिला रही थीं।

राम राम !

चम्मन वहाँ से परे हट आया। काफी देर तक उससे सिर भी नहीं उठाया गया। उसके बाद वह उठ खड़ा हुआ। कुएँ से पानी निकालकर उसने स्नान किया, थोड़ा सा गला भी तर किया। यहाँ चावल-दाल लेकर खाना खाने का उसका बिलकुल मन नहीं हुआ। इधर-उधर निगाहें दौड़ाते हुए अचानक ही उसे लगा वह भयंकर मुसीबत में है। उसके कान खड़े हो गए। गिलहरी की तरह तेज़ रफ्तार में वह पलक झपकते बादाम के पेड़ पर जा चढ़ा। काफी ऊँचाई पर चढ़कर वह घने पत्तों की आड़ में छिपकर निढाल

हो आया। घोड़ों की टापें करीब आती गईं।

लगभग पचास अश्वारोही ! उन्नत बदन ! गौरवर्ण ! किसी के बदन पर लाल पोशाक, किसी की वर्दी धूसर, किसी की नीली ! उनके पास तलवार और बंदूक़ें दोनों ही मौजूद ! विशालकाय घोड़े ! ये लोग शायद रोहिला पठान हैं, चम्मन ने अंदाज़ा लगाया। लाशों की दुर्गंध के मारे घुड़सवारों ने अपनी-अपनी नाक पर हाथ रख लिया।

उन लोगों ने खुद पानी पिया और घोड़ों को भी पिलाया। अब जाकर चम्मन की नज़र पड़ी। कुएँ के कुंडे से ही एक बाल्टी लटक रही थी। उसे अपने पर ही हैरत हुई; उसकी निगाह उस बाल्टी पर क्यों नहीं पड़ी। अगले ही पल उसे लगा, चलो, भला ही हुआ। अगर वह बाल्टी इस्तेमाल करता तो उसका यूँ पेड़ पर छिपना भी बेकार हो जाता। उनकी आपसी बातचीत चम्मन के पल्ले नहीं पड़ी। लेकिन उनकी बातों में बरेली, हलद्वानी वगैरह चंद नाम लिए गए जो चम्मन के कानों तक भी पहुँचे। अश्वारोही दोबारा अपने-अपने घोड़ों पर सवार हो गए।

उन घुड़सवारों में से ही किसी ने कहा, 'इस हाट को लूटकर हमने ग़लती की। अब दुकानदार, कारोबारियों में नगाड़ा पीटकर यह मुनादी भी करानी होगी कि—'अब कोई डर नहीं, आप लोग लौट आएँ।'

उन लोगों के जाने के बाद चम्मन पेड़ से नीचे उतर आया।

उसने बड़ी सड़क पकड़ने की हिम्मत नहीं की। वह कभी जंगल की राह, कभी गाँव के पिछवाड़े की सँकरी पगडंडी पर चलते हुए आगे बढ़ा। पहले उसे उम्मीद थी कि वह कानपुर तक पहुँच जाएगा। पीलीभीत, बरेली, शाहजहाँपुर, साहाबाद से होते हुए मैनपुरी के करीब गंगा पार करके वह कानपुर ज़रूर पहुँच जाएगा।

लेकिन, अब यह असंभव लगा। बरेली में तो अंग्रेजी राज का नामोनिशान तक नहीं था। अब वह अपने वे सर्टिफिकेट फेंक दे, उस पर शायद कोई यकीन नहीं करेगा। विचित्र-विचित्र किस्से सुनाते हुए लोगों ने उसे डरा दिया।

किसी ने कहा, 'खान बहादुर खान बरेली के नवाब हैं। तुम पर उनकी नज़र पड़ गई तो वह तुम्हारा मुंड हाथी के पाँव तले डालकर भुरता बना देंगे।'

चम्मन ने सिर्फ 'हाय राम, हाय राम !' की दुहाई दी।

बहुतेरे लोगों ने कहा, 'सुनो बूढ़ेराम, तुम हमारे बाप के समान हो। हमारी सलाह मानो। हमने अंग्रेजों के खिलाफ लड़ाई नहीं की। हम तो उनके गुलाम थे। उन्हीं लोगों ने हमारा भरोसा नहीं किया; हमें खदेड़ दिया। तुमको क्या बताएँ बूढ़ेराम, जिन अफसरों को हम चौदह-पंद्रह सालों से पहचानते थे, उन्हीं लोगों ने जब हम पर से अपना विश्वास उठा लिया तो तुम्हारा भला क्या विश्वास करेंगे ? हमारी बात मानो, चलो हमारे साथ ! कुछ महीने छिपे रहना। उसके बाद जो जीतेगा, उन्हीं के पास चले जाना। तुम्हारा घर क्या कानपुर के नजदीक है ? लेकिन वहाँ तक जाओगे कैसे ? अभी तो आसपास, चारों

तरफ भयंकर जंग छिड़ी है। उस पर से साहब लोग वहाँ पहुँच रहे हैं। उनके पहुँचने के बाद भला कोई ज़िंदा बचेगा ? वे लोग किसी की बात भला सुनते हैं ? वे लोग तो नन्हे-नन्हे बच्चे-बूढ़े, सबको जान से खत्म किए दे रहे हैं।'

चम्मन ने कहा, 'लेकिन, भइया, मुझे तो वहाँ जाना ही है, मेरे बेटा-बहू, मेरा पोता...एक बार उन सबको देख भी नहीं सकूँगा ?'

मारे डर और परेशानी के उसका चेहरा कैसा तो सूखकर बेरंग हो आया। वह अंदर ही अंदर मानो पगला उठा। अब उसे जिस भी सड़क पर जो भी साथी मिलता, वह उसके साथ उसी रास्ते पर चल पड़ता।

वह रह-रहकर बुदबुदा उठता, 'उफ् ! मेरे सीने के अंदर जैसे कोई हथौड़ा पीट रहा है। दिमाग़ गड़बड़ा रहा है। यह मुझे क्या हो गया है ? हे भगवान ! हे राम !'

आखिरकार। बाराबंकी, फैजाबाद, रायबरेली होते हुए चम्मन जब इलाहाबाद पहुँचा उसका तन-बदन थकान से टूटकर तार-तार हो चुका था। हाय राम ! हाय राम ! यही बुदबुदाते हुए, काँखते-कराहते, वह इतनी सारी राह तय करके यहाँ तक पहुँचा था। संगीहीन ! साथीहीन ! अब वह अंग्रेजों की सीमा के अंदर दाखिल हो चुका था। आसपास मरघट-सा सन्नाटा ! उसके सर्टिफिकेट वगैरह की अच्छी तरह जाँच-परख के बाद अंग्रेज संतरी ने उसे अंग्रेज-अधिकृत इलाके में दाखिल होने की अनुमति दे दी। सामने से फौज की एक टोली आ रही थी, आसपास दंगे करते फिरने का आरोप मढ़कर जौनपुर के चंद दलत्यागी सिपाहियों को क़ैदी बनाकर वे लोग मुख्यालय ले जा रहे थे। बौखलाए हुए चम्मन ने पहले तो मैकमोहन साहब की ख़ैरियत पूछी, उसने सुना मैकमोहन इलाहाबाद में ही हैं।

उसके साथवाली पार्टी अब पीछे रह गई और वे लोग क़ैदियों को खोंचा मारते-मारते आगे बढ़ रहे थे।

चम्मन ने पूछा, 'इन्हें ले जाकर तुम लोग क्या करोगे ?'

'खुद देख लेना।'

'इन लोगों को छोड़ तो दोगे न ?'

जवाब में चम्मन को जबर्दस्त घुड़की मिली। वह आँखें पिटपिटाकर देखता रहा।

इसके बावजूद इसी दौरान उसने एक क़ैदी के कानों में फुसफुसाकर तसल्ली दे डाली, 'ये अफसर नए-नए हैं। सारे नियम-क़ानून नहीं जानते। कंपनी सरकार इंसाफ करती है। दया-माया भी है उसमें ! तुम लोग फिक्र न करो।'

उसी क़ैदी ने अचानक उसके चेहरे पर 'पच्च' से थूक दिया, 'जा बुड्ढे, जा ! जाकर तू भी उस कंपनी सरकारी का गू-मूत चाट !'

वह और ज्यादा सहम गया और एकदम से हकबका भी गया। इलाहाबाद के क़रीब पहुँचते ही उनमें से एक बंदी ने अचानक बेड़ियों समेत अपना हाथ उठाया और पासवाले संतरी पर जबर्दस्त वार किया।

सारे अफसर छूटते ही पागलों की तरह, उस पर टूट पड़े, 'टेक इट ! यू बास्टर्ड !

यू हरामी ! शैतान का बच्चा !'

वे लोग सत्रहों बंदियों को लात-घूँसे और तलवारों से धुनते-काटते रहे। जिस बंदी ने हथकड़ी से मारा था, तलवार से उसके सिर्फ टुकड़े-टुकड़े ही नहीं किए, उसकी दोनों टाँगें भी दो-दो घोड़ों की टाँगों से बाँध दिए और घोड़ों को कसकर चाबुक जड़ दिया। यह नज़ारा देखते हुए, चम्मन ने अपनी आँखें मूँद लीं। अगले ही पल वह बेहोश होकर गिर पड़ा।

जब उसे होश आया, उसने हड़हड़ाकर उलटी कर डाली। वह दोबारा उठ खड़ा हुआ। अब न वहाँ संतरी थे, न ही अफसर। सिर्फ उन लोगों की क्षत-विक्षत देह, हल्के-हल्के हिलती हुई। चम्मन सम्मोहित-सा उनकी तरफ एकटक देखता रहा। उँगलीविहीन, खून से लथपथ, उनके हाथों के तलवे भर हिलते हुए ! पेट की नाड़ी-भूड़ी बाहर ! चम्मन ने इधर-उधर नज़र दौड़ाई। उसने देखा, आकाश से कई-कई शकुन पक्षी नहीं उतर रहे हैं। कई शकुन लाशों पर बैठे हुए। कई शकुन उम्मीद लगाए हौले-हौले पंख लहराते हुए ! चम्मन एकदम से चीख-चीखकर रो पड़ा। अचानक वह एक झटके से उठ खड़ हुआ और बेतहाशा भाग खड़ा हुआ। उसके पाँव बेतरह लड़खड़ा रहे थे, मगर वह भागता गया...भागता गया।

चम्मन इलाहाबाद से छः मील दूर लालवार हाल्ट बँगलों तक ही पहुँच सका। लालवार भूस्वामी बूढ़े और चलने से लाचार, बिलकुल ही अपाहिज थे। वे बिना किसी विरोध के अपना पैतृक मकान छोड़कर बिलकुल अलग हट आए थे। उन्होंने अंग्रेजों को उस बँगले को 'हॉल्ट' के तौर पर इस्तेमाल करने की अनुमति दे दी थी।

चम्मन वहाँ काफी रात को पहुँचा। कल सुबह वह अपने बूढ़े साहब के पास चला जाएगा। उनके हाथ-पैर जोड़कर वह किसी तरह अपने घर पहुँचने का इंतज़ाम करा लेगा। वह कंपनी सरकार का कितना विश्वासी कर्मचारी है, इस आशय का वह उनसे एक सर्टिफिकेट भी लिखवा लेगा।

'वह सर्टिफिकेट मैं दीवार पर टाँगे रखूँगा। तब प्रताप या मुझे या चन्दन को कोई नहीं मारेगा।'

वह अपने खयालों में डूबा रहा। पता नहीं, कितने दिनों तक कितनी-कितनी बार, नहाने के बाद वह अपने देह-मन से पिछले डेढ़ महीनों के तजुर्बों की अपवित्रता मिटा पाएगा। इतनी ढेर-ढेर घृणा, निष्ठुरता और निर्मम हत्याएँ देखते-देखते उसका मन बेकल हो उठा था। उसे अपना आपा बेहद गंदा और अपवित्र लग रहा था। उसने जंगलों में भी हत्या और रक्तपात देखे थे, लेकिन वहाँ के जीव-जगत की हत्याओं में अपवित्रता और गंदगी का कोई नामोनिशान तक नहीं था। ज़रूरत से बाहर, महज-हत्या के शौक से कोई जानवर भी जानवर को यूँ नहीं मारता।'

उसे इत्मिनान हो गया, अब उसने सारा इंतज़ाम कर डाला है। मैकमोहन से भेंट

हो जाए, बस !

'अहा ! वे दीन-दुखियों के माई-बाप हैं...' वह मन ही मन बुदबुदाया, 'वे मुझे टालेंगे नहीं, फेंकेंगे भी नहीं।'

लालवार कोठी में चम्मन ढेर-ढेर पानी में देर-देर तक नहाता रहा। उसने जी भरकर पानी पीया और रात को इत्मिनान से सो गया।

नींद में वह सिर्फ कई-कई भयंकर दुःस्वनों में भटकता रहा...प्रताप को वे लोग तलवार से कुट्टी-कुट्टी काट रहे हैं। फिर किसी ने उसका सिर बेयोनेट की नोंक में फँसाकर आकाश की तरफ उछाल दिया। उस वक्त प्रताप के कटे हुए मुंड ने चीखकर कहा, 'बापू, अपनी बहू का खयाल रखना—'

चम्मन पसीने से तर-ब-तर ! एकदम से जाग गया। वह हौले-हौले कुछ बुदबुदाता रहा। उसने ऊपर और आसपास नज़र दौड़ाई। कमरे में फूस की छादन से रस्सी और लोहे की छड़ें झूल रही थीं।

वह दोबारा सो गया। उसने दूसरा दुःस्वप्न देखा...उन लोगों ने चन्दन को घोड़ों के दोनों पाँवों से बाँधकर चीर डाला है। चन्दन ने गर्दन फेरकर चम्मन की तरफ देखा। चम्मन चन्दन के क़रीब चला आया। चन्दन का सिर जाने कैसे तो धड़ से अलग होकर धीरे-धीरे उसके बदन पर रेंगने लगा।

कटा हुआ मुंड उसके सिर तक चढ़ आया। उस मुंड ने चम्मन के चेहरे पर ढेर सारा थूककर कहा, 'औरत है तू, निरा औरत। जा, जाकर साहबों के गू-मूत चाट-चाटकर खा।'

चम्मन की नींद फिर टूट गई। समूचा बदन पसीने में भीगा हुआ। वह उठकर कमरे से बाहर निकल आया। बाहर खुले आसमान के नीचे लेट गया। आसमान के तारों पर निगाहें टिकाए उसने लंबी-सी उसाँस भरी। अपने सीने पर हाथ रखकर उसने तीन बार 'राम' नाम लिया और उस अनजाने आतंक से मुखातिब होकर कहा, 'जा, दूर हो जा। दूर हो जा। डरावने सपने मत दिखा। मुझे डरा मत ! पता है, मुझे पता है। जब तक गंगा न नहा लूँ, तुम सब मुझ पर मँडराते रहोगे। जा, दूर हो जा ! परे हट ! मेरे गले में गैवीनाथ शिव का कवच पड़ा है, याद रख !'

उसके बाद वह निश्चिंत होकर सो गया। इस बार उसे ख़ासी गाढ़ी नींद आई। बेहद ठंडी-ठंडी हवाएँ चलती रहीं।

चम्मन ने सपना देखा...वह सफ़ाखाने के जंगलों में घूम रहा है। उसने जो जाल बिछाया था, उसमें एक नन्हा सा चितकबरा हिरन आ फँसा। हिरन-छौना ! अभी उसके सींग भी पूरी तरह नहीं उगे थे। चम्मन उसके क़रीब जाकर, जाल की डोर खोलने लगा। हिरन अपनी चिकनी जीभ से उसका चेहरा चाटने लगा। चम्मन को उसके मुँह से नरम-कोमल कच्ची घास और पक्के आँवले और बेरियों के अचार की खुशबू आती रही।

गहरी नींद में ही चम्मन का चेहरा हँसी-खुशी से भर उठा।

भोर के उजाले ने उसके चेहरे से लिपटकर पैग़ाम दिया कि सुबह हो चुकी है। उसी वक्त ब्राइट और 'ब्राइट्स हॅस' नामक सवारों का जत्था भी आ पहुँचा।

नींद टूटते ही अंग्रेजों की आवाज़ें सुनकर चम्मन को ज़रा भी डर नहीं लगा। उसने देखा, अमरूद और आम के पेड़ों की क़तारों से होते हुए पहले एक अदद अंग्रेज और उसके पीछे-पीछे कई-कई पठान घुड़सवारों का जत्था आता हुआ। चम्मन की नज़र जैसे ही उस अंग्रेज पर पड़ी, वह पहचान गया—वह ब्राइट था। ब्राइट को देखकर उसके दिमाग़ में घूमती हुई, अनगिनत छोटी-छोटी चिंता-फिक्र और परेशानी एकदम से फुर्र हो गई, उसने बेहद भरोसा और राहत महसूस किया।

अरसे बाद उसे कोई परिचित चेहरा दिखा था। उसे ब्राइट मिल गया था। ब्राइट, मैकमोहन साहब का भानजा था। शायद मैकमोहन ने ही उसे भेजा हो, उसे लिवा ले जाने के लिए। उस वक्त चम्मन को यह बिलकुल याद नहीं आया कि इसी ब्राइट ने कभी उससे दुर्व्यवहार किया था। फिलहाल उसके सीने में ब्राइट के प्रति असीम ममता उमड़ आई। ब्राइट साहब का चेहरा कैसा राजा जैसा दमकने लगा है।

ब्राइट को उसके अरसे पुराने सम्बोधन से पुकारते हुए वह उसके पास दौड़ा चला आया।

'छोटे साहब, मेरे छोटे साहब ! ब्राइट साहब ! लगता है इस बूढ़े चम्मन को आप भुलाए नहीं हो, तभी तो यहाँ आय गए।'

यह संबोधन सुनने से पहले ब्राइट उसे नहीं पहचान पाया था। हाँ, उसके दौड़कर आने की भंगिमा, उसे कुछ जानी-पहचानी-सी ज़रूर लगी थी। अगले ही पल वह चम्मन को पहचान गया। उसके दिमाग़ में एक निश्चित संकल्प झलक उठा। अद्भुत संयोग था ! आश्चर्यजनक मौका ! चम्मन कुछ-कुछ बोलते हुए उसके क़रीब आ खड़ा हुआ। अरसे से पहाड़ी रास्तों पर चलते-फिरते, अब इसे छोटे-छोटे डग भरने की आदत पड़ चुकी थी। लंबे-लंबे डग भरते हुए दौड़ते-भागने की आदत अब छूट चुकी थी। वह छोटे-छोटे डग भरते हुए दुलकी चाल में दौड़कर ब्राइट साहब के सामने आ खड़ा हुआ। उसके हाथ कुर्ते की जेब में। मारे खुशी के उसकी आँखों से आँसू निकल पड़े। एक हाथ से आँसू पोंछते हुए दूसरे हाथ से वह अपनी जेब से सर्टिफिकेट निकालने लगा।

साथ ही वह खुशी से चीख-चीखकर लगातार बोलता भी रहा, 'मैं चम्मन हूँ, छोटे साहब, चम्मन हूँ मैं। विश्वास करें, मैं चम्मन ही हूँ।'

ब्राइट दो क़दम आगे बढ़ आया। उस पल उसका संतरी भी यह अंदाज़ा नहीं लगा सका कि वह सीधे-सीधे गोली मारने जा रहा है।

आहिस्ता-आहिस्ता बिना किसी हड़बड़ाहट के ब्राइट ने बंदूक़ उठाई और निशाना साधकर उसने ट्रिगर दबा दिया, धाँय !

गोली गले के नीचे और सीने के ऊपर लगी थी। गले और सीने के बीचोबीच, जहाँ कंठ की दोनों हड्डियाँ जुड़ी होती हैं ! चम्मन को ठीक उसी जगह गोली लगी थी। गोली

खाकर भी वह दो-तीन क़दम आगे बढ़ा। शायद उसने उसी पल दम तोड़ दिया था, उसकी लाश ही दोनों पैरों से दौड़ पड़ी थी या फिर तब तक वह मरा ही न हो। ब्राइट की दूसरी गोली खाकर मरेगा—इस इरादे से वह दो क़दम आगे बढ़ आया हो।

ब्राइट की दूसरी गोली उसके माथे पर लगी। वह बाँहें फैलाए मुँह के बल गिर पड़ा। कुछेक पल उसकी देह थरथराती रही, उसके बाद थिर हो गई। उसकी दुबली-पतली देह के मुक़ाबले। उसके पाँव काफी पुष्ट नज़र आए। उसकी मांसपेशियाँ ख़ासी सबल ! पहाड़ी सड़कों पर चढ़ते-उतरते हुए शायद उसके पैर ज़्यादा मज़बूत हो गए थे।

चम्मन का बैग और अन्यान्य सामान समेत जब ब्राइट और उसके साथी लौटे, सूरज अपने पूरे तेज़ समेत आकाश में चमक रहा था।

खून में सनी हुई, पीले रंग की एक थैली और उसमें मौजूद काग़ज़-पत्तर अपने सामने रखकर मैकमोहन काफी देर तक पथराए बैठे रहे।

उनका लिखा हुआ सर्टिफिकेट ! काग़ज़ के पीछे कपड़ा चिपकाकर उस ख़त के जीर्ण-शीर्ण हालत की मरम्मत की गई थी। कैप्टेन कॉलिन्स का प्रशंसा-पत्र ! साथ में कुछेक और काग़ज़। उनका ख़त। पीतल की काली-हाँड़ी-लोटा। एक छोटी सी छुरी, एक अदद चाबी और एक कंघी। मैकमोहन ने अपने सिर की टोपी उतार ली। महीन-महीन पके बालों से भरा उनका सिर हौले-हौले हिलता रहा।

अब उनसे कुछ भी करते-धरते नहीं बनेगा। उनसे कुछ नहीं होगा। अब कुछ भी कर पाना उनके वश में नहीं रहा। उन्होंने महसूस किया, अंदर ही अंदर कहीं कुछ चिटखकर टूट गया है। जाने क्या तो खो दिया है उन्होंने।

'अब मैं क्या करूँ ?'

उन्होंने सहमे हुए लहजे में जाने किससे तो सवाल किया। यह सवाल उनके अपने मन में जगा था; उनकी देह से निकलकर दरवाज़े तक चलकर गया। अगले ही पल वापस लौटकर दोबारा उनकी छाती पर सवार हो गया। अब, इस सवाल का जवाब उनके मन की भीतरी तहों तक आ सिमटा था। अन्यत्र, इस सवाल का कोई जवाब नहीं था। मैकमोहन पथराए हुए बैठे रहे। वे बेहद थके-थके और असहाय नज़र आ रहे थे।

28

अपने दद्दू चम्मन का मृत्यु-संवाद चन्दन को नहीं मिला था।

वह भी उस दौरान कानपुर लौट रहा था।

काशी से कानपुर आने में उसे कई दिन लग गए।

बड़ी सड़क से आगे बढ़ना, उसके लिए नामुमकिन हो आया। बड़ी सड़क से दस

मील इधर और दस मील उधर तक कभी-कभी तो पंद्रह मील इधर-उधर, वे लोग क़दम भी नहीं रख सके।

कभी-कभी तो वे लोग ऐसी स्थिति में भी जा फँसे कि जिस गाँव पर अंग्रेजों ने हमला बोला था, घर-घर आग लगाते फिर रहे थे, घोड़े पर सवार रहकर, जिस-तिस को गोलियों से भून रहे थे, चन्दन उनके खिलाफ जूझता रहा। चन्दन के दल में जो हिंदू-मुसलमान घुड़सवार थे, उन लोगों ने असीम साहस के साथ मुक़ाबला किया और अंग्रेजों को हटाने में कामयाब भी हो गए, गाँवों पर हमला करने के इरादे से अंग्रेज जब भी आए, छोटे-छोटे जत्थों में आए, वरना उन लोगों के आधुनिक अस्त्र-शस्त्र, सबल और तेज़-रफ़्तार घोड़े, शारीरिक ताकत, सामर्थ्य (जो नियमित आहार और आराम का नतीजा था)—इन सबका चन्दन जैसे लोग मुक़ाबला कर पाते या नहीं, यह सोचने की बात थी। अंग्रेज लौट गए और ज्यादा-ज्यादा फौज लेकर दोबारा लौटे। ग्रामवासी समझ गए, अगर वे लोग उन्हें रोकने की कोशिश करें तो भी मौत है, अगर बाधा न दें, हाथ पर हाथ बैठे रहें तो भी मौत है।

'तो फिर हम अगर असल बाप के बेटे हैं, अगर हमने सच ही अपनी माँ का दूध पिया है तो हम लड़ते हुए ही शहीद हो जाएँगे।'

गाँव के बड़े-बूढ़ों ने संकल्प किया, 'चोर-डकैत-लुटेरों से लाठी-सोटा भाँजते हुए, हमारी ज़िंदगी गुज़र गई। अब खड़े-खड़े दम तोड़ने से बेहतर है, हम भी हाथ में भाला-लाठी सँभाल लें।'

उन्होंने नौजवानों से कहा, 'चल, बाँध दे ! हमारे माथे की झुर्रीदार चमड़ी खींचकर उस पर कसकर पगड़ी बाँध दे।'

नौजवानों ने ऐलान किया, 'बंदूक़ नहीं है तो न सही। आँखों के सामने हमारी औरतों की आबरू उतारी जाए, बच्चों को पकड़-पकड़कर गाजर-मूली की तरह तोड़ते रहें और हम खड़े-खड़े देखते रहें ? इससे तो बेहतर है, हम लड़ते-लड़ते मरें !'

अंग्रेज जब ढेर सारी फौज लेकर दोबारा लौटे तो गाँववालों ने मिलकर मुक़ाबला किया। गाँव के मर्द जब लड़ रहे थे, औरतें अपने बच्चों समेत भाग खड़ी हुईं।

लोगों ने ग़जब का साहस दिखाया। इतना साहस, इतनी ताकत इन लोगों में आई कहाँ से ? इस बारे में सोचते हुए चन्दन को लगा, जब मौत का खौफ दिल से निकल जाता है, शायद तभी इनसान के अंदर इसी तरह का अंधा साहस जन्म लेता है।

चन्दन ने देखा, मौत को किस उपेक्षा और लापरवाही के साथ गले लगाया जाता है।

उसकी आँखों के सामने जब गाँव के गाँव घेर लिए गए, जब बचने की कोई उम्मीद नहीं रही, तब मुट्ठी-भर लोगों ने असीम साहस के साथ लड़ते हुए उन अश्वारोहियों को हार का आईना दिखा दिया।

उसके बाद वे ही लोग अपनी छाती पीट-पीटकर हाहाकार करते रहे, 'हे भगवान, हम जीत क्यों गए ? ऐसी जंग जीतने से हमें क्या फ़ायदा हुआ ?'

चन्दन को पता चला, उन लोगों ने औरतों, बच्चों को यथासंभव दूर भेज दिया। जो लोग भागने में लाचार थे उन्हें खुद ही मार डाला। तब जाकर यह बात समझ में आई कि सबको मारकर ही वे लोग इतने साहसी और दुर्जेय हो उठे थे।

चन्दन ने कभी-कभी यह नज़ारा भी देखा कि हज़ारहा कोशिशों के बावजूद किसान अपने खेत-खलिहान-मवेशी छोड़कर भाग नहीं सके। उन दरिंदों ने उन्हें सूली पर चढ़ा दिया। चन्दन और उसके साथी जब भी किसी जले हुए श्मशान बने गाँव में पहुँचे और उन लोगों ने किसी तालाब की खोज की, अचानक कोई पगली प्रकट हो गई और उन्हें खदेड़ती हुई चीखती रही, 'निकल यहाँ से। तुझ नासपीटों की वजह से मेरा गाँव उजड़ गया। तू सब शैतान है !'

चन्दन को लगा, वाकई इस पगली की बात सच है। वे लोग सच ही मुजरिम हैं। वे लोग क्या नहीं जानते थे कि वे दरिंदे बदला ज़रूर लेंगे ? बदला सिर्फ उनसे ही नहीं लेंगे, औरों से भी अपनी दुश्मनी निकालेंगे।

'नेताओं ने तो हमें सड़क पर बिठा दिया,' बहुतेरे योद्धाओं की जुबान पर उसने जुमला भी सुना।

उसने खुद भी देखा, ढेर-ढेर सेना और अस्त्र-शस्त्र होने के बावजूद सिर्फ सुयोग्य नेता के अभाव में वे लोग कैसे हार गए। उसे यह भी लगा, 'अंग्रेजों को खदेड़ भगाएँगे'—इस बारे में कहीं, कोई मत-विरोध नहीं था, लेकिन उनके सामने कोई निश्चित कार्य-शैली और कार्यक्रम नहीं था। शायद इसीलिए उन्हें अपनी राह खुद खोजनी पड़ी, अपने अगले क़दम के बारे में खुद फैसला करना पड़ा। इसीलिए कहीं जंग छिड़ी रही, कहीं स्वाधीन राज्य में ढेरों उत्पात और विक्षोभ ने सिर उठाया। कहीं-कहीं अनुशासन क़ायम हुआ, लोगों को एकता की राह, सक्रिय कामों में लगाया गया। कहीं, कोई जंग हुई ही नहीं। अंग्रेजों को मार-पीटकर, लूट-पाट मचाकर, सबके सब भाग लिए। लेकिन चन्दन ने ग़ौर किया, ज्यादातर जगहों में प्रचंड ताकतवर जनशक्ति महज सही दिशा-निर्देश और नीति के अभाव में विपर्यस्त हो गई। इसीलिए अंग्रेज उनके विनाश में सहज ही कामयाब हो गए। जहाँ जाँबाज़ सैनिकों को वे लोग हाथ नहीं लगा सके, वहाँ मासूम लोगों की जान लेकर उन लोगों ने अपना गुस्सा मिटाया।

साक्षात् मौत का नंगा-नाच देखते-देखते चन्दन के लोग किसी तरह आगे बढ़ते रहे।

पुराने दल के साथियों ने यह प्रस्ताव भी रखा, 'इससे तो बेहतर है, बिहार के कुँवर सिंह के दल में शामिल होने की कोशिश की जाए। कुँवर सिंह बहुत बड़े नेता हैं।'

कुछ दिनों बाद वह दल भी छूट गया। कोई नया दल आ मिला।

किसी दिन उस नए दल के किसी बंदे ने कहा, 'इस वक्त जंग अगर कहीं लड़ी जा रही है, तो लखनऊ रेजीडेंसी में,' और वह दल उसका साथ छोड़कर लखनऊ की ओर चल पड़ा।

इसी तरह राह चलते-चलते फिर कुछ नए साथी आ मिले।

उन लोगों ने बताया, 'पेशवा के सेनापति तात्या टोपे की फौज अंग्रेजों के छक्के

छुड़ा रही है, हम वहीं जाएँगे। एक बार अगर बुंदेलखंड, बघेलखंड, रीवा और राजपूताने के जंगल-पहाड़ों तक पहुँच गए तो अपने पौ-बारह !'

बहरहाल, जिन लोगों ने इन नेताओं को क़रीब से देखा था। वे लोग अजीब-अजीब किस्से सुनाया करते थे। किस्सा यह गढ़ा गया कि स्वयं भगवान शंकर ने आकर किसी-किसी नेता के हाथ में तलवार थमाया है; कोई नेता रोज बाघ पकड़कर लाते हैं और खुद उसका दूध दुहकर पीते हैं; किसी नेता के साथ स्वयं शिव के दो-दो भैरव छाया बनकर चलते हैं। ये तमाम अफवाहें और नामुमकिन किस्से-कहानियाँ सुन-सुनकर अनगिनत लोग इन रोमांचक कपोल-कल्पनाओं में मगन रहकर अपनी निद्राहीन रातें आराम से गुज़ार देते थे।

चन्दन ने इन अफवाहों पर बिलकुल कान नहीं दिया।

उसे तो घूम-फिरकर हर वक्त अपना गाँव, माँ-बापू याद आते रहे। गाँव में चन्दन ने एक बार उस परिचित बरगद के पेड़ पर निशाना बनाकर एक तीर छोड़ा था। खैर, तीर तो उसने वापस निकाल लिया, लेकिन, उसकी नोंक उस पेड़ में गड़ी रह गई और धीरे-धीरे उसमें जंग लगती रही। उसके घर के खलिहान से आती हुई गेहूँ की खुशबू, रसोई से आती हुई दही, घी, बासी मलाई की मिली-जुली गंध भी उसे याद आती रही। उसकी आँखों के आगे बापू का चेहरा तैर गया। इसके अलावा माँ का बुझा-बुझा चेहरा ! ये तमाम बातें और दृश्य बार-बार एकमेक होकर मानो चम्पा में समा जाते। चन्दन को लगा चम्पा उसे पुकार रही है। सिर्फ चम्पा ही नहीं, उसके बापू, उसकी माँ, उसका गाँव—सभी मानो उसे पुकार रहे हैं।

अच्छा, यह बात उसकी समझ में क्यों नहीं आ सकी कि आखिर वह चाहता क्या है ? उसे तो इस वृहत्तर जीवन के स्वाद की चाह नहीं थी, फिर उसने बाहर की बहती धार में अपने को यूँ बहा क्यों दिया ?

अगले ही पल उसे खयाल आया, 'नहीं-नहीं, अगर मैं इस ज़िंदगी में दाखिल न होता, अपने को यूँ बहती धार के हवाले न करता तो शायद मैं यह समझ ही नहीं पाता कि आखिर मैं चाहता क्या हूँ !'

सच तो यह है कि हमारी मगन चेतना में ही हमारी आशा-आकांक्षाओं का असली अंकुर छिपा होता है। जब यह फलने-फूलने लगता है, तो ज़िंदा रहने के लिए उसे बस, थोड़ी सी जगह चाहिए होती है। ऐसे इनसान शायद बहुत कम ही होते हैं जो अपने दिल में कोई विराट आशा, कोई विपुल या विशाल आकांक्षा पालते हैं। इसके लिए वैसा ही विराट मन भी होना चाहिए।

चन्दन भी दरअसल मामूली-मामूली और छोटे-छोटे सहारे ही चाहता रहा है। जो कुछ एक दिन उसके हाथ की मुट्ठी में था, आज वह उसकी पहुँच से बिलकुल बाहर जा पड़ा है। शायद इसीलिए आशा के रंगीन मेघ चन्दन को बार-बार विस्मय-विमुग्ध

करते रहे हैं।

आज वह समझ पा रहा है कि वह आखिर चाहता क्या था। उसने चाहा था, वह चम्पा का हाथ थामकर डेरापुर लौट जाएगा। वह चम्पा को खूब-खूब प्यार करेगा। उसे इतना-इतना प्यार देगा कि उसके तन-मन से सारी ग्लानि, सारी पवित्रता धो-पोंछ देगा। सालोसाल यहाँ-वहाँ, बिना पतवार की नाव की तरह बहती-भटकती चम्पा के मन पर जाने कितने-कितने दाग़ पड़ चुके हैं। चन्दन उसके सारे दाग़ मिटा देगा। आज बस, वह यही चाहता है।

वह चम्पा की कलाइयों में चूड़ियाँ पहनाएगा, उसकी हथेलियों पर मेहँदी रचाएगा। वह उसके पाँवों की उँगलियाँ बिछियों से सजा देगा। पाँवों की उँगलियों में जब तक बिछिया न डाले जाएँ, ब्याह पूरा नहीं होता। गाँव की औरतें उसके आँगन में गेहूँ बिछा देंगी, उन पर चलती हुई चम्पा पूरब के दरवाज़े से अंदर क़दम रखेगी, कमरे के बरामदे में आ खड़ी होगी। चूल्हे पर ढेर सारा दूध खौल रहा होगा। गाँव की औरतें घड़ा-घड़ा पानी भरकर बरामदे से कमरे तक सजा देंगी। उसकी माँ आएगी और लपककर चम्पा का हाथ थाम लेगी। उसे गोद में बिठाकर उसके मुँह में पेड़े ठूँस देगी।

पीछे से कौशल्या चम्पा को सीख दे रही होगी, 'सुन चम्पा, अपनी सास या ससुराल की निंदा कभी मत करना, बिटिया।'

उसके मकान के बाहर शहनाई बज रही होगी।

उसके दद्दू, चम्मन हिदायतें दे रहे होंगे, 'भई, शहनाईवालों को अच्छी तरह नाश्ता करा देना। उन्हें नए कपड़े देना मत भूलना—'

हाँ, बस यही तो, इतना ही तो वह चाहता था।

...उसके बाद चम्पा एक दिन माँ बनेगी। चम्पा का जब सारा बदन, पेट फूला हुआ होगा, तब भी वह बदसूरत नहीं लगेगी। शायद उन्हीं दिनों चम्पा ज्यादा खूबसूरत लगेगी। फिर पेड़ की छाँव में बैठी-बैठी चम्पा बच्चे को दूध पिला रही होगी। चन्दन वह नज़ारा देख-देखकर चरम राहत, चरम सुख-चैन महसूस करेगा।

बस, इतनी सी उसकी ख्वाहिश ! आज चन्दन को ये तमाम बातें याद आती रहीं। उसे लगा, आज से पहले उसने जीवन को जीने की चाह को, इस क़दर प्यार नहीं किया। अपने माँ-बापू, अपनी चम्पा को भी उसने इतना-इतना प्यार कभी नहीं किया।

कानपुर करीब आ गया। अंग्रेजों का छोटे-छोटे दलों से संघर्ष घनीभूत हो आया। अब जंग करते हुए, क़त्ल करते हुए, चन्दन के मन में कोई अनुभूति नहीं होती।

अब उसके सातों साथी भी साथ छोड़कर खिसक जाने को आमादा !

वे लोग यमुना पार करके कालपी जानेवाले थे। उनमें से कोई-कोई बाँदा या चरखारी भी जाना चाहते थे।

सिर्फ दयाराम ही एकमात्र ऐसा शख़्स था, जो कहीं नहीं जा सकता था। उसकी

उम्र भी कम थी। वह बिलकुल नया रंगरूट था। सिपाही दल में भर्ती हुए तीन महीने भी नहीं गुज़रे थे। जंग में उतरने की बात तो उसको याद भी नहीं थी, लेकिन डरपोक अंग्रेज लोगों ने उस पर भरोसा कहाँ किया ? मिर्जापुर से ही घुड़कियाँ खाते-खाते आखिरकार एक दिन बौखलाया सा वह भी जंग में शामिल हो गया। पिछले साल उसका बायाँ पैर काटकर अलग कर देना पड़ा। जंघे के नीचे खून-मांस के लोथड़े झूलते हुए ! अब तो वह हिस्सा सड़ने भी लगा है। जाँघ और पेड़ू बिलकुल काले पड़ चुके थे। अब तो बुखार भी रहने लगा है।

कानपुर की सरहद पर भगवानपुर में आमों का बाग़ था। वे लोग आराम करने के लिए वहीं रुक गए। चन्दन ने दोनों घोड़े भी छोड़ दिए।

उसने दयाराम को फर्श पर ही लिटा दिया।

दयाराम ने सूखी सी आवाज़ में कहा, 'मेरे लिए एक डाल तोड़ लाओ न !'

चन्दन एक डाल तोड़ लाया।

पता नहीं आमों का यह बाग़ किसका था। उसे लगा बाग़ का मालिक अगर इसकी सही-सही देखभाल या जतन करता तो बारिश के दौरान ढेर सारे फल अपने घर ले जा सकता था। लेकिन, हैरत है। आम की डाल तोड़ते हुए चन्दन के मन में एकदम से यह खयाल आया। बिलकुल अप्रासंगिक-सा खयाल ! दयाराम ने अपने हाथ में वह डाल थामे रखी। जब दर्द तीखा हो उठता तो वह उस डाल को अपनी मुट्ठियों में कस लेता। जब दर्द बिलकुल ही असहनीय हो जाता तो डाल छोड़कर उसके हाथ मिट्टी खरोंचने लगते। मिट्टी का एक ढेला, मुँह में डाल लेने से आर्तनाद रुँध जाता था। चन्दन की निगाह आम के पेड़ों पर जा पड़ी। पेड़ में आम भी लटक रहे थे। चन्दन को लगा, एकाध आम तोड़कर अगर दयाराम को थमा दे और वह उसे चबाता रहे तो उसका गला शायद थोड़ा-बहुत तर हो जाए। लेकिन आम तोड़ने या ज्यादा शोरगुल करने की उसकी हिम्मत नहीं पड़ी। वैसे दयाराम का गला भिगोना भी शायद बुद्धिमानी का काम नहीं होता। उसकी चीख-कराह की ताकत बढ़ जाएगी। इस वक्त ज़रा भी आहट करना मुसीबत को दावत देनी होगी।

रात बढ़ती रही।

दयाराम का दर्द भी बढ़ता गया। आसपास कहीं पानी भी नहीं था। हाथ में थामी हुई डाल वह बार-बार कस लेता। चन्दन ईषत् हताश-निरुपाय मुद्रा में उसे दर्द से कराहते हुए देखता रहा।

हालाँकि इसका यह मतलब हरगिज नहीं था कि दयाराम की हालत पर उसे तकलीफ नहीं हो रही थी। चन्दन तो यही चाहता था कि दयाराम बच जाए। वैसे वह यह भी जानता था कि उसकी हज़ारहा आंतरिक प्रार्थनाएँ उसका दर्द बूँद-भर भी कम नहीं कर सकतीं।

दयाराम ने फुसफुसाकर कहा, 'जाओ दोस्त, मुझे यहीं छोड़ दो तुम चले जाओ।'

'हम चलेंगे...साथ चलेंगे। मुझे कानपुर तो जाना ही है।'

'वहाँ गए नहीं कि बेमौत मरोगे।'

कोई जवाब देने की बजाय चन्दन अपनी ही कहने में लगा, 'रात के तीसरे प्रहर ही हम उठ जाएँगे। मैं तुम्हें अपनी पीठ पर लाद लूँगा और हम आगे बढ़ चलेंगे।'

उसने जान-बूझकर झूठ का सहारा लिया। उसे बहुत पहले ही आभास हो गया था कि दयाराम अब नहीं बचेगा। लेकिन वह बचेगा नहीं, इसलिए वह उसे यहाँ फेंककर चला जाए, यह उसके विवेक को गवारा नहीं था। पिछले एक महीने से वह दयाराम से काफी घुलमिल गया था, इस बात के लिए उसे अपने पर ही गुस्सा आता रहा। जिस इनसान के साथ-साथ चलते हुए मौत की सैकड़ों दहलीज लाँघी जा सकती हैं, उसे यूँ फेंक देना नामुमकिन है। बल्कि, अब तो यह जानकर कि उसकी मौत निश्चित है, चन्दन की छाती में असहनीय छटपटाहट जाग उठी थी, हे भगवान ! वह बच जाए। वह ज़िंदा रहे प्रभु ! उफ् ! इतनी-इतनी मौतें देखने के बावजूद उसके मन में यह कमज़ोरी कैसी ? दयाराम का तरुण, निर्बोध चेहरा देखते हुए पिछले कई दिनों से वह आत्मधिक्कार से दबा जा रहा था। उसके मन में सैकड़ों सवाल सिर उठा रहे थे—यह कैसा युद्ध है ? क्यों जारी है यह युद्ध ? क्या फायदा हुआ इस युद्ध का ?

यह कमसिन जवान इतनी तकलीफ क्यों पा रहा है ?

आज दोपहर जब उसके तमाम साथी उसके साथ थे, उन लोगों को भी यह आभास हो गया था कि दयाराम अब नहीं बचेगा। बिछड़कर इधर-उधर बिखरने से पहले उन सातों साथियों ने मिलजुलकर भूरा-गुड़ खाकर पानी पीया। विष्णु ने थोड़ा सा भूरा-गुड़ बड़े जतन से अपने फेंटे में बाँध रखा था।

गुड़ की डली मुँह में डालकर दयाराम ने कहा, 'धत् ! इसका भी मिट्टी जैसा स्वाद है।'

विष्णु ने उसे सेंधा नमक का एक ढेला थमा दिया।

दयाराम ने कहा, 'हर चीज़ का एक जैसा ही स्वाद है साला ! इस वक्त मेरा मन हो रहा है भूरा-गुड़ में नीबू निचोड़कर शरबत पीऊँ। मेरे अपने घर का भूरा-गुड़ और साथ में नीबू।'

दयाराम बैलगाड़ी से टिककर बैठ गया।

बैलगाड़ी की दूसरी तरफ खड़े विष्णु ने गंभीर मुद्रा में कहा, 'बेटा, गुड़ खा रहा है या नमक, इसे इतना भी होश नहीं है। ऐसे आदमी को लादे-लादे तुम अपनी जान क्यों देने चले हो चन्दन ? मेरी राय मानो तो इसे यहीं फेंको और आगे चल पड़ो। और मेरी राय पसंद न आई हो तो अगर तुम कहो तो...'

विष्णु ने उँगली के इशारे से उसकी गर्दन तराश देने का प्रस्ताव रखा। उसने घरघराती आवाज़ में यह प्रस्ताव भी दिया कि इस काम में उसकी दक्षता से सभी परिचित हैं। दयाराम को दर्द से छुटकारा दिलाने की जिम्मेदारी अब उसे ही सौंप दी जाए।

उसका प्रस्ताव सुनकर बाकी साथियों ने उसे डपट दिया, 'चलो-चलो, यहाँ से फूटो तो ! पता नहीं क्यों तो तुम हमारे साथ आ भिड़े। हाँ, गला काटने में तुम्हारा हाथ खूब

चलता है। अब लगता है, अगर हम एक न एक साथी लगातार पहरा न् दे रहे होते तो किसी दिन तुम हममें से ही किसी का सिर धड़ से अलग कर देते।'

ख़ासी बहस छिड़ गई। आखिरकार विष्णु इस क़दर भड़क गया कि उसने दल छोड़ देने का संकल्प किया और अकेले ही चरखारी की ओर रवाना हो गया।

अचानक उसे विष्णु की वह बात याद हो गई। उसने दयाराम की तरफ ईषत् वितृष्णा से देखा। अगले ही पल वह वितृष्णा थकान भरे अवसाद में ढल गई। उसने आँखें मूँद लीं।

दयाराम ने कहा, 'दर्द के मारे मुझे तो नींद आने से रही। अगर कोई खटका हुआ तो मैं तुम्हें जगा दूँगा।'

लेकिन दयाराम जगा नहीं रह सका।

रात जब उनींदी आई, पेड़ की खोह में तक्षक नाग की आवाज़ें गूँज उठीं। एक अन्य साँप-धामन कीड़ों की तलाश में अपने बिल से बाहर निकल आया। मौत धीरे-धीरे दयाराम को घेरने लगी।

काफी कोशिश करके उसने बारूद की पट्टी उतारकर फेंक दी और छुरे से अपने ज़ख्म और जंघा खुजलाता रहा। उसे लग रहा था, वह यूँ खरोंच-खरोंचकर अपने ज़ख्मों की जड़ ही मिटा देगा। छुरे की खरोंच से जंघे की तनी हुई बीभत्स काली चमड़ी में गड्ढा बनता गया। उस गड्ढे से पहले काला-काला खून और मवाद बह निकला। छुरे की खरोंच धीरे-धीरे पेट तक पहुँच गई। अब मवाद के साथ लाल-सुर्ख खून भी बलबलाकर फूट पड़ा। दयाराम को अद्भुत आराम मिला। वह समझ गया, वह मर रहा है। मौत उसे बेहद भली लग रही थी। इतनी राहत ! इतना आराम महसूस करते हुए कहीं उसके मुँह से चीख न निकल जाए, इसलिए उसका मुँह खुला रहा। धूल और घास पर उसकी हथेलियों की पकड़ कस गई।

रात तीन प्रहर का सफर तय करके जब भोर की दहलीज तक आ पहुँची, उस वक्त लाव-लश्कर समेत ब्रिगेडियर इंजीनियर इवान्स उस आम बाग़ में दाखिल हुआ। उसने भी वहीं अपना पड़ाव डाल दिया। चन्दन की नींद नहीं टूटी।

जब वह नींद से जागा, उसके कानों में घोड़ों की टापों का शोर और हिनहिनाहटें गूँज उठीं। पहले, उसने दयाराम पर नज़र डाली। दयाराम अपने घुटने में सिर डाले, बदन को यूँ मोड़े-तोड़े पड़ा था कि उससे यह सवाल करना भी निहायत बेतुका था कि उसने आवाज़ देकर उसे जगाया क्यों नहीं। दयाराम की मुद्रा ने ही चन्दन को कोई सवाल करने से बरज दिया। सिर्फ मृत्यु-यंत्रणा के अलावा इनसान और किसी भी हालत में, यूँ हाथ-पैर-देह पसारे, मरगिल्ले पुतले की तरह मुड़ा-तुड़ा पड़ा नहीं रह सकता। उसके सिर पर एक कौआ बैठा-बैठा उसे चोंच मार रहा था।

चन्दन की राइफल में गोली मौजूद थी। उसने हाथ भी उठाया। लेकिन हाथ उठाते ही उसने महसूस किया, मानो उसकी नाभि के नीचे किसी ने कैंची चलाकर कोई गिरह काट दी हो। उसे लगा, उसकी साँसों की डोर ही टूट गई हो।

वैसे उसकी बंदूक़ का निशाना अच्छा था। उसे निशाना साधने में मुश्किल भी नहीं हुई। उसके सामने एक घुड़सवार प्रकट हो गया। उसका चेहरा काफी तगड़ा और ताज़ा ! रंग सुर्ख-लाल ! गले में गोदना !

शायद कोई गोरा सिपाही है—चन्दन ने अंदाज़ा लगाया।

चन्दन की गोली खाकर वह सिपाही विदेशी जुबान में जाने क्या तो बुदबुदाया। अगले ही पल उसका सिर फूस के पुतले की तरह टुप्प से गिर पड़ा।

चन्दन ने दूसरा निशाना लगाया, लेकिन तब तक उस बेजान फौजी का घोड़ा भड़ककर उसके बदन पर चढ़ आया। चन्दन का पेट और चेहरा उसकी खुरों के वार से धज्जी-धज्जी हो गया। उसके हाथ की बंदूक़ छिटककर दूर जा पड़ी।

भगवानपुर में इवान्स कोर्टमार्शल के लिए बैठा हुआ ! लाम पर जाने और जिम्मेदारी पाने तक वह सारे नियम-क़ानूनों का अक्षर-अक्षर पालन करता रहा था। नहीं, इवान्स पर यह इलज़ाम, कोई नहीं लगा सकता कि उसने मुकदमा सुने बिना किसी को फाँसी पर चढ़ा दिया। उसने कड़कती आवाज़ में फाँसी का हुक्म सुनाया और चन्दन का चेहरा पहचानते ही उसकी जुबान से एक अश्लील-सी गाली निकल पड़ी।

दो अदद डोम लपककर आगे बढ़े और उन दोनों ने जल्दी-जल्दी रस्सी तानकर उसे पेड़ की डाल से बाँध दिया। चन्दन ने देखा रस्सी काफी चमक रही थी और काफी चिकनी थी।

ये लोग फाँसी देने से पहले रस्सी पर शायद पॉलिश चढ़ाते हैं।

वह सोचता रहा। पूरा एक मिनट कई-कई क्षणों में बिखर गया। एक-एक पल-अनुपल, अनंत समय में ढलता हुआ ! जो कुछ नज़र आ रहा था, चन्दन बेहद तीखी और अपलक निगाहों से देखता रहा।

मन की अनुभूतियों को भरपूर मन से बूँद-बूँद जीता रहा। भोर के फूटते उजाले में कानपुर शहर की तरफ निहारते हुए निगाह और शहर के बीच खड़े आम के पेड़ की फुनगी पर उसकी नज़र गड़ गई। दूर, शिवमंदिर की गुंबद पर चमकता हुआ त्रिशूल !

उसने सिर उठाकर देखा। आम की डाल पर एक गिलहरी, मुँह में कुछ दबोचे हुए तिर-तिर ऊपर चढ़ी जा रही थी।

चन्दन ने पाँव झटककर अपने जूते उतार डाले।

मन में धुआँ-धुआँ अँधेरा अभी फैला नहीं था। अच्छा ही हुआ। अचानक कोई अहसास ! उसका दिल उछलकर मानो बाहर आने को बेताब। हाँ, अभी उसकी सारी इंद्रियाँ काफी सजग ! धार-धार ! सच तो यह है कि इस खंडित मुहूर्त में ही चन्दन ने मानो चम्पा को पा लिया हो। चम्पा और डेरापुर के आकाश में तोता-मैना की तीखी टाँय-टाँय ! बेतहाशा नोंक-झोंक ! डैनों की सरसराहट ! बचपन में काले-कजरारे मेघों

तले गेहूँ कटाई के बाद ऊबड़-खाबड़ खेतों में उसका हाथ थामे दौड़ती हुई चम्पा ! माँ के पास लौटकर उसकी नाभि पर लिपटी साड़ी में मुँह दुबकाकर उसकी धुक्-पुक् सुनने की आदत ! साड़ी से आती हुई घी, दही और पूजा की खुशबू ! बापू की बाईं आँख तले लाल मस्सा ! झुर्रियों में धँसी, दद्दू की हँसती हुई नीलाभ आँखें ! फिर वही चम्पा ! चोटी झुलाती हुई बचपन की चम्पा ! होंठों में आँचल दबाए हुए घर के फूस की छादन तले खड़ी सद्यः जवान चम्पा ! विदा होते वक्त उसके सीने से लिपटी चम्पा ! ऐसे ही ढेर-ढेर दिनों और कई-कई वक्तों की चम्पा ! विभिन्न मुद्राएँ ! मिलजुलकर, एकाकार होती हुई चम्पा ! चन्दन के सीने में जबर्दस्त ऊहापोह ! बुलबुले !

साथ ही कहीं विपुल तरंग बिखेरते हुए अचानक रोशनी का विस्फोरण, भयंकर धमाके के साथ फट पड़ा।

निस्तब्ध ख़ामोशी !

झटके खाते-खाते आम की डाल अचानक थिर हो आई। बस, दो-चार पत्ते झर पड़े !

ऐन उस वक्त भगवानपुर के बाहर चम्पा छावनी में बैठी हुई थी। इवान्स या मैक्सवेल या स्टीफेंसन वगैरह को तब तक मालूम भी नहीं था कि उनका विश्वस्त हवलदार, लक्खन सिंह भारतीय पक्ष का आदमी है। लंबे अरसे तक उसने अपना कार्यकलाप छिपाए रखा और संदेहजनक लोगों के नामों की फेहरिश्त बनाने के बहाने वह गाँव-गाँव घूमकर लोगों को सावधान करता रहा। अनगिनत गाँवों को उसने बहुत पहले ही सतर्क कर दिया था। लगभग दो हज़ार लोगों की जान बचाने के बाद अगस्त में उसे फाँसी हो गई।

उसी की मदद से चम्पा भगवानपुर तक पहुँच सकी। उससे अब और इंतजार नहीं किया गया। इवान्स से एक अदद 'पास' लिखवाकर वह तो डेरापुर जाना चाहती थी। उसे पक्का विश्वास था कि चन्दन को वह कहीं न कहीं ज़रूर ढूँढ़ लेगी।

छावनी में उसे इंतज़ार करना पड़ा।

उसने सुना कि साहब कोटमार्शल में बैठे हैं। वह गोद में अपने हाथ समेटे बैठी रही। लक्खन की जुबानी उसे यह भी ख़बर मिली थी कि मेजर स्टीफेंसन आज बिठूर के पेशवा का राजमहल ध्वंस करने जाएगा और इवान्स भी अपना खेमा उखाड़कर वहीं जानेवाला है। चम्पा ने मन ही मन तय किया। वह भगवानपुर कैंप के पहरेदारों को भले घूस खिलाकर या जैसे भी हो चन्दन क़ी तलाश में यहाँ से निकल जाएगी।

इवान्स दस बजे लौटा !

चम्पा को देखकर उसे लगा, उसका यहाँ आना नितांत स्वाभाविक था। खड़े-खड़े ही वह एकबारगी खाने पर टूट पड़ा और ढेर सारा खाना ठूँस गया। अब लंच की फुर्सत जो नहीं होगी। वे लोग यहाँ से बस, रवाना होनेवाले थे। उन्हें बिठूर पहुँचना था। पेशवा

के राजमहल की ईंट-ईंट ढहाकर उसका नामोनिशान तक मिटा देना होगा। इन दिनों हर अंग्रेज के लिए 'नाना साहब' नाम सर्वाधिक नफरत भरा ! यह नाम सुनकर जिसका खून नहीं खौलता, जो सत्ती चौरा और बीवीघर हत्याकांड का बदला लेने को तैयार नहीं, वह असली अंग्रेज नहीं।

इन पिछले दो-तीन महीनों में ही इवान्स ने जैसे अपने को ढूँढ़ निकाला हो। अब यह सोच-सोचकर उसे सचमुच शर्म आती है कि कभी वह किस क़दर स्वप्नजीवी और कमजोर-चित्त हुआ करता था। इस जंग ने उसे ज़िंदगी के बवंडर में झोंक दिया और अब वह समझ चुका है कि वह पहलेवाला इवान्स, वह नहीं रहा जो ज़िंदगी में अपने को कहीं ढाल नहीं पाया, जिसे देखकर हर कोई फिकरा कसता था—Here comes the square he in the round hole. गोल छेद में चौकोर कील है यह बंदा ! अब जाकर इवान्स को अहसास हुआ है कि वह सचमुच अंग्रेज-बच्चा है। उसकी नसों में कंपनी सरकार के मालिक का खून बहता है और वह भी हुक्मरान बिरादरी का ही हिस्सा है। उसे यह भी लगा, चम्पा के मामले में वह धोखा खा गया।

चम्पा उसे बेवकूफ बनाती रही। वह दिन पर दिन उसके बालों की खुशबू को सूँघता रहा, हाथों की उँगलियाँ छू-छूकर मगन होता रहा। इन दिनों उसे जब भी चम्पा की याद आई, उसकी नशीली हँसी, रूमानी गीत, दिलफ़रेब बातों से पहले, उसकी भरी-भरी, गदराई देह का खयाल आता रहा। हालाँकि पहले वह उसकी बातों और हँसी पर किस क़दर कुर्बान रहता था।

इवान्स ने चम्पा को देखा, मगर उससे कोई बात नहीं की।

बेहद अनमनी मगर बेहद तृप्त मुद्रा में वह रोटी, गोश्त, अंडे, मधु वगैरह चाट-पोछकर खाता रहा। उसके बाद उसने चाय भी पी। बीच-बीच में वह गुनगुनाते हुए सीटियाँ भी बजाता रहा। चम्पा ने ग़ौर से देखा उसकी हड्डी तक काफी मांसल हो आई थी। चम्पा को मानो पहली बार यह अहसास हुआ कि इवान्स काफी कुत्सित इनसान है। पहले उसमें एक तरह का सलज्ज संकोच हुआ करता था। वह भोगासक्त भी नहीं था। अब उसकी आँखों के नीचे एक तरह का पीलापन झलकने लगा है और आँखें फूलीं-फूलीं ! बेले की पाँखुरियों की तरह आँखों तले छोटी-छोटी तहें देखकर चम्पा समझ गई, वह बेभाव खाता है और बेभाव दारू चढ़ाता है। उसकी आँखों की पुतलियों के इर्द-गिर्द भी एक क़िस्म के पीले और रक्ताभ छींटे। इस वजह से उसकी आँखें और बदसूरत लगने लगी हैं।

इवान्स पर्दा हटाकर बाहर निकल गया और अपने संतरी को आवाज़ देकर उसने हुक्म दिया कि इस वक्त अगर और-और लोग पकड़े भी जाएँ तो उसे तंग न किया जाएगा। फिलहाल वह व्यस्त है।

चम्पा फौरन उसका इरादा ताड़ गई।

उसकी छाती से लेकर पेड़ू तक जैसे कोई अपने बर्फीले हाथ फेरकर गायब हो गया। वह समझ गई, अब तक वह इवान्स को अपनी सुविधा मुताबिक इस्तेमाल करती

रही है, आज उसे क़ीमत चुकानी होगी।

हाँ, एकमात्र बात जो उसकी समझ में नहीं आई, वह यह थी कि उसे नोच-खसोटकर क्षत-विक्षत करने की क्या ज़रूरत ? उसकी इतनी औकात कहाँ थी कि वह उसे बाधा देती। उसे अंदाज़ा हो गया कि इस वक्त उसे रोकने की हर कोशिश फिजूल होगी, इसीलिए वह बेजान पत्थर की बुत बन गई। दरअसल, इवान्स ने जिस पल कमरे के पर्दे खींच लिये, वक्त उसी पल एकबारगी थम गया था...

...कुछ देर बाद वक्त फिर चल पड़ा।

काफी देर तक वक्त निश्चल होकर किसी विशालकाय कुत्ते की तरह ख़ामोश हो गया, मानो अपने मालिक के इशारे की प्रतीक्षा में बेआवाज़, स्थिर बैठा हो।

टिक ! टिक ! टिक ! टिक !

चम्पा ने हैरत से देखा, इवान्स की जेब-घड़ी का काँटा हस्बेमामूल घूम रहा है।

इवान्स लाल-लाल आँखों से उसे घूरता हुआ बैठा रहा। उसकी आँखों के सामने ही चम्पा ने बमुश्किल खींच-खींचकर अपना ब्लाउज पहना। अपने बदन पर चादर डालकर वह अपने होंठों पर जुबान फेरते हुए अपने होंठों से रिसता हुआ खून पोंछने की कोशिश करती रही।

इवान्स ने बेसिर-पैर के दो-चार अश्लील फिकरे कसे।

'वाह ! क्या बात है ! बिलकुल अनछुई...कुँवारी हो न तुम ! गुड़ ! गुड़ ! अब तक जैसे मेरे लिए ही तो बैठी थीं तुम !'

चम्पा ने कोई जवाब नहीं दिया।

'चलो, अब कोख में शायद कोई हरामी-वरामी भी...समझ गईं ?'

चम्पा उसी तरह ख़ामोश ! वह झाड़ते हुए अपना घाघरा पहन रही थी।

'अरे, हाँ, उस छोकरे को आज लटका दिया ! अरे, वही, तुम्हारा आशिक...तुमसे चिपका-चिपका घूमता-फिरता था ! अरे, क्या तो अच्छा-सा नाम था उसका...'

चम्पा ने घूरती हुई नज़रों से उसकी आँखों में झाँककर दरयाफ़्त किया, 'कब ?'

'आज ही ! जब तुम बनी-ठनी मेरी राह में आँखें बिछाए यहाँ बैठी थीं न, उसी वक्त...!'

इवान्स ने उठकर ठंडी बीयर अपने मुँह से लगा ली। उसकी जुबान ईषत् भारी होकर लटपटाने लगी। बातें जारी रखना अब उसके लिए मुश्किल हो आया।

उसने चम्पा को दोबारा अपनी बाँहों में भर लिया। उसके हाथ उसके अंग-प्रत्यंग पर मनमाने ढंग से घूमने-फिरने लगे।

उसने निहायत बेहयाई से कहा, 'चलो न, तुम भी चलो मेरे साथ, ऐसी भरी-भरी, गदराई जवानी का साथ...भला कहाँ मिलेगा ? वह भी...आजकल ! कम्बख़्त...ऐसी जंग के दिनों में...'

चम्पा ने हौले से उसका हाथ हटाकर अपने को मुक्त किया, उठकर खड़ी हुई और कमरे से बाहर निकल गई। बाहर, खेमे उखाड़े जा रहे थे। वह बैठी-बैठी सुन्न निगाहों से खेमों का उजड़ना देखती रही। खूँटा उखाड़ते ही तंबू एकदम से पिचक जाते और लटपटाते हुए धराशायी हो जाते। दो अदद सईस, एक विशालकाय घोड़े को लगातार थपथपाए जा रहे थे। चम्पा ने देखा, ख़ासा ताज़ा और तेज घोड़ा ! काला रंग और माथे पर सफेद धारी ! पास ही नमक-चपाती खाते हुए एक अन्य सईस पर भी उसकी नज़र पड़ी। खाते-खाते ही उस सईस ने उसी हाथ से अपने पाँव के घाव खुजलाए और फिर उसी हाथ से वह दोबारा खाने लगा।

खेमा उखाड़कर सबके चले जाने के बावजूद चम्पा वहीं बैठी रही।

जो चार संतरी वहाँ रुक गए थे, शाम को कुछ देर चम्पा से छेड़छाड़ करते रहे। चम्पा के फटे हुए ब्लाउज़ में से कहीं-कहीं अंग झलकते हुए ! उसके जिस्म के वे नंगे हिस्से दिन-भर उनकी आँखों को ललचाते रहे थे।

चम्पा ने उन पर एक नज़र डाली।

वह उठकर चल पड़ी। पहरेदारों को भ्रम हुआ, वह शायद उनके साथ आम-बाग़ के निर्जन में जाना चाहती है।

वे लोग आपस में सलाह-मशविरा करने लगे, 'नहीं-नहीं, इस हद तक जाना मुनासिब नहीं होगा।'

अचानक उन चारों ने ज़ोर का ठहाका लगाते हुए ज़मीन पर पच्च से थूक दिया और अपने जंघों पर ताल ठोंकने लगे।

चम्पा ने कहा, 'सुनो, इसकी...ये रस्सियाँ काट दो।'

'क्यों ? रस्सी चाहिए तुझे ! फाँसी की रस्सी ? लेकिन बीवी, तुम तो बला की खूबसूरत हो, आफत-विपद से भला तुम्हें डरने की क्या ज़रूरत ? हाँऽ, सुना तो मैंने भी है...फाँसी की रस्सी कई-कई जादू-टोनों में बड़ा काम आती है।'

दिन-भर उन लोगों के हाव-भाव और हरक़तों में हँसी-मज़ाक और टुच्चेपन का जो ज्वार उमड़ता रहा था, इस वक्त चम्पा की एक ठंडी निगाह भर से एकाएक थम गया। घिरती हुई शाम ! आसमान में घने बादल ! दमघोंटू सन्नाटा ! आम-बाग़ में मच्छरों की भनभनाहट और देर तक लाशों का सान्निध्य—अचानक उन लोगों को निहत्था और असहाय कर गई। वे लोग बिना कोई चूँ-चपड़ किए रस्सियाँ काटने लगे। लाश धप्प से फर्श पर आ गिरी। चम्पा ने उन लोगों की तरफ, बेहद मासूम-सरल निगाहों से देखा।

'चलो, एक कब्र खोदो।'

उसकी आवाज़ मृदुल और निस्तप्त ! फटे हुए ब्लाउज़ से झाँकती हुई उसकी मांसल देह ! फटा हुआ घाघरा ! चीथड़ा-चीथड़ा चादर ! संतरी अजीब दहशत से भर गए। सहसा एक अजीब-सा अवसन्न भाव उन्हें शिथिल और भारी कर गया। चम्पा का

चेहरा-मोहरा बातचीत की भंगिमा और रंग-ढंग ऐसा अस्वाभाविक लगा कि वे लोग आशंकित और निस्तेज हो आए।

उनमें से तीससाला संतरी ने कहा, 'देखिए, हम लोग कंपनी के आदमी हैं। किसी को क़ब्र देने या दाह करने की हमें मनाही है।'

चम्पा ने अपनी उजली-धुली ईषत् विस्फारित निगाहें दोबारा उनके चेहरों पर गड़ा दीं, 'मैंने कहा न, चलो क़ब्र तैयार करो।'

इस बार उन लोगों ने कोई प्रतिवाद नहीं किया। बिना किसी एतराज के उन लोगों ने तीन हाथ चौड़ी, चार हाथ लंबी क़ब्र खोद डाली। लाश उठाकर उन लोगों ने क़ब्र में लिटा दिया और मिट्टी बटोरकर उस पर डालने ही वाले थे कि चम्पा ने हाथ के इशारे से उन्हें रोक दिया।

वे लोग चकरा गए और आपस में फिर शुरू हो गए, 'अरे, वो हिंदू था न, सो उसे शायद दफनाना नहीं चाहती। लेकिन यहाँ चिता भला कैसे जलाई जा सकती है ? असंभव !'

उस उम्रदार संतरी ने ईषत् सम्मान और सहमे-सहमे हाथों से मुट्ठी-भर बारूद और चूना मिली मशाल जलाकर चम्पा को थमाते हुए कहा, 'इस वक्त चिता सजाना नामुमकिन है बीवी ! लो, तुम इसकी मुखाग्नि करके इसे क़ब्र में दबा दो। बहुत से लोगों ने यही किया है।'

चम्पा उन्हें एकटक घूरती रही।

वे लोग डर गए। निर्जन वनभूमि ! निर्वाक् एक औरत ! उसके भाई या पति या किसी और की लाश ! मृतक की गर्दन लंबी और पतली ! आँखों की कोरों में खून ! जुबान बाहर निकली हुई ! घोर साँवला रंग ! फिर भी यह औरत बताती नहीं कि वह इस लाश को दफनाएगी या दाह करेगी या दाह के विकल्प के तौर पर मुखाग्नि करेगी।

उसने चम्पा से मशाल पकड़ने के लिए दोबारा इसरार किया और मशालवाला हाथ आगे बढ़ा दिया। चम्पा ने मशाल लेकर दूर उछाल दिया। मिट्टी पर आग की हल्की-हल्की लालिमा एकदम से लपलपा उठी। संतरी बुरी तरह डर गए और बुदबुदाते हुए आगे बढ़ गए। वे भयंकर दहशत से भर गए थे। वे लोग बिलकुल हतबुद्धि ! आखिर उन लोगों को इतना डर क्यों लग रहा था, यह उनकी समझ में नहीं आया, उनकी चाल तेज़ हो गई। उन लोगों ने तय कर डाला, आज की रात यहाँ से कहीं दूर संतरियों के किसी और पड़ाव में गुजारेंगे। उनमें पीछे मुड़कर देखने की भी हिम्मत नहीं हुई।

चम्पा ने चन्दन की कमर से छुरी निकाली और उसके गले की डोरी काट दी। गले पर कसी हुई रस्सी के निशान बन गए थे। आँखों की कोरों में जहाँ खून जम गया था और होंठों की कोरों में जहाँ चिपचिपी लार जमी थी, उन्हें वह अपने दुपट्टे की छोर से रगड़कर साफ करने में जुट गई। काफी देर बाद उसको होश आया कि वह काफी देर से वहीं, एक ही जगह रगड़े जा रही है। उसने हाथ हटा लिया और चुपचाप उसकी बगल में बैठी रही। मशाल बुझ चुकी थी। सिर के ऊपर का आसमान अँधेरा बनकर

धरती पर उतर आया।

काफी रात गए दो सियार आ पहुँचे। चम्पा ने बुझी हुई मशाल उठाकर उन्हें खदेड़ दिया।

वह मन ही मन बुदबुदाई, '...उस वक्त मैं छावनी में ही बैठी हुई थी...। वहीं.. .वहीं मौजूद थी मैं...।'

वह उसी तरह पत्थर की बुत बनी बैठी रही। यमुना की तरफ से हवा का एक झोंका आया, मर्मर का शोर मचाते हुए आम के पेड़ से कुछेक पत्ते और सूखे पत्ते उड़ गए। हवा का एक और तेज़ रेला गुज़र गया। चम्पा बैठी रही। अगली सुबह उसे खयाल आया, चन्दन को धूप लग रही होगी।

उसने अपना दुपट्टा उतारकर, उसके चेहरे पर डाल दिया। कुछ देर बाद उसने दुपट्टा उठा लिया, क्योंकि उसे चन्दन का चेहरा जो नहीं दिख रहा था। वह उसी तरह बैठी रही। उसने चन्दन के पाँवों पर हाथ रखकर देखा। उँगलियाँ पाँव की चमड़ी में धँसती जा रही थीं। उसने यह भी ग़ौर किया, अँगूठे का वह सफ़ेद दाग़ बिलकुल पीला पड़ गया है।

'पहली-पहली बार जब जूते पहने थे न, तो छाले पड़ गए थे,' चन्दन की कही हुई यह बात चम्पा को याद आ गई।

दोपहर के वक्त बादल घिर आए। लगभग शाम होते-होते सर्द हवाओं समेत बरसात शुरू हो गई। बारिश को रोकने के लिए चम्पा ने झुककर चन्दन के चेहरे पर अपने दुपट्टे की आड़ कर दी। कुछ देर बाद बारिश रुक गई। रात घिर आई। आँखों की आड़ से चाँद बाहर झाँकने लगा। रोशनी की एक उदास सी लकीर ने समूचे चराचर को मानो धुँधला कर दिया।

चम्पा उसी तरह जड़ बनी बैठी रही।

सुबह हो गई। चम्पा उसी जगह, उसी मुद्रा में, उसी तरह निश्चल बैठी रही।

दोपहर के लगभग उसने ग़ौर किया, चन्दन की देह फूलने लगी है। उसका शरीर अब फैलने लगा है। बारिश में क़ब्र के किनारों की मिट्टी गलकर कीचड़ बनती जा रही है। चन्दन की बेजान देह धीरे-धीरे विशाल आकार ले रही है। उसका हाथ-पाँव उथली गहराई से ऊपर उठकर क़ब्र की ऊपरी छोर के बराबर आ पहुँचा है। उसका रंग भी काला पड़ता जा रहा है। उसके दाँतों पर अद्‌भुत सी सफ़ेद चमक झलकने लगी है। क़रीब-क़रीब शाम के वक्त चम्पा उठ खड़ी हुई।

बारिश के पानी में क़ब्र के किनारे गल-गलकर कीचड़ बन गए थे। वह चन्दन की ही छुरी से मिट्टी तराशने लगी। दोबारा रात हो आई। आकाश पें दोबारा चाँद चमक उठा।

चम्पा काफी नीचे तक झुकी-झुकी मिट्टी बराबर करती रही।

उसने तेज़-तेज़ हाथों से जल्दी-जल्दी मिट्टी का ढेर जमाकर लिया। उसके बाद मिट्टी उठा-उठाकर क़ब्र में डालने लगी। चन्दन के चेहरे पर अपना दुपट्टा डाल दिया

और दोबारा मिट्टी भरने लगी।

उसने देखा, चन्दन का पेट, सीना, हाथ-पाँव, जंघा, पेड़ू...सारे अंग-प्रत्यंग फूलकर, बिलकुल ऊपर तक उठ आए थे। वह मिट्टी डालती गई...डालती गई। डाल-पत्ते, झोंप-झाड़, काँटे वगैरह जो भी उसके हाथ लगे, वह खींच लाई और चन्दन की बेजान देह ढक दी।

वह मन ही मन दोबारा बुदबुदा उठी, 'उस वक्त मैं छावनी में ही बैठी हुई थी...चन्दन !'

इधर-उधर निगाहें दौड़ाते हुए उसने अचानक चीखकर ऐलान किया, 'सुना ? मैं उस वक्त वहीं...छावनी में ही बैठी हुई थी।'

उसकी आवाज़ धीमी हो आई, 'हाँ, मैं...मैं ही...उस वक्त छावनी में बैठी हुई थी।'

उसके बाद वह दोबारा ख़ामोश हो गई। वह दोबारा क़ब्र के क़रीब आ बैठी।

सुबह होते ही वह उठ खड़ी हुई। उसने बिठूर की राह पकड़ी। उसका ब्लाउज़ और साड़ी कीचड़-काँदो में सने हुए। वह नंगे पाँव चलती रही। कीचड़ में सने हुए उसके भींगे बाल, पीठ से चिपके हुए।

29

मैकमोहन, नील की ट्रप के साथ कानपुर की तरफ चल पड़े।

फौजियों के पाँवों और घोड़ों की खुरों से धूल उड़ती हुई। कानपुर करीब आता जा रहा था।

मैकमोहन को ख़बर मिल चुकी थी कि अंग्रेजों ने अपने कोड़ों की ताबड़तोड़ बारिश से लोगों को किस क़दर उत्तेजित कर डाला था और उसी भयंकर उन्माद में, अपने को भी कसकर जकड़ रखा था।

वे लोग आपस में विचार विनिमय करते रहे, '...वह ब्लडफील्ड..? उस जानवर पेशवा को अगर एक बार अपनी मुट्ठी में पा जाऊँ, तो उसे तिल-तिल करके ख़तम करूँगा। अगर वह हाथ नहीं आया, तो भी हम बदला लेकर रहेंगे।'

नील ने कहा, वह हिंदू-मुसलमान सबको घेर-घारकर उसी बीवीघर में ले जाएगा। वहाँ अंग्रेज औरत-मर्दों के जमा खून चाटने को विवश कर देगा। उन लोगों को इतना असहाय-निरुपाय कर देगा कि ये लोग वो थक्के-थक्के जमा खून अपनी जुबान से चाटने को लाचार हो जाएँगे।

मैकमोहन अपनी आँखों से देख रहे थे कि प्रतिशोध की उन्मत्त लालसा उभरकर कैसे उजागर होती जा रही है। उन्होंने देखा कि मौत के मुँह में फँसे कैदियों से उनके हँसी-मज़ाक की कोई हद नहीं थी।

उन्हें अहसास हो गया, शायद यही आखिरी फैसले का वक्त है। पाप का घड़ा अब भर चुका है। दुनिया में पाप ग्रहण करने की अब तिलभर भी क्षमता नहीं रही।

शाम का वक्त ! अंग्रेज बहादुर आराम फरमा रहे थे।

सिपाही और संतरी, तंबू के सामने फूस से ढकी हुई बीयर की बोतलों पर पानी छिड़क-छिड़ककर उन्हें ठंडी कर रहे थे।

किसी साहब ने आवाज़ देकर कहा, 'ठंडी बीयर नहीं माँगता, गरम बीयर लाओ ! गर्मागर्म।'

किसी अंग्रेज ने कहा, 'अजी, मेरे अंदर तो इतना गुस्सा भरा हुआ है कि मेरे पेट में अगर बर्फ का पानी भी उड़ेलते रहो तो वह भी खौलने लगेगा।'

काँच के मग में बीयर उड़ेली जा रही थी। गिलास के ऊपर तक झाग उफनती हुई।

कई लोग फब्ती कसने से भी बाज़ नहीं आए, 'क्या कहते हैं उस बला को... विनकी...! आय-हाय...विनकी ! आने लगी, विनकी याद ! याद है ?'

सबने समवेत जोर का ठहाका लगाया।

अपने तंबू में अपना चेहरा छिपाए मैकमोहन विनकी की यादों में डूबते-उतराते रहे।

बारह छोकरे ! उनकी उम्र चौदह-पंद्रह साल से ज्यादा नहीं थी। उन लोगों को पक्का विश्वास हो गया था कि उनके लिए फाँसी की सज़ा बिलकुल निश्चित है, शायद इसीलिए उन लोगों ने एनसाइन ब्रैकेट के पाँव पकड़ लिये, 'तुम हमारे माँ-बाप हो, साहेब, तुम हमारे माँ-बाप हो,' उन्होंने गिड़गिड़ाकर कहा, 'हम लोगों ने कुछ नहीं किया साहेब ! हम तो अपनी भैंस हँकाकर वापस ले जा रहे थे। हमारी भैंस झुंड से अलग भाग आई थी। देखिए, इस लड़के का बाप मर गया है। देखिए न, उसके गले में डोरा पड़ा है। उसी की माँ ने कहा, इसे भी साथ ले जाओ, भैंस चरा लाएगा। सबने सलाह दी, तुम लोग जाओ, भैसों को ज़रा घुमा लाओ। तुम सब नान्ही-नान्ही उमिर के हो, मिलकर चले जाओ।'

'तेरा बाप मरा कैसे ? कैसे मर गया, बे ?'

'हैजा भया था, हजूर !'

'नहीं-नहीं, मेरा कहना था, तेरा बाप भला आदमी नहीं रहा होगा। उसे भी ज़रूर फाँसी पर चढ़ा दिया गया होगा। तू उसका बेटा है। तू भी चला जा, अपने बाप के पास !'

'ना हजूर, मेरा बाप हैजे में मर गया। मेरा विश्वास करें।'

'अकेले तेरे बाप को ही कॉलेरा हो गया ?'

'नाहीं हजूर ! पहले और दो जन भी मर गए। बाप सुबह से ही पेट-दर्द से छटपटा रहा था। हरी-हरी उलटियाँ कर रहा था। उसके हाथ-पाँव अकड़ गए थे।'

'हः, ऐसे बाप को तूने अकेले रख छोड़ा है ? तेरा तो उनके पास जाना बहुत ज़रूरी है, बे !'

लड़कों को कुछ समझ में नहीं आया।

उनके सामने ही संतरी पेड़ की डाल से रस्सी बाँधने लगे। पेड़ के नीचे बैलगाड़ी खींचकर लाई गई। एक संतरी गाड़ी की टप्पर पर खड़े होकर, यह जाँच करता रहा कि रस्सी भरपूर मज़बूत है या नहीं।

अचानक कई एक संतरी बेयोनेट लेकर उन लड़कों को रगेदने लगे। असल में वे ठिठोली कर रहे थे। यह बात लड़कों के पल्ले नहीं पड़ी।

सामने से आता हुआ जो भी राहगीर मिलता, वे लोग उससे रिरिया-रिरियाकर विनती करते रहे, 'तुम्हारे पैर पड़त हैं ! हे भइया, पाँव धरत हैं।'

आखिरकार, जब उन किशोरों को फाँसी पर चढ़ाया गया, उनमें से दो के कपड़े खराब हो चुके थे।

मैकमोहन तंबू के बाहर आए। उस वक्त समूची प्रकृति चैन से सोई हुई। तिकोने दीप की तरह, क़तार-दर-क़तार तंबू, अँधेरे में पीठ टिकाए खड़े थे।

मैकमोहन सीने में परेशानी का वजनी बोझ महसूस कर रहे थे। उन्हें लग रहा था, इस विराट रणक्षेत्र में वे अकेले सिपाही हैं और वह भी हारे हुए सिपाही ! समवेत शक्ति के आगे वे हार गए। इसके बावजूद हार की ग्लानि उन्हें हताश नहीं कर पाई। क़रीब दो हफ़्तों बाद वे एक क़िस्म के निरपेक्ष सुख-चैन की कोमलता महसूस कर रहे थे। तमाम परेशानियों के बावजूद वह थोड़ी सी कोमलता मानो कोई स्थायी और चरम आश्वासन देती हुई।

'यह आश्वासन, ईश्वर प्रदत्त है,' वे सोचते रहे। उन्होंने लंबी उसाँस छोड़ी और दोबारा अँधेरे में निगाहें गड़ा दीं। उन्हें लगा अँधेरे का भी अलग-अलग रूप-आकार होता है। इस वक्त उन्हें उन तमाम रूप-आकारों ने घेर रखा है। उन्हें उनकी मौजूदगी का स्पष्ट अंदाज़ा हो रहा है। उन सबकी साँस-प्रश्वास से समूचा माहौल भर उठा है। उनकी दृष्टि निहायत भूखी और अमानवीय हो आई है।

वे लोग इनसान हैं या जानवर या प्रेत ?—मैकमोहन सोचते रहे। नहीं, वे उन लोगों को पहचानते थे। कभी ये लोग वाकई इनसान थे। लेकिन, आज उन्हें इनसान कहना भयंकर भूल होगी। जंग, उस सर्वनाशी जंग ने उनके इनसान होने का हक़, हमेशा-हमेशा के लिए छीन लिया है।

मैकमोहन सोचते रहे—यह जंग आखिर किसलिए ? जो लड़ाई इनसान को इनसान न रहने दे, उस लड़ाई से आखिर किसका भला होता है ? क्या भला होना है ? हे ईश्वर ! तुम्हारी करुणा के राज्य में यह कैसी नाइंसाफी है ?

मैकमोहन ने सिर उठाकर आसमान की तरफ देखा। उन्हें मानो यह उम्मीद हो कि

आसमान से, उनके सवालों का जवाब ज़रूर मिलेगा। लेकिन उसी पल उनके सीने के अंदर जाने कौन तो अट्टहास कर उठा।

'संसार की युद्ध-भूमि में तुम्हारी ज़रूरत खत्म हुई। इसलिए वे लोग तुम्हें खारिज कर देना चाहते हैं। इसीलिए इनसान के प्रति तुम्हारी दया-माया देखकर वे लोग तुम पर विद्रूप करते हैं।'

मैकमोहन चौंक उठे। उन्होंने गर्दन घुमाकर चारों तरफ देखा। कहीं, कोई नहीं था। सिर्फ देहहीन, कायाहीन छायाएँ निबिड़ कालिमा में लिप्त, भूखी निगाहों से घूरती हुई चुप्पी बैठी थीं। तंबू के बाहर पहरा देते हुए संतरी।

'हाँ, यह सच है, अब मैं काबिल नहीं रहा। मेरी ज़रूरत अब ख़त्म हो चुकी है। ब्राइट जैसों की तरह मैं इनसानों के प्रति निर्मम और नृशंस नहीं हो सकता। मैं इनसानों को प्यार करता हूँ। हाँ, मुझे इनसानों से मुहब्बत है। इस धरती की मिट्टी को मैं प्यार करता हूँ,' मैकमोहन ने एक लंबी उसाँस छोड़ी।

उस अँधेरे में ही वे शिथिल क़दमों से आगे बढ़ चले। छाया मूर्तियाँ पीछे हट गईं। अब उनके बारे में सोचते हुए, उनके सीने में नए सिरे से दर्द टीस उठा। इन छायाओं को उन्होंने दिन के वक्त भी देखा था। कई एक नारी मूर्तियाँ ! फटी-चीथड़ी साड़ी में। आधे अंग बिलकुल उघड़े हुए ! रुग्ण और कंकाल देह ! छातियाँ अनावृत्त ! रूखे, तेलहीन बालों की लटें, कानों के क़रीब, सर्वनाशी ढंग से झूलती हुईं ! खौफनाक दृष्टि ! बेहद अमानवीय ! उन आँखों में न कोई दुःख-दर्द, न माया-ममता। सिर्फ निगाहें फैलाकर टकटकी लगाए देखते रहना। ग़ज़ब की भूख लिये घूरते रहना।

मैकमोहन ने ग़ौर किया, दिन के वक्त ये छायाएँ झोंप-झाड़ में छिपी रहती हैं या जले हुए भस्मीभूत घर-मकान या मड़ई खोदती रहती हैं। जाने क्या खोजती रहती हैं ये छायाएँ !

हाँ, जो-जो गाँव आज जलकर खाक़ हो चुके हैं, वहाँ अभी कल तक हँसता-बसता जनपद हुआ करता था। लोग रहते-सहते थे वहाँ। अशरीरी छाया-मूर्तियों जैसी ये अधनंगी औरतें अभी कल तक किसी की बीवी, किसी की बहनें या माताएँ थीं। उनकी आँखों में स्वाभाविकता थी, माया-ममता थी, आनन्द-वेदना थी। अपने खेत-खलिहान, गाय-बछड़े, बाल-बच्चों के साथ वे लोग निर्विघ्न ज़िंदगी गुजार रही थीं। उनमें शर्म और बाकी तमाम इनसानी प्रवृत्तियाँ मौजूद थीं।

आज कहीं कुछ भी नहीं है। अनगिनत गाँव श्मशान बन गए। शहर के शहर वीरान हो गए। घर-द्वार, पालतू मवेशी जलकर खाक़ हो गए। सारे के सारे मर्द दम तोड़ गए। औरतें दिन के वक्त झोंप-झाड़ में इधर-उधर ओने-कोनों में छिपी रहती हैं। कभी, जहाँ उनकी घर-गृहस्थी हुआ करती थी, वहाँ की मिट्टी तक खोद-खोदकर, वे लोग जाने क्या तलाश किया करती हैं ! उसके बाद, सिर पर हाथ धरे बैठी रहती हैं। वे जुबान से कुछ नहीं कहतीं, सिर्फ अमानुषिक निगाहें फैलाए बैठी रहती हैं, जिन निगाहों को झेलते हुए कोई भी स्वाभाविक इनसान सहज नहीं रह पाता। रात होते ही ये औरतें तंबू के बाहर

के अँधेरे में कुंडली मारकर बैठी रहती हैं। अँधेरे में घुलमिलकर, इनकी देह ज़िंदा हो उठती है। सिर्फ उनके बिखरे-बिखरे बाल, अनावृत्त छातियाँ और अव्यक्त मानव-बोध से परे उनकी निगाहें, विभीषिका के मानिंद जगी रहती हैं। जब खेमे एक जगह से उखाड़कर कहीं अन्यत्र लगाए जाते हैं, ये छायाएँ भी उनका पीछा करती हैं, उनके साथ-साथ चली आती हैं।

मैकमोहन बेचैन हो उठे। भयंकर शर्म और पछतावे से उनकी छाती फुँकती रही। उनका मन हुआ, वे हाथ जोड़कर कहें, 'माफ कर दो, मुझे माफ कर दो, हम सबको माफ कर दो।'

लेकिन, वे कह नहीं पाते। जाने कौन अंदर से उनका गला दबोच लेता है।

वे बुदबुदा उठे, 'ना, हमें माफी नहीं मिल सकती। जहाँ कहीं हमने एक भी बेकसूर इनसान क़त्ल किया, किसी गाँव में आग लगाई। हमने भयंकर गुनाह किया है। ईश्वर हमसे दूर चले गए हैं। हममें और ईश्वर में अब यह फासला बढ़ता जा रहा है, इसीलिए माफी मिलने का हक़ हम खो बैठे हैं। इन लोगों के साथ हमने जो फासले गढ़ लिये हैं, वह दिनोदिन बढ़ता ही जाएगा। हम अब कभी, किसी दिन भी भारतवर्ष पर अधिकार नहीं कर पाएँगे। हाँ, हम अब भी इस देश की चाय, पाट, लोहा और कोयला अपने देश ले जाएँगे। इंग्लैंड में उद्योग की तेजतर तरक्की होती रहेगी। सब कुछ होता रहेगा, लेकिन हम, इस देश के इनसानों का दिल कभी नहीं जीत पाएँगे। कभी भी नहीं।'

'देखना, एक दिन बहुत बड़ी क़ीमत चुकानी पड़ेगी,' वे दोबारा बुदबुदा उठे। उनकी आँखें साफ-साफ देख पा रही थीं कि इन दिनों की करतूत के लिए आगामी पीढ़ी को भयंकर हर्जाना चुकाना होगा।

अचानक जैसे उन्हें होश आया। उन्होंने अपने को डपट दिया और कुर्सी पर आ बैठे। अब जाकर उन्हें होश आया, काफी देर से वे सिर्फ चहलकदमी करते रहे थे।

कुर्सी पर बैठे-बैठे उन्होंने पाइप में तमाखू भरा, लेकिन उसे सुलगाना भूल गए और सिर पर हाथ धरे बैठे रहे।

जिन लोगों को वे बिलकुल याद नहीं करना चाहते, वे लोग ही बार-बार उनके मन के दरवाज़े पर आ खड़े होते हैं।

आज उन्हें चम्मन याद आता रहा या फिर पिछले कई दिनों से उनके मन की आड़ में सिर्फ उसी का खयाल छिपा बैठा था, आज वह खयाल आड़ से निकलकर रोशनी में आ खड़ा हुआ है—चम्मन !

उन्होंने आहिस्ता से उसका नाम पुकारा। तभी उन्हें याद आ गया। न्ना ! चम्मन का चेहरा स्पष्ट याद नहीं आया। जाने क्यों तो उन्हें उन गुफाओं का खयाल आता रहा। अतीत के गर्भ से निकालकर जवानी के दिनों के वे अद्भुत तजुर्बे, मानो वे दोबारा जीते रहे। रात गहरा आई।...सफ़ाखाने से चलकर वे बाहर जंगल के किनारे आ खड़े हुए हैं। हवा में धूप की खुशबू ! जाने किसने तो कोमल-नरम पेड़ों की कच्ची डाल-पत्तियाँ झकझोरकर धरती पर बिछा दी हो। आग की आँच में समूचे पेड़ से रस झरता हुआ !

चारों तरफ धूप की खुशबू बिखरी हुई ! दूर, पहाड़ों पर एक ! दो !! तीन !!! ज्योतियाँ आलोकित हो उठीं। वे ज्योतियाँ नीचे उतरने लगीं। नीले कुहासे तक आकर ज़रा ठिठक गईं। उसके बाद धीरे-धीरे दोबारा ऊपर उठने लगीं और क्षीण होते-होते एकबारगी गायब हो गईं। उन्हें याद आया, गाँववाले, इर्द-गिर्द भीड़ लगाए खड़े थे, बेहद भय और श्रद्धा के साथ वे उन दिव्य ज्योतियों को विमुग्ध निगाहों से निहारते रहे।

उन लोगों ने हाथ जोड़कर प्रणाम किया और आपस में बातें करने लगे, 'ज़रूर किसी पुण्यात्मा ने निर्वाण लिया है। परम ज्योति उन्हें देवलोक ले गई।'

मैकमोहन के मन में हल्का-सा पछतावा बना रहा। ज़िंदगी में बहुत कुछ बाकी रह गया। उनको बड़ा चाव था कि उस गुफा में जाकर उस ज्योति का पता लगाएँ। अगर वे चम्मन तक पहुँच पाते तो उसे भी गुफा तक ले जाते। धूप की खुशबू से महकती हुई हवा ! मखमली घास ! नदी किनारे आइरिश बनैले गुलाब और आर्किड झूलते हुए ! वहीं कहीं दूर, ब्रह्मकमल भी खिला करते हैं। हैरत है ! खिला हुआ ताज़ा ब्रह्मकमल, उन्होंने कभी नहीं देखा। जो लोग तीर्थ से लौटते थे, वे सूखे फूल लाते थे। उफ़ ! जिंदगी में कितना कुछ अनजाना रह जाता है। शरद के मौसम में सुबह-दोपहर के वक्त, वहाँ नीले रंग की तितलियाँ और मधुमक्खियाँ उड़ा करती थीं; इधर-उधर बस, उड़ती ही रहती थीं। विदा लेती हुई सर्दी के मौसम में पंछी लौट आते हैं। वे पंछी बेरियाँ खाते-छितराते रहते थे। पकी हुई बेरियों की गंध ! नन्ही-नन्ही बच्चियाँ टोकरियाँ उठाए बेरियाँ चुनने आया करती थीं। उनके कानों में पीतल के गहने सजे होते थे। उनकी आँखों में अबोध कौतूहल तैरता रहता था।

'तुम सब मुझे माफ कर देना,' उन्होंने अस्फुट स्वर में कहा।

नौजवान श्वेतांग अफसरों की निगाहें बाहर की तरफ जा पड़ीं। ठंडी-ठंडी हवा में पेड़ के पत्ते हिलते-डुलते हुए। थोड़ी ही देर में भोरे होनेवाली थी।

'अब, सिर्फ एक दिन की यात्रा। परसों सुबह-सुबह ही हम कानपुर पहुँच जाएँगे।'

कानपुर !

'मैं हर क्रांतिकारी को बीवीघर के फर्श पर जमा खून चाटने को मजबूर कर दूँगा। उसके बाद कम्बख़्तों को फाँसी से लटका दूँगा,' कैप्टेन नील का ऐलान था।

'हम कानपुर शहर को घुटनों-घुटनों खून में डुबो देंगे। फाँसी नहीं देंगे। तोप के मुँह पर रखकर उड़ा देंगे। अगर कोई असली मुजरिम हाथ लग गया तो उसके बदन की समूची खाल खींच लेंगे। धीरे-धीरे आहिस्ता-आहिस्ता,' किसी अन्य अंग्रेज ने कहा।

'लेकिन, मैं कानपुर नहीं जाना चाहता। वहाँ और ज्यादा क्रूरता, और ज्यादा दरिंदगी, और ज्यादा खूनख़राबा...मुझे नहीं देखना है यह सब,' मैकमोहन ने कहा।

उन्होंने अपना दाहिना हाथ मेज़ की तरफ बढ़ा दिया और उस तरफ सूनी-सूनी निगाहों से देखते रहे।

'मैं थक गया हूँ। बेहद थक गया हूँ,' वे बार-बार दोहराते रहे।

आखिरकार, वह रात आ पहुँची।

अफसर और फौजियों समेत अन्यान्य लोग काफी रात गए तक मुख्य डाइनिंग-तंबू में बैठे-बैठे उत्तेजित लहजे में बातचीत करते रहे। वे लोग अपनी निर्ममता, बेरहमी और नृशंसता के सैकड़ों तजुर्बे और किस्से बयान करते रहे। वे तमाम लोग इस जंग के साथ शायद सीधे-सीधे जुड़े हुए नहीं थे; शायद उनके पास अपना-अपना कोई व्यक्तिगत तजुर्बा नहीं था। तमाम किस्से-कहानियाँ इस-उससे सुनी-सुनाई या उधार ली हुई थीं।

मैकमोहन चुपचाप उनकी गपशप सुनते रहे। उनकी निगाह एकटक उन लोगों पर ही लगी हुईं। उन्हें लगा दारू का नशा अब उनके लिए काफी नहीं है। अब वे लोग अपने को भयंकर रूप से उत्तेजित करने में लगे हुए हैं। इसीलिए ये तमाम किस्से-कहानियाँ छिड़ी हुई हैं। अचानक उन्होंने सिर उठाकर देखा, मानो सारा किस्सा उनकी समझ में आ गया हो।

'हाँ, तुम लोग डर गए हो। हालाँकि इस दहशत की तुम्हें ख़बर नहीं है। जो लोग अपने मन की गहराइयों में किसी कमजोरी को पनाह देते हैं, वे लोग निहत्थी जनता पर हमलावर होते समय और ज्यादा हिंस्र हो उठते हैं। अंदर की ताकत अगर जवाब दे जाए तो ऐसा ही होता है, बंदूक़-बेयोनेट हाथ में बाहरी ताकत तो जुटा सकते हैं। मगर नीति और विवेक की ताकत अंदर से आती है। अगर अंदर का ज़ोर साथ हो, तो मौत से बेखौफ आँख मिलाई जा सकती है। तुम लोगों के पास वह ज़ोर नहीं है। तुम्हें पता नहीं कितने कमज़ोर हो तुम लोग !'

वे उन लोगों से काफी दूर जा चुके थे। इसीलिए उनका समग्र रूप देख पा रहे थे और सही-सही इंसाफ भी कर पा रहे थे। बचपन में जैसे वे मेज़ पर बैठे-बैठे एमिली की गुड़ियों की गृहस्थी देखा करते थे, इस वक्त भी उन्हें कुछ इसी किस्म का अहसास होता रहा। वे ईषत् हँस पड़े। जो लोग उनके सामने और आस-पास बैठे हुए थे, उन लोगों ने उनकी तरफ किंचित् हैरत से देखा।

जब वे तंबू से बाहर आ रहे थे, उनके कानों में किसी की व्यंग्यभरी आवाज़ सुनाई दी।

कोई अंग्रेज अपने किसी साथी से कह रहा था, 'यह मैकमोहन क्या सन् 1787 में पैदा हुआ था ? अब तो पूरे सत्तर साल का हो गया। अजीब घनचक्कर पीस है ! हम लोग इस अजीबोग़रीब पीस को म्यूज़ियम में रख छोड़ेंगे। क्यों ?'

जवाब में दूसरा अंग्रेज हँस पड़ा और बेभाव सीटियाँ बजाते हुए उसने कोई गीत छेड़ दिया।

मैकमोहन काफी रात तक इंतज़ार करते रहे।

पहरे पर तैनात संतरी की ड्यूटी बदल गई। उधर मेस-तंबू में बर्तन-भाँडे धो-पोंछकर पैक कर लिया गया। कई एक सिपाही, चूल्हा लाकर खाना पकाने में जुटे हुए थे। जाने कौन तो, बकबकाता हुआ मद्धिम-मद्धिम आँच पर पानी उड़ेलता हुआ, आगे बढ़ गया।

'आग बुझा दो ! बुझा दो आग ! यह घोड़ा किसका है ? इसे बाँधा क्यों नहीं ?'

इस हाँक-डाक का मामूली सा शोर यहाँ तक पहुँच रहा था। उसके बाद चुप्पी छा गई। कुछ देर बाद कैप्टेन नील की तंबू की रोशनी भी बुझ गई।

मैकमोहन चुपचाप कुर्सी पर बैठे रहे। आज उनका मन शांत था, दिल ठहरा हुआ। अब उनके मन में कोई दुःख, कोई अवसाद, कोई विक्षोभ नहीं था। उनकी निगाहें सामने की तरफ लगी रहीं। उनकी पलकें काफी देर-देर बाद झपक रही थीं।

उसके बाद समूची दुनिया, जब बिलकुल शांत हो आई, कोमल-राहत भरी नींद, जब धीमी-धीमी रफ़्तार से इनसान, जीव-जगत, पंखी-पखेरू को छू-छूकर गुज़र गई, जब कहीं कोई आवाज़ नहीं बची, सिर्फ संतरी हुक्म के गुड्डे की तरह नरम-कोमल घास पर क़दम रखते हुए आगे बढ़ते जा रहे थे, मैकमोहन एकदम से उठ खड़े हुए। वे इत्मिनान से तंबू के बाहर निकल आए और पैदल-पैदल आगे बढ़ने लगे। तंबू के सामने से होकर बैलगाड़ी, ऊँट, हाथी और घोड़ों की क़तारों से गुज़रते हुए वे मैदान की तरफ चले आए। उसके बाद पैदल रास्ता ! उसके बाद छोटा सा एक मैदान।

मैकमोहन खेतों की तरफ निकल आए। कुछ दूर बढ़ते रहने के बाद वे अचानक ठिठक गए। उन्होंने गर्दन घुमा-घुमाकर चारों तरफ निगाहें दौड़ाईं। तंबू की क़तारें उत्तर में स्थित थीं। यहाँ से नज़र आना मुश्किल ! पूरब और दक्षिण में धान-खेत ! और पान-खेत ! धान की हरी-हरी बालियाँ, फसलों के भार से झुकी-झुकी ! अंधाधुंध हवाएँ चलती हुईं ! हवाएँ...तेज़-तेज़ हवाएँ...सिर्फ हवाएँ ! उनकी आँखें, धीरे-धीरे उस अँधेरे से परिचित हो आईं। उन्होंने देखा बाईं छोर पर चूना-लिपी एक काली हाँड़ी धीमी-धीमी हिलती-डुलती हुई।

पश्चिम में कानपुर !

उन्होंने पश्चिम की तरफ नज़र नहीं डाली, सीधे ऊपर आसमान की तरफ देखा !

आसमान ! इन सितारों नक्षत्रों और नीहारिकापुंज से भरे आसमान ने पचास साल पहले एक अदद बीस साला अनाड़ी नौजवान का अभिनंदन किया था। वह नौजवान जहाज की डेक पर खड़ा था। उस वक्त जहाज बंबई बंदरगाह में दाखिल हो रहा था। समुंदर जितना क़रीब आता जाता है, उतना ही शांत लगता है। समुंदर के सीने पर छोटे-छोटे पहाड़ और लाइट-हाउस नज़र आ रहे थे।

उन्होंने सिर झुका दिया।

मिट्टी ! धूमिल और कंकरीट भरी ! नरम और काली ! बुंदेलखंड में यही मिट्टी पथरीली हो गई है। बस्तर और जगदलपुर में यही मिट्टी अभ्रक, ताँबे, चूने और सल्फेट में घुली-मिली ! राजपूताने में यही मिट्टी बलुई ! कंकड़ और बेसाल्ट पत्थर बन गई है !

सिर्फ बेसाल्ट पत्थर ! धुआँ-धुआँ रंग ! भयावह और गंभीर ! नेपाल में यही मिट्टी, बाँस के सड़े हुए पत्ते की भुरभुरी और उपजाऊ ! यहाँ क़दम रखो तो पाँव धँस जाएँ; पाँव उठाओ तो चिपचिपी कीचड़ लगी हुई ! लेकिन फिर भी उर्वर ! उर्वर होने के बावजूद वहाँ कोई खेती-बारी नहीं करता। वहाँ सिर्फ बाँसों के जंगल हैं। जंगल या झोंप-झाड़ ! गंगा-जमुना के ज्वार में इस मिट्टी के चेहरे में कोई विशेषता नहीं होती, लेकिन फिर भी उसे उर्वरता का नाम दिया गया है। उर्वरता का प्राचुर्य ! प्राचुर्य ही प्राचुर्य !

सबकुछ वही का वही ! कहीं कुछ नहीं बदला। सिर्फ उन्हीं के मन में सवाल जागते रहे, वे तमाम सवाल उन्हें बेतरह परेशान करते रहे, बेभाव तकलीफ देते रहे।

लेकिन, आज अब कोई सवाल नहीं। अब वे बखूबी समझ चुके थे, उनका पहला परिचय यही है—वे इनसान हैं। ईसाई और अंग्रेज, धर्म और जाति—ये दोनों ही उनका गौण परिचय है। चूँकि वे इनसान हैं, इसलिए इस मुल्क के लोगों को प्यार करते हैं। उनके सामने अंग्रेजों के बड़े-बड़े आदर्श नहीं थे। वे तो मामूली फौजी भर थे। वे भला केरी, प्रिंसेस या हेयर के आदर्शों को क्या समझेंगे ? वे और-और इनसानों को देखकर, उनसे मिलजुलकर खुश होते रहे। अंग्रेजों के फिकरे उन्हें हमेशा याद रहते। वे उन लोगों में थे जो मामूली नौकरी करते, क्लब या जिमखाने के श्वेतांग समाज से जिनका कभी कोई मेलजोल नहीं रहा। ऐसे अफसर तो गाँव-गाँव घूमते हुए, अपनी समूची ज़िंदगी गुज़ार देते। जो यहाँ के बाशिंदों को सच ही प्यार करते, उनका सम्मान करते थे। वे लोग किसी अनाम गाँव या कैंप के बाहर खटिया पर बैठे-बैठे यहाँ के लोगों की भाषा, आचार-व्यवहार, इतिहास, जीव-जंतु, पेड़-पौधों के हवाले लिखते रहते। उन्हें वे तमाम भारतीय याद आया करते थे, जिनमें कुछेक आम लोग थे, कुछ किसान थे, कुछ साधु या फकीर थे। उन लोगों के दिल की दौलत देख-देखकर मैकमोहन ने सम्मान से सिर झुका दिया। नाम ? नाम वगैरह अब याद नहीं रहा। नहीं, नहीं, उन लोगों के नाम अब सच ही याद नहीं रहे।

आज उन्हें लग रहा है, उन लोगों का श्रद्धा-सम्मान करके उन्होंने अच्छा किया। उन्होंने बिलकुल सही राह चुनी थी। अगर वे यहाँ के लोगों को प्यार नहीं करते, उन्हें सम्मान नहीं देते तो भला उनके दिलों तक पहुँच पाते ?

लेकिन, उन्हें यह भी समझ में आ गया था कि उन जैसे इनसानों की संख्या बेहद कम है। ब्राइट जैसे लोग ही ज्यादा हैं। ब्राइट जैसे लोगों का बर्ताव बेहद शर्मनाक है। इसीलिए वे हट रहे हैं। एक-अकेले मैकमोहन के खून से उनके देशवासियों का कलंक, बूँद भर भी खंडित नहीं होगा।

काश, उन्हें थोड़ा सा वक्त मिला होता। काश, उन्हें थोड़ी सी मुहलत और मिली होती, तो वे काफी कुछ कर गुज़रते। चम्मन के पास, उस सफ़रखाने में या फाफामऊ के बँगले में बैठकर वे अपनी किताब पूरी कर डालते। उन्हें अपनी किताब की पहली लाइन याद हो आई—The evergreen oliage of Kumaon forests...कुमायूँ के जंगलों का सदाबहार सौंदर्य ! मुमकिन है, उन्हें यह मौका मिल भी जाता। शायद तब वे देख

पाते कि गुफा से ज्योति कैसे प्रकट होती है। पुण्यात्मा लोग कैसे स्वर्ग की ओर प्रयाण करते हैं। लेकिन...अब वक्त नहीं रहा !

मैकमोहन चौंक उठे। उन्होंने आकाश की तरफ सिर उठाकर देखा। अरे, ये तो साक्षात कालपुरुष हैं। वे बुदबुदाते हुए कई-कई नाम दुहराते हे—'सप्तर्षि' और 'मृगशिरा' ! 'कालपुरुष और स्वाति'। पचास साल पहले उन लोगों की स्निग्ध निगाहों ने ही तो भारत की मिट्टी पर उनका स्वागत किया था। आज भी वे लोग वैसी ही स्निग्ध, ममताभरी आँखों से उन्हें निहार रहे हैं। उफ़ ! हवा किस क़दर ठंडी है। उन्होंने झुककर गुच्छे भर धान की बालियाँ अपनी मुट्ठी में दबोच लीं। उसके बाद वे सिर उठाकर खड़े हो गए।

मैकमोहन ने अपना हैट उतारकर ज़मीन पर रख दिया; अपने जूते उतारकर बगल में रख लिये। नंगे पाँव मिट्टी पर पैर जमाकर वे सीधे तनकर खड़े हो गए और मज़बूत हाथों से रिवॉल्वर की नली अपनी ठुड्डी के नीचे रख ली और ट्रिगर दबा दिया।

अगले ही पल वे मुँह के बल धरती पर गिर पड़े। समूचा शरीर दो बार ज़ोर से काँपा और फिर थिर हो गया। सिर के आसपास की मिट्टी खून से तर-ब-तर हो उठी।

धीरे-धीरे बेहद धीरे उनका तन-बदन चिर-शांति और विश्राम की मुद्रा में एकबारगी पसर गया।

सिर के सामने के बाल लाल हो उठे। पीपल का एक पत्ता रह-रहकर काँपता रहता है, वैसे ही उनके सिर के पीछे के चंद सफ़ेद और महीन-महीन बाल रात की ठंडी-ठंडी हवा में काँपते-लहराते रहे। बस !

30

आखिरकार, युद्ध और संत्रास टोह लगाते हुए रास्ता पहचानते-पहचानते डेरापुर के ठिकाने पर भी पहुँच ही गए।

मैक्सवेल की विजेता फौज के आने की ख़बर पाते ही गाँववाले गठरी-मोटरी बाँधकर अपनी गाय-बकरी खदेड़ते हुए विस्तृत जंगलों में जा छिपे। अब तक डेरापुर गाँव युद्ध का मुआवजा चुकाता रहा था।

हमीरपुर, फतेहपुर, बाँदा—हर तरफ से भारतीय फौज उनसे अनाज लेती रही थी, खाने का सामान खरीदती रही थी। कभी-कभी गाँव-भर में घूम-घूमकर यह भी पूछती फिरी कि किन-किन लोगों के पास सोने की मोहरें मौजूद हैं।

उन लोगों ने कहा, 'एक मोहर का दाम बीस रुपए है, उसके बदले हम लोग तीस, चालीस, पचास जो माँगो, देंगे। इतने सारे चाँदी के रुपए हमसे ढोए नहीं जाते।'

गाँव के केशवराम, मौलवी वगैरह कुछेक लोगों ने मोहर बदल-बदलकर रुपए ले

लिये। फौजी लोग, चाँदी के सिक्कों के बदले घोड़ों का खाना, घोड़े बाँधने की रस्सी और खाने के सामान खरीद ले जाते। जिन किसानों ने ज़िंदगी में एक रुपए का भी मुँह नहीं देखा था वे लोग हाथोंहाथ पाँच-सात या दस रुपए वसूलकर सोचते रहे, उन्होंने मैदान मार लिया।

लेकिन, उसके बाद ही गाँव-गाँव में यह दहशतनाक ख़बर फैलते देर नहीं लगी। इतने दिनों तक केशवराम काफी सुखी थे।

हिंदू सिपाहियों को जैसे ही पता चला कि इस गाँव में भगवान गैवीनाथ का मंदिर है, हिंदू सिपाही वहाँ पूजा-पाठ के लिए आने लगे।

केशवराम ने उनके सामने अपनी शिखा हिलाते हुए कहा, 'हाँ-हाँ, अब म्लेच्छ फिरंगियों का राज-पाट खत्म ! अब बिठूर के पेशवा हमारे राजा होंगे। मुझे महादेवजी का आदेश हुआ है। अब, इस मंदिर की गुंबद सोने के पत्तर से मढ़ानी होगी।'

'मंदिर की गुंबद बनाना है; गुंबद तैयार करना है,' कई दिनों तक केशवराम गाँव भर में यही राग अलापते फिरे। अब वही सबसे पहले गाँव छोड़कर भाग खड़े हुए।

उन्होंने कहा, 'फिरंगियों का कोई भरोसा नहीं, भइया ! रुपए के सिक्के देखकर कहीं उन्हें शक़ न हो जाए ! कौन जाने वे लोग ब्राह्मण का मान-सम्मान रखेंगे या नहीं !'

लोगों ने पूछा, 'लेकिन आप भाग क्यों रहे हैं ? आपको किस बात का डर ?'

उन्होंने दाँत किटकिटाते हुए बात बनाई, 'अरे, मूर्ख, तुम लोग भला क्या समझो ? ये फिरंगी कहीं मुझे छूकर अपवित्र न कर दें ! अगर मैं अशुद्ध हो गया तो भगवान गैवीनाथ की सेवा कौन करेगा ? इसके अलावा मैं भाग थोड़े न रहा हूँ, मैं तो अपनी बहन से मिलने जा रहा हूँ।'

केशवराम ने गैवीनाथ भगवान के सोने-चाँदी के बर्तन, कमंडल, आचमनी, लोटा, थाली, फूल रखने की तश्तरी, चंदन-घी की कटोरियाँ, चाँदी के बड़े-बड़े दीपदान, सोने का पंच-प्रदीप वगैरह मंदिर के कुएँ में डुबो दिए। रुपए-पैसे की पोटली बाँधकर वे खुद रवाना हो गए। गाँव के दूसरे-दूसरे लोग भी भागने लगे।

लेकिन प्रताप टस से मस नहीं हुआ।

उसने क्षुब्ध होकर कहा, 'नहीं, नहीं, नहीं, मैंने ऐसा कौन सा क़सूर किया है जो डर जाऊँ ?'

'भई, तुमने चाहे कुछ किया हो या न किया हो, वे लोग तुम्हें धर लेंगे।'

बूढ़ा लाला बैजनाथ भी भड़क गया।

उसने प्रताप को धमकाते हुए कहा, 'अरे मूरख ! बेवकूफ ! तेरा बेटा और बाप...दोनों बज्र मूरख थे। लेकिन, मुझे यह अंदाज़ा नहीं था कि तू भी बज्र-गँवार निकलेगा। तेरा बेटा तो कानपुर में था न ? कानपुर का एक भी सिपाही अब साहबों की फौज में नहीं रहा। तेरा बेटा भी कानपुर में था, अगर यह बात उन लोगों के कान में पड़ गई न तो फौरन अपनी तलवार को छँटाक भर घी पिलाएँगे और तेरा सिर खिच्च कर देंगे। तू क्या अपनी बीवी को विधवा बनाना चाहता है ?'

प्रताप ने जवाब दिया, 'अरे चच्चा, तुम क्या मुझे इतना बेवकूफ समझते हो ? मेरे बापू को जो 'सर्टिफिकेट' दिया गया था न, मेरे पास उसकी नक़ल है न ! वह काग़ज़ देखते ही वे लोग मुझे छोड़ देंगे, तुम देख लेना–'

'हाँ, वे लोग तेरे ससुर जो लगते हैं।'

प्रताप के मुँह से भी एकाध गाली निकल गई।

उसने तैशभरे लहजे में कहा, 'अभी मेरा अनाज का गोला तैयार नहीं हुआ, चच्चा ! बरखा का मौसम आते ही गेहूँ, अरहर की देखरेख नहीं भई तो सब सड़ जाएँगे। ललकी गइया आज-कल में ब्यानेवाली है। यह सब छोड़-छाड़कर मैं कहाँ जाऊँ ?'

'ठीक है, मत जाओ। मरो यहीं,' यह कहकर सभी चल दिए।

प्रताप ने मूँछों पर ताव देते हुए उन्हें सुना-सुनाकर तेज़ आवाज़ में कहा, 'मैं नहीं मरूँगा, मरोगे तुम लोग ! बरखा शुरू होते ही जंगल में न खाना नसीब होगा, न सोना।'

अपने कंधे पर बड़ी-सी चादर और पैरों में नागरा डालकर वह बाहर निकल पड़ा। गाँव-भर का चक्कर लगाते हुए उसने यह पता कर डाला कि गाँव में कितने लोग रह गए, कितने चले गए। घूम-फिरकर लौटते हुए वह मन ही मन बेहद ताज्जुब में पड़ गया। वह अपने घर के दरवाज़े पर ही धम्म से बैठ गया।

उसने दुर्गा को आवाज़ दी, 'सुनती हो, ज़रा एक लोटा पानी तो लाना। और उस चरवाहे को भी बुला लो, ज़रा मेरे पाँव दबा दे।'

दुर्गा ने सपाट लहजे में जवाब दिया, 'यहाँ कोई मौजूद नहीं है।'

'वह छोकरा भी नहीं है ?'

'कोई नहीं है। गए तो थे, गाँव में तुमने क्या देखा ?'

प्रताप ने चिंतित लहजे में कहा, 'पूरे गाँव में एक भी मरद नज़र नहीं आया। औरतें भी एकदम से आलोपित हो गई हैं। सिर्फ ग्वालों के मुहल्ले में सुरतिया और भिखना की माँ दिखाई पड़ी। लोग यूँ भाग क्यों गए ? बिचारे बूढ़े मौलवी साहब को अकेला छोड़कर मुसलमानी टोले के सारे मुसलमान भी हवा हो गए। वहाँ बूढ़ी कौशल्या और उसका पोता भर बच रहे हैं।'

अगले ही पल उसने मुँह फेरकर कहा, 'सोच रहा हूँ कौशल्या और उसके पोते को यहीं बुला लूँ। उसका पोता यहाँ रहेगा, तो अच्छा ही रहेगा। गाय की जो हालत है, एकाध बंदे का होना ज़रूरी है।'

दुर्गा ने कोई जवाब नहीं दिया। वह भौंहें सिकोड़े, सूनी-सूनी निगाहों से उसकी तरफ देखती रही। प्रताप ने अपनी बात फिर दोहराई।

अब दुर्गा ने खीजकर जवाब दिया, 'तो बुला लो न ! किसने मना किया है ? अरे, वह बुढ़िया अगर चाहती तो खुद भी आ सकती थी। ज़रूरत पड़ने पर क्या आती नहीं ? कभी यह, कभी वह माँगती हुई पहले वह आती नहीं थी ?'

दुर्गा की आवाज़ में खनखनाती हुई विरक्ति सुनकर प्रताप ज़रा आश्वस्त हुआ। चलो, इस वक्त हँड़िया तो चढ़ेगी। आजकल दुर्गा रह-रहकर एकदम से गुम हो जाती;

चुपचाप बैठी रहती। चूल्हे पर खाना जल जाता, बरामदे में कुत्ता घुस आता लेकिन उसे होश नहीं रहता। यूँ चुप रहते-रहते, अचानक वह लंबी-लंबी उसाँसें भरने लगती और एकदम से बेहोश हो जाती। उस दिन घर में खाना-वाना पकना-पकाना बंद ! और-और वक्त, वह पहले की तरह ही तेज-तर्रार बनी घूमती रहती; गृहस्थी की तमाम छोटी-बड़ी बातों पर नज़र रखती। छोटे-छोटे कसूर पर अपने आश्रित रिश्तेदारों को भी कड़वी-कसैली बातें सुनाने से बाज़ नहीं आती थी। प्रताप को वैद्यजी बता चुके थे कि यूँ चुपचाप गुम हो जाना और ज़रूरत से ज्यादा गुस्सा दिखाना भी एक क़िस्म का रोग है। 'वैसे शास्त्र में इसका भी इलाज है,' दुर्गा को यह बात बताने की उसकी हिम्मत नहीं पड़ी।

चन्दन के चले जाने के बाद लोगों का खयाल था, दुर्गा का स्वभाव बदल जाएगा। लेकिन वह कहीं से भी नहीं बदली। कम से कम बाहर से तो उसमें कोई परिवर्तन नहीं नज़र आया। लेकिन, यह बात सिर्फ प्रताप को ही पता है कि दुर्गा कभी-कभी रातों को उठ-उठकर सिर पर पानी उड़ेलने लगती है। उसे नींद नहीं आती। वह हर वक्त सोच में डूबी रहती। प्रताप ने यह भी ग़ौर किया कि अपने बेटे का नाम वह कभी जुबान पर नहीं लाती। पूरब की तरफ का कमरा चन्दन का था ! वह कभी उस तरफ नहीं जाती।

प्रताप को ये तमाम बातें याद आती रहीं।

प्रताप ने एक लंबी उसाँस छोड़कर धीमे लहजे में कहा, 'लाओ, दो ज़रा छाता पकड़ाओ। एक बार फिर चक्कर लगा आऊँ।'

दुर्गा ने सफ़ेद रंग की छतरी लाकर उसे थमा दी।

कुछ देर बाद सिर्फ कौशल्या और उसका पोता ही नहीं, ग्वाल मुहाल की सुरतिया और भिखना की माँ भी आ पहुँचीं।

भिखना की माँ ने पूछा, 'अब का होवेगा चन्दन की महतारी ? हमनी ने तो चूल्हा भी नाहीं जलाया। बहुरिया ने कहा, बाल-बच्चन समेत, चलो, भागो। भागना बहुतै ज़रूरी है। का होवेगा जी ?'

'होना क्या है ? जो तकदीर में लिखा होगा, वही होगा,' दुर्गा ने कौशल्या से मुखातिब होकर कहा, 'तुम लोगों के लिए भात चढ़ा देती हूँ। तुम ज़रा दाल पछोर दो,' उसने कौशल्या के पोते को भी हिदायत दी, 'जा, बछड़े की डोर खोल दे। गइया को ले जाकर कहीं छाँह में बाँध दे और उनके आगे चारा-भूसी भी डाल दे।'

प्रताप कुछ देर बाद लौट आया। अब जाकर, उसे ज़रा इत्मिनान हुआ। मुसलमानी टोले के कुछ लोग लौट आए थे।

उसने आवाज़ देकर कहा, 'भिखना की माँ, जाओ अपने घर लौट जाओ। सुना, भिखन आनेवाला है। नाव लेकर आ रहा है। खा-पीकर लौट जाएगा।'

सारा दिन इन्हीं सबमें गुज़र गया। अपनी बेचैनी मिटाने के लिए वह ज़ोर-शोर से काम-काज में जुट गया। उसने दरवाज़े की खूँटी की मरम्मत कर डाली। दाँव और छुरी का हत्था भी जोड़ दिया।

अगले दिन सुबह-सुबह प्रताप और वह लड़का गाँव का चक्कर लगाने निकल पड़े। बैल मैदान में चर रहे थे। उन्हें खदेड़कर गाड़ी में जोतना था, ताकि फूस-भूसा घर लाया जा सके।

दुर्गा नहाने जा रही थी। कौशल्या अपने घर गई थी। प्रताप आँगन में खड़ा-खड़ा सिर पर तेल घिस रहा था। अचानक, कहीं ज़ोर की तीखी चीख गूँज उठी। वह दौड़ पड़ा।

भीखन की माँ ! ज़मीन पर लोटपोट लगाती हुई चीख रही थी, 'ओ मोर भिखना, रे !' वह दोबारा ढेर हो गई।

दो-एक बार पछाड़ खा-खाकर उठने-गिरने के बाद अचानक वह उठ खड़ी हुई और अपने बाल नोंचती हुई, आर्तनाद करते-करते दोबारा अपने घर की तरफ दौड़ पड़ी।

जाते-जाते वह चीख-चीखकर विलाप करती रही, 'भिखना, मेरा भिखना, मरने के लिए तू गाँव काहे चला आया रे ? अब हम बहुरिया को का जवाब देइहौं ? अरे, माय रे, मोरी छाती फटी जा रही है, रे।'

दुर्गा के सीने में भी सर्वनाशा भय के हथौड़े पड़े। वह भी दौड़कर कमरे में चली आई। अगले ही पल वह दोबारा बाहर निकल आई।

उसके सिर का खून सर्द होता जा रहा था, अक्ल गुम होती जा रही थी। वह बैलगाड़ी पर तनकर खड़ी हो गई। चीख-चीत्कार अभी जारी थी। घोड़ों के खुरों का शोर ! बैलगाड़ी की टप्पर से उतरकर वह घर के अंदर चली आई। मुसीबत आ पड़े तो क्या करना चाहिए ? चूल्हे में पानी उड़ेल देना चाहिए ? हतबुद्धि की तरह दुर्गा ने चूल्हे में घड़ा भर पानी उड़ेल दिया। और क्या करना चाहिए ? उसने गाय-बैलों की रस्सियाँ खोल दीं। उन्हें जल्दी-जल्दी बाहर निकाला। उसके बाद खिड़कियाँ बंद करके वह हाँफती रही। अच्छा, उसका क्या दिमाग़ खराब हो गया है ? आँधी-तूफान आ पड़े, तभी न गाय-बैलों की रस्सियाँ खोली जाती हैं ? तभी न चूल्हे की आग बुझाई जाती है ? लेकिन, अभी आँधी-तूफान तो आया नहीं। आसमान बिलकुल साफ ! चिलचिलाती धूप ! लेकिन, खुरों का शोर दोबारा गूँज उठा। उसका घरवाला कहाँ है ? गुस्से और दुःख से उसकी आँखें भर आईं। अकेली औरत ! इस वक्त वह क्या करेगी ? वह बाहरवाले कमरे में चली आई। साल काठ का भारी-भरकम दरवाज़ा ! प्रताप के अलावा यह दरवाज़ा न कोई खोल सकता था, न बंद कर सकता था। दुर्गा ने दरवाज़ा बंद करने की कोशिश की। लेकिन दरवाज़े की ज़ंजीर बगल की दीवार से अटका दी गई थी। इसका उसे खयाल ही नहीं आया। बहरहाल, ज़ंजीर खुल गई। अब दरवाज़े को बस ज़रा-सा खींचने भर की ज़रूरत थी। सारा कुछ भूल-भालकर उसने पूरा दम लगाकर दरवाज़े को खींचा। भारी-भरकम दरवाज़ा, खट् से उसके माथे से आ टकराया।

'हाय माँ !' दुर्गा फर्श पर गिर पड़ी।

हैवलाक की मेज़ पर एक नक्शा पड़ा हुआ था। कानपुर के आसपास के अनगिनत गाँवों के इर्द-गिर्द लाल निशान बने हुए। वे सब 'रिबेल विलेज' थे। बाग़ी गाँव। हर गाँव के बारे में छोटी-छोटी रिपोर्ट भी दर्ज थीं।

डेरापुर, हाजीपुर, बड़ा हाजीपुर के बारे में कोई संदेहजनक रिपोर्ट नहीं मिली।

ब्राइट और उसकी घुड़सवार फौज, गाँव-गाँव पर हमलावर ! डेरापुर की रिपोर्ट ब्राइट ने बड़े ध्यान से पढ़ी।

'—समृद्ध गाँव। उस इलाके को 'लक्ष्मी-गोला' कहा जाता है। कायस्थ, ग्वाले, क्षत्रिय और ब्राह्मण, खासतौर पर संपन्न गृहस्थ लोग। गाँव में तीन-तीन पक्की सड़कें। उन्तीस कुएँ और एक अदद छोटा-मोटा बाज़ार। एक प्राचीन मंदिर भी स्थित है।'

ब्राइट ने कहा, 'हमें वहाँ जाना चाहिए। अगर वे लोग दोषी नहीं हुए तो हम लौट आएँगे।'

ब्राइट और अन्य एक अंग्रेज, कई आइरिश और एंग्लो-इंडियन घुड़सवार सुबह आठ बजे के करीब डेरापुर आ धमके।

उन सबने ग़ौर किया, गाँव बिलकुल परित्यक्त और निर्जन। एक और अतिशय ग़ौरतलब बात भी उनकी निगाहों से छिपी नहीं रही कि नदी पर एक भी नाव नहीं थी। उस पार दूर-दूर ढेर सारी नावें नज़र आ रही थीं।

कंधे पर चावल-दाल, कंबल से भरी एक बोरी उठाए, भीखन नाव के इंतज़ार में खड़ा था। वह मन ही मन यह भी सोच रहा था कि नाव अगर न आए तो ग़नीमत है। आज कुछ देर और अपने घर में गुज़ार सकेगा। दूर से साहब लोगों को आते देखकर वह बेवकूफ की तरह भाग खड़ा हुआ। अगर वह दौड़ न पड़ता तो ब्राइट और उसके साथियों को उस पर अचानक गोली चलाने का खयाल हरगिज नहीं आता। उसकी माँ भी उसे ही आवाज़ें देती हुई, इधर ही आ रही थी। वह शायद यह बताने आ रही थी कि भारत नाव लेकर मंदिरवाले घाट पर उतरा है। भीखन एक दौर चक्कर खाकर लुढ़कते-पुढ़कते अपनी माँ के सामने आ गिरा।

प्रताप को उन लोगों ने बाज़ार में धर दबोचा। कौशल्या का पोता भी उसके साथ था। प्रताप के हाथ में एक लाठी थी, लेकिन उसने लाठी का इस्तेमाल नहीं किया।

उसने कहा, 'मेरे बाप ने सरकार का नमक खाया है। हमारे गाँव में बापू के अलावा ऐसा एक भी बंदा नहीं है, जो कंपनी बहादुर के यहाँ नौकरी करता हो। इस गाँव में अकेले मेरे बापू ही कंपनी सरकार के नौकर हैं। इस गाँव में कभी कोई जंग नहीं हुई। किसी ने अंग्रेजों को नहीं मारा, लूटपाट नहीं किया। चलें, घर चलें। मैं आपको काग़ज़-पत्तर दिखाता हूँ।'

ब्राइट ने ज़ोर का ठहाका लगाते हुए कहा, 'क्लेवर डॉग ! कुत्ता चालू है ! ख़ासा टपर-टपर बोलता है।'

प्रताप को लगा उन लोगों को उसकी बातों पर यकीन नहीं आया।

उसने कहा, 'मेरे बापू का नाम चम्मन सिंह है। हम लोग कायस्थ हैं।'

'चम्मन ? कौन चम्मन ?' ब्राइट की जुबान से छूटते ही सवाल फिसला।

वह ज़रा आगे बढ़ आया और तीखी निगाहों से प्रताप को घूरता रहा।

पिछले तीस सालों से प्रताप अपने बापू की जुबानी साहब लोगों के चर्चे सुनता आया था।

उसने कहा, 'मेरे बापू मैकमोहन साहब की रेजिमेंट में थे। पिंडारी की जंग में मेरे बापू को गोली लगी थी, साहेब ! उनको तमगा....मेडल भी मिला था।'

'समझ गया,' की मुद्रा में ब्राइट साहब ने होंठ सिकोड़कर सीटी बजाई।

अपने साथियों से मुखातिब होते हुए उसने कहा, 'यह तो पूरा-पूरा 'रिबेल विलेज' है, बाग़ी गाँव। नंबरी शैतान और बदमाश हैं ये लोग।'

उसके साथी इधर-उधर बिखर गए। लेकिन, एक बूढ़े मौलवी के अलावा पूरे गाँव में एक भी मर्द नहीं मिला। वे लोग मौलवी को ही दबोच लाए। बाकी मुसलमान मर्द, घर के पिछवाड़े अधसूखे कुएँ में जा छिपे थे।

प्रताप को जैसे ही अंदेशा हुआ कि वे लोग उसे मार डालने की मंशा बना रहे हैं, उसने अपनी लाठी तान ली। उसका बापू कहा करता था—'तू डरपोक है ! तेरा खून ही बिलकुल ठंडा है।'—उसका बेटा भी उसे नितांत पौरुषहीन समझता था और उसे करुणा की निगाहों से देखता था। लेकिन, इस वक्त प्रताप जूझ पड़ा। लाठी घुमा कर उसने ब्राइट पर निशाना लगाया। लेकिन उस पर गालियाँ बरसाते हुए ब्राइट ने भी उसकी तरफ बंदूक़ तान ली।

प्रताप की पसलियों में गोली बिंध गई। उस वक्त ब्राइट क्रोध से अंधा हो उठा था। उसने प्रताप के साथ-साथ कौशल्या के पोते और बूढ़े मौलवी को सामने खड़े जामुन के पेड़ की डाल से लटकाने का इंतज़ाम कर डाला। एक घुड़सवार प्रताप के घर से ही गाय बाँधने की रस्सी उठा लाया। नई-कोरी चिकनी रस्सी ! सूरज की रोशनी में रस्सी का रंग रुपहला नज़र आ रहा था।

फाँसी का फंदा पड़ने से पहले प्रताप ने बमुश्किल अपने गले में पड़ी गैवीनाथ की ताबीज खींचकर दूर उछाल दी। कौशल्या का पोता और मौलवी बहुत जल्दी ही दम तोड़ गए। प्रताप की तंदुरुस्त, भारी-भरकम देह सिर्फ झूलती हुई, ज़मीन पर आ गिरी। उसके प्राण आसानी से नहीं निकले। उसकी पसलियों से खून बहता रहा। उसकी गर्दन लंबी होती गई, जुबान झूलने लगी, आँखें कोटर से बाहर निकल पड़ीं, बाँहें शून्य में खिंची रहीं।

यह देखकर ब्राइट ने कहा, 'लेट हिम बी ! पड़ा रहने दो उसे ! कम्बख़्त आहिस्ता-आहिस्ता मरता रहेगा।'

लेकिन आइरिश एन्साइन ने उस पर दोबारा गोली दाग़ दी।

उसने कहा, 'कहीं ऐसा न हो कि हमारे जाते ही कोई फंदा काट दे और इस मरदूद को बचा ले।'

खून से तर-ब-तर प्रताप की देह आखिर निश्चल हो आई। उसके दोनों पाँव के

अँगूठे मिट्टी पर लकीर खींचते हुए थिर हो गए।

ब्राइट और उसके साथियों ने अपने-अपने घोड़ों का रुख दूसरी तरफ मोड़ दिया। वे लोग प्रताप की हवेली में घुस आए। दुर्गा के हाथ, गले से सोने के जेवर नोंच लिये और दीवार में जड़ा, लोहे का संदूक तोड़कर सारे रुपए और मोहरें लूट ले गए। लाला परिवार की विराट हवेली में ताला पड़ा था। परित्यक्त हवेली देखकर, उन्होंने अपनी बूट से घिसकर माचिस जलाई और फूस की एक गट्ठर में आग लगाकर लाला परिवार की कचहरी के टप्पर की तरफ उछाल दिया। जब वे लोग गाँव से बाहर निकल रहे थे, घने-घने सियाह धुएँ की कुंडलियों पर उनकी नज़र पड़ी। गाँव की घनी आबाद बस्ती में फूस की झोंपड़ी-मड़ई, एक-एक करके आग की चपेट में दहकती हुई जल-जलकर खाक़ हो रही थीं।

उसके बाद दुर्गा बिलकुल ही पागल हो गई।

वह पैदल-पैदल चलती हुई कानपुर आ पहुँची। वह शहर के बाज़ार और सड़कों पर भटकती रहती, कभी गंगा-घाट पर बैठी रहती। उसका घर-द्वार, जमा-पूँजी, आहिस्ता-आहिस्ता, सारा कुछ सरकार ने ज़ब्त कर लिया। उसे होश भी नहीं था।

दिन-भर वह जाने क्या-क्या बुदबुदाती रहती। सड़क पर बैठी-बैठी, शून्य में हाथ हिला-हिलाकर खाना पकाती रहती, अपने आँचल में धूल बाँधकर कहती, 'खाना परस दिया है, आओ, तुम लोग खा लो।'

कभी वह हवाओं को सहलाती हुई कहती, 'चन्दन, अपने दद्दू से कह न, दो दिन और रुक जाएँ।'

कभी अपना फटा आँचल ज़मीन पर फहराते हुए जटा पड़े बालों को हिलाते-झुलाते बेटे के ब्याह का सोहर गाते-गाते, आगे बढ़ती जाती, 'रस्ता छोड़ दे रे, रस्ते से हट जा रे।'

उन दिनों रास्ता-घाट पर ऐसी पागल औरतें अक्सर ही नज़र आती रहती थीं। शहरी रास्तों पर या बाज़ार-हाट, मरघट या बस्तियों में ये पगलाई औरतें घूमती-भटकती रहतीं। बदन पर चीथड़े-चीथड़े कपड़े और बाल धूल-धूसरित ! वे लोग किसी से भी बोलती-बतियाती नहीं थीं। वे औरतें अपनी सूनी गोद के झूले में अपने बेटों को सुलातीं; आँचल में कूड़ा-कर्कट बाँधकर, खेतों में पति-पुत्र को खाना दे जातीं; धूलभरी सड़क पर बैठी-बैठी गृहस्थी का काम-काज निपटातीं।

'अरे, तुम कब आए ?' यह कहते हुए, 'जब वे सहसा हँसकर अपने चेहरे पर घूँघट खींचने की कोशिश में मुँह फेर लेतीं, तभी...सिर्फ तभी यह आभास मिलता कि ये लोग भी कभी औरतें थीं।

दुर्गा भी उसी दल में शामिल थी।

काफी दिनों बाद लाला बैजनाथ का बेटा उसे खोजते-खोजते यहाँ कानपुर तक आ

पहुँचा। उसके साथ दुर्गा के भाई भी आए थे। वे लोग उलटे पाँव वापस लौट गए।

उन लोगों ने कहा, 'गंगा-घाट पर एक पगली बैठी रहती है, हुँह, रास्ते-घाट पर जितनी सारी पगली औरतें दिखाई पड़ती हैं, उफ् रे उफ् ! काश, तुम देख पाते, हद मज़ेदार हैं। न दिन देखती हैं, न रात ! बस, खाना पकाती रहती हैं। कहाँ, उनमें दुर्गा चाची तो कहीं नज़र नहीं आईं।'—'दुर्गा बहन को तो किसी ने भी नहीं देखा।'

डेरापुर से वापस लौट आने के बाद ब्राइट को ख़बर मिली, बृजदुलारी उसे ढूँढ़ रही है। वह खुश हो गया। उसका खयाल था, बृजदुलारी ज़ेवर-मोहर समेटकर शायद अपने मायके चंपत हो गई है या कहीं और छिप गई है। उस दौरान कानपुर में कोर्टमार्शल शुरू हो चुका था।

फैसले या सज़ा का सिलसिला जारी था। जो लोग अपनी विश्वसनीयता का यकीन दिला पाए, उन्हें भारी-भरकम इनाम मिला; जो लोग विश्वासघाती साबित हुए, वे मार डाले गए और उनकी ज़मीन-जायदाद ज़ब्त कर ली गई, बाद में जो दूसरे-दूसरे लोगों में बाँट दी जाएगी।

ब्राइट इन दिनों ज़रा चिंतित था। विश्वसनीय सूत्रों से उसे यह ख़बर मिली थी कि जिन तमाम ओहदेदार अफसरों के बारे में इस बात का प्रत्यक्ष प्रमाण मिलेगा कि लूटपाट में वे भी हिस्सेदार रहे हैं उनसे जवाबतलब किया जाएगा।

ब्राइट सोचता रहा, 'विशुद्ध अंग्रेजों ने मुझे कभी भी नेक नज़र से नहीं देखा। इसलिए मैं खुद ही 'आर्मी' की नौकरी छोड़ दूँगा। अभी भी आसपास विद्रोह जारी है, अभी तो बग़ावत रुकी भी नहीं, इससे पहले ही मालिकान विवेक-दंशन के शिकार हो गए। भइया, अब मैं किसी झमेले में नहीं पड़ूँगा। अपना पुराना सर्विस रिकॉर्ड तो जैसा-तैसा ही है। अब मैं एक अच्छी सी ज़मीन देखकर अपना मकान बनवाऊँगा; दारू का कारोबार शुरू कर दूँगा। दारू के कारोबार में रुपए ही रुपए बरसते हैं ! ये जो अंग्रेज मेमें होती हैं न, हद नकचढ़ी होती हैं ! नंबरी मगरूर ! मैं बृजदुलारी के साथ ही रहूँगा। मेरे डैडी के खून में आधा-आधा नेटिव खून था। मुझे भी नेटिव लड़की ही पसंद है। ज्यादा आँय-बाँय करते ही चाबुक बरसाकर उन्हें सीधा किया जा सकता है। अंग्रेज मेमों पर तो हाथ उठाना ही मुसीबत है। हमारे कच्चे-बच्चे नेटिव कहलाएँगे, यही न ? चलो, यही सही, उन लोगों को सब एंग्लो कहेंगे। बोलने दो। अब दो-चार बाँदियाँ भी रखनी होंगी जो बृजदुलारी के साथ रह सकें ! हज़ार हो, यहाँ की लड़कियाँ जवान बनी रहती हैं। कसा-कसा बदन ! आसानी से नहीं ढलतीं। अंग्रेज मेमों में तो न रंग-रूप बच रहता है, न जवानी, न अदा ! दो सालों में ही उनकी चमड़ी पर चकत्ते पड़ जाते हैं, दाग़ उभर आते हैं। इसके अलावा मुझे बृजदुलारी की जबर्दस्त आदत पड़ चुकी है। मेरे लिए वही ठीक रहेगी। ठाठ से हुक्का गुड़गुड़ाऊँगा, भर पेट मांस-भात उड़ाऊँगा, देर-देर तक खर्राटे भरूँगा—किसी भी मेमसाहब को यह सब हरगिज़ बर्दाश्त नहीं होगा। उनकी जुबान पर

तो बस एक ही रट होगी—इंग्लैंड चलो। धत्तेरे की ! इंग्लैंड में क्या धरा है ? अगर सब सुख वहाँ नसीब होता तो झाड़-बुहारकर तुम सबके सब इस देश की तरफ क्यों दौड़ पड़ते हो ?'

ब्राइट ने सोचा, अगर वह बृजदुलारी को समझा-मना पाया तो बाद में वह इनकार नहीं कर सकेगी। हज़ार हो, उसे किसी अंग्रेज का अंग-संग मिला है। उसे तो अपनी बिरादरी में भी अब जगह नहीं मिलेगी।

कानपुर से आठ मील दूर सेठ मगनलाल की बागान-कोठी ! बेहद खूबसूरत ! मनोरम और सजी-सजाई !

उसके पीछे लंबा-चौड़ा आम-बागान ! इस बगीचे में बेहतरीन क़िस्म के आम ! हर पेड़ के तने पर चूना पोतकर उस पर अलकतरे से नागरी अक्षरों में उस पेड़ का नाम लिखा हुआ। इस बगीचे में दस-दस माली सिर्फ आमों की देखभाल के लिए तैनात थे। हर साल आषाढ़ के महीने में सेठ मगनलाल साहब लोगों को शानदार डिनर की दावत देते थे।

सामने सजा-सजाया गुलाब-बाग़ ! परी-मूर्तियाँ ! फव्वारे ! गंगा किनारे बँगला ! बँगले के अंदर संगमरमर की चौक ! वहाँ से गंगा-घाट तक, पूरी सौ सीढ़ियाँ ! सीढ़ी की छोर पर लोहे का दरवाज़ा ! भरी बरसात में जब यह दरवाज़ा खोल दिया जाता, तो गंगा की लहरें उमड़ती-उफनती, सीधे चौक तक चली आतीं। इसी चौक में बैठकर, गंगा-स्नान करना मगनलाल का ख़ास शौक था। उनके घर की औरतें भी शायद एकाध बार, वन-भोज के मौके पर यहाँ आया करती थीं और इसी चौक में गंगा-स्नान का पुण्य बटोरती थीं।

बँगले के तल कक्ष में एक तहखाना यानी गर्भगृह भी था। तहखाने के दरवाज़े लोहे के बने हुए। उस दरवाज़े के ताले की चाबी मगनलाल अपने पास रखते थे। पूरे साल कुछेक विश्वासी और हट्टे-कट्टे राजस्थानी दरबान उस बँगले पर हर घड़ी पहरा देते हुए !

मगनलाल विराट कारोबारी !

हालाँकि वे खुद तो यथासमय शहर छोड़कर भाग लिये, मगर उनके हीरे-जवाहरात, मदन मोहन की सोने की मूर्ति भर-भर बोरियाँ चाँदी के सिक्के, वे नहीं हटा पाए थे। सुनने में आया था कि अपनी शहर की कोठी लुट जाने के डर से थोड़ा-बहुत धन-दौलत उन्होंने छिपा रखा था। यह बात तो तय है कि उन्होंने गुप्त-धन इस बँगले में नहीं रखा, वरना विद्रोह से पहले ही सारे पहरेदार अपना-अपना बोरिया-बिस्तर समेटकर भाग न जाते। बहरहाल, इस बागान-कोठी में इधर वर्षों से कोई नहीं आया। कहा जाता था, इस कोठी में एक डायन देखी गई है। रात के अँधेरे में या भोर-भोर के वक्त, किसी-किसी ने इस निर्जन और परित्यक्त कोठी में सफ़ेद लिबास में किसी पीली-उदास औरत को देखा है। यह भी सुना गया कि भागने से पहले, मगनलाल ने किसी तांत्रिक को बुलाकर इस कोठी के तहखाने में एक औरत की बलि दी थी। उसे यक्षिणी बनाकर

अपना ख़ज़ाना अगोरने को छोड़ गया। ऐसे मौकों पर लोग अक्सर यह कहते हुए सुने जाते कि उस कोठी में थोड़ा-बहुत बेशकीमती सामान अभी भी ज़रूर मौजूद है। कुछ लोग उस कोठी को लावारिस समझकर अंदर तक घुस आए, मगर अगले ही पल नाक रगड़ते हुए भाग खड़े हुए। उन लोगों ने अंदर क्या देखा, कभी कुछ नहीं बताया।

'क्यों ? कोई डायन या चुड़ैल दिख गई ?'

'हाँ।'

'यक्षिणी तो नहीं देख ली ?'

'हाँ।'

हर बात पर वे सिर हिलाकर हुँकारी भरते।

ब्राइट उसी कोठी में आ पहुँचा।

सुबह का वक्त ! कोठी की तरफ आते हुए कोठी के अंदर से गोलियाँ बरसती रहीं।

अंग्रेज जवाबी गोलियाँ दागते हुए कोठी के अंदर दाखिल हुए। वहाँ बीसेक भारतीय हाथ लगे। उन लोगों ने देखा, एक कमरे में ढेर सारे काग़ज़-पत्तर जलाए जा रहे हैं। दूसरे कमरे में गोली, बारूद और बंदूक़ ! अंग्रेज गिनती में ज्यादा थे, लेकिन भारतीय भी सबकुछ जानने-समझने के बावजूद मरने की क़सम खाए बैठे थे।

किसी भारतीय को देखकर टॉमसन ने कहा, 'इसी साले ने सत्ती चौरा घाट पर हमारी नाव पर बंदूक़ चलाई थी।'

'हाँ, मैं वही हूँ। तेरा साला ! चल, इधर तो आ ! तुझे अभी ससुराल भेजता हूँ मैं !' यह कहते हुए वह भारतीय बंदा हाथ में खुली तलवार लिये उसकी तरफ़ दौड़ा।

'सुनो बिरादर, भगवान शंकर का नाम लो। हम सब आज मरेंगे। लेकिन उन लोगों को मारकर मरेंगे।'

जो शख़्स चीखता हुआ आगे बढ़ा, उसे देखकर ब्राइट ने कहा, 'अरे, यह तो वही साधु है। साला, तू ही था न, चम्पा का यार ?'

संपूरण हाथ में खुली तलवार लिये, 'जय शिवशंकर', 'हर-हर महादेव' का उद्घोष करते हुए सामनेवाले घुड़सवार पर टूट पड़ा।

बारह-बारह अदद अफगान ने भी उद्घोष किया, 'दीन ! दीन !'

दोनों पक्ष हाथोहाथ अंग्रेजों से जूझ पड़े।

भारतीय लड़ाकू कमरा बदल-बदलकर मुक़ाबला करते रहे। वे लोग मारते रहे और मरते रहे। गादा बंदूक के पलीते से आग भड़क उठती और फिर वह आग दूर तक फैलती जाती।

एक अंग्रेज ने चीखकर कहा, 'तुम पूरब का हॉल-घर सँभालो। वे लोग बारूद में आग लगाने की कोशिश कर रहे हैं। हम सब जल मरेंगे, चूहों की तरह।'

सम्पूरण और दो अफगान पलीते में आग लगाकर उस कमरे में दाखिल हुए।

भयंकर धमाका हुआ ! ऊपर की छत ढह गई और दीवार टूटकर गिर पड़ी। बाकी अंग्रेज और भारतीय लड़ते-लड़ते अब बगीचे में आ निकले।

ब्राइट ने जंग में हिस्सा नहीं लिया। वह तो एक कमरे से दूसरे कमरे तक दौड़ता फिरा। वह हॉल-घर में दाखिल हुआ और उसने देखा कि धमाके के धक्के से कोने की दीवार पर जड़ा लोहे का दरवाज़ा टूटकर अलग हो गया। वह मुँह के बल लेट गया। फर्श पर लंबाई से लेटकर उसने अंदर झाँका। धुआँ-चूना, सुर्खी और ईंटों के मलबे में जाने क्या तो चीज़ चमक रही थी।'

'ज़रूर, ज़रूर, यह सोना है !' उसके हाथों में हरकत जाग उठी। वह तेजी से हाथ चलाते हुए, सुर्खी और बालू हटाता गया। बारूद फटने की वजह से चारों तरफ से चूना-बालू झरता हुआ ! उसकी नाक-आँख पर भी चोट लगी और वह मुश्किल में पड़ गया। वह दाहिने हाथ से एक थैली का सिरा पकड़कर खींचता रहा। ऐसा लग तो रहा था कि उस थैली में रुपए भरे हुए थे। उसने पूरा दम लगाकर खींचा। उसी दौरान अंदर से एक टुकड़ा ईंट और बालू का पलस्तर टूटकर ब्राइट के हाथ पर आ गिरा। ब्राइट ने बौखलाक़र जैसे ही अपना हाथ खींचने की कोशिश की, वह भयंकर दहशत से भर उठा। उसने महसूस किया, उसका हाथ कुछ इस ढंग से दबा हुआ था कि खींच निकालना नामुमकिन ! उसका हाथ शायद कलाई से टूटकर अलग ही हो जाएगा। वह बेतरह निरुपाय हो आया। अपनी मूर्खता पर लानतें भेजता हुआ उसने पीछे मुड़कर देखा। उसी पल कोई औरत कमरे में दाखिल हुई और दीवार से पीठ टिकाकर बेतरह हाँफती रही। उसने थू ! थू ! थुथकारते हुए, मुँह से ढेर भर धूल भी बिखेर दिया।

ब्राइट की आँखें अचरज से फैल गईं। वह जो देख रहा था, उसकी अपनी आँखों को नितांत अविश्वसनीय लगा। इसके बावजूद उसे विश्वास करना पड़ा।

उसने आवाज़ दी, 'बृजदुलारी...!'

बृजदुलारी चीख उठीं, 'कौन है ?' उसने ब्राइट को ग़ौर से देखा, 'तु-तुम ?'

'हाँ, मैं,' ब्राइट की आवाज़ में स्पष्ट यंत्रणा थी, 'कोई कुदाल या फावड़ा ला सकती हो ?'

बृजदुलारी उसी तरह दीवार से चिपकी रही।

उसने स्निग्ध निगाह से देखते हुए पूछा, 'क्यों ?'

'ज़रा दम लगाकर ये ईंटें, धकियाकर हटाओ तो ! मेरा हाथ फँस गया है।'

'हाथ फँस गया है ? कहाँ ?' बृजदुलारी को मानो समझ न आया हो।

'अरे हाँ, भई, हाँ ! मैं क्या मज़ाक कर रहा हूँ ?' ब्राइट गरज उठा।

'इसीलिए तुमसे उठा नहीं जा रहा है ?'

'हाँ भई, हाँ ! कितनी बार कहूँ ?'

'अच्छा, अच्छा, समझ गई। तुम सोना खोज रहे थे,' अचानक बृजदुलारी ने ज़ोर का ठहाका लगाकर कहा, 'मूरख ! मूरख ! भला वहाँ कितना-सा सोना होगा, आखिर ?'

'फिर, यहाँ क्या है ? उफ़ ! मेरा हाथ! गया मेरा हाथ !'

'वहाँ चाँदी के सिक्के हो सकते हैं। सोना कहाँ है मुझे पता है।'

'उफ़ ! उफ़ ! जल्दी करो, बृजदुलारी।'

बृजदुलारी ने उसकी आँखों में झाँका, 'हाँ, करती हूँ ! जल्दी ही करूँगी।'

बृजदुलारी ब्राइट के बिलकुल क़रीब आ खड़ी हुई !

'क्या हुआ ? कुदाल नहीं लाईं ?' ब्राइट ने पूछा।

बृजदुलारी दौड़कर खिड़की के पास गई। वहाँ से पलट आई। बाहर गोलियाँ चल रही थीं। पाँवों की आहटें ! घोड़ों की चीत्कार ! और लोगों का आर्तनाद !

बृजदुलारी ने अपनी कमर से पिस्तौल निकाली और उसमें टोटा भरने लगी। टोटा भरकर वह ब्राइट के क़रीब आ पहुँची।

ब्राइट ने फिर पूछा, 'क्या हुआ ? तुम्हें क्या सुनाई नहीं दे रहा ? मेरा हाथ...'

बृजदुलारी नीचे झुकी और उसके माथे पर पिस्तौल गड़ाकर दहाड़ उठी, 'अब मुझे कोई दुःख नहीं। अब मैं तुम्हारी जान ले लूँगी। तुम्हारी मौत मेरे ही हाथों लिखी थी। हाँ, मेरे ही हाथों।'

ब्राइट ने बाएँ हाथ से उसे रोकने की कोशिश की, बृजदुलारी दूसरी तरफ घूम गई।

उसने ब्राइट की कनपटी पर गोली दाग़ दी। एक के बाद एक ! दो-दो गोलियाँ ! जबर्दस्त धमाका गूँज उठा।

बृजदुलारी ने पिस्तौल फेंक दी। वह बाहर निकल आई और कोठी की सीढ़ियों की आखिरी छोर तक पहुँचकर उसने दीवार की एक ईंट खिसकाई। घाट पर लगी नाव पर जो शख़्स बैठा था, बृजदुलारी ने उसे आवाज़ दी। वह आदमी नाव से उतरकर उसके क़रीब आ पहुँचा। दोनों ने मिलकर दीवार के खुले हिस्से से मोहरों की कई-कई थैलियाँ निकालकर नाव में उछाल दीं। उस आदमी ने लोहे की छोटी सी पिटारी भी बाहर खींच निकाली।

बृजदुलारी ने बुझी-बुझी आवाज़ में पूछा, 'यह क्या कर रहे हो ?'

उस आदमी ने जवाब दिया, 'जितना हो सके संग लेते चलें। उन लोगों के हाथ नहीं पड़ने देंगे ! छूने भी नहीं देंगे उन्हें।'

उसने कई और थैलियाँ और बक्से नाव में डाल लिये। वह बक्सा ख़ासा भारी था। उस आदमी ने वह बक्सा गंगा नदी में फेंक दिया।

'अगर दोबारा आ सका तो बाद में इसे निकाल लूँगा, वरना बेहतर है कि यह गंगा में ही डूब जाए।'

अगले दिन, रात के वक्त बृजदुलारी भवानी के पास आ पहुँची। भवानी कानपुर की उत्तरी सरहद पर किसी कोठगोदाम में रहा करते थे। लक्खन ने उनसे वादा किया था कि चाहे जैसे भी हो वह बृजदुलारी को खबर देगा।

बृजदुलारी आ पहुँची।

पीला चेहरा ! कपड़े धूलिधूसर ! लेकिन, भवानी ने ग़ौर किया, उसके चेहरे पर ज़बर्दस्त दृढ़ता और व्यक्तित्व की चमक ! जिसके साथ वह आई थी वह शख़्स और

लक्खन–दोनों का ही बर्ताव उसके प्रति बेहद सम्मानपूर्ण था।

लक्खन ने ईषत् हँसकर कहा, 'पता नहीं, अब और कितने दिनों तक उन लोगों को चकमा दे सकूँगा। शायद यह आखिरी बाज़ी है। अब वे लोग पकड़ लेंगे।'

'चलो, तुम भागो,' बृजदुलारी ने कहा।

लक्खन ने उदास, मगर दृढ़ आवाज़ में जवाब दिया, 'नहीं, अब भागूँगा नहीं।'

थोड़ा ठहरकर उसने दोबारा कहा, 'हाँ, तुम दोनों आज ही यहाँ से चल दो। नाव तैयार है। नदी काफी भरी हुई है ! काफी पानी है ! आराम से पहुँच जाओगे। मैं चलता हूँ। अब तुम लोगों से मेरी भेंट नहीं होगी।'

वह चला गया।

बृजदुलारी भवानी के सामने आ खड़ी हुई।

31

19 जुलाई, सन् 1857 !

बिठूर का आकाश आज लाल हो उठा था। आग के शोले दहकते हुए ! चिनगारियाँ छूटती हुईं !

सात महीने पहले जनवरी में पेशवा ने उत्सव मनाया था, उसके बाद रोशनी का ऐसा त्योहार नहीं मनाया गया।

आज मेजर स्टीफेंसन की विजेता फौज बिठूर शहर में दाखिल हुई थी।

आज मोब्रे टॉमसन इवान्स दोबारा तशरीफ लाए थे। लेकिन, आज उनके स्वागत के लिए श्यामवर्ण, स्थूलकाय गृहस्वामी उपस्थित नहीं थे।

सुदर्शन और मिठबोला अजीमुल्ला खाँ भी मौजूद नहीं थे। पेशवा के अनगिनत अनुचरों में जो सर्वाधिक बलिष्ठ देह, गंभीर कांति, अधेड़ शख़्स था, जो कभी-कभार दूर खड़ा नज़र आया करता था, वही तात्या टोपे आजकल मध्यभारत में थे। पता चला, खुद पेशवा भी फ़रार थे।

आज पेशवा लोग इतिहास से विदा होनेवाले थे।

तीक्ष्ण बुद्धि, इंसाफ-पसंद बालाजी विश्वनाथ और दुर्धर्ष वीर योद्धा और प्रेमी जीव, बाज़ीराव प्रथम ! न्याय परायण माधवराव और निर्मम षड्यंत्रकारी राघोबा ! दुर्बलचित्त, शांतिप्रिय बाज़ीराव द्वितीय और नाना धुंधूपंथ !

शिवाजी के उत्तराधिकारियों का अधिकार ख़त्म करके पेशवाओं ने राज-पाट दख़ल कर लिया था। आज उनकी विदाई का दिन था।

ये तोप-कमान अनगिनत जंग, अनगिनत विजय और गौरव के यादगार ! बाहरी बरामदे की दीवारों पर पेशवाओं के अधीनस्थ मराठा कॉन्फिडरेसी की यादगार पेंटिंग्स !

गायकवाड़ और होल्कर की ढाल समेत पेंटिंग ! सिंधिया ख़ानदान की सूर्य और सर्प के चिह्न समेत ढालों से अग्निशिखा लपलपाती हुई ! एक कोने में नागरा और चँवर समेत, झाँसी राज्य की ढाल ! चाँदी की ज़ंजीर से झूलती हुई यह तलवार राजा छत्रसाल ने बाज़ीराव प्रथम को भेंट की थी। उन्हें यह मंत्रसिद्ध तलवार, ब्रह्मेंद्रस्वामी से वरदान स्वरूप प्राप्त हुई थी। जिस दिन इस तलवार पर पहली बार जंग लगी, उसी दिन बाज़ीराव प्रथम की मौत हो गई। आग की रोशनी में रह-रहकर ये तस्वीरें झलक उठतीं और फिर एकदम से घना अँधेरा उन्हें ढक लेता।

कुछ ही दूर पर अजीमुल्ला का प्रासाद जलता हुआ !

उसकी लपटें आसमान को आलोकित कर रही थीं। कुंडलाकार धुआँ आकाश-बाताश में बिखरा हुआ, मानो वे भयंकर और विशालकाय अजगर हों। आकाश में मनमाने ढंग से कुंडली मारे, अपनी काया को विस्तार दे रहे हों।

धुएँ का वही अजगर पेशवा राजमहल के विभिन्न कक्षों में बेहद ख़ामोशी से दाखिल होता हुआ, धीरे-धीरे उस समूचे कक्ष में भर गया।

फौज लूट-मार में उन्मत्त ! सिपाहियों की भीड़ हो-हुल्लड़ मचाते हुए शहर के घर-मकानों को लूट रही थी और परित्यक्त घरों में आग लगाती फिरी।

अफसर ब्रिगेडियर कैप्टेन और एन्साइन वगैरह सभी ओहदेदार आज लूट-मार में मस्त थे। वे लोग बारी-बारी से तलाश में जुटे हुए !

वे लोग चीख-चीखकर यह भी बयान करते रहे, 'शैतानों का वह राजा, जब हमें दावत देता था तो सोने का गुलाबदान, सोने की ट्रे, सोने का हुक्का सजाकर रखता था। अहा ! पानी के गिलास पर जाली का जो ढक्कन होता था, उसमें सच्चे मोती की झालर झूलती थी।'

हॉल-घर की दीवार पर ढके आईने पर पर्दा पड़ा हुआ।

वेनिस और फ्रेंच काँच से निर्मित आईना ! सुना है कि बेल्जियम के इस उत्कृष्ट आईने की जोड़ी, एकमात्र विएना की मलका मारिया थेरेसा के ही ऐशगाह में मौजूद है।

सिर के ऊपर, हज़ार बत्तियों का झाड़ झूलता हुआ ! कक्ष की छत से हज़ारों-हज़ार हथियारों की क़तारें झूलती हुईं। मशालों की रोशनी में ये हथियार झलक मारते हुए ! उनकी चकाचौंध से बत्तियों की झाड़ झिलमिलाती हुई ! आईने से तेज़ रोशनी विकीर्ण होती हुई ! आईने का नक्काशीदार फ्रेम सोने जैसा !

फौज सोने के नशे में पगलाई हुई !

चंदन और महोगनी काठ के सोफे टूटे हुए ! कोच टूटे हुए ! रेशम और कीमख़ाब के ढक्कन तलवार से चीर डाले गए। चिड़ियों के पंख और रुई के तकिए फाड़ डाले गए।

उड़ने दो रुई ! उड़ने दो चिड़ियों के पंख !

'मिल गया,' कोई सोने के मोहरों की थैली उठाए भागता हुआ आ पहुँचा। दूसरे ने उस थैली को तलवार की नोंक से खोंचा मारकर देखा। समूचे कक्ष में सोने की मोहरें

झनझनाकर बिखर गईं। सब आपस में छीन-झपट करने लगे।

'अरे, वाह ! आईने के पीछे कुबेर का भंडार गड़ा है।'

सोने का इत्रदान ! सोने की तश्तरी !

फौजी आईने तोड़ते रहे। काँच की किर्चियाँ बिखरते रहे।

एक आइरिश नौजवान ने बिना इधर-उधर देखे, सीधे काँच की झाड़ की तरफ गोली का निशाना लगाया ! दीपाधार के मध्य में स्थित झाड़, गाढ़े लाल काँच से निर्मित ! नौजवान ने गोली दाग दी, काँच झनझनाहट के शोर के साथ ज़मीन पर बिखर गया। वह शोर सुनकर और भी कई-कई गोलियाँ छूटीं ! और-और काँच टूट-टूटकर बिखरते रहे।

किसी ने मशाल जलाकर पीतल की नंगी इतालवी मूर्ति के हाथ में खोंस दी। मशाल की रोशनी में लूटपाट करते हुए उन्मत्त फौजी आईने में अपना चेहरा देखकर एकबारगी चीख उठे, 'कौन ? कौन ? कौन ?'

वे लोग बेयोनेट उठाए, दौड़ पड़े लेकिन उन्होंने देखा, यह तो उनका अपना ही प्रतिबिंब है !

'साला जादू-टोना दिखा रहा है।'

वे लोग आईने तोड़ते रहे।

अब उस तरफ से समवेत शोर गूँज उठा। उन लोगों को नानासाहब का पता चल गया था। वे लोग उधर ही दौड़ पड़े।

इन लोगों को यह जानकारी नहीं थी कि नानासाहब खुद शराब पीते थे या नहीं। लेकिन, अंग्रेज मेहमानों को वे अनगिनत बार, अनगिनत क़िस्म की बेशक़ीमती शराब पेश किया करते थे।

दीवारों पर क़तार-दर-क़तार अलमारियाँ ! नीचे लंबे हौज के आकार का ईंटों का आधार !

ब्रांडी और बीयर ! शेरी और शैंपेन ! अबसातें और पोर्ट ! इटली, फ्रांस, स्पेन और जर्मनी में तैयार विविध रंगों की विविध शराब !

किसी ने बोतल का सिर उड़ाकर होंठों से लगा लिया। कोई काठ के बड़े-बड़े बक्से बाहर खींच ले गया। कोई दुर्लभ, खूबसूरत, पतले काँच की गिलासें तोड़ता हुआ।

सहसा बाहर से एक अद्‌भुत मिला-जुला आर्तनाद गूँज उठा। बगीचे में आग लगी हुई थी। फौजियों ने शिकारगाह की लकड़ी के ढाँचे पर तेल उड़ेलकर आग लगा दी थी। उस आग में दालचीनी, इलायची, तेजपत्ता यूकेलिप्टस और चंदन के पेड़ सुलगते हुए। उनकी मिली-जुली सुगंध के साथ-साथ मांस जलने की गंध। लोहे के पिंजरों पर जलती हुई डालों और झरते हुए पत्तों का ढेर लग गया।

आग में जलते हुए काले चीते, चीता-बाघ, भालू और सिंह इधर-उधर भागते हुए। उनकी मूँछों में आग लग चुकी थी। वे लोग फर्श पर लोटते हुए आर्तनाद कर रहे थे। हाथी सूँड़ उठाए चिंग्माड़ रहे थे। एक हाथी के दोनों पाँव ज़ंजीरों में जकड़े हुए।

अस्तबल में मौजूद अरबी घोड़े बंद दरवाज़े के पार ज़ोर-ज़ोर से हिनहिनाते हुए ! सफ़ेद और रंगीन मोर डर के मारे पंखों में लगी आग समेत जितनी तेज़-तेज़ दौड़ रहे थे, हवा उतनी ही तेज़ी से उन्हें जलाए डाल रही थी। विशालकाय बारहसिंगा हिरन, दहशत से बौखलाया हुआ हॉलघर में घुस आया। दीवार के आखिरी, सही-सलामत आईने में उसे अपनी छाया नज़र आती हुई। किसी और हिरन को दौड़कर आते देखकर आईने पर अपने सींग ठोंकने लगा।

उसकी देह के भारी दबाव से उसका सींग जड़ से उखड़ चुका था। बहते हुए खून की धार से उसकी आँखें ढक गईं। फौजी पागल उल्लास से चीख उठे। वे लोग उस हिरन को चारों पाँवों से पकड़कर खींच ले चले। हिरन के सींग फर्श पर घिसटते रहे। उस बिचारे जानवर को ले जाकर आग में झोंक दिया और अपने बेयोनेट से उसे दबाए रखा।

इवान्स कक्ष के अंदर दाखिल़ हुआ।

उसने नानासाहब के अंतःपुर की अनगिनत कहानियाँ सुन रखी थी। जाने कितनी-कितनी नर्तकियाँ ! ऐश-विलास के कितने-कितने आयोजन ! उसने बिस्तर चीर डाला और उसमें गुँथी हुई मोहरें और सोने-चाँदी के ज़ेवरात निकाल लिये।

उसकी नज़र कक्ष की दीवारों पर जा लगी। विलासिनी औरतों के तैलचित्र ! नंगी औरतें ! एडिसन के सीने पर सोई हुई वीनस का गुलाबी-पुष्ट वक्ष उन्मुक्त ! उसके होंठों पर हँसी ! हाथ में काले अँगूरों का गुच्छा !

इवान्स ने चारों तरफ निगाहें घुमाईं। बड़े-बड़े दीवान ! चिकने-चिकने फर्श !

उसने जलती हुई मशाल बिस्तर की तरफ उछाल दी। चंदन काठ का पलंग धू-धू करके जल उठा। रोशनी की उसी आभा में निशाना लगाकार उसने वीनस की छातियाँ छलनी कर डालीं।

वीनस का तैलचित्र फ्रेम से निकलकर निराधार झूल गया। रामचंदी मोहरों की थैलियाँ झनझनाकर फर्श पर गिर पड़ीं। वहाँ ख़िदमत के लिए मौजूद एक बाईजी की देह की धज्जी-धज्जी कर डाली।

अचानक फिर कहीं झनझनाहट की आवाज़ गूँज उठी। इवान्स की निगाह उसी तरफ घूम गई। अचानक शायद कोई ज़ंजीर टूट गिरी थी, इसलिए ऊपर टँगा दीपाधार टूटकर नीचे की तरफ आता हुआ !

इवान्स वहाँ से हट आया। अब वह बगल के कक्ष में चला आया। कक्ष में अँधेरा था। बगल के कक्ष में लगी हुई आग के बावजूद इस कक्ष का अँधेरा नहीं छँटा था। दरवाज़े के क़रीब एक नारीमूर्ति खड़ी थी।

'क...क...कौन ? कौन हो तुम ?'

नारी छाया आगे बढ़ आई, 'क्यों ? डर गए ? मैं हूँ ! चम्पा !'

'चम्पा...!'

'हाँ, चम्पा हूँ ! चम्पा !'

सचमुच वह चम्पा ही थी। तन पर दुपट्टा तक नहीं था। ब्लाउज़ फटा हुआ ! अंग-अंग निरावृत्त ! उसके गले में हीरों का हार ! कलाई में हीरों का कंगन ! कान में हीरों की लटकन ! चम्पा हिलती-डुलती दो-चार क़दम आगे बढ़ आई। जलती हुई आग की आभा में हीरों से नीली-सफ़ेद ज्योति-किरणें निकलती हुईं !

वह इवान्स के क़रीब आ खड़ी हुई।

उसने इवान्स के हाथ पर हाथ रखकर कहा, 'क्या खोज रहे हो ? नाहक खोज-खोजकर जान दिए दे रहे हो। यहाँ मैं दिन-भर पेशवा की छोटी रानी कालीबाई का रत्न-भंडार अगोरती बैठी हुई हूँ।'

'कहाँ ? कहाँ, चम्पा ?'

'पता है, दिन-भर...दिन-भर मैं मोती, हीरे, चुन्नी-पन्ना, नीलम से खेलती रही।'

'चलो, मुझे दिखाओ,' इवान्स ने कहा।

'हाँ-हाँ, दिखाने ही तो आई हूँ। तुम्हें सौंपने के लिए...तुम्हारी ही तो राह देख रही थी। आओ मेरे साथ।'

वे दोनों बाहर निकल आए। कई-कई कमरे, दीर्घा, फिर कई कमरों से गुज़रते हुए आगे बढ़े। किसी कमरे में कुंडे से झूलती हुई धातु की महालक्ष्मी और गणेश की विशाल मूर्तियाँ झिलमिला उठीं।

चम्पा ने कहा, 'उधर मत देखो ! चलते चलो। आओ।'

वे दोनों एक विशाल बरामदे में आ निकले। यहाँ क़तार-दर-क़तार पालकियाँ रखी हुई थीं। सोने-चाँदी, लाख, मीने की नक्काशीदार, खूबसूरत पालकियाँ ! इवान्स ने माचिस जलाकर उन पालकियों पर नज़र डाली। उसने जलती हुई माचिस सामनेवाली पालकी की तरफ उछाल दी। पालकी जल उठी। आग पहले धीरे-धीरे बाद में एकदम से भड़क उठी। इवान्स ने उस उजाले में ग़ौर से देखा। उसका अंदाज़ा था कि वह कोई बरामदा है। ख़ैर, था तो बरामदा ही, लेकिन खुला हुआ बरामदा नहीं था। लंबा, अतिशय दीर्घ, ढँका हुआ बरामदा ! पालकी भी एक नहीं, क़तार-दर-क़तार पालकियाँ सजी हुई थीं। दीवार के बड़े-बड़े हुकों पर ऊँट, घोड़े, हाथी की साज-पोशाक !

उसने पूछा, 'यहाँ इतनी सारी पालकियाँ क्यों रखी हैं ?'

चम्पा वहाँ न खुद रुकी न उसने इवान्स को रुकने दिया।

उसने चलते-चलते ही बताया, 'ये सब रानियों और पेशवा राजमाताओं की ख़ास पालकियाँ हैं।'

इवान्स ने चलते-चलते उन पालकियों पर दोबारा नज़र डाली। पालकी की भीतरी हिस्से पर खुदी हुई सुनहरी और लाख की नक्काशी तक में आग पकड़ चुकी थी। पालकी से जड़े पीतल और चाँदी के सिंह-मुखी डंडे अलग हो चुके थे और ज़री की क़सीदाकारी वाले पर्दे जल-जलकर नीचे गिरने लगे।

बरामदा पार करके वे दोनों सीढ़ियों से दो धाप नीचे उतरे और फिर कई बड़े-बड़े कमरों और बरामदों से होकर आगे बढ़े। कमरे लगभग खाली और सुनसान ! कहीं-कहीं

कोनों में ढेर सारे बर्तन-भाँडे और अनगिनत कलसियाँ नज़र आईं।

चम्पा ने बताया, 'यहाँ विधवा नाते-रिश्तेदार रहा करती थीं। वे लोग पूजाघर में काम किया करती थीं।'

उन कमरों के बाद चंद छोटी-छोटी कोठरियाँ ! उसके बाद फिर कई-कई कमरे, बरामदे और आँगन ! वे दोनों आखिर कहाँ जा रहे हैं ? इवान्स मानो किसी भूलभुलैया में फँस गया था। सबकुछ छाया-छाया ! अस्पष्ट ! चाँद की धुँधली रोशनी में सारा कुछ बेहद अद्‌भुत और रहस्यमय लग रहा था। कहीं उसे बड़े-बड़े और भारी-भरकम बर्तनों के ढेर नज़र आए। कहीं-कहीं राख और काठ कोयलों पर चलते हुए ! कहीं आग के बड़े-बड़े भट्ठे बने थे। करीब ही लकड़ियों के ढेर लगे हुए थे। एक जगह पक्का हवनकुंड ! बगल में पतली-पतली लकड़ियों के ढेर ! इवान्स का मन हुआ उन लकड़ियों पर वह आग रख दे। चारों तरफ बेहद निःशब्द ख़ामोशी ! बियाबान सन्नाटा ! वह समझ गया, यहाँ के लोग अचानक महल छोड़कर चले गए हैं। तभी उनकी रोजमर्रा ज़िंदगी के निशान यूँ बिखरे पड़े हैं। उसे यह देखकर बेहद हैरत हुई कि एक विशाल होमकुंड में उस वक्त भी काठ कोयले और गेहूँ की भूसी की मद्धिम-मद्धिम आग जल रही थी। वह होमकुंड की बगल से कतराकर निकल गया। लेकिन चम्पा उसी पर पाँव रखकर आगे बढ़ी। पल भर के लिए उसे चम्पा से भी भयंकर दहशत हो आई।

वैसे उस पल भी चम्पा ने उसी तरह स्वाभाविक आवाज़ में कहा, 'लगता है, आखिरी पल में भी वे लोग यज्ञ-हवन में जुटे रहे। वैसे गेहूँ की भूसी की आग कई-कई दिनों तक धधकती रहती है।'

चम्पा की आवाज़ नितांत स्वाभाविक लगी। उसकी बातचीत का लहजा सुनकर इवान्स किंचित् आश्वस्त हो आया।

उसने पूछ ही लिया, 'हम आखिर जा कहाँ रहे हैं, यह तो बताओ। हमारे फौजियों की आवाज़ें भी काफी दूर हो गई हैं।'

'हाँ, दूर तो हो ही गई हैं ! काफी दूर ! लेकिन तुम चलते चलो। अपना सारा सामान उन लोगों ने जहाँ छिपा रखा था, वह तो देख लो। सच इवान्स ! जब मैंने वह ख़ज़ाना देखा तो...'

वे दोनों फिर कई सीढ़ियाँ नीचे उतर गए।

चम्पा भी वहाँ पल-भर को ठिठक गई।

उसने कहा, 'रुको, पहले पता कर लूँ, चम्पा का वह पेड़ कहाँ है ?'

एक बार, सिर्फ एक बार इवान्स को खटका हुआ। चम्पा शायद रास्ता भूल गई है। यूँ भी उस पर इतना अंधविश्वास करके उसने भी भूल की है। लेकिन, अब लौटने की राह कहाँ है ? कमरों के बाद कमरे, सीढ़ियाँ, बरामदे, विधवाओं का महल, पूजा के बर्तनों का भंडारगृह, रसोईघर, फिर कई-कई बरामदे—यह सब याद करते हुए उसके पाँव अवश हो आए और सिर चकराने लगा। वह काफी दूर निकल आया था। इतनी दूर आ पड़ा था कि उधर की आवाज़ें, कानों में मुश्किल से पहुँच रही थीं। उस तरफ

का सिर्फ आसमान भर नज़र आ रहा था। लाल-लाल आसमान ! लेकिन, राजमहल के अंदर वह जो उन पालकियों में आग लगा आया था, उसका भी आभास तक नज़र नहीं आ रहा था। उसे वह महल बेहद भूलभुलैया-सा लग रहा था।

उसने दरयाफ़्त किया, 'हम क्या बाहर आ गए ?'

'नहीं,' चम्पा हँस पड़ी। सलोनी-सी मीठी हँसी !

चम्पा ने इवान्स का हाथ सहलाते हुए कहा, 'इस बगीचे में जो फूल खिलते हैं, उनसे भगवान की पूजा नहीं होती। ये सब रात के फूल हैं। रातों के वक्त ही इन पर बहार आती है। इन फूलों से चोटियाँ और वेणियाँ गूँथी जाती थीं। रानियाँ इन फूलों को अपने बालों में सजाकर सैर को निकलती थीं। कभी-कभी नर्तकियाँ भी इन फूलों से साज-सिंगार करती थीं। चलो, अब मैं रास्ता पहचान गई हूँ। आओ।'

अब वे दोनों कहीं नीचे उतरने लगे। दस धाप उतरने के बाद वे दोनों जहाँ पहुँचे वहाँ क़दम रखते ही इवान्स एकदम से ठिठक गया।

'कौन ? कौन है वहाँ ?' वह चीख उठा।

कोई जवाब नहीं मिला।

उस कमरे में छाया-छाया-सी कई-कई आकृतियाँ ! कमरा ख़ासा बड़ा था। बीच-बीच में कई-कई खंभे ! बड़े-बड़े दरवाज़ों से होकर बाहर की चाँदनी कमरे में ताक-झाँक करती हुई। जो छायाएँ दूर खड़ी थीं, वे न हिली-डुलीं, न कुछ बोलीं।

इवान्स ने झट से गोली चला दी। गोली जाने कहाँ तो लगी और जाने क्या तो ठन्न से बज उठा। कुछेक पल बाद वह आवाज़ भी थम गई। बस, उसकी गूँज भर काँपती रही। चंद पलों बाद वह कँपकँपाहट भी कमज़ोर पड़ गई, मानो बाहर निकल जाने की राह ढूँढ़ रही हो।

चम्पा चंद क़दम आगे बढ़ी, अचानक उलटे पाँव वापस लौट आई।

'ओफ़ ओ ! यह क्या कर रहे हो ?'

'वो सब क्या है, चम्पा ?' काफी कोशिशों के बावजूद इवान्स की आवाज़ ईषत् काँप गई।

'गंगाजल के मटके !'

'गंगाजल के मटके ?'

'हाँ, उनके पीने का पानी, भरी बरसात में गंगा से मँगाया जाता था। उसमें कपूर मिलाकर मटकों में रखा जाता था।'

'अच्छा, अच्छा ! गंगाजल बेहद पवित्र जो होता है,' इवान्स अब समझ गया।

'हाँ, आओ, चलें।'

उन दोनों ने और भी कई-कई कमरे पार किए। ये कमरे अपेक्षाकृत छोटे-छोटे थे। छतें भी नीची। उसके बाद एक निचले बरामदे से होकर वे दोनों आगे बढ़े। बरामदे की छत इतनी नीची थी कि उन्हें झुक-झुककर चलना पड़ रहा था।

चम्पा एक छोटे से दरवाज़े के सामने आ खड़ी हुई। दरवाज़ा खुला हुआ था।

चम्पा ने कहा, 'हाँ, अब पहुँच गए। देखूँ, मशाल यहीं कहीं रखी थी मैंने—'

मशाल दीवार पर यथावत् मौजूद थी। चम्पा ने मशाल जलाई। मशाल के आलोक में इवान्स ने देखा, कुछ दूर तक की दीवारों में इसी तरह कई-कई मशालें मौजूद थीं।

'मशाल यहीं मौजूद है, तुम जानती थीं ?' इवान्स ने पूछा।

'अलबत् जानती थी ! क्यों ? मशालें तो पूरी राह में मौजूद थीं। हम जिन-जिन रास्तों से होकर आए हैं, उनके दोनों ओर मशालें लगी हुई थीं।'

'तो हम अँधेरे में क्यों चलते रहे ?' इवान्स को चम्पा पहेली-सी जान पड़ी।

चम्पा ने उसके सवाल का कोई जवाब देने की बजाय सिर्फ इतना ही कहा, 'आओ, चलें।'

'कहाँ ?'

'इस पाताल-कमरे में ! देख तो लो। हीरे-जवाहरात छिपाने की कैसी सुरक्षित जगह थी...मैंने खोज निकाली...'

इवान्स ने मशाल अपने हाथ में ले ली।

दरवाज़े से अंदर क़दम रखते ही चम्पा ने आगाह किया, 'होशियार ! ज़रा ध्यान से उतरना ! सामने सीढ़ी है।'

इवान्स सँभल-सँभलकर नीचे उतरने लगा। चम्पा उसकी बगल से कतराकर पहले ही नीचे चली आई थी।

'बड़ी रपटीली ज़मीन है। मेरे कंधे पर हाथ रख लो।'

इवान्स नीचे उतरा। मशाल की तेज़ रोशनी और धुएँ में, उसे खाँसी आने लगी। उसने नज़रें घुमाकर देखा। गोलाकार कमरा ! कमरे की दीवारों पर काई झूलती हुई ! सीलन और नमी की अजीब-सी दमघोंटू गंध ! उसकी साँस एकबारगी घुट आई। उसने नीचे झाँककर देखा।

सीढ़ी-दर-सीढ़ी ! सीढ़ी पर काई और फिसलन !

मशाल एकाएक भुकभुका उठी और एकदम से बुझ गई।

'अरे, मशाल तो बुझ गई, चम्पा !'

इवान्स ने माचिस जलानी चाही।

'बुझ गई ? चलो, फेंक दो उसे !'

'माचिस कहाँ चली गई ? मिल नहीं रही।'

'माचिस तो मैं ऊपर ही छोड़ आई।'

'छिः-छिः !'

'अरे, फेंक भी दो। मैं हूँ न ! तुम उतर आओ।'

इवान्स ने मशाल फेंक दी। अगले ही पल वह बेहद असहाय और कमज़ोर हो आया। जब तक मशाल उसके हाथ में थी, उसकी हिम्मत बँधी हुई थी। अब उसे पछतावा होने लगा। अब अगर वह चाहे भी तो मशाल नहीं जला सकता।

'यहाँ इतना अँधेरा क्यों है, चम्पा ?'

'बस, तुम नीचे उतरते चलो ! नीचे...और नीचे !'

इवान्स का पाँव अचानक लड़खड़ा गया और वह एकदम से फिसल गया। यूँ ही ज़रा-ज़रा फिसलते-सँभलते, आखिरकार वह नीचे पहुँच गया। उसने महसूस किया, उसके पाँव कीचड़ में सन गए हैं। चिपचिपी और नरम कीचड़ ! उसने पाँव उठाकर सावधानी से अन्यत्र रखा। वहाँ भी कीचड़ ! इवान्स के जूतों में काँदो भर गया। अब उसका पाँव वजनी हो आया। उसने अपनी रिवॉल्वर कसकर पकड़ ली। रिवॉल्वर के लोहे का स्पर्श पाकर, उसका हाथ और धीरे-धीरे समूचा तन-बदन आश्वस्त हो आया। उसने अपने अंदर थोड़ी ताकत महसूस की। अँधेरे में उसने चारों तरफ नज़रें घुमाईं। उसका अंदाज़ा था, उसकी आँखें धीरे-धीरे अँधेरे की अभ्यस्त हो जाएँगी। शायद वह भी देख पाए कि चम्पा ने हीरे-जवाहरात कहाँ देखे हैं। लेकिन, अँधेरा काफी घना था। इवान्स ने पहली बार महसूस किया कि अँधेरा इतना गाढ़ा और घना भी हो सकता है। पल-भर के लिए उसके प्राण हाँफ उठे। किसी तरह बाहर की हवा में साँस लेने के लिए वह छटपटा उठा।

'कहाँ चम्पा ?'

'क्या बात है, इवान्स ?'

'अब छिनालपन मत करो। मैं हीरे-जवाहरात के बारे में पूछ रहा हूँ।'

'ओऽ—'

चम्पा चुप हो गई। इवान्स ने दीवार टटोली। अगले ही पल उसने हाथ हटा लिया। उसने स्पष्ट महसूस किया, उसकी हथेली तले कुछ किलबिलाता हुआ रेंग गया। वह बुरी तरह डर गया। मन ही मन उसे कहीं वितृष्णा भी हुई।

उसने रूढ़ और ईषत् काँपती आवाज़ में पुकारा, 'चम्पाऽ—'

'ओ हाँ, हीरे-जवाहरात ? सुनो, उस बरामदे में तुमने जो उस बड़ी-सी पालकी में आग लगा दी, याद है...?'

'क्या मतलब ?'

'यहाँ, आज सुबह ही मैं आई। कई-एक नर्तकियों और दास-दासियों के अलावा यहाँ कोई नहीं था। वे औरतें भी बस, भागने की तैयारी में थीं। मैं सच कह रही हूँ, बिलकुल सच ! वहाँ गहनों की एक पिटारी मेरे हाथ लगी। मैंने वे गहने पहन लिये। अचानक मुझे गहने पहनने का चाव हो आया। वैसे मुझे मालूम था कि तुम ज़रूर आओगे।'

'क्या बकवास कर रही हो तुम ? मेरी समझ में कुछ नहीं आ रहा।'

'अगर मैं ये गहने न पहनती, तो तुम मेरी बातों का भरोसा नहीं करते। मेरे साथ

आते भी नहीं...'

'चम्पा !'

'बाकी गहने मैंने पिटारी समेत उसी पालकी में फेंक दिए थे। अब तक तो शायद जलकर ख़ाक भी हो चुके हों वे गहने या फिर जलने से बच गए हों ! पता नहीं क्यों वे लोग गहनों की यह पिटारी छोड़ गए। लेकिन, हीरे-पन्ने क्या आग में जल सकते हैं, इवान्स ?'

'अरी ओ, शैतान की खाला, साफ-साफ बता।'

'पता नहीं ये ज़ेवर, कालीबाई, द्वारकाबाई या कुसुमबाई...' जाने किसके ख़ज़ाने की धरोहर थे। पन्ने के एक कंठहार का ही दाम शायद लाख टके होगा। वे लोग ठहरे राजा आदमी ! सस्ती-पस्ती चीज़ें तो पहनते ही नहीं थे...'

'तो तू मुझे यहाँ क्यों खींच लाई ? यहाँ क्या है ?'

चम्पा ने ज़ोर का ठहाका लगाया। उसकी हँसी की आवाज़ बिलकुल अलग-थलग और अजीब थी। जाने कैसी ठंडी अशरीरी ! वह हँसी इवान्स की खाल-चमड़ी-मांस को बेधती हुई हडि्डयों तक को सर्द कर गई।

चम्पा ने कहा, 'तुम्हें यहाँ क्यों लाई ? यहाँ सिर्फ मैं हूँ और तुम हो।'

उसे बुरी-सी गाली देते हुए इवान्स ने तमककर उस पर झपट पड़ने की कोशिश की।

चम्पा ने गहरी आवाज़ में उसे बरज दिया, 'रुको ! रुक जाओ।'

'एक कदम भी आगे बढ़ाया नहीं कि मुँह के बल गिरोगे। सामने कुआँ है।'

'मतलब ? क्या मतलब है इन सबका ?'

'चुप ! कुछ सुनाई दे रहा है ?'

'क्या...क्या सुनाई देगा ?'

'पानी की आवाज़ ? कुएँ का पानी बढ़ रहा है। कुएँ के नीचे एक सुरंग के जरिए गंगा आ मिली है। इस वक्त ज्वार आ रहा है। मुझे साफ-साफ सुनाई दे रहा है। सुनो, कान लगाकर सुनो।'

हाँ, कहीं बहुत गहरे पाताल में, मटमैले रंग की रपटीली चट्टानों की राह, पानी अंदर आ रहा था। सुरंग के जरिए खाली कुएँ में पानी भरता जा रहा था। काफी नीचे, गहराई में उसी की कल-कल छल-छल आवाज़ें गूँज रही थीं।

इवान्स डर और आतंक से थर्रा उठा, 'चम्पा, तुम्हें क्या हो गया है ? चलो हम भाग चलें।'

चम्पा की आवाज़ बेहद निर्लिप्त और व्यंजनापूर्ण ! मानो उसे कुछ बयान करने को कहा गया हो और वह कुछ और बयान किए जा रही थी।

उसने कहा, 'भागकर कहीं पहुँचा जा सकता है, इवान्स ? भागना नामुमकिन है। भगवानपुर में मैं तुम्हारे हाथ पड़ गई। अब यहाँ, तुम मेरे हाथ आ पड़े। नहीं इवान्स, भागने की कोई राह नहीं। अब तुम भागकर कहाँ जाओगे ? मैं और तुम इस वक्त

मिट्टी के नीचे पाताल में खड़े हैं। यह जगह भी मैंने आज ही देखी। आज दोपहर को ! जो लोग इस तहख़ाने में घुसे थे, वे निकल नहीं पाए।'

'चम्पा, तुझे मैं...अच्छा, अच्छा, अब समझ में आया...'

इवान्स ने भरपूर दम लगाकर अपना पैर कीचड़ से बाहर खींचने की कोशिश की। पहली ही कोशिश में उसे ज़ोर का झटका लगा। उसके जूते कहीं फँस गए थे। उसे अंदाज़ा हुआ कुएँ में कहीं बड़ा सा हुक लगा हुआ है और उसके पाँव बार-बार उसी हुक से टकरा रहे थे। जैसे ही वह अपने फँसे हुए जूते छुड़ाने के लिए नीचे झुका, उसके हाथ की रिवॉल्वर छिटककर दूर जा गिरी। रिवॉल्वर पक्के कुएँ की चट्टान से टकराकर, काफी नीचे छप् से पानी में जा गिरी। इवान्स ने भयंकर दहशत की स्थिति में वह आवाज़ सुनी, उस छोटे से दायरे में रिवॉल्वर के टकराने की ध्वनि-प्रतिध्वनि काफी देर तक गूँजती रही।

निरुपाय इवान्स पीछे मुड़ा और सीढ़ियाँ चढ़ने लगा। मारे आतंक और क्रोध के उसका समूचा शरीर काँपता हुआ। फिसलन भरी सीढ़ी पर पाँव टिकाना मुश्किल हो आया।

इसके बावजूद उसने ऊपर चढ़ने की कोशिश की। वह एक सीढ़ी ऊपर चढ़ता तो दो सीढ़ियाँ नीचे फिसल जाता। उसकी ठुड्डी और कोहनी बेतरह छिल गईं। काफी देर तक कोशिश करते रहने के बाद वह थोड़ा ऊपर तक चढ़ आया। ऊपर चढ़ते-चढ़ते उसे हैरानी भी होती रही कि यहाँ इस क़दर घुप्प अँधेरा क्यों है। सीढ़ी की आखिरी धाप पर पहुँचकर उसे अपने सवाल का खुद ही जवाब मिल गया।

ऊपर पहुँचकर वह ज़ख़्मी जानवर की तरह चीख उठा, 'अरे, यह दरवाज़ा क्यों बंद है ?'

चीखते-चिल्लाते वह दरवाज़े पर लगातार धक्का मारता रहा, ताबड़तोड़ लातें चलाता रहा। दरवाज़े पर हाथ-पाँव फेंकते-फेंकते उसका पैर लड़खड़ा गया और वह फिसलकर गिर पड़ा।

सीढ़ी की आखिरी धाप पर गिरकर वह दर्द से आर्तनाद कर उठा, 'चम्पा, जब तू यहाँ तक आई है तो निकलने की राह भी तू ज़रूर जानती होगी।'

वह अपने को खींचते-घसीटते चम्पा के क़रीब आ गया। उसने टटोलकर चम्पा को खोज निकाला और उसे कसकर जकड़ते हुए अचानक दहाड़ उठा।

'चल खोल ! खोल दरवाज़ा ! मुझे जाने दे ! मुझे यूँ चूहे की मौत मत मार।'

चम्पा की आवाज़ बेहद तटस्थ सुनाई दी। उसकी जुबान से निकली हुई बर्फ की छुरी की तरह निर्मम सच की धार इवान्स को चीरकर चिंदी-चिंदी कर गई।

'दरवाज़ा अब नहीं खुलेगा, इवान्स ! कल सुबह ही खुलेगा। अपने आप खुल जाएगा।'

'चम्पा, दया कर, मुझ पर दया कर।'

'मुझे दया करना नहीं आता, इवान्स ! तुम्हें आता है ? तुम लोगों को दया आती

है ? तुम लोगों ने जितनों को मारा, फाँसी पर चढ़ाया, तोप से बाँधकर उड़ाया उन पर तुम लोगों को दया आई थी ?'

इवान्स अब जाकर पूरी बात समझ गया। मानो अब जाकर उसने चम्पा को बखूबी पहचान लिया। हालाँकि उसका खयाल था वह बहुत पहले ही उसे बखूबी जान चुका है; उसे अच्छी तरह पहचान गया है।

'तुम...तुम...यानी...' इवान्स कुछ कहते-कहते रुक गया।

'हाँ, पहले मैंने नहीं सोचा था, सोचना चाहती नहीं थी। लेकिन, जिस दिन तुमने भगवानपुर में...उस सुबह...उफ़ ! उसी दिन से मैंने सोचना शुरू कर दिया। सोचती रही, सोचती रही। मुझमें न बल है, न मेरे हाथ में हथियार और आमने-सामने क्या मैं तुम्हारा...तुम लोगों का कुछ बिगाड़ सकती थी ?'

इवान्स के हाथ उसकी गर्दन खोजते रहे।

उसने दोनों हाथों से चम्पा को झकझोरते हुए कहा, 'भयंकरी...शैतान की खाला...तेरे मन में यह सब था ?'

'मन में ? ना, इवान्स ! मेरे मन में यह सब बिलकुल नहीं था। यह खयाल तो खुद तुम्हीं ने मेरे अंदर भर दिया। तुमने मेरा तन-बदन दाग़-दाग़ कर दिया, याद है ? तुम्हें समझना चाहिए था कि मामला वहीं ख़त्म नहीं होगा।'

'बस, इसीलिए तू मेरी जान ले लेगी ? मुझे मार डालेगी ?'

'सिर्फ इसीलिए ? नहीं, सिर्फ इसीलिए नहीं। चन्दन याद है, तुम्हें, इवान्स ?'

'चन्दन ?'

'हाँ, चन्दन ! जिस चन्दन को तुमने भगवानपुर में फाँसी चढ़ा दिया। वहाँ से लौटकर मुझे...इवान्स, बस उसी पल...मुझे खयाल आया, मौत से इतना खौफ किसलिए ? जो लोग मार डाले गए, उन्हें क्या अपनी ज़िंदगी से प्यार नहीं था ? इसके बावजूद उन्हें मरना पड़ा। इसके बावजूद चन्दन भी सिर्फ मरने के लिए लौट आया। उस पल मुझे लगा, मेरा समूचा तन-बदन कलंकित हो गया। तभी मैंने तय किया, अगर मैं भी किसी एक भी अंग्रेज बंदे को मौत के घाट उतार पाई, चाहे खुद भी क्यों न मरना पड़े तो शायद मैं फिर से उजली-धुली और पवित्र हो जाऊँगी। इतनी मैली होकर...इतना कलंक लेकर...मैं चन्दन के पास कैसे जाती, इवान्स ?'

कुछेक पलों के लिए चम्पा ख़ामोश हो रही।

कुछ देर बाद उसने खौफनाक गहरी आवाज़ में कहा, 'इवान्स, अब तैयार हो जाओ।'

'सुन, सत्यानाशिन ! भयंकरी ! अगर मुझे मरना ही पड़ा तो पहले तुझे मारकर...'

'नहीं इवान्स, अब ये बकवास बंद करो। तुम्हें महसूस नहीं हो रहा, तुम्हारे पाँव तले पानी बढ़ रहा है ?'

'पानी !'

'हाँ, पानी ! कुआँ तो भर गया ! अब तो पानी और ऊपर चढ़ आया है ! कुछ

ही पलों में इस कमरे में भी पानी भर जाएगा। तुम और मैं, अब इस कमरे से कभी बाहर नहीं निकल सकेंगे।'

'न-हीं !' इवान्स की आवाज़ विकृत सुनाई दी, मानो उसका गला लगभग बुझ आया हो।

'ऊपर तुम लोगों की फौज राजमहल को ध्वंस करके उसे मलबे का ढेर बना रही होगी; यहाँ-वहाँ आग लगा रही होगी, उसके बाद हाथी के पैरों तले रौंदने का दौर शुरू होगा। ना, इवान्स, तुम्हारा वक्त पूरा हुआ...'

इवान्स ने इधर-उधर नज़र दौड़ाई। उसकी आँखों में मानो कोई अमानवीय शक्ति आ समाई, मानो उस खौफनाक अँधेरे को भेदकर, चिंदी-चिंदी कर देने को आमादा हो।

इवान्स की आँखें साफ-साफ देख रही थीं, पानी का गोलाकार भँवर काफी तेज़ी से गहराता जा रहा था, धीरे-धीरे ऊपर भी चढ़ता आ रहा था। उसके जूते पानी में डूब गए।

अपने अहंकार को रौंदते हुए उसने टूटी-टूटी, विकृत आवाज़ में गुहार लगाई, 'कौन है बाहर ? मुझे बचाओ ! बचाओ ! बचाओ !! बचाओऽऽ।'

अगले ही पल उसकी पुकारों की प्रतिध्वनि गूँज उठी।

पानी बढ़ता रहा।

इवान्स के तन-मन पर एक अजीब-सी जड़ता छा गई। अब उसमें इतनी भी ताकत नहीं बची थी कि वह डर या पीड़ा महसूस कर सके, मानो उसने अभी-अभी दम तोड़ा हो और मौत के बाद खुद अपनी लाश की निगरानी कर रहा हो।

पानी तेजी से चढ़ता हुआ उसकी उँगलियों की पोरों को छूने लगा।

अचानक उसकी सारी जड़ता ग़ायब हो गई। मौत दोहरे वेग से उस पर हमलावर हो उठी।

वह अपने दोनों हाथों से पानी तिराने लगा, मानो उसके हाथ हिलाने भर से पानी घटकर नीचे उतर जाएगा।

पानी में ऊबडूब करता हुआ, वह ज़ोर-ज़ोर से प्रलाप करने लगा, 'मैं जीना चाहता हूँ। मैं मरना नहीं चाहता। नहीं, मरना चाहता मैं...मुझे जीना...'

लेकिन, पानी निरा निष्ठुर ! किसी जिद्दी-अड़ियल संकल्प की तरह पानी लगातार चढ़ता ही गया। पहले कोहनी डूबी...सीना डूबा ! उसके बाद पानी गले-गले तक आ गया।

सिर्फ उसी पल चम्पा ने उसे कसकर जकड़ लिया।

इवान्स विकृत-रुद्ध आवाज़ में गुहार लगाता रहा, 'जीना चाहता हूँ। ओ, री, चम्पा, मैं जीना चाहता हूँ।'

चम्पा ने गंगा के बहाव में डूबी अपनी ठुड्डी, किंचित् ऊपर उठाकर कहा, 'इवान्स, तुम्हारा कोई ईश्वर नहीं है ? अगर है तो उसे याद करने की कोशिश करो।'

लेकिन इवान्स किसी ईश्वर को याद करने में नाकाम रहा। चम्पा की बात उसके

कानों तक पहुँची ही नहीं।

'मरने से मत डरो, इवान्स !' चम्पा की यह बात भी पानी में डूब गई।

चम्पा के गले से पानी के बुलबुले उगलने की, गुड़-गुड़ आवाज़ें आती रहीं। उसके बाद कहीं कुछ सुनाई नहीं पड़ा...। कहीं, कोई शब्द...कोई आवाज़...नहीं बची। पानी चढ़ता गया।

अब सीढ़ियाँ भी डूब गईं। गंगा का ज्वार, क्रमशः दरवाज़े तक पहुँचकर हिलोरें मारने लगा और वहीं ठहर गया...

32

सन् 1859 ! नवंबर ! महारानी की घोषणा जारी की गई। इलाहाबाद में विराट दरबार लगा। भारत के सभी बड़े-बड़े शहरों में आयोजित दरबारों में यह घोषणा पढ़कर सुनाई गई। उस ऐलाननामे में ढेर सारी भली-भली बातें कही गई थीं। सन् 1858 से ही लॉर्ड कैनिंग बग़ावत कुचलने के नाम पर अंधाधुंध नरहत्या का यथासाध्य विरोध करते रहे। अंत तक उन्हें अनगिनत विद्रूप और आरोप झेलने पड़े और जब इस खूनखराबे के अध्याय पर पर्दा गिरा, उससे पहले कई लाख लोगों को अपनी जानें गँवानी पड़ीं।

भवानीशंकर उन दिनों नेपाल की तराई में थे।

बृजदुलारी को साथ लेकर वे नेपाल तक कैसे पहुँचे यह तो वही जानें। बृजदुलारी अंत में चंद भारतीय लोगों के साथ मगनलाल की बागान-कोठी में छिपी रही। यह ख़बर आम लोगों में बड़े जोर-शोर से फैल गई। यह भी सुना गया कि बृजदुलारी या तो अयोध्या की बेग़म या झाँसी की रानी की जासूस है। भवानीशंकर को अंदाज़ा हो गया कि अंग्रेज जिस हद तक बदला लेने को दृढ़-संकल्प हैं। अगर वे या बृजदुलारी पकड़े गए तो वे दोनों अपने को बचा नहीं पाएँगे।

बृजदुलारी बेतरह बुझ आई। अरसे से वह एक क़िस्म की उत्तेजना में जी रही थी। उसे तो शायद यह भरोसा भी नहीं था कि अंत में वह ब्राइट को मारने में कामयाब हो जाएगी या भवानीशंकर को अपनी ज़िंदगी में हासिल कर पाएगी। उसे तो यह सब निरा असंभव लगा था। उसे अहसास हो गया कि इन खयालों को हक़ीकत में नहीं उतारा जा सकता, यह असंभव है। इसलिए अपनी भरपूर ताकत लगाकर उसने अपनी क़िस्मत भारतीय लोगों के साथ जोड़ ली। उसने शायद यह सोचा था कि अगर वह कुछ भी न कर पाई तो अंग्रेजों का मुक़ाबला करते हुए अपनी जान दे देगी। लोगों को कम से कम यह पता तो चलेगा कि वे लोग उसे जैसा जानते-समझते थे, वैसी वह नहीं थी। वह इनसान थी ! उसमें इनसानियत थी। लेकिन, आखिरकार वह असंभव ही संभव हो गया।

वह इसी बागान-कोठी में आ बसी। एक दिन संपूरण भी वहाँ आ पहुँचा। तात्या टोपे की फौज में शामिल होकर उसने अंग्रेजों के खिलाफ संघर्ष किया। उसके बाद घूम-फिरकर वहीं लौट आया। हालाँकि उसका लौटना उसके लिए निहायत बेवकूफी साबित हुई। बृजदुलारी को देखकर वह ताज़्जुब में पड़ गया।

हालाँकि बाद में संपूरण ने यह क़बूल किया कि अगर बृजदुलारी न होती तो उसकी और उसके साथियों की जान बचाना नामुमकिन था। बृजदुलारी पहले संपूरण से डरती थी। लेकिन, अब उसे संपूरण से न डर लगता था, न उसके प्रति सम्मान बचा था। संपूरण के जंघे के घाव पर मक्खियाँ भिनभिनाती रहतीं। वह मक्खियाँ उड़ाते-उड़ाते झुँझला उठता और खाली-खाली निगाहों से बस देखता रहता। उस वक्त वह शख़्स बेहद असहाय नज़र आता था। बृजदुलारी को याद आया, कभी यही शख़्स किस क़दर धार्मिक उन्माद से भरा हुआ था और अपने को महाराष्ट्र केशरी शिवाजी समझता था। उसका विश्वास था, इस जन्म में म्लेच्छों का वध करने के लिए ही 'संपूरण' के नाम से वह इस दुनिया में आया है।

बृजदुलारी ने भवानी को भी बताया, 'पता है उन दिनों संपूरण के लिए मुझे बेहद तकलीफ होती थी।'

भवानी कोई जवाब नहीं देते थे। उन दिनों वे दोनों कानपुर के उत्तर में घाघरा नदी के तट पर एक परित्यक्त मकान में रहा करते थे।

पहले यह मकान किसी अंग्रेज साहब का था। वह साहब बिहार में नील की खेती करने गया था। वहाँ वह अपनी सारी धन-दौलत लुटा बैठा। उसका बहुत मन था कि यहाँ वह काठ चीरने-फाड़ने का कारोबार शुरू करे। उसके साथ उसका भतीजा भी था। वही भतीजा एक दिन रुपए-पैसे हथियाकर काका-काकी का खून करके चम्पत हो गया। मकान में कुल मिलाकर दो कमरे ! गाँववाले बहुत पहले ही उस मकान के खिड़की-दरवाज़े उखाड़ ले गए थे। समूचा मकान झाड़-झंखाड़ से ढँक गया था। अब वहाँ कोई नहीं आता था।

उसी गाँव में किसी भिखारी को कोढ़ हो गया। गाँववालों ने उसे गाँव के बाहर खदेड़ दिया। अंत में उसने भी इसी मकान में पनाह ली। यहीं उसने दम तोड़ा। इसलिए मकान के अहाते में दो-दो क़ब्रों के अलावा, कोढ़ के रोगी की मौत—ये तीनों आत्माएँ यह मकान छोड़ गईं, लोगों ने इस बात कभी भरोसा नहीं किया। इसलिए धीरे-धीरे सबने इस मकान को त्याग दिया। भवानीशंकर को यहाँ रहना हर तरह से मुनासिब लगा।

रहने लायक एक अदद कमरा ! एक अदद बरामदा ! वहीं उन दोनों ने अपनी गृहस्थी बसाई। शुरू में कुछ दिन वे काफी छुप-छुपकर रहे। बाद में गाँववालों को धीरे-धीरे उनके बारे में ख़बर हो गई। उन लोगों ने भवानीशंकर को कोई संन्यासी समझ लिया था। बृजदुलारी को उनकी भैरवी मान लिया था। बृजदुलारी के पास सोने की मोहरें थीं। भवानीशंकर एक मोहर तो बहुत पहले ही भुना चुके थे। वहाँ से सात मील दूर पर स्थित एक बनिए की दुकान से कभी-कभार वे चावल-आटा खरीद लाते। बृजदुलारी

झाऊ पेड़ की डाल तोड़कर, घर-द्वार झाड़-बुहारकर, उसे साफ-सुथरा रखती। निर्जन वास का यह आश्रय उसने कुशल हाथों से व्यवस्थित कर डाला था। मामूली-सा काम-काज, आसानी से निपट जाता। दोनों प्राणी घर के बरामदे में बैठे-बैठे, झरते हुए पत्तों को मुग्धभाव से निहारा करते। पंछी-पखेरू अपने मधुर कलरव में मगन रहते। कभी-कभार चंद बंदर आ धमकते और उत्पात मचाते हुए पेड़ों के डाल-पत्ते तोड़-ताड़कर भाग जाते। पूस के महीने में कड़ाके की सर्दी पड़ती थी। दिन-दिन भर पत्ते झरने का सिलसिला, महीनों जारी रहता। चारों तरफ नीम-चुप्पी ! कहीं दूर, खेतों और घरों के आँगन में, औरतें गेहूँ की बालियाँ पटक-पटककर, बचे-खुचे दाने निकालतीं, उनकी आवाज़ें यहाँ तक सुनाई देतीं। बृजदुलारी पेड़ के पत्ते बटोर लाती और ईंधन जलाने में इस्तेमाल करती। शाम होते ही उस मकान में मद्धिम-मद्धिम आग सुलगने लगती, राख उड़ती हुई नज़र आती। शुक्ल पक्ष की रातों में जब चाँद उग आता तो सारा कुछ बेहद अपार्थिव लगता। दूर-दूरांतर के पेड़-पौधे बिलकुल साफ नज़र आने लगते।

बेचैनी ! भयंकर बेचैनी !

बाहर की कोई ख़बर नहीं मिलती। प्रोक्लामेशन जारी होने के बाद क्या हुआ, कुछ भी पता नहीं चल रहा था।

वे मानो खुद ही अपने को तसल्ली देते, 'यह हालत भी हमेशा नहीं रहेगी। हम फिर जनपद में वापस लौटेंगे। हम भी सभ्य-शरीफ इनसानों की तरह जीएँगे।'

बृजदुलारी भी सिर हिलाकर सहमति जताती।

कभी-कभी जब भवानीशंकर के पास कोई काम नहीं होता, वे बृजदुलारी के करीब आ बैठते।

बृजदुलारी हँसकर पूछती, 'क्यों ? कोई काम नहीं खोज पाए ?'

'नहीं।'

'आओ चलो, इस चारपाई की रस्सी ज़रा कस दें।'

'लो, भई, यह भी कस दिया,' काम करते-करते भवानी ने अचानक निगाहें उठाईं, 'इतनी तकलीफ उठानी पड़ती, है इसलिए मन ही मन दुखी हो न ?'

उनके इस सवाल का जवाब देने की बजाय बृजदुलारी उलाहना देती, 'घर में इतना-इतना काठ-कोयला धरा है। कितनी-कितनी खाली ज़मीन भी पड़ी है। यहाँ आराम से लिखा जा सकता है। तुम यूँ छटपटाने की बजाय मुझे लिखना-पढ़ना क्यों नहीं सिखाते ? तुम्हारा वक्त भी कट जाएगा और मेरा लिखना-पढ़ना भी हो जाएगा।'

'चलो, मंजूर।'

'तुम्हें बहोत-बहोत तकलीफ दी है न मैंने ? काफी सताया है तुम्हें !'

'खुद भी तो कितनी तकलीफ उठाती रहीं।'

बृजदुलारी ने एक दिन सवाल किया, 'यह जो तुम वापस लौटना चाहते हो, मेरा क्या होगा, कभी सोचा है ?'

'तुम भी तो चलोगी मेरे साथ।'

'तुम भूल रहे हो, उन लोगों को पक्का मालूम है कि मैं उन दिनों मगनलाल की कोठी में मौजूद थी।'

'मालूम है तो क्या हुआ ?' भवानी ने यह बात कही ज़रूर, मगर मन ही मन उनकी परेशानी गहरा आई। अगर वे लौटे तो उनकी वापसी पर ब्राइट-हत्या की ख़बर खुल जाने की संभावना तो है न ?

धीरे-धीरे यह परेशानी इस कदर बढ़ गई कि बाहर निकलते ही वे बृजदुलारी के लिए चिंतित हो आते और मन ही मन कहीं दहशत से भी भर जाते।

घर लौटते ही उसे गुनगुनाते हुए काठ चीरते या चावल धोते देखकर वे दोबारा आश्वस्त हो आते। मकान से जुड़े लंबे-चौड़े बगीचे में बेरी और अमरूद के भी कई-कई पेड़ थे। कई तरह के जंगली साग भी उगते थे। कभी-कभार चरवाहे छोकरे, हिरन का गोश्त बेचने चले आते थे। नदी की मछलियाँ भी मिल जाती थीं। किसी रखवाले ने भवानी को खोखले बाँस का बड़ा-बड़ा चोंगा लाकर दिया था। लोह की सींक धधकाकर, बृजदुलारी ने उस पर फूल-पत्तों के नक्शे आँके थे। उन चोंगों में वह दूध और पीने का पानी रखती थी।

चंद महीने, वे दोनों काफी सुख-शांति में रहे। नवंबर के महीने में बनिए की दुकान पर उन्होंने डाक-हरकारों की जुबानी महारानी के ऐलान का समाचार सुना। वे बेहद आश्वस्त हो आए।

वापस लौटकर उन्होंने बृजदुलारी से कहा, 'सुना तुमने ? प्रोक्लामेशन जारी हो गया है। मैंने पैसे देकर डाक हरकारे से एक अखबार खरीदकर पढ़ा। लगता है, अब हमारा अज्ञातवास पूरा हुआ। हम वापस लौट सकेंगे।'

लेकिन, उसके बाद ही उन्होंने ग़ौर किया, सिपाही, सवार या अन्य लोग कभी छोटे-छोटे जत्थों में, कभी अकेले-अकेले, इसी गाँव से होकर, सीतारामपुर की तरफ जा रहे हैं।

उनमें एक चेहरा तो उन्होंने पहचान भी लिया। उसका नाम तो ख़ैर, याद नहीं आया।

उस आदमी ने उन्हें बताया, 'रानी ने जितनी-जितनी बातें कही हैं, सबकी सब सच नहीं हैं। दोबारा धर-पकड़ हो रही है। पता है, बाबू, महज दो-चार रुपयों के लोभ में, लोग हमें गिरफ़्तार करा देते हैं। इसलिए हम नेपाल जा रहे हैं।'

'क्यों ? क्यों ? नेपाल क्यों ?'

'सुना है, सबसे पहले पेशवा ही भागकर वहाँ पहुँचे हैं। वहाँ घने-घने जंगल हैं, पहाड़ हैं। हम भी वहीं कहीं छिपे रहेंगे।'

कुछेक पल हताश और सूनी निगाहों से देखते रहने के बाद उस आदमी ने दोबारा अपनी राह ली।

उसके बाद दुकान के बनिए ने उन्हें खबरदार किया, 'एक बात कहूँ, बाबूजी ? आप मेरी दुकान पर आते हैं, यह बात सभी जानते हैं। तहसीलदार मुझसे कह रहा था,

'ये हज़रत ज़रूर अंग्रेजों के डर से यहाँ छिपे पड़े हैं। ज़रा तू खोज-खबर ले।' इसलिए, आप यहाँ न आया करें, बाबू ! मैं ठहरा घर-गृहस्थ मानस ! ये साहब लोग ठहरे, सबके दंडमुंड विधाता ! सरकारी कर्मचारियों को अगर कहीं शुबहा हो गया तो मेरी जान हलकान होगी। आप जिस दिन यहाँ बैठकर अंग्रेजी अखबार पढ़ रहे थे न, बाबू, उसी दिन से यह चर्चा गर्म है, यहाँ अंग्रेजी पढ़े-लिखे लोग बहुत कम हैं–'

भवानी समझ गए कि उनके दुःख के दिन अभी खत्म नहीं हुए। बृजदुलारी से फिर पैदल-सफर पर निकलने को कहने में उन्हें बेहद कष्ट हो रहा था। बृजदुलारी ने कितने जतन और आग्रह से इस अस्थायी ठिकाने को कसकर थाम लिया था। शायद यह सोचा था कि ख़ानाबदोश या बेठिकाना ज़िंदगी अब नहीं गुज़ारनी पड़ेगी।

उन्होंने भी नेपाल की राह पकड़ी।

बहराइच और बांकी तक तो उन्हें किराए की गाड़ी मिल गई। वहाँ से नेपाल राज्य की सरहद तक वे दोनों कैसे पहुँचे, यह शायद वे खुद भी नहीं जानते। बहराइच पहुँचकर उन्होंने थोड़ा-बहुत सामान ख़रीद लिया। वहाँ अच्छा-ख़ासा बड़ा सा बाज़ार था। भवानी को यह देखकर काफी ताज्जुब भी हुआ कि उस सुदूर में भी एक अदद उद्यमी बंगाली अपना कारोबार चला रहे थे। वे ऊनी और रेशमी कपड़ों का व्यवसाय करते थे। आढ़त के ऊपर ही दूसरी मंज़िल पर वे अपना व्यापार चलाते। मन में बताने की तीखी चाह के बावजूद भवानी ने उन्हें अपने बंगाली होने का परिचय नहीं दिया। उनके यहाँ बँगला अखबार देखकर उनका मन हुआ, वे लेकर पढ़ें। कमाल है ! बँगला अक्षर देखते ही उनका मन अभिभूत हो आया। जैसे उनका कुछ खो गया था, अचानक मिल गया। आखिरकार, उन्होंने उनसे हरीश मुखुज्जे के 'हिंदू पेट्रिओट' का एक बंडल माँगा। बंगाली सज्जन चकित रह गए। उन्हें कौतूहल भी हुआ था। भवानी से वे हिंदी में ही बातचीत कर रहे थे। भवानी भी उनसे पुरबिया हिंदी में बतियाते रहे। एक बार तो उन्हें यह भी खयाल आया कि उनके यहाँ दो मोहरें भी भुना ली जाएँ। लेकिन, कहीं उन्हें फिजूल का शक़ न पड़ जाए, इस खयाल से वे ख़ामोश रह गए।

बहराइच में वे दोनों कुल एक रात ठहरे थे।

बाँकी में उन दोनों ने एक रंगरेज़ के यहाँ पनाह ली। रंगरेज बूढ़ा और ग़रीब ! उसे एक रुपया थमाते ही वह परम ख़ुश हो गया। बाँकी से चौदह मील दूर माघी पूर्णिमा का मेला लगा था। भवानी ने कोशिश की, कोई टट्टू या डोली किराए पर मिल जाए। इसके बाद मुमकिन है, पैदल चलना पड़े; दूर-दूर तक, देर-देर तक, पैदल चलना पड़े। बृजदुलारी को रास्ते की थकावट से जितना बचाया जा सके उतना ग़नीमत है।

कुछ लोग रंगरेज़ से मिलने आए थे। बृजदुलारी पर उन लोगों की नज़र पड़ गई। शायद उन्हीं लोगों ने आपस में जिक्र किया होगा या मुमकिन है किसी और ने उसे देख लिया हो, भवानी जब बाहर से लौटे तो उन्होंने घर के सामने विशाल भीड़ देखी।

उन्हें देखते ही कुछ लोगों ने निहायत बदतमीजी से कहा, 'हमें ख़बर मिली है कि आपने यहाँ किसी अंग्रेज साहब की मेम को छिपा रखा है। हम थाने में खबर करना

चाहते हैं।'

भवानी का चेहरा पीला पड़ गया।

वैसे उन्हें मालूम था कि अफवाह सुनकर, उन्मत्त जनता को किसी तर्क के सहारे, सीधी राह पर नहीं लाया जा सकता। जनता अगर कहीं भड़क गई तो वह असंभव से असंभव हरक़त भी कर गुज़रती है। पिछले कुछेक सालों में ये सब तमाशे वे बखूबी देख चुके थे। दो साल पहले की बात है...किसी अंग्रेज औरत या बच्चों को किसी ने पनाह दी है, महज यह अफवाह सुनकर ही लोगों ने उस बेकसूर शख़्स को मार डाला। अब, हुकूमत दोबारा अंग्रेजों के हाथ में है। मुमकिन है, खोज-खबर लेते-लेते वे लोग बृजदुलारी और उनका असली परिचय जान जाएँ। उसके बाद नतीजा या तो मौत या जेल का अँधेरा !

उन्होंने अपना जी कड़ा किया और उन लड़कों को डाँटते हुए कहा, 'हम तीर्थयात्री हैं। संतान-कामना की मनौती के लिए हम दर्शन-पूजा के लिए जा रहे हैं। अगर हमें तंग किया तो तुम लोगों के बजाय मैं ही थाने में रपट लिखाऊँगा—'

वे लोग कुछ देर और झड़पते-तड़पते रहे। जनता धीरे-धीरे खिसक गई।

लेकिन, जाने से पहले दो नौजवान काफी दम-खम के साथ आगाह कर गए, 'कल हम फिर आएँगे। फिर-फिर आएँगे।'

भवानी ने रंगरेज़ से दरयाफ़्त किया, 'बात क्या हुई ?'

वे घर के अंदर चले आए।

रंगरेज़ ने बेहद कातर लहजे में बताया, 'आज माताजी मुझसे गर्म पानी माँगने आईं। नहा-धोकर वे आँगन में खड़ी-खड़ी, बाल सुखा रही थीं। ये दोनों बदमाश छोकरे, नंबरी शातिर हैं। बगिया से अंदर झाँकते हुए शायद माताजी पर नज़र पड़ गई। उस वक्त मैं बाज़ार से लौट रहा था। मुझसे भी सैकड़ों सवाल पूछ डाला। मैंने कहा, 'हाँ, हाँ, यह सच है कि माताजी का रंग खूब गोरा है। लेकिन तुम्हारा क्या ?' सो, बाबू, ये छोकरे कुछ लोगों के साथ मिलकर, उड़ती-उ़ड़ती खबरें जुगाड़ करते हैं और थाने में ख़बर दे आते हैं।'

'क्यों ?'

'हजूर, जिन लोगों ने बलवा किया था, उन लोगों को गिरफ़्तार कराकर, मोटा-मोटा इनाम और ज़मीन वसूल करते हैं। अभी छः महीने पहले की बात है, कोई ब्राह्मण, कहाँ नानासाहेब की बीवी को लेकर आ रहा था। इन लोगों ने उसे गिरफ़्तार करा दिया और मुट्ठी भर इनाम वसूल किया।'

भवानी समझ गए। बूढ़ा रंगरेज़ भी काफी डर गया है। उसे भी उन दोनों पर शक हो गया है।

वे अपनी कोठरी में चले आए। बृजदुलारी भी बेतरह डरी हुई ! वह फर्श पर अवसन्न-सी बैठी थी।

यूँ मुसीबत में डालने के लिए पहले तो उन्हें उस पर बेतरह गुस्सा आया। लेकिन

बाद में उन्हें लगा, सच ही तो ! एक वक्त था, जब वह बेहद सुकुमार थी। उसने कभी, कोई तकलीफ नहीं उठाई। वे खुद भी उसे आखिर कितना-सा सुख, कितनी-सी स्थिरता दे सके ? उन्हें बेहद गुस्सा आता है। अपने पर नहीं, भविष्य पर। अभी तक वे दोनों भाग ही रहे हैं। उन्हें छिप-छिपकर रहना पड़ता है। नियति कभी इतना सर्वशक्तिमान हो सकती है, इस बात का अहसास उन्हें पहले कहाँ हुआ था ?

उसी रात उन्होंने दस रुपए में एक डोली किराए पर ली और मुँह अँधेरे ही बाँकी से रवाना हो गए। उस वक्त बहुतेरे लोग डोली में सवार होकर तीरथ पर जा रहे थे। उन लोगों को सहूलियत हो गई। भीड़ में छिपाते-छिपाते वे दोनों आगे बढ़ते रहे।

उसके बाद—नेपाल !

यह देखकर उनके अचरज का ठिकाना न रहा कि वहाँ, फ़रार भारतवासियों की कई-कई छोटी-मोटी बस्तियाँ आबाद थीं। किस क़दर निःसंग और निर्वासित जीवन ! वहाँ हर कोई किसी तरह ज़िंदा रहने के लिए बौखलाया हुआ ! वन-प्रकृति अतिशय भयावह और खौफनाक ! बड़े-बड़े दरख़्त ! तराई का अँधेरा ! ऐसी भीषण और तीखी ठंड में भी, मिट्टी नम और सीलनभरी ! पेड़ों से सिवारें झूलती हुईं ! कच्चे-हरे अंकुरों के लोभ में हाथियों का पाल, अक्सर बाँस वन में भीतर तक घुस आता। काफी कोशिश-मेहनत करते हुए लोग जंगल का जितना-सा हिस्सा साफ करते, अगले ही दिन वह जगह अरबी के पत्तों जैसे लतरों से दोबारा ढक जाती थी। वहाँ के जंगल देखकर भवानी को लगा, किसी ज़माने में यहाँ प्रकृति ही सर्वशक्तिमान थी। इनसान ने उसे उजाड़कर उस पर अपना क़ब्जा जमाया। लेकिन यहाँ वही प्राचीन और आदिम प्रकृति, इनसान को क़दम-क़दम पर बखूबी समझा देती है कि इनसान दरअसल कितना असहाय है। उन्होंने देखा, तमाम भगोड़े भारतीय वहाँ गाँव के बाशिंदों पर निर्भर करते हैं। स्थानीय आदिवासियों ने पता कर लिया था कि ये लोग अंग्रेजों के हाथ से बचते-बचाते, यहाँ भाग आए हैं। इन दो सालों में वे लोग अनगिनत भारतीयों को देख-समझ चुके थे।

वे लोग बात-बात में धमकियाँ दिया करते, 'हमारे राणा, साहबों के दोस्त हैं। हमारी फौजों को अंग्रेज सरकार अच्छी-अच्छी नौकरियों पर बहाल कर रही है। हम जब चाहें तुम लोगों को गिरफ़्तार करा सकते हैं।'

वे लोग बेहद निर्ममता से भारतीयों का शोषण करते। चावल, आटा, नमक या पीने के पानी के बदले में वे रुपयों या मोहरों की माँग करते। उन लोगों का खयाल था कि ये तमाम भारतीय अपार धन-दौलत-रत्न लूटकर अपने साथ नेपाल लाए हैं।

किसी राजपूत हवलदार ने बताया, 'यह सब पेशवा की वजह से हुआ। उनके पास अगाध दौलत है। बेशुमार रुपए-पैसे, मोहरें और मणि-रत्न हैं। उनके साथ कई-कई हज़ार लोग आए हैं। वे लोग मोहर देकर आटा-चावल-घी खरीदते हैं। हम लोगों ने यह सब अपनी आँखों से देखा है। इसलिए उनका लोभ बढ़ गया है।'

'पेशवा कहाँ हैं ?' भवानी ने साग्रह दरयाफ़्त किया।

हवलदार ने सिर हिलाकर कहा, 'यह तो पता नहीं। दो साल पहले मैंने उन्हें देखा ज़रूर था, वह भी दूर से ! लेकिन, उनके चमचों की कमी नहीं। सुना है, इन्हीं लोगों ने उन्हें कहीं छिपा रखा है। उनके किसी हमशक्ल को 'पेशवा' बनाकर भुनाते रहते हैं।'

भवानी का उत्साह बुझ आया। वैसे नेपाल की तराई में घूमते-फिरते नानासाहब के बारे में कुछ इसी तरह की अफवाहें उनके कानों में भी पड़ी थीं। कोई कहता था, उन्हें कलकत्ता में देखा गया है; कोई कहता, वे हिमालय की तरफ चले गए हैं। उस तरह की सैकड़ों कहानियाँ सुनते-सुनते, उन्हें लगा कि वह शख़्स निहायत अभागा और बुद्धिहीन है। अगर उनमें वाकई बुद्धि होती, तो वे धन-रत्न घूस दे-देकर अंग्रेजों के पास बार-बार अर्जी न भेजते। अगर वाकई वे अक्लमंद होते तो अपने बारे में इतनी कहानियाँ न बनने देते। जो इनसान अपने को किसी किंवदंती का नायक बनाने का मौका देता है, बाद में वह कभी यह साबित नहीं कर पाता कि असली शख़्स वही है। यही बात लाजपत सिंह ने भी उनसे कही थी।

लाजपत सिंह ने कहा था, 'इसके बाद नानासाहब अपने अंतरंग मित्रों या रिश्तेदारों के सामने भी यह साबित नहीं कर सकेंगे कि नाना वही हैं। हालाँकि इतनी सारी वारदातें हुईं ही इसीलिए, क्योंकि वे अति दुर्बल-चित्त इनसान हैं।'

'क्यों ?' भवानी वाकई इन सब बातों से बेखबर थे।

बाहर बारिश हो रही थी।

पानी के बूँदों की आवाज़ सुनते-सुनते लाजपत सिंह ने कहा, 'वे दुर्बल-चित्त भी हैं और स्नेह-वत्सल भी हैं। सबकी बात मान लेते हैं। किसी की भी उपेक्षा नहीं कर पाते, मैं जानता हूँ। कानपुर में हमीं लोगों ने उन्हें सारे इख्तियार सौंपकर उन्हें गद्दी पर बिठाया। किसी भी हत्याकांड में उनका समर्थन नहीं रहा। वहाँ उन्हें अजीमुल्ला चलाता रहा; ज्वालानाथ चलाता रहा। डॉक्टर बाबू, तात्या टोपे अगर उस क़िस्म का योद्धा न होता और इस तरह यहाँ-वहाँ अंग्रेजों को धोखा देकर उल्का की तरह जंग न करता फिरता तो मुमकिन है, उनके बारे में इतनी बातें मशहूर नहीं होतीं। सन् 1859 की अप्रैल में तात्या को जब फाँसी हुई, तब वे कलकत्ता चिट्ठी-पर-चिट्ठी भेजते जा रहे थे। उस वक्त वे कहाँ थे ? हालाँकि अंग्रेजों का खयाल था, सब कुछ उन्हीं की करतूत है। तात्या ने कहा नहीं था कि वे पेशवा के गुलाम हैं, अपने मालिक के हुक्म पर ही सब कर रहे हैं ? हालाँकि भगवान जानते हैं कि उनके नाम से जितनी भी चिट्ठियाँ लिखी जाती थीं। उनमें से कोई भी चिट्ठी पेशवा की अपनी लिखी हुई नहीं होती थी।'

थोड़ा ठहरकर, लाजपत सिंह ने बातों की अगली कड़ी जोड़ी, 'मैं नहीं जानता कि इन दिनों वे कहाँ हैं। पता नहीं वे ज़िंदा भी हैं या नहीं। लेकिन, खुद भी तो इतनी-इतनी ठोकरें खाईं। मेरी राय में इस तरह जिंदा रहने से तो उनका मर जाना ही बेहतर है।'

भवानी हँस पड़े, 'नहीं, ऐसी बात नहीं। दरअसल, आज किसी को उनकी ज़रूरत नहीं है। आप लोग अगर जीत जाते तो उन्हें बिठूर का राजा बना देते। लेकिन, आप

लोग नहीं जीते, हार गए, इसलिए आप लोगों को भी उनकी ज़रूरत नहीं रही। अंग्रेजों का तो विश्वास है—Legend, that is Nana Sahib ! किंवदंती-पुरुष हैं नाना साहब ! नानाजी अगर उनके हाथ आ गए तो वे लोग उन्हें मार डालेंगे। इसलिए, अब चाहे वे अरसे तक ज़िंदा रहें या अभी ही मर जाएँ किसी को कुछ फर्क़ नहीं पड़ता।'

हाँ, लाजपत सिंह से उन्होंने यही कहा था। नेपाल आने के छः महीने बाद ! उन्हीं दिनों तो लाजपत सिंह से उनकी भेंट हुई थी।

तराई में जब बरसात उतरी, भवानी सिर छिपाने लायक आश्रय खोजने में जी-जान से जुट गए। वे पांगचक, लेंग और सोम से भी आगे और ज्यादा उत्तर की तरफ बढ़ गए। उन्हें ख़बर मिली थी कि चंद भारतीय साल काठ के खंभे पर, कई-कई मज़बूत घर बनाकर, वहाँ रस-बस गए थे। बारिश के साथ-साथ, पीने का दूषित पानी, दमघोंटू जंगली झाड़-झंखाड़, जोंक, साँप और मच्छरों के उपद्रव में बृजदुलारी की सेहत बिलकुल ही टूटने लगी। उन्हीं दिनों कोई अजनबी शख़्स उनका पता लगाते हुए आ धमका। वह लाजपत सिंह का जासूस था। लाजपत सिंह ने ही उनका पता-ठिकाना जुगाड़ किया था। वहाँ पहुँचकर भवानी ने देखा वह तथाकथित बस्ती लाजपत सिंह की ही बसाई हुई थी।

उन्हें देखते ही लाजपत सिंह ने राहत की साँस ली।

'एक आदमी बेहद बीमार है। आप उसे बचा लें,' उन्होंने विनती की।

भवानी चकरा गए, क्योंकि वह बीमार शख़्स आइरिश नौजवान था। उसका नाम था—टीमॉथी ओ कोनाली ! वह आँव के रोग का शिकार हो गया था और उसे तेज़ बुखार भी था। भवानी बेहद निरुपाय हो आए। न कोई दवा, न यंत्र-औजार ! उनकी हिदायत मुताबिक, लाजपत सिंह ने दूर-गाँव से बेल और खट्टे पालक के पत्ते और पिप्पल मँगा दिए। भवानी ने उन्हीं के सहारे अपने भरसक इलाज शुरू कर दिया। वैसे उस लड़के को सेवा-टहल की भी ज़रूरत थी। पानी उबालकर पिलाने, कच्चा बेल भून-छानकर देने, खट्टे पालक के पत्ते का रस पिलाने और दूध-पिप्पल उबालकर पिलाने के अलावा वे उसे और कोई दवा न दे सके। उस लड़के की हालत धीरे-धीरे गिरती जा रही थी। उन दिनों बृजदुलारी बेझिझक उसका बिस्तर साफ करती, सेवा-टहल करती। आखिरकार, उसकी हालत बिगड़ गई।

कई दिनों तक वह बेहोश रहा। मरने से पहले वह बिस्तर नोंचता रहा और टूटी-फूटी आवाज़ में बृजदुलारी को, 'मदर', 'मदर' पुकारता रहा।

टिम की मौत के बाद भवानी को उसी घर में आश्रय मिल गया। लाजपत सिंह उन्हें छोड़ने को राजी ही नहीं हुए। बृजदुलारी के बारे में कभी उनके मन में भी विरुद्ध धारणाएँ थीं। यह बात अलग थी कि लाजपत ने उन्हें कभी ज़ाहिर नहीं होने दिया।

अब तो यह बात वे शायद भूल भी चुके थे। प्रतिकूल परिस्थितियाँ इनसान को

वाकई समझदार बना देती हैं।

उन लोगों ने टिम को उसी नरम और सड़ी-गली मिट्टी में दफना दिया।

सुनने में आया कि टिम के साथ-साथ और भी कई आइरिश नौजवान दिल्ली में भारतीयों के पक्ष में लड़े थे। नतीजा यह हुआ कि उन लोगों को भी भयंकर सज़ा झेलनी पड़ी।

इसीलिए टिम किसी तरह अपनी जान बचाकर नेपाल भाग आया। बुखार में हाफँते-काँपते उसने लाजपत सिंह के यहाँ शरण ली। जब वह यहाँ पहुँचा था, लाजपत सिंह को शक़ हुआ कि वह उन्हें गिरफ़्तार करने आया है। लेकिन उसने अपना सारा अहवाल सच-सच कह सुनाया।

भवानी के भेंट होने पर लाजपत सिंह ने बताया, 'आप नहीं जानते, इस अंग्रेज साहब को पनाह देने के जुर्म में अन्यान्य भारतीय जाने कितनी बार मुझे मारने आए। मेरा घर-द्वार जला डाला। इसीलिए यह जानते-समझते हुए भी कि शहर के क़रीब रहना जोखिम भरा है, काफी हद तक उसी लड़के की खातिर मैं यहाँ आ बसा। मैंने उससे कहा भी था कि बारिश गुज़रते ही मुमकिन है, वे लोग दोबारा हड़कंप मचाएँ। उस वक्त मैं तुम्हें शायद न बचा पाऊँ और शायद खुद भी मारा जाऊँ। बेहतर है तुम काठमांडू चले जाओ। वहाँ राना तुम्हें नौकरी पर रख लेंगे।'

लाजपत कुछेक पल को ख़ामोश हो गए।

थोड़ी देर बाद उन्होंने फिर कहा, 'डॉक्टर बाबू, पिछले चार सालों से कितना कुछ देखता रहा हूँ। वह लड़का हमारा तो कोई भी नहीं था, फिर भी जाने क्यों उसने हमारे लिए अपना यूँ सर्वनाश कर डाला !'

तराई में बरसात ! सन् 1860 ! बाँसवन और बाँस के पत्ते-पत्ते में बरसाती हवा का उमड़ता शोर ! रुलाई या लंबी की उसाँस की तरह ! दिन-रात हहरते शोर की गूँज ! ऐसा लगा करता था, जैसे कोई मातम मनाते हुए लगातार विलाप किए जा रहा हो। पीने का पानी बार-बार उबालने के बावजूद उसमें से दुर्गंध जाने की नाम नहीं लेती। गले-सड़े पत्ते ! सूजन रोग ! बुखार ! आँव ! जोंक ! अजगर और तरह-तरह के साँप ! कमरे के फर्श पर बिछे काठ के पटरों की दरारों से नीचे की मिट्टी नज़र आती, मानो वहाँ कुछ किलबिलाकर हिल-डुल रहा हो। झुंड के झुंड सुनहरे और मटमैले गोखरू साँप रेंगते हुए ! वे साँप मिट्टी सूघँते हुए कीड़े-मकोड़े की तलाश में इधर-उधर रेंगते रहते।

बरसात का मौसम शुरू होने के बाद अन्यान्य भारतीय नहीं आते। लाजपत सिंह का ही कोई विश्वासी घुड़सवार, कभी-कभी वहाँ से पैदल आता-जाता नज़र आता।

उसने ख़बर दी, 'यह बारिश का मौसम उन लोगों से बर्दाश्त नहीं हो पा रहा है। वे लोग बेमौत मर रहे हैं।'

लाजपत सिंह ने कोई प्रतिक्रिया जाहिर नहीं की। पहले किसी की मौत की ख़बर

सुनकर उनके सीने में धक्का लगता। उनकी निःसंगता कुछ और बढ़ जाती थी। उन्हें लगता था, एक साथी और कम हो गया। भले वह आसपास न रहता हो, लेकिन कहीं वह मौजूद है; संगी-साथीविहीन इस निर्जनता में कहीं कोई अपने देश का बंदा मौजूद है, यह भी बहुत बड़ी तसल्ली होती है। लेकिन, अब कोई प्रतिक्रिया नहीं जागती।

जो भारतीय अभी भी जवान थे, कभी-कभार बेभाव भड़क जाते। उनके पास न कोई मददगार, न कोई आसरा-भरोसा, न रुपया-पैसा ! इसके बावजूद वे लोग आते रहते।

भवानी के सामने वे लोग अपनी तिलमिलाहट उगल देते, 'डॉक्टर बाबू, इस तरह जीने का कोई तुक नहीं। चलिए, हम लोग लौट चलें।'

लाजपत सिंह ने कुछ नहीं कहा।

भवानी ने ही जुबान खोली, 'लौटकर वहाँ गए नहीं कि बेमौत मरोगे। जानते तो हो, सन् 1908 तक तुम लोगों पर सज़ा जारी रहेगी। तुम्हें यह भी मालूम है कि तुम लोगों को गिरफ़्तार कराने के लिए एक झुंड लोग बेचैन बैठे हैं। वे लोग सरहदों पर घूमते-फिरते हैं। तुम लोग जो इतने दिनों से छिपे बैठे हो, यही तुम लोगों पर सबसे बड़ा इल्ज़ाम बन जाएगा।'

ये भारतीय, अपने भारतवर्ष की खोज-ख़बर पाने के लिए बेचैन रहते। काफी कोशिश करके, सैकड़ों तकलीफ उठाकर, वे लोग, 'फ्रेंड्स ऑफ़ इंडिया', 'हिंदू पैट्रिऑट' और 'फौजी अख़बार' के दो महीने पुराने अंक जुगाड़ लाते। ये अख़बार लेकर वे लोग भवानी के पास आते। उन्हें और किसी ख़बर से कोई मतलब नहीं होता था। बस, वे लोग किसी दिन अपने वतन लौट सकेंगे या नहीं, अपनी ज़मीन-जायदाद, घर-द्वार वगैरह उन्हें वापस मिल जाएगी या नहीं, यही ख़बर जानने को वे लोग बेचैन रहते। ऐसी ख़बरें अख़बारों में नहीं होतीं। वे लोग छटपटाते रहते; कभी-कभार लौट जाने को पाँव बढ़ा देते। गोरखपुर से होते हुए बाँकी और डूँगरगढ़ के रास्ते भारत पहुँच जाते। कुछ दिनों बाद ख़बर आती, उनमें से किसी को फाँसी चढ़ा दी गई, किसी को गोली मार दी गई। कोई-कोई अपना असली नाम-परिचय छिपाते हुए बंगाल, आसाम या मद्रास फ़रार हो जाता।

इन ख़बरों के बाद भवानी के मन की हताशा घनीभूत हो आई। लगातार मूसलाधार बारिश की आवाज़ सुनते-सुनते, उन्हें लगा, अब कहीं, कोई उम्मीद नहीं ! अब आनेवाला कोई कल नहीं है। अब तो जब तक मौत नहीं आ जाती, उन्हें इसी तरह मौत का इंतज़ार करना होगा। भवानीशंकर और बृजदुलारी बैठे-बैठे बारिश की आवाज़ें सुनते रहे। कभी-कभार मकान की निचली मंज़िल से कोई मिलने चला आता। वह टिन बजाकर आवाज़ देता और फिर सीढ़ियों से चढ़कर ऊपर आ जाता। कोई बीमार है, डॉक्टर बाबू की ज़रूरत है। बृजदुलारी कोई जवाब नहीं देती थी।

हाँ, एक बार उसने अपनी जुबान ज़रूर खोली, 'न दवा है, न पथ्य का ठिकाना ! देखने क्या जाएँगे ?'

भवानी ने कुछ नहीं कहा। वे नीचे उतर गए। वैसे बृजदुलारी की बात सच निकली। वे सचमुच कुछ नहीं कर पाए। पेड़-पौधों की जड़ी-बूटियों से उन्होंने कई ताज़ा दवाएँ तैयार की थीं। वही सब लेकर वे मरीज़ के पास बैठ गए। मरीज़ जब तक मौत की आखिरी घड़ियाँ न गिन रहा हो, वे लोग उन्हें नहीं बुलाते। वे बस, मरीज़ को दम तोड़ते हुए देखते रहते और खुद अपने को, अपनी तकदीर को जी भरकर कोसते रहते।

जब किसी मरीज़ की मौत हो जाती, वे दो-तीन दिनों तक बुझे-बुझे रहते। बृजदुलारी बस बीच-बीच में आँख उठाकर उन्हें देखती रहती, जुबान से कुछ नहीं कहती थी। फिजूल में कोई कौतूहल भी जाहिर नहीं करती, काफी देर-देर तक वे टकटकी बाँधे देखा करते या आँखें मूँदकर सोचते रहते...सोचते ही रहते।

किसी-किसी वक्त वे बृजदुलारी को आवाज़ देखकर कहते, 'देखा, उन लोगों ने फिर मुझे परेशान कर दिया।'

बृजदुलारी उनके पैर सहलाती रही।

भवानी ने बच्चों जैसे मासूम लहजे में कहा, 'मैंने उन लोगों से बार-बार कहा, मैं संध्या-पूजा-उपासना कुछ भी नहीं करता। मेरा जनेऊ भी नहीं हुआ। लेकिन, वे लोग मेरी बात ही नहीं सुनते। क्यों नहीं सुनते वे लोग मेरी बात ? बताओ न !'

'वे लोग असहाय जो हैं।'

'लेकिन, दुलारी, डॉक्टर होकर भी मरीज़ों को आराम नहीं दे पाता, मैं तो इसी शर्म से गड़ा जाता हूँ। उस पर से वे लोग मुझे ब्राह्मण समझकर मेरे पाँव की धूल मरीजों के माथे पर लगाते हैं। मुझे बेहद तकलीफ होती है; आत्मग्लानि भी होती है।'

'तुम ही तो कहा करते हो जी, जब जिस स्थिति में रहो, उसी मुताबिक ही चलना होता है।'

'हाँ, कहा है ! कहा है मैंने कि ऐसी परिस्थिति में अगर जाति-बिरादरी न मानें तो इसमें कोई दोष-पाप नहीं होता। देखो न जात-बिरादरी के नाम पर हम किस क़दर तबाह हो रहे हैं ? लेकिन ख़ैर, यह तो और बात है। मुझे लगता है, जैसे मैं उन लोगों को धोखा दे रहा हूँ।'

भवानी ने उसी तरह बच्चों जैसे लहजे में कहा, 'अब नहीं जाऊँगा। मना कर दूँगा; क्या कहती हो ?'

बृजदुलारी ने जवाब दिया, 'चलो, ठीक है। अगर तुम्हारा मन गवाही न दे तो क्यों जाओ ?'

लेकिन, उसके बाद भी जब कोई उन्हें बुलाने आता, भवानी फिर तैयार हो जाते। वे लंबी उसाँस भरकर सिर हिलाते और सामान समेटकर उसके साथ रवाना हो जाते।

कभी-कभी वे अपने पर ही गुस्सा उतारते हुए कहते, 'काश, मैंने आयुर्वेद ही पढ़ा होता तो प्रकृति के लता-पत्तों की तो पहचान होती। पढ़ी-सीखी विद्या काम तो आती।'

बीच-बीच में पहाड़ की तरफ से भोटिया और नेपाली कारोबारी भी आया करते थे। वे लोग सूखी चाय पत्ती और पेड़ों की छाल वगैरह भी ले आते थे। भवानी उन्हें

ही पानी में खौला-पीसकर रोगियों को देते। अगर उम्र का ज़ोर होता तो दो-एक रोगी बच भी जाते।

लाजपत सिंह ने कहा, 'आप आ गए डॉक्टर साहब ? चलो, अब ज़रा भरोसा हुआ...'

भवानी से कोई जवाब नहीं देते बना। किसी ज़माने में वे सोच भी नहीं सकते थे कि यह राजपूत क्षत्रिय कभी उनका सबसे अंतरंग संगी बन जाएगा। लेकिन इनसान को ज़िंदगी के आगामी क्षण पहले से तो नज़र नहीं आते न ! कभी-कभी भवानी को यह भी खयाल आता कि ज़िंदगी में वे जितने लोगों से मिले, उनके करीब आए, उनका विश्वास अर्जित किया, यह भी बहुत बड़ी कमाई है। सारा कुछ नुकसान या फिजूलखर्ची के खाते में तो नहीं आता।

लाजपत सिंह को उनकी सारी बातें समझ में भी नहीं आती थीं। दुःख और विपरीत परिस्थितियों ने लाजपत सिंह को काफी कुछ सिखाया है। मगर यह सब उन्होंने काफी ठोकर खा-खाकर सीखा है। वैसे जो सबक हम विद्या और ज्ञान के जरिए सीखते हैं, उससे उनका परिचय नहीं हुआ। दरअसल, वे खुद और भवानी दो अलग-अलग दुनिया के इनसान थे, जिनकी ज़िंदगी, बिलकुल अलग-अलग थी। उन दोनों के बीच विराट और दुर्गम फासला !

लाजपत सिंह के यहाँ एक ब्राह्मण और दो-एक अन्य नौजवानों का अक्सर ही आना-जाना था। उस ब्राह्मण का मुल्क इलाहाबाद ! वह शख़्स जज कोर्ट में अच्छी-भली नौकरी करता था। बाकी नौजवानों में भी कोई रेवेन्यू, कोई रेजिमेंट में लिखने-पढ़ने या हिसाब-किताब रखने की चाकरी करते थे। हाँ, उनमें एक लड़का ऐसा भी था जो रुपए खिलाकर हाल ही में कैवेलरी में भर्ती हुआ था।

अंग्रेजी अख़बार के अलावा वे लोग दूसरा कोई अख़बार नहीं ला पाते थे। इसलिए वे लोग अख़बार पढ़ने भवानी के पास आया करते थे।

भवानी उन लोगों से जो-जो बातें करते थे, सब बातें उनके पल्ले नहीं पड़ती थीं। भवानी खुद भी गहरी सोच में डूबे रहते थे...लगातार सोचते रहते थे। इसीलिए उनका भी मन होता था कि उनसे ज्यादा-ज्यादा बातें करें। उन्हें समझाने-सिखाने का भी मन होता था। वह ब्राह्मण, संस्कृत, हिंदी और फारसी जानता था। लाजपत सिंह किसी ऊँचे घराने के व्यक्ति ! वे रिसालादार मेजर बन चुके थे। फारसी, हिंदी और उर्दू के अलावा वे थोड़ी-थोड़ी अंग्रेजी भी सीख रहे थे। नौजवानों में दो बंदों को हिंदी, फारसी और उर्दू अच्छी ही आती थी। वे लोग अंग्रेजी सीखते थे। तीसरा नौजवान अपनी जुबान पर ताला जड़े, चुपचाप उनकी बातें सुना करता था। किसी भी बातचीत में वह खुद हिस्सा नहीं लेता था। अपने घर का दुलरुवा बेटा ज़िदवश रिसाला में शामिल हो गया था। उत्तेजना और रोमांच के नशे में वह जंग पर भी चला गया। अब वह लौटकर भी नहीं

जा सकता, यह बात, वह पिछले तीन-चार सालों में भी पूरी तरह स्वीकार नहीं कर सका। वह हर वक्त यही सोचा करता था कि पूर्व की उस शांत, निरुत्ताप जीवन की छाँव में कैसे पहुँचा जाए। वैसे उत्तर, मध्यभारत और बिहार, बंगाल, पंजाब वगैरह कहीं भी उस क़िस्म की ज़िंदगी, अपरिवर्तित रूप में विद्यमान नहीं है, यह बात उसकी समझ से परे थी।

एक जन और थी, जो उनकी बातचीत सिर्फ सुना करती थी।

वह थी—बृजदुलारी ! भवानी का चेहरा पढ़ते हुए वह उनकी बातें समझने की कोशिश किया करती थी। कुछ-कुछ बातें, वह सहज ही समझ जाती थी। उसकी आँखों में आग्रह की दीप्ति जगमगाती रहती।

भवानी ने कहा, 'टिम ने भारतीय लोगों का साथ क्यों दिया, यह सोचने की बात है। आयरलैंड उसका अपना मुल्क था। इंग्लैंड उस मुल्क पर भी हुकूमत करता आया था। आइरिश लोग हमेशा से ही अपनी आज़ादी चाहते थे। जब आप लोग लड़ रहे थे और अंत में पराजित हो गए। उस वक्त हममें से कोई भी इस संग्राम के समग्र रूप के बारे में जानकार नहीं था। आप लोगों ने सोचा था, आप सिर्फ अंग्रेजों को ही खदेड़ना चाहते हैं। हमारी लड़ाई अंग्रेजों के साथ है, यह राय भी शायद सबकी नहीं थी। किसी-किसी का खयाल था, हम लक्ष्मीबाई की तरफ से लड़ रहे हैं। किसी-किसी को उम्मीद थी कि बहादुरशाह को किसी तरह दिल्ली की गद्दी पर बिठा दें, बस, क़िला फतह ! किसी-किसी ने, शायद बहुत कम लोगों ने यह समझा कि हम सब गुलाम हैं। पराधीन हैं। उन लोगों की तरह, कुछ आइरिश लोगों का भी खयाल था, यह संग्राम एक पराधीन जाति की अपनी स्वाधीनता का प्रयास है, इसलिए इनकी मदद ज़रूर करना चाहिए।'

'स्वाधीनता संग्राम !' लाजपत धीमे-धीमे बुदबुदाए।

भवानी ने ईषत् हँसकर कहा, 'बेशक, जो लोग विदेशी शासकों को हटाना चाहते थे, और जिस कोशिश में उन लोगों ने अपनी जानें कुर्बान कीं, वे लोग आज़ादी नहीं चाहते थे ऐसा कौन कहेगा ?'

'लेकिन, यह बात भला कोई कैसे जानेगा ? सभी यही समझेंगे कि हम लोग नासमझ की तरह बस उन्हें हटाना चाहते थे। उसके बाद हम फाँसी चढ़ गए, बेभाव गोलियाँ खाते रहे और निर्वासन में दम तोड़ते रहे ! हम जान से गए। हमारी बात कोई नहीं जानेगा।'

नौजवानों में से ही किसी ने शायद रूखे लहजे में सवाल किया, 'उन लोगों के जीतने की वजह ?'

'उन लोगों ने भारतीय लोगों से ज्यादा उन्नत अस्त्र-शस्त्र इस्तेमाल किया। रेल, टेलिग्राफ, डाक-व्यवस्था ने भी उनकी मदद की। उनके लड़ने का तरीका भी काफी उन्नत ! सबसे बड़ी बात यह है कि उन लोगों में एकता है।'

'ख़ैर, ये बातें तो आप प्रायः ही कहा करते हैं। आपका यह भी कहना है कि वे

लोग शिक्षित और उन्नत हैं। अच्छा, एक बात तो बताएँ, आपके अपने प्रांत में भी तो अंग्रेजी शिक्षा क़दम रख चुकी थी, आप हमारे साथ शामिल क्यों नहीं हुए ?'

भवानी ख़ामोश ही रहे।

थोड़ा ठहरकर उन्होंने जवाब दिया, 'हमारे देश यानी बंगाल के बारे में आप लोग कितना जानते हैं ? उस प्रांत के बारे में कितनी ख़बर रखते हैं ? वह देश, बंगाल ही था, जहाँ अंग्रेजी सबसे पहले फली-फूली। इसकी ज़रूर कोई वजह भी थी। बात यह है कि हमारे देश में जब अंग्रेज आए, बेशक वे यहाँ राज करने के इरादे से ही आए थे। लेकिन, वे लोग अपने साथ शिक्षा भी लाए। वे लोग बाहर की...भारतवर्ष से बाहर की दुनिया की ख़बरें लेकर आए। हमारे ही प्रांत के एक शख़्स राजा राममोहन ने ही सबसे पहले अंग्रेजी शिक्षा पर ध्यान दिया।'

'अच्छा, अंग्रेजी बगैर शिक्षा क्या शिक्षा नहीं होती ?'

'बेशक होती है, लेकिन राममोहन समझ गए थे कि उन लोगों ने ऐसी कामकाजी शिक्षा हासिल की है जो उन्हें पुख़्ता और समर्थ बनाती है और ऐसी शिक्षा हमारे पास नहीं है। इसीलिए राममोहन ने हमारे देश में स्कूल-कॉलेज खोलने पर ज़ोर दिया। सती-दाह प्रथा बंद करने में उनकी ख़ास दिलचस्पी थी। तभी तो यह प्रथा बंद हो सकी, वरना शायद देर हो जाती। बंगाल के लड़कों ने लिखना-पढ़ना सीखा, अखबार वगैरह निकाले, विलायत गए और नए-नए देश देखकर लौटे। क्या सिर्फ हमारे ही प्रांत के लोग सन् 1857 की जंग में उतरे ? कहाँ था मद्रास ! कहाँ था गुजरात ? बात दरअसल यह थी कि अंग्रेजों को इसी तरीके से हटाया जा सकता है; इसी तरह उन्हें खदेड़ा जा सकता है, इस बात पर बंगालियों ने कभी विश्वास नहीं किया। वे लोग बखूबी जानते थे कि अंग्रेजों की सारी शक्ति और सामर्थ्य सिर्फ इसी देश में बुलंद नहीं हुई। आजकल अंग्रेज दुनिया में बहुतेरी जगहों पर दखल जमाए हुए हैं।

'इसीलिए यूँ पीछे-पीछे रहे ?'

'किसने कहा वे लोग पीछे-पीछे रहे ? वे लोग शिक्षा में आगे बढ़ रहे हैं; सोच-विचार में आगे बढ़ रहे हैं। जंग करने के लिए सुशिक्षित फौज की भी तो ज़रूरत होती है। सिर्फ साहस से काम नहीं चलता। वैसे यह बात आप लोगों ने भी सीखी, मगर काफी क़ीमत चुकाकर सीखी। मैंने भी देखा है। देखिए, बंगाल आज तरह-तरह की शिक्षा और चिंतन के जरिए शायद अपने को गढ़ने में लगा हुआ है, अपने को बार-बार तोड़कर बार-बार गढ़ रहा है। शायद किसी दिन सभी लोग समझ सकेंगे कि उन लोगों ने जो किया, उसमें कहीं भूल नहीं थी। मैंने विद्यासागर को देखा है, राममोहन के बारे में सुना है। उन लोगों को भी काफी जूझना पड़ा है, क्योंकि वे लोग जिनकी तरक्की चाहते थे वही लोग अड़चन बन गए।'

'आपकी बात मैं समझा नहीं।'

'देखिए, महज बहस की धुन में हम लोग इस संग्राम को कहीं से छोटा करके न देखें। जो लोग सारा कुछ नहीं भी समझ सके, वे लोग भी इतना तो ज़रूर समझ गए

कि इसके पीछे अंग्रेजों के शासन से मुक्त होने का एक विराट प्रयास था। 'हिंदू पैट्रिऑट' अख़बार के संपादक हरीश मुखुज्जे को देखा है मैंने। उन्होंने तीन साल पहले ही लिख दिया था कि यह 'ग्रेट रिवोल्युशन' था ! महान विद्रोह ! मई महीने में मेरठ की खबरें पाकर उन्होंने लिखा, 'भारतीय प्रजा के मन में अंग्रेज शासन के प्रति श्रद्धा-भक्ति बेहद कम थी। आज तो ख़ैर, फौज में ही नहीं समूचे देश में विद्रोह की लहर फैली हुई है। ब्रिटिश शासन के प्रति जो असंतोष नज़र आ रहा है, वह अवश्यंभावी था। देखिए न, उसके बाद ही बंगाल में नील-कर साहबों के बारे में क्या हंगामा मचा ! और यह जो जंग छिड़ी है, वह भी पहले बंगाल में ही शुरू हुई। बहरामपुर और बैरकपुर में।'

'हाँ, मगर फौज उत्तरी भारत की ही थी न ?'

'लाजपतजी, हमने आपस में कितनी-कितनी तरह का बँटवारा कर डाला। धर्म का बँटवारा ! जाति का बँटवारा ! और देश का बँटवारा ! इसी तरह...इसी तरह हमने अपने आपको कमज़ोर कर डाला। अब, देखते रहिए, ये अंग्रेज अभी हमें और-और बाँटेंगे ! हमारे और-और टुकड़े करेंगे।'

'वो कैसे ?'

'सामने-सामने ही...देख तो रहा हूँ, इसी दौरान, उन लोगों ने ऐलान किया है, सिख, राजपूत, गोरखा, पठान—ये लोग हैं, लड़ाकू, योद्धा क़ौम ! मानो जितना भी साहस और वीरता मौजूद है, वह सब इन्हीं लोगों में विद्यमान है, मानो अनगिनत सिख, अनगिनत राजपूत, अनगिनत पठानों ने उनके खिलाफ जंग नहीं किया।'

'इसके नतीजे में अब क्या होनेवाला है, यह तो साफ-साफ जाहिर है—'

'नतीजा यह होगा कि इन लोगों को रेजिमेंट में शामिल कर लिया जाएगा। इन्हें नौकरी दी जाएगी। दूसरे लोगों को उन पर गुस्सा आएगा, उनसे ईर्ष्या होगी। वे लोग यही तो चाहते हैं।'

'क्यों ?'

लाजपत सिंह के मुँह से गाली निकली।

उन्होंने कहा, 'क्यों ? इतना भी नहीं समझते ? हम लोग आपस में ईर्ष्या करने में ही व्यस्त रहेंगे। इससे उन लोगों को तो सुविधा ही होगी।'

उन्होंने ज़रा रुककर लंबी उसाँस छोड़ते हुए कहा, 'जी हाँ, उन लोगों के पास बुद्धि है। हम सोचते थे, प्लासी-युद्ध को सौ साल गुज़र गए, अब वे लोग दफा हो जाएँगे। लेकिन, वे लोग तो अड्डा ही गाड़कर बैठ गए और जम गए। इसमें भी वे लोग ही फ़ायदे में रहे और ज्यादा सुविधा हो गई उन लोगों को।'

'उन लोगों को ? हाँऽ, सो तो है। लेकिन, हमें क्या कोई फ़ायदा बिलकुल ही नहीं हुआ ?'

'हमें क्या फ़ायदा हुआ ?'

'बेशक, फ़ायदा हुआ है। देखते रहिए, अब देश में शिक्षा का कितनी तेज़ी से

प्रचार-प्रसार होगा। कितनी ही दिशाओं में कितनी तरक्की होती है।'

'तरक्की तो वे लोग करेंगे। वे लोग भला हम पर भरोसा करते हैं ?'

'न करें ! यह तो बखूबी समझ में आ गया कि ऐसी स्थिति फिर न आए, इस बारे में वे लोग सतर्क रहेंगे। महारानी ने कंपनी के हाथों से राज वापस ले लिया, इस वजह से भी क्या कोई उन्नति नहीं होगी ?'

'उन्नति क्या होना है ?'

'देखते जाइए, पचास साल ज़िंदा रह गए, तो खुद अपनी आँखों से देख लीजिएगा। इतने सारे लोगों ने अपनी जानें कुर्बान कर दीं; इतनी धन-संपत्ति नष्ट हो गई, अब उन लोगों को बखूबी सबक़ मिल गया कि अगर इस मुल्क़ पर हुकूमत करना है तो यहाँ के लोगों को नाखुश करके नहीं चलेगा। भयभीत सिर्फ हमीं नहीं हुए, वे लोग भी हुए हैं।'

लाजपत ने तिलमिलाकर अपने जंघे पर ताल ठोंककर कहा, 'हम लोग तो मूर्खों की तरह बेकार ही डर गए। सभी लोग अगर एकजुट होते तो किसकी मजाल थी जो जीत जाते ?'

भवानी हँस पड़े, 'शिक्षा की ज़रूरत तो आप नहीं मानते न ? अगर जंग जीत भी जाते तो कितने दिनों राज चला पाते ? सच तो यह है कि घोड़े और तलवार के दम पर हुकूमत करना संभव था, मगर चार सौ साल पहले। आज देश चलाने के लिए पढ़ाई-लिखाई की ज़रूरत है, रेल की ज़रूरत है, टेलिग्राफ चाहिए, खेती-बारी की सुव्यवस्था चाहिए, वरना राज-पाट चलाना नामुमकिन ! ऐसी क्षमता किसमें थी ? नानासाहब में ? बहादुरशाह में ? नहीं, लाजपतजी, खुली आँखों से ज़रा ग़ौर से देखिए और सच्ची बात क़बूल कीजिए। इस देश की धन-दौलत हथियाकर वे लोग अपने मुल्क में कल-कारखाने लगा रहे हैं, उनका साम्राज्य समूची दुनिया-भर में फैला हुआ है। मान लीजिए कि एक ही आवाज़ में उन लोगों ने मिस्र, कनाडा, ऑस्ट्रेलिया, चीन से फौज की फौज मँगा ली।'

'यानी उन्हीं लोगों का राज चलता रहेगा ?'

'फिलहाल तो धड़ल्ले से चलेगा। लेकिन एक बात जान लें, अब वे लोग हमारा यकीन कभी नहीं करेंगे। हम लोग भी अब उन पर शायद पूरा-पूरा विश्वास न कर सकें। इस क़िस्म के युद्ध पर वे लोग बार-बार विराम लगा सकते हैं। सच बात तो यह है कि जिस दिन देश के शिक्षित, पढ़े-लिखे लोग आगे आएँगे, ये लोग, बस, उसी दिन से डरते हैं और यह काम बंगाल में बहुत पहले से ही शुरू हो चुका है।'

'काम ? अंग्रेजी लिखना क्या इतना बड़ा काम है ?'

'बात सिर्फ अंग्रेजी लिखने तक ही नहीं है। उनकी लाई हुई शिक्षा के जरिए हमें दुनिया-भर के ज्ञान-विज्ञान की तरक्की की जानकारी मिलेगी। हम दुनिया-भर को देख पाएँगे।'

बहरहाल, इस क़िस्म की बातचीत उन लोगों में अक्सर होती थी। लगातार होती

थी। भवानी अपनी ही रौ में बोलते जाते। वे लोग सुनते रहते, बहस भी करते। इन सब बहस-मुबाहसों, वाद-विवाद के ज़रिए शायद वे लोग धीरे-धीरे करीबतर होते जा रहे थे। भवानी शायद अपने को पहचानने भी लगे थे। उनकी मानसिक बेचैनी लगातार बढ़ती जा रही थी। अब वे कुछ काम करना चाहते थे।

लाजपत के निधन के बाद उन्होंने नेपाल को अलविदा कह दिया। सन् 1863 ! लाजपत सिंह अंत में नेपाल में ही चल बसे।

अपने आखिरी पलों में जब उनकी साँस रह-रहकर उखड़ने लगी, उन्होंने हाँफते-हाँफते भवानी से कहा, 'सुनिए, मेरा दाह कर दीजिएगा।'

'कर दूँगा।'

'मुखाग्नि आप ही कीजिएगा।'

'मैं ?'

'हाँ, और अगर कभी झालावाड़ जाएँ...राजस्थान के...'

इसके आगे लाजपत सिंह ने जान-बूझकर अपनी बात पूरी नहीं की।

उनका आखिरी वाक्य था, 'मेरी तलवार की मूँठ खोखली है। उसमें चंद मोहरें पड़ी हैं। मोहरें आप ले लीजिएगा।'

उसके बाद उनकी आवाज़ थम गई। मौत से पहले काफी देर तक वे साँस की तकलीफ झेलते रहे।

भवानी ने उनसे किए हुए अपने सभी वादे निभाए थे।

33

आखिरकार, भवानी काशी आ पहुँचे।

जब वे भारत आए तब सीमाओं की सख्त पहरेदारी थोड़ी-बहुत शिथिल पड़ गई थी।

पहले दिन, गंगा तट पर खड़े-खड़े उन्हें पिछली बातें याद आती रहीं। वे बेहद खिन्न और गंभीर हो आए। गुज़रे हुए दिनों में चन्दन भी उनके साथ था। असंख्य इनसानों की व्यस्त ज़िंदगी देखते-देखते, उन्हें हमेशा ही यह खयाल आता रहा, जिन लोगों को वे कभी जानते थे, वे लोग अब नहीं रहे।

चन्दन अब नहीं रहा। चम्पा भी ज़रूर इस दुनिया में नहीं है या उसकी क्या परिणति हुई, उन्हें खबर नहीं है। जाने कितने-कितने लोगों को उन्होंने दम तोड़ते हुए देखा; जाने कितने ही लोग चल बसे। इसके बावजूद मानो कहीं कोई अधूरापन नहीं। ज़िंदगी जैसे गुज़र रही थी, वैसी ही गुज़रती जा रही है, आज की काशी को देखकर भला यह अंदाज़ा हो सकता है कि कभी यह नगर आलोकहीन अँधेरों में डूबा रहता था ?

नील का वह अत्याचार, जख़्मियों का आर्तनाद, मृतकों की लाशें—वे सारी वारदातें...हादसे लोग शायद भूल चुके थे।

उनके भाई हरिलाल उन्हें देखकर मानो आसमान से गिरे। पाँच साल से उन्हें भवानी की कोई ख़ैर-ख़बर नहीं मिली थी। उन्होंने यही मान लिया था कि भवानी अब इस दुनिया में नहीं हैं। भवानी को देखकर पहले तो वे खुशी से उच्छ्वसित हो उठे, लेकिन बाद में जाने कैसा तो संकोच महसूस करने लगे। बृजदुलारी को देखकर तो और विस्मित हुए ! जो भवानी शादी के बिलकुल खिलाफ थे, उन्होंने अंत में किसी ग़ैर-बंगाली लड़की से शादी कर ली, हरिलाल को यकीन ही नहीं आ रहा था। शुरू में उन्होंने अंदाज़ा लगाया, भवानी ज़रूर अंग्रेजों के खिलाफ किसी दल में शामिल हो गए थे।

भवानी ने उनका सवाल किंचित् हँसकर उड़ा दिया।

हरिलाल ने पूछा, 'नौकरी की दोबारा कोशिश करोगे ?'

'ना ! सोचा है, डॉक्टरी करूँगा।'

भवानी हरिलाल के सभी सवाल गोल कर गए। हरिलाल ने आखिरकार हथियार डाल दिए। ईषत् बुझे-बुझे मन से उन्होंने विदा ली। भवानी ने अस्सी घाट के क़रीब एक छोटा सा घर ले लिया।

उन्होंने कलकत्ता से डॉक्टरी की किताबें, दवाएँ वगैरह मँगाईं। शुरू-शुरू में कुछ दिन उनके पास मरीज नहीं आए। लेकिन, बाद में एक-दो मरीज आने लगे। उन दिनों के बड़े डॉक्टर नीलकमल सेन ने उनकी काफ़ी चर्चा सुनी और उनके प्रति खासे जिज्ञासु हो उठे। एक दिन पालकी में सवार होकर खुद ही उनसे भेंट करने आ पहुँचे।

भवानी के कमरे में ढेर-ढेर किताबें देखकर उन्होंने कहा, 'आप मेरे यहाँ ज़रूर आएँ। काफी लोग आते हैं वहाँ। मेरी एक निजी लाइब्रेरी भी है। कलकत्ते से जितने भी अखबार निकलते हैं, मैं प्रायः सभी मँगाता हूँ। आपको अच्छा लगेगा वहाँ आकर !'

नीलकमल सेन में शिक्षा की उदारता थी। वे ब्रह्मसमाज की छाया में पले-बढ़े थे। वे देवेन्द्रनाथ ठाकुर द्वारा संपादित अख़बार भी रखते थे। हर तरह के सुधार और विकास-कार्यों में सहयोग देते थे। आचार-व्यवहार में भी वे कहीं से रूढ़िवादी नहीं थे। चिकित्सक के तौर पर चूँकि बेहद लोकप्रिय थे, इसलिए लोग अक्सर उनके दरवाज़े पर गुहार लगाते। बहुतेरे लोग उनके पीठ-पीछे उन्हें 'क्रिश्चियन नीलकमल' भी कहते थे।

उन लोगों के इस संबोधन पर वे खूब हँसते थे।

उन्होंने भवानी से मुखातिब होकर कहा, 'भई, जिसके मन में जो आए कहता रहे, मैं अपना काम करता जाऊँगा। अपनी तरह जीऊँगा। ज़िंदगी तो सिर्फ एक बार नसीब होती है जी ! इसलिए जो काम बेहतर लगे, उसे करते हुए कभी मत डरना। जिन लोगों ने भी कभी कुछ करना चाहा, वे लोग अगर और-और लोगों की बातों पर जाते तो शायद कुछ भी नहीं कर पाते।'

वे मरीज और किताबें भेजकर भवानी की मदद करते थे। कमिश्नर और कलेक्टर के साथ भी उनकी काफी खातिर थी। नीलकमल सेन के प्रभाव और नाम-यश से भी

भवानी को काफी मदद मिली।

कुछ ही दिनों के लिए सही, भवानी ने जो-जो चाहा उन्हें सब मिला। काशी में अति मामूली खर्च में भी गुज़ारा करना संभव था। उन्होंने भी ज़िंदगी की सारी अतिशयता को तिलांजलि दे दी। बृजदुलारी उनकी गोपन से गोपन इच्छा भी फौरन भाँप लेती। वह भी उसी मुताबिक चलती थी। दूसरी मंज़िल के कमरे के सामने ही बरामदा ! वहाँ से गंगा नज़र आती थी। भवानी कभी बृजदुलारी को कोई किताब पढ़कर सुनाया करते थे, कभी मन में कोई विचार आता तो फौरन उससे कहते। कभी-कभी रोजनामचे में अपने मन की बातें, अपने खयाल दर्ज़ किया करते थे। बृजदुलारी ने उस डायरी को बड़े जतन से रेशमी कपड़े में मढ़कर उस पर खूबसूरत-सी जिल्द चढ़ा दी।

उन्होंने अपने तजुर्बे दोबारा लिखना शुरू किया। नेपाल की बारिश के दौरान उनकी डायरी के शुरू में कुछ पन्ने पानी में भींगकर नष्ट हो गए थे। बृजदुलारी ने उनके धुँधले अक्षरों को बमुश्किल पढ़-पढ़कर उनकी नकल भी कर डाली।

उन दोनों ने कुछ दिन काफी सुख-चैन और आराम से गुज़ार दिए। पिछले पाँच साल वे दोनों हर पल मुसीबत और तनाव में घिरे रहे। उसके बाद नए सिरे से ऐसी स्वस्थ और खूबसूरत ज़िंदगी शुरू कर पाने के लिए वे दोनों मन ही मन कृतज्ञ हो आए। बृजदुलारी को अहसास हो चुका था कि क़िस्मत ने जब उसे भवानी के पास पहुँचा ही दिया है, तो अपने को कम से कम उनके क़ाबिल तो बना ले।

भवानी ने उससे कहा, 'देखो, लोग जिन मायनों में सुखी होना चाहते हैं, मैं वे सुख तुम्हें नहीं दे सकूँगा। हम दोनों और-और तरीकों से सुखी होंगे।'

वैसे सुखी होने के तरीके कौन से होंगे, इस बारे में उन्होंने कभी खुलकर उससे कोई बात नहीं की।

बृजदुलारी ने खुद ही अपनी अक़्ल भिड़ाकर उनका आशय समझ लेने की पूरी कोशिश की। उसने नए सिरे से लिखना-पढ़ना शुरू कर दिया। बँगला सीखकर जिस दिन उसने 'बंगाल स्पेक्टेटर' अख़बार के संपादकीय के कुछ हिस्से नक़ल करके भवानी को दिखाए वे बेहद खुश हुए।

नीलकमल सेन ने अपने घर के बैठकखाने में बैठे-बैठे एक दिन आगत मेहमानों से कहा, 'आप लोग भवानी बाबू को मामूली इनसान न समझें, वे आदरणीय विद्यासागर जी के आदर्शों के हिमायती हैं।'

'हाँ, मैंने भी सुना है, वे उनकी वाणियों पर अक्षर-अक्षर चलते हैं।'

किसी ने उनकी शादी की तरफ इशारा करते हुए गहरा कटाक्ष किया।

नीलकमल सेन फिजूल का टुच्चापन और हँसी-मज़ाक बिलकुल ही पसंद नहीं करते थे।

उन्होंने गंभीर मुद्रा में कहा, 'नहीं, उनकी पत्नी पढ़ी-लिखी, उत्तम महिला हैं। यह बताने की मुझे कतई ज़रूरत नहीं कि भवानी बाबू, अब महीने में क़रीब डेढ़ सौ रुपए कमा भी लेते हैं। लेकिन, इसका बेशतर हिस्सा, वे किताबों पर खर्च करते हैं। बंकिम

चाटुज्जे की, 'दुर्गेशनंदिनी' उन्होंने और उनकी पत्नी—दोनों ने पढ़ी है।'

यह बात सुनकर वहाँ मौजूद सभी लोगों की उत्सुकता काफी बढ़ गई।

भवानी सकुचा गए।

उन्होंने नीलकमल बाबू से कहा, 'सुनिए, कृपया मेरे बारे में लोगों की दिलचस्पी न बढ़ाएँ।'

नीलकमल उनके बारे में कुछ-कुछ जान चुके थे।

उन्होंने कहा, 'यह तो काफी आशाजनक और खुशी की बात है। अरे जनाब, हम लोगों ने 'यंग बंगाल' भी देखा है और विद्यासागर को भी देखा है। बंगाल में जाने कितने लोग, जाने कितने-कितने तरीकों से स्त्री-शिक्षा के प्रचार-प्रसार की कोशिश में लगे हैं। मेरा मन होता है कि आपके बारे में और-और लोगों को भी बताऊँ। बाबू लोग अंग्रेजी सीख रहे हैं, नौकरी करते हैं, अपने परिवार समेत परदेस आ बसे हैं, लेकिन अंतःपुर का अँधेरा ज्यों का त्यों है। मेरी बड़ी बेटी दो-दो बच्चों के साथ बेवा हो गई। यहाँ मेरे घर में जब उसने नन्ही-नन्ही बच्चियों को पढ़ाना शुरू किया, इन्हीं हुक्का चाटुज्जे, साहेब खास्तगीर, तत्वबोधिनी गाँगुली ने कितनी-कितनी बातें बनाईं। इसलिए मेरा कहना है ये बाबू लोग, तुम्हारी तरह अगर ज़रा अपने घरों की तरफ भी ध्यान दें तो स्थिति काफी बेहतर हो जाए।'

नीलकमल सेन की यह आदत थी। वे अपने तमाम परिचितों को अलग से एक-एक नाम दिया करते थे। कलेक्टरी के बड़े बाबू अपनी अतिशय हुक्का-प्रीति के लिए हुक्का चाटुज्जे बन गए।

छोटे डिप्टी रामगोपाल खास्तगीर नीलकमल को उकसाने के इरादे से राय जड़ते, 'अरे, साहब लोग न आते तो हमें पावरोटी और बर्फ नसीब नहीं होती।'

इसलिए उनको 'साहेब खास्तगीर' नाम दिया गया।

कुमुदिनी नाथ गाँगुली कट्टर ब्राह्म थे। उनकी नज़र में 'तत्वबोधिनी सभा' और 'पत्रिका' के अलावा और किसी बात की अहमियत नहीं थी, इसलिए उन्हें 'तत्वबोधिनी गाँगुली' नाम दिया गया। वैसे नीलकमल सेन जब तक भयंकर गुस्से में न होते, ये नाम इस्तेमाल नहीं करते थे।

एक बार ऐसा हुआ कि उनकी पत्नी चूँकि उनके परिचय से अनजान थी, उसने कुमुदिनी नाथ गाँगुली की पत्नी से कह डाला, 'हमारे बाबू साहब को सभी जानते हैं। यह बात भी सभी को मालूम है कि कलेक्टर साहब ने वादा किया है कि वे फलाँ सेन के नाम से गोदौलिया में सड़क बनवा देंगे। मैं भी बहुत से लोगों को जानती हूँ। लेकिन तत्वबोधिनी गाँगुली के परिवार से मेरा परिचय नहीं है। सुना है काफी घमंडी औरत है। और भई, घमंड क्यों न हो ? भूकैलाश के चाटुज्जे ख़ानदान की बेटी जो है ! जाहिर है, बड़ा दिमाग़ है।'

यह बात मिर्च-मसाले के साथ लोगों में फैल गई। इसके बाद नीलकमल ने भी जब-तब इन नामों से बुलाना कम कर दिया।

वैसे नीलकमल ने ग़ौर किया, भवानी ने अपने व्यक्तिगत जीवन का प्रसंग कभी नहीं छेड़ा। एक दिन वे खुद भवानी के घर जा पहुँचे और बृजदुलारी से खुद जान-पहचान कर डाली। उसकी सहज गरिमा, आभिजात्य बर्ताव देखकर वे दंग रह गए। उन्हें पक्का विश्वास हो गया कि बृजदुलारी ज़रूर किसी सम्मानित घराने की लड़की है।

भवानी की ज़िंदगी में ये सर्वाधिक सुखद दिन थे। ज़िंदगी-भर जिस सुख-शांति और इत्मिनान के वे मोहताज रहे, इन दिनों मानो उनकी तलाश पूरी हुई। अधेड़ उम्र में प्यार की पूर्णता और परिणति ने उनके रिश्ते को सम्मान और गौरव दिया था। बृजदुलारी को उसके जीवन के अतीत ने किस क़दर तोड़-फोड़ डाला था, इसकी जानकारी उन्हें नहीं थी। वे दोनों कभी भूले से भी उसके अतीत का जिक्र नहीं करते थे। बंगाल में शिक्षा, समाज चेतना और साहित्य जिस तेज़ी से फलने-फूलने लगा था, वहाँ जो नया जीवन, नई विचारधारा प्रतिष्ठित हो रही थी, उनके प्रति भवानी की दिलचस्पी देखकर बृजदुलारी ने एक दिन पूछ ही लिया, 'तुम कलकत्ते में कोई काम नहीं कर सकते ?'

यही बात नीलकमल ने भी कही, 'आपकी असली जगह तो कलकत्ता है, साहब ! अगर आप वहाँ जा बसें तो मैं आपके लिए बेहतर से बेहतर काम जुटा सकता हूँ। वहाँ मेरी जान-पहचान के बहुतेरे लोग हैं।'

भवानी ने उन दोनों की बातें साग्रह सुनी थीं और जवाब में ख़ामोश हो रहे। उन्हें लगा कलकत्ते में वे बृजदुलारी और अपने रिश्ते को शायद इस हद तक प्रतिष्ठा न दिला पाएँ। वैसे बंगाल के साथ उनका आत्मा का रिश्ता था। लेकिन साथ ही उन्हें यह भी आशंका थी कि वे अपनी बात, शायद लोगों को न समझा पाएँ। वे ब्राह्म नहीं थे, न ही ब्राह्मणों जैसा आचार-नियम का ही पालन करते थे। अरसे पहले जनेऊ भी त्याग चुके थे। खाने-पीने और बाकी अन्य तौर-तरीकों में भी वे कमोबेश परिवर्तन के विरोधी थे। लेकिन जात-पाँत का फर्क़ वे कतई क़बूल नहीं करते थे। हालाँकि इस बारे में अपने को उग्र नव्यपंथी कहने में भी कहीं वे हिचकते थे। जब कभी वे बृजदुलारी के सामने ये सब प्रसंग उठाते, बृजदुलारी ईषत् हँसकर उनकी डायरी उनके सामने रख देती।

डायरी में उन्होंने लिखा, 'झूठे संस्कार और जीर्ण-शीर्ण आचार मैं नहीं मानता। लेकिन, जो यह नहीं मानता, उसे ब्राह्मवादी होना होगा, यह बात भी मुझे नितांत हास्यास्पद लगती है। जब हमारा दिल कमजोर पड़ने लगता है, हम धर्म की छाँह ढूँढ़ने लगते हैं। विद्यासागरजी ने अपने अंतर के संयम, सच और विवेक के निर्देश पर विधवा विवाह कानून पास करा लिया। बहु-विवाह प्रथा के खिलाफ भी उनकी लेखनी हर वक्त ही तत्पर रहती है। उनसे पहले राममोहन राय की 'आत्मीय सभा' के अधिवेशन में और 'यंग बंगाल' के 'बंगाल स्पेक्टेटर' अख़बार में इस बारे में अक्सर ही चर्चा सरगर्म रहती है कि विधवा पुनर्विवाह आखिर क्यों निषिद्ध नहीं हो सकता है ? विद्यासागरजी इन तमाम चिंतनों को साकार रूप दे रहे हैं, लेकिन सख़्त प्रतिबंध, उनके सभी प्रयासों को तबाह करने को आमादा है, हालाँकि विद्यासागर जी हिंदू हैं; वंदनीय, कुलीन ब्राह्मण ! लेकिन उनका उद्यम, कर्त्तव्यनिष्ठा, साहस, दुनिया-संसार को दरकिनार करके खुद

विपरीत छोर पर खड़े रहने का दमख़म, भरपूर दृढ़ता से सच की हिमायत में निरंतर जूझते रहने की उनकी क्षमता धन्य है ! उन्हें देखकर लगता है, समस्त धर्मों का सार-तत्त्व उन्होंने ही समझा है। मैं ठहरा अति-अकिंचन इनसान ! फिर भी मैंने सोचा है कि अपनी बुद्धि मुताबिक के जो मैं सच और श्रेष्ठ समझता हूँ, उस बारे में फिजूल ही वाक्-वागीश नहीं बनूँगा। अपने जीवन में उसे कार्यरूप देने की कोशिश करूँगा। चूँकि मैं अमुक धर्म का अनुयायी हूँ, इसलिए मेरा धर्म ही श्रेष्ठ है—अगर यह सोचने बैठो तो सारे धर्म बेहद कट्टर और संकीर्ण लगते हैं। इनसान को उसके समग्र रूप में देखने की दृष्टि नहीं मिलती। ईश्वर तो ख़ैर अलग है, उसे तो बिलकुल ही नहीं देखा जा सकता। मुझे यह भी खयाल आता है कि अगर मैं ये सारी बातें बताऊँ तो लोग मुझे अबूझ पहेली मान लेंगे।'

इसके अलावा भवानी ने अपनी डायरी में यह भी लिखा था कि वे बिलकुल सभ्य-भव्य और शुद्ध जीवन जीना चाहते हैं, बिलकुल अपनी मरजी-मुताबिक ! जो आदर्श उनकी जुबान पर है, उसी आदर्श को वे जीवन में भी उतारना चाहते हैं।

एक दिन उन्होंने बृजदुलारी से कहा, 'तुम और मैं द्विज हैं, क्योंकि हम दोनों ही, ज़िंदगी की दूसरी परीक्षा में भी कामयाब हुए हैं। सच्चे ब्राह्मण को अपने द्विजत्व की हिफ़ाज़त के लिए कुछेक नियमों का पालन करना होता है। हम अपनी-अपनी बुद्धि के अनुसार जो सच समझते हैं, जिसे श्रद्धेय मानते हैं, उसी तरह की ज़िंदगी जीने की कोशिश करेंगे।'

वे चारों तरफ निगाहें दौड़ाकर देखते। सभी संयुक्त परिवार, लोगों की भीड़ में जी रहे थे। सिर्फ दो प्राणी, एक-दूसरे के सर्वस्व परिपूरक बनकर जी रहे हैं, ऐसा बंगाली या अन्य कोई भारतीय परिवार, शायद ही उनकी नज़र में आया हो। उनका खयाल था, उन दोनों की ज़िंदगी किसी अन्य व्यक्ति की तरह नहीं है। काफी बाद में, इसी प्रसंग पर उन्होंने एक मिशनरी साहब से बात की थी। काफी सालों बाद।

फादर ब्राउन, उन्हें राजधानी से दूर जगदलपुर में मिले थे। दुर्गम अरण्य ! जन-आबादी से काफी दूर आदिवासियों के एक गाँव में वे विस्मय-विमुग्ध रह गए।

ब्राउन ने उनसे कहा, 'बाबूजी, तुम कहोगे, मेरा यह धर्मप्रचार महज कोई साजिश है। लेकिन, इन तीस सालों में मैंने किसी भी एक बंदे को ज़ोर-जबर्दस्ती या कोई लालच देकर ईसाई नहीं बनाया।'

तीस साल ! ज़िंदगी के तीस साल ! काग़ज़, किताबें, रेलपथ और तथाकथित सभ्यता से तीन सौ मील दूर ! जहाँ सिर्फ बड़े-बड़े, लंबे-लंबे पेड़ ! आदिवासियों का समाज ! उन लोगों के विश्वास, संस्कार और धर्म की दुनिया ! दुर्भिक्ष, अतिवृष्टि, सूखा, दावानल, बुखार और जंगली जीव-जंतुओं का इलाका !

भवानी ने कहा, 'तुम न तीस हजार साल पिछड़े हुए हो।'

'मुझे मालूम है।' फादर ब्राउन हँस पड़े।

'लेकिन, क्यों ?'

'देखो, धर्म प्रचारकों की भाईचारगी के मामले में मैं बेतरह असफल जीव हूँ, क्योंकि धर्म प्रचार की बात मैं अक्सर भूल जाता हूँ। मैं हमेशा दूसरे-दूसरे कामों में जुट जाता हूँ। हाँ, अलबत्ता यह सच है कि मैं प्रभु यीशु का सेवक बनकर काम करता हूँ।'

'क्या...?'

'हाँ, मैं लोगों को शराब पीने से मना करता हूँ; बच्चों को साफ-सुथरा रखने की ज़रूरत की शिक्षा देता हूँ। मैं उनके बच्चों की आँखें धो-पोंछ देता हूँ। मैं उन्हें सिखाता हूँ कि कोढ़ के रोगियों को कंकड़ मार-मारकर खत्म नहीं किया जाता। इसी तरह के छोटे-मोटे काम करता रहता हूँ। हाँ, बाबू साहब, किसी भी ग़रीब बूढ़ी औरत को डायन नहीं समझना चाहिए; बाढ़ या सूखे को भगवान का अभिशाप नहीं मानना चाहिए। जच्चा-बच्चा को फर्श पर नहीं डाले रखना चाहिए—यही सब सिखाता हूँ।'

'इससे कोई फ़ायदा भी होता है ?'

'नहीं, हमेशा तो ऐसा नहीं होता। वे लोग मेरी हर बात नहीं मानते। शराब बनाते हैं वे लोग। शराब पीकर बाप बेटे का खून कर देता है। बाद में आकर कहता है, 'तू ठीक कहत रहे साहेब, बेलकुल ठीक कहत रहे—'। उसके बाद फिर भूल जाते हैं, वही भूल दोबारा करते हैं, हाँ, बीज बोया और वह स्वस्थ दरख्त बना हो, ऐसा प्रत्यक्ष सुफल मुझे कभी नज़र नहीं आया।'

'फिर ?'

'लेकिन फिर भी हमें ये कोशिशें तो जारी रखनी होंगी। तुम भी, यह बात तो मानते हो न कि इनके बच्चे आँखों की बीमारी भुगतते हैं, इसलिए इन्हें सिखाना तो होगा न कि आँखें नियमित रूप से धोना ज़रूरी है ? माघ की कड़कड़ाती सर्दी में जच्चा को कच्ची मिट्टी में सुलाने से वह मर जाएगी, इसलिए मना तो करना होगा न ? मानते हो या नहीं ?'

'हाँ, मानता हूँ।'

'मैं वही करता हूँ। अभी मेरी उम्र सड़सठ साल है। मुमकिन है, मैं यहीं ख़त्म भी हो जाऊँ। मेरी तरह और भी कई मिशनरी हैं, जो ऐसी-ऐसी दुर्गम जगहों पर अपनी पूरी ज़िंदगी गुज़ार देते हैं; जो किसी प्रत्यक्ष नतीजे की भी उम्मीद नहीं करते; जो लोग, बस, ये छुटपुट सीख देते हैं—सफाई, स्वास्थ्य की हिफ़ाज़त ! मसलन कुसंस्कारों को जीतना चाहिए, महाजन को सर्वशक्तिमान न समझें, दलालों के प्रलोभन में पड़कर एकाध रुपए या दारू के गुलामों में अपना नाम न लिखवाएँ, लिखना-पढ़ना अच्छी बात है, वगैरह-वगैरह ! मुझे मालूम है, मैं विधर्मी हूँ। लेकिन कोई विधर्मी और विजातीय बंदा अगर ये सब छुटपुट काम सिखाने का संकल्प ले ले और अपने को हर चीज़ से वंचित रखकर इन लोगों में ज़िंदगी गुज़ार दे, तो तुम उसके बारे में और चाहे जो भी राय क़ायम करो, वह बंदा अपने संकल्प में अटल है, यह तुम भी अस्वीकार नहीं कर सकते।'

'नहीं।'

'देखो, इस काम में हमें हर वक्त, हर बार, अपनी जाति-बिरादरी का समर्थन भी

नहीं मिलता। There was missionaries and missonaries. Ours is a thankless job. मतलब मिशनरी लोगों की भरमार है। हमारे काम को कोई स्वीकृति नहीं देता, क्योंकि हम लोग उन्हें खुश करने के लिए लोगों को जबर्दस्ती ईसाई जो नहीं बनाते। वैसे मेरा खयाल है, हमें ये सब बातें नहीं सोचना चाहिए। मैंने कॉफी और चाय के खेत देखे हैं। मैंने भारतीय लोगों को अफ्रीका, चीन, बर्मा में भी देखा है। उनमें से ज्यादातर धर्मांतरित लोग हैं। उनमें कुछेक ईसाई भी हैं। येस बाबू, वे भारतीय, तुम लोगों जितने पढ़े-लिखे नहीं हैं, बड़ी-बड़ी नौकरियाँ भी नहीं करते। वे लोग आदिवासी हैं, गरीब लोग ! उन लोगों ने तुम्हारा 'वैदिक रिलिजियन' क़बूल नहीं किया। वे लोग आज भी अपने आदिम-प्राचीन देवी-देवताओं की ही पूजा करते हैं। उन देवी-देवताओं के चेहरे देखकर हम डर जाते हैं। हमने उनके देवी-देवताओं को छीन लिया है, बाबू ! इनकी जगह उन्हें एक उन्नत और सभ्य धर्म दे डाला है। साथ ही हमने उनको रोग-शोक, वेश्यावृत्ति, मिथ्याचार, मद्यपान और चिर-अंत, हाहाकार करती हुई गरीबी दे डाली है। हाँ, मैंने उन भारतीय लोगों को भी देखा है। सूअर की माँद की तरह वे लोग अपने-अपने दरबेनुमा कोठरियों में पड़े रहते हैं। वे लोग रोग भोगते हुए मर जाते हैं या अनाहार में दम तोड़ देते हैं; जिनकी ज़िंदगी इस ढर्रे पर चलती है, वे ईसाई होकर मरे या नहीं, इससे भला हमें क्या तसल्ली हो सकती है ? इसके बावजूद वे ही लोग हमारे पास आते हैं। जो लोग अमीर हैं, पढ़े-लिखे हैं, किताबों-पत्रिकाओं की रोशन दुनिया में रहते-सोचते हैं, वे लोग हमारे पास कभी नहीं आते। असल में यह धर्म का मामला, काफी गड़बड़ है, बाबू ! मैं बहस तो नहीं कर सकता, न ही अपनी बात समझा सकता हूँ। लेकिन, मैं तुम्हें बताऊँ, हम शायद बहुत ज्यादा तादाद में लोगों को धर्मांतरित नहीं करते, फिर भी हम प्रभु यीशु की सेवा करते हैं।'

'लेकिन, निःसंगता ? शून्यता ? खालीपन ? यह अकेलापन क्या तुम्हें थकाता नहीं ?'

'हाँ, थकाता तो है ! कभी-कभी इस क़दर घबराहट होती है कि मन होता है, सब छोड़-छाड़कर भाग जाऊँ। लेकिन, कोई फायदा नहीं। मैं जानता हूँ, अपने ये सारे विश्वास, तजुर्बे लेकर जहाँ भी जाऊँगा, मैं अकेला ही रहूँगा ! अगर हज़ारों इनसानों के बीच भी मुझे अपनी ज़िंदगी गुज़ारना पड़े, तो मैं अकेला ही रहूँगा ! निपट अकेला !'

छोटे क़द का वह दुबला-पतला और बदसूरत बूढ़ा भवानी के करीबतर बढ़ आया और उसने उनके सीने पर हाथ रखकर कहा, 'यहाँ से...इस सीने से अकेलापन टस से मस नहीं होता ! निःसंगता कभी नहीं जाती।'

'अकेलापन टस से मस नहीं होता, निःसंगता कभी नहीं जाती,' काफी दिनों तक ये दोनों जुमले भवानी को याद आते रहे। उनका मन हुआ, वे भी ब्राउन के सामने अपना दिल खोलकर रख दें। लेकिन वे अपनी बात कह नहीं पाए। ये दोनों बातें, वृद्ध, श्वेतकेशी ब्राउन, काठ की दीवार पर टँगी सलीब, सीमाहीन आदि अरण्य का विस्तार—ये तमाम यादें काफी-काफी दिनों तक भवानी के मन के तारों को झंकृत करती रहीं। जाने

क्यों तो काफी देर-देर तक वह तस्वीर उन्हें याद आती रही और वे बार-बार, मन ही मन दुहराया करते—अकेलापन टस से मस नहीं होता, निःसंगता कभी नहीं जाती।

लेकिन, यह सब काफी बाद की बात है।

कोई इनसान किसी इनसान के कितने करीब आ सकता है, इस बारे में भवानी के मन में कभी घोर संशय था। जब उन्हें बृजदुलारी मिल गई, दिनोदिन, वे दोनों जब धीरे-धीरे एक-दूसरे के करीब आते गए, उन दिनों भी अपनी भरपूर पूर्णता के बावजूद कभी जाने कैसा तो संशय जाग उठता। बृजदुलारी उनके क़रीब ही बैठी हुई, सिलाई-पुराई कर रही होती या उनकी बातें सुन रही होती या फिर खामोश आँखों से गंगा नदी को निहार रही होती। भवानी बोलते-बोलते अचानक थम जाते और एकटक उसका चेहरा पढ़ने लगते।

बृजदुलारी ने कहा, 'ऐसे क्या देख रहे हो जी ? क्या सोच रहे हो ?'

'पता है, मुझे यकीन नहीं होता।'

'क्या यकीन नहीं होता ?'

'यही, कि तुम मेरे पास हो...इतने क़रीब हो, भरोसा नहीं होता।'

'क्यों ? ऐसा क्यों, बताओ तो...'

अचानक उसने सिर झुका लिया, कुछ सोचती रही।

अगले ही पल उसने कहा, 'तुम तो किसी बात पर भरोसा ही नहीं करते। वैसे तुम मुझसे कहीं ज्यादा जानते-समझते हो! मैं तो उतना समझती-बूझती भी नहीं। पता है, अगर अगला जन्म होता है, तो मैं दोबारा तुम्हारे पास आऊँगी।'

'यह बात क्यों ?' भवानी का लहजा बेहद मधुर हो आया।

'इस बार काफी देर जो हो गई। मैं काफी देर से पहुँची,' बृजदुलारी की आवाज़ लगभग मीठी उसाँस जैसी लगी।

अचानक भवानी सहम गए।

उन्होंने कहा, 'सुनो, तुम ऐसी बातें मत किया करो। मुझे डर लगता है।'

'डर तो मुझे भी लगता है। मैं कहाँ तुम्हें छोड़कर जाना चाहती हूँ ! लेकिन, फिर भी...जाने क्यों ऐसा लगता है...'

उसे क्या लगता है, भवानी ने यह सुनने में कोई दिलचस्पी नहीं दिखाई। उनके मन में भी क्या कोई अनजाना भय हर वक्त मौजूद नहीं रहता ? उन्हें क्या मालूम नहीं कि ब्राइट बृजदुलारी को कैसे, बूँद-बूँद करके ख़त्म करता रहा है। उसके बाद, यहाँ-वहाँ फ़रार की ज़िंदगी गुज़ारते हुए, कैसे वे दोनों और-और निःशेष होते रहे ? तभी तो वे उसे यूँ लुका-छिपाकर छाँह-छाँह में सहेजे रखना चाहते हैं।

कभी-कभी बृजदुलारी जब बगल के कमरे में सोई होती, वे उसके कमरे में आते और अपलक उसका चेहरा निहारा करते थे। उसका पीला चेहरा, आँखों में नीचे काले-सियाह गड्ढे, पतली-दुबली बाँहें—सारा कुछ बेहद स्वच्छ-पवित्र नज़र आता।

उनके दिल की धड़कन जैसे अचानक थम जाती। वे अंधों की तरह असहाय-क्षुब्ध लहजे में बार-बार ईश्वर से विनती करते रहे—हे प्रभु, उसे मेरी नज़रों से भी ओझल मत करना; मुझसे छीनना मत ! वही मेरे जीवन की केंद्रबिंदु है। अगर वह मेरी नज़रों की ओट चली गई तो मैं ज़िंदा कैसे रहूँगा ?'

इसीलिए वे हर वक्त सतर्क रहते।

जब-जब वे अपने को बेहद सार्थक और बेहद भरा-भरा महसूस करते थे, वे फौरन सतर्क हो जाते थे। चूँकि सुख पर उनका कभी हक़ नहीं रहा, इसलिए उन्हें ज्यादा चौकस हो जाना चाहिए। मानो, किसी भी वक्त, किसी भी पल, मौत की आहट सुनाई दे जाएगी। यह बात उन्हें हमेशा याद रहती है कि मौत की सुरंग में चलते-चलते ही वे और बृजदुलारी सायास उसमें से निकल आए। इसलिए मौत को वे बिलकुल याद नहीं करना चाहते। सुख-शांति, सुरक्षा के प्रति उन्हें घोर अविश्वास रहा है। इस हक़ीक़त से वे बखूबी परिचित हैं कि इन तमाम संवेगों की उम्र काफी कम होती है।

34

फाफामऊ का एक बागान-बँगला ! अगहन महीने की एक शाम ! बँगले के बगीचे में एक अदद अंग्रेज और एक भारतीय बातचीत में व्यस्त !

अंग्रेज अधेड़ उम्र का ! उसके चेहरे में कोई विशिष्टता नहीं थी। बातचीत के दौरान कभी-कभी वह आँखें उठाकर देख लेता। उसकी सफ़ेद-सफ़ेद आँखें बेहद चंचल और उजली।

विशालकाय भारतीय ! काफी हट्टा-कट्टा ! माथे पर अनगिनत लकीरें ! उत्तर भारत के संभ्रांत गृहस्थ जैसा पहनावा ! सफ़ेद रंग की शेरवानी और धोती ! उसके सिर के अधिकांश बाल सफ़ेद हो चुके थे। अस्तु, उम्र का अंदाज़ा लगाना मुश्किल था।

वे दोनों बातचीत में मशगूल ! इसके बावजूद, हवा बेहद सर्द ! कँपकँपी भर देनेवाली सर्दी ! बादाम के पेड़ के पत्ते लगातार झरते हुए !

जब उन दोनों की बातें कुछेक पलों के लिए थम जातीं, पत्तों के झर-झर, सर-सर की आवाज़ें एकदम से गूँज उठतीं। अखंड निस्तब्धता अपने पैर नहीं जमा पा रही थी।

वे दोनों उठकर सूखे पत्तों और कंकरीटों को रौंदते हुए बरामदे में चले आए। वे एक बड़े हॉल-कमरे में दाखिल हुए। समूचा कमरा खाली ! बस, कमरे के बीचोबीच कुछेक कुर्सियाँ बिखरी हुईं ! बीच में निचली-सी तिपाई ! तिपाई के ऊपर सीलिंग से बँधी ज़ंजीर से लटकता हुआ हाइजैक-लैंप ! सीलिंग के बीचोबीच लंबा-चौड़ा हाथ-पंखा झूलता हुआ ! पंखे से झूलती हुई, लाल शालू की झालर बदरंग और फटी हुई !

कमरे में एक नौकर दाखिल हुआ ! उसने बेहद ख़ामोशी से काँच के दरवाज़े बंद

कर दिए। बाहर बगीचे में किसी ने सूखे पत्तों का अलाव जलाया था। कुछ लोग उस अलाव के इर्द-गिर्द बैठे हुए ! एक काला-कलूटा गुबरैला उस गोलाकार रोशनी में चकरघिन्नी काट रहा था। अचानक वह कीड़ा टुप् से मिट्टी पर गिर पड़ा। 'ठक्' से एक आवाज़ आई।

उन दोनों की बातचीत दोबारा शुरू हो गई।

'मैंने तो सोचा था आप मेरी मदद कर सकेंगे,' अंग्रेज बंदे ने ईषत् क्षुब्ध आवाज़ में कहा, 'मेरे और आपके इरादे में ज्यादा फर्क़ तो नहीं है।'

'यही तो आपकी ग़लतफहमी है।'

'ग़लतफहमी ?'

'ग़लतफहमी नहीं है ? आप इतिहास लिखना चाहते हैं। आप चाहते हैं विद्रोह के बारे में सारे तथ्य इकट्ठा करें। लेकिन, काफी सारे अहम तथ्य तो आप अपने मुल्क में बैठे-बैठे ही इकट्ठा कर सकते थे। मैंने तो अपने तजुर्बे लिखे हैं, इन दोनों में भला कहाँ मेल है ?'

अंग्रेज साहब ने कहा, 'देखिए, बात दरअसल यह है कि मुझे इसी बहाने भारत आने का मौका मिल गया और मैं यह मौका छोड़ना नहीं चाहता था। मेरे जेठू का नाम इस क्रॉनिकल से मिट क्यों गया, यह जानने का भी कौतूहल था। उसके बाद मेरा यह कौतूहल और बढ़ गया, जब मुझे पता चला कि मेरे जेठू ने खुदकुशी की थी। हाँ, कानपुर पहुँचने से पहले ही उन्होंने आत्महत्या कर ली थी। बीच राह में ही ! आर्मी के पुराने लोगों, रिटायर्ड अफसरों के पास जा-जाकर, मैंने टुकड़े-टुकड़े में जो ख़बरें हासिल कीं, उससे मेरी दिलचस्पी और बढ़ गई। उसके बाद मैंने स्टेट्समैन में इश्तहार देना शुरू किया। जब आपका ख़त मिला, मुझे हैरत हुई। उस वक्त मैं हैदराबाद में था। जब मैं वापस आया, आप नौकरी छोड़ चुके थे।'

'जी हाँ, आपके आने के महीने भर पहले।'

'बस, अपनी किताब पूरी कर सकूँ, यही इच्छा अहम थी। लेकिन, साथ ही सेहत का भी मसला था।'

'देखिए, छोटी-छोटी तो ढेर सारी बातें जान चुका हूँ, जिनकी शायद कोई क़ीमत नहीं, लेकिन, मुझे वह सब जानकर अच्छा लगा है।'

'मसलन ?'

'मसलन, ब्राइट इस विद्रोह का अन्यतम हीरो है। दरअसल, वह लुटेरा था और लूट-पाट के दौरान ही किसी की गोली ने उसकी जान ले ली। हालाँकि उसके बाद काफी दिनों तक उसके नाम, बड़ी-बड़ी किताबें प्रकाशित होती रहीं; इंडिया के बड़े-बड़े शहरों में उसके नाम का रास्ता मौजूद है। लेकिन इस सबसे क्या होता है ? ब्राइट और उसकी कैवेलरी के बारे में मैं जो-जो ख़बरें इकट्ठी करके लिए जा रहा हूँ, जब वह छपकर सामने आएगी तो लोग ताज़्जुब में पड़ जाएँगे।'

'और ?'

'और उसे बिरिज या बृजदुलारी नाम की किसी औरत ने क़त्ल किया था। जिसके बारे में अगर आप चाहें तो मुझे बहुत कुछ बता सकते हैं। मुझे और कुछ नहीं पूछना...' अंग्रेज ने उसकी आँखों में झाँकते हुए कहा।

भारतीय बंदे का चेहरा सफ़ेद हो गया। उसने हाथ की उँगलियों पर नज़रें गड़ाए हुए उसकी दृष्टि नितांत खाली-खाली और उदास नज़र आई।

उन्होंने दूसरी हथेली से अपना चेहरा ढकते हुए सवाल किया, 'उसके बाद ?'

'उसके बाद, एक नचनिया औरत के बारे में भी सुना। उसका नाम चम्पा था। इवान्स नामक एक इंजीनियर उसकी तलाश में काफी दिनों तक उसके पीछे पड़ा रहा। आपको शायद मेरी बातों पर यकीन न आए, लेकिन मैंने उन दोनों के रिश्ते के बारे में अख़बारों से ही जाना। युद्ध की चरम विश्रृंखलता के दौरान भी यही सब ख़बरें वहाँ जल्दी पहुँचती थीं। हमारा गुप्तचर विभाग बेहद निपुण था और उसमें भी पर्याप्त भारतीय थे।'

भवानीशंकर ने अपने चेहरे पर से हाथ हटा लिया।

उन्होंने कहा, 'ब्राइट के बारे में कुछ जानने-सुनने में मेरी कोई दिलचस्पी नहीं। चम्पा सिर्फ नॉच-गर्ल ही नहीं थी। वैसे आप जिन-जिन लोगों के बारे में बता रहे हैं, उनमें से ज्यादातर लोग आज मर चुके हैं।'

'मर चुके हैं ?'

'चूँकि उनकी कोई खोज-ख़बर नहीं मिली, इसलिए यही समझ लेना चाहिए कि अब वे इस दुनिया में नहीं हैं, मर चुके हैं।'

'सभी ? सभी मर गए ?'

भवानीशंकर हँस पड़े, 'हाँ, जिनके बारे में आप जानना चाहते हैं, वे तो दस साल पहले ही मर चुके। आप क्या इन नामों के गड़े मुर्दों को दोबारा खोद निकालना चाहते हैं ?'

'नहीं, नहीं, मुझे ग़लत न समझें ! मेरा खयाल है नानासाहब या बाकी लोगों से इनकी ज़िंदगी, इनकी कहानी कम रूमानी नहीं है।'

'रोमांस ! हाँ, चाहें तो यह कह सकते हैं, क्योंकि कभी जो लोग ज़िंदा रहते हैं, वही तो किसी दिन महज नाम में तब्दील हो जाते हैं। लेकिन, आप यह सब आखिर क्यों जानना चाहते हैं ? यह सन् 1848 है। अब क्या आप विद्रोह का नया इतिहास लिखेंगे ?'

'फर्ज़ करें अगर लिखना चाहूँ तो ?'

'इन छब्बीस सालों में ढेरों किताबें लिखी गईं। चलिए, मान लिया कि एक किताब और लिखी जाएगी, एक किताब और जुड़ जाएगी, लेकिन, इससे फ़ायदा क्या होगा ?'

'फ़ायदा नहीं होगा ? बिलकुल नए नजरिए से...'

'ना,' भवानी ने अपनी बात पर ज़ोर देते हुए कहा, 'यह विषय ऐसा है कि जब तक इससे काफी परे हटकर इस पर नज़र न डाली जाए, इसके साथ न्याय करना

असंभव है। यह बात मैं बेहद विनम्रता से निवेदित करता हूँ कि किसी अंग्रेज के लिए, इस पर निरपेक्ष दृष्टि से न्यायसंगत विचार करना नामुमकिन है।'

'तो क्या सिर्फ किसी भारतीय की नज़र से ही...?'

'नहीं, शायद ऐसा भी नहीं। लेकिन, निरपेक्ष निगाहों के बिना इतिहास को देखना नामुमकिन है।'

'आपने किस निगाह से इस विषय पर विचार किया है ?'

भवानी हँस पड़े।

उन्होंने कहा, 'देखिए, विचार करने की हममें कोई क्षमता नहीं है। मैं अपनी इस साठसाला ज़िंदगी में कंपनी राज और महारानी की हुकूमत देख चुका हूँ...देख रहा हूँ। मैं भारतीय जीवन यात्रा के अनगिनत परिवर्तनों का भी साक्षी रहा हूँ। मैंने अपनी डायरी में इस परिवर्तन के बारे में कमोबेश विवरण लिख रखा है। हाँ, बेशक, उसमें सन् 1857 का साल भी शामिल है। भारतीय और अंग्रेजों के बीच जो रिश्ता मेरी समझ में आया है, उसे ही शब्द-रूप देने की कोशिश की है मैंने।'

'आपकी किताब बँगला में लिखी गई है ?'

'हाँ।'

'बँगला में राष्ट्रीय स्तर पर इतिहास की किताब लिखी जा सकती है ?'

'क्यों नहीं ? पिछले चालीस सालों में बँगला भाषा इस क़दर शक्तिशाली हो चुकी है कि उसमें कहानी, उपन्यास, कविता, नाटक, लेख वगैरह विविध पत्र-पत्रिकाओं में नियमित रूप से प्रकाशित हो रहे हैं। बँगला आज तमाम भारतीय भाषाओं में श्रेष्ठ है। इस भाषा का स्थान काफी ऊँचा है।'

'आप क्या यह स्वीकार नहीं करेंगे कि इसमें अंग्रेजी हुकूमत का विराट योगदान है ?'

'आपके इस सवाल के जवाब से शायद आपको खुशी न हो, लेकिन यह सच है कि हमारा देश ख़ासा प्राचीन है। हमारी भाषा भी बेहद प्राचीन है। अंग्रेजी शिक्षा के माध्यम से हमने एक सचल, जीवंत शिक्षा और संस्कृति का साक्षात्कार ज़रूर किया है। इससे हमें फ़ायदा ज़रूर हुआ है ! काफी फ़ायदा हुआ है।'

'हम शिक्षा लाए, रेलवे और टेलिग्राफ लाए। हमारे मिशनरी के फादर भी आप लोगों के लिए...'

'हाँ, रेलवे ! रेलवे और टेलिग्राफ ! और भी कई-कई चीज़ें ! लेकिन, याद रहे, हमने उनकी क़ीमत भी चुकाई है, भारी और भयंकर क़ीमत दी है।'

'बंगाल में शिक्षा का प्रसार सबसे ज्यादा हुआ, फिर भी आप लोगों ने जबर्दस्त विरोध किया, प्रदर्शन किए। प्रेस-ऐक्ट, हलबर्ट बिल...यह सब तो हमेशा ही...देखिए विद्रोह के बाद आप लोगों को कम से कम यह तो समझ में आ गया कि विद्रोह इस तरीके से नहीं किया जाता। बग़ावत का यह तरीका नहीं है। किसी भी क्रांति की शुरुआत यूँ नहीं होती। यह नामुमकिन है।'

भवानी उठ खड़े हुए और दो-चार क़दम आगे बढ़कर रोशनी के घेरे के पार, अँधेरे की तरफ मुँह करके खड़े हो गए।

उन्होंने बेहद गंभीर और संयत लहजे में कहना शुरू किया, 'मुझे नहीं मालूम कि आप इतनी सारी बातें, मेरी जुबान से क्यों कहलवा रहे हैं, लेकिन मैं ऐसा नहीं सोचता। आज भी नहीं सोचता। आप जिसे 'म्युटिनी' यानी 'विद्रोह' का नाम दे रहे हैं, उसे मैंने बेहद क़रीब से देखा है। कई-कई लाख लोगों को अपनी जानें कुर्बान करनी पड़ीं, लाखों लोगों को अपना परिचय छिपाकर भागना पड़ा। वे लोग न ठग थे, न डाकू, न लुटेरे। पता है आपको ?'

अंग्रेज साहब ने कहा, 'वे बातें बताने के लिए मैं आपको जोखिम में नहीं डालूँगा। नहीं, बस, मैं सुनना चाहता हूँ। यूँ मेरी चमड़ी का रंग बहुत बड़ी दीवार है। कोई भी अपनी जुबान नहीं खोलना चाहता। विद्रोह में हम ही जीते मगर...'

भवानी लौटकर दोबारा अपनी कुर्सी पर विराजमान हो गए।

उन्होंने कहा, 'मुझे क्या लगता है, पता है ? कोई भी पक्ष नहीं जीता, कोई भी पक्ष नहीं हारा। फिर भी फ़ायदा हमें ही हुआ। क्यों, जानते हैं ? यह रेलवे, टेलिग्राफ, स्थायी बंदोबस्त, न्याय-व्यवस्था में रद्दोबदल, यह सब...सब तो हमें हासिल हो गया। लेकिन, इसके लिए हमने भी भयंकर क़ीमत चुकाई है...अभी भी चुका रहे हैं।'

कुछेक पल रुककर उन्होंने दोबारा कहा, 'आप सिर्फ अकाल कमीशन की ही रिपोर्ट देख लें। दुर्भिक्ष क्या खत्म हो गया ? लॉर्ड रिपन ने भी क्या यह नहीं कहा कि जहाँ दो-एक साल के अंतराल में लाखों-लाख भारतीय अनाहार की वजह से दम तोड़ देते हैं, वहाँ पाँच लाख पाउंड खर्च करके रेल-पथ बनवाया जाए या न बनवाया जाए कोई फर्क़ नहीं पड़ता।'

अंग्रेज सज्जन ने कहा, 'हाँ, यह बेहद अफसोस की बात है। निहायत शोचनीय स्थिति है। मैं यह समझता हूँ। आप यह न सोचें कि सागर-पार ये खबरें नहीं पहुँचती। अनेक अंग्रेज हैं, जो सही और अच्छा सोचते हैं। उन लोगों को इन ख़बरों से तकलीफ होती है। आप कृपया अन्यथा न लें, मुझे आपकी बातें अच्छी लग रही हैं, लेकिन एक बात तो बताएँ, आप क्या यह क़बूल नहीं करेंगे, मिशनरी फादर लोगों के आत्मत्याग की वजह से बंगाल और अन्यान्य जगहों में शिक्षा-प्रसार में सुविधा तो हुई है न ?'

'मिशनरी ?' ठुड्डी तले अँगूठा टिकाए भवानी अपने सीने पर कोहनी का दबाव डालते हुए जमकर बैठ गए।

उन्होंने फिर कहा, 'मैंने एक मिशनरी को देखा था।'

वे फादर ब्राउन की कहानी सुनाने लगे। बातों-बातों में काफी रात हो गई। उस दिन वे लोग काफी देर तक बातें करते रहे। कुछ देर बाद नौकर आकर ख़बर दे गया। वे दोनों खाना खाने आ पहुँचे। खाने का कमरा भी विराट ! बगैर किसी साज-सज्जा के साफ-सुथरा ! कमरे में एक अदद मेज़ और चंद कुर्सियाँ ! चारों तरफ ढेर सारी खाली जगह ! दरवाज़े का काँच लाल और हरा ! एक अदद तस्वीर ! सुनहले और हलके

बादामी रंग का एक पेड़ ! पेड़ पर फूल और दो नच्चे। सफ़ेद दीवारें ! चारों तरफ की बुर्राक सफ़ेद रंग में वह तस्वीर काफी मोहक लग रही थी। बीच-बीच में साहब की आँखें उस तस्वीर के तरफ उठ जातीं।

खाने के बाद वे दूसरे कमरे में आ बैठे। छोटा सा कमरा ! सफ़ेद दीवारें ! सफ़ेद बिस्तर ! बुकशेल्फ में किताबें ! छोटी सी तिपाई पर पानी का गिलास !

अंग्रेज साहब ने सकुचाते हुए कहा, 'आपको शायद मेरी वजह से यह कमरा छोड़ना पड़ा।'

'नहीं-नहीं,' भवानी मंद-मंद मुस्कुरा उठे, 'यह कमरा आपके लिए ही साफ कराया था।'

'कल ही बंबई चल देना है, यह सोच-सोचकर बुरा लग रहा है,' अंग्रेज ने कहा, 'मेरा ख्याल था आपसे बातचीत के लिए एक ही शाम काफी होगी। लेकिन मैं ग़लत था।'

कुछ देर बाद उन दोनों में दोबारा संवाद शुरू हो गया। इस बीच उस अंग्रेज सज्जन ने भवानी का धुला हुआ पाजामा-कुर्ता पहनकर ऊपर से शॉल भी डाल लिया। भवानी ने शॉल की डिज़ाइन की कसीदाकारी वाला कुर्ता पहन रखा था। अंग्रेज सज्जन ने ग़ौर किया, भवानी जब हँस रहे होते, तब भी उनके होंठों पर हँसी नहीं खिलती। बाकी वक्त भी वे ख़ासे चिंतित, गंभीर और उदास नज़र आ रहे थे।

भवानी ने कहा, 'मुझे नहीं मालूम कि फादर ब्राउन के बारे में आपने क्या राय बनाई। वे साहब अपनी पूरी ज़िंदगी में भला कितने लोगों को ईसाई बना सके ? लेकिन, मैंने महसूस किया है कि उन्हें याद करते हुए मुझे ऐसा लगता है। जैसे मैं देवता के मंदिर में बैठा हूँ। ज़िंदगी-भर वे लोगों को छोटे-छोटे सबक सिखाते रहे—जच्चा और शिशु के प्रति लापरवाही मत बरतो, रोग से दूर रहने की कोशिश करो, बच्चों की आँखें धोते रहो, जीव-जंतुओं को मत सताओ, बूढ़ी-बुजुर्ग औरतों को 'डायन' कहकर उन्हें आग में मत जलाओ, शराब मत पीओ। यकीनन उनके जैसे बहुतेरे लोग हैं, जो दूर-दराज, सभ्य-समाज से बाहर, मूर्ख-अनपढ़ लोगों और कुसंस्कारों में ही अपनी समूची ज़िंदगी गुज़ार देते हैं।'

'हम शिक्षा के बारे में बात कर रहे थे।'

'शिक्षा ! देखिए, मेरा यही खयाल है कि शिक्षा के विस्तार के लिए मिशनरीज लगातार कोशिश करते रहे हैं। दरअसल, वे धर्म प्रचार के इरादे से ही आए थे। लेकिन, उन्होंने एक ग़लती कर दी। उन लोगों ने शुरू-शुरू में ही इस मुल्क की धर्मनिष्ठा को निकृष्ट मान लिया। अगर आप धर्म की बात करें तो इस देश में अनेक धर्म हैं। यहाँ क्या सिर्फ हिंदू या इस्लाम या बौद्ध धर्म हैं ? सिखों के नए धर्म का जिक्र अगर मैं न भी करूँ, इन आदिवासियों को ही लें। आर्य सभ्यता से भी पहले जाने कितने-कितने हज़ार सालों से वे लोग अपनी-अपनी धर्मनिष्ठा को अपने खून में बसाए रहे। अगर मैं हिंदू धर्म का ही जिक्र करूँ तब भी मैं यही कहूँगा कि मिशनरी लोग इनके तैंतीस

करोड़ देवी-देवताओं को छीनकर उसके बदले में उन्हें क्या दे सकते थे ?'

'इसके बावजूद, आजकल बेशुमार लोग ईसाई हो रहे हैं।'

'हिसाब लगाकर देखें, जो लोग निपट अनपढ़, दरिद्र हैं और समाज तथा शासकों के हाथों सताए हुए हैं, उन्हीं लोगों की तादाद ज्यादा है। शिक्षित, संभ्रांत और ऊँचे घराने के आखिर कितने लोग हैं जो ईसाई हो गए ?'

'शिक्षा का सवाल आप टाल गए, जनाब !'

'नहीं, मैं तो यह बताना चाहता हूँ कि अंग्रेजी शिक्षा सबसे पहले बंगाल में ही दाखिल हुई। लेकिन बंगाली लोग अपने हुक्मरानों पर निर्भर नहीं रहे। उन लोगों ने खुद शिक्षा हासिल की। उसके बाद, उन्हीं लोगों की कोशिश से अनेक स्कूल, कॉलेज खुले, स्त्री-शिक्षा बढ़ती गई। मैं एक ऐसे इनसान को जानता हूँ, जिन्होंने भरपूर साहस, निष्ठा के साथ शिक्षा-प्रसार में अपनी ज़िंदगी समर्पित कर दी।'

'वे कौन हैं ?'

'वे हैं—ईश्वरचन्द्र विद्यासागर !'

'वे क्या ब्राह्म हैं ?'

'नहीं, वे ब्राह्मण हैं।'

'हिंदू ?'

'सिर्फ इतना भर कहने से उन्हें समझ पाना मुश्किल है। उस शख़्स में अपूर्व आत्मविश्वास, कर्मनिष्ठा है। हर क़िस्म के संस्कारों की उपेक्षा करते हुए अकेले ही अनवरत काम किए जाने का दुर्धर्ष साहस, असाधारण तेज़ मौजूद है उनमें। कुल मिलाकर, मेरा यह अटूट विश्वास है कि वे इस मुल्क में इस युग में इनसानों में आदर्श पुरुष हैं।'

इन बातों के दौरान ही भवानी को कई सालों पहले की घटना याद हो आई। फादर ब्राउन ! अपने सीने पर हाथ रखकर, उनका वह आत्मस्वीकार—'यह अकेलापन टस से मस नहीं होता। यह निःसंगता कभी नहीं जाती।'

'यह अकेलापन टस से मस नहीं होता। यह निःसंगता कभी नहीं जाती,' उन्होंने धीमी आवाज़ में यह जुमला कई-कई बार दोहराया।

उसके बाद उन्होंने कहा, 'चलिए, आप समझ सकें, ऐसी भाषा में आपको बताऊँ। इनसान जितना-जितना आधुनिक होता जा रहा है, उतना ही वह निःसंगता और खालीपन भी महसूस करने लगा है। यह सच है या नहीं ? इस नज़रिए से विद्यासागर भी चौसठसाला बुजुर्ग होने के बावजूद अपने दिल की गहराइयों में शायद बेहद निःसंग और अकेले हैं।'

'आप क्या उनके मित्र हैं ?'

'अरे, नहीं ! मुझ-जैसा अकिंचन इनसान भला उनका मित्र हो सकता है ? बस, मैं उनकी श्रद्धा करता हूँ।'

'आपकी बातें सुनकर मेरा बंगाल जाने का मन हो रहा है।'

'आप चले भी जाएँ, तो भी बंगाल को क्या आप समझ सकेंगे ? हाँ, वह भूखंड देखकर आपको अच्छा ज़रूर लगेगा। बंगाल अब जाग उठा है, बाहर-बाहर से देखकर भी कम से कम यह बात समझ में आ जाएगी।'

'लेकिन, अब तो काफी रात हो गई। म्युटिनी के बारे में...'

'म्यूटिनी...।'

भवानी अपने सफेद-घने बालों में कुछ देर हाथ फेरते रहे।

कुछेक पल बाद उन्होंने सिर उठाकर कहना शुरू किया, 'म्युटिनी से हमें फ़ायदा हुआ है, यह कहा था न मैंने ? हाँ, अलबत फ़ायदा पहुँचा है। मैंने अंग्रेजी की भी ढेरों किताबें पढ़ी हैं। इस बारे में काफी चर्चाएँ भी सुनी हैं। बहरहाल, इसकी वजह क्या है, इसकी जड़ें कहाँ हैं, इस बारे में भी मैं कुछ नहीं कहूँगा। मैं भी सारा कुछ क्या समझ पाया हूँ ? लेकिन, कारतूस पर चर्बी कोई ख़ास बात नहीं। वह क्षणिक सच भले हो, बग़ावत की वजह कुछ और थी। मैंने फ़ायदे की बात कही न ? उस दिन कई लाख लोगों को अपनी जान से हाथ धोना पड़ा था। लेकिन, इस घटना के बाद भारतवर्ष के लोग कम से कम यह बात तो ज़रूर समझ गए कि ज़िंदा रहने के लिए अपना बचाव करना बेहद ज़रूरी है, क्योंकि हुक्मरानों और उनके दरमियान कितना बड़ा फासला है, उन्हें किस नज़र देखा जाता है, यह हक़ीक़त सन् 1857-58 में बखूबी जाहिर हो गई थी। ये दोनों एक नहीं हो सकते, इनका एक होना नामुमकिन है। ऊपर से पिछले साल 'इलबर्ट बिल' ! लेकिन, इस बारे में भी मुझे कुछ नहीं कहना है। आप बस इतना जान लें कि पूरे छब्बीस साल गुज़र चुके हैं, मगर दोनों तबकों के मन में प्रतिक्रिया आज भी ज़िंदा है। सन् 1857 में उस जबर्दस्त घटना के बारे में भारतवर्ष में यहाँ तक कि बंगाल में भी कितने लोगों ने सिर खपाया था ? उन दिनों भी यह बात कोई नहीं कह सकता था कि जो लोग तबाह हो गए और जिन लोगों पर रत्ती भर भी आँच नहीं आई, वे दोनों एक ही बिरादरी के इनसान थे। मुझे तो यह सोच-सोचकर ताज्जुब होता है कि सन् 1857 के युद्ध की अराजकता, अत्याचार, हत्या उस युग के लोगों के लिए भी काफी दूर का मामला था। हाँ, सन् 1884 में तत्कालीन जनमानस के सोच-विचार-ख्यालात में सन् 1857 की वह घटना करीबतर चली आई है।'

कुछ देर चुप्पी छाई रही।

अंग्रेज सज्जन ने कहा, 'लेकिन, अंग्रेजी शासन तो अब काफी गहरे तक अपनी जड़ें जमा चुका है।'

उनके लहजे में हल्का-सा व्यंग्य झलक उठा।

'बेशक ! लेकिन, इन दो वर्गों के बीच में सन् सत्तावन ने एक वृहद खाई खोद दी। वह खाई लगातार ग्रहराती जा रही है। आप इसे कैसे भर पाएँगे ?'

'एक-दूसरे के प्रति सद्भाव के जरिए ! विश्वास के जरिए ! मुझ जैसे जो और-और लोग हैं...'

'नहीं, मेरा खयाल है कि यह फासला अब बढ़ता ही जाएगा। केरी और डफ और

वह नया-नया स्कूल-मास्टर, हेयर, आज के ज़माने के लॉर्ड रिपन या आप जैसे मुट्ठी भर अंग्रेज, आप ही की जुबान में 'सही और साफ-साफ विचारवाले' अंग्रेज क्या यह जोड़नेवाला पुल तैयार कर पाएँगे ? आजकल शहर-शहर में क्लब, जिमखाना, पोलोग्राउंड के अलावा, ये अंग्रेज, क्या आपको और कहीं नज़र आते हैं ? नहीं, लेकिन आप फैनी कूपर पढ़ देखें। पचास-साठ साल पहले भी अंग्रेज यहाँ बाक़ायदा घर-गृहस्थी जमा लेते थे।'

अब वह अंग्रेज महोदय भारत में बसे अंग्रेजों के लिए अचानक चिंतित हो उठे। उन्होंने कहा, 'आप शिक्षित हैं, पढ़े-लिखे हैं, आपको क्या लगता है, इसके बाद...?'

'क्लब, जिमखाने और बढ़ जाएँगे और मेरा खयाल है यही कुछ आगे भी चलता रहेगा।'

'भई, आपकी बातचीत तो...'

'निहायत आपत्तिजनक है, यही न ? देखिए। आपको आमंत्रित करने से पहले मैंने इस बारे में काफी सोचा। आपको मालूम नहीं, आज मैं बिलकुल अकेला हूँ। आज मैंने जो बातें कहीं उसके लिए अगर मुझ पर मुसीबत भी टूट पड़े तो भी मैं नहीं डरता। मुसीबत को मैंने काफी करीब से देखा है, शायद इसीलिए मेरे अंदर का भय मिट गया है।'

'अच्छा, क्या आप भाग्यवादी हैं ?'

'इससे मुझे इनकार नहीं। क़िस्मत के आगे मैं कृतज्ञ हूँ—'

'आपने जितनी देर बात की, बंगाल के बारे में ही ज्यादा बताया। हालाँकि...मैंने तो सुना है कि तीस से भी ज्यादा सालों से आप परदेस में ही रह रहे हैं। हैरत है !'

'बंगाल के बारे में मैं ज्यादा बोलता रहा ? इस सदी के बंगाल का समूचा भारत ही अहसानमंद है। हालाँकि मुझे यह नहीं पता कि यह अहसान किसी दिन लोगों को याद भी रहेगा या नहीं।'

'जनाब, आपने तो म्युटिनी के बारे में मेरा सारा रोमांस ही छीन लिया। उनके बारे में तो कुछ नहीं बताया...'

'मैंने उन लोगों को काफी क़रीब से देखा है। वे लोग इनसान थे। कभी वे यहाँ, इसी देश में मौजूद थे, यहीं रहते-सहते थे, आज नहीं रहे। जिन लोगों के साथ मैंने ज़िंदगी के चंद बेहतरीन और मोहक दिन गुज़ारे, उनके बारे में भला मैं आपको क्या बता सकता हूँ ?'

'लगता है, किताब लिखने के लिए आपने उन लोगों की बातें, मुझसे छिपा लीं।'

'नहीं, चम्पा क्या सिर्फ नचनिया औरत थी ? एक लड़का था—चन्दन ! वह उसे प्यार करता था। वह चन्दन भगवानपुर में फाँसी चढ़ा दिया गया। एक शख्स था—संपूरण ! उसका विश्वास था कि वह पिछले जन्म में शिवाजी था। वह मर गया। अगर आप चाहें तो उसमें रोमांस ढूँढ़ लें। लेकिन मैं यह कैसे कर सकता हूँ। मैंने उन लोगों को

देखा है। उनकी ज़िंदगी और मौत के बारे में मुझे ख़बर है।'

'और बृजदुलारी ? सन् 1857 में जो औरत पूरे कानपुर भर में परम रूपसी के तौर पर मशहूर थी ?'

भवानी उठ खड़े हुए, 'आपके रिश्तेदार कर्नल मैकमोहन की वह पांडुलिपि आपको सौंप दूँ ?'

वे कमरे के बाहर निकल गए। अपने कमरे से एक बदरंग, लगभग पन्ने-पन्ने अलग, चमड़े की एक जिल्ददार कॉपी लाकर उन्हें थमा दी। पहला पन्ना खुल गया—'फिफ्टी इयर्स इन इंडिया'—दाहिनी तरफ किंचित् खींचकर, टेढ़ी-टेढ़ी लिखावट में बड़े-बड़े अक्षरों में किताब का शीर्षक !

भवानी ने कहा, 'आप यह पांडुलिपि पढ़ लें। आप समझ जाएँगे, आपकी सारी मेहनत बेकार नहीं गई। आपको एक नायाब चीज़ मिली है। यह किताब अधूरी है। आपको शायद मालूम हो, कर्नल मैकमोहन ने आत्महत्या की थी। वे इस देश को प्यार करते थे। आप यह कॉपी इत्मिनान और ग़ौर से पढ़ें। उसके बाद यह अंदाज़ा लगाने की कोशिश करें कि जिन्होंने अपनी पूरी ज़िंदगी फौज की ख़िदमत में गुज़ार दी, उन्होंने आत्महत्या क्यों की। अगर आप समझ सकें तो शायद भारतवर्ष के बारे में भी काफी कुछ समझ जाएँगे, शायद वे बातें भी समझ लेंगे जो मैं आपको समझा नहीं पाया।'

'यह आपकी लिखी हुई किताब है ?'

'नहीं भई, मेरी किताब तो मेरी बात करेगी न !'

'आप मुझे अपनी किताब भेजेंगे न ?'

'वह किताब प्रकाशित करने के लिए ही मैं एक बार कलकत्ता जाना चाहता हूँ। अगर वह किताब छप गई तो आपको ज़रूर भेजूँगा।'

भवानी कमरे से बाहर निकल गए।

प्रशस्त हॉल-कमरा पार करके वे अपने कमरे में दाखिल हुए। बड़ा सा कमरा ! एक तरफ उनका बिस्तर, मेज़-कुर्सी, किताबों की शेल्फ ! एक तरफ की आलमारी पर्दे से ढँकी हुई ! इस आलमारी में उनके कपड़े, इस्तेमाल की और-और ज़रूरी चीज़ें ! दूसरी तरफ की दीवार पर एक तैलचित्र ! उस चित्र पर भी पर्दा झूलता हुआ ! भवानी ने वह परदा हटा दिया। तस्वीर के गले में सोने का हार झूलता हुआ ! काफी देर तक वे मुग्ध निगाहों से वह तस्वीर निहारते रहे। उसके बाद बेहद हौले हाथों से उन्होंने पर्दा दोबारा खींच दिया। वे आरामकुर्सी पर आ बैठे।

उन्हें दस साल पहले का वह दिन याद हो आया। उनके मन में हमेशा ही यह खौफ समाया रहा कि शायद वह न बचे। उन्हें फिर कोई भयंकर आघात बर्दाश्त करना होगा। इसके बावजूद उन दोनों ने साथ-साथ रहकर सत्रह साल गुज़ार दिए। कुछेक साल तो उन दोनों को छिपकर रहना पड़ा।

बृजदुलारी तो हमेशा ही पतली-दुबली और कमज़ोर काठी की थी। ऊपर से उसकी देह में खून की भी कमी थी। कमजोर और जीर्ण शरीर पर धीरे-धीरे सैकड़ों रोगों ने

क़ब्जा जमाया। आखिरी चार महीने तो वह बिस्तर से ही नहीं उठ पाई। भवानी ने सारी जिम्मेदारी सिर्फ अपने ऊपर ही नहीं ली। नीलकमल सेन भी बड़े जतन से उसका इलाज करते रहे, उनके यहाँ वे रोज ही आते थे। शाम के वक्त उनके क़रीब बैठकर, उससे गपशप किया करते थे। अपने भरसक वे भवानी को भरपूर तसल्ली देते रहे।

एक दिन उन्होंने बेहद क्षुब्ध लहजे में कहा, 'सुनिए भवानी बाबू, हमारी क्षमता बेहद सीमित है। इलाज के ज़रिए उम्र भला बढ़ाई जा सकती है ?'

भवानी समझ रहे थे, नीलकमल सेन परोक्ष रूप से उन्हें मन कड़ा करने का संकेत दे रहे हैं। वे खुद भी अपने को तैयार करने की कोशिश कर रहे थे। उन्हें खुद अहसास होने लगा, अब अपने को तैयार करना ज़रूरी है, वरना इतना भयावह खालीपन वे बर्दाश्त कैसे कर पाएँगे ?

यह सब वे सोचते ज़रूर थे, मगर अपने को समझाने में नाकाम थे। बृजदुलारी ही उन्हें सख्त नहीं होने दे रही थी। वह इतना कुछ जानती-समझती थी, इसके बावजूद यह कबूल करने को बिलकुल राजी नहीं थी कि अब उसका वक्त पूरा हुआ। अब वह मरनेवाली है। उसका आखिरी वक्त क़रीब है। उसने भवानी को बेहद कसकर जकड़े रखा। उन्हें हर वक्त अपनी निगाहों के सामने रखती।

एक दिन उसने रोते-रोते कहा, 'सुनो, मैं जीना चाहती हूँ। जीने की बड़ी साध है जी ! इतनी-इतनी ललक है, जी ! भगवानजी मुझसे ये सब छीने क्यों ले रहे हैं ?'

भवानी ने उन्हें तसल्ली दी, 'लो, देखो, अब तो तुम पहले से बेहतर हो। सर्दी का मौसम आने दो, देखना तुम बिलकुल ठीक हो जाओगी।'

धीरे-धीरे वह और अशक्त होती गई, एकबारगी बिस्तर से लग गई।

आखिरी दिनों में भवानी ने सिर्फ एक बार यह ज़रूर पूछा, 'दुलारी, श्रीकंठजी को बुला दूँ ? तुम उनसे भागवत सुनना चाहती थी न ?'

बृजदुलारी ने सिर हिलाकर मना कर दिया।

उसने ईषत् हँसकर कहा, 'इससे बेहतर है, तुम ही अपनी आवाज़ में कुछ पढ़कर सुनाओ। अरे, वहीऽ... तुम सुनाया करते थे न—न जायते, न मृयते...'

उसकी आँखों से झर-झर आँसू झरने लगे।

उसने भवानी का हाथ थामकर आग्रह किया, 'ए जी, तुम ही मुझे तैयार कर दो न ! तुम मुझे समझा दोगे तो मैं समझ जाऊँगी। मुझे मौत से डर नहीं लगेगा।'

आखिरकार, एक सुबह वह चल बसी। सारी रात वह भयंकर तकलीफ़ में छटपटाती रही। जीने की कैसी अटूट चाह ! एक-एक साँस के लिए कैसी कातर तड़प ! उसके बाद भोर हुई। भवानी को विश्वास ही नहीं हुआ। वे उस पर झुके-झुके उसे बार-बार आवाज़ें देते रहे, नीलकमल सेन बच्चों की तरह फूट-फूटकर रो पड़े।

श्मशान ! दोपहरी की धूप में चिता का धुआँ नीला हो आया।

भवानी एकटक जलती हुई चिता की तरफ देखते रहे। यूँ अपलक देखते रहने से शायद उन्हें विश्वास आ जाए, वरना उन्हें भरोसा कैसे आएगा ? यथासमय सबकुछ

समाप्त हो गया। गंगाजी के पावन तट से बृजदुलारी का नाभि-कुंडल लपेटकर, उन्होंने गंगा में प्रवाहित कर दिया। उनकी हथेली में छाले उभर आए।

नीलकमल सेन उनका हाथ पकड़कर अपने घर ले आए।

अगले दिन सुबह भवानी अपने घर वापस आ गए। दरवाज़ा खोलकर घर के अंदर दाखिल हुए। सीढ़ियों से चढ़कर ऊपर आए। सूना घर ! खाली पलंग ! फर्श पर पानी के धब्बे !

अगहन की सर्द हवाएँ, अबाध रफ़्तार में कमरों में तूफान उठाती रहीं। फर्श पर गोलाकार वृत्त ! उस घेरे के अंदर एक अकेला दीया जलता हुआ !

उसके बाद अजीब-सी उद्भ्रांत और दिशाहारा ज़िंदगी ! वे किसी तरह भी अपने को संयत नहीं कर पा रहे थे। वे हर पल टूटते रहे, टूटते गए। अपने को बार-बार हिम्मत दिलाते, उन्हें कमजोर नहीं पड़ना है। उन दिनों नीलकमल सेन भी भरपूर आंतरिकता से उन्हें सँभालने में लगे रहे।

उन्होंने बार-बार उन्हें समझाया, 'भवानी बाबू, हम भारतीय हैं। शरीर की मृत्यु से इनसान खत्म नहीं हो जाता। वह जो वृहत्तर और चिरंतन जीवनधारा में जा मिलता है। इस सत्य पर विश्वास करने की कोशिश करो।'

भवानी ने कोई जवाब नहीं दिया। वे बस, सुना करते थे। कभी-कभी उनकी हर बात का अनुसरण भी नहीं कर पाते थे।

अंत में नीलकमल सेन ने उन्हें ज़ोर-ज़बर्दस्ती नौकरी दिलाई। वैसे, नौकरी मिलने से पहले, उन्हें ढेरों जवाबदेही करना पड़ी। मैजिस्ट्रेट के सामने, कमिश्नर के सामने सवाल पर सवाल ! सवाल सुनते-सुनते उनके माथे की नसें फटने लगतीं।

'जब आप जानते थे कि आप बेक़सूर हैं तो किसी ऊँचे अधिकारी से संपर्क क्यों नहीं किया ?'

'जिस महिला से आपने विवाह किया उसका असली परिचय क्या था ?'

भवानी ने कुछ भी नहीं छिपाया। उन्होंने सारी बातें सच-सच बता दीं। सिर्फ ब्राइट की हत्या की ख़बर गुप्त रखी। वैसे, उनकी उम्र नौकरी लायक नहीं थी। लेकिन उन दिनों कलकत्ता में डिग्री-प्राप्त डॉक्टरों की संख्या इतनी ज्यादा नहीं थी कि भवानी जैसे तजुर्बेकार डॉक्टर को नज़रअंदाज़ कर दिया जाता।

नीलकमल सेन ने भी अपना सारा प्रभाव, रौब-दाब और संपर्क इस्तेमाल करके उन्हें नौकरी दिलाने में मदद की।

नीलकमल सेन !

सात साल पहले ब्लडप्रेशर में उनके माथे की नसें फट गईं। उन्होंने भी संसार से विदा ली। भवानी को जब ख़बर मिली, काफी देर हो चुकी थी। उनसे भेंट न हो सकी। उस बुज़ुर्ग ने बृजदुलारी को सच ही बेहद प्यार-ममता दी थी।

उसकी मौत से चंद दिनों पहले उसके पास बैठे-बैठे उन्होंने वह गीत गाकर सुनाया था, 'अपार महिमा तव, सत्य-प्रेम रूप तुम ही, हे !'

वक्त के मरहम ने कैसे उस शोक की तीव्रता को शमित कर दिया, भवानी अब महसूस करने लगे थे। मानो अपने दिल की गहराइयों में उसे सच ही पा लिया हो; मानो वे निःशेष में गुम नहीं हुए !

भवानी ने निगाहें उठाईं। यानी उन्होंने आरामकुर्सी पर बैठे-बैठे ही सारी रात गुज़ार दी। वे उठकर दरवाज़े के क़रीब आए। काँच की दरारों से बाहर का खुला आसमान नज़र आता हुआ। पूरब का आकाश अभी फीका था। ध्रुवतारा टिमटिमाता हुआ !

उनके माथे की नसें खिंचने लगीं। दरवाज़े के सर्द काँच पर सिर टिकाए वे काफी देर तक खड़े रहे। किताब की प्रतिलिपि तैयार करना है। उसके बाद विद्यासागरजी को ख़त लिखना है। मुमकिन है, विद्यासागरजी को वे याद भी न हों। याद भला रखते भी कैसे ? लेकिन भवानी भी उन्हें नाहक तंग नहीं करेंगे। किताब वे अपने ही खर्च पर छपाएँगे। सिर्फ उनकी सलाह भर लेंगे। वैसे विद्यासागरजी भी आजकल हर काम से नहीं जुड़ते। उनकी तरफ से आश्वासन और उत्साह मिला तभी वे जाएँगे। बंगाल में उन्हें भला कौन पहचानता है ? पिता रहे नहीं। सौतेली माँ और भाई विजयशंकर भी शायद उन्हें मृत समझ चुके हैं।

भवानी ने तय किया विद्यासागरजी से ख़त का जवाब मिलने के बाद ही वे कलकत्ता जाएँगे।

35

सन् 1886 !

एक अदद बैलगाड़ी मंथर गति से सूजाखाल गाँव की ओर अभिमुख ! गर्मी का मौसम ! रात का आखिरी प्रहर ! बैलगाड़ी में कोई वृद्ध लेटे हुए ! उनकी देह निस्पंद और आँखें लगभग मुँदी हुईं !

उनके सिर के नीचे तकिया भी नहीं था। इसलिए सिर पीछे की तरफ ढुलका हुआ ! दोनों हथेलियाँ सीने पर ! सिर के बाल, आँखों की भौंहें दूधिया सफ़ेद ! विराट देह ! पहनावे में आभिजात्य की छाप ! उनका बिस्तर-बिछावन, कोने में रस्सी से बँधा हुआ ! गाड़ी के टप्पर से गाड़ीवान के तेल की दो-तीन शीशियाँ और हुक्का बँधा हुआ ! उनके आपस में टकराहट की आवाज़ें गूँजती हुईं। गाड़ी के टप्पर के सिरे पर एक लालटेन भी बँधी हुई ! लालटेन में हल्की-हल्की लाल आभा ! और काफी सारा धुआँ

उठता हुआ ! गाड़ीवान नींद में झूम रहा था। बैल अपनी आदत के मुताबिक भचक-भचककर आगे बढ़ते हुए ! गाड़ीवान बीच-बीच में गाड़ी में सवार मुसाफिर पर भी नज़र डाल लेता था।

उस मुसाफिर को बेहोशी और बीमारी की हालत में कलकत्ता जानेवाली ट्रेन से उतार दिया गया था। छोटा सा स्टेशन ! स्टेशन से गाँव सात मील दूर !

उस बेहोश मुसाफिर का परिचय अज्ञात था। रात की आखिरी ट्रेन पास कराने के बाद स्टेशन मास्टर दोबारा उस बीमार मुसाफिर के पास आए। उस वक्त गाड़ीवान भी सवारी पाने की उम्मीद से वहीं स्टेशन पर बैठा हुआ था। उसे कोई सवारी नहीं मिली। वह उस मरणासन्न मुसाफिर को थोड़ी-थोड़ी देर में पानी पिला रहा था और उसके सिरहाने बैठे-बैठे अपने माथे पर हाथ रखे, वह गहरी सोच में डूबा हुआ था—नियति इतनी जटिल पहेली क्यों है ? नियति ने ही इस बूढ़े बुजुर्ग को ट्रेन से खींचकर उतार दिया था, इसमें उसे कोई संदेह नहीं था।

स्टेशन मास्टर ने जब उस बीमार से सवाल किया, उस मुसाफिर ने अपनी धुँधलाई आँखों से उसकी तरफ देखा।

वह लड़खड़ाती हुई, अस्फुट आवाज़ में बुदबुदाया, 'बंगाल...कलकत्ता... विद्यासागर...ख़त...मेरी किताब...'

थोड़ा ठहरकर उसने कहा, 'मुझे बंगाल जाना है...'

स्टेशन मास्टर ने उनका बक्सा, चेन, घड़ी वगैरह अपने पास जमा कर लिया और गाड़ीवान को एक रुपया थमाकर कहा, 'चौधुरी बाबू की अतिथिशाला में पहुँचा दे इन्हें।'

मुसाफिर ने फिर अस्फुट आवाज़ में पूछा, 'कहाँ ?'

'सूजाखाल गाँव ! विजयशंकर चौधुरी के घर ! वहाँ डॉक्टर-वैद्य भी मिल जाएँगे। चौधुरी साहब बड़े भलेमानस हैं।'

'मैं कलकत्ता जाऊँगा...' मुसाफिर ने बच्चों की तरह ज़िद की।

'हाँ-हाँ, जाइएगा ! चले जाइएगा।'

'मुझे कहाँ ले जा रहे हो ?' वृद्ध ने लटपटाई आवाज़ में पूछा।

अँधेरी रात ! सामने की राह उस अँधेरे में खोई हुई ! गाड़ीवान अपने खयालों में खोया हुआ ! वह मशीनवत गाड़ी हाँके जा रहा था, लेकिन उसकी आँखें नींद में ढुलमुल हो रही थीं। चूँकि इस वक्त उसने खाना भी नहीं खाया था, इसलिए नींद उसे और कसकर दबोचने के चक्कर में थी।

वृद्ध सज्जन का सवाल सुनकर उसने पलटकर देखा। उस सज्जन का चेहरा स्पष्ट नज़र नहीं आया। अँधेरे में घुलमिलकर उनका चेहरा एकाकार हो गया था। गाड़ीवान ने उनके सीने के उतार-चढ़ाव पर ग़ौर किया।

'सूज़ाखाल ! हम सूज़ाखाल जाए रहेन हैं, बाबू !' उसने जवाब दिया।

गाड़ीवान को लगा, उसका जवाब सुनकर वृद्ध बाबू हँस दिए। अँधेरे में वह हँसी भी बेहद अजीब और रहस्यमयी लगी। गाड़ीवान मन ही मन डर गया। उसे लगा यह राह मानो ख़त्म नहीं होगी, कभी इसका अंत नहीं होगा और वे दोनों किसी दिन भी अपनी निश्चित मंज़िल तक नहीं पहुँच सकेंगे। उसने हड़बड़ाकर, दोनों बैलों की पूँछ मरोड़ दी और जुबान से टिक्-टिक्, हर्र-हर्र ललकारते हुए गाड़ी की रफ़्तार किंचित् तेज़ कर दी।

फिर कुछ देर तक ख़ामोशी !

आसमान के एक कोने में ईषत् शुभ्र उजाला झलक उठा। बूढ़े सज्जन ने बुदबुदाकर फिर कुछ कहा। गाड़ीवान ने कान लगाकर उनकी बातें सुनने की कोशिश की।

'और कितनी दूर ?'

'बस, आए गए। बाबू ! हः हः हुर्र !' गाड़ीवान ने बैलों को दोबारा जोर से हँकाया।

उसके बाद उन बूढ़े सज्जन ने फिर कोई बात नहीं की। सिर्फ उनके गले से घरघराहट की आवाज़ निकलती रही !

चौधुरी कोठी के सामने बैलगाड़ी का टप्पर उघाड़ दिया गया। एक-एक दो-दो करके कई लोग गाड़ी के इर्द-गिर्द जमा हो गए। वे लोग आपस में ही कुछ-कुछ कह-सुन रहे थे। उनके चेहरे-आँखों में स्तब्ध विस्मय और कौतूहल !

गाड़ीवान बीच-बीच में यह बताने की कोशिश करता रहा कि बाबू साहब कह रहे थे, वे कलकत्ता जाएँगे। बंगाल ! लेकिन उसकी बात कोई भी नहीं सुन रहा था। गाड़ीवान अब गमछा घुमा-घुमाकर हवा खाने लगा और लोगों के चेहरे निहारते हुए, मामले की अहमियत समझने की कोशिश करता रहा।

चौधुरी कोठी के मालिक विजयशंकर भी आ पहुँचे। बूढ़े मुसाफिर का बक्सा खोला गया। सबसे ऊपर ही एक ख़त पड़ा था। लिफाफे पर लिखा नाम पढ़कर वे विस्मय-विमूढ़ हो आए। उन्होंने बूढ़े सज्जन की निस्पंद देह की ओर ग़ौर से देखा। ख़त पढ़ने के बाद भेजनेवाले का नाम पढ़कर वे और ज्यादा अवाक् हो उठे।

उस वक्त पूरब का आकाश, श्वेत-शुभ्र उजाले से जगमगा उठा था। वह उजाला उन वृद्ध के चेहरे पर भी बिखरा हुआ ! मरने से पहले वे बूढ़े-बुजुर्ग जान गए थे आखिरकार वे बंगाल की माटी पर पहुँच ही गए...

●●●